탈공업화 시대의

# 경제학 강의

– 시장이론에 대한 비판적 이해 –

최 배 근 저

法 文 社

# 산업화와 시장이론 그리고 탈공업화

주류경제학 혹은 신고전파 경제학이라고 불리는 경제학은 간단히 말하면 시장이론이다. 오늘날 지구상에 있는 거의 모든 국가가 시장경제를 도입하고 시장이라는 제도에 경제 운용을 맡기고 있듯이 시장이론의 존재 이유는 시장이라는 제도가 한 사회의 경제적 목표를 달성하는 데 가장 효과적인 수단이라는 믿음을 사회 구성원들이 공유하고 있기 때문이다. 사실, 시장과 시장경제는 동의어는 아니다. 시장은 아주 오래전부터 존재해온 반면, 시장경제는 근대의 산물이다. 시장경제는 '국민경제의 여러 문제들을 기본적으로 시장의 힘으로 해결하려고 노력하는 체제'로 정의할 수 있다. 근대 이전에는 경제가 시장에 의해서만 운용되지 않았다. 국가의 재분배 기능(공공성)이나 공동체의 호혜주의(연대성)가 시장영역(효율성)과 더불어 역할을 분담해왔다. 시장경제는 시장이 경제 운용의 중심에 놓이는, 즉 대부분의 경제 운용을 시장에 맡기는 경제양식이라고 이해할 수 있다. 시장이 시장경제로 진화하게 된 데에는 사회마다 자기 나름의 역사적 배경을 갖고 있다. 그렇기에 각국의 시장경제는 나름의 특성과 차이를 갖고 있다. 그것은 시장경제가 각 사회의 문화 차이, 시장경제를 도입한 시점의 차이, 경제발전 방식의 차이 등에 영향을 받았기 때문이다. 앵글로색슨형 시장경제, 사회적 시장경제, 관리된 자본주의 등의 용어가 바로 각국 시장경제의 차이를 표현하기 위한 것이다.

한편, 1776년 애덤 스미스(Adam Smith)의 「국부론」에서 출발을 한 시장이론은 1970년대까지 대체적으로 완성되었다. 이 시기는 산업화의 역사와 일치한다. 즉 시장이론은 정확히 서구, 특히 영국 및 미국의 산업화 경험에 토대를 두고 있다. 시장이론은 시장을 미시적 시장과 거시적 시장으로 구분한다. 그런데 미시적 시장이론이 기본적으로 생산 중심의 개념인 반면 거시적 시장이론은 수요 중심의 개념이다. 즉 애덤 스미스의 「국부론」에서 시작해 1890년 앨프레드 마셜(Alfred Marshall)의 「경제학원리」에서 완성되었듯이 미시적 시장이론은 기본적으로 19세기 산업화(1차 기술혁명)의 경험과 밀접한 관련을 맺고 있다. 19세기의 시장이론가들은 기본적으로 경제 전반에 걸쳐서 과잉생산은 있을 수 없다고 생각하였다. 대표적으로 프랑스의 경제학자 장 바티스트 세이(Jean-Baptiste Say)는 1803년 「정치경제론」에서 "상품의 수요를 유발시키는 것은 상품의 생산"이라 했다. 세이의 주장을 후에 케인스(John M. Keynes)는 그의 1936년 저서 「일반이론」에서 "공급이 수요를 창출한다(supply creates its own demand)"라고 요약했다. 한 때 경제학 교과서에 소개된 (물론 1970년대 이후에도 신자유주의자들은 여전히 신봉하고 있는) 이른바 '세이의 법칙(Say's law)'이다. 즉 19세기까지 인류사회의 경제문제는 수요 측면보다는 생산능력의 부족이었다. 그러나 19세기 말부터 진행된 2차 기술혁명, 즉 중화학공업을 등장시킨 2차 산업혁명으로 생산력의 비약적 발전이 이루어졌고, 그 결과 과잉생산이 본격적인 경제문제로 부상하였다. 과잉생산의 문제는 1930년대 대공황을 겪고 나서야 시장이론에 반영되었다. 시장은 완벽하게 균형을 만들어내지 못하며 시장이 불균형의 누적을 해소하기 어려운 상황에 내몰리는 것이 공황이다. 대공황을 계기로 탄생한 거시적 시장이론이 공급 중심의 미시적 시장이론과 달리 수요 중심의 이론인 배경이다.

1차 산업혁명을 주도한 것이 영국이라면 2차 산업혁명은 미국이 주도하였듯이 시장이론은 철저하게 영국과 미국의 산업화의 경험을 기초로 하고 있다. 즉 시장이론에는 영국 개인주의 문화와 산업화의 경험, 그리고 영국이나 서유럽 사회 등과 달리 토지압력 및 인구압력, 그리고 심지어 자원압력이 크지 않았던 미국의 예외적인 경험이 스며들어 있을 수밖에 없다. 따라서 시장이론에 대한 이해는 적어도 제조업이라는 산업의 특성과 영국 및 미국 사회의 역사적 경험을 전제로 삼아야 할 것이다. 미국을 비롯해 서구 사회가 공업화를 완료한 1970년대 이후 시장이론에 더 이상 근본 변화가 발생하지 않은 배경이기도 하다. 즉 시장이론에는 70년대 이후 인류사회가 경험하고 있는 3차 기술혁명(정보기술혁명)과 그 결과로 부상한 '무형재 경제(the intangible economy)'의 특성이 배제되어 있다. 프랑스 국가 통계기관(INSEE: Institut national de la statistique et des études économiques, the French national statistical institute)에 따르면 제조업, 즉 산업(industry)은 ***시장 판매 목적의 물질 재화를 생산하기 위해 생산요소를 결합시키는 경제활동들로 구성***하는 것으로 정의된다. 물질 재화를 생산하는 경제활동에서 토지와 노동과 자본이 핵심적인 생산요소였다. 시장이론에서 이들을 '3대 생산요소'로 부르는 이유이다. 특히 중화학공업화 이후 경제는 자본집약적 생산방식에 기초하였듯이 경제 규모를 확장시키는데 가장 중요한 생산요소는 자본이었다.

　그러나 오늘날 경제활동에서 대부분의 가치는 '아이디어집약적인 생산방식'에 기초한 '무형재(the intangibles)'에서 창출되고 있다. 예를 들어, 미국의 경우 제조업 종사자의 비중이 1960년 28.4%에서 2013년까지 8.8%로 축소되었고, 특히 IT혁명을 겪은 2000년 이후 제조업 일자리는 거의 30%나 감소하였다. 즉 제조업 종사자의 규모는 2000년 1,730만 명에서 2011년 1,160만 명으로 570만 명이 줄어들었다. 2013년에 1,200만 명으로 다소 회복되었음에도 불구하고 2010년 8.9%였던 제조업 종사자 비중은 2013년에 8.8%로 하락하였다. 물론, 이러한 탈제조업화는 제조업 산출량이 1987~2013년간 60% 이상이 증가할 정도로 생산성 향상에서 비롯한 것이었다. 그럼에도 불구하고 GDP 대비 제조업 생산액의 비중(경상가격 기준)이 1960년 25.2%에서 2011년에는 11.6%로 하락하였다. 이러한 경향은 국가들마다 정도 차이가 있을 뿐 일반적 현상이다. 예를 들어, 제조업 종사자 규모는 독일이 1960년 29.8%에서 2012년 20.0%, 프랑스는 22.2%에서 8.9%, 영국은 26.2%에서 8.9%로 하락하였다. 1992년부터 탈제조업화를 경험하기 시작한 한국 역시 17% 이하로 줄어든 상황이다.

　문제는 무형재가 '유형재(the tangibles)'인 물질 재화와는 전혀 다른 특성들을 갖고 있다는 점이다. 예를 들어, 유형재의 생산에는 자원과 에너지가 필요하며 열역학 제2법칙에 따라 일단 소모된 에너지는 재생이 불가능하다. 그러나 영화, 음원, 게임, 앱(App) 등 기본적으로 아이디어 재화인 무형재의 생산 및 재생산은 이러한 열역학의 법칙을 따르지 않는다. 아무리 사용해도 소모되지 않는 비소모성을 특성으로 한다. 즉 아이디어집약적인 무형재는 재화의 사용 혹은 생산이 공유될 경우 다른 사람이 이용 가능한 재화의 양과 가치가 증가한다. 그 결과 경쟁과 사유재산권에 기초하는 유형재와 달리 무형재의 가치 창출은 '협력'과 '공유'에 의존한다. 이처럼 무형재 경제의 발흥으로 '공동창조(co-creation)' 방식의 비즈니스 모델의 확산, 정가(定價)나 일물일가(一物一價) 개념의 약화 및 '가격의 유동성' 증대, 성장과 고용 그리고 성장과 인플레이션 관계의 약화, 청년실업 등 시장이론으로 설명되지 않는 현상들이 등장한 지 오래이다.

시장이론의 또 다른 문제는 시장이론의 분석단위가 동일한 화폐금융 제도, 경제정책, 사회제도를 채택하고 있는 한 나라를 단위로 하여 종합적으로 파악한 경제활동, 즉 '국민경제'라는 점이다. 그런데 글로벌 경제의 통합이 크게 진전된 오늘날 국민경제의 완전한 독립성은 더 이상 보장되지 않는다. 즉 1980년대 이후 세계 무역액은 GDP보다 약 두 배 빠르게 증가했는데 이는 글로벌 공급 사슬과 생산 네트워크, 즉 글로벌 가치 사슬(Global Value Chains, GVCs)에 개별 국민경제들이 통합된 결과이다. 오늘날 글로벌 무역의 약 60%를 중간재가 차지하고 있고, 모든 무역의 80%가 초국적기업(transnational corporations, TNCs)의 국제 생산 네트워크 안에서 발생하고 있고, 그 중 $\frac{1}{3}$이 특정 기업 내에서 일어나고 있다. 또한, 1980년 세계 GDP와 글로벌 금융자산의 규모는 둘 다 약 12조 달러였으나 그로부터 30년 후인 2010년에는 각각 65조 달러와 212조 달러로 80년대 이후 글로벌 경제의 통합은 금융이 주도했고, 금융의 상호연결성도 크게 증가했다. 그 결과 국가별 금융규제는 더 이상 유효하지 않게 되었다. 그 결과 경기, GDP 대비 무역 및 공공재정의 비중, 인플레이션, 채권 수익률(시장 이자율) 등에 있어서 '글로벌 동조화'가 심화되며 개별 국가의 경제정책의 독립성은 크게 훼손되고 있다. 글로벌 금융위기 이후 세계경제 현안을 논의하고 해결점을 모색하기 위해 만들어진 G20도 개별 국민경제를 독립적으로 이해하는 것이 어려워진 현실을 반영한다.

사실, 국민경제는 공통의 사회 · 경제 · 정치생활을 영위하고 공통언어 · 문화 · 전통을 지닌 국민공동체인 국민국가(nation state)의 부분을 이룬다. 즉 국민경제의 독립성도 일정한 영토와 그곳에 사는 국민으로 구성된 독립된 정치조직인 국민국가, 즉 동일 민족 또는 국민에게 주권이 있는 주권국가의 연장선에 놓여 있다. 그런데 국민국가가 민족국가와 유사한 의미로 사용되고 있듯이 국민국가는 근대 유럽에서 시민혁명을 거쳐 형성된 근대국가로 산업화와 맥을 같이 한다. 경제의 글로벌화나 금융화가 '산업화의 종언'과 밀접한 연관성을 갖고 있다는 점에서 산업화의 종언이 확산됨에 따른 국민경제의 독립성 약화는 당연한 결과라 하겠다. 즉 서구와 일본 등에서 산업화가 완료되고 신흥시장국으로 산업화가 확산되면서 경제력의 세계적 분산(세계경제의 다극화)과 글로벌 경제의 상호의존성이 증대하였다. G7의 GDP 비중은 1988년 67%에서 2008년 약 50%까지 하락하였고, 수출 비중은 1991년 52%에서 2008년에는 30%대 초까지 하락하였고, 제조업 생산 비중은 1990년 65%에서 2010년에는 40%대 중반까지 하락하였다. 그 결과 미국과 미국의 서방 동맹이 1944년 만들었던 전후 세계경제 질서인 브레튼우즈 체제(1945~71년)에서 작동하였던 특정 국가의 주도권(hegemonic power)은 더 이상 허용되지 않는다. 즉 지구상의 어떤 정부도 혼자 힘만으로 세계경제질서를 안정화시킬 수 없게 된 것이다. 따라서 금융정책 조정을 포함해 경제정책의 국제 조정이 필수적이 되었다. 여전히 미국과 미국의 서방 동맹이 지배하고 있는 IMF조차 "세계경제가 강하고 보다 균형 잡히고 지속가능한 성장을 만들어내기 위해서는 국경을 넘어 영향을 미치는 중심국가 정책의 부정적 확산효과(policy spillovers)는 물론이고, 부정적 확산효과가 다시 중심국가에 부정적으로 영향을 미치는 역확산효과(spillbacks)의 리스크를 축소시키기 위해서 국제적인 정책협력의 필요성을 역설하는 상황이다.

이처럼 제조업과 국민경제의 틀 속에서 만들어진 시장이론이 탈공업화와 경제의 글로벌 네트워크화가 심화되는 상황이 만들어내는 경제현상들을 제대로 설명하지 못하는 것은 당연한 일이다. 사실, 대공황이 미시적 시장이론에 사망선고를 내렸다면, 글로벌 금융위기는 거시적 시장이론의 파산을 선언한 것이나 다름없다. 물론, 일부에서는 글로벌 금융위기의 출발점인 2007년 8월 이전의 거시경제학과 8월 이후의 거시경제학을 구분하여 구 거시경제학(Old Macro)과 새 거시경제학(New Macro)라고 명명하고 있다. 즉 대공황 이후 미시적 시장이론이 현실을 반영하면서 진화했듯이 거시적 시장이론 역시 현실경제의 상황을 보다 적절하게 반영하면서 새롭게 발전할 것으로 전망하고 있다. 문제는 '시장'이라는 제도가 농업사회에도 존재했지만 농업사회가 '시장경제'는 아니었듯이 산업사회와 시장경제의 연장선에 있는 시장이론이 아무리 수정하더라도 탈공업화 시대의 경제현상을 체계적으로 설명할 수는 없다. 이 책은 탈공업화 시대에 경험하는 현실경제의 상황을 설명하기 위해 시장이론을 비판적으로 재구성하였다. 경제학을 공부하는 분들에게 작은 자극이 되기를 바랄 뿐이다.

2015년 2월

# 차 례

# 제 I 부

# 시장이론의 원리와
# 미시적 시장의 세계

# 시장이론의 원리와 미시적 시장의 세계
## – 제조업(유형재)의 경제학 –

시장이라는 개념을 갖고 경제현상을 이해하는 시장이론은 기본적으로 미시적 시장의 세계와 거시적 시장의 세계로 구성되어 있다. 미시적 시장이론이 개별 상품에 기초한 시장 개념을 중심으로 이해하는 방식을 취하는 반면, 거시적 시장이론은 경제현상을 이해하는데 있어서 모든 상품이 집합적으로 구성된 시장 개념을 사용한다. 그러나 후자는 기본적으로 전자에 기초해 있다. 이에 대해서는 뒤에서 다루겠지만 단순화시킨다면 거시적 시장은 미시적 시장의 단순합으로 이해된다. 따라서 시장이론을 제대로 이해하려면 미시적 시장의 세계를 정확히 이해할 필요가 있다.

시장이론은 먼저 '시장' 개념을 이해하는 데서 출발할 필요가 있다. 일반 사람들이 시장을 상품(시장 판매 및 수익 추구를 목적으로 만들어진 생산물)을 사고파는 곳으로 이해하고 있듯이, 시장은 상품을 사는 사람(수요자 혹은 소비자) 및 행위(수요 혹은 소비), 파는 사람(생산자 혹은 공급자) 및 행위(생산과 공급), 그리고 상품의 소비자와 공급자의 이해를 조정하여 거래를 매개하는 중심수단으로 상품의 가격(화폐적 가치)으로 구성된다. 즉 시장은 상품 거래가 성사될 때 의미를 갖듯이 소비자와 생산자의 이해를 결합하여 상품의 거래를 성사시키는 가격이 결정되는 장소 또는 메커니즘으로 이해할 수 있다. 경제학 사전에 '시장'을 "어떤 상품의 판매자와 구매자가 그 가격과 거래량을 결정할 수 있도록 하는 기구, 제도, 장치 등"으로 정의하고, 이러한 기구와 제도와 장치 등을 모두 통틀어서 '시장메커니즘'이라고 규정하는 이유이다. 그리고 소비자와 공급자의 행위를 관찰해서 추상화한 개념이 '수요의 법칙'과 '공급의 법칙'이다. 혹은 양자를 하나로 묶은 것이 '가격의 법칙'이다. 일부 경제학자들이 시장이론, 특히 미시적 시장이론을 '가격이론'이라 표현하는 이유이다. 즉 시장이론의 아버지라 불리는 애덤 스미스(Adam Smith)가 '보이지 않는 손(invisible hand)'이라며 은유적으로 표현한 '가격'은 소비자와 공급자 간에 거래가 성립되도록 이해를 조정할 수 있는 '힘'을 가지고 있다는 것을 전제로 한다. 상품이 거래되지 않으면 시장은 존재 의미가 없기 때문이다.

한편, 시장은 시장경제와 구분해야 한다. 경제는 사회의 일부분이고, 사회는 개인과 개인, 개인과 집단, 또는 집단과 집단 간의 관계로 이해할 수 있다. 따라서 인간은 경제활동을 하는 과정에서 상호관계를 맺는다. 그런데 사람들의 경제적 활동을 지배하는 원칙은 돈 혹은 경제적 이해, 즉 재화와 용역의 시장교환만 존재하는 것이 아니다. 경제활동의 원칙에는 '시장교환'뿐 아니라 국가에 기반한 '재분배'도 있고, 가족 및 이웃, 혈연, 사회집단에서는 '호혜성'도 있다. 산업화 시대 이전까지 '시장교환'은 경제활동의 지배적 원칙이 아니었다. 산업화 이후 '시장교환'이 경제영역의 지배적 원칙이 되었는데 이러한 경제를 '시장경제'라고 한다. 즉 시장경제는 경제운영을 기본적으로 '시장교환'에 의존하는 경제제도이다. 물론, '시장교환'이 지배적 원칙임에도 불구하고 '시장교환'만에 의해 운영되는 시장경제는 없다. '시장교환'이 다른 원칙들과의 결합 정도에 따라 앵글로색슨형 시장경제, 독일의 사회적 시장경제, 일본의 네트워크형 시장경제, 중국의 사회주의 시장경제 등 다양한 유형의 시장경제가 존재한다.

시장이론에서는 경제학의 목표를 '자원배분의 효율성'으로 설정하고 있다. 즉 모든 경제적 이슈들의 옳고 그름에 대한 주류경제학자[1]들의 판단 기준은 '효율성'이다. 예를 들어, FTA 추진을 둘러싸고 사회 구성원 간 이해의 대립이 존재할 때 대개의 주류 경제학자들이 FTA 추진에 기본적으로 지지하는 이유가 FTA가 자원의 효율적 배분에 기여한다고 믿기 때문이다. 이처럼 주류경제학자들에게 '효율성'은 기독교인들에게 '성경'과 같은 것이다. '효율성'은 "한 사회가 가진 제한된 자원으로 사회 전체의 최대 이익을 만들어내는 것"으로 정의한다. 즉 어느 사회나 사람의 욕구를 충족시킬 수단(자원)이 제한된 상

---

1) 여기서 주류경제학자들이란 대체적으로 시장이론을 신봉하는 경제학자들을 일컫는다.

황에서 욕구를 최대한 충족시키기 위해서는 제한된 자원으로 최대의 효과를 만들어내는 과제를 갖고 있다는 것이다. 그리고 시장이론은 시장경제가 자원의 효율적 배분을 위한 최선의 경제제도라고 믿는다. 따라서 효율성을 담보해 줄 때만이 시장은 최소한의 정당성을 확보할 수 있다.

이러한 문제인식에 기초해 시장이론은 다음과 같이 구성된다. 첫째, 시장이론의 연구 대상인 희소한 자원으로 어떻게 하면 효율성을 달성할 수 있는가에 대한 기본원리를 소개한다. 둘째, 시장이론을 한 마디로 요약·압축한 개념이 수요와 공급의 법칙을 소개한다. 셋째, '수요의 법칙'을 도출하기 위한 소비자선택 이론(수요 이론)을 소개한다. 즉 상품을 소비하는 경제주체인 소비자는 소비를 통해 욕구를 충족할 수 있는 반면, 상품 소비에 필요한 수단(소득)이 제한되어 있기에 제한된 소득으로 최대 만족을 얻어내도록 소비한다는 것이다. 이를 분석한 것이 '소비자선택 이론'이다. 넷째, '공급의 법칙'을 도출하기 위한 생산자선택 이론(공급 이론)을 소개한다. 즉 상품을 공급하는 경제주체인 공급자는 공급을 통해 수익을 추구하는 반면, 상품 공급에 필요한 자원(자본)은 제한되어 있기에 자신이 동원 가능한 제한된 자본으로 수입을 최대화하고 비용은 최소화하는, 즉 수익(이윤)이 극대화되도록 공급한다는 것이다. 따라서 생산자선택 이론은 생산과 비용 개념을 중심으로 구성된다. 다섯째, 소비자선택 이론과 생산자선택 이론을 이해하였기에 양자를 결합한 시장을 분석한다. 시장 분석에서는 시장을 경쟁적인 시장과 경쟁이 충분하지 않은 시장으로 구분하고, 후자는 효율성을 보장해주지 못함을 보여준다. 즉 수요와 공급의 법칙은 경쟁적인 시장에서만 제대로 작동할 수 있음을 의미하는 것이다.

여기까지가 시장이론의 핵심 부분이다. 그런데 경제학 교과서는 대부분 두 가지 주제를 추가하고 있다. 하나는 생산요소시장에 대한 분석이다. 앞에서 다룬 시장은 좁은 의미에서는 일반 소비자가 소비하는 상품의 시장, 이른바 '최종소비재' 시장이다. 그러나 소비자만 상품을 소비하는 것이 아니라 기업 등 공급자도 소비한다. 즉 상품을 생산하기 위해 사용해야 하는 생산요소라는 상품을 소비해야 한다. 그런데 공급자가 소비하는 생산요소 중 특히 노동이나 토지나 자본 등은 일반 소비재 상품과는 차이를 보인다. 뒤에서 자세히 소개하겠지만 노동력이라는 상품은 기본적으로 사람을 거래하는 것이고, 토지라는 상품도 인간이 생산하지 않은 자연을 거래하는 것이고, 자본이라는 상품의 원천인 화폐는 기본적으로 중앙은행만이 발행할 수 있기 때문이다. 즉 노동과 토지와 화폐는 기본적으로 상품이 될 수 없는 것이 상품이 된 것이다. 일찍이 칼 폴라니(Karl Polanyi)는 이들을 '허구적 상품(fictitious commodities)'이라 불렀다. 노동력인 인간을 만든 것은 그들의 부모인데 노동력으로 팔기 위해 자식을 낳은 부모는 없을 것이다. 마찬가지로 토지는 인간이 만든 것이 아니라 자연의 일부인데 인간이 이것을 독점적으로 소유하고 상품화한 것이다. 화폐 역시 중앙은행이 수익을 목적으로 만들지 않았고 만들 수도 없지만, 화폐 가치의 결정을 시장에 맡긴 변동환율제도를 도입한 이후 상품이 되었다. 본래 상품이 될 수 없는 것이 상품이 되다 보니 무리가 따를 수밖에 없다. 노동문제와 토지문제 그리고 자본흐름 자유화에 대한 저항 등이 그것들이다. 이처럼 생산요소는 일반 상품과 다른 특성을 갖기에 수요와 공급의 법칙에서도 차이를 보인다. 이것이 생산요소시장이 독립된 장으로 소개되는 이유이다. 그리고 시장이론에서 부차적인 문제로 취급하는 소득분배를 이론적으로 설명하는 곳이 생산요소시장이다. 즉 시장이론에서는 소득분배를 생산 활동에 참여하고 기여한 결과로서 이해한다. 노동력을 제공한 노동자는 임금소득, 자본 제공자는 이자나 배당 등의 자본소득, 토지 제공자는 지대소득 등을 분배받는데, 소득의 크기는 생산에의 기여에 따라 결정된다고 본다.

또 하나의 주제는 '시장실패'의 부분이다. 앞에서 기술했듯이 시장은 자원 배분의 효율성을 보장해줄 때만 정당성을 보장받는다. 시장에서 자원이 거래되는데도 효율성이 이루어지지 않을 경우 시장은 목표를 달성하지 못했다는 점에서 실패한 것이다. 시장이론에서는 시장실패의 대표적인 경우로 공공재나 외부성의 존재 그리고 충분히 경쟁적이지 못한 시장 등을 지적한다. 사실, 시장실패가 일반적이 되거나 지나치게 크면 시장이라는 제도는 정당성을 확보하기 어렵다. 그래서인지 대부분의 경제학 교과서는 시장실패를 비중 있게 다루지 않는다. 여기까지 소개한 주제들은 대부분의 경제학 교과서 목차에서 전반부(미시적 시장의 세계)를 구성하는 내용에 해당한다. 이들이 이른바 미시경제학의 기본내용이기도 하다.

거시적 시장의 세계는 기본적으로 미시적 시장을 분석한 시장이론의 확대라고 이해하면 된다. 미시적 시장이 개별 상품을 중심으로 바라보는 시장이라면 거시적 시장은 모든 상품을 집합적으로 보는 시장이다. 즉 시장이론이 수요와 공급 이론으로 구성되듯이 거시적 시장의 경우 모든 상품에 대한 수요와 공급을 총수요와 총공급으로 이해한다. 모든 상품의 거래를 대상으로 하는 거시적 시장에서는 개별상품의 화폐적 가치를 나타내는 가격 대신에 모든 상품의 평균적 가격으로 '물가'라는 용어를 사용하고, 마찬가지로 한 국가 내에서 거래된 모든 상품의 양에 대해 '국민소득'이라는 용어를 사용한다. 즉 모든 상품에 대한 수요량인 총수요량은 국민소득의 지출 측면이고, 모든 상품에 대한 공급량인 총공급량은 국민소득의 생산 측면이다.

이처럼 개별 상품을 중심으로 보는 미시적 시장에서 수요-공급-가격-거래양은 거시적 시장에서 총수요-총공급-물가-국민소득으로 대체될 뿐이다. 물가와 국민소득의 변화와 관련하여 인플레이션-디플레이션(물가상승률이 마이너스인 현상)-디스인플레이션(물가상승률이 하락하는 현상), 성장, 실업 등의 주제를 다룬다. 이것이 경제학 교과서에서 미시경제학과 거시경제학을 구분하면서 전자를 가계와 기업이 어떻게 의사결정을 내리며 시장에서 이들이 어떻게 상호작용하는지 연구하는 경제학의 한 분야로 규정하고, 후자를 인플레이션이나 실업이나 경제성장 등과 같이 나라 경제 전체에 관한 경제현상을 연구하는 분야로 설명하는 이유이다. 또 성격상 총수요와 총공급 그리고 물가와 국민소득으로 구성되는 거시적 시장은 최종소비재와 생산요소시장뿐만 아니라 금융시장이나 외환시장까지 포함해서 이해할 수밖에 없다. 예를 들어, 소비지출의 주체인 가계는 노동력을 제공하여 획득한 소득으로 최종소비재를 소비하기도 하지만 소득 중 소비하고 남은 부분은 저축하는데 은행에 예금할 수도 있고, 부동산에 투자할 수도 있고, 주식이나 채권 등에 투자할 수도 있다. 마찬가지로 생산주체인 기업 역시 투자 자금을 조달하기 위해서 은행에서 대출을 받기도 하고 주식이나 채권 등을 발행하기도 하고 해외에서 투자 자금을 유치하기도 한다. 이처럼 가계나 기업은 금리에 영향을 받는다. 금리는 화폐시장이나 대부자금시장 그리고 채권시장 등의 영향을 받는다. 그리고 외환시장에서 결정되는 환율은 수입 및 수출 상품의 가격, 해외 투자 상품, 해외 조달 자금, 외국인의 국내 투자 등 광범위하게 영향을 미친다.

### 제 1 장

# 시장이론 구성의 기본원리

## 방법론적 개인주의

– 독립적 최적화 명제 그리고 개인의 선택과 사회 목표의 괴리 –

　시장이론의 내용은 3대 기본성질, 즉 희소성, 합리성, 효율성으로 이루어진다. 시장이론에서는 물질에 대한 사람들의 욕망은 끝이 없을 정도로 큰데 그 욕망을 충족시켜줄 수단(경제적 자원)은 한정되어 있는 것을 경제문제로 설정한다. 따라서 첫 번째 문제로, 사람들의 욕망은 자원의 희소성 때문에 항상 충분히 채워지지 못한 채로 남게 된다. 이것이 '희소성의 제약'이다. 희소성 문제를 상징적으로 나타내주는 것이 '물과 다이아몬드의 역설'이다. 이 역설에서 보듯이 가격은 재화의 중요성이 아니라 희소성에 따라 결정된다. 두 번째 문제로, 희소한 자원의 제약 속에서 물질적 욕망을 최대한 충족시킬 수 있기 위해서 어떤 일을 해야 하고, 수입을 어떻게 써야 할지를 결정해야 하는 '선택'의 문제에 직면한다. '선택'의 문제를 시장이론은 '개인적 차원의 문제'로 접근하고 선택의 문제에 직면한 각 개인은 비용과 이익에 입각해서 자신의 이익이 극대화되는 선택을 할 것(합리성)이라 이해한다.

　이 세 가지 성질로 시장이론의 양대 축인 소비자이론과 생산자이론이 구성된다. 첫째, 소비자는 상품 소비를 통해 자신의 효용(utility, 주관적 만족)을 획득한다. 그런데 소비자는 소득(예산)의 제약이라는 희소성 문제를 갖고 있다. 따라서 제한된 소득으로 효용을 극대화하도록 상품을 선택하려 할 것이다. 효용을 극대화하는 소비자의 선택을 분석한 것이 다름 아닌 소비자이론이다. 소비자이론을 압축한 것이 '수요의 법칙'이다. 둘째, 생산자는 상품 생산과 시장

판매를 통해 이윤(수익)을 추구한다. 그런데 소비자와 마찬가지로 생산자도 제한된 자본이라는 희소성 문제를 갖는다. 따라서 제한된 자본으로 이윤(≡수입-비용)을 극대화할 수 있는 생산방식을 선택하려 할 것이다. 즉 이윤을 극대화하는 생산자의 선택을 분석한 것이 다름 아닌 생산자이론이다. 생산자이론을 압축한 것이 '공급의 법칙'이다. 참고로 시장이론에서 상품은 시장판매(영리)를 목적으로 만든 생산물만으로 제한한다는 점에서 (가족을 포함해) 자신의 소비를 위해 만든 생산물과는 구분되고, 자본 또한 자신의 가치를 증식하고자 하는 화폐로 이해한다는 점에서 일반 화폐와 차이가 있다.

한편, 시장이론에서 선택은 개인적으로 하지만 효율성은 사회적 차원의 개념이다. 즉 시장이라는 제도는 사회 구성원들이 합의한 규칙으로 이해할 수 있기에 시장의 목표는 사회적 차원이 될 수밖에 없다. 예를 들어, 새로운 규칙을 도입할 때 사회 구성원 모두가 혜택을 보는 경우는 드물다. 그런데 사회 전체 차원에서 볼 때 이익이 증가하면 새로운 규칙의 도입은 정당성을 갖는다는 것이 시장이론이다. 적어도 이론적으로는 새로운 규칙의 도입으로 피해를 보는 구성원들에게 이익을 보는 구성원들이 보상을 해주어도 이익이 발생하기 때문이다. 따라서 일부 경제학도들이 종종 사적 이익 추구를 절대시하는 경향이 있는데 사적 이익의 추구가 사회 전체의 이익에 반할 때 제약을 가할 수 있는 것도 시장경제의 원리에 부합한다. 그런데 각 개인(경제주체)이 자신의 이익극대화를 추구할 때 반드시 사회 전체의 이익이 극대화되지는 않는다. 개인의 이익극대화가 사회 이익의 극대화와 일치하는 대표적인 경우는 각 경제주체의 합리적 선택이 다른 경제주체의 합리적 선택에 영향을 미치지 않는, 이른바 '독립적 최적화(optimization)'가 가능할 경우이다. 즉 '경제행위의 결과가 자신에게는 아무런 대가나 비용을 주지 않으면서 다른 사람의 경제행위에 이익이나 손해를 주는 경우'인 '외부성(externality)'이 존재하지 않아야 한다. 외부성이 존재하지 않아야만 개별 경제주체의 이익극대화 추구가 사회의 이익극대화로 연결될 수 있기 때문이다. 이는 시장이론이 '부분의 합이 전체(collectively exhaustive)'라는 '기계론'에 기초하고 있음을 의미한다. 모든 이벤트를 각 구성요소의 필연적인 인과관계로 설명할 수 있다는 기계론의 대표적 경우가 역학(力學)의 원리로 생명현상을 설명하는, 즉 생물을 '복잡한 기계'라고 간주하는 고전물리학이다. 시장이론이 고전물리학의 영향을 받은 것은 우연이 아니다. 고전물리학은 공간·시간을 절대화해서 관측자와는 독립하여 객관적으로 존재하는 범주로 본다. 즉 고전물리학에서의 시간과 공간은 서로 독립적이며 물질의 존재로부터 아무런 영향을 받지 않는 분리된 존재이다.

시장이론의 방법론적 특성을 잘 표현한 것이 칼 멩거(Carl Menger)의 '방법론적 개인주의(Methodological Individualism)'[1]이다. 그는 경제학을 수학이나 물리학처럼 하나의 정밀과학(an exact science of economy)으로 보고, 인간 현상들을 가장 단순한 구성요인들로 축약하고, 또한 복잡한 현상들을 구성하는 가장 단순한 요인을 분리해서 생각할 수 있는 법칙들을 조사하는 것을 경제학의 목표로 설정했다. 즉 '방법론적 개인주의'에서 사회는 단지 각 개인들로 이루어진 구성물에 불과하며 사회현상의 하나인 경제현상은 개인들의 행위의 결과 혹은 총합으로 본다. 따라서 시장이론에서 말하는 개별 경제주체는 어떤 제약 하에서 모든 종류의 함수를 극대화하는 '대표인(representative agent)'을 의미한다. 즉 시장이론에서 대표인은 남성과 여성의 차별, 부유한 집안의 자녀와 가난한 집안의 자녀 간 차이 등 개인 간 권력의 불균형도 무시하는 '평균적 인간'을 상정한다.[2] 게다가 시장이론은 완전한 경쟁과 소비자가 최적화된 구매를 한다는 가정에 기초해 이용 가능한 재화의 목록, 기업의 목록이 정해진 일정한 조건에서 수학적 증명을 통해 수요와 공급이 일치하는 균형가격이 존재함을 주장한다. 또한, 시장이론에서 가계와 기업 등 개별 경제주체는 가능한 모든 미래의 상태를 예견하고 각각에 대비하여 소비를 계획한다고 가정하는, 즉 일어날 수 있는 모든 미래를 고려하여 최선의 판단을 내릴 수 있는 '초합리적인 존재'로 가정되고 있다. 이른바 시장이론의 가장 순수한 버전인 '애로우-드브뢰(Arrow-Debreu) 모형'이 그것이다. 그 결과 시장이론에서 국민경제 또한 이기적 태도에 기초해 선택되는 개별 경제행위들의 단순한 결과물이다. 즉 시장이론에서 거시적 시장은 미시적 시장의 재구성에 불과하다. 예컨대, 멩거에 따르면 국민경제라는 '허구(fiction)'를 이해하기 위해서는 국민경제의 '진짜' 성분들(true elements)인 개체들로 쪼개야만 한다. 국민경제는

---

1) C. Menger, 1985, *Investigations into the Method of the Social Sciences With Special Reference to Economics*, ed. by Louis Schneider, New York University Press, p. 62.

2) 그러나 현실 세계의 경제주체는 이질성을 특징으로 한다. 즉 경제주체들은 단일한 효용 함수를 가지고 있지 않다. 예를 들어, 경제 행위자들은 채무자와 채권자로 구성되어 있고, 채무자들이 내는 빚의 규모와 만기일 구성도 서로 다르다. 채무를 많이 진 사람들은 자산가격(예: 주택가격)이 하락하면 이에 대응해 급격하게 소비를 축소하지 않을 수 없다.

개별 경제들이 서로 긴밀하게 묶여 있는 복합체이지만 그 자체로는 경제가 아니다. 마치 경제를 바퀴와 부품 등으로 구성된 하나의 기계와 같은 것으로 보기 때문이다.[3] 이처럼 '방법론적 개인주의'는 전체 혹은 복잡한 현상들을 개체로 분리해 사고가 가능하다 보고, 따라서 개체들은 전체를 구성하는, 즉 상호 독립적인 것으로 이해한다. 즉 시장이론에서는 전체 혹은 복잡한 현상들을 개체로 분리해 사고가 가능하다 보고, 따라서 개체들은 상호 독립적인 관계속에 전체를 구성하는 것으로 이해한다. 이는 경제학의 아버지로 불리는 애덤 스미스가 1776년에 저술한 「국부론」(*An Inquiry into the Nature and Causes of the Wealth of Nations*)에 그대로 드러나 있다.

> "각 개인은 …… 공공의 이익을 증진시킬 의도도 없고, 그가 얼마나 공익을 증진시키고 있는지도 모른다. …… 개인은 자신들의 사적 이익만을 추구하고 있고, 이 과정에서 그들이 의도하지 않은 어떤 목적을 달성하기 위해, 다른 많은 경우에서처럼, 보이지 않는 손에 의해 인도되고 있다. 그렇지만 각 개인이 그 목적 달성을 의도하지 않았다고 해서 사회적으로 불리하지도 않다. 각 개인은 자신들이 의도적으로 사회적 공익을 증진시키려고 하는 경우보다 자신들의 사적 이익을 추구하는 과정에서 사회적 공익을 더 효과적으로 증진시키는 경우가 많다."

즉 '보이지 않는 손'(가격)에 인도되는 각 개인이 자신의 이익만을 위해 행동해도 사회 전체의 이익 또한 자연스럽게 증가한다는 것이다.


## 제 2 절  사유재산권은 경쟁의 보조수단

시장이론은 자원의 효율적 배분을 경쟁의 원리로 해결하고 있는데 그 이유 역시 '독립적 최적화'가 가능하다고 보기 때문이다. 경쟁이 경제를 발전시키는 예로 상호 경쟁을 통해 기업은 생산비를 줄이려고 노력하기 때문에 소비자는 시장에서 싼 가격에 물건을 구매할 수 있다는 점을 지적한다. 즉 경쟁을 통해서 물건이 저렴하게 만들어지고 수출되면서 그 나라 경제는 성장하고 발달

---

3) C. Menger, 1985, *Ibid.*, pp. 93, 194.

하게 된다는 것이다. 따라서 기업이 물건을 저렴하게 만들려면 생산성이 높은 노동자를 고용해야 하고, 기업은 생산성에 따라 비례하여 임금을 지불하려 할 것이다. 즉 경쟁이란 둘 이상의 경쟁자가 한 목적을 향해 대립하는 것이기에 경쟁은 희소한 자원을 가장 잘 사용하는 개인에게 배분되게 한다. 그런데 시장이론이 '독립적 최적화' 명제와 경쟁 원리에 기초하고 있는 이유가 있다. 앞에서 지적했듯이 시장이론은 기본적으로 제조업의 경험에 바탕을 두고 있다. 예를 들어, 자동차가 많은 부품들로 구성되고, 자동차를 구성하는 부품들에 대한 이해로 자동차에 대한 이해가 가능하듯이 유형재(tangible goods)는 분리가 가능하기 때문이다. 그리고 시장이론이 산업화를 가장 먼저 이룩한 영국의 경제학자들에 의해서 발전되었듯이 경쟁의 원리는 영국의 역사 및 문화와 관계가 있다. 중세 이후의 영국은 '권력의 분산화'와 '자치도시의 존재' 그리고 '개인주의 문화'를 특징으로 했듯이 '경쟁'이 번영할 수 있는 조건을 갖춘 곳이었다. 사실, 희소한 자원의 제약 속에서 효율성을 달성하는 방식은 경쟁만으로 가능한 것은 아니다. 협력도 자원의 효율적 배분을 가능하게 한다. 이에 대해서는 제4절에서 소개할 것이다.

한편, '상호 배타적인 목표달성'으로 정의되는 경쟁의 원리가 작동하기 위해서는 보조수단으로 사유재산권 체계가 필요하다. 경쟁은 희소한 자원을 가장 잘 사용하는 사람이 자원을 사용하게 하고, 경쟁의 승자가 그 결과를 독점적으로 소유할 권리, 즉 사유재산권 체계를 제공해야만 희소한 자원으로 최대의 효과를 만들어낼 수 있기 때문이다. 사유재산권의 개념은 영미 자유주의에 그 배경을 두고 있다. 영미 자유주의에서 인간은 그 어떠한 권력으로부터 침해받지 아니하는 천부적 권리를 가지고 있으며, 그때그때 선호에 따라, 자신의 독자적인 선택에 따라 이 권리를 행사할 때 누구의 간섭이나 제한을 받지 아니한다. 예를 들어, 로크(Locke)는 인간의 신체에 대한 절대적 권리를 그 신체적 활동의 결과로서 획득되는 물건에 대한 지배로 유추, 확장시킨다. 자유주의에서 권리라는 관념에 필연적으로 '배타성'을 내포하는 이유이다.

그리하여 주류사회과학의 표준적인 재산권 이론은 재산권이 명확하게 규정되지 않을 경우 효율성이 담보되지 않는다고 주장한다. 예를 들어, 소유권을 공동으로 가지는, 엄밀히 말하면 사용권을 공동으로 갖는 공유자원(Common Pool Resources)의 경우 비효율적인 결과를 만들어낸다. 이른바 '공유(동)지의 비극(the Tragedy of the Commons)'이 그것이다. 미국 생물학과 교수 가렛 하딘(Garret Hardin)이 만들어낸 개념으로 1968년 12월 13일자 「사이언스」에 실렸던 논문의 제목이기도 하다. 공유자원의 비극은 지하자원, 초원, 공기, 호수에 있는 고기와 같이 공동체 모두가 사용해야 할 자원은 사적 이익을 주장하는 시장의 기능에 맡겨두면 이를 그 세대에서 남용하여 자원이 고갈될 위험이 있다는 내용이다. 하딘의 글에는 공유지를 이용해 소를 키우는 목동들이 있는 유럽 어느 장원이 소개된다. 이 장원의 목동들의 관심사는 과밀방목으로 인해 공유지가 손상될지라도 소를 공유지에 집어넣는 것이다. 예를 들어, 100 마리의 양을 기를 수 있는 제한된 공유지에서, 100 마리 이상의 양을 기르면 결국 목초지는 과도하게 풀이 뜯겨 재생산이 되지 못하고 점차로 황폐해져 간다는 것이다. 목축업자들은 너도 나도 공유지를 이용할 것이고, 자신의 부담이 들지 않는 공짜이기 때문에, 공유지에 양을 계속 풀어 놓기만 하지 줄이지는 않을 것이다. 결국 풀이 없어진 초지에는 양을 기를 수 없어 목축업자들 전체가 손해를 보게 된다. 결국 개인들의 이익 추구에 의해 전체의 이익이 파괴되어 공멸을 자초한다는 개념이다.

지금까지 소개한 시장이론 체계의 기본원리를 그림으로 정리하였다.

**그림 1-1 시장이론 체계의 기본원리**

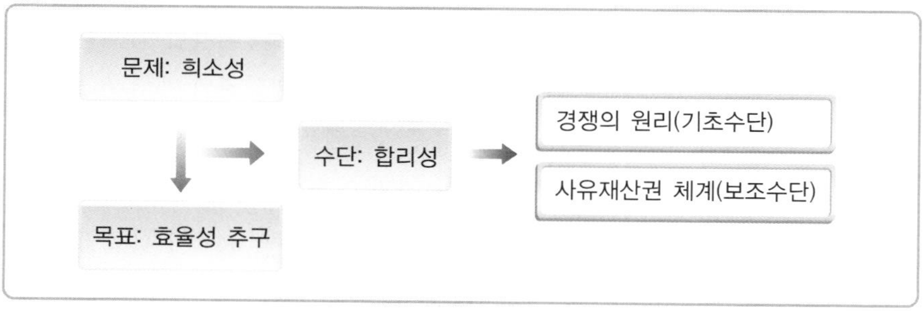

## 제 3 절 시장이론은 유형재의 세계

시장에서 거래하는 대상인 상품은 여러 기준[4]에 따라 구분하는데 시장이론의 적용 가능성과 관련한 주요한 구분 기준이 상품의 성질인 경합성(rivalry)과 배제성(excludability)의 유무에 의한 것이다. 시장이론에서는 경합성과 배제성을 모두 갖는 상품을 순수한 '사적 재화(private goods, 예: 자동차나 TV 등)', 둘다 없는 재화를 순수한 '공공재(public goods, 예: 국방이나 치안 서비스 등)', 경합성은 있으나 배제성이 없는 것을 '공유자원'이라 부른다. 그런데 유감스럽게도 경합성은 없으나 배제성이 있는 상품인 대다수 무형재들(예: 음원, 게임, 영화, 앱, 온라인wsj, 케이블TV)은 오늘날 가장 많이 거래하는 상품인데도 시장이론에서 이를 지칭하는 통일된 용어가 없다. 이런 재화의 이름을 따서 요금재(toll goods)나 저혼잡재(low-congestion goods) 혹은 이런 재화의 속성에 기초해 '자연독점(natural monopoly)' 등으로 부른다. 이런 재화에 대해 경제학자들이 통일된 용어를 만들 수 없어서 만들지 못한 것은 아니다. 이는 시장이론이 유형재인 제조업의 경험에 기초하고 있음을 보여주는 사례일 뿐이다. 즉 중심적인 관심의 대상이 아니라는 것이다.

**경합성** 한 사람이 재화를 소비하면 다른 사람의 소비가 제한받는 속성
**배제성** 가격을 지불하지 않을 경우 사람들의 재화 소비를 막을 수 있는 속성

**그림 1-2** 경합성과 배제성 그리고 사적 재화의 세계

---

4) 예를 들어, 경제적 가치의 유무에 따라 자유재와 경제재로 나눈다. 양자는 희소성의 유무, 즉 시장적 교환대상이 될 수 있느냐로 판단한다. 또한, 기능이나 성질에 따라 한번 사용으로 소모되는 단용재(單用財)와 그렇지 않은 내구재, 공원이나 도로 등 정부나 공공단체가 제공하는 공공재와 민간이 공급하는 사적 재화, 개인의 욕망을 직접적으로 충족시키는 최종소비재와 최종소비재의 생산과정에 사용되는 중간재(생산요소, 생산재, 투입물) 등으로 구분한다.

그런데 시장의 목표인 효율성을 달성하기 위해서는 시장에서 거래되는 상품은 경합성과 배제성을 모두 가져야 한다. 먼저 배제성이 없거나 배제하기 어려운 상품의 경우 소비자가 값을 지불하지 않고도 소비할 수 있기 때문에 시장에서 공급되기 어렵다. 앞에서 보았듯이 공유자원의 경우 비극적 결과, 즉 자원의 비효율적 배분을 초래한다. 값을 지불하지 않고도 소비할 수 있는 공공재를 정부 등 공공기관이 공급하는 이유도 시장에서 공급되지 않기 때문이다. 또 경합성이 없는 상품의 경우 소비하더라도 소모되지 않기에, 즉 생산할수록 평균 생산비용이 감소하기에 '자연독점'으로 귀결된다. '자연독점'은 시장에 맡기면 자연스럽게 독점으로 귀결될 수밖에 없는, 즉 "시장 전체 수요를 여러 생산자보다 하나의 생산자가 더 적은 비용으로 생산 공급할 수 있는 기술적 속성을 지닌 산업의 시장조건"을 일컫는다. 즉 경합성이 없는 상품의 경우 시장은 경쟁적이지 못하기에 시장에서 거래될 경우 효율성이 보장되지 않는다. 시장이 자유롭게 기능하는데도 자원배분이 효율적이지 않은 이른바 '시장실패'의 상태가 된다. 시장이 경쟁적이지 못할 경우 시장이 실패하는 이유는 앞으로 자세히 살펴볼 것이다.

## 제 4 절  무형재와 협력의 경제학

### 4.1. 아이디어집약적 경제활동으로의 전환과 협력재의 세계

경합성이 없고 배제성이 있는 재화에 대한 통일된 용어가 존재하지 않는 이유는 시장이론이 과거 산업사회의 경험에 안주하고 있는 것을 보여주는 반증이다. 이미 오래 전부터 현대 경제의 특징을 경제의 서비스화나 탈소재화, 탈물질화, 무중량경제 등으로 묘사하고 있는 상황이다. 유형재(tangible goods)가 대개 경합성과 배제성을 갖는 재화인 반면, 음원이나 게임 등 무형재(intangible goods)는 기본적으로 공간의 제약을 받지 않기에 경합성이 없는 재화이다. 즉 유형재는 공간적 제약으로 물질 속성상 경합성을 가질 수밖에 없는 반면, 무형재의 경우 아무리 사용해도 소모되지 않고 이전되지 않기 때문에 희소성의 제약을 받지 않는다. 희소성의 제약에서 해방되기에 무형재는 '수확체감의 법칙'(생산요소가 한 단위 추가될 때 새롭게 발생하는 수확의 증가량이 감소하는 현상)이 작용하는 유형재와 달리 '수확체증의 법칙'(투입된 생산요소가 늘어나면 늘어날수록 산출량이 기하급수적으로 증가하는 현상)이 작용한다. 따라서 무형재의 세계는 시장이론으로 설명하기 어렵다.

제조업, 특히 중화학공업이 자본집약적 생산방식에 기초하는 반면, 부가가 치가 높은 무형재일수록 아이디어집약적인 생산방식에 기초한다. 그 결과 아이디어집약적인 무형재는 경합성과 배제성을 특성으로 하는 유형재(사적 재화)와 정반대로 상품의 생산에 많은 사람이 참여할수록 상품의 가치를 증가시키는 역경합성(anti-rivalry)과 포괄성(inclusiveness)의 성질을 갖는다. '역경합성'은 재화를 사용하는 사람의 수가 증가할수록 사용 가능한 재화의 양과 가치가 증가하는 속성이다. 예를 들어, 애플의 iOS를 이용해 앱(App)을 개발하고 iOS 및 iOS에 기반한 앱을 사용하는 사람이 많을수록 iOS 및 iOS에 기반한 앱의 양과 가치는 증가한다. 경합성을 갖는 사적 재화의 경우 한 사람에 의한 소비가 다른 사람에 의해 소비될 수 있는 양을 축소시키는 반면, 역경합성은 재화의 소비가 증가할 경우 다른 사람이 이용 가능한 양을 축소시키지 않는 비경합성(non-rivalry, 비소모성)에서 그치지 않고 사용 가능한 재화의 양과 가치를 증가시킨다. '포괄성(가치결합성)'은 재화의 사용과 생산이 공유될수록 새롭게 창출되는 재화의 가치나 양이 증가하는 속성으로 정의된다. 즉 포괄성의 경우 특정 재화를 사용하거나 생산하는 사람의 숫자가 증가함에 따라 그 재화의 가치가 증가하는 성질을 의미한다. 예를 들어, 애플은 기업 외부의 사람들에게 iOS를 사용해 앱을 개발하여 수익을 추구할 수 있는 기회를 제공함으로써 앱개발자와 이익을 공유한다. 아이디어집약적인 무형재를 협력재(collaborative goods)라 부르는 이유이다. 즉 협력재는 사적 재화처럼 사용함으로써 가치가 감소하지도 않고, 공공재와 달리 사용함으로써 가치가 증가한다. 이처럼 아이디어집약적인 무형재의 역경합성은 풍부성의 세계를 만들고, 무형재의 포괄성(가치결합성)은 핵심자원의 공유와 경제주체 간의 협력을 요구한다.

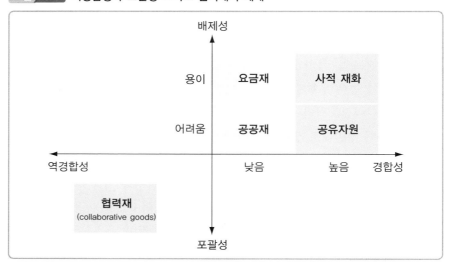

**그림 1-3** 역경합성과 포괄성 그리고 협력재의 세계

앞에서 소개했듯이 시장이론에서 공유(자원)는 '공유지의 비극'으로 귀결된다. 그런데 '공유(동)지의 비극'은 공유자원을 경쟁의 원리에 따라 운용한 결과다. 공유자원이 협력의 원리에 따라 운용될 경우 효율성을 개선할 수 있다. 즉 협조 문화가 풍부한 사회에서는 사유재산권보다 공유가 효율성을 보장해줄 가능성이 높다. 좁은 의미에서 '경쟁'은 내가 성공하기 위해서는 상대방이 실패해야 하는 '제로섬게임(zero-sum game)'인 반면, '협력'은 목표를 달성하기 위해 함께 일해야 하는 제도이고, 특히 '구조적 협력'이란 상대방이 성공하는 경우에만 나도 성공할 수 있는 것을 의미한다. 이 경우 보수는 집단적 성과에 따라 결정된다. 다음 표는 경제학 교과서에 흔히 소개되는 '공유(동)지의 비극'의 예를 재구성한 것이다.[5] 두 석유회사가 인접한 유전을 소유하고 있고, 이 유전은 땅 밑으로 원유가 연결되어 매장돼 있다(공유자원). 그리고 그 유전의 가치는 총 1,200만 달러라고 하고, 석유를 채취하기 위한 비용은 유공당 100만 달러로 가정한다. 이제 각 회사가 자신들의 이기심에 기초해 각자 이익극대화를 추구할 경우 어떤 결과를 초래할 것인지 살펴보자. 유전을 개발할 경우 수입보다 비용이 크기에, 즉 경제성이 있기에 두 회사는 유전 개발을 시작할 것이다. 각 기업이 유공을 1개씩 뚫을 경우 각각 수입과 비용은 600만

---

5) G. Mankiw, 김경환 · 김종석 옮김, 「맨큐의 경제학」, 2nd ed., 교보문고, 2001, p. 397.

표 1-1 협력과 공유자원의 효율성

| | | 기업 A의 선택 | | |
|---|---|---|---|---|
| | | 유공 1개 | 유공 2개 | 유공 3개 |
| 기업 B의 선택 | 유공 1개 | 기업A 이윤: 500만 달러<br>기업B 이윤: 500만 달러 | 기업A 이윤: 600만 달러<br>기업B 이윤: 300만 달러 | 기업A 이윤: 600만 달러<br>기업B 이윤: 200만 달러 |
| | 유공 2개 | 기업A 이윤: 300만 달러<br>기업B 이윤: 600만 달러 | 기업A 이윤: 400만 달러<br>기업B 이윤: 400만 달러 | 기업A 이윤: 420만 달러<br>기업B 이윤: 280만 달러 |
| | 유공 3개 | 기업A 이윤: 200만 달러<br>기업B 이윤: 600만 달러 | 기업A 이윤: 280만 달러<br>기업B 이윤: 420만 달러 | 기업A 이윤: 300만 달러<br>기업B 이윤: 300만 달러 |

달러와 100만 달러가 되어 수익도 각각 500만 달러가 된다. 그런데 한 기업이 유공을 추가로 뚫게 되면 수입과 비용은 2:1로 배분되어 2개를 뚫은 기업의 수익은 600만 달러, 1개를 뚫은 기업의 수익은 300만 달러가 된다. 이 상황에서 유공을 1개 뚫은 기업도 추가 유공을 뚫어 수익을 400만 달러로 증가시킬 것이다. 결국 두 회사는 유공을 3개씩 뚫어 수익을 각각 300만 달러씩 갖게 될 것이다. 한 기업이 유공을 4개 뚫으면 수입이 300만 달러 밑으로 하락하기에 유공은 각각 3개씩 뚫은 상태에서 멈춰진다. 두 기업은 1,200만 달러의 가치를 갖는 자원으로 600만 달러의 수익이라는 최악의 결과를 만들어낸 것이다.

그런데 이 경우를 역으로 생각하면 공유의 경우 협력이 가장 효율적일 수 있음을 보여준다. 즉 두 회사가 서로 협력하여 1개씩 뚫을 경우에는 각각 500만 달러씩 총 1,000만 달러의 이익을 실현한다. 더 나아가 두 회사가 공동으로 운영하고, 즉 유공을 1개만 뚫고 전체 이익을 똑같이 배분할 경우에는 각각 550만 달러씩 총 1,100만 달러의 이익을 실현할 수 있다. 공유자원을 전제로 한다면 경쟁하는 것이 협력하는 것보다 열등한 결과, 즉 자원의 비효율적 배분을 초래하는 것이다. 이처럼 공유자원이 남용된다는 주장은 경쟁의 문화를 가진 사회에서만 적용될 뿐 협력의 문화를 가진 사회에서는 적용되지 않는다.

이처럼 재산권이 명확히 배정될 때만이 경제적 효율성이 보증된다는 주류 사회과학의 재산권 이론은 개인주의 및 경쟁 문화를 배경에 기초한 영미의 경험을 보편화한 하나의 '신화' 혹은 '이데올로기'에 불과하다. 이처럼 포괄성을 특성으로 하는 무형재의 세계는 유형재의 세계와 달리 협력과 공유가 필요하다. 게다가 무형재의 역경합성은 경합성을 특성으로 하는 유형재와 달리 풍부성(비소모성)의 세계를 만든다. 이것이 희소성과 경쟁 그리고 사유재산권에 기초하는 시장이론이 무형재의 세계에서 더 이상 유효하지 않은 이유다.

이처럼 협력재에서 새로운 혁신과 가치 창출을 위해 필요한 요소는 '협력'과 '공유', 그리고 '호혜성'이다. 개별 경제주체의 협력 대상의 범위가 확산되면서 '호혜성', 즉 협력과 공유, 신뢰가 가치 창출의 키워드로 부상하고 있는 것이다. 개인주의 문화에 기초한 미국 사회에서 호혜성의 원리가 확산되고 제도적으로 정착하기가 쉽지 않은 이유이다. 이와 관련하여 1990년대 후반 클린턴 행정부 시절 소프트웨어 공급의 지체 현상을 해결하기 위해, 즉 이른바 '소프트웨어 갭(software gap, 소프트웨어에 대한 수요 불충족의 정도)'의 문제를 해결하기 위해서 미국의 컴퓨터 관련업계와 학계 전문가들로 구성된 '대통령의 정보기술자문위원회'의 결과물이 사장된 사실은 시사하는 바가 크다. 즉 당시 위원회는 미국이 직면하고 있는 저작권 보호환경으로는 다양한 수요를 따라잡을 수 없기 때문에 '소프트웨어 갭'을 좁힐 수 있는 유일한 대안으로 소프트웨어의 개발과 사용 체제를 소스공개형으로 전면 전환할 것을 주장하였다. 그러나 대부분의 위원회 보고서가 실현되는 데 어려움이 없었던 반면, 이 보고서는 부시 주니어 행정부에 의해 묵살되었다. 소스 공개의 법제화가 미국의 개인주의 문화에서는 받아들이기 어려운 일이었기 때문이다. 경쟁의 원리와 사유재산권 체계 위에 건설된 미국식 시장경제가 지식의 공유를 받아들이는 것은 미국식 가치체계와 문화의 부정인 것이다. 실제로 시장경쟁을 강화할 목적으로 도입된 미국식 사유재산권과 가치체계는 오늘날 역으로 경쟁을 훼손시키고 있다. 2012년 7월 애플과 구글이 인수한 모토로라 무선사업부 간의 특허 분쟁에서 사건을 기각해 주목을 받았던 미국의 연방판사 리처드 포스너(Richard Posner)는 "특허 기술을 개발하기 위해 들어간 비용을 보전하는 목적에서 만들어진 미국의 특허시스템이 특허 남발을 초래하여 특정 산업(필자 주: 무형재 산업)에서는 경쟁자의 시장 진입을 가로막음으로써 경쟁을 제한하고 '특허를 위한 특허'를 노리는 '특허 괴물'을 잉태하는 악영향을 미치고 있다"며 미국 특허제도의 문제점을 지적하였다.[6]

---

6) R. Posner, 2012, "Why There Are Too Many Patents in America," *The Atlantic* (July 12).

## 4.2. 무형재와 '역공유자산의 비극'

지금까지 지적재산에 대한 보호는 한편에서는 혁신의 생산물에 충분한 수익과 인센티브를 제공할 필요가 있다는 주장, 그리고 다른 한편에서는 혁신의 급속한 사회적 확산을 촉진시켜 소비자에게 이익이 가도록 혁신 도입자의 독점력을 즉각적으로 부식시켜야 한다는 주장 사이에서 불편한 균형이 지속되었다. 그러나 미국에서 1980년대부터 일련의 법원 결정을 통해 특허 보호가 현저히 강화되었다. 지식이 사적 소유권을 획득하게 되는 계기가 되었던 1980년 '특허 및 상표 수정법안,' 이른바 '베이-돌(Bayh-Dole) 법안'의 제정이 전환점으로 작용한 것이다. 이 법안 제정을 시작으로 미국은 우루과이라운드(UR)에서 지적재산권을 교섭 대상으로 삼아 세계무역기구 설립 협정의 부속협정으로 '지적재산권의 무역적 측면(Trade-related Aspects of Intellectual Property, TRIPS)'을 체결하고, 세계지적재산권기구(World Intellectual Property Organization, WIPO)의 저작권 조약을 주도하였다. 이는 물론 미국의 경제적 이익을 위한 것이었다. 참고로 미국은 2013년 기준 전 세계 지적재산의 수입 중 39%를 차지하고 있다.[7] 게다가 미국은 지적재산권에 있어서 큰 흑자를 실현하고 있다. 예를 들어, 2009년 기준 미국은 로열티와 라이센스 수입이 898억 달러였던 반면, 해외 지불액은 252억 달러에 불과했다.[8]

그런데 지적재산권 보호의 강화, 특허자격을 부여하는 영역의 확대, 특허 부여에 대한 기준의 완화 등은 혁신적 노력들에 대해 인센티브를 제공한다는 의도한 목표를 넘어 특허의 역할을 광범위하게 확대시켰다. 예를 들어, 오늘날 특허는 새로운 기업의 진입 억제, 경쟁사의 혁신 차단, 자사의 권리에 대한 경쟁사의 침해나 반대로 경쟁사의 권리에 대한 자사의 침해를 둘러싼 소송을 위한 수단,[9] 기업 간 기술 교환의 협상수단, 그리고 금융시장에 보내는 미래

---

7) E. Gresser, 2014, "U.S. share of world intellectual property revenue - 39 percent," *Progressive Economy* (Nov. 5). http://progressive-economy.org/2014/11/05/u-s-share-of-world-intellectual-property-revenue-39-percent/

8) Economics and Statistics Administration and the United States Patent and Trademark Office, 2012, "Intellectual Property and the U.S. Economy: Industries in Focus," U.S. Department of Commerce (March).

9) 예를 들어, 맞소송의 위협을 가함으로써 상대의 특허소송을 피하는 전략을 사용하곤 한다. 이는 마치 냉전시대의 강대국의 핵무기 보유전략과 닮았다고 해서 '상호확증파괴(MAD, Mutually Assured Destruction) 전략'이라고도 불린다.

가능한 수익 흐름에 대한 신호 등 전략적 목표로 사용되고 있다.[10] 그 결과 많은 최고경영자와 협회의 대표들은 오늘날 모두가 보다 많은 특허를 내고, 보다 강한 보호를 요구하고 있는 이유가 단지 '상대 따라하기' 때문이라며 우려를 반복적으로 표현하고 있다. 즉 보다 많은 특허와 보다 강한 특허에 대한 경쟁은 혁신을 위한 인센티브와는 아무 관련이 없다는 것을 보여준다.[11]

게다가 특허법은 기본적으로 하나의 생산물에 대해 하나의 특허를 부여하는 19세기 패러다임의 함정에 빠져있다.[12] 오늘날 대부분의 고부가가치 산업인 복합생산물들은 기본적으로 상이한 부품(multi-components)과 다양한 기술(multi-technology)로 구성된다. 전자, 컴퓨터, 정보통신기술(ICT), 자동차, 항공, 소프트웨어 산업들이 여기에 해당한다. 예를 들어, 하나의 DVD를 생산하기 위해서는 400개 이상의 필수적인 특허가 관련되어 있고, 컴퓨터 운영시스템 이나 PC는 수백 개의 특허가 관련되어 있고, 스마트폰에는 (2012년 기준) 약 25만개의 특허가 영향을 미치는 것으로 추정된다. 그 결과 복합생산물 특허의 경우 한 기업이 관련된 모든 특허를 소유하지 못하고 상이한 기업들이 생산물과 관련된 특허를 나누어 소유하는 경향이 있다.[13] 예를 들어, 스마트폰과 관련된 특허 소송의 복잡한 연결망([그림 1-4])에서 보듯이 많은 기업들

10) P. Hall and R. Ziedonis, 2001, "The Patent Paradox Revisited: Firm Strategy and Patenting in the US Semiconductor Industry," *Rand Journal of Economics*, Vol. 32 No. 1, pp. 101~28; A. Jaffe, 2000, "The US Patent System in Transition: Policy Innovations and the Innovation Process," *Research Policy*, 29, pp. 531~57; S. Winter, 2002, "A View of the Patent Paradox," Presentation at London Business School, May 20 2002. 예를 들어, 2013년 9월 마이크로소프트(MS)사가 노키아의 휴대폰 제조부문을 인수하면서 3만여 건의 특허는 남겨 두는 거래를 한 것이나, 구글이 2012년 인수했던 모토로라를 중국의 레노버사에 2014년 초 매각하면서 모토로라가 보유한 1만 7천여 건의 특허를 매각대상에서 제외한 것 모두 전략적 목표와 관련이 있다. 예를 들어, 구글이 기기 제조업을 포기하면서도 특허권을 놓지 않은 이유는 안드로이드 진영을 보호할 이해관계가 있기 때문이다.

11) R. Levin, A. Klevorick, R. Nelson, and S. Winter, 1987, "Appropriating the Returns from Industrial R&D," *Brookings Papers on Economic Activity*, pp. 783~820; W. Cohen, R. Nelson, and J. Walsh, 2000, "Protecting their Intellectual Assets: Appropriability Conditions and why US Manufacturing Firms Patent or not," NBER Discussion Paper 7552; P. David, 2002, "Does the New Economy need all the old IPR institutions? Digital information goods and access to knowledge for economic development," Presented at Wider Conference on the New Economy in Development, Helsinki, 2002.

12) Testimony of Chuck Fish, 2005, Vice President and Chief Patent Counsel Time Warner, in front of the US Senate, Committee on the Judiciary, Subcommittee on intellectual property (June 14).

13) L. Marengo, C. Pasquali, M. Valente, and G. Dosi, 2012, "Appropriability, Patents, and Rates of Innovation in Complex Products Industries," *Economics of Innovation and New Technologies*, Vol. 21, p. 755.

이 스마트폰과 관련된 특허를 소유하고 있다.

　그 결과 복합생산물에서는 특정 부품이나 기술에 대한 경합적 사용을 저지하기 위해, 심지어 모든 특허를 공유하는 '교차 라이선싱 협상(cross-licensing negotiations)'을 위해 특허를 확보하고 사용하고 있다.[14] 예를 들어, 2014년 2월 초 구글은 삼성과 10년간 모든 특허를 공유하는 '교차 라이선싱' 계약을 맺었다. 교차 라이선싱 계약은 어느 쪽이든 많은 특허를 보유한 업체만 쓸 수 있는 전략이며 잃을 것이 많은 대형 업체들일수록 더 많은 특허를 확보하려는 유인이 생긴다. 교차 라이선싱은 '동태적 혁신' 모델과 완전히 일치한다. 기업에게 특허권은 방해권(holdup rights)으로 간주된다. '정태적' 혁신 모델의 관점에서 특허가 과도하게 인정되면 동태적으로는 다른 혁신들을 방해할 수 있

**그림 1-4** 스마트폰과 관련된 특허 소송의 연결망

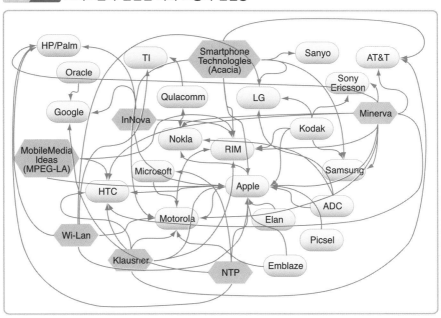

출처: J. Lewis, 2013, "The sky is not falling: Navigating the smartphone patent thicket," *WIPO Magazine* (February).
　http://www.wipo.int/wipo-magazine/en/2013/01/article_0002.html

---

14) N. Gallini, 2002, "The Economics of Patents: Lessons from Recent U.S. Patent Reform," *Journal of Economic Perspective*, Vol. 16 No. 2, pp. 131~54; R. Ziedonis, 2004, "Don't Fence Me In: Fragmented Markets for Technology and the Patent Acquisition Strategies of Firms," *Management Science*, Vol. 50 No. 6, pp. 804~20.

다. 이러한 이유 때문에 하이테크 분야에서 정태적 모델과는 충돌하지만 미래의 가능한 이득에 대한 동태적 우려를 '교차 라이선싱'을 통해 해결한다. 즉 기존 기업은 창업 경쟁자들의 진입을 막을 수 있음에도 불구하고 해당 산업의 미래 혁신에 대한 창업 경쟁자들의 기여 때문에 정태적 모델의 예상과 달리 '교차 라이선싱'을 창업 기업들에게 쉽게 제공하곤 한다.[15] 반도체와 컴퓨터 산업의 초기 수십 년 동안 경쟁기업들 사이에 전 분야를 포괄하는 '교차 라이선싱'의 도입이 일반적이었던 이유이다.[16]

이처럼 상호보완적인 부품과 기술들에 대한 재산권의 주장은 혁신을 가로막고 있고, 특히 많은 부품 및 모듈(modules, 특정 기능을 하는 컴퓨터 시스템이나 프로그램의 단위)과 관련된 시스템 혁신에 치명적으로 작용하고 있다. 사실, 컴퓨터와 반도체 부문의 경우 역사적으로 특허에 대한 취약한 보호와 모방이 혁신을 이끌었다. 예를 들어, 80년대 미국 소프트웨어 산업은 특허에 대한 보호를 급속히 강화시켰지만 이러한 조치는 역설적으로 이 부문 연구개발(R&D)의 정체로 이어졌다.[17] 모방은 당장의 수익은 축소시키지만 보다 수익성 있는 혁신이 실현될 수 있는 가능성을 증대시킨다. 특히 아이디어집약적 산업이나 하이테크 산업의 경우에서처럼 연속성과 보완성을 특징으로 하는 기술들이 관련된 산업에서 모방을 통한 혁신은 시장의 전반적 규모를 증대시킴으로써 초기 혁신자들의 수익 기회를 증대시킨다.[18] '중국판 애플'이라 불리는 샤오미도 '카피캣(Copy cat) 비즈니스 모델(다른 기업의 혁신을 재빨리 모방하여 따라잡아 시장을 석권하려는 사업 모델)'로 혁신을 만들어냈다. 샤오미는 단말기 판매를 통해 수익을 내는 기존 스마트폰업체와 달리 스마트폰을 자사 콘텐츠를 판매하는 채널로 간주하였다. 즉 하드웨어 차별화에 의한 시장 확보가 어려워진 상황에서 저가의 스마트폰으로 사용자기반을 넓힌 뒤 소프트웨어와 서비스를 통해 수익을 확보한다는 전략을 구사했다는 점에서 아마존의 킨들파이어를 모방했고, 소프트웨어와 서비스로 승부하기 위해 자체 운영체제(OS) 미유아이(MIUI)를 확보하여 구글 안드로이드마켓이 아닌 자체 앱스토어를 구축

---

15) 예를 들어, 60년대 말에 인텔(Intel)을 설립한 로버트 노이스(Robert Noyce)는 텍사스 인스트루먼츠(Texas Instruments)와 IBM 등으로부터 교차 라이선싱을 획득하였다.

16) J. Bessen, and E. Maskin, 2009, "Sequential Innovation, Patents and Imitation," *RAND Journal of Economics*, Vol. 40 No. 4, pp. 611~35.

17) J. Bessen, and E. Maskin, 2009.

18) J. Bessen, and E. Maskin, 2009.

하고 독자적인 생태계를 확보했다는 점에서 애플 iOS의 인터페이스(두 개의 시스템과 장치가 상호 작용할 수 있도록 접속되는 경계)를 모방하였다. 게다가 애플처럼 제작 전 과정을 아웃소싱으로 진행하여 시설 투자에 대한 부담이 적고 시장 상황에 따라 탄력적으로 물량을 조절했고, 아마존처럼 온라인 판매에 주력해 유통비용을 획기적으로 축소시켰고, 델처럼 선주문–후제작 방식으로 재고를 최소화시켰다. 샤오미가 모방 전략으로 '창조적 혁신'을 만들어냈듯이 모방은 '단순한 따라하기(복제)'가 아니다. '단순한 따라하기(복제)'로는 성공을 만들 수 없기 때문이다.

반면, 연속성과 보완성을 특징으로 하는 기술들과 관련된 생산물 시장에서 강한 특허권은 혁신을 저해시킨다. 기업의 특허권은 경쟁자로 하여금 추가적인 혁신을 발전시키는데 그 생산물을 사용하지 못하게 하기 때문이다. 예를 들어, 가장 효율적인 빅데이터 플랫폼으로 평가받는 하둡(Hadoop)의 경우를 살펴보자. 지금까지 많은 기업이 적잖은 비용을 지급하고 오라클(Oracle)이나 IBM이 개발한 데이터 분석 솔루션을 이용해 데이터를 분석했지만 가격이 매우 비싸 제대로 활용하지 못했다. 상황을 반전시킨 것은 2004년 야후의 시스템 개발자였던 더그 커팅(Doug Cutting)이 오픈소스(Open Source) 빅데이터 분석 플랫폼 하둡을 개발하면서부터이다. 구글의 분산 처리 시스템에서 아이디어를 얻었다. 주목해야 할 점은 커팅이 하둡을 '오픈소스'로 공개하고 누구든 자유롭게 쓸 수 있도록 했다는 것이다. 비싼 돈을 내지 않고도 효율적으로 빅데이터를 처리할 수 있었기 때문에 수많은 개발자가 달라붙어 하둡을 발전시켰다. 마치 구글이 안드로이드를 개방하면서 관련 생태계가 급속히 커진 것과 비슷하다.[19]

요약하면 고부가가치를 만들어내는 복합생산물의 기술과 시장은 일반적으로 두 가지 주요 속성을 갖는다. 첫째, 부품들 사이의 상호보완성과 상호의존성으로 인해 새로운 혁신 경로를 찾는데 많은 비용과 어려움이 야기된다. 즉 가능한 경로 중 많은 경로가 계류 중인 특허에 의해 차단될 경우 미래 혁신의 기회는 거의 열리지 않을 것이다. 둘째, 부품과 기술에 대한 수요가 불균일적

---

19) 전기차(예: Tesla)와 수소연료전지차(예: Toyota) 업계의 '무상 특허 전쟁'은 미래 자동차 산업의 주도권 경쟁이지만, (특허 공개를 선언하면서 "괜찮은 아이디어가 공유될 때 놀라운 일이 발생할 수 있다"는 도요타의 수석 부회장 밥 카터의 말대로) 기본적 발상은 공유를 통한 혁신의 이점을 보여주는 현상이다. BBC, 2015, "CES 2015: Toyota opens up hydrogen patents" (Jan. 6).

이고, 기업은 부품과 특징의 다양한 결합을 통해 생산물을 다양화시키듯이 복합생산물 공간에서의 경쟁은 일반적으로 하위시장의 창출을 통해 진행된다. 즉 새로운 생산물은 새로운 하위시장을 창출한다. 예를 들어, 갈수록 팽창하는 스마트폰의 '애프터마켓(after market)'이 그것이다. 앱과 연동해 쓸 수 있는 앱세서리(application+accessory) 등 스마트폰 주변기기의 글로벌 시장 규모는 2014년 말까지 511억 달러로 성장할 전망이다.[20] 그 결과 애플은 1년에 한 개씩 신제품을 내놓으면서 주변기기로 수입을 극대화시키는 전략을 도입하고 있다. 그러므로 복합생산물 공간의 경쟁은 승자가 모든 것을 독식하는 과정이 아니라 끝없이 새로운 하위시장을 창출하는 과정이다. 이처럼 생산물 공간의 복잡성이 증대함에 따라 특허권 체제의 강화는 혁신율을 떨어뜨리고, 생산물의 질을 저하시키고, 소비자 후생을 감소시킨다.[21]

　이런 점에서 복합생산물은 이른바 '역공유자산의 비극(tragedy of anti-commons)'을 유발할 가능성이 높다.[22] 사적 자산과 역공유자산의 차이는 권리의 묶음(bundle of rights)으로 비유할 수 있다. 하나의 물건에 복수의 핵심권리가 존재하고 이들 핵심권리들이 분산적으로 소유되고 있되 소유자의 핵심권리들 사이에 어떠한 위계도 존재하지 않고, 갈등 해결을 위해 어떤 명백한 규칙도 없을 경우 이 물건을 '역공유자산'이라 한다. 따라서 핵심권리들은 각각 배제권으로 기능할 수 있다. 사적 자산 체제의 소유자들과 달리 역공유자산 체제에서 소유자들은 그 물건이 사용되기 위해 소유자들 사이에 일정한 합의를 도출해야만 한다. 사적 자산은 대개 하나의 물건 속에 있는 핵심권리들의 묶음을 각각의 소유자가 통제한다. 반면, 역공유자산은 하나의 물건 안에 위계적 관계가 존재하지 않고 복수의 핵심권리들에 대해 경합적 관계에 있는 소유자 사이의 수평적 관계를 만들어낸다. [그림 1-5]를 통해 다시 설명하자.

---

20) 중앙선데이, "급팽창하는 스마트폰 애프터마켓" 2014년 11월 30일~12월 1일, p. 18. 참고로 삼성그룹이 5대 신수종 사업 중 하나로 꼽았을 정도로 전도가 밝은 발광다이오드(LED)의 글로벌 시장 규모가 2020년경 480억 달러일 것으로 예상된다.

21) L. Marengo, C. Pasquali, M. Valente, and G. Dosi, 2012. pp. 755~56.

22) 예를 들어, 안드로이드 OS만 하더라도 구글이 무료로 제공하는 오픈소스 제품이지만 구글이 소유하지 않은 특허들도 많이 포함되기 때문에 이를 이용해 제품을 만들 때에는 상당한 기술료를 따로 지불해야 한다. MS사가 안드로이드 스마트폰 제조업체들로부터 챙기는 로열티만도 연간 20억 달러에 달한다. 이처럼 많은 특허가 사용되면 여러 문제가 발생할 수 있는데, 그 중 심각한 것은 로열티 과적(royalty stacking) 현상이다. 다수의 특허권자가 저마다 권리를 주장하며 높은 로열티를 요구할 경우 결국 제조업체가 감당하기 어려운 수준으로까지 높아질 수 있다는 것이다. 권남훈, "복잡해지는 특허전쟁과 공정경쟁," 디지털타임스, 2014-02-10.

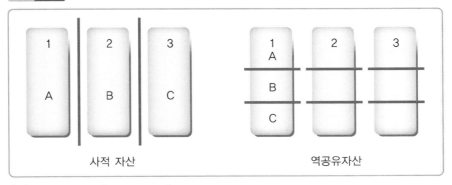

**그림 1-5** 사적 자산과 역공유자산의 구분

사적 자산　　　　　　　역공유자산

출처: Michael A. Heller, 1998, p. 671.

상자 1, 2, 3은 토지 덩어리와 같은 물건을 대표하고 실선은 초기 재산권의 부여 상태를 표현한다. 왼쪽 그림은 물건의 핵심권리 묶음을 수직선으로 분리한 사적 자산 체제를 나타낸다. 즉 소유자 A는 물건 1의 핵심권리의 묶음을 가졌고, 소유자 B는 물건 2, 소유자 C는 물건 3을 가졌다. 이와는 대조적으로 오른쪽 그림은 각 물건 안의 배제권을 수평선으로 분리한 역공유자산을 나타낸다. A, B, C 모든 소유자는 물건 1, 2, 3의 배제권을 갖는다. 사적 자산 소유자 A는 물건 1의 핵심권리를 나누어 일부분을 임대하는 것을 결정할 수 있을 것이다. 그러나 역공유자산의 경우 하나의 물건에 대한 누군가의 핵심권리가 또 다른 핵심권리 보유자들에 의해 통제를 받기에 세분 효과를 기대하기 어렵다.[23] 이처럼 다수의 소유자가 희소한 자원에 대해 유효한 배제권을 보유하는 역공유자산 체제는 한 소유자 혹은 일부 소유자가 한 물건의 핵심권리의 전체 묶음을 획득 혹은 장악하는 것을 다른 소유자가 막을 수 있는 능력을 가진 재산권 체제이다. 그 결과 대부분의 가치 있는 물건들을 역공유자산으로 소유한다는 것은 물건들을 쉽게 양도할 수 없고, 생산적 사용을 위해 이용가능하지 않을 수 있다는 것을 의미한다.

따라서 사용권만을 공유하는, 즉 사용권자가 여럿인 공유자산과 달리 특정한 자산에 대한 배제권을 여러 사람이 보유하는 역공유자산을 이용하려는 사람은 모든 배제권자들로부터 사용허가를 일일이 취득해야 하며 만약 어느 한

---

23) M. Heller, 1998, "The Tragedy of the Anticommons: Property in the Transition from Marx to Markets," *Harvard Law Review*, Vol. 111 No. 3, pp. 670~71.

배제권자라도 거절하면 어느 누구의 사용권 행사도 제한되기에 자산은 과소사용으로 끝나게 된다. 과다사용이 공유자산의 가치를 피폐화시킨다면 역공유자산은 필요할 때 사용하지 못하는 과소사용의 손실을 유발한다.[24] 즉 다수가 소유하는 다양한 권리들의 성과를 합성하여 가치를 고도화시키는 복합적 혁신이 오히려 방해되는 '역공유자산의 비극'도 그 본질은 외부불경제에 해당한다. '역공유자산 비극'의 극단적 산물이 앞에서 지적한 '특허괴물'이라고도 불리는 특허관리전문회사(NPE: Non-Practicing Entity)들이다. NPE는 스스로 생산을 하지 않고 특허만 보유하기 때문에 맞소송을 당할 우려가 없고, 교차라이선싱을 맺을 이유도 없다. 따라서 마음 놓고 로열티 수익 극대화에만 나설 수 있다. 이는 생산자는 물론 소비자 피해로도 이어질 수 있다.

시장이론은 ('공유(동)지 비극'의 해법으로 사적 재산 관계로의 전환을 제안하듯이) 역공유자산의 경우에도 사적 재산 소유자는 과소사용의 비용에 직면하기 때문에 사적 재산 체제로의 전환이 각 소유자의 이익을 효율적으로 조정해줄 것이라 주장한다. 이론적으로 역공유자산과 사적 재산의 가치 사이에 커다란 차이가 존재하는 경우, 사적 자산으로의 전환에 따른 거래비용이 매우 낮은 경우, 그리고 지대추구(자신의 이익을 위해 로비, 약탈, 방어 등 비생산적인 활동에 경쟁적으로 자원을 지나치게 소비하는 현상) 가치가 무시해도 좋을 정도로 작을 경우에는 시장이 역공유자산을 사적 자산으로 빠르게 전환시킬 것이다.[25] 즉 거래비용만 낮다면 '코즈협상'으로 풀 수 있지만, 공유자산의 경우처럼 전략적 흥정에 따라 많은 배제권자가 거래비용을 높이면 '코즈정리'(Coase theorem: 민간 경제주체들이 자원의 배분 과정에서 아무런 비용을 치르지 않고 협상을 할 수 있다면 외부효과로 인해 초래되는 비효율성을 시장에서 그들 스스로 해결할 수 있다는 정리)에 따른 해결을 기대하기 어렵고 시장은 실패할 것이다. '역공유자산의 비극'을 해결하기 위해서는 정부가 배제권 행사를 적절히 제한하는 조치를 취해야 할 것이다. 그러나 보상에 대한 비용 및 행정적 복잡성 그리고

---

24) 예를 들어, 미국의 어느 제약회사는 기존의 여러 특허를 이용하여 알츠하이머병의 치료방법을 개발하였다고 한다. 그런데 개별 특허권자들이 너무 엄청난 로열티를 요구하는 바람에 아직 이 치료법의 임상실험조차 시작하지 못하고 있다. 새로 개발된 치료법은 관련 개별 특허 하나하나가 배제권을 행사할 수 있는 역공유자산이다. 그리고 복잡한 배제권 때문에 그 실용이 지연됨으로써 치료받지 못한 알츠하이머병 환자들의 고통은 과소사용이 유발한 손실이다. 한국경제신문, "이승훈 교수의 경제학 멘토링: 逆공유자산의 비극," 2009년 8월 6일자.
25) M. Heller, 1998, pp. 678~79.

재산권 개혁으로 잠재적 투자자의 기를 꺾을 수 있기 때문에 정부 개입도 실패할 가능성이 높다. 역공유자산 체제를 유지하면서 효율성을 증대시키는 방법은 아이디어집약적 무형재의 비즈니스 모델을 참고할 수 있을 것이다. 긴밀한 유대를 가진 집단은 시간이 흐르면서 자원을 보다 효율적으로 관리할 수 있도록 도와주는 비공식 규범들(신뢰, 협력, 자율)을 개발하는 경향이 있다. 그리고 이렇게 개발시킨 효율적인 비공식 자산관리는 다시 공동체적 가치를 촉진, 강화시킨다.[26]

특허와 혁신의 문제는 게임이론으로도 이해할 수 있다.[27] 이제 기업 1은 혁신을 추구하는 기업이고, 자신과 경쟁하는 기업 2의 모방에 직면한다고 가정하자. 게임의 1단계에서 기업 1은 특허를 구입할 것인가를 선택할 것이다. 두 번째 단계에서 기업 1이 특허를 매입했을 경우 그 아이디어에 대한 배타적인 독점권을 향유하는 기업 1은 벤처의 성공 확률에 영향을 미치는 혁신적인 투자액을 결정할 것이다. 반면, 기업 1이 특허를 구입하지 않을 경우 기업 2가 진입하여 모방을 하여 과점을 이룰 것이다. 이 경우 우리는 기업 2가 기업 1의 이윤 중 일부를 가져감에도 불구하고 두 기업의 혁신적 활동이 서로에게 이득이 되는 이른바 '보완적 확산효과'의 가능성을 생각할 수 있다. 따라서 기업 1은 특허를 구입해 기업 2를 시장에서 배제하는 것과 기업 2를 참여시키는 것 중 어느 것이 바람직할 것인가의 선택에 직면한다. 이처럼 혁신을 유발하는 경쟁이 긍정적 확산효과와 부정적인 이윤분산효과를 갖는 상황에서 먼저 확산효과가 작고 이윤분산효과가 클 경우 혹은 확산효과와 이윤분산효과가 모두 작은 수준일 경우에 기업 1(혁신의 도입자)은 독점적 지위를 가질 수 있는 특허 구입을 선택할 것이고, 그 결과 사회적 후생은 극대화될 것이다. 둘째, 확산효과와 이윤분산효과가 중간 수준일 경우 경쟁적 혁신이 후생극대화를 시키지만 기업 1은 특허 비용이 작은 경우에만 특허를 취할 것이다. 따라서 정책입안가는 기업 1이 특허를 취하지 않도록 특허 비용을 높게 설정하여 사회적 후생을 극대화시킬 수 있다.[28] 마지막으로 확산효과가 크고 이윤분산효

26) E. Ostrom, 1990, *Governing the Commons: The Evolution of Institutions for Collective Action*, Cambridge University Press, 윤홍근 · 안도경 역, 2010, 「공유의 비극을 넘어」, 랜덤하우스코리아.
27) R. Fairchild, 2006, "Patents and innovation – the effect monopoly protection, competitive spillovers and sympathetic collaboration," University of Bath, School of Management Working Paper (March).
28) 미국 셰일가스 혁명이 좋은 예에 해당한다. 미국의 수많은 중소 셰일가스 생산자는 셰일 유정을 채

과가 작은 경우 기업 1은 특허를 취하지 않고 사회적 후생은 극대화될 것이다.

그런데 한 기업이 '호의적 협력(sympathetic cooperation)'을 보일 때는 독점보다 복점(경쟁적 혁신)이 확산효과와 이윤분산효과의 크기와 관계없이 사회적 후생을 극대화시킨다. (앞의 '공유자원의 비극'의 예에서 보았듯이) "상대의 행동에 따라 자신의 이익이 최대가 되는 상태를 분석"한 '내시균형'에 따르면 자신만의 이익극대화를 추구할 경우 최상의 결과를 이끌어낼 수 없고, 최상의 선택은 자신의 이익뿐 아니라 상대의 이익도 최상으로 염두에 뒀을 때 이루어진다는 것을 보여준다.[29] 따라서 정책 입안자는 협력과 동료의식을 정책적으로 권장할 필요가 있다. 이처럼 아이디어집약적 무형재나 복합생산물의 경우 속성상 확산효과가 이윤분산효과보다 크기 때문에 협력의 강화가 사회적 후생을 극대화시키는 해법이 될 수 있다. 한편, 경쟁의 문화에 익숙한 우리는 협력이 확산될 수 있는가에 대해 의구심을 갖는다. 즉 도시화와 기술 발달로 개인주의가 만연하고 사람들 사이에 불신이 깊어졌다고 생각하는 상황에서 협력이 가능할거 같지는 않다. 그러나 도시화와 기술 발달은 역설적으로 사람 간 유대와 신뢰를 증진하는 열쇠가 되고 있다. 예를 들어, 지금껏 비관론자들은 자신의 집이나 자동차를 낯선 사람과 공유할 것이라고 생각하지 않았지만 신뢰와 협력에 기초한 새로운 인간관계가 에어비앤비(airbnb), 우버(Uber) 등의 서비스로 현실이 됐다. 사람들 간 신뢰가 없다면 불가능한 일이다. 새로운 기술로 인해 우리가 많은 사람과 접촉할수록 서로 더 많은 것을 이해하게 되고, 신뢰는 더욱 두터워진다. 그 결과 공유형 신뢰경제와 신뢰사회의 창출이 가능해지고 있다.

---

굴할 때 매번 새로운 방법을 실험한다. 모래 양을 달리해서 얼마나 많은 석유를 얻어내는지 알아보는 것이다. 참고로 셰일가스는 대량의 물과 모래, 각종 화학 물질을 혼합한 용액을 지하 퇴적암층에 쏘아 가스를 뽑아내는 방식으로 생산되기에 혼합 비율이 중요하다. 그런데 미국 정부는 이 데이터를 공유하도록 하였다. 2010년 와이오밍주가 최초로 강제한 이후 미국은 대부분 주에서 셰일가스 생산과정에서 상수원 오염 등을 우려하여 셰일가스 채굴에 사용되는 용액의 구성 물질과 혼합 비율을 공개하도록 강제하고 있다. 이를 통해 모든 셰일가스 생산자가 더 좋은 방법을 배울 수 있게 되었고, 그 결과가 셰일가스 혁명이다.

29) 존 가트맨(John Gottman)이 이와 관련해 젊은 부부 한 쌍을 대상으로 '집안일을 누가 하는 게 좋을지' 묻고 선호하는 만큼 점수(가장 높은 만족도가 10점)를 매기라고 한 실험을 수행했다. 이때 상대방의 결정도 함께 조건으로 걸었다. 그 결과 아내는 남편이 청소를 안 한다고 했을 때 자신이 청소하는 상황에 2점을 줬다. 둘 다 청소를 안 하는 상태에는 0점을 줬다. 반면 남편이 청소한다고 했을 때 자신이 청소하는 경우에는 10점을 줬다. 반면 남편이 혼자 청소하는 상황에는 4점을 줬다. 논리적으로 남편만 청소하는 게 아내의 이익에 부합하지만, 실제로는 함께 청소할 때 가장 높은 만족도를 보였다는 얘기이다. 남편에게 물었을 때도 비슷한 결과가 나왔다. J. Gottman, 2011, *The Science of Trust: Emotional Attunement for Couples*, W. W. Norton.

# 제 2 장
# 수요와 공급의 법칙

앞 장에서 설명했듯이 시장의 존재 이유는 자원의 효율적 배분에 있다. 즉 시장이론은 자원 거래를 시장에 맡길 때 가장 효율적으로 자원이 배분된다고 주장한다. 시장이론은 수요와 공급의 법칙으로 압축된다. 즉 시장이 제대로 기능하기 위해서는 수요와 공급의 법칙이 제대로 작동해야 한다. 따라서 수요와 공급의 법칙을 도출하는 과정을 이해하면 수요와 공급의 법칙이 작동할 수 있는 성립조건을 이해할 수 있다. 수요와 공급의 법칙의 성립조건을 이해할 때 시장은 '우상'이 아닌 '과학'으로 자리매김될 것이다.

## 제 1 절  경쟁시장과 정보 그리고 공정성

흔히 시장경제는 모든 상품의 가격이 시장에서 자유로이 결정되고, 사람들이 열심히 일하려는 유인을 갖기 위한 재산권이 확립되고, 생산자 및 소비자들 사이에 자유로운 경쟁이 허용될 때 경제의 효율성은 가장 높은 수준에 이를 수 있다는 것으로 이해한다. 즉 자유경쟁은 시장경제 운영의 핵심 원리로 자리 잡고 있다. 그런데 시장이론에서 경쟁이 충분히 작동하는 시장은 다음의 조건들을 충족하는 시장으로 묘사한다. 무엇보다 시장에 참여하는 수요자와 공급자 모두가 시장에서 결정된 가격을 받아들일 수밖에 없는 '가격수용자(price taker)'인 시장이다. 시장가격에 특정 개인이나 집단이 영향을 미칠 수 있다면 경쟁이 제대로 작동하지 않는 것을 의미하기 때문이다. 둘째, 공급자들이 공급하는 상품이 동질적이어야 한다. 동질적인 상품은 표준화된 제품일

가능성이 높다. 즉 제조업 시대의 산물인 대량생산시스템의 생산물이 동질적 상품에 부합한다. 셋째, 모든 자원의 시장 진입과 이탈이 자유로워야 한다. 그런데 오늘날 자본의 이동은 자유롭지만 노동력의 이동은 매우 제약되어 있다. 중국의 택시운전사와 미국의 택시운전사 간에 소득 차이가 발생하는 주요 이유가 바로 이것이다. 마지막으로 모든 경제주체가 동일한 정보를 가져야 시장은 충분히 경쟁적이라고 할 수 있다. 그런데 많은 시장 거래의 경우 불충분한 정보 하에서 이루어진다. 한 예가 동양증권(현 유안타증권)이 회사채·기업어음(CP)을 '불완전판매(고객에게 금융상품에 대한 운용방법, 위험도, 손실 가능성 등에 대한 안내 없이 판매한 것)'하여 많은 피해자를 만들어낸 이른바 '동양사태'로 이 사태는 투자자와 판매자 간 동일한 정보를 갖지 못한 데서 비롯한 것이다. 이처럼 경쟁적인 시장이 되려면 매우 까다로운 조건을 충족해야 함에도 시장 지상주의자들은 시장의 기능을 지나치게 과장하는 경향이 있다. 특히 시장에 많은 공급자가 존재하면 경쟁 시장의 조건이 충족된 것으로 단순화시키는 경향이 있다.

그리하여 시장이론에서는 시장의 유형을 기본적으로 공급자의 수에 초점을 맞추어 분류한다. 즉 독점(하나의 공급자)과 과점(둘 이상 소수의 공급자)시장을 불완전경쟁의 대표적 경우로 취급한다. 그런데 순수한 의미에서 완전경쟁 시장이 사실상 존재하지 않듯이 마찬가지로 독점시장의 존재도 걱정할 대상은 아니다. 그 결과 시장이론은 과점시장의 분석에 초점을 맞춘다. 물론, 공급되는 상품의 질에 있어서 차이 등으로 시장에 대한 영향력 혹은 독점력을 행사하는 독점적 경쟁시장도 불완전 경쟁시장의 한 유형으로 다루지만 이 경우에도 독점적 경쟁시장의 방점이 '대체 가능한 상품들의 경쟁 압력'의 존재에 있기에 크게 걱정할 대상으로 취급되지 않는다. 문제는 산업화 시대에는 경쟁 시장의 문제와 관련하여 독·과점이 주로 문제가 되었으나 글로벌화와 탈산업화 이후 경쟁의 문제는 새로운 차원에서 전개되고 있다는 점이다. 즉 세계가 하나의 단일 시장이 되면서 경쟁 압력이 개별 국가의 범위를 넘어 증대되었기에 시장의 경쟁 환경은 보다 강화된 것으로 이해할 수 있다. 반면, 탈산업화와 무형가치의 비중이 증대하면서 이종산업(예: 스포츠산업과 게임산업) 간 경쟁이 증대하고 상품의 질 차이가 중요해졌다. 무엇보다 1장에서 소개했듯이 아이디어집약적인 무형재의 경우 시장의 효율성을 보장해주는 '사적 재화'와는 거리가 있다. 즉 (뒤에서 자세히 소개하겠지만) 아이디어집약적인 무형재가 시장에서 거래될 경우 효율성은 보장되지 않는다.

또 70년대, 특히 80년대 이후 경제의 중심이 생산에서 금융으로 이동하는 이른바 '금융(경제)화'가 진행되면서 한편으로는 경쟁의 논리가 강화되고, 다른 한편으로 금융시장은 시장이론이 가정하는 세계와는 거리가 먼 모습을 보여주었다. 예를 들어, 시장이론에서 과거는 미래와 같은, 즉 시간 속에서의 대칭성을 주장한다. 2013년 노벨 경제학상을 수상한 유진 파머(Eugene F. Fama)는 '효율적 (자본)시장'에 대해 "다수의 이윤 극대자가 개인 자산의 미래 시장가치를 예측하여 활발하게 경쟁하며, 모든 구성원에게 중요한 정보가 거의 자유롭게 이용 가능한 시장"이라고 설명한다.[1] 예를 들어, 경제주체를 대표행위자로 상정하는 시장이론의 분석틀에서 모든 대리인들은 유사해서, 즉 모든 개인은 동일한 정보를 가진다고 가정하기에 '금융마찰(financial frictions)'은 나타나지 않는다. 여기서 '마찰'이 없는 시장이란 물리적 세계에서 마찰이 존재하지 않는 '실험실의 세계'를 생각하면 된다. 즉 '정보의 비대칭성(asymmetries of information)' 등 합리적 선택을 방해하는 모든 요인들을 배제하기 때문에 경기변동에 특별한 역할을 수행하는 '금융마찰'은 존재하지 않는다. 따라서 시장이론에서는 금융위기가 발생할 수 없다. 즉 경제주체 간 비대칭적 정보를 배제하기에 금융부문은 경기변동에서 특별한 역할을 하지 않는다.[2]

그 연장선에서 시장이론은 (금융)시장의 규제 완화를 주장한다. 그런데 규제가 없는 시장이 모두에게 자유롭고 공정한 경쟁을 보장하지는 않는다. 예를 들어, 골드만삭스와 서브프라임 담보대출자들이 같은 수준에서 경쟁하면 같은 정보에 접근할 수 있는가? 골드만삭스는 '거번먼트삭스(Government Sachs)'라 부르듯이 골드만삭스의 현역들 중에는 뉴욕 연준 총재 윌리엄 듀들리(William Duddley), 국무부 장관의 경제고문 로버트 호매츠(Robert Hormats), 재무부 각료인 마크 패터슨(Mark Patterson), 상품선물거래위원회(CFTC) 위원장 게리 겐슬러(Gary Gensler) 등이 있다. 또는 이마트나 월마트 등과 동네 구멍가게가 정말 공정하게 경쟁하고 있는가? 부모가 누구건, 어떤 학교를 다녔건, 친구들이 누구건, 어떻게 살아왔건 정말 아무런 차이도 없다고 할 수 있는

---

1) E. Fama, 1965, "Random walks in stock-market prices," *Selected Papers* 16, Univ. of Chicago, Graduate School of Business.
2) J. Hartley, 1997, *The Representative Agent in Macroeconomis*, Routledge.

가? 시장이론에서 상정하는 완전한 시장들은 공정하고 투명하기 때문에 개인과 기업들은 혜택의 관점에서 대칭적으로 위치하는 반면, 현실 세계에서 경제 행위자들을 권력, 영향력, 정보 접근성, 연결망(network), 성별, 인종, 계급 등 다양한 차이로 불공정한 게임을 하고 있다.

## 1.1. 시장 경쟁과 정보의 비대칭성

일반적으로 정보가 불완전한 상황에서 경제주체는 합리적 선택을 하기 어렵다. 예를 들어, 상품을 판매하는 사람은 자신이 판매하는 상품에 대한 완전한 정보를 갖고 있는 반면, 그 상품의 소비자가 상품에 대한 충분한 정보를 갖지 못할 경우, 즉 정보가 비대칭적으로 분포되어 있을 경우 소비자는 자신이 소비하는 상품에 대해 합리적 소비를 하기 어렵다. 이러한 '정보의 비대칭성' 문제를 다루는 분야가 정보경제학이다. 2001년 노벨 경제학상을 공동 수상한 애컬로프(George A. Akerlof), 스펜스(Michael A. Spence), 스티글리츠(Joseph E. Stiglitz) 등이 '정보의 비대칭' 문제에 대한 연구자들이다.

예를 들어, 중고차 시장에서는 중고차를 사려는 사람에 비해 파는 사람이 차의 결함 등에 관해 훨씬 더 잘 알고 있다. 따라서 중고차 구입자는 '빛 좋은 개살구'처럼 겉만 멀쩡한 '레몬(lemon: 흠이 있는 낡은 차)'을 비싼 값에 속아 사는 낭패를 겪기 일쑤이다. 속아 산 적이 있는 사람들은 중고차 시장을 찾지 않고 아는 사람을 통해 품질이 담보되는 중고차를 사려 들고, 좋은 차량의 소유자는 제값을 받지 못하기 때문에 아는 사람을 통해 팔려고 든다. 결국 중고차 시장에 양질의 매물은 사라지고 질이 낮은 매물들만 남아 있게 된다. 이처럼 정보의 격차가 존재하는 시장에서는 도리어 품질이 낮은 상품이 선택되는 가격 왜곡 현상, 곧 '역선택(adverse selection)'이 이루어지거나 전체 시장 자체가 붕괴될 수 있다. 이 경우 경제주체들은 역효과를 상쇄하고자 중고차상들

**역선택** 거래 상대방에 대한 정보가 부족한 상황에서 막상 바람직하지 않은 상대방과 거래할 가능성이 높은 현상을 가리킨다. 예를 들어 보험회사는 가입을 원하는 사람 중 사고 위험이 낮은 사람만 받아들이고 높은 사람은 배제하고 싶어 한다. 그런데 가입을 원하는 사람이 어느 유형인지 판별할 수 없다면 사고 위험성이 높은 사람들이 주로 가입하는 역선택 현상이 나타날 수 있다.

이 판매한 차량에 일정 기간 수리를 보증하는 제도를 도입한다.

　2000년 '닷컴사'들의 상장가가 추락을 거듭하면서 주식시장의 'IT 거품'이 터져버린 이유도 정보가 부족한 개인 투자자들이 부실한 닷컴사가 부풀려 보고한 수익성을 과대평가하게 되고, 그런 닷컴사들이 외형상 급성장함에 따라 '역선택'이 이루어지면서 '레몬' 주식이 주식시장을 지배하게 된 데 따른 것이다. 이것이 이른바 애컬로프의 '레몬 시장(The Markets for Lemons, 1970)'이다. 투자자의 정보 부족을 해소시켜주기 위해 등장한 것이 신용평가사이다. 자금수요자와 자금공급자 간에는 정보의 비대칭성이 존재한다. 자금수요자의 경우 자금공급자에게 자신에게 유리한 정보만 제공할 유인이 존재하기 때문에 채무불이행의 가능성이 낮은 자금수요자도 자신의 신용도를 자금공급자에게 알리는 것은 쉬운 과정이 아니다. 따라서 적절한 정보의 전달 체계가 존재하지 않는다면 사회 전체적으로 볼 때 바람직한 자금 거래가 발생하지 않는 시장의 실패가 일어날 수 있다. 이와 같은 시장실패가 간접금융시장에서는 자금의 수요자와 공급자 간 중개역할을 담당하는 은행과 같은 금융기관을 통해 완화될 수 있는 반면, 자금 수요자와 공급자가 주식이나 채권 등을 직접 거래하는 직접금융시장(자본시장)에서는 개별 자금공급자(투자자)가 개별 자금수요자에 대하여 신용정보를 수집, 평가하는 과정에서 지나친 비용이 발생할 가능성이 있다. 이런 상황에서 신용평가회사는 개별 자금수요자의 신용도에 대한 평가를 담당한 후 다수의 자금공급자와 이를 공유함으로써 사회적으로 유용한 역할을 할 수 있다. 이와 같은 신용평가사의 역할 수행은 자금수요자의 정보가 얼마나 정확하게 공개되느냐에 달려 있으며 이를 보장하기 위해 금융감독기관들은 회계 및 재무 정보의 공시에 대한 강한 규제를 가해 왔다. 이러한 공시 정보의 수집 및 가공을 통해 신용정보(신용등급)를 생성하는 신용평가회사의 생존은 무임승차(free-rider)를 배제하면서 정보 생성을 위해 필요한 수수료 부과를 확보하느냐에 달려 있다. 신용등급은 쉽게 다른 수요자에게 전달될 수 있으므로 일단 공개되면 그 가치를 빠른 시간 내에 상실할 위험이 있다. 이에 대응하여 현재 시장에서 큰 영향력을 행사하는 선진 신용평가회사나 우리나라의 신용평가회사는 무임승차자 문제를 해결하기 위해 채권의 발행자(자금수요자)인 기업에 수수료를 청구하고 있다. 그러나 평가수수료의 수입극대화를 추구하는, 즉 신용등급 장사(rating shopping)의 유인을 갖고 있는 신용평가사의 '도덕적 해이(moral hazard)'가 신용등급 인플레이션(ratings inflation)에 기여하였다.[3] 이처럼 발행자에게 수수료를 받는 것은 이해상충의 문제를 발생시키기에 최근 시장에 진입하는 신용평가사들은 발행자에게 수수료(issuer based fee)를 받기보다는 투자자에게 정보이용료(subscription based fee)를 통해 사업을 영위하고 있다.[4]

**주인−대리인 문제** 어떤 일을 주인이 직접 하기에는 능력이 없거나 시간이 없어 대리인을 선정해 그에게 일 처리를 맡길 때 대리인이 주인을 위해 얼마나 열심히 노력했는지에 관한 정보가 비대칭적으로 분포되어 있는 데서 발생하는 문제를 '주인−대리인 문제'라고 부른다.

**도덕적 해이** 주인−대리인 문제가 발생하는 비대칭적 정보 하에서 어떤 경제주체(대리인)의 합리적 행동의 결과가 다른 경제주체(주인)의 목표에 반하는 결과로 귀결되는 경우를 말한다. 예를 들어, 기업의 주인인 소유주(주주)가 대리인인 경영자의 행위를 관찰하지 못할 때 대리인의 합리적 행위(이기심)가 초래하는 현상을 '도덕적 해이'라 할 수 있다.

---

3) 예를 들어, 글로벌 금융위기 이후 무디스 · S&P · 피치 등 글로벌 신용평가사들이 위험자산 등에 과도하게 높은 신용등급을 부여해 투자자 손실을 방치했다며 각종 손해배상 소송에 휘말리고 있다. 예를 들어, 미국 법무부는 2013년 2월 S&P를 상대로 서브프라임 모기지(신용등급이 낮은 저소득층을 대상으로 주택자금을 빌려주는 미국의 주택담보대출상품인 이른바 '비우량주택담보대출')의 위험성을 알고도 수수료를 챙기기 위해 부채담보증권(CDO, Collateral Debt Organization: 뒤에서 자세히 소개)에 최고등급인 AAA등급을 평정했다며 50억 달러(약 5조 3,800억 원) 규모의 소송을 제기했다. S&P는 13억 7천만 달러의 벌금을 내기로 미법무부와 합의했고, 비슷한 혐의로 무디스도 조사를 받고 있다. 미국의 19개 주정부도 소비자보호법 위반을 이유로 S&P를 제소했다. S&P 뿐 아니라 무디스, 피치 등 대형 글로벌 신용평가사(이하 신평사)들도 줄줄이 재판정에 불려 나가고 있다. 미국 의회 청문회에서는 신평사 직원들이 회사 수익을 올리기 위해 엉터리 신용평가를 한 정황이 담긴 이메일이 공개되는 등 신평사에 대한 불신이 높아지고 있다. 마찬가지로 호주지방의 회는 2012년 11월 S&P가 위험도가 높은 금융 상품인 부채담보부증권(CDO)에 지나치게 높은 신용등급을 매겨 투자손실을 유발했다며 소송을 냈고, 2014년 6월 6일 호주법원은 호주지방의회가 S&P를 상대로 제기한 손해배상 소송 항소심에서 "S&P는 3,060만 달러를 물어주라"고 판결한 원심을 확정했다(한국경제신문, 무디스 · S&P · 피치 '불신의 늪' … '등급 부풀리기' 줄소송 당해, 2014.6.18). 신평사들에 대한 불신은 국내에서도 고조되고 있다. 2014년 6월 17일 금융감독원은 한국기업평가, 한국신용평가, 나이스신용평가 등 국내 3대 신평사들이 '자본시장법'을 위반한 혐의를 잡고 각 사의 해당 평가담당 임직원에게 '문책경고' 이상의 중징계 계획을 통보했다. 금감원 조사 결과 A신평사는 애초 B기업 신용등급을 A−에서 BBB+로 강등할 계획이었지만 "조만간 회사가 지급보증한 자산유동화기업어음(ABCP: 기업어음 형태로 발행된 자산유동화증권 혹은 자산을 담보로 발행된 기업어음으로 뒤에서 자세히 소개) 발행 계획이 있으니 도와달라"는 B사 요청을 받고 ABCP 발행 이후로 등급 조정을 늦춘 것으로 알려졌다. 이에 따라 B사는 낮은 금리에 자금을 조달했지만, 해당 ABCP를 산 투자자는 이후 신용등급 하락으로 손해를 본 것으로 전해졌다. 또 C신평사는 신용평가 업무를 수주하기 위해 "좋은 등급을 줄 테니 신용평가 업무를 맡겨달라"고 기업들에 제안한 사실이 드러났다. 한 증권사 관계자는 "기업들이 예상 신용등급을 묻고 가장 높은 등급을 제시한 신평사와 계약을 맺는 소위 '등급 쇼핑'도 암암리에 이뤄지고 있다"고 말했다(한국경제신문, '신용등급 조작' 검은 커넥션 첫 적발, 2014.6.18.).

금융시장의 특징 중 하나인 쏠림현상 역시 경제주체 간 정보 보유의 격차가 확대되는 경우 빈번히 나타난다. 일반적으로 정보를 적게 보유한 경제주체는 자신보다 정보를 많이 보유하고 있다고 생각되는 경제주체를 추종하는 경향이 있다. 개인투자자들이 금융기관이나 외국인의 투자를 추종하거나, 소규모 금융기관이 대형 금융기관을 따라하는 행태가 이러한 요인과 관련이 있다고 볼 수 있다. 경제주체 간 정보 보유의 격차는 정보 공개가 불투명하게 이뤄지거나 소규모 경제주체가 정보를 획득하는 비용이 높을 때 확대된다. 일반적으로 쏠림현상이 발생하면 주식이나 부동산 등 자산가격이 펀더멘털(fundamental: 한 나라의 경제 상태를 표현하는데 있어 가장 기초적인 자료가 되는 성장률, 물가상승률, 실업률, 경상수지 등의 주요 거시경제지표)[5]에 비해 지나치게 상승하거나 하락함에 따라 금융시장의 불안정성이 높아지고 가계와 금융기관의 부실이 증대된다. 한국 증시의 지나친 '쏠림현상'은 외국인의 공매도(short stock selling)[6]와 개인 투자자의 손실로 이어진다. 참고로 공매도란 주식이나 채권을 가지고 있지 않은 상태에서 행사하는 매도주문이다. 반면, 대차거래는 증권회사가 고객과 신용거래를 할 때 필요한 돈이나 주식을 증권회사가 대출하는 거래로 외국인이나 기관은 개인에 비해 싼값에 장기간 주식을 빌릴 수 있다.

또 고용시장에도 '정보의 비대칭성' 문제가 존재한다. 기업에 입사를 원하는 구직자는 자신의 능력을 잘 알고 있지만, 기업은 구직자에 대한 정보를 자세히 알 수 없기 때문에 구직자가 제출한 학력 등의 신호를 근거로 입사 희망자를 평가하게 된다. 따라서 교육은 신호를 발생시키는 중요한 요인이 되며, 사람들이 굳이 상급학교에 진학하려는 이유 역시 자신이 일을 잘할 수 있다는 신호를 보내기 위해서라는 것이다. 이러한 신호개념은 기업들이 배당금 액수

---

4) BIS, 2000, "Credit Ratings and Complementary Sources of Credit Quality Information," BASEL Committee on Banking Supervision Working Paper (Aug.). 블룸버그에 따르면 금융위기로 신뢰성이 훼손되었음에도 불구하고 세계 3대 신용평가사는 여전히 글로벌 신용등급 사업 시장의 97% 이상을 차지하고 있다. Businessweek, 2011, Over Rated, Nov. 28-Dec. 3, p. 51.

5) 경제성장률이나 물가상승률 수치는 경기상황이나 물가안정 여부를 가늠해볼 수 있게 해주고, 재정수지는 나라 살림살이가 적자인지 흑자인지 그 건전성을 알 수 있게 해주고, 경상수지와 외환보유고는 외국과의 상품이나 자금거래 등이 얼마나 건실하게 이루어지고 있는지를 알게 해준다. 따라서 한 나라에 돈을 빌려주거나 투자를 할 때는 반드시 그 나라 경제의 기초체력을 나타내주는 '펀더멘털'을 보았다.

6) 예를 들어, 2008년 상반기 외국인 공매도 공습은 국내 투자자들에게는 뼈아팠다. 외국인들이 무려 56조 원의 대차거래로 주가를 꺼지게 만들었기 때문이다.

로 증권시장 참여자들에게 기업 경영 상태를 알 수 있게 해주는 데 응용되는 등 여러 분야에서 활용되고 있다. 즉 정보가 비대칭적인 상황에서 한 개인이 독점하고 있는 정보는 그 사람이 표출하는 행동, 즉 신호에 따라 추론할 수밖에 없다는 것이 스펜스의 '시장신호(Market Signaling, 1974)' 개념이다.

보험시장의 경우에도 정보의 비대칭성 문제가 존재한다. 즉 보험사는 보험 상품 판매 초기에 개별 고객의 신상이나 성향에 관한 정보 보유량에서 해당 고객 본인에 미치지 못한다. 고객이 더 많은 보험금을 노리고 자신의 상황을 자신에게 유리한 쪽으로 조작해 제시한 경우라도, 보험사는 평균 사고위험률을 기준으로 보험금을 지급하기 때문에 적정한 금액보다 더 많은 액수를 지급할 수밖에 없다. 이럴 경우, 보험시장에는 보험 가입자 가운데 사고위험률이 낮은 우량 고객은 비싼 보험료에 반발해 사라지고, 사고 경험이 있거나 위험이 상대적으로 큰 가입자만 남는 까닭에 보험사로서는 '역선택' 상황에 처하게 된다. 스티글리츠는 이러한 시장 왜곡 상황을 피하기 위한 방안으로 이른바 '스크리닝(screening)'에 주목하였다. 보험사는 고객에게 효과적인 인센티브를 제시함으로써 고객의 위험 상황에 관한 정보를 추출해낼 수 있다. 정보를 추출·심사하는 이 스크리닝 과정을 통해 보험사와 고객 사이에 비로소 '정보의 균형상태'가 형성되며 보험사는 보험 계약자들을 대상으로 상이한 사고 위험 등급을 설정하고 고객의 성향에 따라 다양한 보험상품을 제시할 수 있게 되는 것이다.

또 스티글리츠는 경제주체 간 '정보의 비대칭성'으로 빚어지는 비효율 사례를 설명하기 위해 '도덕적 해이' 개념을 처음 도입했다. 가령, 자동차보험 가입자는 일단 보험에 가입하고 나면 사고에 대한 경각심이 전보다 느슨해지거나 구태여 전처럼 비용을 들여가며 차량을 정비하려 하지 않을 수 있다. 보험 처리라는 뒷받침을 믿기 때문이다. 스티글리츠는 시장이론에서 말하는 '완전한 시장', 곧 수요·공급의 일치로 효용이 극대화되는 시장 개념은 정보의 완전성을 전제로 했다고 지적하고, 현실 시장경제는 정보에서 심대한 결함 또는 불완전성이 존재하는 특성을 나타내기 때문에 '완전한 시장'이란 있을 수 없다고 못 박았다. 그는 정보의 불완전성이 비록 사소한 정도일지라도 막대한 경제적 후퇴를 초래할 수 있다고 강조하면서 경제학은 '정보의 비대칭성'을 고려해야 한다고 보았다.

국제결제은행(Bank for International Settlements, BIS)이 각국 은행의 건전성과 안정성 확보를 위해 은행의 위험자산(부실채권) 대비 자기자본 비율에 대한 최소한의 국제기준(자기자본비율, Capital Adequacy Ratio)을 정한 것도 은행부문의 '도덕적 해이'와 관련되어 있다. 은행이 지나치게 높은 수익(위험)을 추구하는 과정에서 은행은 유동성 위기(liquidity crisis: 자산이 부채보다 많은 상태이나 자산을 현금화시키지 못해 파산할 가능성이 발생한 상황) 또는 지급불능의 위기(insolvency crisis: 자산이 부채보다 적은 상태로 자본이 완전 잠식되어 자산을 모두 처분해도 부채를 상환할 수 없는 상황)에 빠질 수 있다. 은행이 유동성 압박을 받거나 특히 파산할 경우 많은 예금자의 손실뿐만 아니라 경제 전체에 부정적 영향을 미친다. 이러한 문제를 해결하기 위해 예금(부분)보장제를 시행하고 있고, 중앙은행이 긴급 유동성을 지원(중앙은행의 최종대부자 역할)하거나 정부가 공적자금을 투입하곤 한다. 그런데 역설적으로 시중은행은 중앙은행에 의한 유동성 지원이나 정부에 의한 공적자금 지원을 의지하고 과도한 위험을 추구할 수 있고, 그 비용은 사회로 귀결될 수 있다. 마찬가지로 인출 사태를 방지하기 위한 예금보장제의 경우에도 은행은 자신의 손실을 이전시킬 수 있기에 고위험(고수익)을 추구함으로써 은행을 위협에 빠뜨릴 수 있고, 예금자 역시 예금보장을 믿고 은행 경영의 건전성을 따지지 않고 은행에 예금을 함으로써 은행의 위험 경영을 간접적으로 뒷받침할 수 있다.

## 1.2. 시장 경쟁과 공정성

시장이론의 핵심 원리인 경쟁은 (기회의) 공정성을 전제로 한다. 시장경제가 지향하는 자유방임을 무조건 방치라고 생각하는 사람은 '사이비 시장주의자'이다. 즉 자유방임(무간섭)을 의미하는 "레세페르(Laissez faire)!"라는 표현은 18세기 프랑스 중농학파가 무역에 대한 정부 간섭을 반대하며 사용하였는데 "레세페르 레세알레 레세파세(Laissez faire, laissez aller, laissez passer)!"의 줄인 말(let do, let go, let pass)로서 중세 때 경기의 시작을 알리는 신호였다. 다시 말해, 어느 쪽도 유리/불리하지 않은 공정한 조건 아래 경기를 시작한다는 구호였다. 진정한 시장경제는 특권을 인정하지 않는다. 특권은 정상적인 시장 작용을 왜곡하고 불로소득을 발생시킨다는 점에서 불로소득은 노력과 기여의 대가를 생산자에게 보장하는 사유재산제 원리에 위배되기 때문이다.[7]

앞에서 다룬 '정보의 비대칭성' 문제도 공정성과 관련이 있다. 즉 경쟁이 순기능을 하기 위해서는 경쟁의 규칙과 절차가 공정해야 하는데 정보의 차이는 공정한 게임에 저해가 되기 때문이다. 같은 조건 속에서 능력의 차이로 승자와 패자가 결정될 경우 패자는 결과를 승복하는 반면, 공정하지 못한 경쟁의 결과는 참여자들이 받아들이기 어렵다. 이것이 종종 공정성 시비가 경쟁의 정당성을 훼손하는 이유다. 서구 시민사회가 경쟁의 원리를 수용하면서도 사회 구성원 모두에게 교육받을 기회를 보장해야 한다는 원칙에 합의한 이유도 경쟁의 원리가 제대로 작동하기 위해서는 공정성 확보가 전제조건이기 때문이다. 우리 사회에서 경쟁의 이점을 외치는 사람들 중에는 종종 공정의 중요성을 간과하는 모습을 쉽게 볼 수 있다. 공직자가 자신의 지위를 이용해 취득한 정보(예: 개발정보)를 이용해 개인의 부를 챙기거나, 기업의 대주주 등이 기업의 미공개정보 등으로 부당이득을 챙기는 일을 종종 목격한다. 예를 들어, 회사나 정부의 내부자가 미공개정보를 이용해 주가를 끌어올리거나 사적 이익을 추구하는 '내부자거래'는 대표적인 불공정거래다. 그럼에도 '내부자거래'를 통해 부를 취득한 것도 능력이라고 착각하는 이들조차 있다. 이러한 인식은 불공정거래에 관대한 모습을 보이는 '사이비 시장주의'가 우리 사회에 만연한 탓이다.[8] '내부자거래'가 확산되는 이유 중 하나가 '솜방망이' 처벌이다. 현행법은 '내부자거래'에 대한 처벌을 10년 이하 징역, 부당이익금의 최대 3배 벌금 등으로 규정하고 있지만 위반자 대부분이 이익금 50% 정도의 벌금만 내고 집행유예로 풀려나는 것으로 알려져 있다. '내부자거래'가 적발될 경우 회사가 문을 닫을 수밖에 없는 선진국과 비교하면 처벌이 '솜방망이' 수준인 것이다. 그러다보니 '내부자거래'를 '보양식' 정도로 생각하는 '도덕적 해이'가 상당히 심각하다. 이런 점에서 많은 국민이 우리 사회의 부자들의 재산축적이 부당한 것으로 생각하는 데는 나름대로 이유가 있는 것이다.

참고로 시장을 통해 거래하지 않고 기업 내에서 이루어지는 거래인 '내부거래'와 '내부자거래'는 구분해야 한다. 전자의 경우 모든 거래가 불법은 아니

---

7) 김윤상, 2011, "보수도 지지하는 〈진보 집권플랜〉이 되려면," 토지＋자유비평, 9호.
8) 예를 들어, 전체 불공정 거래 중 '내부자거래'가 차지하는 비율은 2004년 16.19%(247건 중 40건), 2005년 21.3%(277건 중 59건), 2006년 23.12%(186건 중 43건), 2007년 9월 말까지 23.90%(159건 중 38건)로 꾸준하게 높아지고 있다. 2007년 10월 23일 금융감독원이 한나라당 김정훈 의원에게 제출한 '증권사 불공정 거래 유형별 통계' 참고.

고 부당 '내부거래'만 불공정행위에 해당한다. 산업사회의 기업이 기본적으로 위계적 조직의 형태를 띠는 이유가 수직계열화를 통해 경쟁력을 높일 수 있기 때문이고 이때 가장 많이 이용하는 방법이 내부거래이다. 예를 들어, 제품을 생산하는 공급사로부터 제품을 판매하는 판매사까지 전체 사슬에 관련된 기업을 하나의 큰 틀의 계열사로 둠으로써 기업은 경쟁력을 높이려고 한다. 즉 기업 내에서 거래하기 때문에 경쟁하는 입장보다 협력하는 관계로 거래비용을 절감할 수 있고 효율성을 높일 수 있는 장점이 있다. 예를 들어, 거래하기 전에 필요한 사전 조사비나 계약을 하는 데 필요한 비용, 사후관리비 등을 줄일 수 있는 여지가 클 뿐 아니라 계열사간에 윈-윈(win-win)할 수 있는 구조가 형성된다. 또한 기술 및 영업비밀의 보안유지나 긴급요청 시에 비교적 신속히 대응할 수 있는 장점이 있다. 반면, '부당 내부거래'란 부당하게 자금·인력·자산·상품 등을 제공하거나 현저히 유리한 조건으로 거래하여 지원하는 행위(공정거래법 제23조 제1항)로 규정하고, 대규모 '내부거래'에 대해서는 이사회 의결 및 공시를 의무화(공정거래법 제11조의 2)시키고 있고, 조세 회피 목적의 내부거래는 규제(법인세법 제52조 제1항)하고 있고, 일감몰아주기에 따른 이익에 대해는 증여세를 부과(상속·증여세법 제45조의 3)하고 있다.

　'내부자거래' 문제는 시장경제가 가장 발달한 미국에서도 예외가 아니다. 2009년 10월 미국의 헤지펀드업체 갤리언그룹의 설립자이자 회장인 라즈 라자라트남(Raj Rajaratnam)의 구속(Galleon Insider-Trading Case Opens Window on Secret Hedge Funds)[9]은 주식시장이 상승장이건 하락장이건 언제나 남다른 수익을 올리는 헤지펀드의 투자기법이란 것도 '내부자거래'의 산물에 불과한 것임을 보여주었다. 헤지펀드의 높은 수익률이 상장사 내부 정보 이용이라는 '내부자거래'라는 추악한 불법의 결과물인 것은 2013년 11월 4일 미국의 대형 헤지펀드 SAC캐피털어드바이저스가 '내부자거래'에 대한 사상 최대의 벌금액 18억 달러를 내기로 합의했다는 뉴욕남부검찰청의 발표에서 다시 드러났다. 즉 SAC캐피털이 지난 20여 년간 기록한 연 25% 수익률과 SAC캐피털의 코언 회장의 90억 달러에 육박하는 재산이 '내부자거래'라는 비윤리적인 수단을 통한 것으로 드러난 것이다. '내부자거래'로 SAC캐피털은 투자자문업 라

---

9) J. Helyar, Oct. 19, 2009, Bloomberg. http://www.bloomberg.com/apps/news?pid=20601087&sid=a01GJ_ryEtms

이선스도 취소돼 앞으로 제3자의 돈을 모집해 투자에 나설 수 없게 됐고, 벌금액 합의에도 불구하고 코언 회장은 형사·민사적 책임도 추궁당했다.

2007년 시작된 금융재앙을 해결하는 과정에서 미국 정부나 미국의 중앙은행인 연준(Fed)의 해결방식들은 미국식 금융시스템과 시장경제에 대한 신뢰를 크게 훼손시켰는데 그 이유도 공정성 문제에서 비롯했다. 예를 들어, 2008년 9월 7일(현지시간) 미국 정부는 부실화된 미국 정부가 보증하는 양대 모기지(mortgage, 주택담보대출금) 보증업체로 불리는 패니매(Federal National Mortgage Association, Fannie Mae)와 프레디맥(Federal Home Loan Mortgage Corporation, Freddie Mac)[10]의 문제를 해결하기 위해 두 업체가 최대 2,000억 달러라는 공적 자금을 보장받게 했다. 미국에서도 유례를 찾기 힘든 '역사적 규모'의 공적 자금 투입안에 대해 언론과 많은 사람들이 '이익은 주주와 경영진에게, 손실은 납세자에게'라는 '정실자본주의(crony capitalism: 정실자본주의는 비즈니스에서의 성공이 기업과 정부관료 사이의 가까운 관계에 의존하는 자본주의 경제를 표현하는 경멸적 용어)'의 전형적인 사례라고 비난을 하였다. 즉 미국 정부가 비록 경영진 전원 교체와 함께 사실상 주식을 휴지조각으로 만드는 조치를 포함시켰지만, 채권자들에게는 비용을 부담시키지 않음으로써 채권자들이 앞으로 더 책임 있게 행동할 것을 기대하기 힘들어졌다는 이유로 납세자들에게 엄청난 부담을 강요하는 공적 자금 투입 결정을 비난한 것이다. 즉 '시장 안정'을 위한다는 명분으로 '납세자의 눈물'을 요구하는 공적 자금 투입은 시장이 제대로 작동하기 위한 '공정성 원리'에 부합하지 않는다는 것이다. 마찬가지로 은행이나 보험사들이 '고위험－고수익' 게임을 즐기고 이득을 챙기다가 납세자들에게 위험을 떠안도록 하는 행태, 즉 '시장 안정'을 명분으로 '대마불사(Too Big To Fail)'의 신화에 매달리는 '도덕적 해이'에 대해서도 많은

---

10) 패니매는 1938년 공기업으로 출범했으나 1968년 상장, 민영화됐다. 1970년 출범한 프레디 맥은 1989년 민영화됐다. 민영화된 뒤에도 주택담보 시장을 활성화하는 국책사업을 한다는 이유로 두 업체는 정부의 암묵적인 보장을 받는 정부보증기업(GSEs, government sponsored enterprises)으로 인식됐다. 이들은 1차 모기지 금융기관이 발행한 모기지채권(MBS, mortgage backed securities)의 매입을 담보로 이들에게 자금을 공급하고, 동시에 채권이나 MBS 증권 등을 발행하고 이를 월가의 금융기관들이 매입(투자)하게 하였다. 그런데 이 두 기업은 자신이 발행한 MBS에 대해 정부 보증을 받은 반면, 기업 주식의 가격은 시장에서 결정되는 복합적 성격의 기업이었다. 즉 연방주택감독청(OFHEO)이 두 기업의 재무안전성과 건전성을 보증하는 방식으로 정부 보증이 이루어짐에 따라 이 업체가 발행하는 채권은 신용등급에서 미국 국채와 맞먹는 안정성을 누리면서 높은 수익률을 보장받고, 자금시장을 싹쓸이해갔다.

사람들은 이를 일종의 '금융사기극'이라 비난하며 시스템의 공정성 문제를 제기하였다. 사실, 금융위기 이후에도 금융회사들의 대마불사와 도덕적 해이 문제는 계속되고 있다. 2009년 이후 대형 금융기관들의 높은 수익은 고위험 추구와 낮은 차입비용 때문에 가능했던 것이다. 즉 납세자의 '보이지 않는 지갑(invisible wallet)'이라는 보증이 있었기에 가능한 것이었다. 게다가 금융회사들은 높은 수익을 위해서는 불법행위도 서슴지 않고 있다. 2014년 11월 미국 상원의 상임위원회(Permanent Subcommittee on Investigations)는 월가 은행들의 불법행위들에 대한 보고서를 발표했는데 보고서에는 불완전판매부터 시작해 금리, 원자재 가격, 환율 조작, 그리고 심지어 마약밀매 조직의 돈세탁 및 부유층의 탈세 지원까지 글로벌 투자은행들의 각종 불법 영업들이 소개되었다.[11] 그 결과 영국의 CCP Research Foundation에 따르면 2009년부터 2014년 8월까지 전 세계 당국들이 뱅크오브아메리카(BoA), JP모간, 로이드뱅크그룹, RBS, 버클레이즈, 시티그룹, HSBC, 도이치뱅크, UBS, 골드만삭스, 크레디트스위스, 산탄데르 등 글로벌 투자은행들에 부과한 벌금은 총 2,510억 달러에 달하였다.[12] 2012–14년간 미국의 금융산업이 지불한 벌금만 해도 1,390억 달러에 달했다.[13] 반면, 많은 소형 지방은행들은 파산을 했는데 이는 대형은행과 소형은행 간에 불공정게임의 결과에 기인한 것이다. 주요 금융기관들은 국가의 암묵적 보증(implicit guarantee) 덕택으로 저비용[14]으로 차입할 수 있는 반면, 중소 규모의 은행들은 생존하기 위해 치열한 경쟁을 한 결과였다. 이처럼 불공정게임이 대형 금융회사들의 무절제라는 문제를 만들어내고 금융위기의 원인이 되고 있다.

## 1.3. 경쟁의 미학과 과당경쟁

이처럼 시장을 경쟁의 원리에 따라 운영하고 있는 것은 경쟁이 사회 전체의 이익을 가장 극대화할 수 있다는, 이른바 '최대 다수의 최대 행복'을 가져

---

11) http://www.hsgac.senate.gov/subcommittees/investigations
12) Forbes, 2014, "Too Big To Fail Banks Have Paid $251 Billion As the Cost of Regulatory" (Aug. 29). http://www.forbes.com/sites/robertlenzner/2014/08/29/too-big-to-fail-banks-have-paid-251-billion-in-fines-for-sins-committed-since-2008/
13) L. Zingales, 2015, "Does Finance Benefit Society?" NBER Working Paper 20894 (Jan.) p.4.
14) 미국 연준의 연구에 따르면 30bp(1bp=0.01%, 즉 0.3%)의 차입비용 차이가 존재한다.

다준다는 믿음 때문이다. 다윈의 적자생존의 진화론을 근거로 '경쟁의 미학'을 주장하고, 경쟁을 통한 가격과 품질과 서비스 개선을 얘기하고, 공기업 민영화의 경우에도 경쟁을 통한 경영의 효율성 증가와 소비자의 혜택 증가를 얘기하고, 경쟁이 가져다준 남북한의 차이를 얘기하기도 한다. 이러한 주장들에 따르면 경쟁이 없는 사회는 미래가 없다. 앞에서 소개했듯이 이러한 경쟁의 미학은 효율성을 기준으로 삼고 있다. 경쟁이 효율성을 높일 수 있다는 것이다. 효율성을 높일 수 있는 경쟁이 제대로 작동하기 위해서 사유재산권의 신성불가침 주장도 가능한 것이다. 그런데 시장경제에서 과당 경쟁의 가능성은 피할 수 없다. 기업 간의 생산·판매경쟁이 도를 지나쳐서 행해지는 상태인 과당경쟁의 경우 대기업 상호간에 행해지는 설비투자 경쟁에 따른 중복과잉투자, 중소기업 상호간의 생존경쟁에 따른 공멸, 동일 시장을 둘러싼 출혈적 염가판매경쟁 등의 문제를 드러낸다. 그 결과 종종 정부가 개입하는 현실을 목격한다. 3개의 자동차산업 사업자, IMT-2000(international mobile telecommunication 2000) 사업자, IPTV(Internet Protocol Television) 시범사업자, 지상파DMB(Digital Multimedia Broadcasting) 사업자 선정에 정부가 개입하면서 내세운 이유 중 하나가 중복·과잉투자의 최소화였다. 주기적으로 겪었던 화물연대파업도 과당경쟁을 막으려는 정부의 개입과 관련이 있다. 예를 들어, 2008년 정부는 화물연대 파업을 수습하기 위한 방안의 하나로 화물차 영업권과 차량을 구매할 계획을 밝혔다. 화물연대 파업의 주된 이유가 화물에 비해 지나치게 많은 차량으로 운송업 채산성이 크게 악화되고 있기 때문인데, 정부가 차량을 구입해 이 문제를 해결해 보겠다는 취지였다. 애당초 정부는 자동차운송사업에 면허제를 도입했으나 1997년 8월 이를 등록제로 바꿨다. 화물량이 증가하는 가운데 운송업의 진입·퇴출을 자유롭게 해 운송효율을 높이고 서비스 수준을 향상하는 것이 목적이었다. 그러나 그 후 화물차량이 다시 급격히 늘었고, 그 결과 과당경쟁과 채산성 악화가 초래돼 결국 2003년 화물연대 파업이 발생하는 실마리가 됐다. 정부는 2004년부터 화물연대의 요구를 받아들여 등록제를 다시 허가제로 바꿨다.

　　앞에서 얘기했듯이 소비자이론과 생산자이론으로 구성되는 시장이론을 한 마디로 표현한 것이 '수요와 공급의 법칙'이다. 수요와 공급의 법칙은 "다른 조건이 일정할 때(*ceteris paribus*; other things being equal) 가격이 상승(하락)하면 수요량은 감소(증가)하는 반면, 공급량은 증가(하락)한다"라는 것이다. 여기서 가격은 대개 재화, 즉 유형재와 관련해서 사용하는 용어이고 서비스, 즉 무형재의 경우에는 다른 방식으로도 표현된다. 이자율, 환율, 주가, 채권수익률, 학원수강료, 의료진료비 등이 모두 가격이다. '수요와 공급의 법칙'에서 보듯이 수요량과 공급량에 영향을 미치는 요인들은 여러 가지가 있지만 가격을 중심으로 얘기하고 있다. 시장이론을 가격이론이라 부르는 이유이다. 그런데 해당 상품의 가격이 변화가 없더라도 소득이 증가하거나 관련이 있는 다른 상품의 가격이 변화하거나 소비자의 선호 등에 변화가 생길 경우에도 수요량은 변화한다. 마찬가지로 공급량은 그 상품의 시장가격, 그 상품을 생산하는 데 사용되는 생산요소의 가격, 다른 모든 상품의 가격, 기술수준, 기업 등 생산자의 목표 등에도 영향을 받는다.

　　시장이론은 이처럼 말로 표현할 수도 있지만, 이해를 돕기 위해 그림이나 수학 등을 활용하기도 한다. 예를 들어, 수요의 법칙을 살펴보자. 어떤 상품에 대한 '수요'란 '어떤 기간 동안 소비자가 그 상품을 구매하고자 하는 욕구'를 말하며, '수요량'은 '소비자가 그 상품을 구매할 의사가 있는 양'을 의미한다. 수요는 개별수요와 시장수요로 구분하는데 전자는 각 개인의 수요를 의미하고, 후자는 시장 전체의 수요로 각 개별수요의 합이다. 즉 각 재화의 가격에 대한 개별 수요량을 합한 것이 시장수요이다. 다음으로 '공급'이란 '생산자가 어떤 기간 동안 상품을 판매하고자 하는 의도'를 말하고, '공급량'이란 '생산자가 상품을 판매하고자 하는 양'을 말한다. 수요량 및 공급량과 이들에 영향을 미치는 요인들과의 함수관계를 '수요함수' 및 '공급함수'라 한다. 가장 단순한 형태의 수요함수는 해당 상품의 가격과 수요량의 함수관계로 표현할 수 있다. 해당 상품의 가격을 제외한 다른 요인들이 변하지 않을 경우를 전제(여건 불변을 가정)하면 특정 상품에 대한 수요량은 해당 상품의 가격의 함수로 표현할 수 있다. 즉 특정 상품 $X$의 수요량($D_X$), 해당 상품 $X$의 가격($P_X$)의 함수로 표현할 수 있다.

$$D_X = D(P_X)$$

마찬가지로 공급량을 결정하는 요인들과 공급량의 함수관계를 '공급함수'라 한다. 해당 상품의 가격을 제외한 다른 요인들이 변하지 않을 경우를 전제(여건 불변을 가정)로 하면 특정 상품에 대한 공급량은 그 상품의 가격만의 함수로 표현할 수 있다. 즉 특정 상품 $X$의 공급량($S_X$)은 해당 상품 $X$의 가격($P_X$)의 함수로 표현할 수 있다.

$$S_X = S(P_X)$$

수요와 공급의 법칙을 그림으로 표현한 것이 수요곡선과 공급곡선이다. 다른 조건일 일정할 때 특정 상품의 가격과 수요량은 서로 역의 관계에 있기에 수요곡선은 우하향하는 형태를 갖는다. 즉 해당 상품 가격의 변화는 수요곡선상에서의 이동으로 이해할 수 있고, 해당 상품 이외의 다른 요인들이 변화할 경우에는 수요곡선 자체의 이동으로 표현할 수 있다. 반면, 공급의 법칙의 경우 다른 조건이 일정할 때 특정 상품의 가격과 공급량은 정의 관계에 있기에 공급곡선은 우상향하는 형태를 갖는다. 즉 해당 상품 가격의 변화는 공급곡선상에서의 이동으로 이해할 수 있고, 해당 상품 이외의 요인이 변화할 경우에는 공급곡선 자체의 이동으로 표현된다. 여기서 경제학을 공부하는 학생들이 경제학 교과서에 보이는 많은 그림들을 이해할 때 주의할 점이 있다. 대부분의 그림에 표시된 $X$축의 변수와 $Y$축의 변수는 (수요 혹은 공급의) 양과 가격을 나타낸다. 그런데 양을 결정하는 요인은 가격 변수만이 아니다. 시장이론은 가격 중심의 이론이고, 또 평면상에 표현하다 보니 가격 변수를 중심으로 나타내고, 나머지 요인들이 수요량이나 공급량에 미치는 변화는 곡선 자체의 이동을 통해 나타낼 수밖에 없다.

한편, '방법론적 개인주의'에 기초한 시장이론은 개별 경제주체를 분석단위로 삼고 있듯이 수요와 공급 분석은 특정 상품에 대한 개별 소비자 및 공급자의 수요와 공급 행태에서 출발한다. 예를 들어, 특정 상품($X$)에 대한 개별 소비자 $i$의 수요상태($d_X^i$)를 전제로 상품 $X$를 소비하는 모든 소비자의 수요로 구성되는 시장수요($D_X$)를 도출한다. 마찬가지로 공급곡선 역시 개별공급과 시

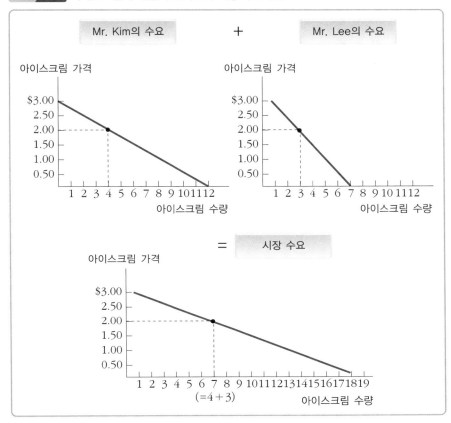

**그림 2-1** 아이스크림의 개별 수요곡선과 시장 수요곡선

장공급으로 구분하는데 전자는 특정 상품에 대한 개별 생산자의 공급을 의미하고, 후자는 시장 전체의 공급으로 개별공급의 합이다. 즉 특정 상품($X$)에 대한 개별 공급자 $j$의 공급 상태($s_X^j$)를 전제로 상품 $X$를 공급하는 모든 공급자의 공급으로 구성되는 시장공급($S_X$)을 도출한다.

시장수요와 시장공급이 결합해 시장 균형가격($P_X$)이 결정되고 시장가격에서 개별 경제주체들은 각각의 수요량($Q_X^d$)과 공급량($Q_X^s$)을 결정한다. 시장이론에서 사용되는 균형 개념은 일반적으로 상반된 힘이 맞아떨어진 상태를 의미한다. 따라서 일단 균형이 이루어지면 다른 교란요인이 없는 한 그 상태를 그대로 유지하려는 경향이 나타난다. 상품시장에서의 균형은 수요측의 힘과 공급측의 힘이 맞아떨어진 상태를 뜻한다. 수요와 공급 두 가지 힘이 상호작용하여 결정된 시장가격을 '균형가격(equilibrium price)'이라 한다. 즉 균형가격의 상태에서는 수요와 공급이라는 두 개의 상반된 힘이 일치한다. 균형가격에 대응하는 수량을 '균형거래량'이라 한다. 즉 균형(가격)은 시장의 핵심개념으로 거래를 성사시켜주지 못하면 시장은 의미가 없기 때문이다. 어떤 상품의 가격이 균형가격보다 높게 되면 수요량보다 공급량이 더 큰 초과공급 상태가 된다. 반대로 가격이 균형가격보다 낮게 되면 수요량이 공급량보다 더 큰 초과수요 상태가 된다. 어떤 상품에 대한 균형상태는 수요와 공급의 힘의 변화에 따라 바뀔 수 있다.

**그림 ▶ 2-2** 아이스크림의 개별 공급곡선과 시장 공급곡선

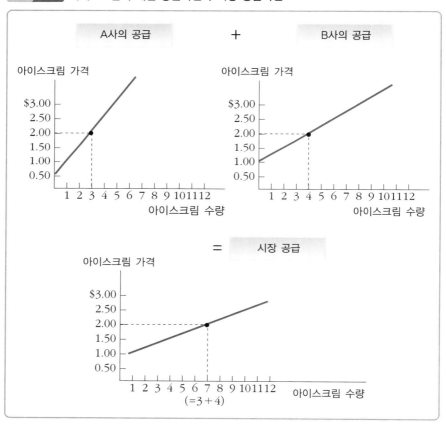

## 3.1. 탄력성

앞에서 소개했듯이 '수요와 공급의 법칙'은 다른 조건일 일정할 때 가격이 변화하면 양이 변한다는 내용이다. 그런데 종종 가격의 변화에 따라 양이 어느 정도 변할지가 중요한 의미를 갖는다. 예를 들어, 근로소득세율이나 이자소득세율을 변화시킬 경우 가계와 기업의 선택에 실질적으로 영향을 미치는 세후 임금과 세후 이자율에 영향을 미치기 때문에 임금과 이자율에 영향을 받는 노동 공급량과 가계의 저축 등에 영향을 미칠 것으로 예상한다. 그러나 임금이나 이자율의 변화가 노동공급량이나 가계의 저축 등에 미치는 효과는 단기에 크지 않다. 즉 적어도 단기적으로 조세정책의 효과는 크지 않다. 이처럼 가격이 변할 때 양이 어느 정도 변하는가를 도울 수 있는 개념이 탄력성 (elasticity)과 가격효과(price effect) 개념이다. '탄력성'은 상호 관련을 갖고 있는 두 변수 사이에서 영향을 주는 변수의 변화로, 영향을 받는 변수에 변화가 생겼을 때 얼마나 민감한 반응을 보이느냐 하는 것을 이해하는 개념이다. 그리고 변화 정도는 변화율의 비율로 측정한다. '수요와 공급의 법칙'과 관련하여 수요량을 결정하는 요인들과 수요량의 관계가 어느 정도인가를 이해할 수 있다. 해당 상품의 가격과 소득의 변화율에 대한 수요량의 변화율은 '수요의 가격탄력성'(가격탄력성)과 '수요의 소득탄력성'(소득탄력성)으로, 해당 상품의 가격 변화율에 대한 관련 상품의 수요량의 변화율은 '수요의 교차탄력성'(교차탄력성)으로 이해할 수 있다. 예를 들어, '가격탄력성'은 절대값이 1보다 클/작을 때 탄력적/비탄력적이라 한다. 수요의 가격탄력성의 경우 부호가 마이너스 (−)이기에 절대값을 사용한다. '소득탄력성'은 0보다 큰/작은 상품을 정상재/열등재라 하고, '교차탄력성'은 0보다 클/작을 경우 대체재/보완재라 하고, 0일 경우 독립재라 한다.

$$\text{가격탄력성} \equiv \frac{\text{수요량/공급량의 변화율(\%)}}{\text{가격의 변화율(\%)}} \gtrless 1 \Leftrightarrow \begin{matrix} \text{탄력적} \\ \text{단위탄력적} \\ \text{비탄력적} \end{matrix}$$

$$\text{소득탄력성} \equiv \frac{\text{수요량의 변화율(\%)}}{\text{소득의 변화율(\%)}} \gtrless 0 \Leftrightarrow \begin{matrix} \text{정상재} \\ \text{열등재} \end{matrix}$$

$$교차탄력성 \equiv \frac{\text{다른 재화의 수요량의 변화율(\%)}}{\text{한 재화의 가격의 변화율(\%)}} \gtreqless 0 \Leftrightarrow \begin{array}{l} \text{대체재} \\ \text{독립재} \\ \text{보완재} \end{array}$$

수요측과 마찬가지로 공급량의 결정요인들의 변화율에 대한 공급량의 변화율 역시 탄력성으로 이해할 수 있다. 예를 들어, 해당 상품의 가격 변화율에 대한 공급량의 변화율을 가격탄력성, 산출량의 변화율에 대한 비용의 변화율을 '비용탄력성'으로 이해할 수 있다. 공급곡선이 수직선인 경우 공급의 가격탄력성은 완전 비탄력적이다. 가공하지 않은 토지의 경우 공급의 가격탄력성이 여기에 해당한다. 비용탄력성은 생산과 비용 개념에서 다시 자세히 설명하겠다.

$$비용탄력성 \equiv \frac{\text{비용의 변화율(\%)}}{\text{산출량의 변화율(\%)}} \gtreqless 1 \Leftrightarrow \begin{array}{l} \text{규모의 불(비)경제} \\ \text{규모에 대한 수확불변} \\ \text{규모의 경제} \end{array}$$

그런데 실제로 탄력성은 두 가지 방식으로 측정할 수 있다. 매우 작은 변화량의 경우 수학에서의 극한 개념을 사용하고 이를 '점탄력성'이라 한다. 반면 변화량이 큰 경우에는 '호탄력성'을 사용한다. 즉 점탄력성은 $-(dQ/Q)/(dP/P)$으로 계산하고, 호탄력성은 $-[dQ/\{(Q_1+Q_2)/2\}] \div [dP/\{(P_1+P_2)/2\}]$으로 계산한다. 예를 들어, 가격이 100에서 110으로 상승할 때 수요량이 100에서 90으로 감소한 경우 수요탄력성은 1이 된다. 그러나 역으로 가격이 110에서 100으로 하락하고 수요량이 90에서 100으로 증가한 경우 수요탄력성은 $\{(9/10) \div (10/11)\}$으로 1보다 작게 된다. 이런 불일치를 해소하기 위한 개념이 호탄력성이다.

한편, 수요의 가격탄력성을 결정하는 요인으로는 필수품이냐 사치품이냐에 따라, 대체재의 존재 여부에 따라, 소비자의 전체 지출에서 차지하는 비중의 정도에 따라, 그리고 고려되는 기간 등에 따라 영향을 받을 것이다. 예를 들어, 필수품의 경우 수요의 가격탄력성은 비탄력적이고, 사치재의 경우 탄력적일 가능성이 높다. 반면, 공급의 가격탄력성은 시설용량의 확장이나 추가적인 투입요소의 구입 등의 측면에서 어려울수록 비탄력적이 되고, 다른 상품의 생산으로 전환이 쉬울수록 탄력적이 되고, 저장비용이 많이 소요되거나 저장가능성이 낮을수록 비탄력적이 되고, 생산활동에서 고려되는 시간이 길수록 생산과정에서의 적응능력이 커져 가격변화에 대처할 수 있는 신축성도 커지므로 탄력성이 커질 가능성이 높다.

　가격탄력성은 여러 경우에 응용할 수 있다. 무엇보다 수요의 가격탄력성은 공급자가 공급하는 상품의 가격 책정에 중요한 기준이 된다. 판매수입의 극대화를 원할 경우 공급자가 자신이 공급하는 상품의 가격을 인상하는 것이 반드시 바람직하지는 않다. 상품의 수요가 탄력적일 경우에는 가격을 인하해 판매수입을 증대할 수 있는 반면, 비탄력적일 경우에만 상품의 가격을 인상해 판매를 증대할 수 있기 때문이다. 예를 들어, 담배소비세의 인상 문제도 수요의 가격탄력성과 무관하지 않다. 여기서 흡연율을 낮추려는 이유로 담뱃값을 올리기 위해서는 흡연에 대한 가격정책의 효과가 입증되어야 한다. 즉 가격정책의 효과에 의구심을 갖는 주장들은 흡연이 중독성을 지니고 있어 수요의 가격탄력성이 매우 낮아 가격 인상 효과가 제한적이라며 선진국에서도 담뱃값과 흡연율 사이의 인과관계를 찾을 수 없다고 주장한다. 게다가 소득분배 문제에 대해서도 흡연자의 비율은 저소득층에서 상대적으로 높기 때문에 담뱃값 인상은 소득분배에 역진적인 부작용을 초래할 것이라 주장한다. 반면, 담배의 가격탄력성이 낮아 단기적인 소비억제 효과는 상대적으로 작겠지만, 주요 정책목표가 여성 및 청소년의 흡연 억제에 있기에 중장기적으로 지속적인 담배에 대한 고(高)가격 정책이 필요하고 그를 위해 소비세 강화가 필요하다는 주장도 있다.

　한편, 우리 사회의 쌀 문제는 소득탄력성과 관련이 있다. 가을철이면 신문지상에서 "쌀이 쌓이면 농민은 운다"라는 문구를 본 적이 있을 것이다. 쌀 농사가 풍년이라는데 농촌경제는 무너질 위기에 처해 있다고 한다. 이는 쌀이라는 상품이 갖는 수요의 비탄력성에서 찾을 수 있다. 즉 쌀의 과잉공급은 가격폭락을 가져오는 반면, 가격이 하락해도 쌀에 대한 수요는 증대하지 않기 때문에 농민의 수입은 크게 감소한다. 농산물의 이러한 특성 때문에 농업 보호는 정부의 분배정책에서 중요한 과제로 되어왔다. 전통적인 농업보호정책들로는 가격지지정책이나 생산량제한정책 등이 있다.

## 3.2. 가격효과

　가격 변화가 양을 변화시키는 과정은 '가격효과' 개념으로 이해할 수 있다. 즉 가격이 변할 때 상품의 수요량 및 공급량의 변화에는 두 가지 힘, 즉 '대체효과(substitution effect)'와 '소득효과(income effect)'가 작용한다. 예를 들어, 어떤 상품의 가격이 하락할 경우 '대체효과'는 소득의 변화가 없는 상황에서 어떤 상품이 다른 상품에 비해 상대적으로 더 싸졌기 때문에 관련이 있는 다른 상품의 소비를 줄이고 해당 상품의 소비가 늘어나는 효과이고, '소득효과'는 (명목)소득에는 변화가 없지만 가격 하락으로 구매력, 즉 실질소득을 증대시켜 수요량을 변화시키는 힘을 말한다. 일반적으로 대체효과는 가격의 법칙에 따라서 가격과 수요량 및 공급량의 관계가 마이너스(−)인 반면, 소득효과는 정상재와 열등재에 따라 다르게 나타난다. 정상재의 경우 대체효과가 소득효과와 같은 방향으로 작용한다. 예를 들어, 특정 상품의 가격이 하락할 경우 해당 상품의 수요량은 대체효과에 따라 증가하고, 소득효과(실질구매력의 증가)로도 수요량은 증가한다. 즉 정상재의 경우 소득효과와 대체효과는 같은 방향으로 나타난다. 그러나 특정 상품이 열등재이고 가격이 하락할 경우 해당 상품의 수요량은 대체효과에 따라서는 증가하지만, 소득효과에 따라서는 감소한다. 즉 대체효과와 소득효과가 서로 다른 방향으로 작용한다. 이 경우 대체효과가 소득효과보다 크면 일반적인 열등재라 하고, 대체효과가 소득효과보다 작으면 특수한 열등재(Giffen goods)라 한다. 즉 일반적인 열등재는 여전히 수요의 법칙이 작동하지만 특수한 열등재인 기펜재의 경우에는 수요의 법칙이 성립하지 않는다. 다음은 반대로 가격이 상승할 경우의 가격효과를 정리한 것이다.

**표 2-1** 가격 상승의 가격효과

|  | 대체효과(s) | (+) | 소득효과(i) | = | 가격효과(s+i) |
|---|---|---|---|---|---|
| 정상재 | − |  | − |  | − |
| 일반열등재 | − |  | + |  | − |
| 특수열등재(기펜재) | − |  | + |  | + |

가격효과는 일반적으로 수요량과 관련하여 얘기되지만 공급량에도 적용할 수 있다. 즉 가계소비자의 경우 생산요소시장에서는 노동력이나 자금의 공급자이기 때문이다. 즉 임금의 변화가 노동공급량에 미치는 영향의 정도나 이자율의 변화가 대부자금의 공급량(저축)에 미치는 영향을 가격효과로 이해할 수 있다. 이제 임금과 이자율에 대한 저축(자금공급)과 노동공급의 탄력성을 구체

적으로 살펴보자. 첫째, 노동 공급자인 대부분의 소비자는 소득을 획득하기 위해 동원할 수 있는 자원이 시간이다. 그런데 누구나 하루 24시간을 갖고 있고, 24시간은 여가(자기를 위해 사용하는 시간)와 노동(타인을 위해 사용하는 시간)으로 구분된다. 시장이론에서 여가는 플러스(+) 효용, 노동은 마이너스(−) 효용을 만들어내는 것으로 이해한다. 즉 소비자가 자신의 노동을 공급(판매)할 경우 여가와 효용이 감소하는데도 노동을 공급하는 이유는 그에 대한 보상으로 임금소득(+효용)을 얻기 때문이다. 즉 소비자는 자신의 시간 중 노동과 여가의 배분을 노동과 여가 한 단위에서 얻는 효용이 같도록 할 것이다. 이제 임금이 증가하게 되면 노동의 공급량이 어떻게 변화할 것인가 살펴보자. 예를 들어, 노동과 여가가 배분된 어떤 임금수준(예: 시급 5천 원)에서 임금이 상승(예: 시급 1만 원)할 경우 노동 공급자는 시간당 5천 원에서 결정했던 여가와 노동의 시간 배분을 변화시킬 것이다. 1시간 여가에 대한 비용이 1만 원으로 증가했기 때문에 효용극대화를 추구하는 가계(노동공급자)는 여가를 줄이고 노동의 공급을 늘릴 것이다. 즉 임금이라는 가격이 상승함에 따라 효용이 상대적으로 더 커진 노동의 선택을 늘리고 여가를 줄인 것이기에 '대체효과'에 해당한다. 반면, 소득이 높아질수록 한 단위 여가에서 얻는 효용은 커지기 때문에 임금이 증가하여 소비자의 소득이 증가하면 상대적으로 효용이 더 커진 여가를 노동보다 증가시키는데 이를 '소득효과'로 이해할 수 있다. 임금 증가에 따른 노동공급의 변화는 이 두 효과를 비교하여 결정될 것이다. 대체효과가 소득효과보다 크면 임금 증가에 따라 노동의 공급은 증가할 것이고, 반대로 소

**그림 2-3 노동공급곡선**

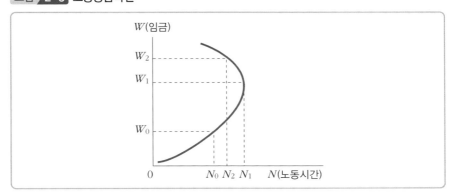

득효과가 대체효과보다 크면 노동공급은 감소할 것이다. 노동의 공급곡선이 임금 증가에 따라 우상향하다가 임금이 일정 수준 이상이 되면 임금이 증가하더라도 노동의 공급량이 감소하는, 즉 노동공급곡선이 후방 굴절하는 이유다. 실제로 지난 역사를 돌아보면 노동시간은 짧아지고 실질임금은 증가했다. 노동시간의 지속적인 단축은 이론적으로 볼 때 생산성 증대로 인해 노동자에게 할당되던 수익이 소득 증대와 여가시간의 확대로 분배되는 과정에서 나타나는 현상이었다.

둘째, 소득 중 소비하고 남는 부분을 저축하는 가계는 대부자금시장의 공급자다. 참고로 대부자금시장은 은행을 매개로 자금의 중개가 이루어지는 시장이다. 은행에서 이 업무를 수행하는 창구가 대부계나 여신계이다. 예를 들어, 은행은 가계가 공급한 여유자금(저축)으로 자금이 필요한 기업에 대출(투자)을 수행함으로써 한편으로는 금융자원을 효율적으로 배분하는 기능(자금중개기능)을 수행하고, 이 과정에서 수익을 추구한다. 예를 들어, 소비자가 연 2%의 이자를 받고 저축(자금공급)을 하고, 은행은 이 자금을 기업에게 연 4%의 이자를 받고 빌려줄 때 기업은 이 자금으로 연 4%보다 많은 수익, 예를 들어 연 6%의 수익을 낼 수 있기 때문에 차입을 했을 것이다. 이를 통해 우리는 자금이라는 금융자원이 연 2%의 수익처에서 연 6%의 수익처로 이동했음을 알 수 있듯이 금융자원은 은행에 의해 효율적으로 배분된 것으로 이해할 수 있다. 대부자금이라는 상품의 가격인 이자율이 변화할 때 대부자금의 공급량(저축)이 어떻게 변화할지도 가격효과로 설명할 수 있다. 시장이론에서 가계는 자신의 소득을 (현재)소비와 저축(미래소비)으로 배분한다. 그런데 같은 액수를 소비한다면 현재소비에서 얻는 효용이 미래소비에서 얻는 효용보다 크다. 따라서 소비를 통해 얻을 수 있는 효용을 유보하는 저축에 보상이 없다면 저축은 발생할 수 없다. 이 유보(현재소비와 미래소비의 효용의 차이)에 대한 보상을 이자소득(+효용)으로 이해할 수 있다. 이제 이자율 변화가 저축에 어떠한 변화를 가져오는가를 살펴보자. 소비와 저축 한 단위에서 얻을 수 있는 효용이 같아지도록 소득을 배분하고 있는 어떤 이자율(예: 2%/연)에서 이자율이 상승(연 3%)하게 되면 한 단위 소비에서 얻는 효용보다 저축에서 얻는 효용이 커지게 되기 때문에 소비를 줄이고 저축을 늘릴 것이다. 이를 '대체효과'라 할 수 있다. 반면, 이자율이 상승하면 미래소비에 필요한 일정한 소득을 확보하기 위해 이자율이 상승하기 전보다 적은 저축을 해도 될 것이다. 즉 이자율이 상승함에 따라 미래소득이 증가함으로써 소비를 증가시키고 저축을 감소시키는데 이를 '소득효과'로 생각할 수 있다. 이처럼 이자율 상승에 따른 저축의 변화는 대체효과와 소득효과의 크기에 달려 있다. 지난 몇 년간 저이자율 추세 속에서도 저축 증가 현상을 경험하였는데 이는 미래에 대한 불확실성 증가로 소득효과가 커진 결과로 이해할 수 있다. 즉 경기가 호황일 때는 자금수요가 높기에 이자율이 올라가면 대체효과가 소득효과보다 크지만, 경기가 침체된 상황에서는 자금수요가 낮기에 이자율이 낮아지더라도 저축이 증가할 수 있는데 소득효과가 대체효과보다 큰 결과로 이해할 수 있다.

## 제 4 절   효율성의 측정

시장기능에 의한 자원배분이 효율적이지 못할 때 시장은 그 정당성을 위협받는다. 한 경제가 효율적인가를 측정하는 방식에는 여러 가지가 있는데, 대표적 개념이 '생산가능곡선'과 '경제적 총잉여'다.

### 4.1. 생산가능곡선

'생산가능곡선(production possibilities frontier or curve)'은 "한 나라의 경제가 주어진 생산요소와 생산기술을 사용하여 최대한 생산할 수 있는 산출물의 조합"을 나타낸다. 따라서 어느 경제가 생산가능곡선 내부에서 생산이 이루어지고 있다면 이는 그 경제에 존재하는 자원을 활용하여 얻을 수 있는 최대의 효과를 포기한 것이기 때문에 비효율적인 생산 상태이다. 즉 한 경제에 존재하는 유한한 자원을 활용하여 최대의 효과를 얻는 것을 효율적이라고 한다. 다음 그림은 자동차와 컴퓨터를 생산하는 경제를 가정한 생산가능곡선이다. 곡선상이나 내부의 어느 조합이라도 생산이 가능하다. 정의에 의해 곡선 밖의 점(예: 점 C)은 주어진 자원과 기술수준으로는 생산이 불가능한 조합이다. 생산가능곡선의 양 끝점은 생산가능성의 극단적인 경우를 나타낸다. 즉 모든 자원이 자동차 생산에만 투입된다면 최대 100대의 자동차가 생산되고, 컴퓨터는 1대도 생산되지 않을 것이다. 반대로 모든 자원이 컴퓨터의 생산에만 투입된다면 이 경제에는 3,000대의 컴퓨터만 존재하고 자동차는 1대도 생산되지 않을 것이다. 그리고 정의에 의해 한 경제에 존재하는 제한된 자원을 활용하여 최대의 효과를 얻은 것을 효율적이라고 하기에 생산가능곡선상의 점들은 효율적인 생산의 결과를 나타낸다. 예를 들면, A점이나 B점이 효율적인 생산 상태에 해당한다. 효율적인 생산을 할 경우 한 재화의 생산량을 늘리기 위해서는 반드시 다른 재화의 생산량을 줄여야 한다. A점에서 B점 혹은 F점이나 E점으로의 이동이 그에 해당한다. 예를 들어, 60대의 자동차와 2,200대의 컴퓨터를 생산할 수 있는 점 A에서 자원이 일부를 컴퓨터 생산에서 자동차 생산으로 이전시키면 점 B에서와 같이 70대의 자동차와 2,000대의 컴퓨터를 생산할 수 있다. 반면, 점 D는 30대의 자동차와 1,000대의 컴퓨터만 생산하는 비효율적 생산 상태를 나타낸다. 즉 실업이나 유휴설비의 존재 등의 이유로 경제가 주어진 자원을 최대한 활용하지 못하는 상태를 나타낸다. 실업의 감소나 생산 설비 가동률의 상승 등 비효율의 원인을 제거하면 점 D에서 점 A나 B나 F나 E로 이동할 것이다.

그림 **2-4** **생산가능곡선**

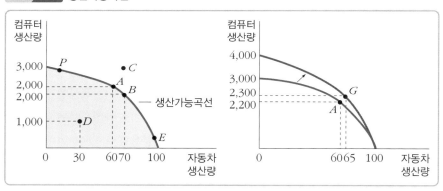

한편, 생산가능곡선이 우하향하는 것은 자원의 희소성을 반영한다. 자원의 양이 일정하게 주어진 상황에서 자동차의 산출량을 늘리려면 컴퓨터의 산출량이 줄어든다는 것이다. 그리고 생산가능곡선이 원점 밖으로 볼록한 모양을 갖는 이유는 어떤 것을 얻기 위해 포기해야 하는 다른 비용인 기회비용의 체증을 의미한다. A점에서 B점으로 이동하려면 자동차 10대를 더 만들기 위해서 컴퓨터 200대를 포기하면 되지만 자동차를 추가로 10대를 더 생산하기 위해서는 200대 이상의 컴퓨터를 포기해야만 한다. 즉 추가적인 자동차를 얻기 위해서 훨씬 더 높은 기회비용(어떤 것을 선택함으로써 포기하는 가치 중에서 가장 큰 가치)을 감당해야 하는 것이다. 경제학도들은 일반적으로 기회비용이 증가한다고 믿는다. 그 근거는 한 재화를 소량만 생산할 때에는 그 재화의 생산에 특별히 적합한 자원을 사용한다는 것에 있다. 이밖에도 범위의 경제가 작용할 경우 원점 밖으로 볼록할 가능성이 높다. 예를 들어, 두 재화가 '범위의 경제'에 있는 경우를 보자. '범위의 경제'란 '두 재화를 동시에 생산하는 것이 따로따로 두 재화를 생산하는 것보다 비용이 더 적게 드는 것'을 의미한다. 간단하게 말해서 따로따로 생산하는 것보다 같이 생산하는 게 더 저렴하다는 의미다. '범위의 경제'가 존재한다면 같은 비용으로 더 많은 재화를 생산할 수 있기 때문이다. 물론, 특정한 상품의 경우 포기해야 하는 상품이 그대로인 경우도 있다. 즉 생산가능곡선이 원점 밖으로 볼록한 것은 일반적으로 그렇다는 것이지, 반드시 그렇다는 것은 아니다.

한편, 생산가능곡선이 바깥쪽으로 이동할 수도 있다. 예를 들어, 생산가능곡선은 경제성장에 대해 말해 준다. (거시적 시장의 세계에서 자세히 다루겠지만) 경제성장은 한 경제의 생산능력이 커지는 것으로 이해할 수 있다. 기술진보, 노동자의 기술숙련도 향상, 사용자원의 증가 혹은 발견, 인구 증가, 경제활동 참가율 상승 등이 발생하면 생산능력은 커지게 될 것이다. 경제성장이 경제의 생산가능성을 확장한다는 것으로 이해한다면 앞의 생산가능곡선처럼 컴퓨터나 자동차 중 어느 한 상품만 더 많이 생산할 수도 있고, 컴퓨터와 자동차 모두 더 많이 생산할 수도 있다. 그리고 이는 생산가능곡선이 바깥쪽으로 이동하게 되는 것을 의미한다.

## 4.2. 경제적 총잉여

효율성을 측정하는 또 다른 방식은 '경제적 총잉여(economic surplus, ES)'를 비교하는 것으로, 사회 구성원이 누리는 총잉여를 극대화할 때 자원이 효율적으로 배분되었다고 말한다. 즉 경제적 후생수준을 측정하는 지표인 경제적 잉여에는 소비자잉여(consumer surplus, CS)와 생산자잉여(producer surplus, PS), 정부잉여(government surplus, GS) 등이 있다. (소비자와 생산자로만 경제활동이 이루어질 때) 사회 전체의 총잉여는 '소비자잉여'와 '생산자잉여'

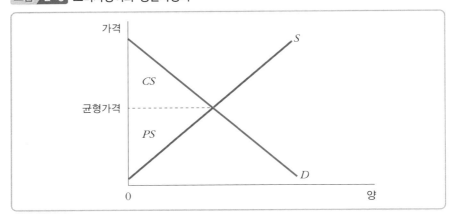

**그림 2-5** 소비자잉여와 생산자잉여

의 합으로 구성된다. '소비자잉여'는 "소비자의 최대 지불용의 금액에서 실제 지불금액을 제외한 나머지"로 수요곡선보다 아래 있으면서 시장균형가격보다 위에 있는 부분이 되고, '생산자잉여'는 "기업의 총수입에서 총생산비용을 제외한 나머지"로 시장균형가격보다 밑에 있으면서 공급곡선보다 위에 있는 부분이다. 따라서 시장이론에서 "어떤 것이 효율적이다"라는 표현은 자원배분이 아주 잘되어 조금의 낭비도 없는 상태를 의미하고, 구체적으로 자원배분 결과 총잉여[≡소비자잉여($CS$)＋생산자잉여($PS$)]가 극대화되면 이러한 배분을 '효율적'이라고 한다. 자원의 배분상태가 효율적이지 않다면 시장거래로 얻을 수 있는 이득 중 일부를 얻지 못하고 있다는 뜻이다. 만약 어떤 재화를 생산비가 낮은 생산자가 생산하지 않는다면 자원배분은 '비효율적'이 된다. 이때 고비용 생산자에게서 저비용 생산자로 생산활동을 이전하면, 사회적 총비용이 낮아지고 사회적 총잉여는 증가한다. 마찬가지로 어떤 재화에 가장 높은 가치를 부여하는 소비자가 그것을 소비하지 못한다면 이는 비효율적인 자원배분이다. 이 경우 낮은 가치를 부여하는 소비자에서 높은 가치를 부여하는 소비자로 소비가 이전될 때 총잉여가 증가한다.

한편, 총잉여가 소비자잉여와 생산자잉여의 합으로 구성된다는 것은 (앞에서 지적했듯이) 정부를 비롯해 시장 밖으로부터 어떤 개입도 없는 자유로운 시장 기능에 따라 자원이 배분될 때 총잉여가 극대화된다는 것이다. 즉 정부가 개입할 경우에는 경제적 총잉여에 정부잉여도 포함될 것이다. 단지, 정부 개입으로 소비자잉여나 생산자잉여에 변화가 발생할 수 있고, 일반적으로 정부 개입의 경우 경제적 총잉여는 개입이 없을 경우보다 작아진다고 얘기한다. 예를 들어, 조세 부과 등에 의한 정부 개입보다 비개입(시장방임)이 바람직하다는 주장은 정부가 개입하지 않을 경우 정부가 개입하는 경우보다 경제적 총잉여가 증가한다는 주장에 기반하고 있다. 예를 들어, 정부가 특정 상품에 대해 소비세를 부과할 경우(예: 휘발유세), 경제적 총잉여가 어떻게 변화하는지 생각해보자. 휘발유세를 리터당 $t$만큼 부과하게 되면 공급 상품 한 단위 당 가격을 상승시키기에 공급곡선이 $S$에서 $S'$로 이동시켜 이해할 수 있다. 즉 공급량을 기준으로 $S$와 $S'$의 차이를 리터당 부과되는 휘발유세로 이해할 수 있다. 세금 부과 결과 균형점은 $C$에서 $E$로 이동하게 되고, 새로운 균형가격은 P에서 P'로 변하게 되며, 균형 수요량 및 공급량은 $Q$에서 $Q'$가 된다. 이제 휘발유세를 부과하기 이전의 경제적 총잉여와 세금을 부과한 후의 경제적 총잉여를 비교해보자. 세금을 부과하기 이전의 소비자잉여는 $\triangle APC$가 되고 생산자잉여는 $\triangle PBC$가 되어 경제적 총잉여는 $\triangle ABC$가 될 것이다. 반면 세금을 부과한 후 소비자잉여는 $\triangle AP'E$가 되고, 생산자잉여는 $\triangle P''BD$가 되며, 세금 부과에 따른 정부의 세금 수입인 정부잉여 $\square P'P''DE$가 발생한다. 따라서 경제적 총잉여는 세금 부과 전이 부과 후보다 $\triangle CDE$만큼 크다. 즉 세금 부과에 의한 정부 개입은 비효율적이라고 말할 수 있다. 여기서 경제적 총잉여의 감소분($\triangle CDE$)을 '자중손실(Deadweight Loss)'이라 한다.

**그림 2-6** 소비세 부과 이전과 이후의 경제적 총잉여의 비교

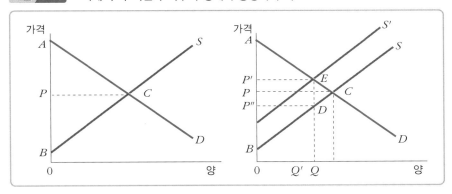

여기서 휘발유에 소비세를 부과할 경우 소비자와 공급자 중 누가 세금에 대한 부담을 많이 지는가는 탄력성 개념으로 판단할 수 있다. 즉 세금 부과 이전의 가격과 세금 부과 이후의 가격을 비교하면 비탄력적일수록 세금에 대한 부담이 많이 전가됨을 이해할 수 있다. 예를 들어, 수요가 비탄력적이고 공급이 매우 탄력적인 경우를 살펴보자. 수요가 비탄력적이라는 사실은 가격이 많이 상승해도 수요량이 많이 줄어들지 않는다는 것을 의미하기에 세금 부과와 가격 상승의 결과 수요량이 감소할 경우 가격은 크게 상승하게 되는 반면, 공급이 매우 탄력적이기에 공급량이 감소하더라도 가격 하락은 크지 않을 것이다. 즉 세금 부과로 가격이 상승할 경우 세금의 대부분은 소비자에게 전가될 것이다.

그림 2-7 탄력성과 경제적 총잉여

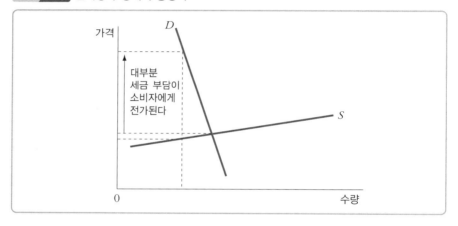

## 4.3. 경제적 총잉여와 FTA 환상

우리나라 정부가 자유무역협정(FTA, Free Trade Agreement)을 적극적으로 추진하는 이유도 경제적 총잉여의 증가, 즉 효율성의 개선으로 설명한다. 즉 자유무역(Free Trade)이 관세나 쿼터(Quota) 부과와 같은 '제한적인 교역(Restricted Trade)' 혹은 전혀 교역을 하지 않는 '비교역(No Trade)'보다 경제적 이익을 증가시킨다는 주장도 경제적 총잉여가 극대화된다는 논리에 기초한다. 즉 시장을 개방할수록 경제적 총잉여는 증가한다는 것이다. 자유무역의 효과를 비교하기 위해 어떤 상품의 국내가격이 국제가격보다 높은 경우를 살펴보자. 이런 산업의 경우 시장이 개방되면 수입이 증가할 것이고 국내 해당 산업은 타격을 입을 것이다. 그러나 사회 전체의 경제적 이익은 증가한다는 것이 FTA 추진의 명분이다. 다음 그림을 통해 살펴보자. 특정 상품(예: 소고기)의 경우 해외가격($P_f$)이 국내가격($P$)보다 낮다. 시장을 개방하지 않을 경우 소비자잉여는 $\triangle APC$, 생산자잉여는 $\triangle PBC$, 따라서 경제적 총잉여는 $\triangle ABC$가 된다. 그런데 시장을 완전히 개방할 경우, 즉 자유무역의 경우 소비자잉여는 $\triangle AP_fE$, 생산자잉여는 $\triangle P_fBD$이다. 따라서 경제적 총잉여는 $\triangle ABC$와 $\triangle CDE$의 합이 되고, 시장을 개방하지 않을 경우에 비해 $\triangle CDE$만큼 경제적 이익이 증가한다. 즉 생산자잉여는 감소하지만 소비자잉여가 크게 증가하여 사회 전체의 순이익이 증가한다는 것이다. 즉 생산자의 손실을 보상해주어도 사회적으로 이익이 되기에 시장을 개방하는 것이 바람직하다는 주장이다.

다음으로 제한적인 교역을 할 경우와 비교해보자. 교역의 제한은 관세를 부과해 수입을 제한할 수도 있고, 수입 물량 제한(쿼터 부과, 예: 스크린쿼터)을 통해 수입을 제한할 수도 있다. 먼저 관세 부과의 경우를 살펴보자. 국내가격과 해외가격의 차이의 1/2만큼에 해당하는 관세를 수입상품 한 단위당 부과한다고 가정하면 국내 판매가격은 $P_t(=P_f+$관세$)$가 된다. 그 경우 소비자잉여는 $\triangle AP_tI$, 생산자잉여는 $\triangle P_tBF$, 정부잉여는 $\square FGHI$가 된다. 즉 경제적 총잉여가 시장을 개방하지 않을 경우보다는 증가하지만 자유무역의 경우보다는 감소한다. 수입물량을 조절해 수입을 제한하는 쿼터 부과의 경우에도 같은 결과를 낳는다. 즉 시장을 개방할 경우 예상되는 수입물량($Q_d-Q_s$)의 절반까지

**그림 2-8** 자유무역 대 제한적 교역의 경제적 총잉여의 비교

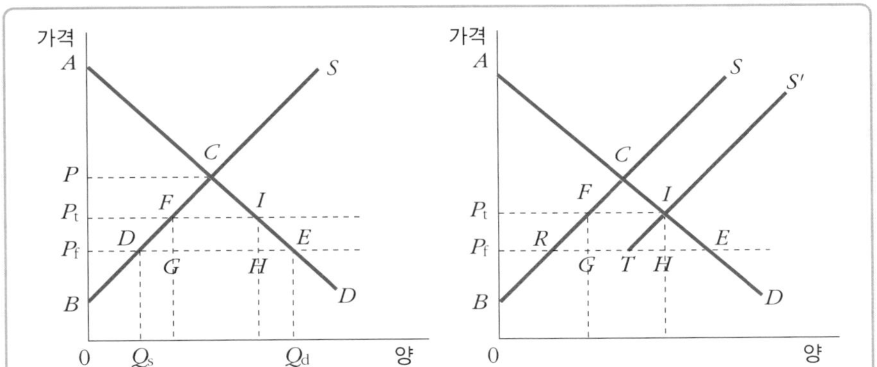

수입을 허가할 경우 해외가격보다 높은 가격 수준에서는 허용된 쿼터만큼 수입이 될 것이고, 이는 공급곡선이 $S$에서 $S'$로 이동하는 것을 의미한다. 즉 $BRTS'$가 새로운 공급곡선이 된다. 공급량 기준으로 $S$와 $S'$의 차이는 허용된 쿼터 물량이 될 것이다. 쿼터 부과의 경우 소비자잉여는 $\triangle AP_tI$, 생산자잉여는 $\triangle P_tBF$, 수입업자의 이익은 $\square FGHI$가 될 것이다. 관세 부과의 경우와 마찬가지로 시장을 개방하지 않을 경우보다는 경제적 총잉여가 증가하는 반면, 시장을 완전히 개방하는 경우보다는 경제적 총잉여가 감소한다.

그러나 시장을 개방할수록 경제적 총잉여가 증가한다는 주장은 시장이 제대로 작동하는 것을 전제로 한다. 즉 수요와 공급의 법칙이 작동할 수 있어야 한다. 앞으로 살펴보겠지만 수요와 공급의 법칙은 일정한 조건이 충족되어야만 작동할 수 있다. 지금까지 살펴본 조건만 하더라도 시장이 충분히 경쟁적이어야 하고 교역상품이 경합성과 배제성이 있는 상품이어야만 한다. 또 개별 국가 간 FTA는 기본적으로 진정한 자유무역이 아니다. 자유무역은 모든 국가가 함께해야 한다. 게다가 시장을 개방할수록 경제적 이익이 증가한다는 논리와 달리 현실은 자국 시장의 개방보다는 가능한 한 덜 개방하려 하고 있고, 경제 규모가 크거나 소득이 높은 국가들 간에 FTA는 실현되지 않고 있음을 볼 수 있다. 즉 시장이론에 따르면 가격경쟁력이 없는 산업이라도 시장을 개방하는 것이 이익이 된다. 즉 생산자는 손실을 보지만 소비자의 이익이 생산자의 손실을 상쇄하고도 남을 정도로 크기 때문이다. 그런데 한미 FTA 추가협상에서 미국이 자동차시장의 개방 기한을 연기했듯이 국가 간 FTA 협상을 보면 경쟁력이 약한 산업은 최대한 개방을 거부한다. 시장이론은 시장을 개방할 경우 경쟁력이 약한 산업은 생존을 위해 생산성 향상 등 경쟁력 강화 노력을 하게 되어 취약산업의 경쟁력이 강화된다고 주장한다.

그런데 왜 개방에 소극적일까? 왜 생산자 손실을 소비자 이익보다 우선시하는 것일까? 개방할 경우 취약산업의 경쟁력이 강화되기 이전에 고사될 수 있기 때문이다. 즉 격차가 너무 심한 국가들 간에 FTA를 맺을 경우 단기적으로 이익을 볼 수 있지만, 장기적으로는 손실을 볼 가능성이 높다. 고도산업의 발전이 불가능할 수 있다. 예를 들어, 한국이 자동차산업을 개발하기 이전인 1960~70년대 미국과 FTA를 맺었으면 한국에 자동차산업이 만들어졌을 확률은 매우 낮을 것이다. 제2차 세계대전 이후 미국이 저개발국의 원조를 자국의 잉여농산물 구매와 연관시킨 저개발국 구호원조 정책에 따라 해방과 한국전쟁 이후 원면과 밀 등 값싼 미국산 농산물이 국내에 들어오면서 한국 농촌에서 원면과 밀(소맥) 등이 자취를 감추었다.

게다가 농업과 서비스업은 단순한 경제문제가 아니라 해당 국가의 문화, 역사 등과 관련이 있고 지역공동체 전체의 삶과 분리해서 생각할 수 없다. 예를 들어, 유럽이나 일본 등이 미국에 비해 서비스산업, 특히 유통서비스산업의 낮은 경쟁력이 지적되면서도 유통업 시장을 개방하지 않는 것은 그러한 이유다. EU는 심지어 한국과 FTA를 추진하면서도 FTA 협정문에 자국 유통업을 보호할 수 있는 조항을 넣을 정도다. 대형 유통업체(Super Supermarket, SSM)가 '골목 상권'까지 눈을 돌리면서 영세 슈퍼와 이른바 '기업형 슈퍼마켓'의 갈등, 즉 'SSM 논란'이 최근에 한국사회의 주요 이슈 중 하나가 된 것도 같은 맥락에 있다. SSM을 찬성하는 이들의 주장이 바로 시장논리에 기초한다. 물건이 저렴하게 공급되면 소비자들의 후생이 증가한다는 얘기다. 자영업 과잉 사회에서 구조조정은 불가피하고 경쟁은 필수라는 말도 덧붙인다. 문제는 '골목'을 단순한 시장으로 바라볼 수 있느냐다. 경쟁에 몰려 골목을 떠난 이들의 먹고사는 문제는 누가 해결해줄 것이냐에 대한 답도 나온 적이 없다. 별도의 소득원도, 사회 안전망도 부족한 상황에서 '골목'은 생활의 안정을 도모할 수 있는 피난처의 의미를 갖는다. 이것이 골목을 골목으로 남겨놓아야 한다는 주장이 나오는 이유다. 대기업−중소기업 간 문제가 기업 간 힘의 차이에 따른 불공정행위이듯이 SSM 논란은 자영업자와 대기업 사이에 벌어졌다는 점에서 더욱 심각하다. 시장주의자들은 싸게 소비할 수 있는 소비자의 후생을 강조하지만 영세상인은 생산자이자 소비자이고, 지역사회 순환경제의 주요 구성요인이라는 점에서 영세상인의 몰락은 지역사회의 순환네트워크와 내수경제의 붕괴를 의미한다. 그것은 연쇄적으로 중소기업의 타격으로 이어지고 한국사회의 일자리 문제도 야기한다. 그러다 보니 세계무역기구(WTO) 체제 이전까지, 이른바 가트(GATT) 체제에서는 제조업 중심의 자유무역을 추구하였다. 그것도 선·후진국 간 차이를 인정해 주면서 말이다.

또한, FTA는 단순한 상품의 유출입이 아니라 한 사회의 제도와 기준 등을 받아들이는 문제이다. 예를 들어, 각 사회는 자신이 발전시킨 기술의 결과물을 갖고 있고, 자신의 사회에 적합한 안전 기준을 갖고 있다. 미국이 한미 FTA

재협상에서 자동차 연비나 배출가스 기준 등에서 미국의 기준을 관철한 것이 그것이다. 각 사회는 소비자를 보호하기 위한 기준을 만들고, 각 사회의 목표에 따른 규제와 제도 등을 만든다. 따라서 수입하는 상품이 자기 사회의 기준이나 목표에 부합하지 않을 수 있다. 선진국 간에 FTA 추진이 극히 제한적인 이유가 여기에 있다. 선진국들은 자신들이 독자적으로 발전시킨 기술을 갖고 있고, 자신의 기준을 양보할 수 없기 때문이다. 특정 국가에 자신의 기준을 확대하는 것은 시장을 안정적으로 확보하는 지름길이다. 미국이나 EU뿐만 아니라 일본과 중국 등이 한국과 적극적으로 FTA 추진을 원하는 이유도 동북아 거점 국가인 한국에 자신의 기준을 확대하려는 패권주의 전략의 산물로 이해할 수 있다. 미국이나 선진국과 FTA를 하자는 사람들은 미국이나 선진국 시스템을 따라가는 것이 무엇이 잘못인가 물을 것이다. 시장통합은 시장 확대 효과와 더불어 전염효과도 수반한다는 것을 간과하고 있다. 또 선진국의 시스템이 모든 국가에서 성공적인 성과를 만들어내는 것은 아니다. 경제주체들의 선택이나 행위는 법 같은 공식적인 규칙(formal rules)에 의한 강제성과 관습 등 비공식적인 규범(informal norms)의 복합적 결합물이다. '공식적인 규칙'이 쉽게 변화될 수 있는 것이라면 '비공식적인 규범'들은 대개 점진적으로 변화하는 특징을 갖는데, 일련의 규칙들에 정당성을 제공하는 것이 규범들이다. 선진국의 시스템이 성공적으로 작동할 수 있었던 것은 그 시스템이 기초하는 규범들과 조응하였기 때문이다. 즉 한 경제가 다른 경제의 규칙들을 채택할 경우 규칙들이 기초하는 규범들이 다르고, 그 결과 강제가 상이하기 때문에 경제성과 또한 다르게 나타날 수밖에 없다.

그 결과 주요국들은 경제논리로만 FTA를 추진하지 않는다. 예를 들어, 미국이 FTA를 체결한 국가들을 보면 한국, 모로코, 바레인, 싱가포르, 요르단, 이스라엘, 칠레, 오만, 콜롬비아, 파나마, 페루, 호주, 캐나다, 멕시코 등이다. 시장이론에 따르면 경제 규모가 큰 국가와 FTA를 하는 것이 경제적 이익 극대화 관점에서 바람직하다. 그런데 미국이 FTA를 체결한 국가들을 보면 자신의 인접국들인 아메리카 대륙의 국가들을 포함해 남태평양의 호주, 동아시아의 한국과 싱가포르, 그리고 중동 지역의 이스라엘과 요르단과 바레인과 모로코 등 각 지역의 거점국가들로 분류된다. 경제적 이해와 더불어 안보적 이해에 기초한 것임을 알 수가 있다. 한·미 FTA의 경우에서도 한반도와 동아시아에서 미국의 목표와 관련하여 중·장기에 걸쳐 상호 경제적·정치적 유대를 심화시킴으로써 동맹 관계를 신장시키는 방법이 될 것이라는 주장이 미국 내부에서 제기되었다.[15]

사실, 경제적 이익에 기초해 한국이 FTA를 해야 한다면 동아시아와의 FTA가 더 바람직하다. 무엇보다, 동아시아는 우리와 경쟁하는 지역이자 무역장벽이 상대적으로 높은 지역이다. 동아시아 FTA로 역내 장벽이 낮아지면서 무역이 더욱 창출되고, 우리는 경쟁력이 높은 대량생산 조립제조업, 부품과 중간재 산업에서 더 특화할 수 있는 기회를 갖게 될 것이기 때문이다. 또 국제통화 체제 개혁의 필요성과 지역통화 도입의 가능성이 증대하면서 이에 대비할 필요가 있다. 동아시아 역내 경제통합은 금융협력의 확대로 연결될 수 있기 때문이다. 즉 교역에서 역내통화 사용을 장려하면 동아시아 국가들은 막대한 외화자산을 보유할 필요가 없다. 게다가 동아시아의 경제통합과 인적 교류의 확대 등 동아시아 협력 체제의 마련은 동북아 평화 증진에도 기여할 것이기 때문이다. 그러나 중국과 일본의 주도권 경쟁이나 동아시아 경제통합에 소극적인 아세안 등을 포함하여 동아시아 경제협력의 길에는 장애물도 많다. 따라서 한국의 중재 역할이 필요한 상태다.

---

15) CRS Report R41481, *US–South Korea Relations*, coordinated by Mark Manyin. CRS Report RL34330, *The U.S.–South Korea Free Trade Agreement (KORUS FTA): Provisions and Implementation*, coordinated by B. Williams, September 16, 2014, p. 7에서 재인용.

제 **3** 장

# 소비자이론과 수요의 법칙
### – 한계효용체감의 세계 –

**제 1 절** **효용극대화 조건: 한계효용균등의 법칙**

　시장이론에서 소비자는 제한된 소득(희소성)으로 '효용극대화(효율성)'를 추구하는 합리적 소비를 추구하는 경제주체로 설정된다. 여기서 소비자가 어떤 상품 또는 상품 묶음을 소비함으로써 얻는 '주관적' 만족감인 효용(U, utility)은 다음 두 가지 속성을 갖는다. 재화의 소비량에 증가함수라는 조건, 즉 재화의 소비를 증가시킬수록 효용의 절대량은 항상 증가한다는 조건, 그리고 효용의 절대량은 증가하나 그 증가율이 체감하는 한계효용(MU, marginal utility)의 체감을 전제로 한다. [그림 3–1]에 나타낸 효용곡선의 기울기가 MU가 된다.

　따라서 일정한 소득을 가지고 있는 소비자가 효용을 극대화하기 위해서는 화폐 한 단위당 각 재화의 한계효용이 균등하도록 소비할 것이다. 이를 '한계

**그림 ▶ 3–1** 소비와 효용의 관계

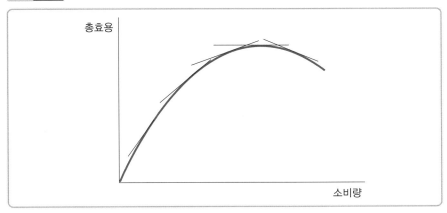

효용균등의 법칙'이라 한다. 다시 말하면 한정된 소득을 가진 사람이 서로 다른 복수의 재화를 소비할 때 최대의 효용을 얻으려면 각 상품의 한계효용을 가격으로 나눈 값이 같을 때 가장 최대의 효용을 얻을 수 있다. 예를 들어, 소비하는 재화($X$, $Y$, $Z$)와 각 재화의 가격($P_{X1}$, $P_{Y1}$, $P_{Z1}$)을 주어졌을 때 효용극대화는 다음 조건에서 성립한다.

$$\frac{MU_x}{P_{x1}} = \frac{MU_y}{P_{y1}} = \frac{M_z}{P_{z1}} = 화폐 \ 한 \ 단위의 \ 한계효용$$

그리고 한계효용균등의 법칙에서 '수요의 법칙'을 도출할 수 있다. 예를 들어, 다른 재화들의 가격은 변화가 없는 상황에서 $X$재만의 가격($P_X$)이 상승($P_{X1}$ → $P_{X2}$)하였다고 하자. 그러면 위의 효용극대화 조건은 다음과 같이 변화한다.

$$\frac{MU_x}{P_{x2}} < \frac{MU_y}{P_{y1}} = \frac{MU_z}{P_{z1}}$$

따라서 소비자는 $X$재의 소비를 줄이고 $Y$재와 $Z$재의 소비를 늘리려 할 것이다. $X$재의 소비가 감소함에 따라 $X$재의 한계효용은 증가하게 되고, $Y$재와 $Z$재의 소비를 늘림에 따라 $Y$재와 $Z$재의 한계효용은 감소하게 된다. $X$재의 소비량 감소와 $Y$재와 $Z$재의 소비량 증가는 한계효용균등의 법칙이 충족될 때까지 진행될 것이다. 즉

$$\frac{MU_x}{P_{x2}} = \frac{MU_y}{P_{y1}} = \frac{MU_z}{P_{z1}}$$

이처럼 다른 조건이 일정할 때 가격이 상승하면 해당 재화의 수요량이 감소함을 알 수 있다. '수요 법칙'의 도출 과정에서 보듯이 어떤 재화의 가격은 소비자가 그 재화를 소비해 얻는 효용에 대한 화폐가치를 의미한다. 따라서 재화의 가격이 하락해야 수요량이 증가된다는 수요의 법칙은 소비를 증대함에 따라 한계효용이 하락해야만 성립한다. 이처럼 수요의 법칙은 '한계효용의 체감'을 반영한다.

한계효용균등의 법칙을 통한 수요법칙의 도출은 효용을 구체적인 수치로 나타낼 수 있다는 가정에 기초하였다. 그런데 소비자가 느끼는 주관적인 만족의 정도를 구체적 수치로 표현한다는 것은 쉽지 않다. 소비자가 어떤 상품을 더 선호하는지만 알더라도 소비자이론의 분석은 가능한데 이것이 '무차별곡선(indifference curve, I)' 개념이다. '무차별곡선'은 '소비자에게 동일한 수준의 효용을 주는 상품묶음들의 집합'을 그림으로 표현한 것이다. 즉 무차별곡선 위에 있는 상품 묶음 사이에는 선호의 차이가 없다. 효용개념에 기초한 무차별곡선은 네 가지 성질을 갖는다. 첫째, 우하향한다. 둘째, 원점에서 멀리 떨어진 무차별곡선일수록 더 높은 수준의 효용을 나타낸다([그림 3-2] 참조, $I_2 > I_1 > I_0$). 셋째, 무차별곡선은 서로 교차할 수 없다. 넷째, 무차별곡선은 원점에 대해 볼록하다. 특수한 무차별곡선이 존재할 수 있는데 두 상품이 완전대체재일 경우에는 우하향의 직선이 되고, 완전보완재일 경우에는 'ㄴ'자 모양이 된다.

그림 3-2 무차별곡선

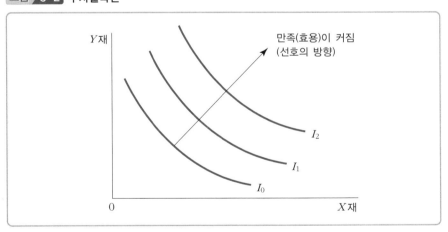

한편, 소비자의 효용에 어떠한 변화가 없으면서 한 재화의 증가분에 대한 다른 재화의 감소분의 비율로 이해되는 무차별곡선의 기울기를 '한계대체율(MRS, marginal rate of substitution)'이라 한다. 그런데 무차별곡선의 우측으로

이동하면서 한계대체율은 점차 감소하는데 이를 '한계대체율 체감의 법칙'이라 한다. 한계대체율 체감의 법칙은 원점에 대해 볼록한 무차별곡선의 성질에서 비롯한다. 기본적으로는 한계효용체감의 법칙에서 비롯한다. 즉 동일한 무차별곡선상에서 이동은 효용을 변화시키지 않기에

$$\Delta U = 0 = MU_X \times \Delta X + MU_y \times \Delta Y \ \Rightarrow \ \triangle X \times MU_X = -\Delta Y \times MU_Y$$

$$\therefore \ MRS_{XY} \equiv \frac{\Delta Y}{\Delta X} = -\frac{MU_X}{MU_Y}$$

**그림 3-3 무차별곡선과 한계효용체감의 법칙**

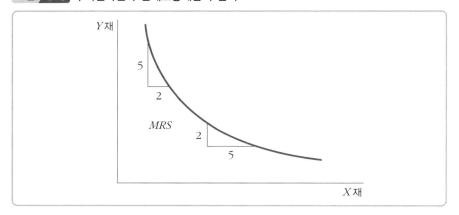

이처럼 무차별곡선이 주어졌을 때 소비자는 가능한 한 원점에서 가장 멀리 떨어져 있는 무차별곡선을 선택하면 효용극대화를 이룰 수 있다. 그러나 소비자는 소득의 제약으로 소득(예산) 범위 안에서 효용극대화를 추구할 수밖에 없다. 예를 들어, 소비자가 두 상품 $X$와 $Y$를 소비하고 두 상품의 가격이 $P_X$와 $P_Y$라 할 때 소비자의 제한된 소득($M$)에서 최대한 소비할 수 있는 상품의 양은 다음의 조건에서 제한된다.

$$M \geq P_X \times X + P_Y \times Y$$

소비자는 예산선 상의 어떤 점뿐만 아니라 예산선과 $XY$축 사이에 위치한 어떤 점도 선택할 수 있다. 그런데 주어진 소득을 모두 지출해 구입할 수 있는 상품묶음은 예산선 상에 있을 것이다. 따라서 예산제약 아래에서 소비자에게

최대의 효용을 만족시켜주는 상품묶음의 선택은 원점에서 가장 멀리 떨어져 있는 무차별곡선이 예산선과 한 점(A)에서 만날 경우가 될 것이다. 즉 무차별곡선의 기울기와 두 재화의 상대가격 비율과 같은 경우가 된다. 그런데 무차별곡선의 기울기인 한계대체율(MRS)은 두 재화의 한계효용의 비율로 이해할 수 있기에 두 재화의 한계효용의 비율과 두 재화의 상대가격 비율(예산선의 기울기, $-P_X/P_Y$)은 같게 된다. 따라서 무차별곡선과 예산선이 한 점에서 만나는 경우는 화폐 1단위당 각 재화의 한계효용이 같아지는 상태를 의미한다. 즉

$$MRS_{XY} \equiv \frac{\varDelta Y}{\varDelta X} = -\frac{MU_X}{MU_Y} = -\frac{P_X}{P_Y}$$

$$\therefore \ \frac{MU_X}{P_X} = \frac{MU_Y}{P_Y}$$

**그림 3-4** 무차별곡선과 예산선

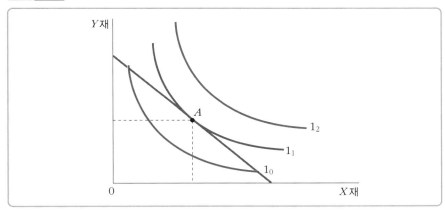

이제 재화의 가격이 내려가 재화의 소비량이 증가하는 경우를 무차별곡선과 예산선으로 설명해 보자([그림 3-5]). 가격이 변함에 따라 균형점도 움직인다. $X$재의 가격이 내려감에 따라 균형점이 $E_1 \rightarrow E_2 \rightarrow E_3$로 옮겨가게 되고 $X$재 소비량이 $X_1 \rightarrow X_2 \rightarrow X_3$로 커진다는 것을 알 수 있다.

앞에서 지적했듯이 재화의 가격이 변함에 따라 수요량이 변하는 효과를 '가격효과'라 한다. 그리고 가격효과는 '대체효과'와 '소득효과'를 통해 파악할 수 있다. 이제 정상재의 경우 가격효과를 그림을 통해 살펴보자. [그림 3-6]에서 $E \rightarrow E'$로 가는 부분은 X재의 상대가격이 떨어지고 예산선의 기울기

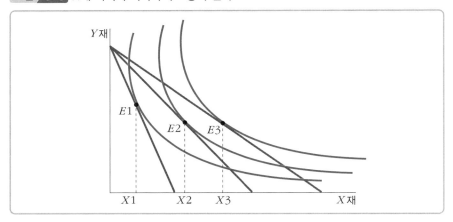

**그림 3-5** X재 가격의 하락과 수요량의 변화

가 바뀌면서 나타나는 대체효과이다. $E' \rightarrow E''$로 가는 부분은 상대가격은 그
대로인 채 실질소득 증가에 따라 예산선이 평행이동하면서 새로운 무차별곡
선과 균형을 이루는 것으로 소득효과를 나타내고 있다. 즉, X재 가격이 떨어
지면서 $E \rightarrow E''$로 균형이 이동하는데, 이것은 벡터적으로 [$E \rightarrow E'$(대체효과)]
+ [$E' \rightarrow E''$(소득효과)]의 합이 된다. 재화의 가격이 떨어지면 $X \rightarrow X'$처럼 재
화의 수요량이 늘어나기 때문에 수요곡선은 우하향하는 것이다.

**그림 3-6** 정상재의 가격효과(대체효과＋소득효과)

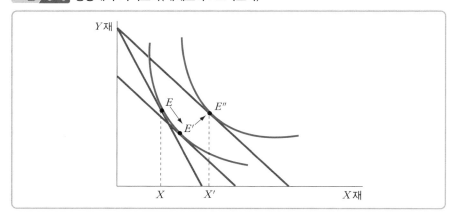

이처럼 무차별곡선과 예산선을 통해 소비자이론을 분석하더라도 한계효용
균등의 법칙과 동일한 결과를 얻는다. 또 무차별곡선과 예산선을 이용하여 가

격의 변화에 따른 최적 선택이 어떻게 변화하는지 알 수 있다. 즉 다른 조건의 변화 없이 한 상품의 가격만 계속 변화할 때 (앞의 그림이 보여주듯이) 소비자의 선택점이 어떻게 변화하는가를 보여주는 곡선이 '가격소비곡선(PCC, price-consumption curve)'이고 이를 통해 수요곡선도 도출할 수 있다. 이처럼 "다른 조건이 일정할 때 가격이 상승/하락하면 수요량이 감소/증가한다"는 수요의 법칙, 즉 우하향하는 수요곡선은 한계효용의 체감을 반영하고 있다.

그림 3-7 X재 가격 하락에 따른 가격소비곡선

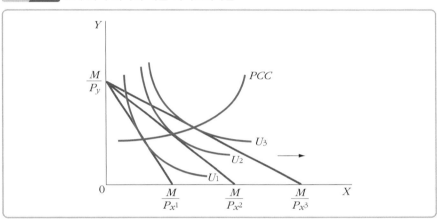

## 제3절 소득불평등과 수요곡선

– 수요곡선은 개인 및 사회의 후생을 제대로 반영하는가? –

지금까지 살펴보았듯이 개별 수요곡선은 예산선과 무차별곡선으로부터 도출된 것이다. 개별 수요곡선의 수평적 합이 시장 수요곡선($D$)이다. 그리고 시장 수요곡선과 시장 공급곡선($S$)에 의해 결정되는 시장가격($P^*$)은 소비자 후생(잉여)의 크기를 결정하는 중요한 기준이다. 그런데 개별 수요곡선은 예산선, 즉 소득에 의해 제약을 받기에 저소득층의 수요곡선($d_L$) 중에는 시장가격 수준에서 선택(소비) 자체가 배제되는 경우도 존재할 수 있다. 즉 저소득층의 경우 소득의 제약으로 상품의 소비에서 얻는 효용을 제대로 반영할 수 없다. 따라서 시장 수요곡선은 소비자의 후생을 제대로 반영한다고 할 수 없을 것이다.

즉 소득의 제약으로 개별 수요곡선이나 시장 수요곡선은 저소득층의 효용을 제대로 반영한다고 할 수 없기에 시장 균형가격($P^*$)에서의 소비자 후생(잉여) 또한 극대화되기 어렵다. 이 경우 정부에 의해 최고가격제($P^c$)를 도입할 경우 최고가격제 도입 이전에 소비에서 배제되었던 저소득층의 선택(소비, $Q_L$)이 가능하기에 소비자 후생(잉여)이 증대할 수 있을 것이다. 따라서 정부가 개입할 경우가 그렇지 않은 경우보다 자원의 효율적 배분이 실현될 것이다. 이는 소득분배가 평등할수록 시장에 의한 자원배분이 효율적일 수 있음을 보여주는 것이다. 사실, 수요곡선의 문제점은 시장이론의 방법론에서 비롯한다. 앞에서 지적했듯이 시장이론에서 말하는 개별 경제주체는 권력, 경제력, 영향력, 정보 접근성, 연결망, 성별, 인종, 계급 등에서 개인 간 불균형을 무시하는 '평균적 인간'을 상정한다. 또한, 시장이론에서 상정하는 완전한 시장들은 공정하고 투명하기 때문에 개인과 기업들은 혜택의 관점에서 대칭적으로 위치한다.

**그림 3-8** 최고가격제 도입 이전과 이후의 저소득층($d_L$)의 소비와 후생 변화

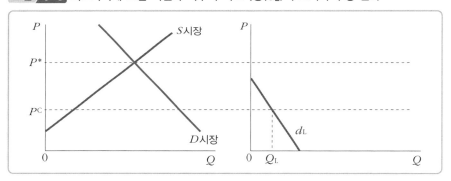

# 제 4 장
# 생산자이론과 공급의 법칙
## -수확체감의 세계-

    시장이론에서 생산은 '투입물(생산요소, 중간재, 생산재)을 산출량으로 변환시키는 기술적 행위'로 정의한다. 따라서 효율성 추구를 목표로 하는 시장이론에서 생산능력을 증대시키는 것은 주요 목표가 될 수밖에 없었다. 개념상 생산은 더 많은 투입물을 사용함으로써, 그리고 같은 투입물로 더 많은 산출량을 가져다주는 새로운 생산방식(혁신)에 따라 증가시킬 수 있다. 먼저, 생산물을 만드는 데 필요한 투입물(생산요소)은 '고정투입물(fixed inputs)'과 '가변투입물(variable inputs)'로 구분한다. 전자는 상품생산량과 관계없이 투입량이 언제나 일정한 수준에서 유지되는 투입물이고, 후자는 상품생산량이 증가함에 따라 투입량도 증가하게 되는 투입물이다. 시장이론에서는 대표적 고정투입물로 공장이나 기계 등의 물적 자본($K$), 대표적 가변투입물로 노동력($L$)과 원자재 등을 지적한다. 이는 시장이론이 제조업을 기반으로 만들어진 것임을 반영하는 것이다. 고부가가치인 무형재의 경우 대부분 물적 자본이나 노동력은 고정투입물 역할을 하고 있기 때문이다. 이에 대해서는 뒤에서 자세히 살펴볼 것이다. 그런데 생산량에 따라 변하지 않는 투입물을 고정투입물로 정의했지만 기간이 충분하다면 생산량에 따라 고정투입물도 변할 수 있다. 즉 단기에는 공장이나 기계의 공급이 고정되어 있을 수 있지만, 장기에는 공장 · 기계와 노동자 모두 조정될 수 있다. 이처럼 단기와 장기의 구별기준은 단순히 시간이 아니다. 최소한 하나의 생산요소가 고정인 기간이 단기이고, 모든 생산요소가 가변인 기간이 장기다. 이는 장기적으로 고정비용이 존재하지 않음을 의미한다.

일정 기간 사용한 여러 생산요소의 양과 이를 통해 그 기간에 생산할 수 있는 최대한의 생산량($Q$)의 관계가 '생산함수'다. 가장 단순하고 표준적인 생산함수는 가변투입물로 노동력($L$), 고정투입물로 물적 자본($K$)을 가진 다음의 생산함수이다.

$$Q = Q(L, K)$$

노동력($L$)은 구체적으로 노동시간, 노동일수, 교육 수준이나 숙련 정도 등을 의미하고, 자본($K$)은 자본재를 말한다. 자본재에는 공장, 기계, 공구, 자동차, 컴퓨터, 도로, 다리 등 다양한 형태가 있는데 크게 세 부류로 구분한다. 첫째는 공장이나 집 등 고정되어 있는 구조물이고, 둘째는 기계나 공구 등 생산과정에서 활용할 수 있는 물건들인 설비이고, 셋째는 투입물이나 생산물의 재고가 있다. 자본재를 의미하는 자본은 오랜 기간 사용할 수 있다는 점에서 내구성이 있으며 산출물이자 동시에 투입물이 된다는 독특한 성격을 갖는다. 즉 보통의 상품은 소비자들이 직접 소비하지만 자본재는 다른 기업이 사들여 생산과정에서 사용한다는 특징이 있다. 자본재의 양을 늘리는 것은 투자행위를 한다는 것을 뜻한다. 즉 투자는 새로 만들어진 자본재를 구입하는 것이기 때문에 투자가 증가한 만큼 자본량이 증가한다. 기업의 투자행위는 일반인들이 생각하는 투자와 다르다. 예를 들어 일반인들의 주식, 채권, 부동산 투자 등은 이미 존재하고 있는 자산의 소유권이 이전되는 결과만 가져온다는 점에서 기업의 투자지출과는 거리가 멀다. 이처럼 자본은 저량(stock) 개념인 반면, 투자는 유량(flow)개념이다. 그래서 자본스톡이라 부른다. 즉 어떤 시점($t+1$)의 자본량($K_{t+1}$)은 전기의 자본량($K_t$)에서 가치가 감소한 부분(감가상각분, $D_t$)을 제외하고 여기에 신규 투자($I_t$)를 합해 이해할 수 있다. 따라서 다음의 관계가 성립한다.

$$K_{t+1} = K_t + I_t - D_t$$

그리고 생산함수를 그림으로 표현한 것이 생산곡선이다. 이제 단기 투입물과 생산량의 관계를 살펴보자. 생산곡선을 표시한 그림에서 $X$축의 절편은 고정투입물이 된다. 다음 그림의 생산곡선은 고정투입물을 원점으로 하여 그린 것이다. 가변투입물이 증가함에 따라 생산량(TP, total product)은 증가하게 되는데 가변투입물을 한 단위 늘림에 따라 얻을 수 있는 상품 생산량의 증가분을 '한계생산(MP, marginal product)'이라 한다. 물론 한계생산은 가변투입물인 노동에 대한 한계생산($MP_L \equiv \Delta Q / \Delta L$)만 존재하는 것은 아니다. 장기에는 고정투입물인 자본도 증가시킬 수 있기에 자본에 대한 한계생산($MP_k \equiv \Delta Q / \Delta K$)도 존재한다. 가변투입물을 늘려나감에 따라 한계생산이 증가(이른바 수확체증의 영역)하다가 어느 단계 이후부터는 한계생산이 줄어들기 시작하는 현상, 즉 한계생산의 체감(이른바 수확체감의 영역)이 나타난다. 또 투입물 한 단위당 평균적 생산량을 '평균생산(AP, average product)'이라 한다. 평균생산은 생산

**그림 4-1** 생산의 3단계와 생산곡선

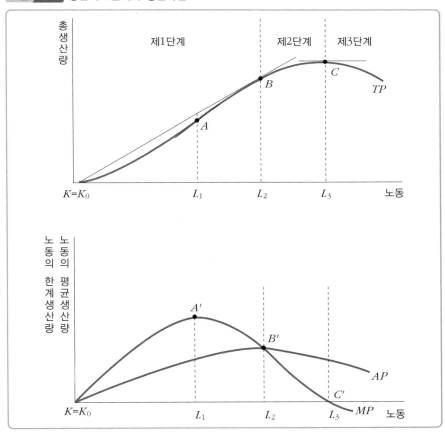

성을 나타낸다. 노동을 기준으로 한 노동의 평균생산($AP_L \equiv Q/L$)은 '노동생산성'이 되고, 자본을 기준으로 한 자본의 평균생산($AP_K \equiv Q/K$)은 '자본생산성'이 된다. 생산은 대개 3단계가 존재할 수 있다. 1단계는 생산량이 0에서부터 $AP_L$(원점에서부터 생산함수까지의 직선의 기울기)이 극대가 되는 점까지이고, 2단계는 $AP_L$이 극대가 되는 점부터 $MP_L$이 0이 되는 점까지이며, 3단계는 $MP_L$이 0인 점부터 그 이후다. 3단계 과정을 통해 $AP_L$이 극대인 점에서 $AP_L$과 $MP_L$이 접한다는 것을 알 수 있다. $AP_L$이 극대인 점을 기준으로 왼쪽을 보면 $AP_L$은 계속 증가하고 있음을 알 수 있고 $MP_L$은 이미 최대점을 지나 감소하고 있다. 오른쪽을 보면, $AP_L$은 점점 감소하고 $MP_L$은 $AP_L$이 극대인 점 이전부터 감소해왔기 때문에 계속 감소한다. 일반적으로 평균생산이 증가하는 부분에서는 생산을 중단할 이유가 없기 때문에 시장수요만 존재한다면 2단계에서 생산이 이루어질 가능성이 높다. 한계생산이 마이너스(−)가 되는, 즉 총생산량이 줄어드는 3단계 역시 현실적으로 발생할 가능성은 없기 때문이다.

물론, 단기의 생산함수가 그림처럼 정형화된 형태를 갖는 것은 아니다. 그림처럼 수확체증의 모습을 갖다가 수확체감의 현상이 나타날 수도 있고, 처음부터 수확체감하는 형태로 나올 수도 있고, 한없이 수확체증하는 형태로 나올 수도 있다. 즉 뒤에서 자세히 살펴보겠지만 무형재의 경우 한계생산의 체감(수확체감)은 적용되지 않는다. 일부 경제학 교과서에 수확체감하는 형태로만 생산함수 그래프를 나타낸 것은 제조업의 경우 대부분의 생산활동이 '한계생산의 체감'을 적용받기 때문이다. 그래서 시장이론에서는 '한계생산체감의 법칙'을 얘기한다. 다음 장에서 좀 더 쉽게 이해할 수 있지만 공급곡선이 우상향하는 이유도 한계생산의 체감을 전제로 한 것이다. "다른 조건이 일정할 때 어떤 상품의 가격이 하락/상승하면 해당 상품의 공급량이 감소/증가한다"는 공급의 법칙은 가격이 상승해야만 공급량이 증가할 수 있음을 말해준다. 왜 그런가? 이는 공급량을 한 단위 증가시킴에 따라 더 많은 투입물이 요구되기 때문이다. 이는 역으로 산출량을 증가시킴에 따라 한계생산이 점차 감소하고 있음을 의미한다. 다시 말해, 산출량을 한 단위 증가시킴에 따라 비용의 증가분, 즉 '한계비용(MC, marginal cost)'이 증가하기 때문이다.

　시장이론에서 얘기하는 비용은 일반인이 생각하는 비용 혹은 회계학상의 비용과는 다른 '기회비용(opportunity cost)'의 개념이다. 모든 경제주체는 어떤 경제행위를 선택하게 되고 그 선택을 통해 어떤 대가를 얻을 수 있는 반면, 그것을 얻기 위해 포기하는 것이 있다. 즉 어떤 자원의 '기회비용'은 그것을 얻기 위해 포기해야 하는 모든 것을 의미한다. 따라서 기업의 생산비용은 재화와 서비스를 생산하는 데 사용한 모든 기회비용을 포함한다. 기업의 기회비용은 크게 현금지출을 필요로 하는 요소비용인 '명시적 비용(explicit costs)'과 현금지출을 필요로 하지 않는 요소비용인 '묵시적 비용(implicit costs)'으로 구분한다. 예를 들어 어떤 사람이 식당을 운영할 때 종업원이나 요리사의 인건비, 음식재료비, 그리고 음식점의 시설에 지출한 투자금의 은행차입에 대한 이자비용 등은 명시적 비용에 해당하지만, 임금을 지불할 필요가 없는 자기 자신의 노동력으로 다른 경제활동을 할 경우 예상되는 수입은 묵시적 비용이 된다. 참고로 동일한 자원에 대한 기회비용은 사람에 따라 상이하다. 예를 들어, 하버드대를 다니는 기회비용은 MS를 창업한 빌 게이츠와 일반 하버드 대학생은 다르다. 이처럼 시장이론에서 말하는 기회비용(이하 비용)은 회계학상 비용과 차이가 있기 때문에 경제학상 이윤 또한 회계학상 이윤과 다를 수밖에 없다. '경제학상 이윤'이 기업의 총수입에서 명시적·묵시적 비용을 제외한 나머지 부분이라면, '회계학상 이윤'은 기업이 총수입에서 명시적 비용만을

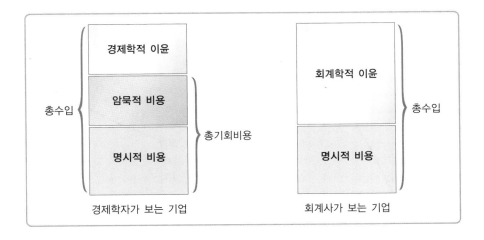

제외한 나머지 부분이다. 즉 회계학상 이윤에는 경제학상 이윤에 묵시적 비용이 포함된다.

한편, 비용(C, cost)은 생산의 결과다. 생산물을 만드는 데 필요한 투입물(생산요소)에 대한 화폐적 지출이 기업의 비용에 해당하기에 총비용(TC, total costs)은 고정투입물에 대한 화폐적 지출인 고정비용(FC, fixed costs)과 가변투입물에 대한 화폐적 지출인 가변비용(VC, variable costs)으로 구분할 수 있다. 즉 생산량과 비용의 관계가 비용함수다.

$$C = C(Q) \text{ 혹은 } TC = FC + VC$$

하나의 예를 들어 생산과 비용의 관계를 살펴보자. 다음의 예는 단순화한 과자공장의 생산과 비용의 관계다. 이를 기초로 그린 비용곡선을 보면 Y축의

**그림 4-3 생산과 비용의 관계**

| 근로자 수 | 산출량(시간당 과자 생산량) | 노동의 한계생산물 | 공장비용 | 인건비 | 총비용 (공장비용+인건비) |
|---|---|---|---|---|---|
| 0 | 0 | 50 | $30 | $0 | $30 |
| 1 | 50 | 40 | 30 | 10 | 40 |
| 2 | 90 | 30 | 30 | 20 | 50 |
| 3 | 120 | 20 | 30 | 30 | 60 |
| 4 | 140 | 10 | 30 | 40 | 70 |
| 5 | 150 | 5 | 30 | 50 | 80 |
| 6 | 155 | | 30 | 60 | 90 |

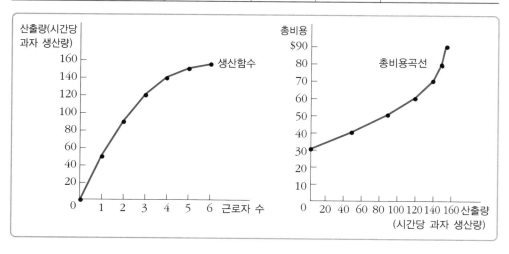

절편은 공장비용, 즉 고정비용이 된다. 여기서 보듯이 비용곡선은 투입물을 $x$축 그리고 산출량을 $y$축으로 표현한 생산곡선을 45°선, 즉 $y=x$에 대해 대칭으로 이동시킨 것이다. 비용곡선을 보면 과자의 생산량을 증대시킴에 따라 가변비용이 증가하게 되고 과자 생산량을 한 단위 늘림에 따라 증가하는 비용의 증가분, 즉 한계비용($MC \equiv \Delta TC / \Delta Q$)이 체증함을 알 수 있다. 이는 앞에서 설명했듯이 기본적으로 한계생산이 체감하기 때문이다. 그리고 생산 개념에서 평균생산에 대응되는 개념이 평균비용이다. 즉 산출량 한 단위를 생산하는 데 드는 비용을 '평균비용(average cost, AC≡TC/Q)'이라 한다. 단지, 과자공장의 생산곡선은 한계생산이 체감하는 경우만 고려한 것이다. 일반적으로 과자공장의 경우 생산의 2단계에서 생산이 이루어지기 때문이다. 평균비용의 최소값(평균생산의 최대값)에서 한계비용과 같고, 평균비용의 최소값 좌측에서 평균비용은 한계비용보다 크고 평균비용의 최소값의 우측에서 한계비용이 평균비용보다 크다.

비용 역시 단기와 장기로 나누어 생각할 수 있는데 장기생산곡선에 대응한 것으로 장기비용곡선이 존재할 수 있다. 한계생산체감의 법칙이 작용할 경우 장기평균비용곡선은 U자 모양을 갖게 되는데 장기평균비용의 최소값의 좌측 영역에서는 '규모의 경제(economies of scale)'가 존재하고, 우측 영역에서는 '규모의 불(비)경제(diseconomies of scale)'가 존재한다. 즉 생산의 규모가 커질수록 생산단가가 낮아질 때 규모의 경제가 있다고 말하고, 규모가 커짐에 따라 생산단가가 높아지는 경우에는 규모의 불경제가 있다고 말할 수 있다. 그리고 '평균비용이 최소가 되는 산출량 수준'을 '효율적 산출량(efficient scale)'이라고 한다. 총비용 최소에 대응하는 산출량 수준이기 때문이다. 규모의 경제와 불경제는 '비용탄력성'과도 관계가 있다. 앞에서 소개했듯이, '비용탄력성'은 산출량이 증가함에 따라 비용의 변화 정도를 측정하는 지표다. '비용탄력성'의 값이 1보다 작으/크면 '규모의 경제/불(비)경제'가 존재한다고 말하고, 1과 같으면 '규모에 대한 수확불변'이라고 한다.

규모의 경제가 존재하는 생산 영역에서는 평균비용이 한계비용보다 크고, 규모의 비경제가 존재하는 생산 영역에서는 평균비용보다 한계비용이 크다. 이는 비용탄력성 개념으로 쉽게 이해할 수 있다. 즉 비용탄력성은 다음과 같이 바꾸어 나타낼 수 있다.

$$\text{비용탄력성} \equiv \frac{\Delta C/C}{\Delta Q/Q} \gtreqqless 1 \Leftrightarrow \begin{array}{l} \text{규모의 불(비)경제} \\ \text{규모에 대한 수확불변} \\ \text{규모의 경제} \end{array}$$

따라서 비용탄력성은 다음과 같이 바꾸어 표현할 수 있다.

$$\text{비용탄력성} \equiv \frac{MC}{AC} \gtreqqless 1 \Leftrightarrow \begin{array}{l} \text{규모의 불(비)경제} \\ \text{규모에 대한 수확불변} \\ \text{규모의 경제} \end{array}$$

이처럼 평균비용이 한계비용보다 작은 영역(규모의 비경제 영역)에서는 비용탄력성이 1보다 크고, 반대(규모의 경제 영역)의 경우 비용탄력성은 1보다 작다. 그리고 규모의 경제를 생산함수를 통해서 표현하면 다음과 같다.

$Q(tL,\ tK) > tQ(L,\ K) \Rightarrow$ 규모에 따른 수확체증(increasing returns to scale, IRS)
$Q(tL,\ tK) = tQ(L,\ K) \Rightarrow$ 규모에 따른 수확불변(constant returns to scale, CRS)
$Q(tL,\ tK) < tQ(L,\ K) \Rightarrow$ 규모에 따른 수확체감(decreasing returns to scale, DRS)

제조업, 특히 자본집약적인 중화학공업, 즉 이른바 장치산업은 대량생산을 통해 비용을 절감하는 생산방식에 기초하고 있듯이 분업과 전문화를 통해 규모의 경제를 달성한 것이 바로 현대 사회가 지금과 같이 물질적 풍요를 누릴 수 있는 이유다.

한편, 분업과 전문화를 통해 규모의 경제를 얻을 수 있다면 다각경영을 통해서는(앞에서 언급한) '범위의 경제(economies of scope)' 효과를 얻을 수 있다. 즉 한 기업이 여러 상품을 동시에 생산함으로써 비용상의 이점이 생길 때 '범위의 경제'가 있다고 말한다. 범위의 경제는 다음과 같이 비용함수를 이용해 표현할 수 있다.

$$C(X) + C(Y) > C(X,\ Y)$$

여기서 $X$와 $Y$는 재화를 나타낸다. 즉 두 재화를 두 기업이 따로따로 생산하는 비용보다 한 기업이 두 재화를 같이 생산하는 비용이 적게 든다는 것을 의미한다. '범위의 경제'가 나타날 수 있는 대표적 예가 '결합생산물(joint products)'의 경우다. 즉 어떤 종류의 상품들은 그 성격상 같은 기업이 함께 생산하는 경우 자연스러운데 이런 상품들을 결합생산물이라 한다. 예를 들어,

구두와 핸드백, 닭고기와 계란 등이 결합생산물이 될 수 있다. 결합생산이 일어나는 것은 생산과정에서 어떤 투입물이 '공동투입물(joint inputs)'의 역할을 하기 때문이다. 사실 공동투입물이 아니더라도 생산시설이나 유통망, 심지어 연구개발(R&D)의 경우 여러 가지 다른 상품을 생산·판매하는 데 공동으로 사용할 수 있는 투입물이 존재할 경우에도 '범위의 경제'가 발생할 수 있다. 만약 여러 가지 생산라인을 갖고 있는 거대기업을 여러 개의 독립된 기업으로 분할해야 하는가의 문제에서 이 '범위의 경제'는 중요한 고려사항이 될 수 있다. 만약 '범위의 경제'가 현저하게 존재한다면 인위적으로 여러 개의 독립된 기업으로 분할하는 것은 비효율성을 유발할 수 있다. 이른바 '네트워크 효과'라고 얘기할 수 있는 '범위의 경제'는 무형재의 특징이기도 하다. 이에 대해서는 뒤에서 자세히 소개한다.

## 제 3 절　장기 생산비용의 분석: 등량선과 등비용선

　　공급자가 이윤을 극대화하기 위해서는 일정한 비용으로 생산량을 극대화하거나 일정한 생산량을 만들어내기 위해 비용을 최소화하면 된다. 이를 등량(곡)선과 (등)비용(곡)선으로 설명할 수 있다. 등량선(isoquant curve)과 (등)비용선(isocost curve)은 두 개의 가변투입요소를 고려할 경우 생산과정을 분석하는 데 사용한다. 즉 등량선과 (등)비용선은 모든 투입물이 가변투입물이 되는 장기 생산과 비용 개념이다. 등량(곡)선은 "똑같은 상품의 양을 생산할 수 있게 만드는 노동과 자본의 조합들로 구성된 집합"을 그림으로 나타낸 것이고, (등)비용(곡)선은 "주어진 총지출의 한도 안에서 구입할 수 있는 노동과 자본의 조합"을 그림에 옮겨놓은 것이다. 소비자선택 이론에서 소개한 무차별곡선과 예산선에 대응되는 개념이다. 즉 일정한 총지출에서 산출량을 최대화하는 경우는 (등)비용선과 한 점에서 접하는 등량선을 구하는 문제이고, 일정한 생산량을 획득하기 위해 총지출을 최소화하는 것은 등량선이 주어졌을 때 등량선과 한 점에서 접하는 (등)비용선을 찾는 문제다. 이처럼 자본을 조정할 수 있는 가변투입요소로 설정하는 것은 앞에서 지적했듯이 장기 생산 활동임을 의미한다. 등량선에는 네 가지 성질이 있다. 첫째, 우하향한다. 둘째, 원점에서 멀리 떨어진 등량선일수록 더 높은 생산량을 뜻한다. 셋째, 두 등량선은 서로 교차하지 않는다. 넷째, 등량선은 원점에 대해 볼록한 모양을 갖는다.

그림 4-3 등량선

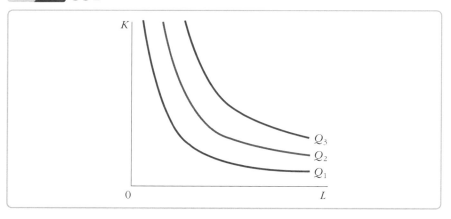

등량선의 마지막 성질은 두 생산요소 간의 '한계기술대체율(RTS$_{LK}$, marginal rate of technical substitution)'의 체감을 전제로 한 것이고, 이는 다시 한계생산의 체감을 전제로 한 것이다. 한계기술대체율(RTS$_{LK}$≡△$K$/△$L$)은 '생산량을 변화시키지 않으면서 한 생산요소를 추가로 1단위 더 사용할 때 줄일 수 있는 다른 생산요소의 사용량의 비율'을 나타낸다. 따라서 '한계기술대체율'의 체감은 등량선 위에서 오른쪽으로 움직여감에 따라 한계기술대체율이 점차 작아지는 현상을 나타낸다. 즉

$$\Delta Q = 0 = MP_L \times \Delta L + MP_K \times \Delta K \; \Rightarrow \; \Delta L \times MP_L = -\Delta K \times MP_K$$

$$\therefore RTS_{LK} = \frac{\Delta K}{\Delta L} = -\frac{MP_L}{MP_K}$$

이처럼 비용선이 주어졌을 때 생산자는 가능한 한 원점에서 가장 멀리 떨어져 있는 등량선을 선택하면 이윤극대화를 이룰 수 있다. 즉 생산자는 자본의 제약으로 자본지출(비용) 제약의 범위 안에서 이윤극대화를 추구할 수밖에 없다. 예를 들어, 생산자가 두 생산요소 $L$과 $K$를 사용하고 두 생산요소의 가격이 $w$와 $r$이라 할 때 생산자의 비용($C$)의 제약에서 최대한 고용할 수 있는 생산요소의 양은 다음 조건에서 제한된다.

$$C \geq w \times L + r \times K$$

즉 생산자는 비용선상의 어떤 점뿐만 아니라 비용선과 $XY$축 사이에 위치한 어떤 점도 선택할 수 있다. 그런데 동원 가능한 자본을 모두 지출해 구입할 수 있는 생산요소의 묶음은 비용선상에 있을 것이다. 따라서 자본지출의 제약 아래에서 생산자에게 최대의 이윤을 만족시켜주는 생산요소 묶음의 선택은 원점에서 가장 멀리 떨어져 있는 등량선이 비용선과 한 점에서 만날 경우가 될 것이다. 즉 등량선의 기울기와 두 생산요소의 상대가격 비율과 같은 경우가 된다. 그런데 등량선의 기울기인 한계기술대체율($RTS_{LK}$)은 두 생산요소의 한계생산의 비율로 이해할 수 있기에 두 생산요소의 한계생산의 비율과 두 생산요소의 상대가격 비율(비용선의 기울기, $-w/r$)은 같게 된다. 따라서 등량선과 비용선이 한 점에서 만나는 경우는 화폐 1단위당 각 생산요소의 한계생산이 같아지는 상태를 의미한다. 즉

$$RTS_{LK} \equiv \frac{\Delta K}{\Delta L} = -\frac{MP_L}{MP_K} = -\frac{w}{r}$$

$$\therefore \frac{MP_L}{w} = \frac{MP_K}{r}$$

**그림 4-4** 장기의 생산자균형

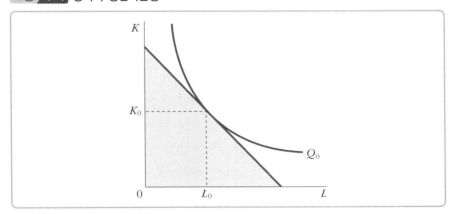

이처럼 생산과 비용 분석은 소비자이론과 닮은꼴이다. 소득 제약에서 효용극대화 대 지출 제약에서 이윤극대화, 무차별곡선 대 등량선, 예산선 대 등비

용선, 한계효용의 체감 대 한계생산의 체감, 한계대체율의 체감 대 한계기술대체율의 체감 등이 대비된다.

제 4 절 **무형재경제와 생산요소 간 대체성의 약화**

　시장이론에서 토지와 노동과 자본을 3대 생산요소라고 말한다. 이들 3대 생산요소가 제조업 성장에서 가장 큰 역할을 했다는 것을 의미한다. 특히 물적 자본의 역할은 절대적이었다. 그러나 무형재 생산에서 생산의 3대 요소는 2차적인 생산요소가 되었고, 고부가가치를 만들어내는 핵심 생산요소의 자리는 아이디어 등을 비롯해 무형의 투입물 혹은 '무형자산(intangibles)'이 차지하였다. 즉 기계를 돌려 '만질 수 있는 상품(tangibles)'을 생산하는 제조업과 달리, 아이디어를 사용해 부가가치를 창출하는 '보이지 않는 상품(intangibles)'을 만들어내는 산업이다. 예를 들어, 앱스토어(app store)의 게임앱이나 음원 등의 부가가치에는 무게가 없다. 눈에 보이지 않고 손에 잡히지도 않는 가치이기 때문이다. 일부에서는 이러한 무형자산도 기본적으로 노동의 창출물이라는 점에서 3대 생산요소의 중요성은 여전히 소멸되지 않았다고 주장할 수 있다. 시장이론에서 노동의 역할은 노동시간과 같은 노동의 양과 교육수준이나 숙련도 등 인적 자본(노동의 질)으로 구분한다. 그런데 제조업 경제에서 인적 자본은 대개 표준화된 지식이나 반복적인 노동에 의해 습득된 숙련 등이었다.

　반면, 무형재의 경우 아이디어의 차이가 가치 창출의 원천이기에 양질의 아이디어가 혁신 역량을 결정짓는 핵심요소이다. 동기유발, 자율형 인간, 문제해결 능력, 베스트(Best)가 아닌 유니크(Unique) 등이 강조되는 이유가 무형재경제의 부상과 관련이 있다. 즉 생산이 기계화되고 작업속도가 인간이 아니라 기계에 의해 결정된 제조업 시대에는 물적 자본이 생산과정의 중추 역할을 하고 인간은 작업속도를 결정하는 기계의 보조물에 불과했고, 그 결과 시간은 노동자에게 강요하는 단조롭고 기계적인 규칙성을 의미하였다. 반면, 아이디어집약적인 무형재경제에서는 인간이 생산과정의 중심 역할을 하고 자본은 아이디어의 보조물로 그 역할이 바뀐다. 무형재경제에서 노동력은 창작자

(creator)이고 '호모 이코노미쿠스(Homo economicus, 경제인)'가 아닌 '호모루 덴스(Homo ludens, 유희의 인간)'가 되는 이유이다. '일자리 양극화' 현상에서 보듯이 화이트칼라 노동력 중 중간소득층이 없어지는 이유도 표준화된 지식 및 정형화된 숙련 등 이 기술에 대체된 결과이다. 즉 표준화된 지식이나 정형 화된 숙련 등은 코딩(coding)화가 가능하기 때문이다. 이처럼 아이디어 같은 역경합성 투입물이 가치 창출을 주도하는 아이디어집약적 산업에서는 노동 (아이디어)과 자본의 대체성이 약화된다. 이것이 저금리 기조 속에서도 투자가 활성화되지 않는 이유이다. 생산요소 간의 대체성 약화는 (생산요소) 가격에 의한 자원배분을 어렵게 한다. 예를 들어, 등량선이 L자 모양을 갖는 경우 생 산요소의 상대적 가격비율의 변화는 생산요소의 배분에 영향을 미치지 않기 때문이다.

사실, 제조업의 경험에 바탕을 둔 시장이론에서 노동과 자본은 (적어도 장기 적으로) 대체 가능한 투입물로 간주하고 있다. 그러나 현실 세계에서 제조업 특히 중화학공업화 이후 노동력은 기업에게 준고정자산(quasi-fixed assets)으 로 간주되었다. 즉 기업은 노동력의 훈련에 투자하고 노동자는 기업특수적 지 식(firm-specific knowledge)을 축적했기 때문에 기업 경영자는 저성장 혹은 침 체기에 노동력을 유지했다가 회복기에 생산량의 빠른 회복을 추구하였다. 예 를 들어, 미국의 경우 1973년 침체기에는 GDP가 1% 하락할 때 고용과 생산 성은 각각 1/3과 2/3를 분담하였다.[1] 즉 1990년대까지 기업은 경기침체에 직 면했을 때 노동시간의 감축이나 임시직 해고 등을 통해 노동비용의 일부를 감 축했음에도 불구하고 생산성 하락을 자연스런 결과로 수용하였다. 이는 노동 력의 숙련이 기업에게 매우 중요한 요소였음을 반영하는 것이다. 기업특수적 인 숙련을 가진 노동력을 축소시켰을 경우 경기회복의 상황에서 기업에게 필 요한 노동력을 확보하는 것이 어려웠기 때문이다. 그러나 오늘날 노동력은 처 분 가능한 투입물(disposable worker)이 되었다. 즉 기업은 경기침체기에 기업 은 성장률의 감소 중 98%를 고용 감소로 대응하고 있듯이 고용의 희생 속에 생산성과 수익성의 유지를 추구하고 있다.[2] 노동이 관리 대상으로 변화했음

---

1) MGI, 2011, An Economy that works: Job Creation and America's future, p. .13.
2) 이와 관련하여 금융위기 이후 미국과 독일의 대응 차이는 비교가 된다. 침체 속에서도 독일의 경우 실업률이 오히려 하락하였는데 그 요인으로 금융위기 이전 확장기에 경기 확장 지속에 대한 독일 제조 기업의 자신감 결여에서 비롯한 취약한 고용 증대가 35%, 임금 억제가 10%, 그리고 나머지는

을 의미하는 것이다. 즉 노동은 더 이상 고정투입물(a fixed input)이 아니라 가변투입물(a variable input)이 된 것이다. 이는 기업의 부가가치 창출에서 숙련의 중요성이 약화되었음을 반영한다. 파트타임, 임시직, 파견직 노동자 등이 증가하는 배경이다.

### 산출량의 변화율: 노동생산성 변화율과 고용 변화율

산출량($Q$)의 변화율은 다음과 같이 노동생산성($\frac{Q}{L}$) 변화율과 노동량($L$)의 변화율의 합으로 구성된다. 즉

$Q = \frac{Q}{L} * L$ 를 양변에 로그를 취하면

$LogQ = Log(\frac{Q}{L}) + Log\,L$

양변을 미분하면 다음의 관계가 성립한다.

$$\frac{\Delta Q}{Q} = \frac{\Delta(\frac{Q}{L})}{(\frac{Q}{L})} + \frac{\Delta L}{L}$$

자본집약적인 제조업 중심의 경제에서 아이디어집약적인 무형재경제로 전환함에 따라 노동의 역할에 대한 인식도 혼란이 발생한다. 예를 들어, '직원들이야말로 기업의 가장 중요한 자산'이라고 말한다. 그런데 여전히 회계상으로는 사실이 아니다. 즉 '직원이 기업의 가장 중요한 자산'이라는 말이 사실이라면 정리해고는 비용 제거가 아니라 자산의 대대적 파괴를 의미하기 때문이다. 회계상 직원은 아무 가치가 없다. 대차대조표가 직원을 '보이지 않는 것'으로 취급한다면 손익계산서는 직원을 기업의 '적'으로 여긴다. 이유는 간단한다. 직원에게 지급되는 돈만큼 주주에게 돌아갈 이익이 줄어들기 때문이다. 그럼에도 불구하고 아이디어가 중요한 가치를 가짐에 따라 기업의 직원 가치에 대한 평가는 이중성을 보인다. '직원들은 우리의 가장 중요한 자산'이라 말할 때 자산은 누군가가 소유한 것을 일컫는데 아이디어가 중요해지면서 직원의 아이디어가 회사의 재산이라고 주장한다. 즉 직원의 생각에 대한 소유권을 주장하는 것이다. 말하자면 '회사의 자산을 소유한다면 그 자산에 더해 만들어진 모든 것까지 소유하는 것'이라는 식의 태도다. 회사를 팔아버릴 때 직원은 따

근로시간계좌 사용의 증대에 의한 것으로 밝혀졌다.

라갈 수도 아닐 수도 있다. 어느 쪽이든 별로 중요하지 않다. 직원은 대차대조표에 올라 있지 않으니 중요한 것의 목록상에 존재하지 않는 셈이다. 이러한 문제는 기업 자산이 무형가치인 경우에 쉽게 드러난다. 1995년 미국의 광고 회사 치아트데이(Chiat/Day)[3]의 소유주들은 회사를 옴니콘(Omnicon)이라는 타 회사에 매각하기로 결정했다. 기존 직원들에 대한 정리해고가 임박했고, 이를 눈치 챈 치아트데이 런던 사무소의 앤디 로(Andy Law)는 모든 직원들을 규합하여 회사를 떠나버렸고 그의 요청을 받은 고객사들도 그들을 따라서 거래 회사를 옮겨버렸다. 따라서 회사는 텅 비었다. 결국 옴니콘은 런던 사무소를 단 1달러만 받고 앤디 로와 그의 동료들에게 넘겼다. 직원이 떠난 후 기업의 자산가치가 사라졌기 때문이다. 사실 이런 일은 광고회사에만 일어나는 것이 아니라 로펌(법률회사)과 회계사무소 등에서도 발생한다. 즉 인적 자본이 가장 중요한 업종의 경우 주식회사 제도는 매우 적합하지 않다. 대규모 기계 설비가 필요한 제조업과 달리, 이런 업종의 경우 물적 자본보다 양질의 아이디어를 가진 인적 자본이 압도적으로 중요하다. 더구나 인적 자본의 창의성 혹은 적극성이 기업의 성패를 가르는 경우 주주들에게만 배당이나 자본차익 등으로 보상하는 주식회사는 매우 큰 영업 실패를 낳을 수 있기 때문이다. 그래서 이런 아이디어 업종의 경우에는 주식회사가 아니라 파트너 제도를 도입해서 능력 있는 직원들에게 자본에 참여할 수 있는 길을 열어준다.[4]

## 제 5 절  기술과 생산

### 5.1. 제조업의 기술과 생산

생산을 생산요소와 생산량 간의 기술적 관계로 정의하듯이 각 상품은 자신의 고유한 기술 특성을 갖고 있다. 이는 각 산업에는 투입물과 생산량 간에 고유한 관계를 갖고 있음을 의미한다. 이를 생산과 비용 개념을 통해 살펴보자. 예를 들어, 제조업에서도 경공업과 중화학공업은 산업의 특성에서 커다란 차

---

3) 12년간 애플을 떠나 있다가 1997년 복귀해 애플의 임시 최고경영자로 복귀한 지 얼마 안 돼 만든 캠페인광고 '다르게 생각하라(Think Different)'가 1997년 9월28일 치아트데이와 함께 만든 것이다.
4) M. Kelly, 2001, *The Divine Right of Capital*, 「주식회사 이데올로기: 21세기 경제 귀족주의의 탄생」, 2013, 제현주 옮김, 북돋움, pp. 51, 79, 83.

이를 보인다. 섬유산업의 경우 고정투입물(고정비용)의 역할이 총투입물(총비용)에서 차지하는 비중이 크지 않지만, 생산량을 증대함에 따라 가변투입물(가변비용)에 대한 의존도가 높아진다. 즉 한계생산(한계비용)이 상대적으로 빠르게 체감한다. 따라서 섬유산업 같은 경공업의 경우 기업의 최적 생산수준, 즉 '평균비용이 최소가 되는 산출량 수준'인 '효율적 산출량'은 크지 않고, 따라서 해당 산업의 공급자는 다수가 존재할 수 있다.

반면, 자동차산업 같은 중화학공업(장치산업)의 경우 초기 투자 혹은 고정투입물(고정비용)이 총투입물(총비용)에서 차지하는 비중이 매우 크다. 자동차산업의 경우 역시 섬유산업과 마찬가지로 한계생산체감(한계비용체증)의 법칙이 작동되지만 한계생산의 체감 속도가 섬유산업에 비해 상대적으로 느리다. 따라서 기업의 최적 생산수준은 생산량의 규모가 커야만 가능하므로 해당 산업의 공급자는 소수만이 존재할 수 있다. 이것이 공급자 수에서 경공업이 경쟁적인 시장구조가, 중화학공업이 과점 시장구조가 형성된 이유다. 이처럼 중화학공업이 과점적 시장구조를 형성하고 있는 이유는 그 산업의 생산기술 특성과 깊은 관계를 갖고 있다. 따라서 이러한 산업을 인위적으로 경쟁적인 시장구조로 만들 경우, 즉 많은 기업이 공급할 경우 시장을 소규모로 분할한 각 기업들은 최적의 생산수준을 달성할 수 없다. 그리고 최적의 생산규모를 추구할 때 시장은 과잉공급에 직면한다.

이론적으로 총비용 중 고정비용의 비중이 증대함에 따라 평균비용이 최저점에 도달하는 최적의 생산규모 또한 증대한다. 즉 총비용(≡가변비용＋고정비용) 중 고정비용의 비중이 증대할수록 한계비용곡선의 기울기는 완만해지고, 그 결과 한계비용과 평균비용이 일치하는 최적의 생산규모는 매우 클 수밖에 없다. 따라서 시장은 독과점구조가 될 수밖에 없다. 최적의 생산규모를 여러 기업이 나누어 생산할 경우 기업은 효율적으로 생산할 수 없기 때문이다. 게다가 소비자도 높은 가격을 지불할 수밖에 없다. 즉 시장이 형성되려면 공급자의 통폐합은 불가피하고 소수의 공급자가 존재하는 시장이 만들어질 수밖에 없다. 이처럼 규모의 경제를 갖는 산업은 시장이 경쟁적이 되기 어렵고 독과점의 비효율성을 피할 수 없다. 규모의 경제를 갖는 산업의 경우 시장의 진입을 정부가 제한하는 이유이다. 물론, 80년대, 특히 90년대 이후 글로벌화에 따른 시장 통합이 가속화되고 산업 간 경계의 해체와 경쟁이 증대하면서 경쟁

압력이 증대하는 측면도 있다.

그림 4-5 기술과 생산의 관계

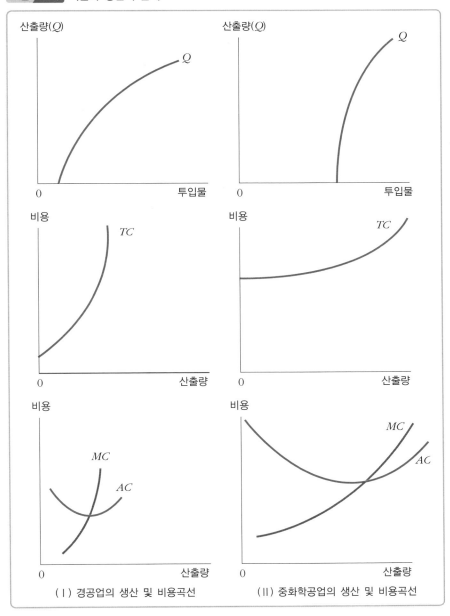

(Ⅰ) 경공업의 생산 및 비용곡선    (Ⅱ) 중화학공업의 생산 및 비용곡선

## 5.2. 무형재의 생산과 수확체증의 세계

글로벌화에 따라 제조업 부문에서 경쟁의 원리가 강화되고 있는 반면 IT 혁명이 만들어내는 새로운 산업들은 규모의 경제를 더 강화하면서 새로운 차원의 독과점을 만들어내고 있다. 대표적인 경우가 무형재 산업이다. 예를 들어, 마이크로소프트(MS)의 PC 운영프로그램인 윈도우의 경우 규모의 경제 영역만 존재한다. 시장에서 독점적 지위를 구축한 배경이 바로 이것이다. 게다가 (음원, 영화, 게임 등에서 보듯이) 아이디어집약적인 무형재의 경우 경쟁의 초점이 가격(비용)에서 질의 차이로 이동하면서 독점적 경쟁시장이 시장분석의 중심 대상이 되고 있다. 독점적 경쟁시장 역시 시장이론에서 경쟁이 불완전한 시장의 한 유형으로 분류하듯이 효율성 달성의 문제를 갖고 있다. 역경합성을 특성으로 하는 무형재의 생산에서는 한계생산이 체감하지 않기 때문이다. 이에 대해서는 다음 장에서 자세히 소개할 것이다.

무형재의 생산과 기술의 특성은 공간적 제약으로 물질 속성상 경합성을 가질 수밖에 없는 유형재(예: 제조업)와 달리 경합성이 없다. 아무리 사용해도 소모되지 않고 이전되지 않기 때문이다. 따라서 희소성의 제약을 받지 않는다. 그 결과 한계생산의 체감이나 한계비용의 체증이 작동되지 않는다. 즉 희소성의 제약에서 해방되는 무형재는 기술적으로 수확체증의 영역만 존재한다. 따라서 무형재 생산은 유형재를 기준으로 만든 생산함수로 이해하기 어렵다. 즉 앞에서 살펴보았듯이 유형재의 경우 가변투입물을 노동력이나 생산원료 등으로, 그리고 고정투입물을 자본재로 이해하는 반면, 윈도우나 게임 등 소프트웨어 개발이나 영화 제작 같은 무형재의 경우 상품 개발까지 투입된 모든 투입물이 고정투입물이기에 고정투입물에 자본재는 물론이고 노동력이나 심지어 원료 등이 포함되는 반면, 가변투입물은 원료(CD 등) 정도에 불과하다. 원료 이외에 노동력이 필요하더라도 상품의 복제(추가 생산) 정도를 위한 단순 노동력에 불과하다. 예를 들어, 마이크로소프트가 윈도95의 개발에 쏟아부은 비용(초기비용)은 무려 5천만 달러지만 첫 제품이 나온 후부터 윈도95 시디롬 한 장에 들어간 제작비는 고작 3~4달러에 불과했다. 윈도95 시디롬 한 장의 시중 판매가격이 약 100달러(한국에서는 당시 약 300달러)였으니까 제작 비용의 25배 이상(한국에서는 75~100배)으로 판매한 셈이다. 윈도95 시디롬 한 장 생산에 4달러씩 계산해도 502만 개의 매출이 손익분기점이 되고 그 후부터는 막대한 수익을 거두게 된다. 앞에서 지적했듯이 음원이나 영화, 게임 등 아이디어집약적 산업들의 영업이익률이 높은 이유이다.

따라서 무형재의 생산함수는 유형재의 생산함수와 같은 방식으로 이해할 수 없다. 무형재의 경우 상품 개발을 위해 자본재(예: 장비 등)의 역할도 중요하지만 가치의 기본 원천은 무형의 아이디어다. 따라서 무형재의 경우 경합성이 있는 유형투입물(R, Rival Inputs)과 경합성이 없는 무형투입물(N, Non-rival Inputs)로 구분하는 것이 바람직하다. 즉 무형재의 생산함수는 다음과 같이 표현될 수 있다.

$$Q = Q(R, N)$$

무형재의 생산함수를 그림으로 나타낸 생산곡선은 직선이 된다. 한계생산이 일정하기 때문이다. 그리고 생산곡선은 매우 가파르게 표현된다. 가변투입물은 상품 가치에서 차지하는 비중이 매우 낮은 원료(예: CD)에 불과하기 때문이다. 즉 고정투입물이 절대적 역할을 하고, $X$축의 절편으로 표현되는 고정투입물은 상품개발 과정에 투입되는 모든 투입물을 의미한다. 따라서 생산량을 증가시키더라도 노동력의 사용을 필요로 하지 않는다. 이것이 거시적 시장의 세계에서 설명하겠지만 산업화 이후 '고용 없는 성장(jobless growth)'이 나타나는 근본 이유이다. 대부분의 노동력, 특히 양질의 노동력은 상품개발 과정에 투입된다. 생산곡선이 직선이 되면 비용곡선 역시 직선으로 나타날 수밖에 없다. $Y$축의 절편은 고정비용이 되고 비용곡선의 기울기는 정의상 한계비용이 된다. 따라서 평균비용은 생산량의 증가에 따라 계속 하락할 수밖에 없는, 즉 규모의 경제 영역만 존재한다. 그리고 한계비용은 평균비용보다 항상 낮을 수밖에 없다. 모든 생산량 수준에서 비용탄력성이 1보다 작게 된다. 한계비용이 평균비용보다 항상 작을 수밖에 없는 무형재의 기술 특성은 이른바 '자연독점' 현상을 만들어낸다. 즉 시장은 실패하게 된다.

이처럼 무형재의 경우 역경합성으로 인해 규모의 경제, 즉 수확체증이 발생하는데 우리는 앞에서 수확체증의 경우를 다음과 같이 표현한 바 있다.

$$Q(tL, tK) > tQ(L, K) \quad \Rightarrow \quad \text{규모에 따른 수확체증}$$

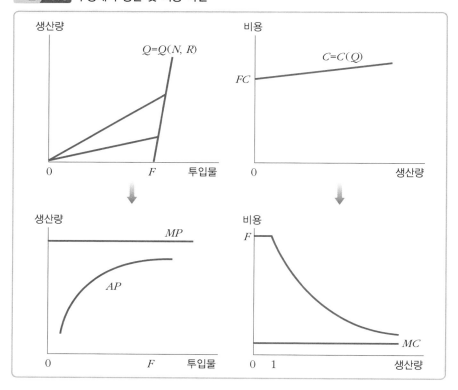

이제 무형재의 생산함수를 이용하여 표현하면 다음과 같다.

$$Q(tR,\ tN) > Q(tR,\ N) = tQ(R,\ N)$$

즉 무형재의 경우 상품의 추가 생산은 역경합성을 갖는 무형투입물의 반복 사용으로 가능하고 그에 따른 비용이 발생하지 않는다는 것을 표현한 것이다.

# 제 5 장
## 시장의 형태와 효율성

제 1 절    이윤과 공급량 결정 기준

시장이론에서 공급자는 이윤극대화를 추구하는 경제주체로 설정한다. 생산과 비용의 개념을 이해했다면 이제 공급자가 이윤을 극대화할 수 있는 조건을 생각할 수 있다. 공급자는 이윤을 극대화하는 생산량을 선택할 것이기 때문이다. 이윤은 상품을 생산·판매한 수입(TR, total revenue)에서 생산에 투입된 비용(TC)을 뺀 나머지다. 따라서 기업의 이윤은 '한 단위 추가 생산·판매로 발생하는 총수입의 변화'인 한계수입(MR, marginal revenue)과 한계비용(MC)이 일치할 때 극대화된다. 한계수입($\equiv \Delta TR/\Delta Q$)이 한계비용을 초과하는 한 기업은 추가로 생산하여 판매하려 할 것이고, 한계수입이 한계비용과 일치할 때까지 생산하여 판매할 때 기업의 이윤은 최대가 될 것이기 때문이다. 그런데 한계비용은 공급자의 생산역량에 의해 결정되는 반면, 한계수입은 시장의 수요조건에 의해서도 영향을 받는다. 즉 공급자가 시장가격에 영향을 미치지 못하는 경쟁시장의 경우 한계수입은 시장가격과 일치하기에 공급량은 시장가격이 한계비용과 일치하는 조건에서 결정된다. 반면, 공급자가 시장가격에 영향을 미칠 수 있는 불완전경쟁 시장의 경우에는 가격은 한계수입보다 높게 설정되고 공급량은 한계수입과 한계비용이 일치하는 조건에서 결정된다.

이해를 돕기 위해 하나의 예를 들어보자. X재의 시장이 경쟁 상태에 놓여 있으며 X재를 제조하는 기업이 시장에 전혀 영향을 미치지 못하며 시장에서 결정된 가격을 보고 자사의 생산량을 결정할 경우(경쟁시장의 경우)와 자사의 공급량이 시장가격에 영향을 미칠 수 있는 경우(독점시장의 경우) 가격과 한계수입의 관계를 살펴보자. 〈표 5-1〉과 〈표 5-2〉에서 보듯이 전자의 경우 가격과 한계수입은 항상 같게 되고 기업은 5,000개를 공급함으로써 이윤을 극대화하는 반면, 후자의 경우 4,000개에서 이윤이 극대화되고 가격은 한계수입보다 크게 된다.

**표 5-1** 경쟁시장(시장가격=50)에 있는 공급자의 경우(이윤극대화 공급량=5,000개)

| 공급량<br>(천 개) | 수 입<br>(가격×판매량) | 한계수입 | 한계비용 |
|---|---|---|---|
| 1 | 50 | 50 | 10 |
| 2 | 100 | 50 | 20 |
| 3 | 150 | 50 | 30 |
| 4 | 200 | 50 | 40 |
| 5 | 250 | 50 | 50 |
| 6 | 300 | 50 | 60 |
| 7 | 350 | 50 | 70 |
| 8 | 400 | 50 | 80 |
| 9 | 450 | 50 | 90 |
| 10 | 500 | 50 | 100 |

**표 5-2** 독점 공급자의 경우(이윤극대화 공급량=4,000개)

| 수요량<br>(천 개) | 가 격 | 수 입<br>(가격×판매량) | 한계수입 | 한계비용 |
|---|---|---|---|---|
| 1 | 100 | 100 | 100 | 10 |
| 2 | 90 | 180 | 80 | 20 |
| 3 | 80 | 240 | 60 | 30 |
| 4 | 70 | 280 | 40 | 40 |
| 5 | 60 | 300 | 20 | 50 |
| 6 | 50 | 300 | 0 | 60 |
| 7 | 40 | 280 | −20 | 70 |
| 8 | 30 | 240 | −40 | 80 |
| 9 | 20 | 180 | −60 | 90 |
| 10 | 10 | 100 | −80 | 100 |

**기업의 목표** 기업의 목표로 이윤극대화 가설 이외에도 원가가산가격 가설(mark-up pricing hypothesis), 만족수준이윤 가설(satisfying theory), 수입극대화 가설(revenue maximizing hypothesis) 등이 있다.

**원가가산가격 가설** 기업이 이윤을 추구하기는 하지만 이윤을 추구하는 방법이 이윤극대화 방법과는 다르다고 본다. 일반적으로 기업은 한계비용에 관한 정보는 없더라도 평균비용에 대한 정보는 쉽게 파악할 수 있다. 기업은 과거 생산량을 참고하여 산출량을 사전에 결정한다. 이때 기업은 생산된 상품 1개당 평균비용을 파악할 수 있고 평균비용에 일정한 비율의 이윤을 가산하여 상품의 판매 가격을 결정한다. 원가가산가격 방식의 이윤율과 마진의 차이는 전자는 매출원가를 기준으로, 후자는 매출액을 기준으로 이익률을 계산한다는 것이다.

**만족수준이윤 가설** 노벨경제학상을 수상한 사이먼(Simon)이 주장한 개념으로 기업은 이윤을 극대화하기보다는 위험을 최소화하면서 적절한 수준의 이윤을 획득하는 것으로 만족한다고 주장했다. 즉 그는 경제학에서 가정하는 완전한 합리성(이윤극대화)은 현실에서는 존재하기가 어렵고 어느 정도 합리성(만족할 만한 수준의 이윤)이 오히려 현실에서 타당하다고 보았다. 어느 정도 합리성은 경제학적 개념이라기보다는 심리학적인 개념이다. 그는 심리학적 개념을 생산이론에 도입한 선구자이다. 그러나 만족수준이윤 가설은 아직은 이론적 발전이 뒤따르지 못하고 있는 실정이다.

**수입극대화 가설** 보몰(Baumol)은 기업의 최고경영자, 특히 전문경영자들은 이윤극대화보다 판매수입극대화를 추구하는 경향이 있다고 지적했다. 현실에서 최고액의 연봉을 받는 경영자는 이윤을 극대화한 기업이 아니라 기업 규모가 가장 큰, 즉 매출액이 가장 큰 기업의 경영자라는 것이다. 즉 경영자 능력에 대한 주요 평가 기준은 기업의 성장이기에 경영자는 이윤극대화보다는 매출액극대화를 추구한다는 것이다. 게다가 미래의 불확실성과 시장 경쟁에 대비하기 위해 기업들은 시장지배력을 극대화하고 싶어 한다는 것이다. 시장에서 매출액을 극대화하면 시장점유율이 높아져 시장에서의 가격 결정에 영향력을 미칠 수 있을 뿐만 아니라 이윤도 보장받을 수 있기 때문이다.

한편, 이윤극대화가 생산활동의 목표라고 가정할 경우 투자의 중요한 기준이 되는 것이 이윤율이다. 예를 들어, 투자자들이 특정 기업에 투자할 때 해당 기업의 수익성, 안정성, 활동성, 성장성 등을 파악하기 위해 기업의 재무제표들(회계기간 동안의 경제적 상태를 나타내기 위한 일련의 회계보고서), 즉 대차대조표, 손익계산서, 현금흐름표, 이익잉여금 처분계산서 등을 살펴본다.

## 기업의 주요 재무제표

**대차대조표(B/S, balance sheet)** 일정 시점의 기업의 재무상태를 집약한 표로 차변(좌측)에 자산의 사항을 표시하고 대변(우측)에는 부채와 자본에 관한 사항을 표시한 표로 자산항목은 기업소유 재산의 운용 상태를 나타내고, 대변에 표시되어 있는 부채 및 자본항목은 기업의 자본조달 형태를 나타낸다.

**손익계산서(income statement)** 기업의 경영성과를 밝히기 위하여 일정기간 내에 발생한 모든 수익과 비용을 대비시켜 당해 기간의 순이익을 계산·확정하는 보고서이다.

**현금흐름표(statement of cash flow)** 일정기간 동안의 기업의 현금흐름을 나타내는 표이다. 즉 현금의 변동 내용을 명확하게 보고하기 위하여 당해 회계기간에 속하는 현금의 유입과 유출 내용을 적정하게 표시한 표이다. 현금이 어떻게 창출되어 어디에 얼마만큼 쓰였는가를 보여주는 표라고 할 수 있다.

**이익잉여금처분계산서(statements of appropriation of retained earnings)** 기업의 이익잉여금의 처분사항을 명확히 보고하기 위하여 이익잉여금의 변동사항을 표시한 회계보고서이다.

재무비율 중 수익성과 관련된 지표로 자기자본이익률, 자산수익률, 총자본이익률 등이 있다. '자기자본이익률(ROE, Return on Equity)'은 경영자가 기업에 투자된 주주의 자본을 사용하여 이익을 어느 정도 올리고 있는가를 나타낸다. 즉 기업의 이익창출능력으로, 기업의 순이익을 자기자본으로 나누어 구한다. 주식시장에서는 자기자본이익률이 높을수록 주가도 높게 형성되는 경향이 있어 투자지표로도 사용되는데 자산수익률과 더불어 경영효율을 보는 대표적인 재무지표다. 여기서 '자산수익률(ROA, Return On Assets)'은 세금 차감 후 순이익을 평균총자산으로 나눈 것으로 특정 기업이 자산을 얼마나 효율적으로 운용했느냐를 나타내는 지표다. 그리고 기업의 순이익을 투자액으로 나누어 구하는 '총자본이익률(ROI, Return On Investment)'이 있다. 기업이 일정기간 행한 의사결정에 대한 성과의 평가나 투자의 우선순위 결정에 참고한다. 여기서 ROI(순이익/투하자본)와 ROA(순이익/총자산)의 차이는 투하자본과 총자산의 차이에서 비롯한다. 후자 중에는 구매·생산·판매, 즉 기업의 영업과 관련이 없는 자산이 있기 때문이다. 부채와 자본으로 모두 자산을 구입해서 영업하였다면 자산은 모두 투하자본 그 자체가 되고, 그런 경우에는 ROA

와 ROI가 동일한 의미가 되지만 비영업용 토지 등은 기업의 기본활동인 영업과 무관하다.

참고로 ROE와 ROA 간에는 다음의 관계가 존재한다.

자기자본 순이익률(ROE) ≡ 순이익(Earnings)/자기자본(equity)

= [순이익(Earnings)/자산(Assets)] × [자산(Assets)/자기자본(Equity)]

= [순이익(Earnings)/자산(Assets)] × 레버리지 배율

= 자산수익률(ROA) × 레버리지 배율

예를 들어, 100억 원의 자기자본으로 10억 원의 순익을 올리게 되면 ROE는 10%가 되지만, 자기자본 50억 원에 타인자본 50억 원을 도입하여 10억 원의 순익을 올리게 되면 ROE는 20%가 된다. 이때 타인자본의 사용에 대한 이자 비용이 5%라면 순이익은 7.5억 원이 되고 따라서 ROE는 15%가 된다. 그러나 타인자본의 이자 비용이 20%라면 순이익은 0이 되고, ROE 역시 0%가 된다. 이처럼 타인자본을 사용하는 데 드는 자금조달비용보다 높은 수익률이 기대되는 경우에는 타인자본을 적극적으로 활용하는 것이 유리하다. 이처럼 타인으로부터 빌린 차입금을 지렛대(leverage)로 삼아 자기자본수익률을 높이는 것을 '레버리지 효과(leverage effect)'라고 부른다. 그렇지만 타인자본을 과도하게 도입하면 경기가 어려울 때 금리부담으로 인한 도산 위험이 높아진다.

앞의 수익들과 달리 영업외활동(재무활동)의 영향을 받지 않고 영업활동에 따른 성과만 판단하는 매출액영업이익률(≡영업이익/매출액)이 있다.[1] 영업이익(operating profit)은 영업을 통해 얻은 수입에서 제품 원가와 영업에 필요한 비용(직원 월급, 관리비, 기타 경비)을 차감한 금액으로 이해한다. 흔히, 매출액영업이익률은 기업의 주된 영업활동에 의한 성과, 즉 기업의 경쟁력을 판단하는 잣대로 삼는다. 산업 간 영업이익률의 차이가 존재하는데 제조업에 비해 아이디어업종이 일반적으로 영업이익률이 높다. 그 이유는 아이디어업종의 경우 제품 개발에 성공한 이후 추가 생산비용이 거의 발생하기 않기에 매출액의 대부분이 영업이익으로 잡히기 때문이다. 2013년 한국의 경우 전 산업 매출액영업익률은 4.11%, 제조업 매출액영업이익률은 5.13%를 기록하였다. 업

---

1) 한국은행 경제통계시스템의 12.1 기업경영분석지표

종별로 보면 온라인게임을 취급하는 NHN의 경우 2010~12년간 영업이익률이 45.2%, 45.5%, 45.3%였던 반면, 한국 제조업의 대표 기업인 현대자동차의 경우 2012년 10%, 2013년 9.5%를 기록했다. 이는 국내 기업과 해외 기업의 비교에서도 확인된다. 삼성전자의 영업이익률은 2011년 9.5%, 2012년 14.4%, 2013년 16.1%를 기록한 반면, 경쟁사인 애플의 경우 비교년도에 각각 31.2%, 35.3%, 28.7%를 기록하였다.[2] 두 기업 간 영업이익률이 2~3배의 차이를 보이는 이유는 삼성전자 수익의 대부분이 제조업에 기초하는 반면, 애플의 영업이익의 많은 부분은 앱의 판매 등 무형가치에서 비롯하기 때문이다.

### 기업의 매출액과 이익 유형

매출액 − 매출원가 = 매출총이익
매출총이익 − 판매비와 일반관리비 = 영업이익
영업이익 + 영업외수익 − 영업외비용 = 경상이익
경상이익 + 특별이익 − 특별손실 = 법인세차감전순이익
법인세차감전순이익 − 법인세 등 = 당기순이익

여기서 영업외손익은 기업 본래의 영업활동 이외의 원천으로부터 발생한 손익을 말하는 것으로 이자수익 · 배당수익 · 유가증권매각이익 · 유가증권평가이익 · 지분법평가이익 등 영업외이익에서 이자비용 · 유가증권매각손실 · 유가증권평가손실 · 지분법평가손실 등 영업외비용을 차감해서 계산한다. 참고로 지분법평가법은 투자한 회사의 순자산가액 중 해당 회사의 지분에 해당하는 몫이 얼마인지를 평가하는 회계처리다. 반면, 특별이익은 영업활동과 관계없이 비경상적으로 발생하는 수익으로 영업외수익에 포함되지 않은 임시거액의 유형자산처분이익, 투자자산처분이익과 자산수증이익, 채무면제이익, 보험차익 등이 이에 속하고, 특별손실은 영업활동과 관계없이 비경상적이고 우발적으로 발생하는 비용으로 영업외비용에 속하지 않는 임시거액의 투자자산처분손실과 유형자산처분손실, 재해손실 등이 이에 속한다. 여기서 자산수증이익이란 회사가 주주 또는 기타의 자로부터 현금이나 기타의 재산을 무상으로 제공받음으로써 생기는 이익으로 채무면제이익이 소극적 의미의 증여이익임에 반하여 자산수증이익은 적극적 의미의 증여이익이다. 그리고 임시거액은 영업외수익 중 비경상적이면서 비반복적으로 발생하는 이익이다.

---

2) 물론, 회계연도 기준이 애플의 경우 10월부터 9월까지인 반면 삼성전자는 1~12월 기간이다.

　　앞에서 설명했듯이 경쟁시장에 놓여 있는 개별 기업은 시장에서 결정된 가격을 주어진 것으로 수용할 수밖에 없는 가격수용자(price-taker)이다. 이는 시장 전체의 수요곡선은 우하향하는 모양을 갖지만, 개별 기업이 직면하게 되는 수요곡선은 시장가격의 수준에서 $X$축에 평행인 수평선이 되는 것을 의미한다. 그리고 앞에서 보았듯이 시장가격을 주어진 것으로 받아들인다는 것은 시장가격이 개별 기업의 한계수입이 된다는 것을 의미한다. 그러므로 경쟁시장의 개별 기업은 시장가격(수요곡선)과 한계비용곡선이 만나는 점의 생산량에서 이윤극대화가 될 것이고, 이 생산량 수준에서 시장가격이 평균비용보다 낮지 않는 한 이윤은 0 이상이 될 것이다. 즉 시장가격이 평균비용을 초과하는한 초과이윤이 발생한다. 한계수입과 한계비용이 일치하는 생산량 수준에서 일시적으로 시장가격이 평균비용(AC＝평균가변비용＋평균고정비용)보다 낮더라도 평균가변비용(AVC)보다 낮지 않는 한 생산을 중단할 필요는 없다. 생산을 중단할 경우 기업은 고정비용만큼 손실을 보게 되는 반면, 생산을 계속할 경우에는 고정비용의 일부를 보상받을 수 있기 때문이다. 다시 말해 평균가변비용 곡선의 최저점(B)이 '생산중단점(shutdown point)' 혹은 '생산중단가격(shutdown price)'이 된다. 이는 생산중단가격부터 그 윗부분에 있는 한계비용곡선(MC)이 개별기업의 (단기)공급곡선이 된다는 점을 의미하는 것이다. 이처

그림 5-1 개별 기업의 단기 공급곡선과 한계비용의 체증

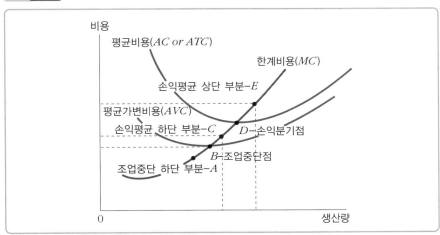

럼 다른 조건이 일정할 때 가격이 상승해야만 공급량이 증가하는 공급의 법칙은 바로 '한계비용의 체증'을 전제로 한 것이다. 그리고 산업 전체의 생산량이 늘어나더라도 그 산업에서 사용하는 투입물의 가격이 변화하지 않을 때 개별기업의 공급곡선을 수평 방향으로 합치게 되면 시장공급곡선이 도출된다.

**첫째, 평균비용(AC) 곡선의 최저점에서 한계비용(MC) 곡선이 통과하는 이유**

$AC \equiv \dfrac{TC(Q)}{Q}$ 에서 양변을 $Q$에 대해 미분하면

$$\frac{\Delta AC}{\Delta Q} = \frac{MC \cdot Q - TC(Q)}{Q^2} = \frac{MC}{Q} - \frac{AC}{Q}$$

평균비용의 최소값에서 $\dfrac{\Delta AC}{\Delta Q} = 0$ 이므로

$$MC = AC$$

**둘째, 평균가변비용(AVC) 곡선의 최저점을 한계비용(MC) 곡선이 통과하는 이유**

$VC = TC - FC$

$$\frac{VC}{Q} \equiv AVC = \frac{TC - FC}{Q} = AC - AFC$$

양변을 $Q$에 대해 미분하면

$$\frac{\Delta AVC}{\Delta Q} = \frac{MC - AC}{Q} + \frac{FC}{Q^2} = \frac{MC - AVC}{Q}$$

평균가변비용의 최소값에서 $\dfrac{\Delta AVC}{\Delta Q} = 0$ 이므로 $\dfrac{MC - AVC}{Q} = 0$ 이 된다.

$$\therefore MC = AVC \text{가 된다.}$$

즉 평균가변비용 최소값에서 한계비용곡선과 평균가변비용곡선은 만나게 된다.

한편, 경쟁시장에 놓여 있는 기업들이 일시적으로 플러스(+)의 이윤, 즉 초과이윤을 얻는다 하더라도 이 상태는 지속될 수 없다. 초과이윤이 존재할 경우 산업 전체의 공급이 증가하는 등 시장조정이 일어나 궁극적으로 시장 안의 모든 기업이 0의 이윤, 즉 정상이윤만 얻게 되는 균형상태에 놓이게 된다. 즉 한계생산체감이 작동할 경우 평균비용의 최저점에서 한계비용곡선과 평균비용곡선 그리고 시장가격(개별기업의 수요곡선)이 만나게 된다. 이처럼 경쟁시장의 장기 균형 상태에서 각 기업은 평균비용곡선의 최저점에서 생산하게 된다는 점에서 효율성을 보장해준다. 그러나 경쟁시장이 효율성을 보장해줌에도

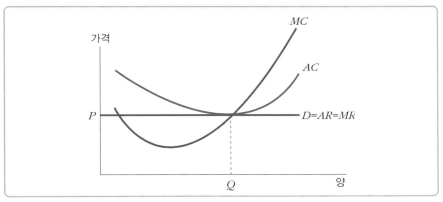

그림 5-2 경쟁 시장의 장기 균형 상태

주: $AR \equiv$ 평균수입 $\equiv TR/Q$

지금까지 보았듯이 경쟁시장의 조건들을 충족해야 하고, 한계효용 및 한계생산의 체감이 작동해야 하고, 거래 상품이 경합성과 배제성을 가져야만 한다는 점이다. 여기에 외부성이 작동하지 않아야만 한다. 이에 대해서는 뒤에서 살펴볼 것이다. 다시 말해 이런 조건들 중 어느 하나라도 충족시키지 못할 경우 자원배분의 효율성은 보장되지 않는다.

## 제 3 절  불완전경쟁 시장과 비효율성

### 3.1. 독점시장의 비효율성

대표적인 불완전경쟁 시장은 공급자가 하나인 독점시장이다. 즉 독점시장이란 경쟁이 실종된 상태로, 독점시장에서는 대체재를 구할 수 없다. 여기에서 다루는 독점은 판매자가 하나뿐인 경우로, 구매자가 하나뿐인 시장을 가리키는 구매자 독점과는 구별해야 한다. 또 독점은 과점 상태에서 서로 무관한 여러 판매자들이 연합해 만드는 카르텔과도 다른 상황이다. 독점시장의 생성에는 여러 요인들이 있다. 산업의 기술적 특성상 규모의 경제가 장기간 존재하는 경우, 이른바 '자연독점'이라 한다. 원료를 독점하는 경우도 그 원료를 사용해야만 하는 산업에서 독점시장을 형성한다. 특허도 독점을 만들어내는 요인이 되고, 정부의 인허가에 의해 독점시장을 생성하는 요인이다.

독점시장이란 오직 한 기업만이 상품이나 서비스를 제공하는 시장이기에 해당 기업이 바로 산업이 된다. 따라서 (제1절에서 보았듯이) 경쟁시장에서와 달리 독점시장에서의 기업은 우하향의 수요곡선에 직면하고, 수요곡선이 우하향할 경우 한계수입곡선 또한 우하향하게 된다. 따라서 독점시장에서 기업은 가격을 한계비용보다 높게 설정하게 되고, 그 결과 경쟁시장보다 더 적은 양이 공급되기 때문에 비효율적이다. 효율성의 개념 중 경제적 총잉여 개념으로 독점시장의 비효율성을 살펴볼 수 있다. 독점시장은 완전경쟁시장보다 경제적 총잉여의 크기가 작게 된다. 먼저 한계비용이 체증, 즉 한계생산이 체감하는 독점시장의 경우([그림 5-3]) 소비자잉여($PP_m a$)와 생산자잉여($P_m P_c ba$)의 합으로 경제적 총잉여($PP_c ba$)가 구성되는 반면 이 산업에 경쟁의 논리($P=MC$)가 작동할 경우 경제적 총잉여는 $PP_c c$가 된다. 다음으로 한계비용(한계생산)이 일정한 독점시장의 경우([그림 5-4]) 소비자잉여($PP_m a$)와 생산자잉여($P_m P_c ba$)의 합으로 경제적 총잉여($PP_c ba$)가 구성되는 반면 이 산업에 경쟁의 논리가 작동할 경우 경제적 총잉여는 $PP_c c$가 된다. 경쟁시장에 비해 경제적 총잉여의 감소, 즉 '자중손실(自重損失, deadweight loss)' $\triangle abc$가 발생한다.

**그림 5-3 독점시장의 비효율성**

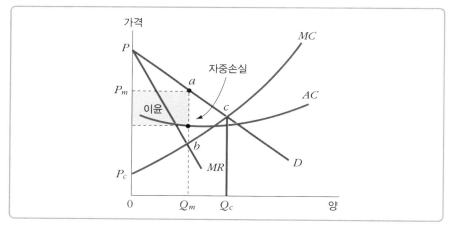

그림 5-4 자연 독점과 비효율성

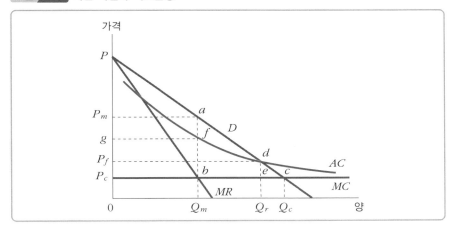

시장지배력 덕택에 높은 이윤을 얻는 독점기업이 비난을 받는 것은 독점이윤 그 자체에 있지 않다. 소비자에게서 생산자에로 부가 이전하는 것이 사회적으로 총잉여의 합을 변화시키지 않는 한 효율성은 변하지 않기 때문이다. 즉 경제학에서의 효율성 문제는 총잉여 부분이지 소비자잉여와 생산자잉여의 배분이 아니다. 생산자보다 소비자가 더 중요하다는 것이 전제되지 않는다면 —이것은 경제효율, 즉 시장이론의 영역을 넘어선 주제다—독점이윤은 사회적으로 문제가 되지 않는다. 예를 들어 독점의 문제는 독점기업이 사회적 최적생산량보다 낮은 수준에서 생산함으로써 경제적 총잉여가 극대화되지 못한다는 것이다. 독점 때문에 경제적 순손실이 발생했다는 것은 독점 때문에 경제적 파이가 작아졌다는 것을 의미한다. 본질적으로 이 비효율은 한계비용보다 가격이 높아 소비자들이 수요량을 줄이기 때문에 발생한다. 동시에 한계비용보다 높은 가격으로 소득분배에도 부정적인 영향을 미친다. 경쟁시장의 소비자잉여의 일정 부분이 생산자에게 귀속되기 때문이다. 이처럼 경쟁시장에서는 공급곡선이 한계비용곡선이었던 반면 독점시장에서는 수요곡선에서 한계수입곡선이 유도되고 이것을 통해 독점기업의 이윤극대화 생산량이 결정되기 때문에 독점기업의 공급곡선은 존재하지 않는다([그림 5-5]). 게다가 수요곡선이 $D$에서 $D'$로 변하더라도 독점기업의 이윤극대화 생산량($Q_m$)은 변화하지 않고 가격만 $P'_m$로 변할 수 있다.

그림 5-5 독점 기업과 공급곡선의 비존재

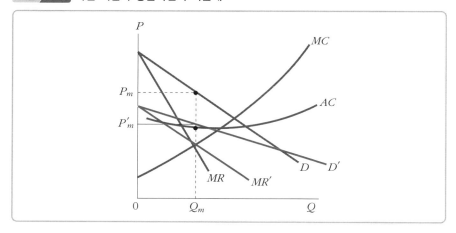

이처럼 독점기업의 이윤극대화 생산량은 수요곡선에 따라 다르기 때문에 소비자의 특성에 따라 다른 가격을 부과함으로써 이윤을 극대화할 수 있다([그림 5-6]). 즉 동일한 상품을 서로 다른 소비자에게 서로 다른 시장에서 상이한 가격을 부과하는 '가격차별(price discrimination)'로 시간대에 따른 극장표가격의 차이나 전력사용량에 따른 상이한 전력요금 부과, 양장본(hardcover-하드커버)과 페이퍼백(Paper Back, 책 표지를 종이 한 장으로 장정한 포켓판 도서) 간의 상이한 도서가격 등이 있다. 소비자의 유형이 상이한 복수의 시장이 존재할 경우 기업의 이윤극대화는 각 시장의 상이한 수요곡선에서 도출된 한계수입과 한계비용을 일치시켜 가격을 책정할 것이다. 따라서 독점시장의 기업은 이윤을 극대화하기 위해서 수요의 가격탄력성이 작은 시장에서 가격을 상대적

그림 5-6 가격탄력성의 차이와 가격차별

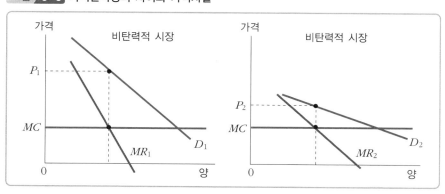

으로 높게 책정할 것이다. 이 논리의 연장선에서 독점기업이 소비자의 지불용의에 해당하는 가격을 부과할 수 있다면 완전가격차별(perfect price discrimination)이 가능하다.

이처럼 사회적 후생의 측면에서 부정적 효과를 낳는 독점시장의 폐해를 막기 위해 전통적으로 국유화, 가격규제, 경쟁촉진정책 등 정부가 개입하곤 하였다. 그러나 시장실패를 정부개입으로 해결하는 것은 간단하지도 않고 지금까지의 경험으로 볼 때 바람직한 것 같지도 않다. 게다가 신자유주의 세계화 물결 속에서 '시장은 선, 정부는 악'이라는 '과학'이 아닌 '이데올로기'가 지배하고 있는 실정이다. 사실 이러한 흐름은 정부실패와 관련이 있다. 현실이 그러다 보니 일부 경제학자들은 아예 독점문제를 그대로 놓아두는 것(자유방임정책)이 더 우월한 정책이라고 주장한다. 자연독점이라도 민간소유가 정부소유보다 더 바람직하다고 본다. 민간소유주들은 비용을 조금이라도 절약하면 그만큼 자기들 이윤이 증가하기 때문에 비용을 가급적 최소화하려는 유인을 갖는다. 따라서 경영진이 비용최소화에 실패하면 소유주들은 이들을 교체하려 할 것이다. 하지만 국영기업을 경영하는 관료들이 경영을 잘못할 경우, 이 때문에 손해를 보는 사람들은 소비자와 납세자들이다. 국민이 국영기업 경영진에게 책임을 묻는 것은 정치적 경로를 통해서만 가능하지만 관료집단 스스로도 하나의 이익집단이 되어 비용절약을 위한 개혁에 저항하려 할 것이다. 즉 투표함(정치적 동기)보다는 이윤동기가 기업경영을 잘하도록 유도하는 데 더 효과적이라는 것이다. 예를 들어, 신자유주의가 득세하기 시작한 80년대 초 노벨경제학상을 받은 조지 스티글러(George Stigler)는 *Fortune Encyclopedia of Economics*에 기고한 글에서 "경쟁적인 기업경제가 제한된 자원으로부터 최대의 소득을 올린다는 것은 경제학의 유명한 정리 중 하나지만, 현실의 모든 시장은 이상적인 시장조건에 못 미치므로 이를 시장의 실패라고 부른다. 그러나 내 생각에 미국에서 시장실패의 정도는 불완전한 현실 정치구조가 만들어내는 불완전한 경제정책의 결과인 정치실패보다는 작다"라고 주장했다.

이처럼 시장주의자들은 불완전한 현실 정치구조가 만들어내는 '정치실패'가 '시장실패'의 정도보다 크기 때문에 독점문제를 그대로 놓아두는 것(자유방임)이 더 우월한 정책이라고 주장한다. 그러나 "독점적 시장 상태인데도 정부에게 간섭하지 말라고 하는 자칭 시장주의자는 독점기업의 하수인이 아니면 사이비시장주의자"[3]라 할 수밖에 없다. 즉 시장주의자들의 주장은 민주주의를 강화해 정치실패를 교정하기보다 시장의 실패를 방치함으로써 사회적 후생 혹은 경제적 잉여의 감소를 방치할 뿐만 아니라 자본의 일방적 이익을 옹호하는 무책임한 견해이다. 예를 들어, 시장지상주의자들은 만성적인 비효율과 낭비, 부실 경영 등을 이유로 국영기업을 민영화해야 한다고 보고 있다. 하지만 민간기업의 인센티브, 보상, 감독체계 등이 국영기업보다 낮다는 근거가 없다.[4] 대규모 국영기업을 보유한 많은 국가들이 제2차 세계대전 이후 매우 훌륭한 경제적 성과를 보여주었다. 프랑스, 오스트리아, 핀란드, 노르웨이, 이탈리아가 그 대표적 사례다. 50~80년대에 오스트리아는 1인당 국민소득이 연간 3.9% 성장해 16대 경제선진국 중에 2위를 차지했다. 이탈리아는 3.7%로 4위, 핀란드는 3.6%로 5위, 노르웨이는 3.4%로 6위, 프랑스는 3.2%로 7위를 차지했다. 또 개발도상국에서 가장 큰 국영 기업부문을 가진 대만은 제2차 세계대전 이후 세계에서 가장 빠르게 성장한 나라 중 하나다. 따라서 민영화를 이념적으로 접근할 것이 아니라 민영화 비용을 포함해 경제적으로 합리적인지 심사숙고해야 한다. 정부에서는 수익성이 가장 떨어지는 국영기업을 매각하고 싶겠지만 민간 부문에서는 수익성이 가장 높은 국영기업을 매입하려 할 것이다. 정부 입장에서 골치 아픈 기업은 민간자본에게도 마찬가지기 때문이다. 그래서 정부는 실적이 나쁜 공기업에 관심을 가질 수 있도록 상당한 자금을 투입하는 경우가 종종 있다. 공기업이 외국투자자나 국내 내부자에게 헐값으로 팔리는 경우가 많은데 이런 거래는 상당한 부패를 동반하기도 한다.

경험적으로 정부의 역할은 국가에 따라 상이하게 나타나고, 국가개입의 질은 기본적으로 민주적 제도의 질에 의존한다. 정부실패는 '정치실패'의 결과물로, 이는 민주주의의 결핍에서 비롯하기 때문이다. 정부실패 혹은 정책실패를 악화시키는 주요 요인으로 흔히 '비밀주의'를 지적한다. 신뢰할 수 있는 책임 부여를 어렵게 하는 비밀주의는 근본적으로 소수에게 집중된 의사결정에서 비롯한다. 투명성이 담보되지 않을 때 부정과 부패 그리고 비효율이 만연될 수밖에 없고, 투명성과 개방성이 확보되지 않는 곳에서는 신뢰가 형성되기 어렵다. 아무리 공정하고 효율적으로 결정된 정책이라 하더라도 그 과정이 외

---

3) 이근, 2001, 『한국인을 위한 경제학』, 박영사, 141쪽.
4) 장하준·아일린 그레이블, 2008, 『다시 발전을 요구한다』, 이종태·황해선 옮김, 부키.

부에 투명하게 밝혀지지 않으면 신뢰할 수 없는 것과 같은 이치다. 정책을 정책결정자 또는 집행자의 주관과 양식에 맡길 수밖에 없는 상황에서는 장기적으로 비효율과 부패를 피할 수 없다. 실제로 권위적인 정부일수록 부패에 대한 공공의 압력에 별로 반응을 보이지 않기 때문이다.

따라서 정부실패를 방지하고 정부의 역할을 통해 효율성 개선을 획득하기 위해서는 여론 형성에 더욱 많이 참여하여 정부의 정책결정 과정을 좀 더 개방적이고 투명하게 민주적으로 만들어야 한다. 직접참여 같은 직접민주주의 제도들은 유권자들이 정치가들을 통제할 수 있도록 한다. 따라서 민주적 규율 제도가 뒷받침되는 한 국가권력의 역할과 능력은 여전히 유효할 수 있다. 이처럼 정치실패는 민주주의의 심화를 통해서 개선할 수 있다는 점에서 자유방임은 학문하는 사람으로서 무책임한 주장이다. 1965~97년간 173개 국가들을 대상으로 각국의 시장경제와 민주주의의 요소들이 경제성과에 어떠한 영향을 미쳤는가를 살펴본 실증분석[5]에 따르면 경제자유화가 높을수록 1인당 국민소득 성장률이 높다는 것을 확인시켜주지 않는다. 즉 '국가 없는 시장'만 강조하는 것은 '계획실패'와 '정부실패' 그리고 '정부실패'와 '정치실패'를 구분하지 못하는 극단적 '시장주의'에 불과할 뿐이다. 반면, 부패지수와 1인당 국민소득의 연평균 성장률의 관계를 살펴보면 부패 정도가 낮은 국가일수록 성장률이 높다는 사실을 확인할 수 있었다.

금융위기를 계기로 시장만능주의나 신자유주의 경제정책은 실패 선고를 받았다. 오늘날 세계은행과 국제통화기금(IMF)조차 신흥시장의 경우 자본통제의 필요성을 주장하며 '시장만능주의'는 안 된다고 말하고 있다. 시장을 곧 경제로 보는 시장이론의 입장에서 보면 시장의 실패는 경제체제 전체의 실패를 의미하는 심각한 현상이다. 그러나 시장을 경제를 운영하는 여러 제도 중 하나로 본다면 시장의 실패는 별 문제가 되지 않을 수 있다. 시장은 만능이 아니고, 사회의 한 부분이자 사회 전체의 진보를 위한 하나의 수단이기 때문이다. 한편, 우리는 공산주의 정권에서 정부의 계획이 능사가 아니라는 것도 배웠다. 그래서 정부 역할이 일정하게 필요하다고 주장하는 많은 사람들 역시 경제가 효율적이어야 한다는 점에는 동의한다. 한정된 자원을 가지고 많은 사

---

5) 최배근, 2004, "민주주의와 시장경제 그리고 경제성과의 관계," 「산업경제연구」 제17권 제3호, 한국 산업경제학회.

람들의 욕망을 충족시켜야 하기 때문이다. 그리고 그들은 시장이 경제의 효율성을 실현시키는 한 수단이라는 데도 동의한다. 하지만 이들은 시장이 거기서 파생되는 문제들을 스스로 해결하지는 못한다고 생각한다. 그 문제들을 해결하기 위해서는 정치적인 판단과 개입이 필요하다고 보는 것이다. 더 많은 공익을 실현하기 위해서는 시장의 규율을 제도화해야 하는데 이 과정에서 정치의 개입이 불가피하다는 견해이다. 게다가 시장의 경쟁을 전지구적 관점에서 평가할 필요가 증가하듯이 민주주의나 공공성 역시 전지구적 관점에서 고려해야 할 부분이 빠르게 증가하고 있다.

### 3.2. 과점시장

과점시장의 가장 중요한 특징은 공급자가 소수라는 점이다. 즉 과점시장은 한 기업이 의사결정을 할 때 다른 기업의 반응을 명시적으로 고려하지 않으면 안 될 정도로 소수의 기업이 존재하는 경우를 말한다. 이는 독점적 경쟁과 더불어 가장 현실성이 높은 시장이기도 하다. 어떠한 기업도 독점기업은 아니지만 공급자들이 시장가격에 영향을 미칠 때 그러한 산업에는 불완전경쟁이 존재한다. 과점 발생 원인은 자연적인 것과 인위적인 것으로 나눌 수 있다. 자연적인 요인으로는 규모의 경제를 들 수 있는데, 최소 효율 규모가 상당히 큰 경우 몇몇 대규모 기업에 의한 과점이 발생할 수 있다. 제2차 기술혁명으로 등장한 대개의 산업들이 이러한 특성을 갖는다. 물론, 과점이 반드시 대기업으로 구성되는 것은 아니다. 즉 규모 자체가 아니라 경쟁 기업의 수가 관건이다. 작은 동네에 슈퍼마켓이 둘뿐이라면 과점이라 할 수 있다. 과점 발생의 인위적인 요인으로는 전략적 형태를 들 수 있다. 기업을 흡수·합병하거나 진입장벽에 의해 과점시장이 형성되는 것이 하나의 예다. 경쟁의 경우와 달리 과점상태가 되면 각 기업의 이윤극대화 행위가 곧 시장가격에 영향을 주어 다른 기업들의 이윤에도 영향을 미친다. 이러한 상황에서는 상대편 기업의 반응을 고려해가면서 자신의 행동을 결정해야 할 것이다. 즉 과점시장의 기업들은 의사결정과정이 서로 연결되어 있는 상호의존관계를 갖고 있다. 이처럼 과점기업들은 다른 시장조직 안에 있는 기업들과 달리 가격이나 생산량을 결정할 때 다른 기업들이 어떻게 반응을 보일 것인가 고려한다. 문제는 이 반응이 항상 일정하게 나타나지 않는다는 점이다. 그 결과 과점시장은 분석하기가 매우 복잡하다.

과점기업의 가장 단순한 형태가 복점시장이다. 복점시장의 구조가 소득분배에 미치는 영향은 두 기업이 협조, 즉 담합할 경우와 개별적으로 이윤극대화를 추구할 경우로 구분하여 생각할 수 있다. 전자의 경우 복점시장의 기업들은 협조해서 생산량을 줄이고 가격을 인상하여 하나의 독점기업처럼 행동한다. 반면 복점기업들이 생산량을 결정할 때 각자 사적 이윤을 추구하면, 시장의 전체 생산량은 독점생산량보다 많아지고 가격은 독점가격보다 낮아지며 기업이윤의 합은 독점이윤보다 작아진다. 즉 후자의 경우 독점기업보다 소비자잉여가 증대하고 생산자잉여는 감소하여 소득분배가 개선된다. 물론 복점기업의 시장공급량은 사적 이윤동기에 의한 행동으로 독점기업의 공급량보다 많아지지만, 완전경쟁 상태의 공급량 수준까지 증가하는 것은 아니다.

한 가지 예를 들어보자.[6] 어느 지역에 갑과 을 두 명이 각각 한 개씩 소유하는 두 개의 약수터가 존재하고 있고, 지역사람들은 이 약수터의 물만을 소비하고 있다고 가정하자. 분석의 편의를 위해 각 약수터의 물의 질은 동일하고 물의 공급비용은 전혀 들지 않는다고, 즉 약수터 물 생산의 한계비용은 0

**표 5-3** 물에 대한 수요표

| 물의 수량(리터) | 리터당 물의 가격(단위: 원) | 총수입(=총이윤)(단위: 원) |
|---|---|---|
| 0 | 6,000 | 0 |
| 10 | 5,500 | 55,000 |
| 20 | 5,000 | 100,000 |
| 30 | 4,500 | 135,000 |
| 40 | 4,000 | 160,000 |
| 50 | 3,500 | 175,000 |
| 60 | 3,000 | 180,000 |
| 70 | 2,500 | 175,000 |
| 80 | 2,000 | 160,000 |
| 90 | 1,500 | 135,000 |
| 100 | 1,000 | 100,000 |
| 110 | 500 | 55,000 |
| 120 | 0 | 0 |

---

6) 김경환 · 김종석 옮김, 2001, 「맨큐의 경제학」, 2판, 교보문고, p. 384.

이라 가정한다. 이때 물에 대한 수요는 다음 표와 같다. 먼저 이 지역의 물 시장이 복점시장이 아니라 완전경쟁시장이라 한다면 물의 가격은 한계비용, 즉 0과 같으므로 물 생산량은 120리터가 될 것이다. 다음으로 물 시장이 독점시장이라면 총이윤은 물값이 3,000원이고 생산량이 60리터일 때 180,000원으로 극대화된다. 이는 사회적 최적 수량인 120리터의 절반 수준에 불과하게 되고, 소비자는 리터당 3,000원씩 비싸게 소비하게 되어 독점이윤은 180,000원이 된다.

이제 복점시장의 경우를 살펴보자. 복점시장의 경우에는 갑과 을이 가격과 수량을 협의하여 결정(담합)할 경우와 각자 이윤을 극대화할 경우로 나누어 생각할 수 있다. 갑과 을이 담합하면 사실상 시장이 독점화되어 두 사람의 이윤의 합이 최대가 되는 60리터의 물을 3,000원에 판매하고자 할 것이다. 이 경우 갑과 을의 각자 생산량은 30리터가 되고, 이윤은 각각 90,000원이 되어 경제적 효율성이나 소비자와 생산자잉여 간의 크기에는 독점시장과 비교해 변화가 없다. 이번에는 갑과 을이 각각 독자적으로 생산량을 결정한다고 가정하자. 우선 갑과 을은 공동으로 이윤을 극대화하는 독점생산량과 독점가격을 상대방이 선택할 것이라 가정할 수 있는 반면, 양자 간에는 구속력 있는 계약이 없기 때문에 독점시장의 결과는 불가능하다. 예를 들어 갑은 을이 독점생산량의 절반인 30리터를 생산한다고 생각하면 자신은 40리터를 생산하려 할 것이다. 이 경우 물 공급량은 70리터가 되어 가격은 2,500원에 형성된다. 총이윤은 175,000원으로 담합했을 때보다 줄어드는데, 을의 이윤이 75,000원으로 줄어드는 반면, 갑의 이윤은 100,000원으로, 담합했을 때보다 증가한다. 이때 을도 40리터로 생산량을 증가시킴으로써 자신의 이윤을 75,000원에서 80,000원으로 늘릴 뿐만 아니라 갑의 이윤을 100,000원에서 80,000원으로 떨어뜨릴 수 있다. 여기서 갑과 을은 더 이상 생산을 증가시키지 못할 것이다. 그럴 경우 자신의 이윤이 하락하기 때문이다. 이처럼 각자가 독립적으로 자신의 이윤 극대화를 추구할 경우 시장공급량은 독점이나 담합하는 복점시장의 경우보다 증가하여 경제효율성이 개선되고 가격도 하락하며, 소비자와 생산자 간의 소득분배도 개선될 것이다.

## 3.3. 용의자의 딜레마

과점시장은 소수 기업들이 경쟁하는 체제이기 때문에 각 기업은 상대방의 반응에 신경을 많이 써야 한다. 예로 어떤 기업이 상품가격을 인상할지를 고려할 때는 경쟁상대가 어떻게 반응할지를 생각하지 않을 수 없다. 이처럼 과점시장에서는 상대방의 반응을 고려해 자신의 행동을 결정해야 하는 전략적 상황이 존재하기에 게임이론은 과점시장을 분석하는 데 적합한 수단이다. 게임은 한 경기자의 전략적 행동이 경쟁자의 전략을 변화시키는 상황이다. 게임이론은 게임적 상황에서 경쟁자의 전략에 대해 자신의 전략을 선택·조정하는 의사결정이론이다. 즉 경쟁 주체가 상대편의 대처행동을 고려하면서 자기의 이익을 효과적으로 달성하기 위해 수단을 합리적으로 선택하는 행동을 수학적으로 분석하는 이론이다. 예를 들어, 한 집단, 특히 기업에서 어떤 행동의 결과가 게임(놀이)에서와 같이 참여자 자신의 행동으로만 결정되는 것이 아니고 동시에 다른 참여자의 행동으로도 결정되는 상황에서, 자기 자신에 최대 이익이 되도록 행동하는 것을 분석하는 수리적 접근법이 있다. 이처럼 게임이론이란 상충적이고 경쟁적인 조건에서의 경쟁자 간의 경쟁상태를 모형화하여 참여자의 행동을 분석함으로써 최적전략을 선택하는 것을 이론화하려는 것이다. 게임이론은 주로 군사학에서 적용되어 왔으나, 경제·경영·정치·심리학 분야 등에도 널리 적용되고 있다.

게임의 구체적 형태가 다양함에도 불구하고 기본적으로 공통되는 구성요소가 있다. 게임에 참여하는 경제주체(경기자, player)가 있고, 어떤 행동을 취할 것인가에 대한 경기자의 계획(전략, strategy), 게임 결과에 따른 보수(payoff) 등이 그것이다. 게임에는 다양한 형태가 있는데 여기서는 게임 유형 중 대표적인 '용의자의 딜레마(prisoner's dilemma) 게임'을 소개한다(〈표 5-4〉). 어떤 범죄를 저질렀으리라 의심되는 두 용의자가 검거되어 검사의 심문을 받게 되었다. 검사는 두 사람의 자백을 끌어내기 위해 심문하는데 함께 심문할 경우 서로 입을 맞출 가능성이 높기에 분리해 심문하고 동시에 자백을 유도해내기 위해 용의자에게 다음의 보수행렬(payoff matrix)을 제안한다. 즉 한 사람이 범행을 자백하고 상대가 부인하면 자백하는 사람에게 법정최고형인 15년형을 구형하고 상대에게는 수사에 협조한 대가로 방면을, 둘 다 자백하면 법정최저형인 5년 구형을, 둘 다 부인하면 확실한 단서를 갖고 있는 다른 범죄를 수사해 1년형을 받도록 하겠다는 제안이다.

두 용의자는 어떻게 행동할 것인가? 용의자 I의 경우 자백하면 확률적으로 2.5년형을 받는 반면, 부인하면 확률적으로 8년형을 받게 된다. 용의자 II도 마찬가지다. 즉 경쟁의 원리가 작동하는 사회에서 각 경제주체가 합리적으로 선택할 경우 '상대방의 전략에 관계없이 자신에게 언제나 더 유리한 결과를 가져다주는 전략'인 '우월전략(dominant strategy)'을 사용하기 때문이다. 따라서 게임의 균형은 각 경기자가 우월전략을 사용한 결과 두 사람이 모두 자백하고 만다. 이를 '우월전략균형(dominant strategy equilibrium)' 혹은 내쉬균형(Nash Equilibrium)이라 한다.[7] 문제는 결과가 두 사람이 공동으로 달성할 수 있는 최선의 결과가 아니라는 점이다. 둘 사이에 무언의 협조(암묵적 담합)가 이루어진다면 모두 범행을 부인하고 둘 다 1년형을 받을 수 있기 때문이다. 즉 각 경기자가 열위적 전략을 택할 때보다 보수가 나쁘다. 문제는 양자 모두 완전히 격리되어 심문을 받기 때문에 서로 입을 맞출 수 없어 그런 결과가 불가피하다는 점이다. 즉 이 게임에서 중요한 사실은 협조가 이루어질 수 없는 상황이 조성되어 있다는 점이다. 만약 협조가 이루어질 수 있다면 게임은 가장 바람직한 상황이 조성될 것이다. 이런 점에서 '우월전략균형'은 효율적인 자원배분이 아니다.

**표 5-4** 용의자의 딜레마 게임의 예

| | | 용의자 I | |
|---|---|---|---|
| | | 부 인 | 자 백 |
| 용의자 II | 부 인 | 둘 다 1년 형 | I=방면, II=15년 형 |
| | 자 백 | I=15년 형, II=방면 | 둘 다 5년 형 |

**용의자의 딜레마 게임** 이는 본래 튜커(A. Tucker)의 고백(confess) 게임에서 유래했다. 스탈린 시대에 소련의 어느 오케스트라 지휘자가 연주회장으로 가는 전차 안에서 그날 밤 지휘할 곡의 악보를 대강 훑어보고 있었다. 두 사람의 KGB 요원이 그것을 지켜보고 악보 속에 무언가 비밀암호가 있는 것은 아닐까 의심하고, 그를

---

7) 여기서 두 사람 모두 부인하는 전략, 즉 경기자의 다른 어떤 전략보다 보수가 낮은 전략을 '열위적 전략(dominated strategy)'이라 한다.

간첩혐의로 체포하였다. 그는 차이콥스키의 바이올린 협주곡이라 항의하였지만 받아들여지지 않았다. 감옥에 갇힌 지 이틀째 되는 날 조사요원이 들어와 "당신 친구 차이콥스키도 우리들에게 체포됐고, 이미 다 털어놓았으니까 숨김없이 말하는 것이 좋을 거야!"하여 용의자의 딜레마라는 저 유명한 게임 이야기가 시작된다. KGB는 이름이 그저 차이콥스키라는 이유만으로 체포된 다른 사람에게도 지휘자를 다루었던 것과 똑같은 심문을 다른 방에서 하였다.[8]

　　물론 이 게임에서는 게임이 단 한 번만 이루어진다는 가정을 전제로 한다. 이런 게임이 반복될 경우 서로 협조하는 태도가 형성될 수 있기 때문이다. 반복게임은 경쟁자의 비협조적 전략에 보복할 수 있는 시간이 있다. 보복전략은 '항구적 보복전략(grim strategy)'과 '맞불보복전략(tit-for-tat strategy)'으로 구분한다. 전자는 경기자가 협조적 전략으로 출발하여 경쟁자가 비협조적 전략을 택하지 않는 한 계속해서 협조적 전략을 택하는 반면, 경쟁자가 비협조적 전략을 택하면 그 이후로 영원히 비협조적 전략으로 보복하는 전략으로 정의한다. 후자는 경기자가 협조적 전략으로 출발하고 $n$기에 경기자는 $(n-1)$기의 경쟁자의 전략을 채택하여 대응하는 전략을 말한다. 따라서 반복게임에서 각 경기자가 항구적 보복전략이나 맞불보복전략을 택하고 경쟁자가 이 보복전략에 신뢰를 가지면 경기자들은 협조적 전략을 택하는 것이 합리적이다. 즉 균형은 협조적 전략의 배합으로 나타난다. 물론, 여기서 균형이 협조적 전략이 되기 위해서는 협조적 전략을 택했을 때 얻을 것으로 기대되는 보수가 비협조적·이기적 전략을 택했을 때보다 커야 한다. 많은 현실 상황에서 협력이 단기적인 관계보다 장기적인 관계에서 더 쉽게 유지되는 이유가 여기에 있다.

## 3.4. 굴절수요곡선

　　과점에서 일단 암묵적 담합이 형성되면 각 기업들은 조심스럽게 행동하고자 한다. 조심스럽게 행동할 수밖에 없는 이유는 한 기업이 생산량을 변경하면 경쟁기업들이 이를 비협조적인 행동으로 해석하여 암묵적 담합이 붕괴할 위험이 있기 때문이다. 그 결과 과점기업의 생산량은 한계비용이 변화해도 달라지지 않을 수 있다. 만약 생산량을 증가시키면 경쟁기업들은 이를 배신으로

---

8) 최병권, 1999, 「현대경제학(I)」, 법문사, 328쪽에서 재인용.

해석하고 가격을 인하해 보복할 수 있고, 역으로 생산량을 감소시키면 경쟁기업들이 이에 호응하여 생산량을 줄여 가격을 인상하리라는 보장도 없기 때문이다. 다시 정리하면 다음과 같다. 한 기업이 가격을 올릴 경우 다른 나머지 기업들은 가격을 그대로 유지한다. 다른 조건이 동일할 경우 자신의 가격보다 더 높은 가격으로 판매하는 기업이 있다면 그 기업은 전혀 고려 대상이 되지 못한다. 같은 상품을 판매하는데 소비자들이 더 높은 가격을 주고 선택할 리가 없다고 보기 때문이다. 즉 과점시장에 있는 한 기업이 자신의 가격을 올려 다른 기업들의 가격은 변화하지 않는다. 반면, 한 기업이 가격을 내릴 경우 다른 기업들은 가격을 같이 내린다. 즉 다른 조건이 동일할 경우 자신의 가격보다 더 낮은 가격으로 판매하는 기업이 있다면 나머지 기업들은 가격을 인하할 것이다. 같은 상품을 판매하는데 더 낮은 가격을 제시하는 기업이 있다면 그 기업의 상품으로 소비자들의 수요가 이동하기 때문이다. 결론적으로 과점시장에서 기업의 가격결정은 균형가격에서 가격상승 시에는 탄력적인 수요곡선에 접하게 되고, 그 반대의 경우에는 비탄력적인 수요곡선에 접하게 되어 현재 가격에 경직적이 된다.

과점기업들의 이러한 상호의존성을 고려하여 스위지(Sweezy)가 만든 수요곡선이 굴절수요곡선이다. [그림 5-7]에서 과점기업은 자신의 수요곡선이 암묵적 담합가격과 수량인 $P$와 $Q$에서 꺾여 있다고 생각한다. 앞에서 설명했듯

**그림 5-7 굴절수요곡선**

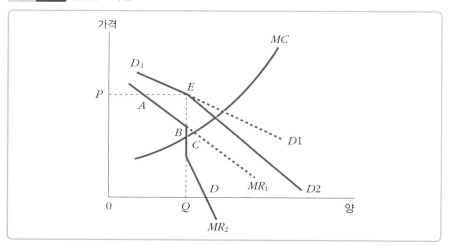

이 생산량을 증가시키고 가격을 인하하면 경쟁자들 역시 보복할 것으로 생각하기에 이 기업의 수요곡선은 생산량 $Q$ 이후(오른쪽)에서 가팔라진다. 이러한 수요곡선의 굴절로 한계수입곡선에는 $BC$와 같은 틈이 나타난다. 한계비용곡선이 이 틈 사이에 있을 때 과점기업은 동일한 생산량 $Q$를 생산한다. 따라서 암묵적 담합 상태에 있을 때 한계비용이 일정한 범위에서 어떻게 바뀌어도 과점기업의 생산량은 달라지지 않을 것이다. 그러나 한계비용에 큰 변화가 생겨 한계수입곡선과 선분 $AB$나 선분 $CD$와 만나게 되면 생산량은 변화할 것이다.

## 제 4 절 　독점적 경쟁시장

　　독점적 경쟁(monopolistic competition)시장은 경쟁과 독점의 성격을 함께 가지고 있는 시장조직이다. 보통 독점적 경쟁으로 분류되는 업종으로는 주유소 · 이발소 · 미장원 · 목욕탕 · 세탁소 · 약국 · 음식점 · 서점 등 주로 서비스 산업이 있다. 이들 산업 안에는 많은 기업이 존재하고 기업의 자유로운 진입과 퇴거가 보장되는 점에서 경쟁과 같다. 반면, 독점기업처럼 완벽한 시장지배력은 아니지만 공급량을 조절하여 시장가격을 조금씩 변경시킬 수 있는 힘을 가지고 있다. 이 시장지배력은 독점적 경쟁기업들이 다른 기업들의 제품과는 약간씩 다른 차별화된 상품을 생산하는 데에서 기인한다. 즉 독점적 경쟁기업은 같은 소비자의 기호를 충족시키는 제품일지라도 다른 기업들과는 약간씩 다른 차별화된 상품을 만들어낸다. 상품을 차별화한 결과, 각 기업은 약간의 시장 지배력을 가지는 것이다. 제품의 차별화는 카푸치노 · 카페라테 등 모양(우유거품의 차이)이나 햄버거 · 피자 · 중국음식 · 멕시코음식 등 음식 유형에 따른 차별화, 도로를 따라 잡고 있는 주유소들처럼 장소에 따른 차별화, 품질에 따른 차별화 등이 있다. 이처럼 독점적 경쟁 기업들은 비슷비슷하면서 약간씩 다른 상품을 생산하기 때문에 자기 제품이 다른 제품보다 우수한 점들을 강조하여 다른 기업들보다 매출을 더 많이 올리려는 경쟁이 일어난다. 이러한 경쟁이 제품가격보다는 판매서비스나 품질의 개선 혹은 광고 등의 형태로 일어날 때 이를 '비가격경쟁(non-price competition)'이라 한다. 완전경쟁시장과 독점에서는 찾아볼 수 없는 비가격경쟁이 존재한다는 것이 독점적 경쟁

시장의 특징이다.

독점적 경쟁시장은 오늘날 가장 중요한 시장 형태다. 산업화의 종료와 소득 증대 그리고 무형가치의 비중이 증대하면서 기업은 표준화된 제품보다는 소비자의 선호 차이를 반영한 제품을 공급할 수밖에 없기 때문이다. 음악, 게임, 영화 산업 등의 경우 소비자들의 선호 차이는 매출액 결정에 중요한 요인이 된다. 심지어 자동차 산업 등 제조업의 서비스화도 차이를 만들기 위한 것이다. 즉 제품의 유형가치 부분은 부품의 표준화·모듈화[9]로 제조사별 품질과 제품 기능의 차이가 작아지면서 제품의 서비스화를 통해 수익 증대를 도모하고 있다. 전자업종의 경우 애플이 아이튠스와 앱스토어를 통해 서비스 생태계를 구축한 것이나, 제록스가 복사기 제조업체에서 문서관리시스템 회사로 변신한 것이나, 필립스가 의료서비스 사업을 위해 헬스워치 등을 인수한 것 등 모두 하드웨어 차별화에 의한 시장 확보의 어려움을 반영한 것이다. 자동차업종의 경우 GM은 자회사 온스타를 통해 텔레매틱스 서비스를 제공하고 있다. 프랑스의 세계 1위의 건설사인 빈치(Vinci)는 전체 매출의 14%에 불과한 공항·도로·주차장 운영서비스 사업이 영업이익의 58%를 차지하고 있다.[10]

이처럼 독점적 경쟁기업이 제품차별화를 통해 시장가격에 대한 지배력을 가지고 있다는 것은 단기에 독점기업처럼 우하향하는 곡선에 직면하고 있다는 것을 의미한다. 단지, 독점기업과는 달리 독점적 경쟁기업에는 밀접한 대체재가 존재하여 수요의 가격 탄력도가 크다. 따라서 독점적 경쟁기업의 수요곡선은 우하향하더라도 독점기업의 그것보다 훨씬 완만한 기울기를 가지게 된다. 반면, 다수 기업이 똑같은 소비자를 대상으로 하기 때문에 장기적으로 경제적 이윤이 0이 될 때까지 공급자의 수가 증가하거나 소비자 수가 감소할 것이다. 예를 들어, 특정 영화나 음원의 경우 단기에는 초과이윤이 발생하지만 시간이 흐름에 따라 소비자들이 다른 영화나 음원 소비로 이동하고, 궁극적으로 수요곡선($D_L$)은 평균비용곡선과 한 점(A)에서 접할 때까지 좌측으로 이동하여 초과이윤은 소멸하게 된다. 즉 장기적으로는 독점시장과 마찬가지로 재화 가격이 한계비용을 초과하여 소비자잉여가 완전경쟁시장보다 감소하

---

9) 모듈(module)은 특정 기능을 하는 컴퓨터 시스템이나 프로그램의 단위를 말한다.
10) 신형원, 2010, "제조업 성장의 묘수: 서비스화," SERI경영노트 58호.

그림 **5-8** 독점적 경쟁시장의 단기와 장기 균형

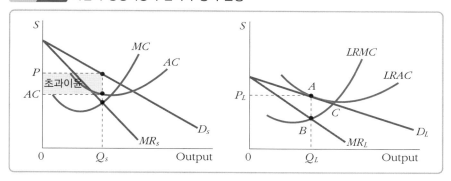

지만, 재화 가격이 평균비용과 일치하기 때문에 공급자의 초과이윤이 존재하지는 않는다. 따라서 독점기업이나 과점기업과 비교해 생산자잉여는 증가하지 않지만, 완전경쟁시장에 비해서는 소비자와 생산자잉여 간의 소득분배가 불평등하게 된다. 즉 재화 가격이 한계비용을 초과하는 독점적 경쟁시장에서도 각 생산요소는 그 요소의 기회비용과 불일치하게 소득을 분배받으므로 독점적 경쟁시장은 소득을 공평하게 배분하지 못하는 것이다. 지금까지 보았듯이 불완전경쟁 생산물시장에서 기업의 생산공급곡선은 존재하지 않는다.

## 제 5 절   무형재의 딜레마와 수요의 내부화 그리고 협력의 경제학[11]

– 시장과 정부를 넘어 –

지금까지 보았듯이 무형재의 거래를 시장에 맡길 경우 독점의 폐해, 즉 자중손실의 발생은 피할 수 없다. 반면, 경제적 후생을 극대화하기 위해 가격을 한계비용에 설정할 경우 공급자는 손실을 볼 수밖에 없기에 민간부문에서 공급될 수 없다. 즉 시장에 맡길 경우 공급량은 이윤극대화 조건($MR=MC$)인 $Q_m$에서 결정되고 가격은 $P_m$에서 결정될 것이다. 그 경우 기업은 독점이윤을 실현하지만 △$EHG$의 자중손실이 발생한다. 즉 시장은 실패한다. 게다가 한계비용이 일정하기에 자중손실의 크기는 유형재의 경우보다 커지는 경향이 있

---

11) 최배근, 2013, "무형재의 딜레마와 수요의 내부화 그리고 협력의 경제학 – 이론적 해법 –," 건국대학교 경제경영연구소, 「상경연구」 제38권 제2호, pp. 121~36 참고.

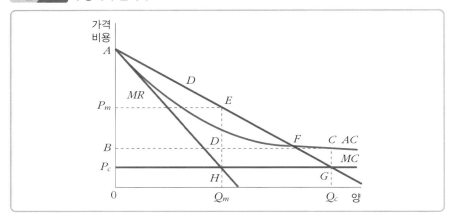

**그림 5-9 무형재의 딜레마**

다. 한편, 사회의 경제적 후생을 극대화시킬 경우 손실이 발생할 수밖에 없다. 즉 사회의 경제적 후생을 극대화시키는 (가격과 MC이 같아지는) 공급량 $Q_c$는 □$BP_cGC$ 만큼의 손실을 발생시킨다. 이 문제에 대한 전통적인 접근은 국가에서 $Q_c$만큼 공급하고 가격 $P_c$를 부과하는 대신 손실을 재정에서 보전해주는 방법이다. 그러나 아이디어집약적인 무형재 산업을 공기업으로 운영하는 것은 적합하지 않다. 아이디어집약적인 무형재의 경우 창의성이 혁신의 원천인 반면, 관료제에서 자유로울 수 없는 공기업은 끊임없는 혁신을 만들어낼 수 있는 적합한 조직형태가 아니기 때문이다. 이처럼 아이디어집약적인 무형재의 경우 이윤극대화의 추구는 사회적 후생을 극대화시키지 못하고, 사회적 후생 극대화의 추구는 시장 공급을 불가능하게 하는 딜레마에 빠진다. 물론, 자연독점이 무형재 산업의 일반적 형태는 아니다. 독점적 경쟁시장의 형태가 더 일반적 형태다. 무형재는 모방하기가 쉽기 때문에 경쟁의 압력은 크게 되고, 그 결과 상품의 라이프 사이클도 상대적으로 짧을 수밖에 없다. 즉 지속적인 혁신의 필요성에 직면한다. 그렇다고(독점적경쟁시장의 장기균형에서 보았듯이) '무형재의 딜레마'가 해소되는 것은 아니다.

무형재의 딜레마는 "보다 많은 사람들이 공유할 때 각자가 얻는 효용이 증가"되는 역경합성과 포괄성(가치결합성), 즉 공유와 협력의 원리로 해결이 가능하다. 즉 무형재는 많은 사람이 소비할수록 바람직하기에 가격 인하와 수요 확장을 통해 시장실패의 해결이 가능하다. 추가 생산비용이 발생하지 않는 무형재의 경우 매출액(수입액)이 모두 수익이 되기 때문이다. 다음은 가격 인하 시 판매량 증대를 통해 기업의 수익극대화와 후생극대화를 동시에 실현시킬 수 있는 조건을 보여준다.

$$P = c - dQ \quad \cdots \ (1)$$

여기서 $P$와 $Q$는 각각 가격과 수요량 이고 $c$와 $d$는 0보다 큰 상수

그리고 자연독점의 특징을 갖는 무형재의 비용함수는 다음과 같다.

$$C = a + bQ \quad \cdots \ (2)$$

여기서 $C$와 $Q$는 각각 비용과 공급량이고 $a$와 $b$는 0보다 큰 상수

전통적인 방식으로 무형재가 시장에서 공급될 경우(MR=MC) 기업이 공급하는 양과 가격 그리고 공급자의 이윤은 다음과 같이 결정된다.

$$Q^* = (c-b)/2d \quad \cdots \ (3)$$
$$P^* = (c+b)/2 \quad \cdots \ (4)$$
$$\Pi^* = \frac{(c-b)^2 - 4ad}{4d} \quad \cdots \ (5)$$

그러나 앞에서도 지적했듯이 앞의 공급조건은 자중손실(deadweight loss)을 초래하기에 사회적으로 비효율적이다. 무형재의 비효율성을 해결하는 한 가지 해법은 가격 인하와 공급량 확대를 결합시키는 방법이다. 가격 인하($P' < P^*$, 즉 $P' = P^* - p$)에 따른 기업 이윤의 축소를 상쇄시킬 만큼 판매량을 증가($Q' > Q^*$, 즉 $Q' = Q^* - q$)시킬 수 있다면 기업 이윤이 감소되지 않으면서도 자중손실은 최소화시키거나 제거할 수 있을 것이다. 즉 공급자의 이윤을 감소시키지 않으면서 자중손실을 최소화시키는 조건은 다음과 같이 된다. 즉 $\pi' \geq \pi^*$를 만족시키는 새로운 가격($P'$)과 판매량($Q'$)은 다음 조건을 만족해야 한다.

$$\pi' [= (P^* - p) - (\frac{a}{Q'} + b)Q'] \geq \pi^* [= \frac{(c-b)^2}{4d} - a] \quad \cdots \ (6)$$

그런데 $P' = (P^* - p)$이고 판매량 $Q' = (Q^* + q)$이므로 가격 인하분($p$)과 판매량 증가분($q$)의 관계는 다음과 같다.

$$Q' \geq \frac{(c-b)^2}{2d(c-b-2p)} \quad \cdots \ (7)$$

따라서 $Q'$의 최소값과 $Q^*$의 차이, 즉 판매량 증가분 $q$의 최소값은 다음과 같이 된다.

$$q = \frac{(c-b)p}{(c-b-2p)d} \quad \cdots \ (8)$$

그림 5-10 무형재 딜레마의 해법

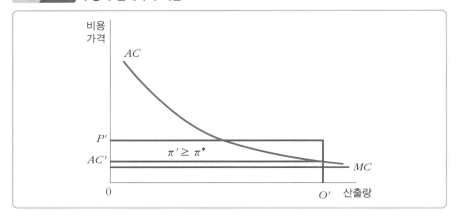

즉 공급자의 경우 판매량이 최소한 $q$ 이상 증가하면 가격을 $p$만큼 인하할 수 있음을 의미한다. 그림으로 설명하면 $P'$까지 가격 인하를 하되 새로운 이윤($\pi'$)이 기존 이윤($\pi^*$)보다 감소하지 않도록 판매량을 $Q'$만큼 증가시킬 수 있다면 '무형재의 딜레마'는 개선될 것이다.

이처럼 '무형재의 딜레마'는 시장거래에 참여자를 적극 유도, 확대함으로써 해결이 가능하다. 이는 무형재의 특성인 포괄성(가치결합성)을 활용하면 가능하다. 즉 무형재는 여러 사람의 능력이나 아이디어를 모아 시너지를 발생시키고 혼자서는 해결할 수 없지만 함께라면 성공할 수 있는 속성을 갖고 있다. 구체적으로 '무형재의 딜레마'는 가격 인하와 수요 확장을 통해 해결이 가능한데 이는 소비자와의 협력을 통해 가능하다. 즉 시장 거래에서 수익만을 추구하는 공급자에 대한 소비자의 신뢰는 구조적으로 부족할 수밖에 없는 반면, 매출극대화를 추구하는 공급자의 경우 소비자의 신뢰를 얻어냄으로써 목표를 달성할 수 있다. 매출 증대를 소비자의 참여에 의존하는 방식은 '소셜 커머스

'(social commerce)' 방식부터 '사회적 책임의 공유(Shared Social Responsibility)' 방식12)까지 다양한 시도가 이루어지고 있다. 그런데 '소셜 커머스' 방식은 공급자가 가격을 결정한다는 점에서 여전히 소비자의 적극적 협력을 끌어내는 데는 한계가 있다. 반면, '사회적 책임의 공유' 개념은 소비자의 자발적 참여를 끌어낼 수 있다는 점에서 '무형재의 딜레마'를 해결하는 실마리를 제공한다. '사회적 책임의 공유' 개념은 소비자의 참여와 기업의 사회적 책임 분담을 통해 사회적 후생 극대화와 기업의 수익 실현을 결합할 수 있다는 인식이다.

먼저, '사회적 책임의 공유' 개념은 기업에 대한 부정적 이미지를 극복하고 소비자의 신뢰를 획득하기 위한 기존의 대응 방식인 '기업의 사회적 책임(CSR, Corporate Social Responsibility)'의 개념과는 구분된다. '기업의 사회적 책임' 개념으로 소비자의 신뢰를 끌어내는 데는 한계가 있다. 예를 들어, 환경친화적 생산이나 수익금 일부를 자선단체에 기부할 경우 기업의 비용 상승이나 수익 하락은 불가피하듯이 사회적 책임과 수익성 확보의 동시 달성은 쉽지 않다. 그 결과 '기업의 사회적 책임' 모델은 큰 진전을 이루지 못하고 있다. 따라서 '기업의 사회적 책임' 추구가 수익성 확보와 양립하기 위해서는 기업 제품에 대한 고객의 관심과 구매 증대가 전제되어야 한다. 그런데 기업에 대한 고객의 불신과 수동적 참여 구조로 제품에 대한 고객의 관심이나 구매 증대로 연결되지 못하는 것이 현실이다.

이런 점에서 '사회적 책임의 공유' 방식은 소비자의 자발적 (거래) 참여를 끌어내는 문제의 해법이 될 수 있다. 예를 들어, 공급의 가격탄력성이 완전 탄력적인 무형재의 경우 가격 하락에 따른 판매량(수입)의 증대가 기업 수익을 보장할 가능성이 높은 반면, 효과를 기대할 만큼 판매량이 증대하기 위해서는 기업에 대한 고객의 불신 해소와 소비자의 자발적 참여의 유도가 필요하다. 후자를 해결하는 최선책은 소비자가 스스로 가격을 결정하는 방식이다. 문제는 무임승차의 가능성을 최대한 차단해야 하는 점이다. 이 문제와 관련하여 '사회적 책임의 공유' 개념은 자발적 참여와 무임승차의 문제를 극복하기 위해 수입(가격)의 일정 비율(예: 1/2)을 사회적 책임의 실행을 위한 지출과 연관시킨다. 즉 소비를 통해 사회적 책임을 일정 부분 공유한다는 인식을 소비자

---

12) A. Gneezy, U. Gneezy, L. Nelson, and A. Brown, 2010, "Shared Social Responsibility: A Field Experiment in Pay-What-You Want Pricing and Charitable Giving," *Science*, Vol. 329 No. 5989 (July 16), pp. 325~27.

에게 심어줌으로써 무임승차 문제를 최소화할 수 있기 때문이다. 이처럼 '사회적 책임의 공유' 개념은 앞의 식 (8)의 조건, 즉 공급자의 수익극대화와 사회적 후생 극대화를 결합시킬 수 있다.

이와 관련하여 사이언스(Science)[13]는 개별 소비자의 지불 의사에 따라 가격을 책정하는 '자발적 가격 지불전략(PWYW, Pay-What-You-Want Pricing)'과 자선기부(Charitable Giving)를 결합한 '사회적 책임의 공유' 모델의 현장실험(field experiment)을 소개했다. 즉 놀이공원에서 롤러코스터(roller coaster)를 타는 고객의 사진을 찍어주고 사진현상을 원하는 고객에게 다음 표에서처럼 네 가지 방식을 제시하였다. 첫 번째는 공급자가 정한 가격 12.95달러를 받고 사진을 판매하는 전통적인 시장거래 방식, 두 번째는 첫 번째 방식의 가격을 제시하되 가격(판매수입)의 1/2을 자선단체에 기부하는 '기업의 사회적 책임' 방식, 세 번째는 소비자가 원하는 대로 가격을 지불하는 '자발적 가격 지불' 방식, 네 번째는 '자발적 가격 지불'과 절반의 수입을 기부하는 자선기부를 결합시키는 방식이었다. 결과는 자발적 가격 지불전략과 자선기부를 결합하는 방식이 판매수입이나 기업의 이윤 모두 가장 높았다. 자발적 가격 지불전략은 기업이 일방적으로 책정한 가격방식보다 상품 구매율을 7배 이상 높인 반면, 사회적 책임을 공유해 조건 없는 자발적 가격 지불전략보다 구매율은 떨어졌지만 평균 사진가격을 5배 이상 획득함으로써 무임승차 문제를 크게 완화할 수 있었다. 이처럼 '사회적 책임 공유' 모델의 실험은 소비자의 자발적 협력을 끌어내는 것이 '무형재 딜레마' 해결의 관건임을 보여준다. 이는 무형재의 특성인 포괄성에 부합하는 것이다.

**표 5-5** '사회적 책임의 공유'에 대한 현장실험의 결과

| 사진가격(평균) | 구매율(%) | 사진판매 수입 | 이용고객 | 고객당 이윤 |
|---|---|---|---|---|
| $12.95 | 0.50 | $1,823 | 28,224 | |
| $12.95 + 기부 | 0.59 | $2,331 | 30,592 | $0.071 |
| PWYW ⇒ $ 0.92 | 8.39 | $2,175.80 | 28,263 | |
| PWYW + 기부 ⇒ $5.33 | 4.49 | $6,224.22 | 25,968 | $0.198 |

주: 실험참여자의 수=113,047명
출처: A. Gneezy, U. Gneezy, L. Nelson, and A. Brown, 2010.

---

13) A. Gneezy, U. Gneezy, L. Nelson, and A. Brown, 2010.

제1장에서 기술했듯이 시장의 효율성은 개별 경제주체의 합리적 선택, 즉 '독립적 최적화'가 가능하다는 것을 전제로 성립한다. 시장이론에서는 어떤 사람의 행동이 제3자에게 의도하지 않은 혜택이나 손해를 가져다주면서 이에 대해 대가를 받거나 지불하지 않을 때 외부성이 발생했다고 말한다. 혜택을 가져다주는 경우를 '외부효과(긍정적 외부성)', 손해를 가져다주는 경우를 '외부비효과(부정적 외부성)'라 한다. 제조업의 경험에 기초하는 시장이론에서는 '부정적 외부성'이 보다 많이 강조되곤 하였다. 제조업이 재생불가능한 자원의 소비에 의존하는 산업이기 때문이다. 예를 들어, 제철소와 양식업의 관계에서처럼 제철소가 철을 생산하는 과정에 하천을 오염시켜 양식업자에게 피해를 줄 수 있다([그림 5-11] 참고).[14] 즉 제철업소는 양식업자에게 생산에 있어서 외부불경제를 창출한다. 그 결과 시장에 의한 균형거래량에서 사회적 한계비용(SMC)은 사회적 한계 수익(SMB)을 초과하게 된다. 즉 철은 과잉생산된다. 그리고 철 생산을 사회적으로 바람직한 수준으로 축소시키면 소비자잉여(abd)＋생산자잉여(bcd)＝acd만큼 사회적 후생이 감소한다. 반면 철 생산량의 감산은 외부한계비용(EMC, external marginal cost: 오염물질 등 부정적 외부효과를 제거하기 위해 드는 비용)을 줄이기 때문에 양식업자의 이익을 발생시키는데

그림 5-11

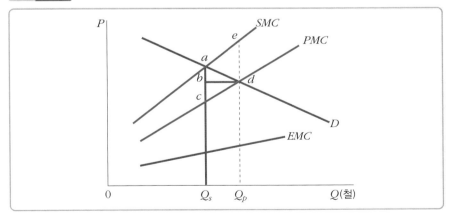

14) 최병권, 1999, 「현대경제학(I)」, 법문사, pp. 530~31 참고하였음.

그 크기는 $Q_s$에서 $Q_p$까지의 SMC와 PMC의 차이인 acde이다. 이처럼 acde>acd이므로 철생산 감산이 양식업자에게 유리하다. 따라서 양식업자는 제철업자에게 철 생산을 $Q_s$로 유지시킨다는 전제하에 그는 얻는 이익 acde의 일부를 제철소에 지불할 수 있다. 예를 들어, 양식업자는 제철소에 acd를 보상해도 ade만큼의 이익이 있으므로 거래를 할 수 있는 것이다. 이처럼 외부성이 존재하는 상황에서 양식업자와 제철소 간에 자발적 교환을 통해 외부성을 거래할 수 있고 그 결과 최적의 자원배분을 실현할 수 있음을 보여준다.

민간경제의 주체들이 자원의 배분 과정에서 아무런 비용을 치르지 않고 협상을 할 수 있다면 외부효과로 인해 초래되는 비효율성을 시장에서 그들 스스로 해결할 수 있다는 것을 보여주는 개념이 '코즈정리(Coase theorem)'[15]이다. 즉 비용이 유발되지 않는 협상이 가능하고, 권리가 적절하게 확립돼 있고, 재분배가 한계가치에 영향을 미치지 않는다면 이해 당사자들 간의 거래를 통해 경제적으로 효율적인 해결책을 찾을 수 있고, 따라서 환경오염 등 외부성이 야기하는 문제나 공유자원 관리 실패 등을 바로잡기 위해 정부가 나설 필요가 없다는 것이다.

### 코즈정리

코즈정리를 수학적 모델로 설명하면 다음과 같다. 여기서 기업1이 부정적 외부효과를 발생하고 이는 기업2의 비용을 증대시킨다고 가정한다.

첫째, 기업1은 외부효과의 발생에 대해 법적으로 책임지지 않는 경우이다. 이 경우 기업1과 2의 최적 산출량은 다음과 같이 결정된다.

$Max\ \Pi_1(Q_1)[=P_1Q_1 - C_1(Q_1)]$

$Q_1$으로 미분하면 위 조건을 만족시켜주는 산출량 $Q_1^*$은 다음과 같다.

$MR(Q_1^*)=MC(Q_1^*)$     $\therefore\ P_1 = C_1'(Q_1^*)$    단, $C' \equiv \dfrac{\partial C}{\partial Q}$

$Max\ \Pi_2(Q_2)[=P_2Q_2 - C_2(Q_1^*, Q_2)]$     $\therefore\ P_2 = C_2'(Q_1^*, Q_2)$

여기서 $Q_2^*$는 기업1의 최적 산출량 결정을 고려한 기업2의 최적 산출량이다.

이런 상황에서 산출량 결정을 변화시키려면 다음의 두 조건들이 충족되어야만 한다.

(1) 기업1이 산출량을 $Q_1$까지 줄이는 것을 받아들일 최소 지불액은 다음과 같을 것이다.

15) R. Coase, 1937, "The Nature of the Firm," *Economica*, New Series, Vol. 4 No. 16., pp. 386–405.

$B_1 = P_1 Q_1^* - C_1(Q_1^*) - [P_1 Q_1 + C_1(Q_1)] = \Pi_1^*(Q_1^*) - \Pi_1(Q_1)$

$\Pi_1(Q_1^*)$은 $Q_1^*$를 생산할 때 기업1의 이윤이고, $\Pi_1(Q_1)$은 $Q_1$을 생산할 때 기업1의 이윤이다.

(2) 반면 기업2가 제공할 수 있는 최대 지불액은 다음과 같을 것이다.

$B_2 = P_2 Q_2 - C_2(Q_1, Q_2) - [P_2 Q_2^* + C_2(Q_1^*, Q_2^*)] = \Pi_2(Q_2) - \Pi_2^*(Q_2^*)$

$\Pi_2(Q_2)$은 $Q_2$를 생산할 때 기업2의 이윤이고, $\Pi_2^*(Q_2^*)$은 $Q_2^*$를 생산할 때 기업2의 이윤이다.

이제 $B_1$과 $B_2$를 비교함으로써 협상의 제약을 결정할 수 있다.

(1) $B_1 > B_2$ 경우 기업1은 사업을 철수할 것이다. 즉 $Q_1 = 0$이 된다.

(2) 반면, 기업1이 철수하지 않는 상황, 즉 $0 < Q_1 < Q_1^*$에 대해 $B_1 > B_1$ 경우 기업2의 실제 지불액은 협상 전략에 따라 결정될 것이다. 즉

$B = \alpha B_1 + (1-\alpha)B_2,$ 단 $0 \leq \alpha \leq 1$

기업1의 수익극대화 조건은

(1) $Max_{Q_1}[P_1 Q_1 - C_1(Q_1) + B]$ 단, $Q_1 \geq 0$

위 조건을 만족시켜 주는 산출량 $Q_1'$, $Q_2'$는 다음과 같다.

$\Rightarrow P_1 - C_1'(Q_1') - \alpha P_1 + \alpha C_1'(Q_1') - (1-\alpha)C_2'(Q_1', Q_2') = 0$

$\therefore P_1 = C_1'(Q_1') + C_2'(Q_1', Q_2')$

반면 기업2의 수익극대화 조건은

(2) $Max_{Q_2}[P_2 Q_2 - C_2(Q_1, Q_2) - B]$ 단, $Q_2 \geq 0$

위 조건을 만족시켜주는 산출량 $Q_1'$, $Q_2'$는 다음과 같다.

$\Rightarrow P_2 - C_2'(Q_1', Q_2') - (1-\alpha)P_2 + (1-\alpha)C_2'(Q_1', Q_2') = 0$

$\therefore P_2 = C_2'(Q_1, Q_2)$

둘째, 기업1은 외부효과의 발생에 대해 법적 책임이 있는 경우이다. 이 경우 기업1과 2의 최적 산출량은 다음과 같이 결정된다.

$Max\ \Pi_2(Q_2)[= P_2 Q_2 - C_2(0, Q_2)]$

$Q_2$로 미분하면, 즉 위 조건을 만족시켜주는 산출량 $\overline{Q_2}$는 $MR(\overline{Q_2}) = MC(\overline{Q_2})$

$\therefore P_2 = C_2'(\overline{Q_2})$

이제 기업1이 생산을 하기 위해서 기업2가 수용할 기업1의 최소 지불액은 다음과 같다.

$B_2 = P_2 \overline{Q_2} - C_2(0, \overline{Q_2}) - [P_2 Q_2 + C_2(Q_1, Q_2)] = \Pi_2(\overline{Q_2}) - \Pi_2(Q_2)$

반면, 기업1이 기업2에게 제공할 수 있는 최대 지불액(뇌물액)은 다음과 같다.

$B_1 = P_1 Q_1 - C_1(Q_1) = \Pi_1(Q_1)$

이제 $B_1$과 $B_2$를 비교함으로써 협상의 제약을 결정할 수 있다.

(1) $B_2 > B_1$ 경우, 즉 $\overline{\Pi_2}(\overline{Q_2}) > [\Pi_1(Q_1) + \Pi_2(Q_2)]$인 경우에 기업1은 사업을 철수할 것이다. 즉 $Q_1 = 0$이 된다.

(2) 반면, 기업1이 철수하지 않는 상황, 즉 $0 < Q_1 < Q_1^*$에 대해 $B_2 > B_1$의 경우 $B$의

액수는 협상 전략에 따라 결정될 것이다. 즉

$B = \beta B_1 + (1 - \beta) B_2,$       단 $0 \leq \beta \leq 1$

기업1의 수익극대화 조건은

(1) $Max_{Q_1}[P_1 Q_1 - C_1(Q_1) - B]$       단, $Q_1 \geq 0$

위 조건을 만족시켜 주는 산출량 $Q_1'$, $Q_2'$는 다음과 같다.

$P_1 = C_1'(Q_1') + C_2'(Q_1', Q_2')$

반면 기업2의 수익극대화 조건은

(2) $Max_{Q_2}[P_2 Q_2 - C_2(Q_1, Q_2) + B]$       단, $Q_2 \geq 0$

위 조건을 만족시켜주는 산출량 $Q_1'$, $Q_2'$는 다음과 같다.

$P_2 = C_2'(Q_1', Q_2')$

마지막으로 사회설계사의 관점에서 생각해보자. 사회설계사는 기업1과 2를 합병할 수 있을 것이다. 이제 합병한 기업은 두 개의 생산물을 생산하는 반면, 생산물1이 외부효과를 발생시키는 경우가 된다. 이를 해결(내부화)하는 방법은 두 가지가 가능하다.

(1) 생산물1은 생산을 하지 않는 경우($Q_1 = 0$)이다.   ∴ $(0, Q_2)$

(2) 생산물1을 생산하는 경우에는 다음의 조건을 충족시킬 것이다.

$Max_{Q_1, Q_2}[P_1 Q_1 + P_2 Q_2 - C_1(Q_1) - C_2(Q_1, Q_2)]$       단, $Q_1, Q_2 \geq 0$

$Q_1$, $Q_2$로 미분하면 위 조건을 만족시켜주는 산출량 $Q_1'$, $Q_2'$는 다음과 같다.

$P_1 = C_1'(Q_1') + C_2'(Q_1', Q_2')$

$P_2 = C_2'(Q_1', Q_2')$

이처럼 코즈의 분석은 거래비용과 간접적 소득효과가 0이라면 법적 책임과 관계없이 자원할당 및 산출량의 대칭성을 보여준다.


그런데 산업구조가 자본집약적에서 아이디어집약적으로 전환됨에 따라 '긍정적 외부성'이 일반화되고 있다. 즉 앞에서 보았듯이 역경합성과 포괄성(가치결합성)을 핵심 특성으로 하는 아이디어집약적인 무형재의 경우 생산과 소비에서 협력이 혁신의 원천이기에 '긍정적 외부성'은 일반화된다. 애플사가 제공한 아이폰의 운영체제(OS)와 대중의 아이디어의 결합을 통해 애플사와 앱 개발자들의 상호 이익을 증가시킨 '앱 스토어(app store) 모델'이 생산에서 협력을 통한 혁신의 대표적 사례이다. 아이디어집약적인 무형재의 경우 '공동창조(co-creation)'가 혁신의 원천인 이유이다. 마찬가지로 앞 절에서 살펴본 '사회적 책임의 공유' 모델 역시 소비에서 협력을 통한 혁신의 대표적 사례이다. 이제 무형재의 '긍정적 외부성'을 지식재를 통해 살펴보자. [그림 5-12]에서 보듯이 지식재가 시장에서 거래될 경우 균형은 점 E에서 결정된다. 그런데 지식재는 아무런 가격을 지불하지 않는 사람들에게도 편익(효용가치)을 제공한다는 점에서 소비에서 긍정적 외부성을 발생시킨다. 즉 지식재가 Q만큼 소비되고 공급될 경우 지식재의 사적 편익은 한 단위당 EQ에 불과하지만 시장거래에 참여하지 않은 사람들에게도 단위당 CE만큼 추가적 편익을 발생시킨다. 여기서 지식재 공급에 따른 외부성은 발생하지 않는다고 가정하면 균형거래량 Q에서 한 단위당 사회적 편익(CQ)은 사회적 비용(=사적 비용)인 EQ를 상회한다. 따라서 사회적 이익을 극대화하기 위해서는 Q′만큼 소비와 공급이 이루어져야 한다. Q′에서 사회적 편익과 사회적 비용이 일치하기 때문이다. 즉 긍정적 외부성이 발생하는 지식재의 경우 시장거래에 맡겼을 때 사회적으로 바람직한 수준보다 과소 소비되기에 시장거래는 비효율적인 결과를 초래한다. 사회적 이익을 극대화하기 위해서는 QQ′만큼 소비를 증대해야 하고 보조금 지급 등의 방식으로 소비를 지원해주어야 한다. 교육비에 대한 정부의 지원이 그것이다.

**그림 5-12 지식재의 소비에서 긍정적 외부성**

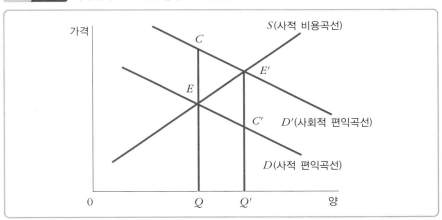

마찬가지로 지식재(예: 기초기술)는 공급에서도 '긍정적 외부성'을 발생시킨다([그림 5-13]). 이 경우 시장거래에 의한 공급량은 Q가 된다. 지식재가 Q만큼 공급될 경우 다른 경제주체들에게 한 단위당 EB만큼 비용을 절감시킨다. 즉 Q만큼 공급될 경우 한 단위당 사적 비용은 EQ이지만 사회적 비용은 BQ가

된다. 논의를 단순화하기 위해 소비에서 외부성은 발생하지 않는다고 가정하면 $Q$에서 사회적 편익(＝사적 편익)은 단위당 $EQ$가 된다. 즉 사회적 비용이 사회적 편익보다 작기 때문에 시장에게만 맡겼을 경우 사회적으로 바람직한 수준보다 과소 공급되기에 시장거래는 비효율적인 결과를 초래한다. 사회적 이익을 극대화하기 위해서는 공급량을 $Q'$까지 증대하는 것이 바람직하다. 따라서 소비에서 긍정적 외부성과 마찬가지로 지식 생산을 위한 비용(예: 정부의 기초연구개발 지원)을 지원할 필요가 있다.

**그림 5-13** 지식재의 공급에서 긍정적 외부성

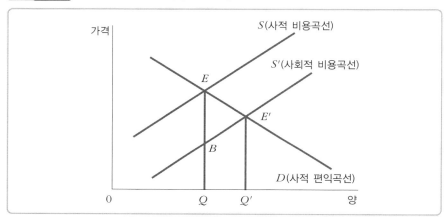

# 제 6 장
# 생산요소시장과 소득분배

　　지금까지 다룬 상품은 일반 소비자가 소비하는 상품인 최종소비재였다. 그러나 기업 등 공급자가 시장에 상품을 공급하기 위해서 소비해야 하는 상품들이 있다. 앞에서 소개했듯이 이를 투입물(생산재 혹은 중간재 혹은 생산요소)이라 부른다. 생산요소, 특히 3대 생산요소로 불리는 토지와 노동과 자본은 최종소비재와 다른 특성을 갖고 있다. 무엇보다 생산요소시장은 기업이 소유자가 되고, 가계가 공급자가 되는 시장이다. 특히 3대 생산요소는 (제1장에서 소개했듯이) "본래 상품이 아닌데 혹은 상품이 될 수 없는데 상품이 된" '허구적 상품'이다. 그 결과 앞의 가격효과 개념에서 언급했듯이 생산요소(예: 노동과 대부자금)의 경우 대체효과와 소득효과가 서로 다른 방향으로 작동하기 때문에 공급탄력성이 상대적으로 비탄력적이라는 특성을 갖는다. 즉 공급의 법칙이 작동하지 않을 가능성이 존재하는 시장이기도 하다. 예를 들어, 노동공급 곡선이 후방굴절을 하는 것이나 대부자금공급(저축) 곡선이 하방 굴절할 가능성 등이 그것들이다. 마지막으로 시장이론에서 소득분배를 설명하는 유일한 부분이 생산요소시장이다. 생산활동에 투입되는 생산요소의 가격은 생산요소의 소유자에게 소득이 되기 때문이다. 이를 '요소별 소득분배'라 한다.

## 제1절　생산요소시장의 수요

　　생산요소시장의 균형 역시 생산물 시장과 마찬가지로 생산요소의 수요와 공급 개념으로 설명한다. 먼저, 생산요소의 수요를 도출한다. 최종소비재와 달리 생산요소에 대한 수요는 최종소비재 수요에서 파생되어 나온다. 즉 최종소비재가 팔리지 않는다면 기업 등 공급자는 상품을 생산하기 위해 필요한 생산요소를 구입할 필요가 없을 것이다. 최종소비재를 분석한 시장에서는 생산요소의 가격은 주어진 것으로, 즉 생산요소시장은 경쟁시장이라 가정한 것이다. 그러나 생산요소시장도 시장이 경쟁적일 수 있고, 그렇지 않을 수도 있다. 즉 기업의 이윤극대화 조건은 생산물시장과 생산요소시장의 상태에 따라 적어도 네 가지 유형, 즉 생산물과 생산요소시장이 모두 경쟁적일 경우, 생산물 시장은 경쟁적인 반면 생산요소시장은 불완전경쟁적 시장일 경우, 생산물 시장은 불완전경쟁적인데 생산요소시장은 경쟁적일 경우, 생산물과 생산요소시장 모두 불완전경쟁적일 경우로 구분할 수 있다.

첫째, 경쟁적인 생산물 시장과 경쟁적인 생산요소시장에서 생산요소의 수요조건이다. 생산요소의 수요자는 기업이라는 점에서 기업이 생산요소를 고용할 때 기준은 이윤극대화가 된다. 즉 기업은 생산요소를 고용할 경우 해당 생산요소가 기업에게 가져다주는 수입과 생산요소의 고용 비용을 비교할 것이다. 생산요소를 고용할 경우 그 생산요소가 기업에게 기여하는 수입은 추가 생산요소가 만들어내는 생산량의 화폐가치가 될 것이고, 비용은 생산요소의 가격이 될 것이다. 전자가 후자보다 크면 고용을 증가시킬 것이고, 반대의 경우에는 감소시킬 것이다. 즉 생산요소의 수요량은 전자와 후자가 같아지는 수준에서 결정될 것이다. 한편, 생산물과 생산요소시장이 경쟁시장이라 가정했기에 생산물과 생산요소의 가격은 시장의 수요와 공급에서 결정되는 가격이 될 것이다. 즉 기업은 시장균형가격을 주어진 가격으로 받아들일 수밖에 없는 가격수용자인 것이다. 따라서 생산요소 고용에 따른 수입은 각 생산요소($j=L$, $K$, ⋯)의 '한계생산가치(value of marginal product for input $j$, $VMP_j \equiv P \times MP_j$)'가 되는 반면, 비용은 생산요소의 가격($P_j$)이 될 것이다.

$$P_L = MP_L \times P (\equiv \text{노동에 대한 한계생산가치, } VMP_L)$$
$$P_K = MP_K \times P (\equiv \text{자본에 대한 한계생산가치, } VMP_K)$$
$$\cdots$$
$$P_j = MP_j \times P (\equiv \text{생산요소 } j \text{에 대한 한계생산가치, } VMP_j)$$

즉, 각 생산요소의 한계생산가치곡선이 각 생산요소의 수요곡선이 되는 것이다. 그리고 각 생산요소의 한계생산가치는 $P$가 상수이기에 (한계생산체감을 전제로 할 경우) 수요량을 증가시킬수록 감소하기 때문에 우하향하게 된다.

　둘째, 불완전경쟁적인 생산물 시장과 경쟁적인 생산요소시장에서 생산요소의 수요조건이다. 생산물 시장이 불완전경쟁적일 경우 생산요소 고용에 따른 수입은 '한계수입생산(marginal revenue product, $MRP \equiv MR \times MP_j$)'이 된다. 즉 자신이 공급하는 생산량에 따라 상이한 가격을 책정할 수 있기에 기업 수입의 단위는 한계수입이 된다. 그리고 비용은 마찬가지로 시장에서 결정된 가격($P_j$)이 된다.

$$P_L = MP_L \times MR(\equiv MRP_L, \text{ 노동에 대한 한계수입생산})$$
$$P_K = MP_K \times MR(\equiv MRP_K, \text{ 자본에 대한 한계수입생산})$$
$$\cdots$$
$$P_j = MP_j \times MR(\equiv MRP_j, \text{ 생산요소 } j\text{에 대한 한계수입생산})$$

　예를 들어, 노동이라는 생산요소의 수요곡선을 생산물시장이 경쟁적일 경우($VMP_L$)와 불완전경쟁적일 경우($MRP_L$)를 그림으로 나타내보자. $MRP_L$이 $VMP_L$보다 밑에 존재하는 이유는 불완전경쟁 시장에서는 가격이 한계수입보다 높게 설정되기 때문이다.

그림 6-1 생산물시장이 경쟁적일 경우와 불완전경쟁적일 경우의 노동수요곡선

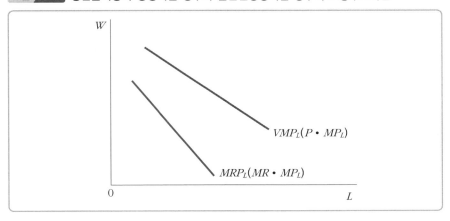

　그런데 개별 수요곡선의 단순 수평합계가 시장 수요곡선인 생산물시장과 달리 생산요소시장의 시장수요곡선은 항상 단순 수평합계가 되지 않는다. 생

산물시장을 고려해야 하기 때문이다. 예를 들어, 생산물시장이 경쟁적일 경우 임금이 하락하면 노동고용량이 증가하고 생산량을 증가시킨다. 생산량의 증가는 수요의 변화가 없는 한 생산물 가격을 인하시킨다. 그 결과 노동의 한계생산가치($VMP_L$)를 하락시킨다. 즉 $VMP_L$ 곡선을 왼쪽으로 이동시킨다. 따라서 생산물시장을 고려할 경우 생산요소의 시장수요곡선은 단순 수평합계보다 비탄력적이 된다([그림 6-2]). 마찬가지로 생산물시장이 공급독점적일 경우에도 개별 기업의 노동수요곡선인 $MRP_L(=MP_L \cdot MR)$은 임금이 하락하여 이 기업의 노동고용량 및 생산량이 증가하면 가격이 하락하면서 MR도 하락한다. 그 결과 $MRP_L$ 곡선을 좌측으로 이동시킨다. 따라서 노동의 시장수요곡선은 단순 수평합계보다 비탄력적이 된다. 반면, 노동의 시장공급곡선은 개별 근로자의 공급곡선을 단순 수평합계해 도출한다. 따라서 노동시장이 경쟁적일 경우 시장의 균형임금은 노동의 시장공급곡선과 $VMP_L$ 혹은 $MRP_L$과 만나는 점에서 결정될 것이다.

그림 6-2 노동시장의 시장수요곡선

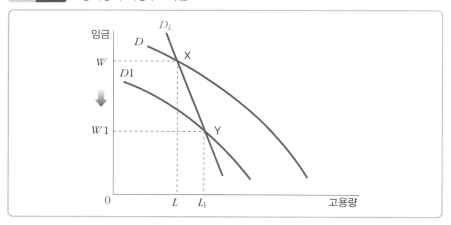

한편, 생산과 비용 개념에서 장기에는 노동과 자본 모두 가변요소가 된다고 하였다. 노동과 자본이 모두 가변적일 경우 생산요소 수요곡선은 가변요소가 하나일 때의 생산요소 수요곡선보다 탄력적이 된다. 즉 임금 하락 시 노동사용량 증가와 더불어 자본사용량도 증가하고, 자본설비가 증가하면 노동의 한계생산($MP_L$)이 상승하기 때문에 그림에서 보듯이 $MRP_L$ 곡선이 우측으로 이동한다. 그 결과 장기 요소수요곡선은 $MRP_L$이 아니라 $A$와 $C$를 연결한 단기 요소수요곡선보다 더 탄력적인 $D_L$ 곡선이 된다([그림 6-3]).

그림 **6-3** 장기 노동수요곡선

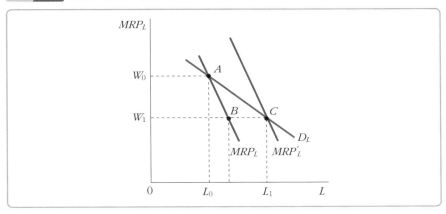

이제 생산요소시장이 불완전경쟁적인 경우를 살펴보자. 대표적인 경우가 생산요소를 경쟁적으로 공급하는 생산요소 공급자(소유자)들은 다수인데 생산요소의 수요자(기업)는 오직 하나인 생산요소 수요독점(monopsony)이 여기에 해당한다. 생산요소 수요독점은 지리적인 이유나 전문화나 정부정책(담배) 등으로 발생한다. 생산요소시장(예: 노동시장)에서 요소수요독점은 자기가 고용하는 노동 고용량이 시장 전체의 노동 고용량이 된다. 따라서 우상향하는 노동의 시장공급곡선이 수요독점 기업이 직면하는 노동 공급곡선($S_L$)이 된다. 예를 들어, 기업이 노동의 고용량을 증가시킴에 따라 높은 임금을 지급해야 하는데 문제는 새로이 고용되는 사람은 물론이고 이전에 고용된 사람들에게도 높아진 임금을 지불하지 않으면 안 된다. 즉 노동 한 단위 추가 고용에 따른 노동의 총요소비용(total factor cost, $TFC_L$)의 증가분인 노동의 한계요소비용(marginal factor cost, $MFC_L \equiv \triangle TFC_L / \triangle L$)은 임금보다 높게 된다([그림 6-4]). 즉 한계요소비용곡선은 노동 공급곡선보다 위에 위치한다. 양자의 관계는 예로 제시한 노동공급표 6-1을 보면 쉽게 이해할 수 있다.

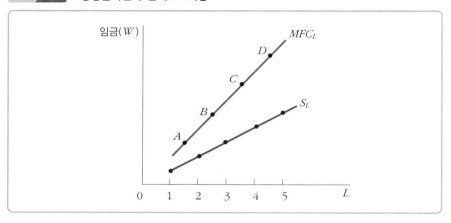

**그림 6-4** 노동공급곡선과 한계요소비용

**표 6-1** 임금($S_L$)과 노동의 한계요소비용($MFC_L$)

| 노동량 | 임 금 | $TFC_L$ | $MFC_L$ |
|:---:|:---:|:---:|:---:|
| 1 | 10 | 10 | 10 |
| 2 | 11 | 22 | 12 |
| 3 | 12 | 36 | 14 |
| 4 | 13 | 52 | 16 |
| 5 | 14 | 70 | 18 |
| 6 | 15 | 90 | 20 |
| 7 | 16 | 112 | 22 |
| 8 | 17 | 136 | 24 |
| 9 | 18 | 162 | 26 |
| 10 | 19 | 190 | 28 |

생산요소시장이 불완전경쟁적인 경우는 이론적으로 생산물시장이 경쟁적인 경우와 불완전경쟁적인 경우로 구분할 수 있다. 먼저, 생산물시장이 경쟁적인 경우 기업은 생산요소 고용에 따른 수입은 각 생산요소($j=L, K, \cdots$)의 '한계생산가치(value of marginal product for input $j$, $VMP_j \equiv P \times MP_j$)'가 되는 반면, 비용은 한계요소비용(marginal factor cost, $MFC_j \equiv \triangle TFC_j / \triangle j$)이 될 것이다. 예를 들어, 노동시장이 불완전경쟁적이고 생산물시장이 경쟁적일 경우 노동시장의 균형조건은 노동에 대한 한계생산가치($VMP_L = MP_L \times P$)와 노동의 한계요소비용($MFC_L$)이 같아질 때이다.

반면, 생산요소시장과 마찬가지로 생산물시장도 불완전경쟁적일 경우 기업은 생산요소 고용에 따른 수입은 각 생산요소($j=L$, $K$, …)에 대한 한계수입생산($MRP_j=MP_j \times MR$)가 되는 반면, 비용은 한계요소비용(marginal factor cost, $MFC_j \equiv \triangle TFC_j / \triangle j$)이 될 것이다. 예를 들어, 노동시장이 불완전경쟁적이고 생산물시장이 불완전경쟁적일 경우 노동시장의 균형조건은 노동에 대한 한계수입생산($MRP_L=MP_L \times MR$)과 노동의 한계요소비용($MFC_L$)이 같아질 때이다. 이 경우 두 가지 종류의 독점, 즉 생산물시장에서의 공급독점과 생산요소시장에서의 수요독점이 발생한다. 예를 들어, 노동시장의 경우 노동의 한계수입생산($MRP_L$)과 노동의 한계요소비용($MFC_L$)이 만나는 E점에서 균형 노동량($L^*$)이 결정될 것이다. 즉 기업이 생산물시장과 노동시장에서 독점적 지위를 누리고 있을 경우 임금은 $W_1$을 지불할 것이다. 따라서 기업은 생산물시장의 독점력으로 ($W_3 - W_2$)만큼의 이익을 누리고, 노동시장의 독점력으로 ($W_2 - W_1$)만큼의 이익을 누리게 된다. 전자를 '공급독점적 착취'라 하고, 후자를 '수요독점적 착취'라 한다([그림 6-5]).

**그림 6-5 공급독점적 착취와 수요독점적 착취**

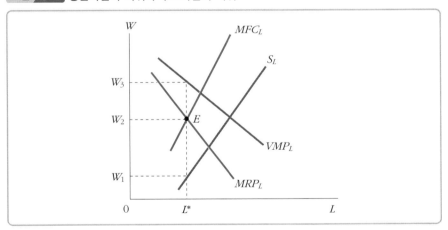

### 1.1. 노동시장의 수요독점과 여성노동력의 차별

2010년 OECD 통계 기준 한국의 남녀임금 격차(Gender Pay Gap)는 39%로 OECD 회원국 가운데 가장 클 뿐만 아니라 OECD 평균인 16%의 두 배를 넘는 것으로 알려지고 있다. 여성 노동력에 대한 임금 차별은 시장이론에서 어떤 상품에 단 하나의 수요자가 존재하는 '수요독점자(monopsonist)' 개념으로 일정 부분 설명할 수 있다. 즉 수요독점 노동시장에서 기업은 이윤극대화를 위해 노동공급곡선이 덜 탄력적인 여성에게 낮은 임금을 적용시킨다는 것이다. 이는 생산물 시장이 독점적일 때 독점판매자가 가격차별을 실시하는 논리와 같다. 이 개념에 의하면 일반적으로 여성의 노동공급곡선이 남성에 비해 덜 탄력적이기 때문에 여성에게 낮은 임금을 지불한다는 것이다. 여성의 노동 공급곡선이 임금의 변화에 덜 탄력적인 이유로 지리적·직업적 제한으로 이동이 적으며, 또한 여성 노동자의 노조가입률이 적다는 점 등을 들고 있다.

### 여성의 임금 차별과 수요독점 노동시장

이를 간단한 모델을 통해 다시 설명해보자. 경쟁시장에 놓여 있는 기업이 남성과 여성 노동을 고용하여 생산하는 노동에 대한 수요독점자라 가정할 경우 남성 및 여성 노동의 한계생산을 남성과 여성에 대한 한계비용을 일치시킴으로써 이윤을 극대화할 수 있을 것이다. 여기서 남성과 여성의 한계생산이 같다면 남성과 여성의 노동공급곡선은 상이하다는 것을 의미한다. 그 결과 남성노동과 여성노동에 대한 고용량($L_m$, $L_f$) 및 임금수준($W_m$, $W_f$)은 상이하게 된다. 이는 다음의 수식들로 설명이 된다.

이윤($\Pi$) $\equiv$ 수입($TR$) $-$ 비용($TC$) $= P \times Q(L_m, L_f) - W_m(L_m) \times L_m - W_f(L_f) \times L_f$

이윤극대화조건으로부터

$$P \times MP_{Lm} = MFC_{Lm} \quad \& \quad P \times MP_{Lf} = MFC_{Lf}$$

$$\text{여기서 } MFC_{Lm} \equiv \frac{\Delta W_m(L_m)}{\Delta L_m} L_m + W_m(L_m)$$

$$\text{그리고 } MFC_{Lf} \equiv \frac{\Delta W_f(L_f)}{\Delta L_f} L_f + W_f(L_f)$$

그런데 남성과 여성 노동의 한계생산이 다를 이유가 없다($MP_{Lm} = MP_{Lf}$)고 가정하면 한계생산가치도 같게 되고, 한계생산가치는 한계요소비용과 같기 때문에 다음 관계가 성립한다.

$$P \times MP_{Lm}(\equiv VMP_{Lm}) = P \times MP_{Lf}(\equiv VMP_{Lf}) = MFC_{Lm} = MFC_{Lf}$$

$$\text{즉 } \frac{\Delta W_m(L_m)}{\Delta L_m} L_m + W_m(L_m) = \frac{\Delta W_f(L_f)}{\Delta L_f} L_f + W_f(L_f)$$

그런데 남성임금이 여성임금보다 높기 때문에, 즉 $W_m(L_m) > W_f(L_f)$이기 때문에 다음 관계가 성립한다.

$$\frac{\Delta W_m(L_m)}{\Delta L_m}L_m < \frac{\Delta W_f(L_f)}{\Delta L_f}L_f$$

일반적으로 여성노동력의 고용은 남성노동력의 고용보다 작기에 $(L_m > L_f)$ 위 부등식이 성립하기 위해서는 남성 노동력에 대한 노동공급곡선의 기울기가 여성 노동력에 대한 노동공급곡선의 기울기보다 작아야 한다. 즉 남성 노동력의 공급곡선이 여성 노동력의 공급곡선보다 탄력적임을 의미한다. 이는 여성의 임금을 인하할 때 여성노동력의 공급 감소가 상대적으로 작다는 것을 의미한다.

### 1.2. 수요독점 부품시장과 초과이익공유제

2011년 논란이 되었던 '(초과)이익공유제' 개념은 수요독점 및 공급독점과 관련을 맺고 있다. 우리나라는 대기업과 중소기업간 양극화 문제가 확대되면서 대기업이 주도하는 기업생태계에 대한 논란이 일고 있다. 대기업의 시장지배력으로 인해 중소기업과의 불공정 거래가 대두되고, 우수한 인력을 비롯한 자원을 소수 대기업이 독점하고 있다. 그 결과 창업과 혁신이 활발하게 작동하는 건강한 기업생태계를 망치고 있고, 한국경제의 내수를 갈수록 취약하게 만들고 있고, 경제민주화에 대한 요구가 커지는 배경이기도 하다. 이러한 배경에서 정부는 '대·중소기업 상생협력 촉진에 관한 법률'에 따라 대기업과 중소기업 간 사회적 갈등 문제를 논의해 민간부문의 합의를 도출할 목적으로 동반성장위원회를 2010년 12월 출범시켰다. 그리고 2011년 2월 23일 정운찬 초대 위원장은 대기업의 초과이익을 협력업체와 나누자는 것을 골자로 한 '(초과)이익공유제' 개념을 제시하였다.

이에 이건희 삼성전자 회장은 3월 10일 오후 서울 하얏트호텔에서 열린 전국경제인연합회 회장단 회의에 참석하기에 앞서 기자들과 만나 "어릴 때부터 기업가 집안에서 자라 경제학 공부를 해왔으나 이익공유제라는 말은 들어보지도 못했고 이해도 안가고 도무지 무슨 말인지를 모르겠다"고 말하자 기자들이 '이익공유제에 대한 부정적 입장이란 뜻이냐'고 되묻자 "부정적이다 긍정적이다를 떠나서 도대체가 경제학 책에서 배우지도 못했고 누가 만들어낸 말인지 사회주의 국가에서 쓰는 말인지 자본주의 국가에서 쓰는 말인지 공산주의 국가에서 쓰는 말인지 모르겠다는 뜻"이라고 목소리를 높였다.[1]

---

1) http://www.pressian.com/news/article.html?no=35859

그러나 결론부터 말하면 이건희 회장이 제대로 경제학 공부를 하지 못한 것이다. (초과)이익공유제는 재벌 대기업과 불공정한 원-하청 관계 혹은 주종 관계에 있는 하청 중소업체 간의 관계에서 재벌 대기업은 생산물시장에서 독점적 지위를 차지하고 있을 뿐만 아니라 중소 하청업체가 납품하는 제품에 대한 수요독점자적 위치에 있고, 독점적 지위를 이용하여 재벌 대기업이 취득하는 이익은 반시장적인 '착취'의 성격을 갖기에 초과(독점)이익을 중소 하청업체와 나누는 것은 지극히 '친시장적' 주장인 것이기 때문이다.

## 제 2 절 생산요소시장의 공급

노동이나 자본 등 생산요소 공급의 대표적 경우는 가계(소비자)의 노동공급과 여유 자금의 공급(저축), 즉 대부자금시장에서 이미 소개한 바가 있다. 대개의 경우 생산요소시장의 공급은 경쟁적이다. 지금까지 보았듯이 시장이론에서 생산요소의 가격은 생산요소의 한계생산가치 혹은 한계수입생산에서 결정된다. 예를 들어, 노동시장의 가격인 임금(노동소득)은 노동의 한계생산가치 혹은 한계수입생산에서 결정된다. 다시 말해 시장이론에서 노동소득은 다른 사람들의 생산에 추가한 개인의 기여 정도에 따라 결정된다고 주장한다. 따라서 임금은 개별 노동자의 생산성에 따라 결정되고, 생산성은 개별 노동자의 학력이나 숙련 정도 등에 의존할 것이다. 예를 들어, 대졸자와 고졸자의 임금 격차가 그것이다. 그런데 현실을 보면 남녀 임금격차에서 보았듯이 똑같은 보수를 받아야 할 노동력 간에 심한 불균등이 존재한다. 사실, 한 사람의 노동력은 다른 생산요소와 결합하지 않으면 기본적으로 거의 가치가 없다. 예를 들어, 대기업에서 근무하는 개인의 생산능력은 다른 생산요소와 기술을 지닌 사람들과 얼마나 협조를 잘하는가에 달려 있다. 특히 협력이 생산력을 결정하는 무형재 산업의 경우 조직의 숙련도나 지식 그리고 사람 상호 숙련도의 중요성이 강조되고 인적 자본의 독립적 측정의 한계를 지적한다(이에 대해서는 뒤에서 다시 언급할 것이다). 생산요소 간의 이러한 상호작용은 생산요소의 다양성 때문에 복잡한 형태를 띤다. 즉 노동력은 다른 생산요소와 분리해서는 의미가 없기 때문에 노동자의 소득은 생산요소를 소유한 사람이 결정한다.

임금 결정의 이러한 비대칭성이 노동자들이 노동조합을 만든 배경이다. 즉 시장이론에서는 노동과 자본을 모두 시장(수요와 공급의 법칙)에 의해 설명하나, 사실 노동과 자본은 근본적으로 차이가 있다. 노동은 언제나 가난한 사람이 팔고 언제나 부자가 사며 저장해둘 방법이 전혀 없어 즉시 팔거나 그렇지 않으면 상실할 수밖에 없다. 노동과 자본이 같은 법을 따르는 것은 결코 정당하지 못하다. 자본과 재산은 보호되고 있지만 노동은 우연에 내맡겨져 있다. 따라서 자본과 노동에는 동일한 시장규칙을 적용할 수 없다. 자본과 동일한 생산요소로 취급하고 그 결과 시장주의자들에게서 노동시장의 유연성에 장애물로 비난받는 노동조합이 등장한 배경도 자본과 달리 시장에서 자신의 자유의지를 발휘할 수 없는 노동의 입장에서 비롯한 것이다. 노동시장이 제대로 형성되지 않았던 19세기 초에 이미 영국의 직조공들은 노동과 자본의 본질적 차이를 정확하게 인식하고 있었다.

> "자본이란 다름 아닌 노동의 산물의 축적이라고 나는 이해하고 있다. …… 노동은 언제나 그것밖에는 가지고 있지 않거나 팔 것이 아무것도 없는, 따라서 그것을 즉각 내놓아야 하는 사람들에 의해 시장에 나온다. …… 내가 이번 주에 할 수 있는 노동을 …… 만약 내가 자본가를 본떠서 내게 제시된 가격이 부당하니까 내놓지 않겠다고 하더라도, 그것을 내가 병 속에 저장해 둘 수 있는가? 그것을 소금에 절여 둘 수 있는가? …… 노동과 자본의 본질 간의 이와 같은 차이는 내게 노동과 자본이 같은 법을 따르는 것이 결코 정당하지 못하다는 것을 충분히 확신시켜 준다."[2]

각국의 노동조합은 서로 다른 역사적·문화적 배경을 갖고 있어 다양한 모습을 보이고 있음에도 노동조합은 일반적으로 임금소득의 증가, 작업조건의 개선, 그리고 고용안정 등의 공통된 목표를 갖고 있다. 물론 노동조합이 추구하는 목표들이 때로는 서로 충돌할 수 있다. 예를 들어, 임금소득의 증가와 고용안정이라는 목표 사이의 충돌이 그것이다. 즉 노동조합은 노동의 독점적 공급자 역할을 하기 때문에 자신이 공급하는 노동에 대해 우하향하는 수요곡선

---

2) E. P. Thompson, *The Making of the English Working Class*, 2000, 나종일 외 옮김, 「영국 노동계급의 형성」 상, 창작과 비평사, 413–414쪽에서 재인용.

에 직면한다. 따라서 노동조합은 임금소득의 증가와 고용안정이라는 두 가지를 동시에 확보하기 어렵다. 그런데 현실에서는 노동조합이 고용을 희생하지 않으면서도 임금을 인상시키곤 한다. 즉 특정 기업 혹은 산업에서 노동조합이 고용량을 감소시키지 않고 임금을 상승시켜주는 경우라면 노동 공급독점에 해당한다. 특히 기업이 대규모 설비투자의 형태로 막대한 고정비용을 이미 지불한 경우라면 고용을 현재 수준에서 유지하면서 임금인상을 요구하는 노동조합의 압력에 굴복할 가능성이 있다. 그래서 고용주들은 노동자들이 노동조합을 결성하여 고용주와 단체계약을 맺을 때 노동조합 대표들이 임금인상을 부당하게 요구한다고 흔히 주장한다. 물론 장기에서는 모든 투입물이 가변투입물이 되기에 매몰비용의 성격을 갖는 고정비용의 지출이 적어져 노동조합의 위협은 큰 효과를 거두기 어려울 수 있다.

강한 노동조합이 존재하고 기업이 노동력의 유일한 고용주인 노동시장을 시장이론에서는 쌍방독점 개념으로 설명한다. 예를 들어, 기업이 노동수요독점자이고, 그 기업에 노동조합이 결성되어 있는 경우이다. 쌍방독점의 경우 유일한 균형점은 존재하지 않고 협상으로 결정할 수밖에 없다([그림 6-6]). 즉 요소시장에서 요소의 수요자와 공급자가 모두 독점력을 행사할 경우 요소수요자는 요소의 한계생산가치($LMP$)와 요소의 한계요소비용($MFC$)이 같아지는 수준($B$)에서 결정되는 요소수요량($Q_b$)을 기준으로 요소가격($P_b$)을 지불하려고 하는 반면, 요소공급자는 요소의 공급곡선($S$)과 요소의 한계수입생산($MRP$)이 같아지는 수준($A$)에서 결정되는 요소공급량($Q_s$)을 기준으로 요소가격($P_s$)을 받으려 할 것이다. 즉 $P_s$와 $P_b$ 사이에서 수요자와 공급자의 교섭력에 따라 결정될 것이다. 예를 들어, 2008년에 매각이 추진되었다가 무산된 대우조선해양 같은 기업에서는 쌍방독점 현상이 발생할 가능성이 높다. 대우조선해양은 지방에 근거지를 두고 있기에 기업은 직원을 상대로 강한 교섭력을 갖는다. 지방에는 상대적으로 좋은 직장이 드물어 몇 안 되는 대기업으로 구직자들이 몰리기 때문이다. 이는 노동력이 필요한 기업 처지에서 무척 유리하다. 즉 '수요독점' 상황이다. 수요독점 상황에서 기업은 시장 수준보다 낮은 임금으로 노동력을 고용할 수 있다. 독점력을 발휘해 정상 수준보다 낮은 임금을 지급해도 얼마든지 사람을 구할 수 있기 때문이다. 그러나 조선업의 경우 노동자들의 연대가 상대적으로 강한 편이기에 '공급독점' 상황도 동시에 존재한다. 결국 양자의 교섭력이 결정적 변수로 작용한다. 일반적으로 경기가 좋을 때는 노조의 교섭력이 강화된다. 공장 가동이 멈추면 큰 손해가 불가피해 사측이 노조의 요구조건을 들어주기 때문이다. 반면 경기가 좋지 않으면 노조 교섭력은 약해진다.

그림 6-6 생산요소시장의 쌍방독점에서 생산요소 가격의 결정

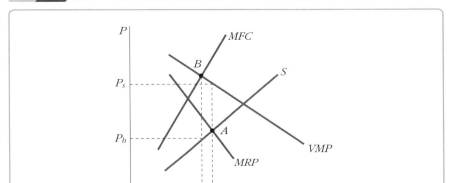

제 3 절 **노동시장과 기업의 소유-지배구조 그리고 도덕적 해이**

주식회사 형태의 기업의 경우 소유주는 주주인 반면, 기업을 사실상 지배하는 사람은 경영자이다. 그런데 기업의 소유주, 특히 대주주와 경영자가 일치하는 기업이 있는 반면, 일치하지 않는 기업도 있다. 후자의 경우 주주는 경영자를 고용하여 기업 경영을 맡길 경우 '주인-대리인 문제'와 '도덕적 해이'를 발생시킨다. 즉 경영자가 고용된 기업의 경우 경영자의 경영능력에 대한 정보는 경영자(대리인)와 주주(본인) 간에 비대칭적이고 주주가 경영자를 감독하는 비용이 매우 크기에 충분히 감독하지 못하는 상황이 발생한다. 따라서 경영자의 행동의 결과가 주주의 이익극대화로 연결된다는 보장이 없다.

먼저 주주의 효용함수는 기업 이윤의 증가함수이다. 주식 보유자인 주주의 이익은 주가 상승과 배당에 비례하는 반면, 주가와 배당은 기업의 수익(이윤, $\pi$)에 의해 결정되기 때문이다. 따라서 주주($S$)의 효용함수($U_S$)는 다음과 같이

표현할 수 있다.

$$U_S = U_S(\pi), \quad U_S' > 0 \quad \text{여기서 } \pi \text{는 기업의 이윤}$$

주주가 경영자에게 원하는 기업의 산출량 수준은 이윤극대화를 시켜주는 산출량 수준, 즉 $MR = MC$를 만족시키는 산출량 수준($Q^*$)이다([그림 6-7]).

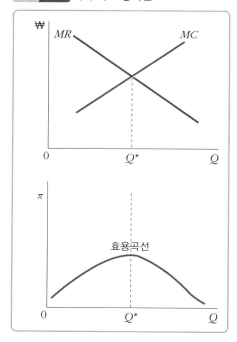

**그림 6-7 주주의 효용곡선**

반면, 경영자($E$)의 효용에 영향을 미치는 가장 큰 요인들은 경영자가 받는 보수($w$)와 경영자로서의 사회적 명성($F$) 등일 것이다. 그리고 경영자의 사회적 명성을 결정하는 경영자 능력은 그가 과거의 직장에서 기업을 얼마나 성장시켰는가와, 즉 시장 점유율의 변화와 관련이 있을 것이다. 이를 위해 경영자는 현금흐름을 최대한 확보해 기업 내에 재투자함으로써 자신이 통제하는 조직자산을 확대하여 자기권력을 극대화하는 것을 추구한다. 이런 이유로 경영자는 매출극대화, 즉 성장극대화를 추구한다. 따라서 경영자의 효용함수($U_E$)는 다음과 같이 표현할 수 있다.

$$U_E = U_E(w, F(Q)), \quad U_E' > 0$$

여기서 $w$는 경영자의 보수, $F$는 경영자의 명성

그런데 경영자의 보수 역시 경영자의 명성에 비례하는 측면이 있다는 점에서 경영자의 효용함수는 기업 산출양의 증가함수로 표현이 가능하다. 즉 산출량이 증가할수록 경영자의 효용 수준은 증가한다.

이처럼 경영자의 효용 수준은 기업의 이윤 수준과 무관하다. 경영자가 어떤 제약도 받지 않는다면 경영자의 효용을 극대화시키는 산출량 수준은 이윤

이 0이 되는 산출량 수준($Q_1$)까지 증가시킬 것이다([그림 6-8]). 그러나 이 산출량 수준에서 주주의 효용은 크게 침해된다. 즉 도덕적 해이가 발생한다.

그림 6-8 경영자의 효용곡선

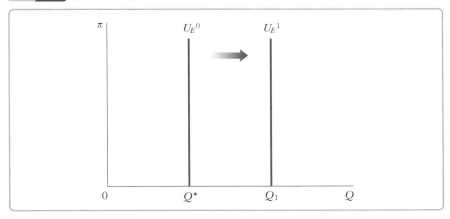

경영자의 도적적 해이를 해결하는 방법은 대리인(경영자)의 효용함수에 본인(주주)의 이익을 포함시켜 대리인(경영자)의 보수를 극대화시키는 유인설계가 필요하다. 그 방법 중 하나가 경영자의 보수를 주가와 연결시키는 '스톡옵션(stock option)'이다. 스톡옵션이란 기업이 임직원에게 일정 기간이 지나면 일정 수량의 자사 주식을 특정한 가격에 매입할 수 있는 권한을 주는 것이다. 즉 스톡옵션은 주식 자체가 아니라 주식을 매입할 수 있는 권한, 즉 주식에 대한 일종의 콜옵션(Call Option)이다. 참고로 콜옵션은 매수자가 매도자로부터 지정된 날짜(만료일) 또는 이전에 미리 정한 가격(권리행사가격)으로 대상 자산을 매수할 수 있는 권리를 말한다. 반면, 매도할 수 있는 권리는 풋옵션(Put Option)이라 한다. 즉 가격 상승이 예상되면 미리 사고, 하락 예상 시 미리 파는 권리들인 것이다. 스톡옵션은 일반적 콜옵션과 차이가 있다. 일반적 콜옵션은 시장에서의 매입과 매각을 통한 거래가 가능하지만 스톡옵션은 거래가 불가능하다. 스톡옵션 보유자는 옵션의 행사를 통해서만 이익을 실현할 수 있다. 그리고 스톡옵션의 가치는 일반적인 콜옵션의 가치보다 낮다. 스톡옵션은 주식연계보상제도의 하나이고 더 나아가서는 성과보상제도 중의 하나일 뿐이다. 스톡옵션의 가장 중요한 목적은 유인일치적(incentive compatible)인 경영자 보상체계의 설계를 통해 경영자가 주가의 극대화를 위한 의사결정을 하도록 유도하여 궁극적으로는 주주의 이익을 극대화시키는 것이다. 따라서 주주의 이익 증대가 전제되지 않은 스톡옵션은 진정한 의미의 스톡옵션이 아니다.

이제 스톡옵션을 받은 경영자의 효용은 산출량뿐만 아니라 이윤에 의해서도 영향을 받을 것이다. 즉 기업의 이윤 증가를 통해 주가가 상승할 경우 스톡옵션 행사를 통해 경영자는 보수를 증가시킬 수 있고, 그 결과 경영자의 도덕적 해이는 줄어들게 된다. 즉 스톡옵션을 받은 경영자의 효용함수는 다음과 같이 변화한다.[3]

$$U_E = U_E(Q, \pi)$$

단, $U_E'(Q) > 0$, $U_E'(\pi) > 0$

스톡옵션을 받음으로써 경영자의 효용은 기업의 산출량뿐 아니라 이윤에 의해서도 영향을 받는다. 따라서 경영자의 효용곡선은 (무차별곡선처럼) 원점에 대해 볼록한 곡선이 된다. 따라서 스톡옵션을 도입할 경우 기업의 산출량 수준은 경영자의 효용곡선과 주주의 효용곡선이 만나는 $Q'$가 될 것이다([그림 6-9]). 이처럼 스톡옵션은 경영자로 하여금 도덕적 해이를 줄여 주주의 효용 극대화 산출량 수준에 접근하고 있음을 알 수가 있다. 그러나 스톡옵션으로 도덕적 해이를 완전히 없애지는 못하고 있음도 알 수 있다.

이밖에도 스톡옵션에는 여러 문제점이 있다. 예컨대 기업의 장기적 비전보다

**그림 6-9** 스톡옵션하에서 경영자의 효용곡선

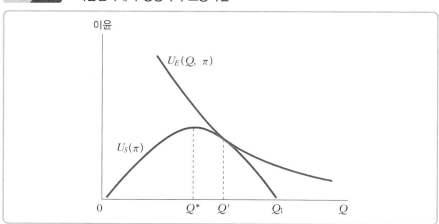

3) 최병권, 1999, 「현대경제학(I)」, 법문사, pp. 177~81 참고하였음.

주가 관리에만 전념함으로써 기업에 장기적으로는 마이너스(−)가 된다. 즉 스톡옵션은 기업의 단기업적주의(short-termism) 추구를 부추기고, 단기업적주의는 기업의 과소 투자뿐만 아니라 기업 전략을 사업의 근본적 운영 역량의 개발보다는 구조조정(restructuring: 생산성이나 비용 절감 등 성과의 현저한 개선을 위한 사업과정과 조직구조의 급진적 재설계)이나 재무적 업무재구축(financial reengineering), 그리고 인수・합병(M&A) 등에 초점을 맞추게 한다. 게다가 직원 간 신뢰・화합의 저해 가능성이 있고, 주가 상승이 경영성과의 향상 결과인지 아니면 단순한 시장 전체의 주가 상승에 기인한 것인지 모호하다.[4] 또한, 분식회계에서 보듯이 기업의 경영주는 기업윤리보다 돈벌이에 치중함으로써 일반 투자자의 피해를 야기할 수도 있다. 분식회계는 기업이 자산이나 이익은 크게 부풀리고 부채나 손실은 작게 보이도록 하는 등 회계장부의 수치를 조작하여 회사 재무상태를 실제보다 좋게 위장하는 것을 말한다. 분식회계는 범죄행위임에도 불구하고 경영자들에게는 고성장−고수익에 대한 집착과 심리적 부담 등으로 근절되지 않고 있다.[5] 그러나 더욱 근본적인 문제점은 스톡옵션 제도가 소유와 경영이 미분리된 가족기업의 경우에는 의미가 없다는 사실이다. 우리나라의 경우 외환위기 이후 미국 제도의 베끼기가 확산되면서 스톡옵션이 본격적으로 도입되기 시작했다. '지식의 식민지성'을 보여주는 대표적인 사례라 할 수 있다.

---

4) 예를 들어, 외환위기 이후 주택은행과 국민은행의 초대 통합은행장을 지냈던 김정태는 1998년 8월 주택은행장으로 취임하며 연봉 12원에 40만 주의 스톡옵션(행사가격 5천 원)을 받았고, 스톡옵션 행사 개시일은 2002년 8월 6일이었고, 당시 국민은행의 3개월 평균 주가(스톡옵션 가격 산정 기준)는 6만원 대였다. 당시 김정태 행장은 스톡옵션 40만 주 가운데 30만 주를 행사해 165억 원의 차익을 남겼다. 문제는 스톡옵션 행사가격 5천 원이 외환위기 충격으로 종합주가가 과도하게 하락했던 상황이었고, 외환위기를 극복하면서 주가는 정상으로 회복할 수밖에 없었다. 참고로 종합주가는 외환위기 이전인 1997년 9월 30일 647.11에서 1998년 6월 280까지 하락했다가 그 후 회복을 시작했으나 1998년 8월에 312.80에 불과했다.

5) 예를 들어, 2001년 10월 미국 재계 7위이자 세계 최대 에너지기업인 엔론사가 15억 달러에 달하는 분식회계 사실이 밝혀져 파산했다. 또한, 2002년 6월에는 미국 2위의 통신업체 월드컴에서 사상 최대인 38억 달러 규모의 분식회계 사실이 드러났으며, 제록스는 19억 달러의 매출 과다 계상으로 물의를 빚었다. 한국의 경우에도 SK글로벌이 2001회계연도 은행 명의의 채무잔액증명서를 위조해 1조 1,881억 원의 은행 채무를 없는 것처럼 처리하고 1조 5,587억 원의 이익을 부풀렸다. 또 존재하지도 않는 가공채권을 회계장부에 포함시키고 해외법인 자산을 과다 산정하기도 했다.

　　기업의 투자를 위하여 필요로 하는 자금의 조달이 이루어지는 시장이 자본시장 혹은 증권시장이다. 기업의 투자자금은 비교적 장기에 걸치는 것이 많기 때문에 장기금융시장이라고도 한다. 기업의 자금조달은 다양한 방법으로 이루어지는데 은행 등 금융회사로부터 대출을 통한 자금조달 방식을 간접금융 방식이라 하고, 주식·공사채 등의 증권을 통해 자금의 수급이 이루어지는 직접금융 방식이 있다. 전자는 자금 공급자(저축자)와 자금 수요자 간 자금을 직접 거래하지 않는다는 점에서 엄밀한 의미에서 시장을 통한 자금수급 방식이라 할 수 없다. 자본시장은 후자를 일컫는다. 자본시장은 새로운 주식·공사채 등이 발행되는 발행시장과 이미 발행되어 있는 증권이 거래되는 유통시장으로 구분된다. 자본시장법에서 증권을 "내국인 또는 외국인이 발행한 금융투자상품으로서 투자자가 취득과 동시에 지급한 금전 등 외에 어떠한 명목으로든지 추가로 지급 의무(투자자가 기초자산에 대한 매매를 성립시킬 수 있는 권리를 행사하게 됨으로써 부담하게 되는 지급의무를 제외함)를 부담하지 아니하는 것"이라고 정의하고 있듯이, 원본대비 손실비율이 100%이하인 경우를 증권이라 하고 100%를 초과하는 경우에는 파생상품으로 분류한다.

　　증권의 종류는 다음과 같다. 첫째는 채무증권이다. 채무증권에는 국채증권, 지방채증권, 특수채증권, 사채권, 기업어음증권(기업이 사업에 필요한 자금을 조달하기 위하여 발행한 약속어음으로서 대통령령으로 정하는 요건을 갖춘 것), 그밖에 이와 유사한 것으로 지급청구권이 표시된 것 등이다. 둘째는 지분증권이다. 지분증권은 주권, 신주인수권이 표시된 것, 법률에 의해 직접 설립된 법인이 발행한 출자증권, 상법에 따른 합자회사·유한회사·익명조합의 출자지분, 민법에 따른 조합의 출자지분, 그 밖에 이와 유사한 것으로서 출자지분이 표시된 것 등이다. 셋째는 수익증권이다. 수익증권은 금전신탁계약에 의한 수익권이 표시된 수익증권, 투자신탁을 설정한 집합투자업자가 투자신탁의 수익권을 균등하게 분할하여 표시한 수익증권, 그 밖에 이와 유사한 것으로서 출자지분이 표시된 것 등이다. 넷째는 투자계약증권이다. 투자계약증권은 특정투자자가 그 투자자와 타인(다른 투자자를 포함)간의 공동사업에 금전 등을 투자하고 주로 타인이 수행한 공동사업의 결과에 따른 손익을 귀속 받는 계약상의 권리가 표시된 것 등이다. 다섯째는 파생결합증권이다. 파생결합증권은 기초자산의 가격·이자율·지표·단위 또는 이를 기초로 하는 지수 등의 변동과 연계하여 미리 정해진 방법에 따라 지급금액 또는 회수금액이 결정되는 권리가 표시된 것 등이다. 여섯째는 증권예탁증권이다. 증권예탁증권은 위에서 언급한 5가지 형태의 증권들을 예탁 받은 자가 그 증권이 발행된 국가 외의 국가에서 발행한 것으로서 그 예탁 받은 증권에 관련된 권리가 표시된 것이다.

### 4.1. 주식의 이해

먼저 주식을 살펴보자. 일반적으로 주식회사란 여러 사람(투자자)이 자본을 모아 회사를 설립하면서 그 회사의 소유권(주식)을 나누어 가지는 형태의 회사를 일컫는다. 따라서 주식은 기업이 발행하는 유가증권의 하나로 투자자로부터 돈을 받고 그 증표로 발행한 것인데, 단순히 돈을 빌린 증표가 아니라 회사 소유권의 일부를 준다는 점에서 채권 등과 차이가 있다. 가령 1억 원짜리 주식회사가 있고, 그 회사의 주식 1장이 5천 원이라면 주식 2만 장이 발행되어 투자자에게 나누어져 있으며, 이때의 투자자는 주식을 가진 주주가 되는 것이다. 주식 발행에 의하여 조달된 자본(1억 원)은 회사의 재산이 되며, 주주는 주식회사의 구성원(사원)으로서 회사에 대하여 법률상 권리(주주권)를 갖는다. 주식발행으로 조달된 자금은 자기자본으로서 차입금과 달리 기업의 재무구조를 개선시키는 한편 상환 필요성이 없고 배당만 하면 되기 때문에 가장 안정적인 자금조달수단이 된다. 주식회사는 주식을 발행하여 여러 사람으로부터 소규모의 자본을 모아 회사를 설립하고 회사가 실패할 경우 주주의 경제적 책임은 출자한 자본에 한정토록 하는 자본주의 사회의 특수한 경제제도이다. 이는 회사 창업에 필요한 자금조달은 쉽게 하는 반면 실패시의 위험부담은 통제함으로써 기업활동을 조장하여 산업생산을 획기적으로 증대시키는 역할을 하고 있다.

주식의 종류는 다음과 같다. 첫째, 배당 및 잔여재산의 분배 기준에 따라 보통주, 우선주, 후배주, 혼합주로 구분한다. 보통주는 이익배당이나 잔여재산분배 등에서 표준이 되는 주식이다. 우선주는 이익배당이나 잔여재산분배 등에서 우선적 지위가 인정되는 주식으로 일정률의 우선배당을 받은 후 남은 이익에 대하여 보통주와 같이 배당에 참가할 수 있는가 여부에 따라 참가적 우선주와 비참가적 우선주로 구분되며, 회계연도의 배당이 정해진 배당률에 미치지 못하는 경우 그 부족액을 다음 회계연도에 추가적으로 우선배당 받을 수 있는지 여부에 따라 누적적 우선주와 비누적적 우선주로 구분된다. 후배주는 이익배당이나 잔여재산분배 등에서 보통주보다 후위에 있는 주식이고, 혼합주는 이익배당은 보통주에 우선하고 잔여재산분배에 있어서는 열등한 지위에 있는 주식이다. 둘째는 의결권 기준에 따라 의결권주와 무의결권주로 구분한다. 의결권주는 주주총회에 상정하는 다수의 안건에 대해 주주별로 의사결정에 관한 권리가 부여된 주식이고, 무의결권주는 주주총회에 상정하는 다수의 안건에 대해 주주별로 의사결정에 관한 권리가 부여되지 않는 주식으로 무의결권주의 총수는 발행주식총수의 1/4(다만, 상장법인은 1/2)을 초과할 수 없다. 셋째는 액면표시 기준에 따라 액면주와 무액면주로 구분한다. 액면주는 주권에 주식의 액면가액이 기재 되어 있는 주식으로 우리나라 주식이 여기에 포함되고, 무액면주는 주권에 주식의 액면가액이 기재 되어 있지 않는 주식으로 우리나라 상법은 이를 허용하지 않고 있고 미국이나 캐나다, 일본 등의 주식이 여기에 해당한다. 넷째, 기명여부 기준에 따라 기명주와 무기명주로 구분한다. 기명주는 주주의 성명이 주권과 주주명부에 표시되는 주식으로 주주로서의 권리행사자를 구분하여 알 수 있고 통지에도 편리한 이점이 있다. 반면, 무기명주는 주주의 성명이 주권과 주주명부에 표시되지 않는 주식이다. 이밖에도 회사가 자금이 필요한 경우 발행하였으나 일정 기간이 경과 후 해당 주식을 회수하여 소각하고자 하는 경우에 발행하는 상환주식과 우선주를 보통주로, 보통주를 우선주로 전환할 수 있는 권리가 있는 전환주식 등이 있다.

## 4.2. 채권의 이해

채권은 정부, 공공기관, 특수법인과 민간기업이 비교적 장기로 불특정다수로부터 거액의 자금을 조달하기 위하여 정해진 이자와 원금의 지급을 약속하면서 발행하는 유가증권으로서 일종의 차용증서이다. 채권표면에는 이자가 미리 확정되어 표시되고, 채권을 보유한 자에게 돈을 돌려주어야 할 기간도 1년, 3년 등으로 정해져 채권표면에 기재된다. 이처럼 채권의 내용은 권면에 정해진 이자(표면이자율)와 상환금액 그리고 만기로 구성된다.

채권은 보통의 차용증서와 달리 법적인 제약과 보호를 받게 된다. 첫째, 채권을 발행할 수 있는 주체가 법률로 정해져 있다. 일반적으로 정부, 공공기관, 특수법인과 상법상의 주식회사 등이 채권을 발행할 수 있다. 둘째, 발행자격이 있더라도 정부는 국회의 동의를 받아야 하고 회사가 공모할 경우 금융위원회에 등록을 한 후 금융감독원에 유가증권신고서를 미리 제출하여야 한다. 셋째 채권은 어음, 수표 등과 달리 유통시장에서 자유로운 거래가 가능하다.

　　채권은 발행주체, 이자지급방식, 만기, 특약 등에 따라 여러 가지로 분류한다. 첫째, 발행주체에 따른 분류로 (우리나라의 경우) 정부가 발행하는 국채, 지방자치단체가 발행하는 지방채, 정부투자기관 및 공기업 등이 발행하는 특수채, 일반 주식회사가 발행하는 회사채 등으로 구분되는데, 특히 금융기관이 발행하는 채권을 금융채라 하고 금융채도 은행채, 종금채, 카드채 등과 같이 금융권역에 따라 세분하기도 한다.

　　둘째는 이자지급 방식에 따른 분류로 통상 선이자가 적용되는 할인채, 만기에 일시 지급하는 복리채, 분기나 반기 등 일정한 주기에 따라 금리를 지급받을 수 있는 이표채로 구분되는데 이는 채권의 만기와 밀접한 관계가 있다. 할인채는 이자를 먼저 지급하는 것이므로 만기가 길면 액면금액에 비해 실제 조달하는 자금 규모가 너무 적어지므로 통상 1년 이내의 단기채에 채택되는 방식으로서 통화안정증권이 대표적이다. 통화안정증권은 한국은행이 통화량을 조절하기 위하여 금융기관 또는 일반을 대상으로 발행한다. 즉 한국은행은 경상수지 흑자나 외국인의 주식투자자금 유입 등으로 시중유동성이 과도하게 공급되어 일정기간 이상 유동성을 흡수할 필요가 있는 경우 은행, 종금사, 증권회사, 자산운용사, 보험사 등을 상대로 증권을 발행하는데 이들 증권은 증권회사를 중개기관으로 하여 유통시장에서 거래된다. 통상 특수한 약정이 되어 있는 금융기관을 상대로 하는 경쟁입찰 외에 일반인을 상대로 매수자에 대한 제한 없이 한국은행 본지점 창구를 통해 일반매출도 이루어진다. 동 증권의 만기는 14일(2주)에서 2년까지 11종으로 정형화되어 있다. 반면, 복리채는 누적된 이자를 만기에 원금과 함께 지급하기 때문에 너무 만기가 길면 원리금을 일시에 상환하는 부담이 커지고 투자자 입장에서도 상환불능위험이 커지므로 3년 내외의 만기가 적당하다. 따라서 장기채는 거의 대부분 이표채 방식을 채택하게 되는데 이자가 정기적으로 지급되므로 만기상환부담이 줄고 투자자로서는 이자로 생활비에 충당할 수 있는 장점이 있다.

셋째는 신용등급에 따라 투자적격등급 또는 투자부적격등급으로 구분되며 신용등급이 매우 낮은 채권을 정크본드(junk bond)라고 부른다. 넷째, 만기를 기준으로 채권을 구별하는 것은 나라마다 상이한데 우리나라에서는 미국, 일본, 유럽 등 선진국들에 비해 10년 이상의 장기채가 적고 3년에서 5년 정도의 중기채가 많다. 만기가 없이 영구히 이자만 지급되는 영구채(consol)도 있다.[6] 원금은 상환하지 않고 일정한 쿠폰이자만 영구히 지급하는 채권이다. 이자는 지급하나 상환기간이 없고 발행회사의 해산이나 중요한 채무불이행 등의 특수한 경우 이외에는 상환되지 않으므로 불상환사채라고도 한다. 영구채는 원금상환이 필요하지 않으므로 사채의 성질을 상실하고 주식의 특징을 가지게 된다. 영구채란 속성상 높은 신용등급의 기관이나 기업만이 발행할 수 있는 채권이고 발행 비용이 높을 수밖에 없다.

채권보유자를 확인하는 방법으로 통상 기명식 채권이 발행되지만 정책적 목적에 따라 무기명식으로 발행하는 경우도 있는데, 국공채 가운데 무기명식으로 발행된 채권들은 만기가 되어 원리금을 상환할 때 소유자의 실명을 확인하지 않아 때로는 프리미엄이 붙어 만기시의 원리금보다 더 높은 가격에 거래되거나, 상속수단으로 활용되어 만기가 지나 무이자 상태가 되었음에도 원리금상환을 요청하지 않는 경우도 없지 않았다. 이밖에 이자의 변동 여부에 따라 고정금리부채권과 변동금리부채권(채권 지급 이자율이 금리 변동에 따라 달라지는 채권)으로, 원리금에 대한 제3자의 지급보증 여부에 따라 보증채와 무보증채로 구분되기도 한다. 또한 채권의 변제순위에 따라 정상적인 채권 외에 다른 채권보다 후순위를 특약사항으로 한 후순위채가 있는데 이는 변제순위가 채권과 주식의 중간에 있는 것으로 금융기관들이 자본 확충의 수단으로 널리 활용하고 있다.

이제 채권과 주식의 차이를 정리해보자. 채권과 주식은 여러 가지 면에서 차이가 있다. 주식은 그 소유자가 주주총회 등에서 주주로서 의사결정에 참여할 수 있으나 채권소유자는 회사경영의 의사결정에 참여할 수 없다. 주식의

---

6) 한국회계기준원은 2013년 10월 두산인프라코어가 발행한 영구채를 자본으로 분류하는 결정을 내렸다. 한국회계기준원과 금융감독원은 2014년 한걸음 더 나아가 연기금과 보험사 등 기관투자가들이 영구채에 투자할 때 이를 주식(지분증권) 또는 채권(채무증권) 중에 선택해 분류할 수 있도록 허용했다.

표 6-2 채권과 주식의 차이점

| 구 분 | 채 권 | 주 식 |
|---|---|---|
| 발행자 | 정부, 지방자치단체, 특수법인, 주식회사 | 주식회사 |
| 자본조달형태 | 대부증권 | 출자증권 |
| 조달자금의 성격 | 타인자본(부채) | 자기자본 |
| 증권의 존속기간 | 한시적 | 영구적 |
| 조달원금 | 만기시 원금상환 | 상환의무 없음 |
| 증권소유자의 지위 | 채권자 | 주주 |
| 경영참가권 | 없음 | 있음 |
| 소유시 권리 | – 회사 정리절차 등에서 채권단 참여<br>– 확정부 이자 수취<br>– 주식에 우선하여 재산분배권 가짐 | – 의결권<br>– 배당금 수취<br>– 잔여재산 분배권 |

발행은 자본금의 증가를 수반하지만 채권은부채의 증가를 수반한다. 또한 채권은 회사의 해산 시 주식에 우선하여 원리금을 지급받을 권리가 있다.

채권에 다른 증권의 특성을 결합한 증권을 합성채권이라 한다. 즉 합성채권은 일반사채를 기본성격으로 하되 별도의 기능을 부가하여 자금수요자와 투자자간의 자금거래가 더욱 원활하게 이루어질 수 있도록 한 채권을 말한다. 일반적으로는 경쟁상품인 주식의 성격을 가미한 상품이 주종을 이루고 있으나 채권의 기본조건(만기 등)을 변경할 수 있는 특약(예: 신용도 하락 시 조기상환 요구권 인정)을 부가하는 등의 다양한 유형이 가능하다. 이러한 특약이 부가될 경우 발행자는 금리부담 등을 덜 수 있고 수요자는 다양한 투자 욕구를 만족시킬 수 있는 장점이 있다. 합성채권에는 전환사채, 신주인수권부사채, 교환사채, 수의상환채권 등이 있다. 첫째, 전환사채(CB, Convertible Bond)는 발행 당시에는 이자가 확정된 보통 사채로 발행되지만 미리 정해진 일정 조건에 의해 보유채권을 일정시점에서 일정한 수의 발행기업 주식으로 전환하여 취득할 수 있는 권리가 부여된 사채이다.[7] 투자자는 주가 상승 시에는 주식으로

---

7) 전환사채는 삼성 에버랜드 전환사채 저가 배정 사건 또는 삼성 에버랜드 전환사채 편법 증여 사건으로 일반인에게 널리 알려진 채권이다. 1996년 삼성에버랜드가 전환사채를 낮은 가격에 주주 우선으로 발행한 이후 기존 주주들이 인수를 포기해 결과적으로 이재용에게 배정한 사건이다. 이는 삼성그룹 회장인 이건희가 아들인 이재용에게 경영권을 인계하는 데 있어 중요한 역할을 한 바 있다. 1995년 삼성그룹 이건희 회장은 외아들 이재용에게 60억 8,000만 원을 증여하고, 이재용은 삼성그룹 비상장 계열사인 에스원의 주식 12만여 주를 23억 원에, 삼성엔지니어링 주식 47만 주를 19억 원에 매입하였다. 이재용은 증여세 16억 원 납부하였다. 얼마 후 두 회사를 상장시켜 보유 주식을 605억 원에 매각하여 시세 차익 563억 원을 남겼다. 이 자금은 이재용이 에버랜드 전환사채를 저가

전환하여 주가상승에 따른 이익도 기대할 수 있으며 주가하락 시에는 주식으로 전환하지 않고 고정금리를 주는 채권의 특성을 인정받아 안정성을 확보할 수 있다. 확정이자를 받을 수 있는 채권으로서의 안정성과 주식의 가격상승으로 인한 자본이득을 함께 기대할 수 있는 점이 특징이다. 통상 사채발행 후 3개월부터 만기 1개월 전까지로 정해지는 전환기간 중에 언제든지 사채보유자는 발행시에 정해진 전환가액으로 채권을 주식으로 전환할 수 있다. 전환사채는 주식으로 전환할 수 있는 권리가 부여되기 때문에 그 옵션(권리) 프리미엄만큼 금리를 저렴하게 발행할 수 있다.

둘째, 신주인수권부사채(BW, Bond with Warrant)란 발행 시에 미리 정해진 일정한 조건에 근거해 그 회사의 주식을 인수할 권리가 붙은 사채이다. 따라서 신주인수권부사채는 보통사채와 신주인수권이 하나로 결합된 증권인데 사채보유자가 신주인수권을 행사할 때는 약정된 매입대금을 납입하고 신주를 인수하게 된다. 전환사채와 다른 점은 전환사채는 주식으로 전환될 경우 채권의 효력이 없어지게 되나 신주인수권부사채의 경우는 신주인수권을 행사하여 추가자금을 납입하고 주식을 취득하게 되므로 채권의 효력은 만기까지 존속

**표 6-3 교환사채, 전환사채, 신주인수권부사채의 비교**

| 구 분 | 교환사채(EB) | 전환사채(CB) | 신주인수권부사채(BW) |
|---|---|---|---|
| 사채에 부여된 권리 | 교환권 | 전환권 | 신주인수권 |
| 대상 유가증권 | 발행회사가 소유한 상장유가증권 | 발행회사의 주식 | 발행회사의 주식 |
| 권리행사 후 사채권자 지위 | 사채권자의 지위상실, 다른 회사 주주의 지위 획득 | 사채권자의 지위상실, 발행 회사 주주의 지위 획득 | 신주인수권 행사후에도 사채권자 지위존속 |
| 주식의 취득가격 | 교환가격 | 전환가격 | 행사가격 |
| 주주가 되는 시기 | 교환을 청구한 때 | 전환을 청구한 때 | 신주인수를 청구한 때 |

---

로 구입하는 데 사용되는데 1996년 10월 30일 에버랜드 이사회는 주당 8만 5천 원대인 에버랜드 전환사채를 주당 7,700원에 125만 4천여 주(96억 원) 발행을 결의하였는데, 이는 자사 지분 62.5%에 해당하였다. 1996년 12월 3일 이건희 회장 등 개인 주주와 삼성전자, 제일모직, 중앙일보, 삼성물산 등 법인 주주들이 주주 배정을 포기한 뒤 에버랜드 이사회는 이재용 남매에게 실권주 125만 4천주를 배정하였고, 이재용은 에버랜드 전환사채를 사들인 뒤 주식으로 교환해 에버랜드의 최대 주주로 등극하였다. 이 사건으로 허태학, 박노빈 당시 삼성에버랜드 전·현직 사장들이 배임 혐의로 기소되어, 2심까지 유죄 판결이 나오기도 하였고, 이후 삼성특검의 출범으로 이건희 회장 등도 동일 혐의로 기소되었으나 최종적으로 모두 무죄가 선고되었다.

된다는 점이다. 사채보유자는 당초 정해진 행사가액으로 부여비율(사채액면에 대해 부여되는 신주발행총액의 비율)의 한도까지 만기 전까지 미리 정한 행사기간 중에는 언제라도 그 회사의 주식을 인수할 수 있다. 예를 들면 사채액면 1만원에 대해 1만원의 신주인수권이 부여된 경우 부여비율은 100%가 된다. 한편 신주를 인수할 수 있는 권리 혹은 그 권리를 나타낸 증권을 워런트채라 하며 그 종류로는 분리형과 비분리형이 있는데 우리나라는 최근에 분리형이 허용되어 신주인수권만 따로 거래가 가능하다.

셋째, 교환사채(EB, Exchangeable Bonds)는 사채소유자에게 소정의 기간 내에 사전에 합의된 조건으로 동 사채를 발행한 상장기업이 소유하고 있는 다른 회사 발행 상장유가증권으로 교환을 청구할 수 있는 권리 즉 교환권이 부여된 사채를 말한다. 따라서 교환권 청구 시 추가적인 자금부담이 없다는 점에서 신주인수권부 사채와 다르며 자본금의 증가가 수반되지 않는다는 점에서 전환사채와 다르다. 교환사채는 전환사채와 마찬가지로 주식으로 상환되는 특징이 있는 바 그 가치는 채권가치와 향후 주가상승에 따른 매매차익으로 구성된다. 따라서 사채권의 발행이율은 보통사채보다는 낮게 책정된다. 다만, 교환사채의 특성상 발행회사가 소유하고 있는 타상장법인 유가증권을 교환해준다는 점에서 교환사채의 발행이율은 전환사채보다 높아질 수도 있다. 교환사채는 기존의 전환사채와는 다른 조건을 갖고 있지만 교환가치와 채권 가치를 함께 가지고 있다는 점에서 전환사채와 기본적으로 가격형성 메커니즘이 같다고 할 수 있으므로 전환사채 투자지표를 참고하여 활용할 수 있다.

넷째, 수의상환채권(callable bond)이란 채권의 만기일 이전에 당해 채권을 매입할 수 있는 권리를 채권 발행자에게 부여하여 채권 발행자가 채권 원리금을 만기 이전에 조기 상환할 수 있는 권한을 부여한 채권을 의미한다. 투자자 입장에서는 채권의 시장금리가 하락하는 경우 발행회사가 조기상환 할 수 있으므로 일반사채와 비교할 경우 불리한 조건이 되는바 수의상환채권은 일반사채보다 콜옵션(call option) 가치에 해당하는 프리미엄 금리가 첨부되어 있는 것이 일반적이다. 이를 가격으로 환산하여 산식으로 표현하면,

수의상환채권 가치 = 일반사채 가치 − 콜옵션프리미엄 가치
또는 수의상환채권 수익률 = 일반사채 수익률 + 콜옵션프리미엄 수익률

수의상환청구채권(putable bond)은 만기일 이전에 당해 채권을 매도할 수 있는 권리를 채권 투자자에게 부여하여 채권 투자자가 채권 원리금을 만기 이전에 조기 상환 청구할 수 있는 권한을 부여한 채권을 의미한다. 채권 발행자 입장에서는 채권의 시장금리가 상승하는 경우 투자자가 조기상환 할 수 있으므로 일반사채와 비교할 경우 불리한 조건이 되는바 수의상환청구채권은 일반사채보다 풋옵션(put option) 가치에 해당하는 할인(discount) 금리가 포함되어 있는 것이 일반적이다. 이를 가격으로 환산하여 산식으로 표현하면,

수의상환청구채권 가치 = 일반사채 가치 + 풋옵션프리미엄 가치
또는 수의상환채권 수익률 = 일반사채 수익률 − 풋옵션프리미엄 수익률

## 4.3. 자산가격의 결정

주식이나 채권 등 자산 구성의 주요 결정요인인 자산 보유에 따른 수익률은 자산 가격과 이자율 등에 의해 결정된다. 자산들의 수익률은 수렴하는 경향이 존재하기에 자산가격과 시장이자율 간에는 역의 관계가 존재한다([그림 6-10]). 즉 미래 배당이 영원히 D(예: 100달러)가 기대된다고 가정할 경우 자산가격은 (D/i)이 된다. 여기서 i는 이자율이다. 예를 들어, $i=0.1$(10%)이라면 주가는 1,000달러가 될 것이다. 즉 이자율 10%에서 영원히 100달러를 지불하는

그림 ▶ 6-10 자산가격과 시장이자율

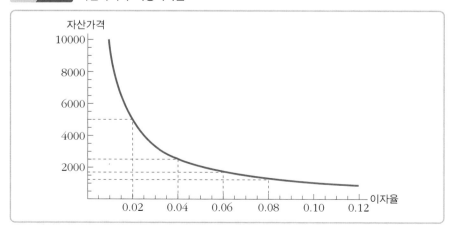

자산가격은 미래가치가 할인된 1,000달러가 된다. 이제 이자율이 9%로 하락할 경우 자산가격은 1111.11(100/0.09)달러가 된다. 즉 자산은 이자율이 낮을수록 가치가 높아진다.

이제 자산가격 모델을 미래 이표지급액(利表支給, coupon payment) $C$, 만기 $T$, 이자율 $i$, 액면가치 $F$를 가진 채권에 응용하면 채권 가격($P_b$)은 다음과 같이 결정된다. 단, 채권의 파산 위험은 없고, 만기에 액면가치(F)를 모두 회수할 수 있다고 가정한다.

$$p_b = \frac{C}{1+i} + \frac{C}{(1+i)^2} + \frac{C}{(1+i)^3} + \cdots + \frac{C}{(1+i)^{T-1}} + \frac{C+F}{(1+i)^T}$$

현재 주가($S$)와 미래 예상 배당액주식($D_t$)과 금리 사이의 관계 역시 자산가격 모델을 통해 이해할 수 있다. 배당액은 기업의 수익으로 지급되기에 시간에 따라 변화하기에 현재의 주가는 다음과 같이 표현할 수 있다.

$$S = \frac{D_1}{(1+i)} + \frac{D_2}{(1+i)^2} + \frac{D_3}{(1+i)^3} + \cdots$$

미래 예상 배당액이 일정한 비율($g$)로 증가한다고 가정할 경우에 주가($S$)는 다음과 같이 표현될 수 있다.

$$S = \frac{D_1(1+g)}{(1+i)} + \frac{D_2(1+g)^2}{(1+i)^2} + \frac{D_3(1+g)^3}{(1+i)^3} + \cdots$$

이처럼 자산은 이자율과 더불어 자산가격에 의해 수익률이 결정된다. 그런데 채권 투자자의 경우 이자율보다는 수익률을 따진다. 예를 들어, 주식과 마찬가지로 채권은 발행가격(상환금액)에 고정되는 것이 아니라 수시로 변하기에 채권 투자의 수익률은 표면이자율과 더불어 채권 구입가격과 상환금액 간의 차액도 포함된다. 즉 채권수익률은 채권을 보유함으로써 얻을 수 있는 모든 수익의 현재가치라고 할 수 있다. 예를 들어, 은행이자율이 10%일 때 표면이자율이 8%, 상환금액이 1억 원, 만기가 3년이 남은 회사채가 9,000만 원에 거래된다고 하자. 은행 예금과 회사채의 투자 안전성은 동일하다고 가정한다. 두 가지 투자 중 선택할 경우 투자자는 어디에 투자해야 할까? 이제 은행에 예금할 이자율과 채권투자에 따른 수익률을 비교해야 할 것이다. 은행 예금의 경우 3년간 수익률(33.1%)은 쉽게 계산된다. 이제 채권의 수익률을 계산해보자. 만기까지 보유할 경우 3년간 채권의 총수익률은 이자수익(2,400만 원), 자본차익(1,000만 원), 재투자수익(248만 원) 세 가지 수익을 모두 합해 투자금(9,000만 원)으로 나눈 값(약 40.5%)이 될 것이다. 채권의 수익률이 예금 이자율보다 크기에 투자자들은 채권에 투자할 것이다. 채권 투자자가 많아질수록 채권 가격은 하락하고, 그에 따라 채권 수익률은 하락한다. 채권 가격의 하락은 채권 수익률이 예금 이자율과 같아질 때까지 진행될 것이다. 여기서 보듯이 채권의 가격이 하락/상승하면 채권 수익률은 상승/하락하게 된다. 즉 채권의 수익률은 시장의 이자율과 같아지는 경향이 있다. 채권의 수익률이 시장이자율보다 더 높다면/낮다면 사람들이 모두 채권을 사기를/팔기를 원할 것이고 채권가격은 상승/하락하기 시작하여 채권의 수익률은 떨어져/높아져 결국 은행 금리(시장 금리)와 같아진다. 우량기업 회사채 3년 수익률을 시장의 장기금리로 삼는 이유이다. 역으로 은행 금리가 채권 수익률보다 상승하면 채권 가격은 하락할 것이다. 이자율과 채권 가격 간의 역의 관계를 이해할 수 있다.

## 제 5 절　지대이론

　지대이론은 토지와 같은 고정생산요소의 가격결정이론이다. 지대는 공급이 제한되어 있고 생산요소가격이 한계비용을 초과하기 때문에 발생한다. 즉 토지의 공급곡선은 수직선이다. 따라서 생산요소의 가격은 전적으로 수요측 요인에 의해 결정된다. 노동과 마찬가지로 토지의 수요곡선은 토지의 한계생산가치($VMP$)에 의해서 결정된다. 또한, 토지는 생산력의 차이를 갖는다. 생산력의 차이에서 비롯하는 지대를 '차액지대'라 한다. 예를 들어, 토지 면적이 일정하고 비옥도에 따라 다섯 등급으로 구분이 가능하며 경작비가 일정하다고 가정할 경우 1등급 토지에서 생산되는 곡물의 가격은 $P_1=MC_1$에서 결정되고, 2등급 토지에서 생산되는 곡물의 가격은 $P_2=MC_2$에서 결정되고, 3등급 토지는 $P_3=MC_3$에서 곡물의 가격이 결정되고, 4등급 토지는 $P_4=MC_4$에서 곡물의 가격이 결정되고, 5등급 토지는 $P_5=MC_5$에서 곡물의 가격이 결정될 것이다. 이 때 1등급 지대는 $P_5-P_1=MC_5-MC_1$이고, 3등급 지대는 $P_5-P_3=MC_5-MC_3$가 된다. 5등급 토지는 한계토지이기에 지대가 존재하지 않는다.

한편, 생산요소는 한 가지 용도만 있는 것이 아니라 여러 가지 용도가 있는데, 어느 한 용도에 요소를 공급한다면 이것은 다른 용도에 공급할 때보다 그 용도에 공급하는 게 유리하다는 것을 의미한다. 즉 생산요소를 다른 최선의 용도에 공급할 때 취득할 수 있는 소득(기회비용)과 가외소득으로 구분할 수 있다. 그리고 시장이론에서는 기회비용을 이전수입(transfer earnings), 가외소득을 '경제지대'라고 한다. 즉 이전수입은 생산요소를 현재의 용도에서 다른 용도로 옮겨가지 못하도록 하기 위해 지불해야 하는 보수로 생산요소의 기회비용과 동일한 개념이다. 반면, 경제지대는 생산요소가 받는 총보수에서 이전수입을 뺀 것, 즉 이전수입을 초과해서 생산요소에게 지불되는 보수이다. 이처럼 경제지대는 요소소득의 총계 사각형($\square P^*OF^*E$)에서 이전수입 사각형($\square AOF^*E$)을 뺀 삼각형($\triangle P^*AE$)의 면적이 된다([그림 6-11]).

**그림 6-11** 경제지대와 이전 수입

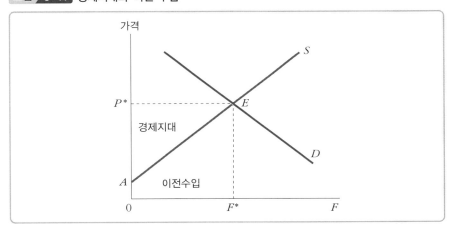

경제지대는 몇 가지 특징을 갖는다. 첫째, 생산요소의 시장공급곡선의 기울기가 가파를수록 총수입에서 경제지대가 차지하는 비중이 커지게 된다. 예를 들어, 공급곡선의 탄력성이 완전비탄력적이면 총수입과 지대는 같고, 완전탄력적이면 지대는 0이 된다. 즉 공급곡선의 탄력성이 클수록 지대는 작아지고, 역으로 탄력성이 작을수록 지대는 커지고 이전수입은 작아진다. 지대는 공급곡선의 탄력성이 완전비탄력적인 경우에서 발생한다. 헨리 조지(Henry George)가 토지에만 과세하여 지주들의 불로소득을 정부 재원으로 삼자고 주장하는 단일세운동(single-tax movement)을 전개한 배경이다. 즉 토지에 조세를 부과하면 세금액은 전적으로 지주가 부담하여 자원배분이 왜곡되지 않기 때문이다. 둘째, 생산요소를 이용해서 생산한 재화(예: $X$재)의 가격($P_X$)이 상승하면 경제지대는 커진다. 즉 재화의 가격이 상승하면 $VMP(=P_X \cdot MP)$가 커지기에 생산요소의 곡선은 우상방으로 이동하고, 그 결과 경제지대는 증가한다. 셋째, 공급 탄력성과 달리 수요곡선의 기울기(탄력성)은 지대 결정에 아무런 영향을 미치지 않는다.

한편, 장기에는 가변적이나 단기에는 고정적인 공급 상태에 있는 생산요소에 대한 보수를 '준지대(Quasi-Rent)'라 한다. 즉 준지대는 총수입에서 총가변비용을 뺀 나머지 부분이다.

$$준지대＝총수입(TR)-총가변비용(TVC)＝고정비용＋초과이윤$$

따라서 장기의 완전경쟁시장에서는 총고정비용과 초과이윤이 존재하지 않기 때문에 준지대 역시 존재하지 않는다. 반면, 독점 등 불완전경쟁시장에서 발생하는 독점이윤(초과이윤)은 준지대적 성질을 갖는다.

## 제 6 절　소득분배

### 6.1. 소득분배의 측정

기본적으로 소득분배는 시장이론의 주요 관심사가 아니다. 그러다 보니 시장지상주의자는 소득분배를 거론하는 것 자체를 효율성 추구의 장애물로 인식한다. 예를 들어 「맨큐의 경제학」도 2판(5쪽)에서는 경제학의 10대 기본원리 중 첫 번째 기본원리로 효율성(efficiency)과 공평성(equity)의 상충관계를 얘기했을 정도다. 그리하여 시장이론에서는 소득분배의 원인보다는 결과의 설명에 치중한다. 예를 들어 소득이 가장 높은 사람부터 차례로 배열했을 때 각 소득계층에 돌아가는 소득의 몫이 얼마나 되는지(계층별 소득분배)에 관심을 갖는다. 여기서는 소득분배의 측정과 관련하여 대표적인 방식을 몇 가지 소개한다. 가장 대표적이고 전통적인 측정방식이 '로렌츠곡선(Lorenz curve)' 이다. '로렌츠곡선'은 '가장 가난한 몇 퍼센트의 사람들이 전체 소득 중 몇 퍼센트를 차지하고 있는가를 나타내는 점들을 이어 만든 곡선'이다. 그림에서 보는 정사각형의 X측은 사람의 비율을 퍼센트(%)로 나타내는 한편, Y측은 전체소득 중의 점유비율을 퍼센트(%)로 나타내고 있다. X측에 나타나 있는 사람의 비율은 가장 가난한 사람부터 순서대로 배열했을 때의 비율(%)을 뜻한다. 예컨대 20%를 나타내는 지점은 소득이 가장 낮은 20%의 사람들을 뜻하는 것이다. 즉 최하위의 몇 퍼센트의 사람들이 몇 퍼센트의 소득을 점유하는지를 계속 찾아 점으로 나타낸 다음 이들을 이으면 그림에서 보는 로렌츠곡선이 된다. 만약 모든 사람들이 똑같은 소득을 얻고 있으면 로렌츠곡선은 대각선과 일치한다. 반면 오직 한 사람이 모든 소득을 독점하고 나머지 사람들은 전혀 소득을 얻지 못하는 극단적인 불평등을 나타내는 로렌츠곡선은 ' ⌐ ' 형태가 될 것이다. 소득이 평등하게 분배되어 있을수록 로렌츠곡선은 대각선에 더욱 가까이 위치하게 된다. 따라서 한 사회의 로렌츠곡선이 다른 사회의 그것보다 대각선에 가까이 위치해 있다면 소득이 더 평등하게 분배되었다고 평가할 수 있다. 그런데 복수의 로렌츠곡선을 비교해 분배상태를 비교하는 것은 두 곡선이 서로 교차하지 않을 때만 가능하다. 만약 곡선들이 서로 교차한다면 판단을 내리기가 쉽지 않다. 현실에서는 로렌츠곡선이 교차하는 경우가 허다하다.

**그림 6-12** 로렌츠곡선과 지니계수

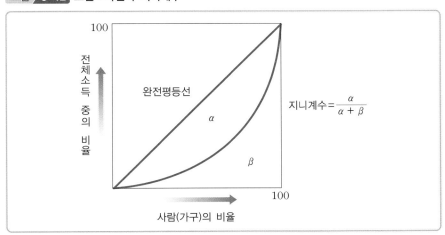

이런 문제를 해결하기 위한 방식 중 하나가 '지니계수(Gini's coefficient)'[8]다. '지니계수'란 대각선과 로렌츠곡선 사이의 면적($\alpha$)을 대각선 아래의 삼각형 면적($\alpha + \beta$)으로 나눈 것이다. 만약 로렌츠곡선이 대각선과 일치한다면 $\alpha$의 넓이는 0이 될 것이고 지니계수도 0이 된다. 반면 로렌츠곡선이 '⌐' 형태가 되면 $\beta$의 값이 0이 되어 지니계수는 1이 된다. 이처럼 지니계수는 0에서 1 사이의 값을 가지며 그 값이 클수록 더욱 불평등한 분배상태를 의미한다.

지니계수는 소득이 얼마나 균등하게 분배되었느냐를 설명할 수 있는 반면, 누가 어떤 방법으로 얼마나 많은 소득을 얻고 있느냐를 모두 반영하지는 못한다. 이를 보완해주는 측정 방식 중 하나가 계층별 소득분배다. 계층별 소득분배는 소득이 가장 큰 사람부터 차례로 배열했을 때 각 소득계층에 돌아가는 소득의 몫이 얼마나 되는지를 보는 방식이다. 대표적인 계층별 소득분배 측정 방식 중에는 가장 가난한 10%의 사람부터 가장 부유한 10%의 사람까지 각기 10%씩으로 구성된 소득계층인 소득 10분위와 소득이 가장 낮은 계층부터 가장 높은 계층까지 총 5개 소득계층으로 구분하는 소득 5분위가 있다. '10분위 소득분배율'은 가장 못사는 40%가 차지하는 소득의 비율을 가장 잘사는 20%가 차지하는 소득의 비율로 나누어 구해지는 값으로 이것이 작을수록 더욱 불평등한 분배를 의미한다. 이론적으로 '10분위 소득분배율'은 0부터 2까지 값을 가질 수 있다. 0에 가까울수록 불평등하고 2에 가까울수록 평등한 것을 의미한다. '5분위 소득분배율'은 상위 20%의 소득을 하위 20%의 소득으로 나눈 값으로 정의되고 이론상 1에서 무한대의 값을 가진다. 즉 '5분위배율'은 값이 작을수록 분배가 평등하게 이루어진 것을 의미한다.

참고로 2010년 9월 29일 기획재정부가 내놓은 '2010 거시경제안정보고서'에 따르면 도시가구 시장소득 기준 지니계수가 2006년 0.331에서 2007년에는 0.340으로 높아졌고 2008년과 2009년에도 0.344, 0.345로 상승했다. 그리고 상위 20% 소득과 하위 20% 소득의 비율을 나타내는 '5분위배율'은 2003년 4.1배에서 2009년에 4.9배로 높아졌다([그림 6-13]). 외환위기 이후 빠르게 악화되기 시작한 한국의 소득분배는 특히 악화 속도가 선진국들보다 훨씬 빠르게 진행되고 있는 것으로 평가된다. 즉 외환위기를 맞은 1997년 이후 10년

---

8) 이탈리아의 인구학자 · 통계학자 · 사회학자인 코르라도 지니(Corrado Gini)의 소득분포에 관해 제시한 통계적 법칙인 '지니의 법칙'에서 나온 개념이다.

동안 국내 소득불평등도가 21개 OECD 회원국 중 가장 크게 높아진 것으로 알려지고 있다. 중위소득의 50% 미만 인구의 비율로 정의하는 '상대적 빈곤율'(2006년 기준 14.6%)도 31개 OECD 국가 중에서 여섯 번째로 높은 것으로 알려지고 있다([그림 6–14]). 1인 가구 이상까지 합쳐 가구 기준으로 2009년에는 305만 8,000가구로 2006년 16.7%에서 3년 새 18.1%로 증가하였다. 빈곤층의 월평균소득은 최저임금(주당 40시간, 월 80만 원) 수준이다. 이들의 부양가

**그림 6–13** 한국의 소득분배, 분위배율

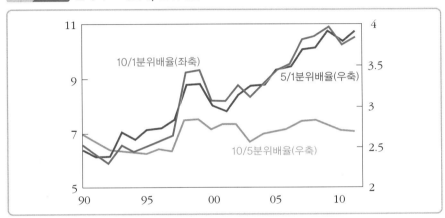

출처: 통계청 가계동향조사. 나승호 · 정천수 · 임준혁, 2013, "구조적 소비제약 요인 및 정책과제," 한국은행 「BOK 경제리뷰」 (2013. 3)에서 재인용.

**그림 6–14** OECD 국가의 소득분배: 지니계수와 (상위 10%/하위 10%) 비율, 2010년

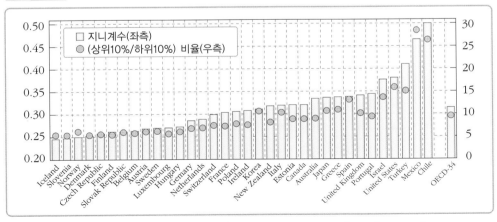

출처: OECD, 2013, "Crisis squeezes income and puts pressure on inequality and poverty."

족까지 포함하면 빈곤층 인구는 약 700만 명에 달할 것으로 추정된다.

사실, 한국의 소득분배 문제는 자산 혹은 자산소득의 불평등에 있다. 예를 들어 2000년 상반기 도시근로자의 근로소득에 대한 지니계수는 0.286을 보인 반면, 재산소득의 지니계수는 0.570을 보였다. 그런데 통계청의 '2006년 가계자산현황'을 분석한 결과에 따르면 상·하층 각 20%간 격차, 즉 자산소득의 5분위배율이 60.8배에 이를 정도로 자산 불평등이 심각했다. 자산 가운데 토지의 불평등이 특히 심해 지니계수가 0.848에 이르렀다. 정부 조사에 따르면 2004년 말 기준 국민 1%가 전국 사유지의 51.5%를 차지하였는데 2006년 말에는 56.7%로 증가하였다. 그리고 통계청이 금융감독원, 한국은행과 공동으로 전국의 1만 표본가구를 대상으로 실시한 가장 최근의 순자산 지니계수는 0.63, 10분위(상위 10%)계층의 순자산 점유율은 47.2%로 나타났다. 한 연구[9]에 따르면 1998~2007년까지 10년 동안 한국에서 발생한 개발이익(지가 상승분)은 2,002조 원에 이르지만 양도소득세와 개발부담금을 통해 환수한 개발이익은 35조 원으로 1.7%에 그친 것으로 조사됐다. 취득세·보유세 등 토지 관련 세금을 모두 더한 금액도 116조 원으로 전체 개발이익의 5.8%였다. 즉 지가 상승으로 생긴 이익 2002조 원 가운데 각종 세금과 부담금을 제외한 1,886조 원이 모두 토지·주택 소유자에게 돌아간 셈이다. 이 기간에 토지 가격 상승으로 인한 2002조 원의 이익 대부분이 토지·주택 소유자들의 불로소득으로 돌아갔음을 뜻한다. 한편, 이 기간에 국내총생산(GDP)의 증가는 417조 원으로 지가상승분의 약 1/5에 불과했다. 그리고 부동산 소유 집중의 중심에는 재벌기업이 있다. 2008년 3월 말 금융감독원의 전자공시시스템(감사보고서)에 따르면 12월 결산 10대 그룹 상장사 중 70개사의 보유 토지(2007년 말 공시지가 기준)와 건물(장부가 기준)의 가치는 58조 4,681억 원으로 집계됐다.

그런데 소득분배나 자산분배에 대한 공식적인 자료들조차 부동산·금융자산 등에 대한 정보의 불확실성으로 현실을 제대로 반영하지 못하고 있다. 자산이나 부의 격차에 대해 정부 어느 기관에서도 공식통계를 내놓지 않고 있으며, 최소한의 기초자료도 공개하지 않고 있기 때문이다. 국민은 피부로만 불평등의 심각성을 느낄 뿐 실체는 전혀 알 수 없는 실정이다. 일부 연구기관들

---

9) 변창흠·안규오, 2009, "개발이익 환수규모 추정과 개발부담금제도 개선방안 연구," 대한국토도시계획학회 발표문.

이 설문조사를 통한 추정치를 드물게 내놓고 있지만 부유층에게 부동산과 금융자산이 얼마인지를 물어본들 솔직하게 대답해줄 사람은 없을 것임을 고려하면 실체와는 거리가 있다. 통계청이 분기별로 발표하는 5분위배율이나 지니계수조차 도시 근로자가구만을 대상으로 한 설문조사에 의존하고 있어 통계 왜곡은 심각한 실정이다.

한국의 소득격차는 교육격차로 이어지고 있고, 교육격차는 다시 소득격차로 이어진다는 점에서 경제력의 차이가 고착화되고 있다. 예를 들어, 서울 소재 4년제 대학 진학자 부모의 소득이 미진학, 전문대 진학자, 지방 소재 4년제 대학 진학자 부모의 소득에 비해 훨씬 높은 것으로 나타난다. 아울러 교육 기회의 확대로 저소득층과 고소득층 자녀의 대학취학률의 차이는 작으나 명문대 진학률에서 큰 격차가 발생하고 있다. 경제력 격차의 고착화는 계층 간 격차의 고착화로 이어지면서 신카스트를 등장시키고 있다. 즉 경제적 자본(돈), 문화적 자본(교육), 사회적 자본(인맥)이 대물림되는 신카스트 구조가 형성되고 있는 것이다. 신카스트 구조의 형성은 경제 역동성을 떨어뜨리고, 사회적 유대를 약화시키고, 사회갈등을 유발하는 등 경제와 사회의 근간을 훼손한다. 예를 들어, 개인의 성공과 실패가 개인의 노력으로 결정되는 것이 아니라 사회구조적인 요인이라는 인식이 고착화되면 경제 활력은 소멸될 수밖에 없다. 따라서 '신카스트' 등장의 원인이 되고 있는 소득 양극화를 심화시키는 일자리 문제와 자산격차를 심화시키는 부동산 문제 등을 해결해야만 한다. 즉 기회의 공정성을 보장하는 교육의 공공성 확대와 교육제도의 개선 그리고 부동산 불로소득에 대한 환수 강화가 필요하다.

불평등, 특히 자산 불평등은 선진국 중 미국에서도 심각하다. 상위 0.1%가 차지하는 소득 비중은 약 8%인 반면, 자산 비중은 약 23%에 달한다. 미국의 심각한 불평등은 정치 양극화를 초래하고, 기회의 평등과 계층 이동의 사다리가 실종되면서 미국식 사회계약을 근본적으로 훼손시키고 있다.[10] 토마 피케티(Thomas Piketty)가 순자산에 대한 누진과세를 주장하는 배경이다.[11] 그러나

---

10) E. Saez and G. Zucman, 2014, "Wealth Inequality in the United States since 1913" (Oct.): Economist, July 7, 2011, http://www.economist.com/node/18928384; J. Duca and J. Saving, 2014, "Income Inequality and Political Polarization: Time Series Evidence Over Nine Decades," FRB of Dallas WP. 1408.

11) 토마 피케티, 장경덕 역, 2014, 「21세기 자본(Capital in the Twenty-First Century)」, 글항아리.

수구층의 저항이 거세다. 자본주의 사회에서 소득불평등을 해소하는 공식적인 방법이 조세정책임에도 불구하고 말이다.

　자본주의 사회에서 소득불평등을 해소하는 대표적인 방법은 조세정책이다. 자산소득에 대한 과세는 그것의 경제적 효과에 달려 있다. 예를 들어, 토지 보유에 대한 과세 문제는 공급탄력성으로 이해할 수 있다. 토지소유의 과도한 집중은 지가 및 주택가격의 상승, 부동산투기의 주요 요인으로 작용한다. 즉 인구가 증가하고 소득이 증가함에 따라 토지에 대한 수요는 점차 증가한다. 반면 토지는 공급이 고정되어 있기 때문에 공급탄력성이 완전 비탄력적이다. 수요가 급증하는데 공급이 고정되어 있다면 토지임대료는 빠르게 상승할 것이고, 그 결과 경제성장은 토지소유자들을 더욱 부유하게 만들 것이다. 이와 관련하여 기업의 비업무용 토지나 토지소유에 대한 중과세(重課稅)의 필요성이 제기되고 있다. 이른바 '피케티식 부동산 과세'가 필요한 것이다. 앞에서 살펴보았듯이 세금부과의 경우 상대적으로 덜 탄력적인 쪽이 세금부담을 더 많이 지게 되고 자연 그대로의 토지에 토지세를 부과할 경우 공급탄력성이 0이기 때문에 세금부담은 전액 토지소유자들이 지게 된다. 토지의 경우 특권이익을 환수하는 가장 좋은 수단은 토지보유세이다. 자유시장의 전도사인 밀턴 프리드먼(Milton Friedman)도 토지보유세에 대해 가장 '덜 나쁜' 세금이라 하였다.[12] 정부 간섭 없는 자생적 질서를 옹호하고 심지어 독점마저도 정부 개입보다는 낫다고 한 하이에크(Hayek)도 토지보유세를 지지하였고 「자유헌정론(The Constitution of Liberty)」(1960)에서는 도시계획 등 정부의 조치에 의한 토지가치 변화액은 징수하는 것이 옳다고 명시적으로 지적했다. 이들이 자유시장주의자이면서 토지자산세를 지지한 것은 토머스 제퍼슨(Thomas Jefferson)이 표현했듯이 토지는 인간이 노동을 하고 살아가야 할 '공동자산(The earth is given as a common stock for man to labor and live on)'이라는 인식을 공유하고 있기 때문이다. 토지소유로 발생하는 소득에 대한 과세 문제는

---

12) 이에 대해 프리드먼은 여러 차례 언급하였다. 예를 들어, 1978년 12월 1일 'The Times Herald'와 인터뷰에서 다음과 같이 대답하였다. "우리는 국방, 치안, 준법과 질서 유지 등 기초적인 정부 기능을 제공해야 한다. 따라서 질문은 가장 덜 나쁜 세금이 무엇인가이다. 내 견해로 가장 덜 나쁜 세금은 오래 전에 헨리 조지가 주장한 개선되지 않은 토지에 대한 재산세이다." 또 프리드먼은 타계(2006년 12월 6일)하기 한 달 전인 11월 5일 인터뷰(interview with Scott Duke Harris, San Jose Mercury News)에서도 "당신이 좋아하는 세금은 있는가?"라는 질문에 "가장 나쁘지 않은 세금 중 하나가 재산세이고 그 이유는 재산세는 생산할 수 없는 것에 부과하기 때문이고, 대표적인 재산세가 토지세"라고 대답했다.

토지소유의 불평등이 소득분배를 악화시키는 주요 원인이라는 점에서도 의미가 있다. 자산에 대한 과세(상속세 포함)는 기회의 평등, 즉 공정성을 강화한다는 점에서 시장이론의 원리에 부합한다.

## 6.2. 소득분배(형평성)와 효율성의 관계

이제 소득분배와 효율성의 관계를 살펴보자. '가지고 있는 자원으로부터 한 사회가 최대의 효과를 얻고자 하는 속성'이 효율성인 반면, '희소자원 활용의 혜택을 사회구성원에게 공정하게 분배하는 것'이 공평성이다. 양자의 관계에 대해서는 오래된 논쟁이 있다. 한쪽에서는 효율성과 공평성의 상충관계를 주장한다. 이 주장에 따르면 경제적 혜택을 보다 평등하게 분배하는 정책(예: 사회복지제도나 실업보험제도), 예를 들어 개인소득세 제도를 통해 시행될 경우 열심히 일하는 데 대한 보상이 줄어드는 효과를 내게 되어 사람들이 덜 열심히 일하게 되고 결과적으로 재화와 서비스의 생산이 줄어들게 되는, 즉 경제적 효율성을 낮추는 대가를 치르게 한다. 효율성과 공평성의 상충관계 '가설'은 "경제발전 초기에는 소득의 불평등이 증가하다가 경제발전에 따라 소득분배가 개선된다"는 이른바 '쿠즈네츠(Kuznets) 가설' —일명 '역U자곡선'—과 결합하여 형평과 성장(효율성) 사이에 상충관계(the equality–growth trade–off)가 확실하게 존재하는 것으로 단정짓거나 정치적으로 악용하곤 했다. 실제로 후진국가들에서 일부 정치적 이해집단들이 경제발전을 위해서 불평등을 수반하는 초기의 성장을 감내해야만 한다는 정치적 선전도구로 사용했다. 한국사회의 '선성장–후분배'론이 여기에 해당한다. 즉 이들은, 빈곤은 분배할 수 없기 때문에 소득분배를 개선하는 데 힘을 쏟기 전에 성장하는 것이 절대적으로 중요하고 한 국가가 빠르게 발전하기 위해 요구되는 자본을 축적하기 위해서는 폭넓은 불평등을 감내할 것을 강조한다.

반면, 세계은행은 1980년대 후반부터 지금까지 통계자료를 통해 국가정책이 성장(효율성)을 향상(개선)하면서 동시에 불평등을 줄일 수 있음을 강조해오고 있으며, 그 대표적인 경우로 동아시아 신흥공업국가의 '공유된 성장(shared growth)'을 지적했다. 일본을 포함해 동아시아의 고성취경제들(High–performing Asian economies, HPAEs)의 지니계수(Gini Coefficient)는 1965~70년간 평균 0.41에서 1971~80년간 평균 0.39, 그리고 1981~90년간에 평균

0.36으로 고성장 속에서 꾸준히 개선되었다.[13] 이는 같은 기간에 0.50, 0.50, 0.48을 기록한 기타 후진국들(인도, 파키스탄, 네팔, 방글라데시, 스리랑카, 필리핀, 아르헨티나, 브라질, 콜롬비아, 칠레, 멕시코, 페루, 베네수엘라, 가봉, 수단, 잠비아, 케냐 등)의 경험과 대조를 이룬다. 하위 20% 계층의 소득에 대한 상위 20% 계층의 소득을 보더라도 1976~88년간 일본과 동아시아 제2세대 신흥공업국들(한국, 대만, 싱가포르, 홍콩)이 7.0배, 동아시아 제3세대 신흥공업국들(인도네시아, 필리핀, 타이, 말레이시아)이 8.3배, 그리고 중남미국가들이 16.4배로 추정된다.

효율성과 형평성의 관계에 대한 90년대 후반 이후의 연구들은 분배의 형평성이 경제성장(효율성의 개선)에 유익하다는 측면에 주목하고 있다. 이와 관련된 몇 가지 측면을 소개하면 다음과 같다. 첫째, 경제 및 분배구조의 차이를 지속시키는 주요 요인으로 기술이나 지식 등 인적 자본 투자의 차이들을 지적한다. 즉 부가 균등하게 분배된 국가일수록 사회 총소득에서 미숙련노동력(상대적 저임노동력)의 부가 차지하는 비중이 클 것이고, 따라서 기술진보에 따른 숙련노동력의 임금상승은 사회 전체적으로 인적 자본에 좀 더 많은 인원을 투자하도록 유인할 것이다. 실제로 한국은행에 따르면 도시근로자 가계 중 저소득층의 취업률은 평균을 지속적으로 밑도는 데다, 그 격차도 계속 커지고 있다. 예를 들어, 하위 10%(1분위)의 취업률과 평균 취업률의 차이는 2001년 4.2%에서 2005년 상반기에는 5.7%로 커졌다. 이처럼 부의 분배가 잘된 사회는 인적 자본에 투자하여 미숙련노동자나 이들의 후손들이 새로이 성장하는 부문으로 이동하기가 용이하다. 그리고 신용시장의 불완전성은 분배 불평등과 인적 자본 투자의 격차 채널을 강화시킨다. 즉 부의 분배가 불평등한 국가의 경우 저소득층인 미숙련노동자들은 신용시장에 접근하기가 불리하기 때문에 인적 자본에 대한 투자를 증대시키기 어렵고 그에 따라 혁신에서 발생하는 경제적 이득으로부터 배제될 가능성이 높다. 실제로 은행들은 부유층 고객에게는 각종 혜택을 몰아주는 반면 서민들에 대한 지원은 뒷전으로 미뤄놓고 있다. 예치액에 따라 금리를 25배나 차등 적용하는가 하면 우량고객에 대한 신용대출 금리를, 심지어 서민들을 대상으로 하는 주택담보대출 금리보다 낮게

---

13) J. Campos and H. Root, 1996, *The Key to the Asian Miracle: Making Shared Growth Credible*, The Brookings Institution.

적용하고 있다. 또 은행들은 예금가입 규모에 따라 금리를 차등 적용해 거액을 예치할 경우 더 높은 금리를 주고 있다. 고액예금자에 대한 서비스는 확대하고 있고 서민들에 대한 대출이나 서비스는 축소시키고 있다. 이처럼 소득분배가 평등한 경제일수록 기술진보나 거시경제적 충격으로 인한 소득의 손실이 적고 더 잘 적응할 수 있다. 실증연구 또한 초기의 소득분배가 1인당 소득의 수준뿐만 아니라 경제성장률과도 정(+)의 상관관계를 형성하고 있음을 보여준다.

둘째, 소득의 불평등은 총수요, 즉 시장의 규모를 감소시킴으로써 성장에 부정적인 효과를 줄 수 있다. 일반적으로 소득이 낮을/높을수록 평균소비성향이 높기/낮기 때문에 소득분배가 평등할수록 한 사회의 시장규모는 커진다. 그런데 공업화가 성공적으로 진행되기 위해서는 국내 제조업 시장이 충분히 창출되어야 하고, 이를 위해서는 농업(내수)이나 무역(해외)부문 같은 선도부문들의 붐(boom)이 균등하게 배분되어야만 한다.[14] 선도부문들의 성장과 이것의 균등한 배분이 제조업에 대한 수요의 크기를 결정하기 때문이다. 특히 제조업부문의 기술채산성을 실현해주는 규모의 경제 효과는 고정비용을 덮어줄 정도의 충분한 시장(수요)을 전제로 한다. 흔히, 한국경제의 고도성장의 주요 요인 중 하나로 성공적인 농지개혁에 따른 공평한 소득분배를 지적한다. 한편 5분위 분배율로 나타낸 소득분배와 평균소비성향의 동조화를 보여주는 다음 그림은 90년대 이후 한국경제의 고질병 중 하나인 내수 취약성이 소득분배와 밀접한 관계가 있음을 보여준다. 예를 들어, 재분배 이전 시장소득을 기준으로 한 한국의 소득분배는 1992~2009년간 26%나 악화[15]되었는데 한국의 실질 GDP 성장률도 1992~97년간 연평균 7.1%에서 2000년대에는 연평균 4.6%로 하락했다.

**평균소비성향** 주어진 가처분소득(조세를 납부한 후의 소득)에서 소비가 차지하는 비율

---

14) P. Gottsxhalk and T. Smeeding, 1997, "Cross-National Comparisons of Earnings and Income Inequality," *Journal of Economic Literature*, Vol. XXXV, pp. 633~87.

15) Kyungsoo Choi, 2013, "Korea's Income Inequality: The Trend and Major Issues," hosted by KDI-KAEA, 2013, KDI Journal of Economic Policy Conference-Fiscal Sustainability and Innovative Welfare System, Ch. 8.

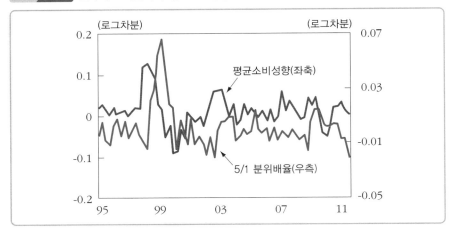

**그림 6-15** 한국의 소득분배와 평균소비성향

주: 평균소비성향은 로그 변환 후 차분
출처: 통계청 가계동향조사. 나승호·정천수·임준혁, 2013, "구조적 소비제약 요인 및 정책과
　　제," 한국은행 BOK 경제리뷰 (2013. 3)에서 재인용.

　　최근의 연구 결과 또한 빈부격차 심화를 경제성장의 큰 걸림돌로 지적하고
있다.[16] 이들에 따르면 사회 내 빈부격차가 확대되면 의료비용 증가, 부패만
연, 부자들에 편향된 경제정책, 심리적인 박탈감 등으로 자원배분이 왜곡되고
생산성이 떨어지면서 경제성장률이 하락할 수 있다는 것이다. 즉 빈부격차는
가난한 계층의 질병 양산과 의료비용 부담가중으로 이어져 저축과 투자를 위
축시키고 저임금 근로자들의 노동생산성을 떨어뜨리게 된다. 실제로 조사결
과 부자와 가난한 자의 소득격차가 더욱 심화되고 있는 미국이 영국보다 질병
발병률이 높은 것으로 나타났다. 또 빈부격차는 사회부패를 조장한다. 즉 부
와 정치권력의 변화가 심한 민주주의 사회에서는 빈부격차가 심할수록 계층
상승 욕구가 높아지면서 부패가 만연한다는 것이다. 또 지나친 소득격차는 부
자들에게 유리한 경제정책을 수립할 위험도 있다. 즉 부자들은 정치권력도 함
께 확보하면서 자신들에게 유리한 경제정책을 유도할 수 있기에 가난한 자들
의 희생으로 부자들은 더 큰 부자가 된다고 설명했다. 특히 빈부격차는 근로
자들의 상대적인 박탈감을 초래해 업무 효율성을 떨어뜨린다. 최고경영자
(CEO)와 임원들이 보너스와 스톡옵션을 포함해 수천만 달러의 연봉을 받는
상황에서 근로자들은 사기저하로 생산성 저하가 불가피하다는 지적이다. 마

---

16) *New York Times*, 2006/6/25에서 재인용.

지막으로 불평등은 레버리지와 금융사이클을 강화시킴으로써 금융위기의 원인으로 작동한다.[17] 그리고 금융위기는 침체와 성장의 둔화로 이어진다. 요약하면, 과거의 경제성장론은 소득분배의 불균등이 상대적으로 희소한 자본을 자본가에게 집중시켜 경제성장에 도움이 된다고 봤지만 최근에는 불균등한 소득분배가 성장을 저해한다는 이론이 주류로 자리 잡았다. 예를 들어, IMF의 가장 최근 연구에 따르면 지니계수가 낮을수록 성장 속도가 빠르고 성장이 보다 오랫동안 지속되는 것으로 밝혀졌다.[18] 즉 순 지니계수가 0.05 증가할 경우 성장률이 연평균 0.5% 감소하고, 지니계수가 0.01 증가할 경우 성장 기간이 1년 후 종료될 위험성이 6% 증가하는 것으로 나타났다.

물론, 소득분배와 성장에 대한 다양한 경험은 분배에 대한 각국 국민들의 상이한 가치관 및 반응과 관련을 갖고 있다. 예를 들어 스칸디나비아 국민은 부의 불평등과 재분배에 대한 인식이 다른 서구국가들에 비해 유달리 높고 보수와 권력의 부당한 차이에 대한 인식 또한 매우 높다는 주장이 제기되곤 한다. 많은 사람들은 스칸디나비아 지역 사람들의 '평등에 대한 열정'이 높다는 주장에 공감한다. 반면 미국 국민은 부에 대한 정부의 재분배정책에 우호적이지 않다. 이는 '균등한 소득'보다 '균등한 기회'를 더 선호하는 미국민 의식체계의 반영물인 것이다. 실제로 미국은 서구의 상위소득국가들 중에서도 소득분배가 매우 불평등한 국가로 알려져 있다. 참고로 2000년 이래 미국의 지니계수는 0.46을 넘어섰을 정도다. 이처럼 불평등에 대한 규범적 토대는 사회화의 결과물이다. 불평등에 대한 인식은 사회구성원들의 순수한 이기심에 기초한 규범적 고려의 결과이기도 하지만, 때로는 역으로 규범적 고려들이 이러한 인식들을 규정하기도 한다. 즉 개개인들은 어린 시절의 사회화부터 친구나 작업장 동료의 영향, 그리고 정당의 동원화에 이르기까지 불평등을 인식하고 설명하는 방식에 자신들의 인상을 남기는 수많은 규범적 근원에 노출되어 있다. 그리고 현실은 다양한 집단 간의 권력투쟁의 산물인 정치와 정책에서 국가 간에 중요한 차이가 나타난다는 것을 보여주고 있다.

---

17) R. Rajan, 2010, *Fault Lines: How Hidden Fractures Still Threaten the World Economy*, Princeton University Press.

18) J. Ostry, A. Berg, and C. Tsangardes, 2014, "Redistribution, Inequality, and Growth," IMF Staff Discussion Note. 여기서 지니계수는 시장소득(market income)에 기초한 시장 불평등(market inequality)보다 세금과 현금 이전 이후의 순소득(net income)에 기초한 순 불평등(net inequality)으로 측정하였다.

그러나 미국조차 소득불평등은 빈곤층에게 부정적으로 작용하고 있음이 확인된다. 미국의 1960~2010년 인구 조사 결과를 토대로 불평등 지표인 지니계수와 소득계층별 소득 증가율의 인과 관계를 회귀분석한 세계은행 개발연구그룹 '빈곤과 불평등 팀'[19]에 따르면 소득 불평등이 심할수록 부유층의 소득 증가율은 높아지는 반면 빈곤층의 소득 증가율은 낮아지는 것으로 나타났다. 즉 불평등이 심할수록 소득 상위 25% 계층의 소득 증가율에는 긍정적으로 작용한 반면, 하위 25% 계층의 소득 증가율에는 부정적으로 작용했다. 이들은 또 소득 상위 40% 계층과 하위 40% 계층의 지니계수를 구해 계층별 소득 증가율에 끼치는 영향을 분석했는데, 소득 상위 계층 내부의 불평등이 심할수록 하위 계층의 소득 증가율이 낮아지는 것으로 나타났다. 또 하위 40% 계층 내부의 불평등이 심할수록 상위 10%의 소득 증가율이 높아져서 빈곤층의 불평등이 부유층의 소득 증가에는 도움이 되는 것으로 나타났다.

---

19) R. van der Weide and B. Milanovic, 2014, "Inequality Is Bad for Growth of the Poor," World Bank Development Research Group, Policy Research Working Paper 6963.

# 제 II 부

## 국민경제와 거시적 시장의 세계

제 **Ⅱ** 부

# 국민경제와 거시적 시장의 세계

## − 시장경제의 본질적 불안정성과 거시경제학의 등장 그리고 거시경제학의 위기 −

지금까지 살펴보았듯이 미시적 시장은 개별 상품의 선택행위로 구성된 세계다. 미시적 시장분석 방법은 1929년 10월 24일 뉴욕 주식시장의 대폭락, 즉 검은 목요일에 의하여 촉발되어 전 세계로 확대된 대공황 때 한계를 드러냈다. 2007년 발발한 글로벌 금융위기가 경제학의 재검토를 제기하고 있듯이 대공황은 기존 경제학, 즉 시장이론의 무력감을 드러냈다. 시장이론(미시적 시장분석)은 애덤 스미스(「국부론」, 「도덕감정론」; 1723~1790)에서 시작해 토머스 맬서스(Thomas Malthus, 1766~1834; 「인구론」), 데이비드 리카도(David Ricardo, 1772~1823; 「지대론」), 장 바티스트 세이(Jean Baptiste Say, 1767~1832; 「정치경제학개론」), 존 스튜어트 밀(John Stuart Mill, 1806~1873; 「정치경제학원리」, 「자유론」) 등 자유경쟁을 전제로 하고 노동가치설을 택하며 시장을 매개로 하는 생산·분배의 입체적 분석을 추진한 이른바 고전학파(classical economics)와 객관적 가치론(물건의 가치는 비용 또는 노동에 의하여 결정된다는 이론)을 대신하여 물건의 가치의 원인을 효용현상에서 구하는 주관적 가치론(한계효용이론)을 제창하고, 방법적으로 한계분석을 경제현상 전반의 분석(이른바 '한계혁명')에 적용한 윌리엄 스탠리 제번스(William Stanley Jevons, 1835~1882; 「경제학원론」)와 칼 멩거(1840~1921; 「국민경제학원리」) 등 한계학파의 경제분석을 종합한 것이다. 경제학설사적으로는 알프레드 마셜(Alfred Marshall, 1842~ 1924)의 「정치경제학 원리」에서 완성된다. 한편, 마셜은 한계효용가치론을 채용했다는 점에서 고전학파를 종합, 완성한 것으로 평가받으면서도 공급 중심의 분석을 계승했다는 점에서 신고전학파의 기초를 닦은 경제학자로 평가받는다. 여기서 신고전파 경제학은 기본적으로 미시적 가격분석을 중심으로 경제이론을 전개한 한계혁명 이후의 모든 경제학자를 망라한다.

가격(시장)의 자원배분조정 기능에 강한 믿음을 갖고 있는 시장이론은 대규모 실업과 유휴시설 그리고 공급 과잉 등 불균형이 지속되는 대공황 상황에서 무력감을 보였다. 그 결과 거시경제 이론과 정책에 대한 사고의 혁명이 일어났다. 국민계정(national accounts)[1] 자료, IS−LM 분석,[2] 적극적 통화 및 재정정책 등은 대공황을 계기로 출현한 것들이다. 즉 대공황 같은 사태의 재발을 방지하기 위해서는 경제현상을 이해하는 새로운 사고와 분석방법이 필요했고, 이를 뒷받침할 수 있는 새로운 통계자료 마련의 필요성 등이 제기된 것이다. 예를 들어, 시장에서 거래하는 전체 상품들을 집합적으로 묶어서 바라보는 거시적 시장분석을 도입한 것이나, 거시적 시장분석에 적합하도록 거래형태와 거래주체를 경체활동의 동질성에 따라 몇 가지 부문으로 나누어 체계적으로 작성한 자료들로 구성된 국민계정이 만들어지기 시작한 배경이 대공황이었고, 그 출발선에 존 메이너드 케인스(John Maynard Keynes, 「고용 · 이자 및 화폐의 일반이론, 1936」)가 있었다.[3]

**국민계정** 일정기간 중 국민경제를 구성하고 있는 모든 경제주체의 경제활동 결과와 일정시점에서 국민경제 전체의 자산과 부채 상황을 정리해 보여주기 위하여 국민경제의 순환과 변동을 체계적으로 기록하고, 또한 경제활동을 거래형태별 및 거래에 참가하는 경제주체별로 파악하여 복식부기방식(대차대조표 형식)으로 기록한 것이다.

그러나 시장분석을 포기한 것은 아니었다. 시장의 불안정성을 받아들인 것뿐이다. 중요한 차이점은 기존 시장이론이 공급 중심 이론이었다면 케인스이

---

1) 1937년 쿠즈네츠(Kuznets)가 국민소득과 자본형성에 대한 연구 보고서를 미의회에 제출하며 처음 소개되었다.
2) 생산물시장과 금융시장을 통합하고 이자율과 국민소득 수준이 동시에 결정된다는 것을 나타낸 모델로 완전고용이 최우선 목표일 때 그 목표를 달성하기 위해서 어떤 정책을 구사해야 하는지를 분석하는 데 유용한 모형이다. 뒤에서 자세히 살펴볼 것이다.
3) 케인스는 1933년에 "내가 생각하기에 경제학은 …… 한편에서는 개별 산업, 개별 기업에 대한 이론, 그리고 주어진 양의 자원의 분배와 보상에 대한 이론으로, 또 다른 한편에서는 경제 전체의 산출과 고용에 관한 이론으로 나누어진다"고 피력한 바 있다.

론은 수요 중심 이론이라는 점이다. 공급 중심 시장이론을 상징적으로 나타낸 것이 고전학파 경제학자 가운데 한 사람인 '세이의 법칙('공급은 그 자신의 수요를 창출한다')'이라면, 케인스이론은 소비와 투자로 이루어지는 유효수요의 크기로써 사회의 고용 등의 경제활동 수준이 결정된다는 유효수요 이론으로 대변된다. 사실, 이러한 차이는 시대적 배경의 차이를 반영한다. 즉 공급 중심의 고전학파는 18세기 말부터 19세기 전반기의 경제 경험에 기초할 수밖에 없다. 산업혁명의 경험으로 인류사회는 생산능력이 크게 진보됐지만 산업혁명 하면 면직업의 발달과 증기기관의 발명이 연상되듯이, 대량생산시스템은 19세기 말부터 20세기 초에 진행된 2차 기술혁명의 결과물이다. 즉 적어도 19세기 전반기까지 인류사회의 경제활동은 수요 부족(인구 압력)보다는 공급 부족 문제에 직면해 있었다. 그러나 20세기에 들어 인류사회의 생산능력은 비약적으로 발전하여 수요 부족이 경제문제로 대두하게 된 것이다. 19세기 후반부터 불황(수요 부족) 규모가 커지기 시작하면서 대공황으로 나타난 것이다. 즉 공급 중심에서 수요 중심으로 시장이론이 이동한 것은 기술진보에 따른 경제환경 변화의 자연스러운 결과였다. 이처럼 미시적 시장이 공급 중심의 세계라면 거시적 시장은 수요 중심의 세계라 할 수 있다.

한편, 거시적 시장은 분석 범위를 국민경제로 삼고 있다. 주지하듯이 서양의 근대는 민족국가 혹은 국민국가의 등장과 더불어 시작했다. 즉 국가가 정치의 기본단위로 되어 있고, 경제생활에 관련된 법률이나 제도도 국가적 영역에서 통일적으로 행해진다. 따라서 국민경제 역시 국가를 단위로 하여 서로 밀접하게 관련된 경제활동의 총체가 된다. 즉 국민경제는 근대 국민국가의 성립과 함께 생겨났다. 우리는 서양의 근대 국민국가의 성립과정에서 중세의 특수권력인 봉건 영주·도시 및 성속 단체들의 경제적 특권과 정치적 자주성의 박탈, 그리고 통일적인 국내시장 창출을 통한 상품의 자유로운 유통과 산업의 발달 도모 및 대외적으로는 중상주의정책과 보호관세제도의 실시 등을 목격하였다. 즉 강력한 군주권 아래에서 통일적인 국내시장과 통일적인 법률·화폐·도량형·조세 및 관세 제도가 있는 국민경제가 성립된 것이다.

미시적 시장분석과 마찬가지로 수요와 공급, 그리고 가격과 균형거래량은 거시적 시장을 구성하는 기본요소이다. 단지, 모든 상품을 집합적으로 다루는 거시적 시장의 세계에서는 총수요(AD, aggregate demand)와 총공급(AS, aggregate supply)이 되고, 모든 상품의 평균가격과 거래량은 물가와 국민소득이 된다. 그리고 거시적 시장분석의 기본단위인 국민경제는 가계, 기업, 정부, 해외부문 네 주체로 구분할 수 있다. 주어진 물가수준에서 이 네 주체가 소비하는 상품의 양을 모두 합한 것이 총수요이고, 주어진 물가수준에서 모든 생산주체가 공급하는 상품의 양이 총공급이 된다. 거시적 시장분석에서도 물가와 국민소득의 관계인 총수요와 총공급의 구조를 이해하고, 총수요와 총공급 곡선을 도출하는 것을 첫 번째 목표로 할 것이다. 따라서 물가와 국민소득의 변화는 인플레이션, 경제성장과 관련이 있다. 특히 국민소득의 변화는 생산 측면에서 고용의 변화와 관련이 있기 때문에 실업을 이해하는 기준이 되기도 한다. 거시적 시장분석에서 인플레이션과 실업 그리고 경제성장이 주요 연구대상이 되는 이유가 이것이다. 가격의 완전한 조절기능에 기초하는 미시적 시장분석에 따르면 실업은 발생할 수 없다. 실업의 존재가 자유로운 시장의 힘의 작동을 방해하는 요인들에 따른 것이든 시장의 불완전성에 따른 것이든 실업이 만연하게 되면 정부의 개입이 불가피하게 된다. 마찬가지로 인플레이션 혹은 디스인플레이션이 지속될 경우 정부의 역할 또한 불가피하다. 정부 개입이나 역할은 경제정책으로 나타나고, 경제정책은 크게 통화정책과 재정정책으로 구분된다. 이상의 주제들이 거시적 시장분석의 주요 대상이 될 것이다. 이처럼 거시적 시장분석에서는 시장 이외에도 정부의 역할이 포함되는 점이 미시적 시장분석과 차이를 이룬다. 거시적 시장분석에서 정부 역할의 포함은 시장경제에서 거시적 시장의 불안정성(불균형)은 구조적 문제로서 이를 해결하기 위한 수단으로서 의미를 갖는다.

한편 금융위기 이후 거시적 시장분석은 근본적은 문제에 직면하고 있다. 예를 들어, 금융위기 이후 경제학자들은 경제학, 특히 거시경제학의 파산을 경쟁적으로 선언해왔다. 크루그먼(Krugman)은 거시경제학이 거둔 지난 30년의 성과는 가장 잘 평가해주어도 유용하지 않았고, 최악의 평가는 매우 해로웠다고 주장했다. 아이켄그린(Eichengreen) 역시 위기는 우리가 경제학에 대해 안다고 생각했던 것의 많은 부분에 의심을 던졌다고 주장했다. 또 위기 이후 많은 사람들은, 특히 유럽인들은 경제학자들이 만든 실수를 시장주의 혹은 경제자유주의의 실패와 동일시한다. 이런 분위기를 반영하여 2010년 경제학계는 '기존 이론의 부정과 대안 모색'을 화두로 던지면서 회오리에 휩싸였다.

즉 2010년 1월 2일 미국 경제학계의 가장 큰 행사인 전미경제학회(AEA) 125주년 기념 리셉션에서 스티글리츠는 '경제위기가 경제이론에 미친 영향'이라는 기조연설에서 경제위기로 경제학의 근본 가정이 틀렸다는 것이 입증됐다며 경제 현실에 맞춰 경제이론을 바꿔야 한다고 역설했다. 합리적인 경제주체, 이윤 및 효용 극대화 행동, 경쟁적인 시장 등 기본가정으로부터 시장이론은 시장은 균형상태에 도달하며 이 균형은 효율적이라는 기본 명제를 도출하는데 미국발 경제위기는 기존 경제학의 기본 가정에 근본적인 문제가 있음을 보여줬다는 것이다. 스티글리츠는 시장은 그 자체로 효율적이지 않다며 이는 경제주체들이 합리적으로 행동한다는 가정이 틀렸기 때문이고 '보이지 않는 손'은 보이지 않는 것이 아니라 '없는 것'일 수 있다며 애덤 스미스의 기본 전제를 정면 비판했다. 그리고 결론으로 경제위기가 기존 이론의 문제점을 극명하게 드러낸 만큼 더 설득력 있는 개인과 기업 등 경제 주체들의 행동을 가정하고 이에 근거해 새로운 경제이론을 만들어야 한다고 강조했다. 한마디로 경제학 교과서를 다시 써야 한다는 얘기다. 스티글리츠 교수의 발언은 그가 미국 경제학계에서 그동안 차지해온 비중과 전미 경제학회가 개최하는 연례 최대 모임의 기조연설이라는 형식을 통해 나왔다는 점에서 의미심장하다. 스티글리츠 교수의 강의 이후 그의 강의를 듣기 위해 몰려들었던 수백 명의 미국 유수 대학 경제학 교수들이 술렁거렸다. "앞으로 우린 학생들에게 뭘 가르쳐야 하나"라는 자조 섞인 질문도 쏟아졌다.

미국 최고 박사과정 프로그램의 경제학자들을 대상으로 미들베리 칼리지(Middlebury College)의 경제사 교수인 데이비드 콜랜더(David Colander)가 조사한 결과에 따르면 거시경제학은 가장 인기 없는 클래스로 나타났다. 그리고 그가 한 그룹의 시카고대학 학생들에게 거시경제학에서 무엇을 배웠는지 그리고 '동태적 일반균형(Dynamic Stochastic General Equilibrium, DSGE)' 모형[4]을 다루어 보았는지 질문을 던지자 한 학생은 우리는 동태적 일반균형 모형 같은 많은 쓰레기를 배웠다고 대답했다고 한다. 참고로 콜랜더는 금융위기 이후 부각된 경제학 무용론과 관련된 미의회 청문회에 미국 경제학계를 대표해

---

4) 이 모형은 미시적 시장분석의 통합을 통한 거시적 시장분석의 해석으로 시장주의자들의 합리적 기대와 시장청산 가정, 소비의 항상소득가설, 리카도의 동등성 정리, 화폐의 중립성 및 실물충격에 의한 경기변동 가정 등으로 구성된다.

문제점을 설명한 경제학자이다. 경제학도들이 지금까지 공부해오고 있는 거시적 시장분석, 예를 들어 거시경제이론과 거시경제정책 그리고 국민계정 자료와 IS-LM 분석, 적극적 통화정책 및 재정정책 등에 대한 사고는 세계 대공황이 가져온 결과였다. 대공황으로 기존의 미시적 시장분석이 경제 상황을 이해하는 데 한계를 드러내자 새로운 이론과 분석틀 그리고 이를 뒷받침할 새로운 자료들이 필요했던 것이다. 그런 점에서 글로벌 금융위기는 동일한 과제를 경제학도들에게 던지는 것이다. 새로운 혁명적 사고를 요구하는 것이다.

# 제 7 장
## 국민소득과 물가

거시적 시장의 세계를 이해하기 위해서는 거시적 시장의 세계가 총수요와 총공급으로 구성되어 있고, 따라서 총수요와 총공급을 매개하는 주요 변수인 물가와 국민소득을 이해해야 한다.

## 제 1 절  국민소득의 개념

### 1.1. 국민소득 3면 등가의 원칙

국민소득은 한 나라의 경제력이나 국민의 생활수준 등을 파악하기 위해서 활용하는 대표적인 경제지표다. 생산요소시장의 분석에서 보았듯이 소득은 기본적으로 생산활동 과정에서 발생한다. 즉 새로운 가치창출의 기여에 따라 각 생산요소의 공급자는 소득을 분배받고 분배된 소득을 기초로 경제주체들은 소비를 한다. 마찬가지로 가계, 기업, 정부 등 모든 경제주체가 일정 기간 새로이 생산한 재화와 서비스의 가치를 시장가격으로 평가, 합산해서 산출한 국민소득은 생산, 분배, 지출 세 가지 측면에서 산출할 수 있다. 국민소득이 생산→분배→지출 과정을 통하여 순환되기 때문이다. 먼저 기업이 노동, 자본, 토지, 경영 등의 생산요소를 투입하여 생산활동을 수행한 결과 국민소득이 발생하는데 이것이 공급 측면에서의 국민소득이다. 그리고 생산활동에 참여한 노동자는 임금, 돈을 빌려준 사람은 이자, 토지를 빌려준 사람은 임대료를 받게 되고, 이들 생산요소들의 제공자에게 분배된 소득을 공제한 나머지가 기업 이윤으로 돌아간다. 이러한 소득을 합하면 분배 측면에서의 국민소득이 된다. 생산활동에 참여한 경제주체들에게 분배된 소득 중 일정 비율을 세금으로 납부하게 하면 이는 정부 수입이 된다. 이렇게 분배된 소득 중 가계는 재화나 서비스를 구입하는 데 지출(소비)하고, 기업은 다음 생산을 위하여 공장을 짓거나 기계를 사들이는 데 지출(투자)하고, 정부는 자신의 활동을 위해 지출한다. 또 우리나라에서 생산한 상품을 외국에 수출하기도 하고, 외국에서 생산한 상품을 우리나라에서 수입하기도 한다. 수출은 소득의 유입이 되고, 수입은 소득의 유출이 된다. 따라서 최종생산물에 대한 지출은 가계의 소비지출과 기업의 투자지출과 정부지출 그리고 수출에서 수입을 제외한 순수출로 구성되고, 이들을 모두 합하면 지출(수요) 측면에서 국민소득이 된다. 생산국민소득과 분배국민소득과 지출국민소득은 원칙적으로 같아야 하고 이를 '국민소득 3면 등가의 원칙'이라 한다. 즉 한국은행은 국민소득을 '3면 등가의 원칙'에 따라 생산접근방법(생산국민소득), 소득접근방법(분배국민소득), 지출접근방법(지출국민소득) 세 가지 유형으로 분류하고 있는데 각 유형의 국민소득을 구성하는 내용은 다음과 같다.

가. 생산국민소득: 경제활동별로 부가가치 추계

| | |
|---|---|
| • 농림어업 | • 부동산 및 임대업 |
| • 광업 | • 정보통신업 |
| • 제조업 | • 사업서비스업 |
| • 전기 · 가스 · 수도사업 | • 공공행정 및 국방 |
| • 건설업 | • 교육서비스업 |
| • 도소매 및 음식숙박업 | • 보건 및 사회복지사업 |
| • 운수 및 보관업 | • 문화 및 오락서비스업 |
| • 금융보험업 | • 기타 서비스업 |

나. 지출국민소득: 최종생산물의 처분과정 추계

| | |
|---|---|
| 1) 최종소비지출 | – 건설투자 |
| • 민간 | – 설비투자 |
| – 가계 | – 무형고정자산투자 |
| – 가계에 봉사하는 비영리단체 | • 재고증감 및 귀중품순취득 |
| • 정부 | 3) 재화와 서비스의 수출 |
| 2) 총자본형성 | 4) (공제)재화와 서비스의 수입 |
| • 총고정자본형성 | 5) 통계상 불일치 |

다. 분배국민소득: 부가가치의 배분내역 추계

| | |
|---|---|
| 1) 피용자보수 | 5) (공제)보조금 |
| 2) 영업잉여 | 6) 국외순수취요소소득 |
| 3) 고정자본소모 | • 국외순수취 피용자보수 |
| 4) 생산 및 수입세 | • 국외순수취 기업 및 재산소득 |

## 1.2. 국내총생산(GDP)과 국민총생산(GNP)

한 나라의 국민소득은 영토와 국민을 기준으로 산출할 수 있다. 한 나라 안에서 일정 기간에 생산된 모든 최종 재화와 서비스의 시장가치[1]가 국내총생산(GDP, Gross Domestic Product)이고, 일정 기간에 한 나라 국민이 생산한 모든 최종 재화와 서비스의 시장가치가 국민총생산(GNP, Gross National Product)이다. 즉 GDP에는 국내에 거주하는 비거주자(외국인)에게 지불되는 소득이 포함된다. 반면 GNP는 한 나라 국민이 생산활동에 참여한 대가로 받은 소득의 합계로서 국민(거주자)이 해외에서 수취한 소득(국외수취요소소득)은 포함되고 국내총생산 중에서 외국인에게 지급한 소득(국외지급요소소득)은 제외된다. 따라서 GDP와 GNP 간에는 '국외순수취요소소득(Net Factor Income from the Rest of the World)'만큼 차이가 발생하게 된다. 즉

$$GNP = GDP + 국외순수취요소소득$$

국외순수취요소소득은 한 나라의 국민이 해외에서 노동이나 자본 등의 생산요소를 제공한 대가로 받은 '국외수취요소소득'에서 국내의 외국인이 생산활동에 참여함으로써 발생한 '국외지급요소소득'을 차감한 것으로 국외순수취 기업 및 재산소득과 피용자보수를 더하여 구한다. 그런데 한국은행은 1999년부터 GNP 대신 유사한 의미의 국민총소득(GNI)이란 용어를 사용하고 있다. 즉 명목 GNP는 생산물량뿐만 아니라 임금, 기업채산성, 교역조건 등이 포함되어 있는 소득지표이므로 현행 명목 GNP를 명칭만 명목 GNI로 변경하

---

1) 현재 한국은행에서 GDP를 측정할 때 생산의 범위와 관련해 재화는 자가소비 등 판매를 목적으로 하지 않아도 생산에 포함시키고 있다. 단, 서비스는 타인에 의해 제공될 수 있는 활동 중 가계의 자가소비를 위한 가사 및 개인서비스 활동은 생산의 범위에서 제외하고 있다.

여 사용하였다. 이처럼 1인당 국민소득, 국가경제 규모 등을 파악하는 데 이용되는 지표로 우리나라 국민이 국내는 물론 해외에서 생산활동에 참여한 대가로 벌어들인 명목총소득을 의미하는 명목 GNI는 명목 GDP에 명목 국외순수취요소소득을 더하여 산출한다. 이른바 종전의 명목 GNP이다. 1인당 GNI는 국민의 생활수준을 나타내는 지표로서 연간 명목 국민총소득을 연앙(年央) 인구(7월 1일)로 나누어 구하며 국제비교를 위해 미 달러화(연평균 환율 적용)로 표시한다. 즉 GDP나 GNI를 국제적으로 비교할 때는 보통 명목 GDP를 미국 달러화로 환산한 값을 사용한다. 그런데 같은 미화 1달러라도 그 구매력은 나라에 따라서 서로 다르다. 예를 들어, 2010년 10월 기준 미국 빅맥의 가격은 3.71달러였는데 서울에서는 3.03달러였고, 미국의 이발 요금은 20달러인데 서울에서는 7달러였다. 나라별 구매력 차이를 반영한 환율을 구매력평가 (Purchasing Power Parity, PPP) 환율이라고 하고 이 환율로 나타낸 달러표시 GDP를 구매력평가 GDP, 또는 PPP GDP라고 한다.

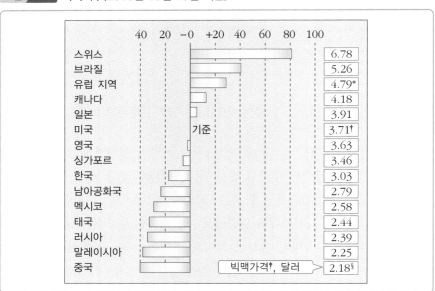

**그림 7-1 빅맥지수(2010년 10월 13일 기준)**

주: * 회원국의 가중평균   † 4개 도시의 평균   ‡ 시장 환율료(10월 13일)   § 두 도시의 평균
출처: Economist, Oct. 14, 2010.
　　http://www.economist.com/node/17257797

이처럼 명목 GDP는 개념상 시장가격 변화를 포함하고 있기에 소득의 변화를 정확히 반영하기 어렵다. 이런 이유로 소득의 변화는 실질 개념을 사용한다. 이를 위해 명목과 실질 개념을 정리할 필요가 있다. '명목(名目, nominal)'이란 화폐단위로 표현한 개념이고, '실질(實質, real)'이란 물가 변동 요인을 고려해서 명목가치에서 물가의 변동요인을 제한 개념이다. 첫째, 명목 국내총생산(GDP valued at current prices)을 구한다. 명목 GDP는 경제규모 등의 파악에 이용되는 지표로서 국내에서 생산된 최종생산물의 수량에 그때 가격을 곱하여 산출하므로 명목 GDP에는 최종생산물의 수량과 가격 변동분이 혼재되어 있다. 둘째, 실질 국내총생산(GDP valued at chained xxxx year prices)을 구한다. 실질 GDP의 변동분은 가격 변화분을 제거한 순수한 생산수량의 변동분만을 나타낸다. 실질 GDP는 국내경제의 생산활동 동향을 나타내는 경제성장률 산정에 이용되는 지표로서 한국은행은 '불변가격 GDP(실질 GDP로 기준연도의 가격으로 계산한 GDP)'보다 '연쇄가격' 실질 GDP를 발표한다. 1993년부터 유엔이 불변가격 실질 GDP보다 연쇄가격 실질 GDP의 사용을 권장해왔기 때문이다. 연쇄가격이 무엇을 의미하는지 예를 들어 살펴보자. 2009년 가격으로 2010년의 GDP를 계산하고 이것을 2009년의 경상가격 GDP로 나눈 배율이 1.05라고 하자. 이때 2009년 가격으로 계산한 2010년의 GDP는 2009년을 기준연도로 설정했을 때의 불변가격 GDP이고, 배율 1.05는 2010년 한 해의 경제성장률이 5%임을 뜻한다. 같은 방식으로 2010년을 기준연도로 잡고 2011년의 불변가격 GDP를 계산하여 얻은 2010년 대비 배율이 1.04라고 하면 2011년 한 해의 경제성장률을 4%라고 말할 수 있다. 매년 이처럼 직전 연도의 가격을 이용한 실질 GDP 배율과 성장률을 계산할 수 있다. 그런데 2009년 가격으로 2010년과 2011년의 불변가격 GDP를 계산한 다음에 이로부터 올해의 경제성장률을 계산할 수도 있다. 적용한 가격이 2009년 가격인 만큼 2010년 가격으로 계산한 성장률 4%와는 일반적으로 다른 값, 예컨대 3%를 얻게 된다. 그렇다면 4%와 3% 가운데 어떤 값이 성장률로 더 적절할까? 이 질문은 2011년의 성장률을 계산할 때 2009년 가격과 2010년 가격 가운데 어느 가격을 사용하는 것이 더 적절한지에 대한 질문으로 귀결된다. 2010년과 2011년의 GDP를 계산할 때 두 방법 모두 물가수준 변동의 거품은 적절하게 제거한다. 그러나 2010년과 2011년의 GDP를 계산하는 상대가격으로는 2009

년 가격보다 2010년 가격이 더 타당할 것이다. 매년 직전 연도의 가격으로 현 연도와 직전 연도의 GDP 배율과 성장률을 계산함으로써 물가수준 변화 효과를 제거하면서도 상대가격 변화를 최대한 수용하는 성장률을 얻을 수 있기 때문이다. 그리고 기준연도의 경상가격 GDP에 이 배율을 연쇄적으로 곱하면 각 연도의 실질 GDP를 산출할 수 있다. 예컨대 2009년을 기준연도로 정하면 2010년과 2011년의 실질 GDP는 각각 2009년 명목 GDP의 1.05배와 1.092(=1.05×1.04)배로 결정된다. 이처럼 직전 연도 가격을 적용하여 각 연도의 GDP 배율을 산출하고, 이 배율을 기준연도 명목 GDP에 연쇄적으로 곱하여 얻은 실질 GDP를 해당 연도의 '연쇄가격 실질 GDP'라고 부른다. 한편, 기업들은 끊임없이 신상품을 개발해내기 때문에 기준연도에는 없었던 상품이 매년 나타난다. 기준연도에는 존재한 적이 없는 신상품에 기준연도 가격이 있을 까닭이 없다. 이 경우에는 비슷한 용도의 현재 상품가격이 기준연도 대비 몇 배인지를 계산하고, 신상품의 현재 가격을 이 비율로 나눈 값으로 기준연도 가격을 유추하여 실질 GDP를 계산한다. 시간이 지날수록 출현하는 신상품은 많아지고, 이에 따라 유추 오차의 크기도 커진다. 그렇기 때문에 한국은행은 기준연도를 매 5년 단위로 바꾸고 있다. 현재는 기준연도가 2010년이다. 기준연도의 변경은 경제성장률 계산의 일관성을 해치기는 하지만 대신 신상품 출현에 따른 오차를 줄인다.

이제 실질 GDP와 실질 GNI를 구하는 과정을 살펴보자. 이는 생산지표를 소득지표로 전환하는 과정에 대한 이해이기도 하다. 첫째, 실질 GDI는 국내에서 생산된 최종생산물의 실질구매력을 나타내주는 지표로서 실질 GDP에서 교환되는 상품 간의 상대가격 변화에 따른 구매력의 변동분, 즉 상대가격 변화에 따른 실질거래손익을 조정한 것이 실질 GDI(구매력측정치)이다. 여기서 상대가격 변화에 따른 실질거래손익은 거주자 간의 거래에서는 거래손실과 거래이익이 서로 상쇄되므로 거주자와 비거주자 간의 거래, 즉 무역에서만 발생한다. 따라서 이를 교역조건 변화에 따른 실질무역손익이라 한다. 여기서 한 나라의 상품과 다른 나라의 상품(또는 재화)의 교환비율로 정의되는 '교역조건'은 일반적으로 수출상품 1단위와 교환으로 얻어지는 수입상품 단위수로 표현한다. 수입단가지수에 대한 수출단가지수의 비율로 표시하고 이를 '순상품교역조건지수'(≡수출단가지수/수입단가지수)라 한다. 이 교환비율이 수출국

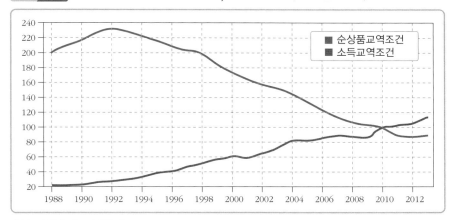

**그림 7-2** 순상품교역조건과 소득교역조건, 1988~2013(2010년=100)

출처: 한국은행, 경제통계.

에 유리할 경우는 수출국교역조건의 유리화, 그 반대의 경우는 수출국교역조건의 악화라고 한다. 그런데 순상품교역조건은 수출입의 가격변동만을 나타내고 물량 변동이 감안되지 않기 때문에 실질적인 무역이익에 대한 지표가 될 수 없다. 수출총액으로 수입할 수 있는 수입량을 나타내는 소득교역조건을 동시에 작성하면 수출물량의 변화에 따른 유리함과 불리함을 정확히 파악할 수 있다. 즉 '소득교역조건지수'(≡순상품교역조건×수출물량지수)는 순상품교역조건에 수출물량지수를 곱하여 산출하는 것으로 수출액으로 수입을 늘릴 수 있는 능력을 측정하는 지표이다. 따라서 소득교역조건지수가 상승하였다면 금기의 수출액으로 수입할 수 있는 능력(양)이 좋아졌다는 것을 의미한다.

둘째, 실질 GDI에서 외국인이 국내에서 벌어간 실질소득은 차감하고 우리 국민이 국외에서 벌어들인 실질소득은 더하면 우리나라 국민이 국내는 물론 국외에서 벌어들인 소득의 실질구매력을 나타내는 실질 GNI를 산출할 수 있다. 이처럼 실질 GNI란 한 국가의 국민이 일정 기간 생산활동을 통해 벌어들인 소득으로, 무엇을 얼마나 살 수 있느냐를 수치화한 것으로 이해할 수도 있다. 즉 생산량은 동일하더라도 수출품의 가격이 떨어진다면 벌어들인 소득으로 해외에서 사들일 수 있는 능력은 줄기 때문에 실질 GNI를 국민의 체감경기를 나타내는 지표라고 부르기도 한다. 이처럼 체감경기와 지표경기의 격차는 교역조건과 밀접한 관련을 맺고 있다.

마지막으로 명목 GNI에 "거주자와 비거주자 간에 반대급부 없이 일어나는 이전거래"인 국외순수취경상이전을 더하여 산출하는 국민총처분가능소득(GNDI, Gross National Disposable Income)은 소비나 저축으로 자유로이 처분할 수 있는 총소득으로 소비율, 투자율(국민총처분가능소득 대비 총자본형성의 비율), 저축률 등의 산정에 이용된다. 생산지표와 소득지표의 관계를 정리하면 다음과 같다.

실질 GDI ≡ 실질 GDP + 교역조건 변화에 따른 실질 무역손익
실질 GNI ≡ 실질 GDI + 실질 국외순수취요소소득
명목 GNI ≡ 명목 GNP = 명목 GDP + 국외순수취요소소득
국민총처분가능소득 ≡ 명목 GNI + 국외순수취경상이전

국민소득은 원계열과 계절조정 계열 두 가지를 언급하고 있다. 원계열이란 원래의 통계를 의미하고, 계절조정이란 경제통계에서 기후 등의 자연조건의 변화, 설이나 추석과 같은 사회적 관습과 제도 등으로 흔히 1년을 주기로 반복하여 나타나는 변동현상(계절변동)을 원래 통계로부터 제거한 통계를 의미한다. 예컨대, 추석이나 연말에는 백화점의 매출이 반드시 증가된다는 것은 계절변동의 현저한 예이다. 실제 계절조정작업은 미리 계산된 계절지수(季節指數)로 나누며, 구체적 방법은 통계학의 시계열분석에 따른다. 간편한 계절조절 방법으로는 전년동기(월) 대비 증감률을 이용하여 경제흐름을 파악할 수도 있다. 그런데 이 방법을 이용하여 경제현상을 분석하는 경우 비연속적인 비교로 경기국면 전환시점에서 통계의 착시현상이 발생할 가능성이 크다. 이처럼 원계열은 단기적 변동성이 큰 계절성분을 포함하고 있어 경제의 기조적인 실제 흐름을 파악하기 힘든 반면, 계절조정 통계는 단기적인 경기동향을 정확히 파악할 수 있게 해준다. OECD 대부분 국가에서는 계절조정 시계열에서는 전기비 또는 전기비 연율로 경제의 기본적인 경향이나 방향을 파악하고 있다.

표 7-1 국민소득의 주요 지표(2005년 기준)

| | GDP (명목, 원화) | GDP (명목, 달러) | GNI (명목, 원화) | GNI (명목, 달러) | GNDI (명목) | 1인당GNI (명목, 원화) | 1인당GNI (명목, 달러) | GDP (실질 성장률) | 수출입의 대GNI 비율 (명목) | GDP 디플레 이터 |
|---|---|---|---|---|---|---|---|---|---|---|
| 단위 | 억 원 | 억 달러 | 억 원 | 억 달러 | 억 원 | 만 원 | 달러 | % | % | 2005 =100 |
| 1970 | 27,751 | 81 | 28,121 | 82 | 28,423 | 9 | 255 | | 39.2 | 4.5 |
| 1971 | 34,345 | 95 | 34,503 | 96 | 34,825 | 10 | 291 | 10.4 | 42.5 | 5.0 |
| 1972 | 42,411 | 108 | 42,428 | 108 | 42,816 | 13 | 322 | 6.5 | 45.7 | 5.8 |
| 1973 | 54,990 | 138 | 54,893 | 138 | 55,356 | 16 | 404 | 14.8 | 62.3 | 6.6 |
| 1974 | 78,454 | 194 | 78,411 | 194 | 78,949 | 23 | 559 | 9.4 | 66.9 | 8.6 |
| 1975 | 104,778 | 216 | 103,732 | 214 | 104,392 | 29 | 607 | 7.3 | 65.0 | 10.7 |
| 1976 | 144,108 | 298 | 143,132 | 296 | 144,696 | 40 | 825 | 13.5 | 64.2 | 13.0 |
| 1977 | 185,020 | 382 | 183,828 | 380 | 185,971 | 50 | 1,043 | 11.8 | 64.2 | 14.9 |
| 1978 | 249,447 | 535 | 248,777 | 534 | 252,218 | 67 | 1,443 | 10.3 | 63.4 | 18.2 |
| 1979 | 320,494 | 640 | 318,388 | 636 | 321,621 | 85 | 1,693 | 8.4 | 63.5 | 21.6 |
| 1980 | 391,096 | 643 | 384,792 | 633 | 389,778 | 101 | 1,660 | −1.9 | 78.9 | 26.8 |
| 1981 | 493,057 | 724 | 481,624 | 707 | 488,275 | 124 | 1,826 | 7.4 | 82.2 | 31.5 |
| 1982 | 566,768 | 775 | 554,257 | 758 | 562,254 | 141 | 1,927 | 8.3 | 76.4 | 33.4 |
| 1983 | 666,851 | 859 | 654,493 | 843 | 662,680 | 164 | 2,113 | 12.2 | 72.8 | 35.0 |
| 1984 | 765,235 | 949 | 749,042 | 929 | 757,079 | 185 | 2,300 | 9.9 | 75.1 | 36.6 |
| 1985 | 856,991 | 984 | 836,666 | 961 | 845,271 | 205 | 2,355 | 7.5 | 70.3 | 38.1 |
| 1986 | 1,002,541 | 1,137 | 981,487 | 1,114 | 994,112 | 238 | 2,702 | 12.2 | 71.5 | 39.7 |
| 1987 | 1,179,382 | 1,434 | 1,164,672 | 1,416 | 1,180,681 | 280 | 3,402 | 12.3 | 72.6 | 41.6 |
| 1988 | 1,405,248 | 1,923 | 1,396,436 | 1,911 | 1,413,227 | 332 | 4,548 | 11.7 | 67.1 | 44.4 |
| 1989 | 1,586,201 | 2,363 | 1,583,348 | 2,358 | 1,590,773 | 373 | 5,556 | 6.8 | 60.7 | 47.0 |
| 1990 | 1,913,828 | 2,703 | 1,912,843 | 2,702 | 1,920,882 | 446 | 6,303 | 9.3 | 58.2 | 51.9 |
| 1991 | 2,314,282 | 3,155 | 2,310,971 | 3,150 | 2,316,677 | 534 | 7,276 | 9.7 | 56.2 | 57.2 |
| 1992 | 2,639,932 | 3,381 | 2,635,011 | 3,375 | 2,643,158 | 602 | 7,714 | 5.8 | 55.5 | 61.7 |
| 1993 | 2,987,616 | 3,722 | 2,980,571 | 3,713 | 2,989,826 | 674 | 8,402 | 6.3 | 52.6 | 65.6 |
| 1994 | 3,499,726 | 4,355 | 3,489,556 | 4,342 | 3,499,914 | 782 | 9,727 | 8.8 | 54.4 | 70.7 |
| 1995 | 4,096,536 | 5,313 | 4,080,136 | 5,292 | 4,079,682 | 905 | 11,735 | 8.9 | 59.3 | 75.9 |
| 1996 | 4,609,526 | 5,728 | 4,586,363 | 5,699 | 4,584,915 | 1,007 | 12,518 | 7.2 | 60.1 | 79.7 |
| 1997 | 5,063,136 | 5,323 | 5,028,654 | 5,287 | 5,037,022 | 1,094 | 11,505 | 5.8 | 66.2 | 82.8 |
| 1998 | 5,010,272 | 3,582 | 4,925,743 | 3,521 | 4,973,628 | 1,064 | 7,607 | −5.7 | 80.8 | 86.9 |
| 1999 | 5,490,050 | 4,616 | 5,421,775 | 4,558 | 5,444,001 | 1,163 | 9,778 | 10.7 | 71.5 | 86.0 |
| 2000 | 6,032,360 | 5,335 | 6,001,588 | 5,308 | 6,008,029 | 1,277 | 11,292 | 8.8 | 77.5 | 86.8 |
| 2001 | 6,514,153 | 5,046 | 6,498,989 | 5,035 | 6,494,027 | 1,372 | 10,631 | 4.0 | 72.2 | 90.2 |
| 2002 | 7,205,390 | 5,759 | 7,209,963 | 5,762 | 7,190,198 | 1,514 | 12,100 | 7.2 | 67.1 | 93.1 |
| 2003 | 7,671,137 | 6,436 | 7,677,714 | 6,442 | 7,643,279 | 1,604 | 13,460 | 2.8 | 70.6 | 96.4 |

| | GDP (명목, 원화) | GDP (명목, 달러) | GNI (명목, 원화) | GNI (명목, 달러) | GNDI (명목) | 1인당GNI (명목, 원화) | 1인당GNI (명목, 달러) | GDP (실질) 성장률 | 수출입의 대GNI 비율 (명목) | GDP 디플레이터 |
|---|---|---|---|---|---|---|---|---|---|---|
| 단위 | 억 원 | 억 달러 | 억 원 | 억 달러 | 억 원 | 만 원 | 달러 | % | % | 2005 =100 |
| 2004 | 8,268,927 | 7,224 | 8,293,267 | 7,245 | 8,265,440 | 1,726 | 15,082 | 4.6 | 79.8 | 99.4 |
| 2005 | 8,652,409 | 8,447 | 8,644,273 | 8,439 | 8,618,865 | 1,796 | 17,531 | 4.0 | 78.6 | 100.0 |
| 2006 | 9,087,438 | 9,511 | 9,101,342 | 9,525 | 9,062,787 | 1,882 | 19,691 | 5.2 | 80.9 | 99.9 |
| 2007 | 9,750,130 | 10,493 | 9,768,139 | 10,512 | 9,735,203 | 2,010 | 21,632 | 5.1 | 85.9 | 101.9 |
| 2008 | 10,264,518 | 9,309 | 10,341,154 | 9,379 | 10,339,473 | 2,113 | 19,161 | 2.3 | 110.7 | 104.9 |
| 2009 | 10,650,368 | 8,344 | 10,697,831 | 8,381 | 10,691,568 | 2,175 | 17,041 | 0.3 | 98.8 | 108.5 |
| 2010 | 11,732,749 | 10,147 | 11,747,530 | 10,160 | 11,712,131 | 2,378 | 20,562 | 6.3 | 105.2 | 112.4 |
| 2011 | 12,351,605 | 11,147 | 12,384,053 | 11,176 | 12,355,328 | 2,488 | 22,451 | 3.7 | 112.9 | 114.1 |
| 2012 | 12,724,595 | 11,292 | 12,795,464 | 11,355 | 12,764,292 | 2,559 | 22,708 | 2.0 | 112.7 | 115.2 |

출처: 한국은행, 경제통계

　　한편, 국민소득에는 모든 경제주체의 소득이 포함되어 있기에 개인에게 귀속되는 소득과는 다를 수밖에 없다. 국민소득과 개인소득의 관계를 살펴보자. GDP와 GNP의 관계는 앞에서 살펴봤듯이 국외순수취요소소득이 매개된다. 다음으로 GNP에서 중간생산물을 공제하지만 자본재의 감모분은 공제하지 않기에 GNP에서 공장이나 기계 등 설비의 감모분을 제한 것이 국민순생산(NNP)이 된다. 투자의 누적액이 자본량이 되는데 시간이 흐름에 따라 자본량의 감모분이 존재하는데 GNP에는 총자본량이 포함되기 때문이다. 즉 NNP는 용어 그대로 생산활동의 순수한 부가가치 증대를 파악할 수 있다. NNP에서 간접세를 차감하고 보조금을 더하면 국민소득(NI)이 된다. 이는 정부 개입을 고려하여 국민에게 실제로 귀속되는 소득을 파악하고자 사용하는 지표이다. 즉 GNP는 모든 최종생산물의 시장가격에 의한 국민소득으로 요소비용(임금+이자+지대+이윤)에 의한 국민소득과 같아야 하는데, 이는 정부부문의 배제를 가정한 것으로 정부를 포함하면 같아질 수 없다. 정부를 포함할 경우 간접세를 NNP에서 공제해야 하는 반면, 정부가 기업에게 보조금을 지급할 경우에는 그 기업의 생산품의 시장가격은 생산에 들어간 요소비용보다 낮게 되기 때문에 보조금은 NNP에 더해야 한다. NI에서 법인세와 기업이 사내유보이윤을 차감하고 정부의 이전지출을 더하면 개인에 대해 지불한 개인소득(PI)이 된다. 즉 PI는 모든 가계가 실제로 수취하는 소득으로 국민소득에서 개인에게

**표 7-2** 미국의 GDP, GNP, NNP, NI, PI(10억 달러)

| | 2013 | | | | 2014 | |
| --- | --- | --- | --- | --- | --- | --- |
| | I분기 | II분기 | III분기 | IV분기 | I분기 | II분기 |
| **국내총생산량(GDP)** | 16502.4 | 16619.2 | 16872.3 | 17078.3 | 17044 | 17311.3 |
| +해외수취소득 | 791.2 | 804.4 | 814.2 | 831.8 | 822.6 | 831.5 |
| -해외지급소득 | 582.4 | 589.5 | 583.4 | 588.9 | 611.6 | 610.5 |
| **=국민총생산(GNP)** | 16711.2 | 16834 | 17103.1 | 17321.2 | 17255 | 17532.3 |
| -고정자본소비 | 2585.4 | 2612.7 | 2640.2 | 2670.5 | 2698.7 | 2721.6 |
| 민간부분 | 2083.9 | 2108.2 | 2132.5 | 2158.7 | 2183.5 | 2203.1 |
| 국내기업 | 1667.3 | 1685.3 | 1701.9 | 1720.3 | 1735.9 | 1753.2 |
| 자본소모충당 | 1685.8 | 1698.6 | 1712.5 | 1728.7 | 1487.6 | 1504.2 |
| -자본소모조정 | 18.4 | 13.3 | 10.6 | 8.4 | -248.2 | -249 |
| 가계 및 기관 | 416.6 | 422.9 | 430.5 | 438.4 | 447.7 | 449.8 |
| 정부부문 | 501.5 | 504.5 | 507.8 | 511.8 | 515.2 | 518.5 |
| 일반정부 | 440.3 | 442.7 | 44555 | 449 | 451.9 | 454.8 |
| 국영기업 | 61.3 | 61.8 | 62.3 | 62.8 | 63.3 | 63.7 |
| **=국민순생산(NNP)** | 14125.8 | 14221.3 | 14462.9 | 14650.6 | 14556.3 | 14810.7 |
| -통계오차 | -250.3 | -290.2 | -187.6 | -119.5 | -177.5 | -202.5 |
| **=국민소득(NI)** | 14376.1 | 14511.5 | 14650.5 | 14770.2 | 14733.7 | 15013.2 |
| - | | | | | | |
| 재고자산과 자본소모를 조정한 기업 이윤 | 2039.4 | 2103.6 | 2140.7 | 2143.8 | 1942.1 | 2097 |
| 생산과 수입에 대한 과세-보조금 | 1094.8 | 1091.1 | 1106.5 | 1116.8 | 1126.8 | 1138.7 |
| 정부의 사회보험에 대한 기여 | 1090.7 | 1102.1 | 1107.8 | 1117.5 | 1146.6 | 1161.2 |
| 순이자와 자산에 대한 기타 지급 | 517.4 | 477.1 | 493.3 | 511.2 | 506.5 | 460.8 |
| 기업의 경상이전 지급 | 115.1 | 122.3 | 118.4 | 126.6 | 119.2 | 122.5 |
| 국영기업의 경상잉여 | -27.8 | -29.6 | -30.1 | -31 | -31.1 | -33.6 |
| +자산에 대한 개인소득 수취 | 2035.9 | 2081.9 | 2106.9 | 2094.2 | 2090.4 | 2125.8 |
| +개인의 경상이전 수취 | 2394.8 | 2404.5 | 2426.6 | 2432.3 | 2470.9 | 2510.8 |
| **=개인소득(PI)** | 13977.2 | 14131.3 | 14247.4 | 14311.7 | 14484.7 | 14703.2 |

출처: Bureau of Economic Analysis, National Income and Product Accounts Tables, Table 1.7.5. Relation of Gross Domestic Product, Gross National Product, Net National Product, National Income, and Personal Income.

귀속되지 않는 법인세, 법인유보(사내유보), 사회보장적립금이나 부담금을 공제하고, 개인소득으로 이전되는 이전소득(사회보장금 · 연금 · 공채이자)을 공제해야 한다. PI에서 직접세나 기타 공과금을 공제한 것을 가처분소득이라 하며, 가처분소득에서 개인의 소비지출을 공제한 것이 저축이 된다. 이들의 관계를 간단히 식으로 나타내면 다음과 같다.

NNP = GNP − 감가상각비 = 소비 + 순투자

NI = NNP − 간접세 + 보조금

PI = NI − 이전소득(사회보장금 · 연금 · 공채이자) + 법인세 + 법인유보

가처분소득 = PI − 직접세 − 공과금

### 1.3. GDP 개념의 한계

경제적 후생을 나타내는 지표들로서 GDP나 GNP 개념의 한계는 GDP나 GNP 개념을 구성하는 핵심적 부분들과 관련을 맺고 있다. 그 한계는 첫째, 시장가치라는 점이다. 가정에서 생산된 재화(요리 등)나 서비스(자녀양육 등) 혹은 비급여 · 비지불노동이나 자발적 노동과 봉사활동 등 화폐로 환산되지 않는 노동은 개인의 후생이나 사회복지의 주요 구성요소인데도 GDP나 GNP에는 포함되지 않는다. 이미 오래전부터 세계는 고전적인 산업사회에서 서비스 사회로 이행하고 있다. 선진 산업국가에서 좁은 의미의 산업상품 생산과 관계를 갖는 일자리는 이제 20%도 안 되고, 서비스 활동이 전체 일자리의 80% 이상을 차지하고 있다. 현대 후기 산업사회에서 경제활동을 구성하는 본질적인 부분이 화폐교환을 위해 조직되어 있다는 사실을 부정할 수는 없지만, 서비스 사회에서는 자급적인 활동, 선행, 자발적인 비지불 활동이 중요한 경제적 가치를 가진다. 예를 들어 가족과 공동체를 위한 노동, 심지어 취미를 위한 노동도 가치가 인정되어야 한다. 서비스사회에서 생산활동의 부문 간 이전은 더 이상 화폐로 환산되는 체계 내에서만 발생하지 않는다. 이 생산활동은 많은 경우 화폐로 환산되지 않는 세계로 사라져가고, 이 사라진 생산활동의 대가는 자유시장에서는 거의 지불되지 않는다. 따라서 상품, 서비스, 인력을 얻기 위한 금전상의 지불 여부와 상관없이 이들을 수량화하여 실질적인 복지수준을 나타낼 수 있는 지표를 개발해야 한다. 시장이론의 국민총생산에서 모든 가치의 합계는 생산량, 즉 화폐로 환산되는 부문에 투입된 노동력과 물질자원의 화폐로 표시된 비용의 크기를 나타낸다. 예를 들어 파괴 뒤 복구에 소모되는 총비용은 원인과 상관없이 (자연재앙이건 인위적 재앙이건 간에) 국민복지 증대로 간주된다. 다시 말해 구덩이를 파는 일에 돈을 지불하고 다시 그 구덩이를 메우는 일에 또 돈을 지불하는 사회가 그런 어리석은 짓을 하지 않는 사회보다 더 부유해진다는 것이, 복지와 안녕의 증대에 관한 시장이론의 평가방식이

갖는 어처구니없는 논리적 귀결이다.

GDP나 GNP 개념의 두 번째 한계는 그것이 생산된 모든 재화와 서비스라는 점이다.[2] 상품을 생산하는 데 쓰인 시간만을 가치 있는 것으로 파악하기 때문에 한 사회 복지수준의 지표인 여가로 소비되는 시간의 가치는 GDP나 GNP에 포함되지 않는다. 동시에 핵무기 같은 생산물은 인류사회의 파괴를 가져올 수 있고 생산활동의 부산물(환경을 악화시키는 오염물질 등)이나 부작용(교통혼잡, 인구집중, 범죄의 증가 등)이 사회후생 또는 삶의 질을 감소시킬 수 있는데도 그러한 폐해가 고려되지 않는다. 따라서 경제적 후생을 더 정확히 나타내기 위해서는 여가의 가치와 지하경제에서 생산·거래된 가치를 추가하고, 여기에 환경오염 관련비용을 빼야 한다. 순경제후생(NEW, net economic welfare)은 이런 부분들을 고려한 지표다. 반면 환경 GDP(EDP)는 환경악화나 자연자원의 소모로 발생한 비용을 GDP에서 뺀 개념이다.

글로벌 경제위기는 경제학에 대한 근본적 재성찰을 요구하고 있고, 그 연장선에서 GDP에 대한 대체 개념 개발도 가속화되고 있다. 특히 선진국과 국제기구들은 전 세계 경제위기를 계기로 한 국가의 발전을 생산과 소득 등 경제활동에 국한된 GDP로 평가해온 것에 대한 반성으로 삶의 질을 포함하는 새로운 국가발전 척도 개발에 주력하고 있다. 이와 관련하여 몇 가지 초보적인 움직임을 소개하면 다음과 같다. 첫 번째 흐름은 GDP 통계가 경제적 성과를 제대로 반영하지 못한다며 2008년 2월 프랑스정부는 조지프 스티글리츠(Joseph E. Stiglitz, 2001년 노벨경제학상 수상자)와 아마티아 센(Amartya Sen, 1998년 노벨경제학상 수상자)을 주축으로 '경제성과와 사회진보 측정을 위한 위원회'를 구성해 2009년 9월에 발표한 이른바 〈스티글리츠 보고서〉다. 이는 첫째, 양에서 질로의 전환 혹은 보완이다. GDP란 시장에서 거래되는 '생산량'의 총합을 나타낸다. 따라서 상품의 품질 증가에 따른 실질소득 또는 소비의 증가를 제대로 포착하지 못하는 한계가 있다. 예를 들어, 상품의 품질 개선에 따라 가격이 증가했다고 가정하자. 이때 통계 처리 과정에서 가격 변화를 조정하게 되는데, 물가상승을 과대평가하면 품질개선(과 실질소득 증가)을 과소평가하게 된다. 또 앞에서 지적했듯이 시장에서 거래되는 재화와 서비스만 포

---

2) 여기에서는 합법적으로 생산·거래된 재화나 서비스로 제한한다. 즉 불법적으로 생산·거래되는 재화나 서비스(지하경제)는 측정상 곤란하여 포함시키지 않는다.

괄하므로 정부나 가계에서 수행하는 비시장 영역을 제대로 포착하지 못하는 한계를 지닌다. 예를 들어, 가계에서 수행하는 부모의 가사와 육아는 GDP에 포함되지 않는다. 그러나 동일한 노동이라 하더라도 가사와 아이 도우미 서비스를 활용하면 GDP가 증가한다. 따라서 가계와 정부의 경제활동이 시장 거래로 전환한 미국과 같은 나라는 체계적으로 GDP가 과대평가되는 문제점을 개선해야 한다. 둘째, 경제적 '생산'보다는 인간의 '행복'으로 강조점을 전환해야 한다. GDP는 시장의 생산량을 화폐 단위로 측정하기 때문에 경제 구성원이 체감하는 물질적 '복지'를 제대로 측정하기 위해서는 GDP보다 '가계'의 소득과 소비가 더욱 중요하다. 따라서 GDP에서 교역조건과 국가 간 소득 이전을 차감한 GNI, 더 나아가 자본재의 감가상각과 부문 간 이전을 고려한 국민순가처분소득(NNDI, net national disposable income) 지표가 더 중요하다고 강조한다. 특히 GDP와 가계소득이 체계적으로 차이가 나는 점을 중시한다. 따라서 물질적 복지 관점에서는 가계의 '실질가처분소득'에서 의료와 교육 서비스에 대한 사회적 현물이전을 고려한 지표 개발의 필요성을 밝히고 있다. 셋째, 분배를 통한 평균 지표의 보완이다. 평균소득이 증가하더라도 계층 간 소득이 불균등하게 분배되면, 일부 계층에서는 오히려 물질적 후생이 악화될 수 있다. 따라서 통계청에서 발표하는 평균 개념의 소득, 소비보다는 중간(median) 지표에 평가의 초점이 맞춰져야 한다. 또 재산의 변화, 계층별 소득 분배를 포괄할 수 있는 지표 개발의 필요성도 밝히고 있다. 넷째, 행복은 물질적 생활수준의 일차원적 지표가 아님을 강조한다. 즉 새로운 대안지표는 보건, 교육, 정치 환경, 사회적 관계, 환경 그리고 사회경제적 안정 등을 모두 포괄해야 함을 역설하고 있다. 왜냐하면 '삶의 질'은 GDP라는 객관적 지표에서는 포괄하지 못하는 인간의 '역량'에 의존하기 때문이다. UNDP에서 매년 발표하는 인간개발지수(HDI, Human Development Index)는 이번 위원회에 자문으로 참여하는 아마티아 센의 '역량' 개념에 기초했다. '역량'이란 행위자의 목적·지향·가치 등을 실제로 수행 또는 형성할 수 있는 능력을 말한다. 따라서 사회경제적 '개발'이란 객관적 물질 조건을 개선하는 것뿐만 아니라, 인간의 행위 '능력'을 형성하고 수행하는 장애물을 제거하는 것으로 확장한다. 이는 철학적으로도 약간의 차이를 반영한다. 'GDP'를 강조하는 신자유주의는 인간의 행복을 효용의 극대화로 보는 데 비해 '역량' 관점은 자신과 공동체가 지향하는 가치를 수행할 수 있는 자유와 권리 그리고 역량을 강조하는 차이점을 지닌다. 따라서 보고서는 보건, 교육, 환경 등 여러 상이한 영역의 측정을 모두 포괄하는 HDI와 같은 복합지수의 개발뿐만 아니라 실제 체감하는 행복 정도를 반영하기 위해 설문조사 등을 활용할 것을 강조하고 있다. 다섯째, 지속가능성과 환경에 대한 강조다. GDP는 더 이상 재생되지 않는 자원을 더욱더 많이 소모할수록, 그리고 환경을 더 심각하게 파괴할수록 늘어나는 태생적인 문제점을 지니고 있다. 미래세대, 아니 우리 자신을 위해서도 자원과 환경의 중요성은 갈수록 커지고 있다. 지속가능성은 현재의 물질적 복지가 미래에도 유지 가능한지를 측정하며 규범적 선택의 문제도 포함하고 있다. 따라서 하나의 단일한 지수로 환원할 수는 없다. 비유적으로 말하면, 차를 운전할 때 현재의 속도와 남아 있는 휘발유의 양을 동일 계기판에 하나의 숫자로 표시할 수 없는 것과 같은 이치다. 또 환경 문제로 인한 온난화와 수자원 고갈 등을 포괄할 수 있는 환경위험지수의 개발도 고려하고 있다.

두 번째 흐름은 미국과 영국 정부가 주도하여 2011년부터 발표하는 개념으로 국민이 일과 중 느끼는 기분을 수치화한 웰빙지수다. 이 척도는 조사대상이 하루 일과에서 느끼는 감정을 긴장, 평온, 피곤, 고무 등으로 분류해 측정하는 '일상 재구성 조사법(day reconstruction method, DRM)'과 미 노동부가 오랜 기간 조사해온 미국인 '시간활용실태'를 결합해 미국인의 기분 상태를 수치화한 것이다. 미국 프린스턴대학 앨런 크루거(Alan Krueger)와 다니엘 카너먼(Danniel Kahneman, 2002년 노벨상 수상자)이 공동 개발했다. 예를 들어, 국민의 피곤함이 과중하면 출퇴근 시간을 단축하기 위해 정부가 도로나 교통여건 개선에 투자를 늘리거나 법정근로시간의 단축에 나서게 할 수 있어 웰빙지수는 정책 활용도가 기존 GDP보다 훨씬 광범위하고 정확하다. 하지만 인간의 행복은 기분뿐 아니라 스스로 판단하는 만족에도 좌우된다는 점에서 이 새로운 척도도 한계를 지닌다. 즉 같은 상황에 대해 나라별, 성별, 도농별 만족도가 다르기 때문에 상황에 따른 기분만으로 웰빙을 정확히 측정하기는 힘들다. 또 시장 효율성을 중시하는 시장주의자 학자들은 행복도를 수치화하려는 시도 자체가 국가가 시민영역 개입을 강화하고 국민의 자유를 축소하기 위한 시도라고 의심하고 있다. 이런 문제점에도 불구하고 영국 국립통계청도 미국에 이어 영국 국민의 행복을 계량화한 새 지수를 발표할 예정이고, 다른 나라들도 속속 뒤를 따를 것으로 보인다.

## 1.4. 경제성장률과 경기변동

한 나라의 국민소득이 얼마큼 증가했는가를 나타내는 지표가 경제성장률이다. 흔히 경제성장률로 표시하는 GDP 성장률은 다음과 같이 나타낸다.

$$경제성장률 \equiv \frac{금년도 \ 불변GDP \ - \ 전년도 \ 불변GDP}{전년도 \ 불변GDP} \times 100$$

우리나라는 1970년 이래 1997년 외환위기 전까지 연평균 약 8%의 성장률을 기록하여 이 기간 사이에 GDP가 7.5배나 증가했다. GDP 통계가 작성된 이후 우리나라의 경제성장률은 두 차례 마이너스(−) 성장률을 보인 적이 있다. 바로 국제 원유가격 급등과 대통령 암살이라는 국내 정치 상황이 맞물렸던 1980년과 외환위기가 발생했던 1998년이다. 이 두 해를 제외하고는 70년대와 80년대까지 연 7~9%의 높은 성장률을 유지했다. 이후 90년대 들어 외환위기 전까지 7%대 초반으로 떨어졌고, 2000년대 들어선 5%대 초반으로 더욱 낮아졌으며, 특히 글로벌 금융위기 이후 3%대로 또 다시 하락하였다([그림 7-3]). 게다가 2016년부터 생산가능인구(15세~)가 감소하면서 특별한 대비가 없으면 추가 하락은 불가피하다.

한편, 경제성장은 GDP의 장기적 변화 추세를 나타내는 반면, 단기적 변화

**그림 7-3** 국내총생산(GDP) 실질 성장률, 1971~2013

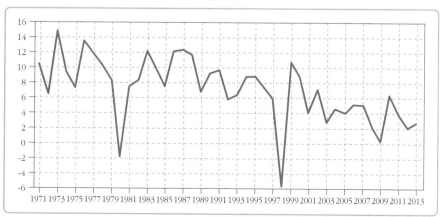

추세는 '경기변동'이라는 말로 표현한다. GDP의 실제 움직임과 장기추세 사이의 차이는 'GDP 갭(GDP gap)' 혹은 '산출량 갭(output gap)'이라 하고, GDP 갭이 양(+)의 값을 가질 때는 경기호황, 음(−)의 값을 가질 때는 경기불황이라고 말한다. 달리 표현하면 GDP 갭은 실제 GDP와 한 나라 전체 산업의 '잠재적 생산능력', '노동과 자본 등의 생산요소를 완전히 고용할 경우 달성할 수 있는 최대 GDP' 또는 '인플레이션을 가속화하지 않고 달성할 수 있는 GDP'의 차이를 일컫는다. 여기서 '완전고용 산출량(GDP)' 혹은 '자연산출량'은 "한 나라 경제의 산출량이 장기적으로 수렴하는 수준"을 일컫는다. 이에 대해서는 뒤에서 다시 다룰 것이다. 여기서 '장기'는 최소 실업률의 도달 시점인 경기 확장의 마지막부터 다음 경기 확장의 마지막까지의 경기순환의 한 사이클로 이해할 수 있고, 따라서 경기순환의 한 사이클 동안 실질 GDP 증가율의 평균값을 잠재 GDP 성장률로 사용할 수 있다.

불황 등으로 기업이 조업을 단축하면 'GDP 갭'은 커지고, 반대로 완전고용 하에서는 'GDP 갭'은 영(0)이 된다. 따라서 'GDP 갭'과 실업률 사이에는 마이너스(−) 관계를 예상할 수 있다. 경기변동률과 실업률 간에 존재하는 체계적인 관계를 '오쿤의 법칙(Okun's Law)'이라 한다. 오쿤의 법칙은 미국에서 실업률이 1% 증가할 때 GDP가 2% 정도 감소했던 경험을 기초로 한 법칙이다. '오쿤의 법칙'은 다음의 식으로 표현할 수 있다.

$$\frac{\overline{Y}-Y}{Y} = 2(u-\overline{u})$$

$Y \equiv$ 실제산출량(GDP), $\overline{Y} \equiv$ 완전고용 수준의 산출량,
$u \equiv$ 실제실업률, $\overline{u} \equiv$ 자연실업률

즉 실업률이 완전고용수준인 자연실업률 수준에 있을 때는 실제 GDP도 완전고용 수준의 GDP 수준에 있게 된다. 자연실업률 개념은 제9장과 제11장에서 자세히 소개할 것이다. 반면, 실제 실업률과 자연실업률 간의 갭이 플러스(+)일 때 완전고용수준의 GDP와 실제 GDP 간의 갭도 플러스(+)가 된다. 경기가 좋지 않으면 실업률도 상승한다는 것이다. 구체적으로 GDP 증가율이 1% 하락하면 실업률이 0.5% 상승한다는 것을 의미한다.

'오쿤의 법칙'은 미국의 특정 시기를 관찰한 결과이기에 어느 국가와 시기

에나 적용될 수 있다고 생각할 필요는 없다. 국가마다 GDP 성장률과 실업률의 관계는 일정치 않기 때문이다. 게다가 최근에는 '고용 없는 성장(growth without job)'이 새로운 추세로 자리 잡고 있듯이 성장과 일자리의 연계성도 약화되고 있다. 뒤에서 자세히 살펴보겠지만, 소수의 창조적인 인재만을 필요로 하는 첨단기술 분야의 경우 생산은 증대하지만 고용은 필요하지 않은 반면, 노동집약적 부문은 기술진보로 급속히 위축되고 있기 때문이다. 예를 들어 한국의 제조업 일자리는 1992년 이후 성장률과 관계없이 계속 감소하고 있다.

## 제 2 절  GDP 디플레이터와 물가지수

국민경제에서 물가는 모든 상품가격의 평균적인 수준을 뜻한다. 앞에서 설명했듯이 명목가격은 당해 연도 현재의 가격으로 GDP를 평가한 것이며 실질가격은 임의로 정한 특정연도의 가격으로 평가한 것으로서 일정 기간 가격이 변하지 않는다는 전제하에 물량변동을 파악하기 위해 작성되는 통계다. 물가지수에는 GDP 디플레이터(deflator), 생산자물가지수, 소비자물가지수, 수출입물가지수 등이 있다. 첫째, GDP 디플레이터는 국민경제 전체의 물가수준을 나타내는 지표다. 명목 GDP를 실질 GDP로 나누어 사후적으로 얻어지는 값이다. 즉 GDP 디플레이터는 재화와 서비스 생산량이 아닌 가격만을 반영한다. 그런데 GDP 추계 시에는 생산자물가지수(PPI)나 소비자물가지수(CPI)뿐만 아니라 수출입물가지수, 임금 등 각종 가격지수가 종합적으로 이용되기 때문에 GDP 디플레이터는 국민소득에 영향을 주는 모든 물가요인을 포괄하는 종합적인 물가지수로서 GDP라는 상품의 가격수준을 나타낸다고 할 수 있다. GDP 디플레이터와 여타의 물가지수는 대체로 같은 방향으로 움직인다.

둘째, '생산자물가지수(PPI, Producer Price Index)'는 국내생산자가 공급하는 모든 상품 및 일부 서비스의 가격수준 변동을 측정하는 통계로 국내시장의 제1차 거래단계에서 기업 상호간에 거래되는 상품과 서비스의 평균적인 가격변동을 측정하기 위해 작성하는 물가지수다. 지수 작성에 이용하는 가격은 제1차 거래단계의 가격, 즉 국내생산품의 경우 부가가치세를 제외한 생산자 판

그림 7-4 GDP 디플레이터 등락률, 1971~2013

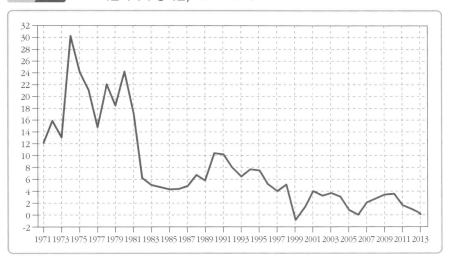

매가격(공장도 가격)을 원칙으로 하고 있다. 생산자물가지수는 1910년부터 한국은행에서 작성하고 있으며 현행 지수의 기준연도는 2010년이며 경제구조의 변화가 지수에 반영되도록 5년마다 기준연도를 개편하여 조사대상 품목과 가중치구조를 개선한다. 상품과 서비스는 월 1회 조사하고 농림수산품은 월 3회 조사한다. 조사대상 품목의 경우 개별품목의 국내거래액이 상품의 경우 모집단거래액의 1/10,000 이상, 서비스의 경우 1/2,000 이상 거래비중을 갖고 동종 품목의 가격변동을 대표할 수 있는 품목으로 조사대상 품목을 선정하며 2014년 현재 조사대상 품목수는 896개(상품부문 794개, 서비스부문 102개)이다. 가중치는 선정된 품목 및 유사품목의 거래액이 모집단거래액에서 차지하는 비중을 1,000분비로서 산출하며 조사대상 품목의 경제적 중요도를 나타낸다.

셋째, 소비자물가지수(CPI, Consumer Price Index)는 일반 도시가구가 소비생활을 영위하려고 구입하는 각종 상품과 서비스의 가격 변동을 종합적으로 파악하기 위해 작성하는 지표다. 소비자가 일정한 생활수준을 유지하는 데 필요한 소득이나 소비금액의 변동을 나타내기 때문에 소비자의 구매력과 생계비 등의 측정에 사용되며 매년 노동자들의 임금인상 기초자료로도 이용하고 있다. 소비자물가지수는 1965년 이후 통계청에서 작성해오고 있다. 현재 2010년 가격을 기준으로 도시가계의 총소비지출액 중에서 구입비중이 0.01% 이상인 상품 및 서비스 481개 품목을 대상으로 조사하고 있다. 변동률은 전월(년)과 비교한 금월(년)의 물가수준 변동분과 전년동월비 두 가지로 사용한다. 즉

$$전월(년)비 = \frac{금월(년)지수 - 전월(년)지수}{전월(년)지수} \times 100$$

$$전년동월비 = \frac{금월지수 - 전년동월지수}{전년동월지수} \times 100$$

참고로 미국의 CPI는 주택과 음식료, 운송, 의료, 의류, 여가, 교육 및 통신, 기타 8개 목록으로 나뉘어 측정하며, 여기엔 200개 제품과 서비스가 포함된다. 2년마다 가계와 개인의 취향 변동 등을 고려해 가중치를 변경해 계산하고 있다. 미국의 PPI와 CPI는 월별로 발표된다. PPI는 한 달이 끝난 지 2주 후 오전(동부시간 8시 30분) 노동부 통계국이 발표하며 이후 수정될 수 있다. CPI는 해당 월 2~3주 후 오전(동부시간 8시 30분) 발표되며 월별 수정은 없고 연간 수정은 있을 수 있다. 모두 통계국 홈페이지(www.bls.gov)에서 확인할 수 있다.

그러나 소비자물가지수 조사 대상에 비교적 가격이 안정적인 공산품이 많이 포함돼 있어 실제 피부로 느끼는 물가와 차이가 크다는 비판이 곧잘 제기된다. 통계청은 이런 점을 고려해 소비자물가지수의 보조지표로 '생활물가지수'를 내놓고 있다. 생활물가지수는 일상생활에서 소비자들이 자주 구매하고 지출비중이 높아 가격변동을 민감하게 느끼는 142종을 뽑아내 별도로 작성한다. 그 밖에도 신선 어개 · 채소 · 과실 등 기상조건이나 계절에 따라 가격변동이 큰 51개 품목으로 작성한 신선식품지수도 집계한다. 이들은 보통 소비자물가지수보다는 상승률이 높게 나타나는 게 특징이다. 아울러 물가의 큰 흐름을 살펴보기 위해 석유류 농산물 등 가격변동이 심한 품목을 빼고 계산한 소비자물가지수를 '근원 인플레이션(core inflation)'이라 부른다. 음식과 에너지 가격은 경제와 관련이 없는 날씨나 전쟁 등의 요인으로 변동이 가능하기 때문에 이를 제외하는 것이 인플레이션 압력을 더욱 정확하게 측정할 수 있기 때문이다. 이 지수는 한국은행이 매년 물가안정 목표를 정할 때 기준이 된다. 즉 계절적인 요인이나 일시적인 충격에 의한 물가변동분을 제외하고 장기적인 추세를 파악하기 위해 곡물 외의 농산물과 석유류 품목을 제외한 429개 품목으

로 작성한 지수이다.

한편, 생산자 및 소비자 물가지수를 계산할 때 기준연도의 재화가격 혹은 구입량을 가중치로 작성한 라스파이레스 지수(Laspeyres' index)와 비교연도의 재화가격 혹은 구입량을 가중치로 작성한 파세 지수(Paasche index)가 있는데 우리나라를 비롯한 대부분의 국가에서 물가지수나 생산지수를 작성할 때 전자를 사용한다. 라스파이레스(Laspeyres)가 1871년에 창안한 지수의 한 형태로 물가지수의 경우 우선 기준시점에서 일군의 품목집합가격과 수량을 파악하여 기준시점 가격과 기준시점 수량을 정한 후 비교시점에서는 기준시점 수량은 고정하고 가격의 변동분만을 반영한 비교시점 가격·수량을 기준시점 가격·수량과 대비하여 물가지수를 계산하는 방법이다. 즉

$$\text{라스파이레스 물가지수} = \frac{\text{전 품목의 } \sum(\text{품목별 비교시점 가격} \times \text{기준시점 수량})}{\text{전 품목의 } \sum(\text{품목별 기준시점 가격} \times \text{기준시점 수량})}$$

혹은 다음과 같이 표현할 수 있다.

$$L_{0,t} = \frac{\sum(P_t \times Q_0)}{\sum(P_0 \times Q_0)} \times 100 = \frac{\sum(\frac{P_t}{P_0} \times W_0)}{\sum W_0} \times 100$$

여기서 $L$: 지수, $P$: 가격, $Q$: 수량, 0 및 $t$: 시점, $W_0 = P_0 \times Q_0$

마지막으로 수출입물가지수는 수출 및 수입 상품의 가격변동을 측정하는 지표로서 수출입 상품의 가격변동이 국내물가에 미치는 영향과 수출입상품의 원가변동을 측정하는 데 이용한다. 주로 수출입관련업체들의 수출채산성 변동이나 수입원가 부담 등을 파악하는 한편, 수출입물가지수를 상호 비교해 가격측면에서 교역조건 등을 측정하는 데에 이용한다. 국내물가에 대하여 선행성을 가질 수 있도록 수출입계약시점을 기준으로 하되 원칙적으로 월평균 가격을 조사한다. 즉 개별품목의 수출입액이 모집단거래액의 1/2,000 이상의 거래비중을 차지하는 품목으로서 동종 산업 내 상품군의 가격변동을 대표하면서 가급적 품질규격 등이 균일하게 유지되고 가격시계열 유지가 가능한 품목을 선정하는데 2014년 기준 수출 213개 품목, 수입 239개 품목으로 구성되고 있다. 여기서 기본적으로 수출물가는 FOB(free on board)가격을 기준으로 그리고 수입물가는 CIF(Cost, Insurance, Freight)가격을 기준으로 한다. 흔히

본선인도조건, 본선적재가격 혹은 수출항 본선인도가격이라 부르는 FOB조건은 화물을 수출하는 수출업자의 책임이 화물을 본선 갑판에 적재하는 것과 동시에 면제된다. 반면, 보험 운임포함 조건을 의미하는 CIF 조건은 화물수출업자가 화물을 본선까지 적재하는 데 필요한 모든 비용과 위험부담 이외에 해상운임과 보험료까지 부담하여 거래하는 조건이다. 그리고 국내물가에 대한 영향을 용이하게 파악할 수 있도록 수출입 계약가격을 원화로 환산하여 작성한 원화기준지수를 주지수(主指數)로 편제하되 계약통화를 기준으로 산출되는 계약통화기준지수와 미달러화로 환산된 달러화기준지수를 보조지수로 작성한다. 생산자 및 소비자물가지수와 마찬가지로 지수산출을 위한 산식은 라스파이레스산식(기준시가 중산술평균법)을 채택하고 있다.

　　시장이론에 따르면 물가의 상승은 수요측과 공급측 요인으로 구분할 수 있지만 기본적으로 공급곡선상에서의 이동이나 공급곡선 자체의 이동에 의해 발생하는 것이다. 즉 수요가 증대할 때 물가상승은 공급곡선상에서 결정된다. 즉 미시적 시장에서 보았듯이 공급량 증대에 따라 한계비용이 체증하기 때문이다. 단기 공급량 증가는 노동이나 원자재나 에너지 등 가변투입물에 대한 수요를 증대시키고, 가변투입물에 대한 수요 증가 결과로 가변투입물의 단위당 비용이 증가할 수 있다. 예를 들어, 한 단위 산출량 당 노동비용($w \cdot L/Q$)으로 정의하는 '단위노동비용(ULC, unit labor cost)'의 증가는 단기 물가상승의 주요 요인이 된다. 단위노동비용이란 노동생산성에 대비해 본 상대적인 임금($w/AP_L$)이다. 단일 주체가 생산하는 데 드는 비용이라고 봐도 되며 노동비용을 산출량으로 나누어 계산한다($=w \cdot L/Q$). 예를 들어 시간당 노동자에 대한 보상(임금 및 보너스, 커미션 등을 모두 포함)이 3% 늘어나고, 노동생산성이 2% 늘어났다면 단위당 노동비용은 1% 오르게 된다. 임금이 오른다고 해도 생산성이 더 크게 증가하면 단위노동비용은 하락하게 된다. 그러나 반대로 임금에 비해 생산성이 낮으면 단위노동비용이 상승한다. 단위노동비용이 상승할 때 기업이 취할 수 있는 가장 단순한 방법은 상품 가격을 올리는 것이다. 따라서 단위노동비용은 상품의 가격 경쟁력을 말하는 동시에 인플레이션 가능성을 가늠할 수 있는 중요한 잣대가 되는 것이다. 물가가 상승하는 두 번째 경우로 공급곡선의 좌측 이동에 의한 물가상승은 수요곡선 상에서 결정된다. 공급곡선 자체의 이동에 의한 물가상승은 가변투입물의 가격 상승, 즉 평균가변비용의 상승에 의한 것으로 이해할 수 있다. 우리나라처럼 에너지나 원자재 등에 대한 대외의존도가 높은 나라의 경우 국제시장에서 1차 상품의 가격이 상승하거나 환율이 상승하면 공급곡선이 좌상향으로 이동하는, 즉 공급충격이 발생할 수 있다. 2008년 상반기 우리나라의 경제상황이 이 경우에 해당한다. 이처럼 물가 상승은 임금, 에너지나 원자재, 환율 상승 등에 영향을 받을 수 있는데 한국은행이 2009년 발표한 다음의 '2007년 산업연관표'에서 보듯이 우리나라 소비자물가 상승에 대한 임금의 영향은 둔화 혹은 정체하고 있는 반면, 환율의 영향은 크게 증가하고 있음을 알 수 있다(〈표 7-3〉~〈표 7-5〉).

**표 7-3 임금 10% 상승 시 물가파급효과**

(단위: %)

|  | 2000년 | 2005년 | 2006년 | 2007년 |
|---|---|---|---|---|
| 농림수산품 | 1.79 | 1.53 | 1.56 | 1.52 |
| 광산품 | 3.16 | 3.24 | 3.19 | 3.45 |
| 공산품 | 2.36 | 2.43 | 2.44 | 2.34 |
| 소비재제품 | 2.76 | 2.75 | 2.75 | 2.69 |
| 기초소재제품 | 1.99 | 1.94 | 1.91 | 1.84 |
| 조립가공제품 | 2.47 | 2.79 | 2.84 | 2.73 |
| 전력·가스·수도 및 건설 | 3.58 | 3.57 | 3.51 | 3.42 |
| 서비스 | 4.06 | 4.03 | 4.03 | 4.01 |
| 전 산업 평균 | 3.14 | 3.17 | 3.17 | 3.11 |

**표 7-4 원유가격 10% 상승 시 물가파급효과**

(단위: %)

|  | 2000년 | 2005년 | 2006년 | 2007년 |
|---|---|---|---|---|
| 농림수산품 | 0.23 | 0.35 | 0.39 | 0.48 |
| 광산품 | 0.41 | 0.63 | 0.69 | 0.91 |
| 공산품 | 0.70 | 0.76 | 0.86 | 1.11 |
| 소비재제품 | 0.22 | 0.27 | 0.29 | 0.36 |
| 기초소재제품 | 1.62 | 1.53 | 1.74 | 2.22 |
| 조립가공제품 | 0.14 | 0.18 | 0.20 | 0.25 |
| 전력·가스·수도 및 건설 | 0.25 | 0.29 | 0.32 | 0.41 |
| 서비스 | 0.19 | 0.22 | 0.24 | 0.32 |
| 전 산업 평균 | 0.43 | 0.49 | 0.54 | 0.70 |

**표 7-5** 환율 10% 상승 시 물가파급효과

(단위: %)

|  | 2000년 | 2005년 | 2006년 | 2007년 |
|---|---|---|---|---|
| 농림수산품 | 1.09 | 1.35 | 1.41 | 1.46 |
| 광산품 | 1.01 | 1.53 | 1.56 | 1.64 |
| 공산품 | 3.74 | 3.95 | 4.07 | 4.21 |
| 소비재제품 | 2.68 | 2.69 | 2.73 | 2.90 |
| 기초소재제품 | 4.21 | 4.51 | 4.81 | 4.92 |
| 조립가공제품 | 3.86 | 3.87 | 3.82 | 3.94 |
| 전력·가스·수도 및 건설 | 2.03 | 2.39 | 2.54 | 2.69 |
| 서비스 | 1.15 | 1.22 | 1.24 | 1.31 |
| 전 산업 평균 | 2.46 | 2.62 | 2.70 | 2.82 |

## 제 3 절 국민소득과 국제수지의 관계

국민소득 계정과 더불어 한 나라의 경제, 특히 국제거래를 파악하는 데 도움이 되는 지표가 국제수지다. 한 나라의 국제수지 계정(BP, balance of payments account)은 그 나라와 다른 나라들 사이의 거래에 대한 요약이다. 수지는 수입과 지출을 의미하기에 0보다 크면 흑자, 0보다 작으면 적자이다. 이 계정에서 가장 중요한 특징은 경상계정(CA, Current Account)과 금융계정(FA, Financial Account)으로 구분하고, 부채를 발생시키는 거래와 그렇지 않은 거래를 구분한다. 경상계정에 기록되는 대부분의 거래는 재화와 서비스의 국제거래다. 반면, '일정 기간 한 나라가 외국인들에게 판매한 자산과 외국인들로부터 매입한 자산의 차이'가 금융계정상의 국제수지 또는 단순히 '금융수지'라 한다. 금융수지는 대부분의 경제학 교과서에서 자본수지로 불리고 있다. 한국은행에서는 자본·금융계정(종래의 자본계정)[3]으로 부른다. 즉 자본·금융수지는 한 나라에서 다른 나라로의 자본흐름을 측정한다. 그런데 자본흐름의 경우 부채를 발생시킨다. 예를 들어, 우리나라의 기업이 외국인에게 회사채를 팔 경우 해당 기업은 외국인에게 미래에 이자를 지급하고 원금을 상환해

---

3) 한국은행은 2010년 12월 8일부터 소득수지는 본원소득수지, 경상이전수지는 이전소득수지, 자본계정은 자본·금융계정, 기타자본수지는 자본수지, 투자계정은 금융계정, 준비자산증감은 준비자산으로 용어들을 변경하였다.

야 하는 부채를 발생시킨다.

한국은행의 기준에 따르면 경상수지(CA)는 상품수지, 서비스수지, 본원소득수지(종래의 소득수지), 이전소득수지(종래의 경상이전수지)로 구성된다. 본원소득수지는 거주자가 외국에 단기간(1년 이내) 머물면서 일한 대가로 받은 돈과 국내에 일시 고용된 비거주자에게 지급한 돈의 차이를 나타내는 '급료및임금수지'와 거주자가 외국에 투자하여 벌어들인 배당금 및 이자와 비거주자에게 국내에 투자한 대가로 지급한 배당금 및 이자의 차이를 나타내는 '투자소득수지'로 구성된다. 한편, 자본·금융계정(종래의 자본계정)은 자본수지와 금융계정으로 구성되는데 금융계정이 대부분을 구성한다. 자본수지는 국내(해외) 이주비나 재외동포 해외(국내)재산 반입(반출) 등의 '자본이전수지'와 특허권이나 상표권이나 저작권 등의 처분(취득)에 따른 수입(지급)인 '비생산비금융자산수지'로 구성된다. 자본·금융계정의 중심을 이루는 금융계정은 외국인직접투자(+)와 해외직접투자(−)의 직접투자수지, 채권 및 주식투자 등의 증권투자수지, 파생금융거래로 실현된 이익(+)이나 옵션프리미엄 수취(+) 및 파생금융거래로 실현된 손실(−)이나 옵션프리미엄 지급(−) 등의 파생금융상품수지, 무역신용이나 대출이나 현금 및 예금이나 외환매매 등의 기타투자수지, 외환보유액의 변화로 나타나는 준비자산 등으로 구성된다.

그런데 경상계정상의 정(+)의 기재항목과 자본·금융계정상의 정(+)의 기재항목의 합은 경상계정상의 부(−)의 기재항목과 자본·금융계정상의 부(−)의 기재항목의 합과 같을 수밖에 없다.[4] 따라서 경상수지(CA)와 자본·금융수지(FA)의 합은 0과 같아야 한다. 달리 표현하면,

경상계정상의 정(+)의 기재항목 + 자본·금융계정상의 정(+)의 기재항목 = 경상계정상의 부(−)의 기재항목 + 자본·금융계정상의 부(−)의 기재항목

즉

경상계정상의 정(+)의 기재항목 − 경상계정상의 부(−)의 기재항목 + 자본·금융계정상의 정(+)의 기재항목 − 자본·금융계정상의 부(−)의 기재항목 = 0

---

4) 이론적으로 경상수지가 적자일 경우 이를 해결하기 위해서는 금융계정의 흑자가 불가피하고, 경상수지가 흑자일 경우 환율 하락 및 물가상승 압력을 해소하기 위해 금융계정을 적자로 운영할 수밖에 없다는 주장에 기초하고 있으나 현실적으로 국제수지가 항상 0이 되지는 않는다.

그러므로 다음의 관계가 성립된다.

$$경상수지(CA) + 자본 \cdot 금융수지(FA) = 0 \text{ 혹은 } CA = -FA$$

즉 국제수지가 0이 된다는 것은 예를 들어 경상수지가 적자일 경우 어떤 방식이로든 지불되기 때문에 국제수지의 다른 두 수지인 자본수지나 금융수지의 흑자에 의하여 상쇄되어야 한다는 것을 의미한다.

이제 국제수지를 국민소득과 관련시켜 보자. 정의에 의해서

$$국민총처분가능소득(GNDI) = 국민총소득(GNI) + 국외순수취경상이전$$

마찬가지로 정의에 의해서

$$명목GNI = 명목GDP + 국외순수취요소소득$$

한편, 국민소득(GDP)을 지출 측면에서 보면

$$GDP = 가계의 소비지출(C) + 기업의 투자지출(I) + 정부지출(G) + 순수출$$
$$(X^N \equiv 수출 - 수입)$$

따라서

$$국민총처분가능소득(GNDI) = C + I + G + X^N + 국외순수취요소소득$$
$$+ 국외순수취경상이전$$

국외순수취요소소득와 국외순수취경상이전은 국제수지에서 본원소득수지와 이전소득수지와 같으므로 다음과 같이 바꿔 쓸 수 있다.

$$국민총처분가능소득(GNDI) = C + I + G + 상품 및 서비스수지$$
$$+ 본원소득수지 + 이전소득수지$$
$$= C + I + G + 경상수지$$

한편, GNDI는 총소비($C + G$)와 총저축($S$)으로 나뉜다. 따라서 $T \equiv$ 세금이라 할 때

$$S = \text{GNDI} - C - G = I + 경상수지 = (\text{GNDI} - T - C) + (T - G)$$
$$= \{처분가능소득(\equiv \text{GNDI} - T) - C\} + 정부저축(\equiv T - G)$$

그런데 민간저축 $\equiv S_p =$ 처분가능소득 $- C$이고, 정부저축 $\equiv S_g = T - G$가 된다.

따라서

$$S = S_p + S_g = I + 경상수지$$
$$\therefore 경상수지 = S - \text{I} = S_p + S_g - I \text{ 가 된다.}$$

이에 따라 다음 관계가 성립된다.

$$(총저축 > 국내총투자) \Leftrightarrow (경상수지 > 0)$$

게다가 재정적자($S_g < 0$)일 경우 총저축이 감소하고 경상수지는 적자가 될 가능성이 높다. 이른바 재정과 경상수지가 모두 적자가 되는 '쌍둥이 적자 (twin deficits)'가 나타날 수 있다. 미국을 비롯해 재정위기를 겪고 있는 남유럽 국가들(GIIPS)의 경우 모두 '쌍둥이 적자'에 시달리고 있다.[5] 미국의 무역적자 중 46%가 중국과의 교역에서 발생하기에 이를 해결하기 위해 미국은 중국에 위안화 절상을 통해 중국의 대미 무역흑자를 줄일 것을 요구하는 반면, 중국 은 미국의 무역적자가 미국 시민들의 과대소비와 정부의 재정적자에서 비롯 하기에 소비와 재정지출의 축소를 통해서 해결해야 한다고 주장한다. 누구의 주장이 보다 정당성을 가질까?

## 제 4 절 　 국제수지와 한국의 외환위기

국제수지 개념으로 1997년 외환위기 사태를 이해할 수 있다. 〈표 7-6〉에 서 보듯이 선진국의 자본시장 개방 압력[6]과 김영삼 정부의 세계화 및 OECD

---

5) 2014년 9월 25일 기준 미국의 국가 총 부채는 17조 7,542억 달러로 미국 GDP(16조 8,103억 달러) 의 100%가 넘는 수준이고, 2014년 연방정부의 재정적자도 5,515억 달러에 달한다. 무역적자도 7,070억 달러에 달하는데 그 중 3,280억 달러가 중국에 대한 무역적자이다.

6) 예를 들어, 국내 주식시장은 1992년 1월 외국인에게 처음 개방되었고, 당시 외국인들은 주식 종목 당 10% 한도 안에서만 투자할 수 있도록 허용됐다. 주식시장을 전면 개방할 경우 국내기업들이 외

가입추진[7] 등을 배경으로 자본자유화가 폭넓게 추진된 결과 증권투자수지와 기타투자수지가 크게 증가하였다. 그런데 이는 1994년 경상수지 적자로의 전환 및 적자폭의 확대와도 관련이 있다. 즉 경상수지 적자를 보전하기 위해 외자도입의 필요성이 증대했다. 경상수지의 적자규모는 1990~93년 연평균 37.6억 달러에서 1994년 35.1억 달러, 1995년 80.1억 달러, 1996년 229.5억 달러로 빠르게 증가했다. 반면, 자본자유화가 폭넓게 추진된 결과 자본·금융계정은 1990~93년 연평균 21.8억 달러에서 1994년 52.5억 달러, 1995년 92.4억 달러, 1996년 218.9억 달러로 크게 확대되었다. 다시 말해, 경상수지 적자를 해외자본의 유입으로 보전했던 것이다. 경상수지를 개선하기 위해서는 수입을 줄이고 수출을 늘이거나 경제체질을 강화하는 것이 원칙이다. 경제에는 자동조정기능이 있다. 경상수지가 적자가 되면 한국경제에 대한 신뢰 약화, 외환시장에 달러 공급 감소 등으로 원화가치는 절하, 즉 환율은 상승할 수밖에 없고, 그 결과 수출경쟁력이 강화되고 경상수지가 개선된다. 그러나 금융수지 흑자를 통해 경상수지 적자를 보완할 경우 통화가치는 과대평가된다. 원/달러 시장환율(종가 기준)을 보면 1994년 1월 3일 808.5원, 1995년 1월 3일 788.7원, 1996년 778.4원으로 하락하였고 1996년 5월까지 800원 이하를 형성하였다. 그 결과 경상수지 적자는 더욱 악화되었다. 이처럼 악화된 경상수지 적자를 보전하기 위해 더 큰 규모의 금융수지 흑자가 요구되는 악순환이 되풀이될 수밖에 없었다.

---

국 자본에 적대적 인수·합병(M&A)을 당할 우려가 있는데다 단기 투기성 자금의 유출입으로 금융시장이 불안해질 것을 우려해 점진적인 개방방식을 채택한 것이다. 그러나 1994~97년에 여섯 차례에 걸쳐 한도를 확대하여 종목당 투자한도를 26%로 증대하였다. 그리고 1997년 외환위기를 맞아 구제금융을 제공한 국제통화기금(IMF)이 주식시장 개방 일정을 앞당기도록 요구하여 1997년 12월 50%로 확대됐으며, 1998년 5월에는 일부 공공기업을 제외하고는 투자한도를 완전히 없앴다.

7) 1993년 7월 김영삼 정부가 신경제 5개년 계획에 1996년 가입계획을 확정함으로써 본격 추진되어 1995년 3월에 가입 신청서를 제출하였고, 1995년 7월에 1차 가입 협의자료를 제출하였다. 1995년 11월부터 1996년 7월 사이의 위원회별 심사를 거친 후 그 해 10월 11일에 OECD 이사회에서 가입 초청이 결정되었으며, 10월 25일 가입 협정문에 서명하고 11월 26일 국회 비준절차를 거침에 따라 폴란드(1996년 7월 11일)에 이어 29번째로 회원국이 되었다.

**표 7-6** 국제수지, 1980~2013년

| 항<br>단위 | 경상수지<br>백만 달러 | 상품수지<br>백만 달러 | 서비스수지<br>백만 달러 | 금융계정<br>백만 달러 | 증권투자<br>백만 달러 | 파생금융상품<br>백만 달러 | 기타 투자<br>백만 달러 |
|---|---|---|---|---|---|---|---|
| 1980 | −6,845.00 | −6,563.40 | 1,286.30 | 6,277.50 | 133.50 | — | 7,003.10 |
| 1981 | −6,421.90 | −6,201.60 | 2,037.30 | 4,945.20 | 24.30 | — | 5,145.70 |
| 1982 | −5,542.10 | −6,363.80 | 3,184.70 | 4,522.00 | −14.60 | — | 4,692.30 |
| 1983 | −3,505.60 | −4,381.60 | 2,870.70 | 3,622.90 | 545.60 | — | 2,987.90 |
| 1984 | −1,755.80 | −2,285.50 | 2,914.70 | 1,608.20 | 836.00 | — | 1,514.50 |
| 1985 | −2,079.30 | −2,253.60 | 2,329.80 | 3,902.10 | 1,737.40 | — | 2,376.30 |
| 1986 | 2,762.20 | 2,132.20 | 2,305.70 | −3,105.40 | −332.70 | — | −2,231.90 |
| 1987 | 8,827.70 | 5,977.90 | 3,767.40 | −11,315.30 | −296.60 | 0.00 | −10,426.80 |
| 1988 | 13,055.30 | 9,716.10 | 3,144.00 | −13,777.40 | −1,080.50 | 0.00 | −4,406.70 |
| 1989 | 4,154.50 | 2,804.10 | 1,290.10 | −5,586.10 | −710.80 | 0.00 | −2,345.00 |
| 1990 | −2,403.60 | −3,280.30 | 471.10 | 3,529.20 | 161.80 | −78.20 | 2,347.50 |
| 1991 | −7,604.60 | −6,713.10 | −1,049.60 | 7,206.80 | 3,103.60 | −48.80 | 3,144.80 |
| 1992 | −2,431.70 | −958.80 | −1,876.30 | 1,583.80 | 5,950.50 | 148.00 | −136.20 |
| 1993 | 2,026.00 | 3,031.40 | −1,071.10 | −472.50 | 10,102.00 | −87.60 | −6,868.00 |
| 1994 | −4,463.70 | −3,531.40 | −629.50 | 6,297.50 | 6,232.30 | −112.20 | 6,277.10 |
| 1995 | −9,751.50 | −6,518.30 | −1,484.40 | 11,517.00 | 11,712.00 | −121.30 | 8,352.60 |
| 1996 | −23,830.90 | −16,698.90 | −4,762.10 | 23,467.90 | 15,101.80 | 82.80 | 11,842.60 |
| 1997 | −10,285.30 | −6,216.80 | −1,360.30 | 17,785.30 | 14,384.00 | −88.70 | −7,321.50 |
| 1998 | 40,056.90 | 39,545.70 | 2,779.50 | −33,969.40 | −1,224.10 | −654.10 | −2,885.10 |
| 1999 | 21,608.20 | 25,254.40 | 935.80 | 18,370.80 | 9,189.90 | −513.50 | −10,823.40 |
| 2000 | 10,444.30 | 15,630.90 | −972.70 | −9,619.70 | 12,176.70 | −179.20 | −4,513.30 |
| 2001 | 2,700.20 | 9,838.70 | −2,369.10 | −8,649.80 | 6,706.30 | −122.90 | −11,436.20 |
| 2002 | 4,692.60 | 14,904.50 | −5,938.80 | −6,230.90 | 346.40 | 362.30 | 2,821.90 |
| 2003 | 11,877.40 | 22,476.90 | −4,960.70 | −16,597.90 | 17,287.40 | 619.10 | −10,646.20 |
| 2004 | 29,743.40 | 39,277.50 | −5,162.70 | −34,332.30 | 6,599.00 | 2,020.30 | −10,339.90 |
| 2005 | 12,654.80 | 32,312.50 | −9,130.30 | −18,770.70 | −3,518.10 | 1,789.90 | −2,549.90 |
| 2006 | 3,569.20 | 25,174.10 | −13,213.60 | −12,545.50 | −23,385.70 | 484.40 | 36,076.10 |
| 2007 | 11,794.50 | 32,837.60 | −13,247.00 | −17,493.90 | −27,078.00 | 5,444.80 | 32,515.10 |
| 2008 | 3,189.70 | 12,197.50 | −6,542.90 | 6,591.60 | −2,421.40 | −14,369.40 | −24,618.50 |
| 2009 | 33,593.30 | 47,814.00 | −9,589.90 | −28,884.00 | 49,469.40 | −3,093.00 | 1,820.00 |
| 2010 | 28,850.40 | 47,915.40 | −14,238.40 | −23,190.00 | 42,364.70 | 828.90 | −20,630.50 |
| 2011 | 18,655.80 | 29,089.90 | −12,279.10 | −24,315.80 | 13,142.70 | −1,031.30 | −2,542.70 |
| 2012 | 50,835.00 | 49,406.00 | −5,213.60 | −51,582.40 | 6,747.80 | 2,627.80 | −26,637.30 |
| 2013 | 79,883.60 | 80,568.60 | −7,927.40 | −76,881.10 | −8,287.10 | 3,839.70 | −41,003.70 |

출처: 한국은행, 경제통계.

게다가 금융수지에서도 (외국인 투자 포트폴리오 포함) 단기금융수지 흑자가 대폭 증가했다. 특히 1994년 이후 예금은행과 종금사의 기타 차입 등 단기외화차입을 중심으로 단기금융수지가 증가했다. 장기 대 단기 금융수지를 보면 1990~93년에 평균 33.0억 달러 대 19.3억 달러였으나 1994년에는 36.7억 달러 대 79.4억 달러, 1995년에는 64.7억 달러 대 109.5억 달러, 1996년에는 98.3억 달러 대 133.9억 달러로 단기와 장기 금융수지 규모가 역전되었다. 이러한 현상은 정책실패의 결과였다. 예를 들어, OECD 가입을 위한 김영삼 정부의 자본시장 자유화 조치에 따라 종합금융회사(종금사)[8]들은 외환업무를 할 수 있게 되었다. 민간 금융회사들은 단기자본을 차입하여 장기대출로 자산을 운용하는 경향이 있다. 차입 비용을 최소화하고 자산운용 수입을 극대화시키기 위한 것이다.[9] 대개 이자율은 기간이 길어짐에 따라 증가한다. 이자율 상승 가능성에 대한 리스크와 신용 및 유동성 리스크 프리미엄이 반영되기 때문이다. 실제로 단기외자 이자율은 장기의 약 절반에 지나지 않았다.

그런데 여기에 OECD 가입과 금융개방으로 국내금리가 국제금리 수준으로 하락할 것이라는 것과 국가신용도 증가로 외자조달 금리가 하락할 것이라는 기대 등이 단기 외화차입 증대를 부채질하였던 것이다. 참고로 후진국은 상대적으로 선진국에 비해 자금공급에 비해 자금수요가 높고 후진국의 자산(화폐)은 리스크가 높은 이유로 금리가 높게 형성되기에 금융자유화가 진행될 경우 선진국의 자금이 후진국으로 대량 유입될 가능성이 높다. 여기에 외국 금융기관들의 한국경제에 대한 과도한 낙관주의와 이 시기 주로 기업어음에 대한 지

---

8) 종합적인 금융업무를 취급하는 곳으로 외자도입·해외투자 등 국제금융, 리스, CP(기업어음), 유가증권, 증권투자신탁 등 보험과 일반예금만을 제외하고 모든 금융업무를 처리하는 증권중개업무와 보험업무를 제외하고는 장·단기금융, 투자신탁, 시설대여업무 등 국내 금융기관이 영위하는 거의 모든 금융업을 영위하는 제2금융권 금융기관이다. 종금사는 국제수지상의 애로가 컸던 1975년 종합금융회사에 관한 법률에 의거, 주로 외자도입을 촉진하기 위해 설립되었고 이를 위해 6개 종금사가 외국금융기관과 합작으로 설립됐다. 그러나 1994년에 지하자금을 양성화한다는 취지로 투자금융회사가 대거 종합금융회사로 전환되면서 해외자금 조달 기능보다는 CP(기업어음) 할인을 통한 기업에 단기자금을 공급하는 역할이 주된 업무로 부상했다. 투자금융회사의 주 업무가 이른바 단자업무였기 때문이다. 그러나 저리의 단기자금을 들여와 고리 장기대출을 일삼아 자금순환 불일치가 발생하면서 1997년 외환위기 때 환란의 한 원인으로 지목됐고 IMF 구제금융 이후 구조조정을 겪어 대부분 퇴출되었다. 2009년부터 자본시장통합법이 시행됨에 따라 종합금융회사는 금융투자회사(Investment Bank)로 명칭이 바뀌었다.
9) 이러한 수익 추구 전략은 경제와 금융 환경에 문제가 없을 때에는 큰 문제가 없다. 그러나 신용경색이 발생하는 상황에서는 단기 차입과 장기 대출 간 만기불일치 문제가 발생하고, 그 결과 금융회사들은 유동성 위기에 직면할 수 있다.

불보증 등 단기금융을 주업무로 했던 제2금융권의 비중의 증가 등이 결합되며 해외 차입이 크게 증가하였다. 이는 국제수지표의 기타투자수지에서 확인된다. 특히, 종금사들은 당시 한국의 높은 신용등급으로 일본을 비롯한 국제금융시장에서 아주 싼 이자로 돈을 빌릴 수 있었으므로 앞 다투어 해외자금을 빌려 동남아에 투자하였다. 외환위기 이후 30개의 종금사 중 2개만 살아남은 배경이다. 게다가 자금공급자인 해외 금융기관은 리스크 관리 차원에서, 그리고 국내 기업 및 금융기관은 금리 하락 시 차입조건을 재조절하려는 차원에서 단기외채를 선호하였다. 1997년 6월 말 기준 단기외채 비중은 외환보유액 대비 67%로 아시아와 중남미를 통틀어 가장 높은 수치를 기록했다. 단기로 해외자금을 차입하여 장기로 자산을 운용한 개별 금융회사나 기업 등 민간 경제주체들은 합리적 선택을 했던 것이다. 금융자유화 시행을 위해 필요한 경제환경의 확보 없이 금융자유화로 금융의 효율성이 증대할 것이라는 '순진한' 시장주의 관점에 기초한 정책실패가 만든 '구성의 오류'였던 것이다.

> **구성의 오류(the fallacy of composition)** 어떤 행위가 개인적으로는 최선의 합리적 선택이라 하더라도 모든 사람이 동일한 행동을 할 경우 전체적으로는 불합리한 결과를 초래하는 것을 말한다. 좋은 예가 운동경기를 관람하는 관객들이다. 관중석에 있는 한 관객이 경기를 좀 더 잘 보기 위해 일어서면 본인은 경기를 더 잘 볼 수 있을지 모른다. 그러나 모든 사람이 경기를 잘 보기 위하여 다 같이 일어서게 되면 결과적으로는 앉아서 경기를 관람하는 것과 똑같은 조건에서 오히려 피로감만 더 커지게 된다. 현실 경제에서 '구성의 오류'는 만연한 현상이다. 예를 들어, 개인적인 차원에서는 합리적이라고 말할 수 있는 부채 축소 노력이 경제 전체적으로 비합리적인 결과를 초래하는 상황을 지칭하는 '레버드 로스(Levered Loss)'[10] 개념이 '구성의 오류'에 해당한다.

경상수지 적자의 심화를 해외 차입으로 메우면서도 외관상 경제의 펀더멘털(fundamental)은 경상수지를 제외한 성장률, 물가상승률, 실업률 등에서 문제가 없어보였다. 그러나 성장은 해외 차입으로 포장된 신기루로 지속 불가능하였다. 1997년 동아시아 경제위기의 발단이 된 타이 바트화의 폭락은 1997년 3월 1일 자산규모 12위 은행인 타이다누은행(Thai Danu Bank)이 최대 금융

---

10) A. Mian and A. Sufi, 2014, *House of Debt: How They (and You) Caused the Great Recession, and How We Can Prevent It from Happening Again*, Chicago University Press.

표 7-7 한국의 대외채무 및 대외채권

| 단위 | 대외채무 | 단 기 | 대외채권 | 장 기 | 순대외채권 | 단 기 |
|------|----------|-------|----------|-------|-----------|-------|
| | 백만 달러 | 백만 달러 | 백만 달러 | 백만 달러 | 백만 달러 | 백만 달러 |
| 1994 | 80,766.40 | 36,184.60 | 64,126.80 | 10,922.80 | −16,639.60 | 17,019.40 |
| 1995 | 108,933.30 | 51,363.10 | 85,942.10 | 16,081.60 | −22,991.20 | 18,497.40 |
| 1996 | 144,835.30 | 70,273.90 | 108,933.30 | 24,233.10 | −41,395.70 | 8,932.60 |
| 1997 | 161,619.80 | 58,370.60 | 97,904.20 | 23,385.00 | −63,715.60 | 16,148.60 |
| 1998 | 151,555.90 | 35,970.40 | 121,040.60 | 24,970.80 | −30,515.30 | 60,099.40 |
| 1999 | 139,812.10 | 38,478.20 | 138,214.70 | 22,038.30 | −1,597.30 | 77,698.20 |
| 2000 | 135,208.30 | 43,796.50 | 160,108.60 | 19,941.20 | 24,900.20 | 96,370.90 |
| 2001 | 116,037.80 | 35,310.60 | 156,672.50 | 19,299.40 | 40,634.70 | 102,062.50 |
| 2002 | 128,670.00 | 44,455.60 | 179,838.70 | 22,214.90 | 51,168.70 | 113,168.20 |
| 2003 | 138,324.20 | 47,832.80 | 226,531.20 | 28,725.60 | 88,207.00 | 149,972.80 |
| 2004 | 148,283.00 | 54,397.10 | 286,942.60 | 38,344.90 | 138,659.60 | 194,200.60 |
| 2005 | 161,956.10 | 66,913.20 | 316,470.40 | 54,252.00 | 154,514.30 | 195,305.20 |
| 2006 | 229,224.00 | 118,184.30 | 377,860.40 | 83,078.60 | 148,636.40 | 176,597.50 |
| 2007 | 338,706.80 | 165,935.80 | 414,424.80 | 86,833.30 | 75,718.00 | 161,655.80 |
| 2008 | 315,943.90 | 148,966.70 | 340,588.60 | 66,782.90 | 24,644.70 | 124,839.10 |
| 2009 | 344,607.40 | 148,686.90 | 415,083.50 | 74,116.20 | 70,476.10 | 192,280.40 |
| 2010 | 355,911.00 | 136,453.40 | 450,580.90 | 77,236.90 | 94,669.90 | 236,890.60 |
| 2011 | 400,033.90 | 139,764.60 | 498,668.20 | 88,930.00 | 98,634.30 | 269,973.60 |
| 2012 | 408,928.00 | 127,964.20 | 538,579.10 | 103,770.00 | 129,651.00 | 306,844.90 |
| 2013 | 423,504.70 | 111,762.20 | 608,888.70 | 133,651.90 | 185,384.00 | 363,474.60 |

출처: 한국은행, 경제통계.

회사인 파이낸스 원(Finance One)을 합병하기로 했다는 정부 발표를 계기로 표면화되었다. 정부 발표 이후 3월 3일에는 주가가 폭락세를 지속하고 3월 5일에는 하루 동안 총예금의 9%에 해당하는 100억 바트의 예금이 인출되는 등 상당 기간 예금인출사태가 지속되어 금융기관의 유동성 부족 현상까지 발생하게 되었다. 타이의 바트화 폭락은 1996년 7월 2일 타이가 '복수통화바스켓 제도'에서 변동환율제도로 이행한 후 급속히 시작되었다.

**복수통화바스켓(multiple currency basket)** 무역이나 자본거래에서 자국통화와 관계가 깊은 복수의 통화를, 즉 주요 교역 상대국이나, 외환시장에서 거래 비중이 높은 국가들의 통화 가치를 가중 평균하여 마치 바구니 속에 담는 것과 같이 하나의 통화단위로 만들어 자국통화의 환율시세가 일정해지도록 함으로써 환율 안정을 도모하는 제도를 말한다. 복수통화 바스켓제도에서는 자국 통화의 가치가 달러화와 같은 특정 외국 통화에 대해 고정돼 있는 것이 아니라, 바스켓에 포함된 다른 통화의 가치 변화에 따라 변동하게 된다.

바트화의 가치 폭락에 이르기까지 타이정부의 경제활동을 살펴보면, 그것이 여러 차례 바트화 투매 현상을 통해서 빚어진 것을 짐작할 수 있다. 타이 정부는 1996년 11월 이후 여러 차례 바트화 투매 현상에 외환시장개입과 금리인상 등으로 대처하였으나 결국 바트화의 방어에는 실패하였고 1997년 7월 2일부터 급속하게 폭락하기 시작한 바트화로 인해 타이와 마찬가지로 그간 환율변동폭 제한(인도네시아, 필리핀) 또는 외환시장개입(말레이시아) 등을 통해 환율 절하를 억제해왔던 동남아 각국에 대한 대외 신뢰도가 크게 하락하고 외국자본의 유출(sudden stop)이 가속됨에 따라 주변국 경제에까지 크게 파급·확산되었던 것이다. 타이가 외환위기에 빠진 후 1997년 10월부터 7개 종금사가 하루하루 버텨나가고, 10월 이후엔 모든 종금사와 많은 다른 금융기관들이 한국은행 특별자금으로 간신히 생명을 연장했다.[11] 더구나 돈을 빌려주었던 국제투자자들이 단기대출에 대한 상환을 연장해주지 않았으므로 단기대출을 상환하기 위해서 한국의 금융기관들은 한국의 외환시장에서 무차별적으로 외화를 매입하게 되었다. 사실, 당시 한국은 GDP 대비 단기부채가 그다지 높지 않았다. 세계은행은 (부채/GNP) 비율이 48% 이하인 나라들은 위기위험이 적은 나라로 분류하고 있었는데, 1996년 말 한국의 경우 이 비율은 22%밖에 안 되었고 외환위기 직전에도 이 비율은 25%에 불과했다. 하지만 아무도 상환연장을 해주지 않는 상황에서 모든 투자자들이 이자와 원금을 전부 갚을 것을 요구하였다. 1997년 중 외국금융기관들이 회수한 단기대출금규모는 무려 376억 달러에 이른다. 일본 투자자들의 경우 11월 한 달 동안 무려 70억 달러나 빼내갔다. 국제수지표에서 보듯이 1997년 기타투자수지는 큰 폭의 적자를 실현하였다. 이후 한국의 외환시장은 불안정한 모습을 보이더니 결국 외환위기(IMF 구제금융) 사태를 맞게 되었다. 국가 파산을 피하기 위해 IMF로부터 새로

---

11) 종합금융회사는 증권중개업무와 보험업무를 제외하고는 장단기금융, 투자신탁, 시설대여업무 등 국내 금융기관이 영위하는 거의 모든 금융업을 영위하는 제2금융권 금융기관이다. 1997년 30개에 달했던 종금사는 현재 단 2개만 남아 있다.

운 빚을 얻어 부채를 상환했던 것이다. 그 결과는 해외 채권자들의 요구들을 대변한 IMF로부터 요구받은 혹독한 구조조정이었다. 외환위기라는 값비싼 비용을 지불한 후 '경상수지 흑자' 실현은 한국 경제의 암묵적인 목표로 자리 잡았다.

국제수지 개념으로 글로벌 금융위기의 과정에서 겪었던 2008년의 '준 외환위기' 상황도 이해할 수 있다. 이명박 정부가 출범한 2008년 1월 2일 936.9원이었던 원/달러 환율은 그해 11월 24일에는 1,513원까지 61.5%나 상승하였다. 1997년의 외환위기와 차이가 있다면 2008년의 환율 폭등은 국제수지표에서 보듯이 경상수지가 흑자였고, 파생금융상품수지가 큰 폭의 적자를 기록했다는 점이다. 90년대와 달리 파생금융상품 시장의 규모가 2000년대 들어 크게 증대된 결과였다. 또 1997년에는 외환보유액이 39억 달러밖에 없는 상황에서 외환위기를 겪었지만, 2008년에는 외환보유액을 2,605억 달러(2008년 4월 기준)나 확보한 상황에서 환율 폭등이 발생했다는 사실이다. 자본시장을 개방한 결과 자본 유출·입 규모가 크게 증가한 결과였다.

그림 7-5 한국의 경상수지 및 금융수지, 1990~2013

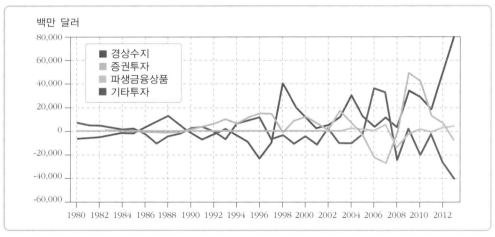

출처: 한국은행, 경제통계

# 제 8 장
## 총수요의 구조

우리는 앞에서 국민소득을 생산, 지출, 분배 측면에서 살펴볼 수 있다 했는데 국민소득(GDP)의 총지출(AE, aggregate expenditure) 측면이 총수요(AD, aggregate demand)에 해당한다. 즉 시장에서 거래되는 모든 상품에 대한 지출은 크게 국내 지출(내수)와 해외 지출(해외수요)로 구분할 수 있다. 국내 지출은 다시 경제주체별로 가계의 소비지출($C$)과 기업의 투자지출($I$), 그리고 정부지출($G$)로 나누어 이해할 수 있다. 해외 지출은 국내에서 생산한 상품에 대한 외국인의 지출인 수출($X$)에서 외국에서 생산한 상품에 대한 자국인의 지출, 즉 국민소득의 유출인 수입($M$)을 공제한 순수출($X^N \equiv X - M$)로 이해할 수 있다. 즉 국민소득과 총지출 간에는 다음의 관계가 성립된다.

$$\text{GDP} = \text{AE} \equiv \text{가계 소비지출}(C) + \text{기업 투자지출}(I) + \text{정부지출}(G) + \text{순수출}(X^N)$$

따라서 총수요는 총지출에 영향을 미치는 요인들, 즉 시장에서 거래되는 모든 상품의 평균적 가격으로 이해할 수 있는 물가수준을 비롯해서 이자율이나 정부지출 등에 영향을 미치는 통화정책과 재정정책 등 여러 요인에 의해서 영향을 받는다. 시장이 가격 중심의 이론이듯이 거시적 시장도 물가와 국민소득을 중심으로 구성한다. 즉 (미시적 시장에서 재화의 가격과 수요량 간의 관계를 그림으로 나타낸 수요곡선을 기억하듯이) 물가수준과 국민소득 간의 관계를 그림으로 표현한 것이 총수요곡선이다. 총수요곡선 상의 모든 점들이 물가수준과 국민소득 간의 일대일 대응관계를 나타내고 있고, 결론부터 말하면 양자 간에는 역의 관계가 존재한다. 즉 다른 조건이 일정할 때 물가수준이 높아지면 총지출(국민소득)은 줄어들고, 반대로 물가수준이 하락하면 총지출(국민소득)은

**표 8-1** 지출 측면의 GDP와 구성 비중(2010년 기준, %)

| | GDP<br>(명목,십억원) | 민간소비지출 | 정부지출 | 총고정자본<br>형성 | 수 출 | 수 입 |
|---|---|---|---|---|---|---|
| 1990 | 197,712.30 | 49.60 | 11.30 | 37.70 | 25.30 | 25.90 |
| 1991 | 238,877.20 | 49.70 | 11.10 | 39.40 | 24.20 | 26.20 |
| 1992 | 273,267.40 | 50.20 | 11.40 | 37.50 | 24.60 | 24.90 |
| 1993 | 310,073.70 | 50.40 | 11.10 | 36.90 | 24.10 | 23.50 |
| 1994 | 366,054.20 | 51.10 | 10.70 | 36.90 | 24.20 | 24.60 |
| 1995 | 428,927.10 | 51.30 | 10.40 | 37.70 | 25.90 | 26.90 |
| 1996 | 481,140.80 | 52.50 | 10.80 | 38.00 | 25.30 | 28.20 |
| 1997 | 530,347.10 | 52.70 | 10.60 | 36.00 | 29.00 | 29.70 |
| 1998 | 524,476.80 | 49.80 | 11.80 | 31.00 | 40.40 | 29.60 |
| 1999 | 576,872.80 | 52.00 | 11.50 | 30.10 | 33.60 | 27.90 |
| 2000 | 635,184.60 | 53.80 | 11.30 | 31.60 | 35.00 | 32.90 |
| 2001 | 688,164.90 | 54.80 | 12.20 | 30.70 | 32.70 | 31.20 |
| 2002 | 761,938.90 | 55.50 | 12.10 | 30.40 | 30.80 | 29.30 |
| 2003 | 810,915.30 | 53.60 | 12.50 | 31.30 | 32.70 | 30.70 |
| 2004 | 876,033.10 | 51.40 | 12.80 | 31.20 | 38.30 | 34.50 |
| 2005 | 919,797.30 | 52.20 | 13.30 | 30.90 | 36.80 | 34.40 |
| 2006 | 966,054.60 | 52.80 | 13.80 | 30.70 | 37.20 | 36.40 |
| 2007 | 1,043,257.80 | 52.40 | 13.90 | 30.50 | 39.20 | 38.10 |
| 2008 | 1,104,492.20 | 52.40 | 14.60 | 31.40 | 50.00 | 50.00 |
| 2009 | 1,151,707.80 | 51.70 | 15.20 | 31.30 | 47.50 | 42.90 |
| 2010 | 1,265,308.00 | 50.30 | 14.50 | 30.50 | 49.40 | 46.20 |
| 2011 | 1,332,681.00 | 51.00 | 14.60 | 30.20 | 55.70 | 54.30 |
| 2012 | 1,377,456.70 | 51.40 | 14.80 | 29.60 | 56.30 | 53.50 |
| 2013 | 1,428,294.60 | 51.00 | 14.90 | 29.70 | 53.90 | 48.90 |

출처: 한국은행, 경제통계.

증가한다. 즉 물가가 변화하면 총수요곡선 위에서 이동한다. 반면, 물가를 제외한 다른 요인이 변화할 때 총수요곡선 자체가 이동한다.

그런데 해당 상품의 가격과 해당 상품의 수요량 간에 직접적 관계가 존재하는 미시적 시장에서의 수요와 달리 거시적 시장에서의 총수요곡선을 구성하는 물가와 국민소득의 관계는 직접 도출되지 않는다. 물가와 국민소득이 집합적 개념이기 때문이다. 총수요에서 물가와 국민소득의 관계는 실물시장과 화폐시장 그리고 대외부문이 모두 균형을 이룬 상태이다. 즉 물가의 변화는 화폐가치의 변화를 의미한다는 점에서 화폐시장을 통해 이자율(화폐의 대내적 가치)을 변화시킨다. 이자율의 변화는 경제주체들의 행동에 영향을 미치는데 가계의 저축을 통해 소비지출에 간접적으로 영향을 미치고, 기업의 투자지출에 영향을 미침으로써 실물시장에서 국민소득을 변화시킨다. 즉 이자율의 변화는 실물시장에서 가계의 현재소비와 미래소비(저축) 간의 한계대체율(MRS)을 기업의 투자 수익률에 의해 결정되는 수익률과 균등화시킴으로써 최적화를 달성한다. 여기서 결정되는 가계의 소비지출과 기업의 투자지출이 국민소득의 핵심부분을 구성한다. 또 다른 한편, 이자율의 변화는 개방경제에서 자본의 흐름(금융수지)에 영향을 미침으로써 환율(화폐의 대외적 가치)을 변화시키고, 환율의 변화는 수출과 수입, 즉 순수출(수출-수입; 무역수지 → 경상수지)에 영향을 미치듯이 대외부문을 통해 국민소득을 변화시킨다. 그 결과 특정 물가 수준(예: $P_0$)과 국민소득 수준(예: $Y_0$)의 관계가 형성된다. 즉 특정 물가와 국민소득의 관계는 특정 이자율(예: $r_0$), 저축(예: $S_0$), 소비(예: $C_0$), 투자(예: $I_0$), 환율(예: $e_0$), 수출·입(예: $X_0$, $M_0$) 등이 매개되어 있다. 따라서 총수요는 화폐시장과 실물시장 그리고 대외부문이 동시에 균형을 이룬 상태라 할 수 있다. 이를 그림으로 표현하면 다음과 같다.

**그림 8-1 총수요의 구조**

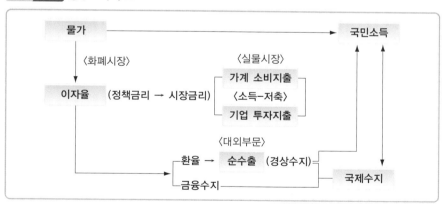

이처럼 총수요 구조는 매우 복잡해 보인다. 미시적 시장 분석이 사실상 공급 중심의 이론 체계라면 거시적 시장 분석은 총수요 중심의 이론 체계라 해

도 과언이 아닌 배경이다. 따라서 거시적 시장을 이해하는 것은 총수요 구조를 이해하는 것이 핵심이다. 이제 총수요곡선의 도출을 통해서 총수요의 구조를 이해해보자.

## 제 1 절 총수요의 결정요인

### 1.1. 가계 소비지출과 소비이론

국민경제의 네 주체 중 가계부문의 수요가 소비지출이다. 먼저 소비와 소비지출의 개념을 구분할 필요가 있다. 소비란 신축주택에 대한 지출을 제외한 한 해에 생산된 최종재 중 가계가 구입하는 소비재의 총시장가치로 비내구성소비와 내구성소비로 구분한다. 그러나 내구성소비를 위해 지출한 경우에는 그 금액이 그 해에 전부 소비된다고 볼 수 없다. 즉 내구성소비 때문에 소비와 소비지출의 개념 간에는 약간 차이가 발생한다. 소비지출에 영향을 주는 요인들 중에는 소득이 가장 중요한 요인인데, 소비에 영향을 주는 소득은 세금 납부 이후의 소득, 즉 가계가 실제 사용할 수 있는 가처분소득($\equiv$소득$-$세금, $Y_d$)이다. 가처분소득 이외에도 자산($W$), 물가수준($P$), 이자율($r$), 미래기대소득($Y^e$) 등을 지적할 수 있다.[1] 미래기대소득은 고용의 불안정성이 증대하고 고령화사회가 도래함에 따라 소비를 결정하는 주요 변수로 부상하였다. 한국의 경우 현재 고령화 속도가 OECD 국가 중에서 가장 빠르게 진행되고 있고, 그 결과 2050년에는 전체 인구의 1/3 이상이 65세 이상 인구가 될 것으로 전망된다. 이밖에도 각 사회의 문화나 제도 등도 가계 소비지출에 영향을 미친다. 예를 들어, 한국을 비롯해 동아시아 국가들은 서구 사회보다 저축률이 높은 것으로 알려져 있는데 이는 높은 교육열에서 보듯이 문화적 요인과 더불어 서구 사회보다 상대적으로 낙후된 사회복지 등과 관련이 있는 것으로 이해할 수 있다.

---

1) 물론 이들 경제적 요인들이 동일하더라도 비경제적 요인들, 특히 문화는 소비지출에 영향을 주는 주요 요인이다.

그림 8-2 전체 인구 중 65세 이상 인구의 비중

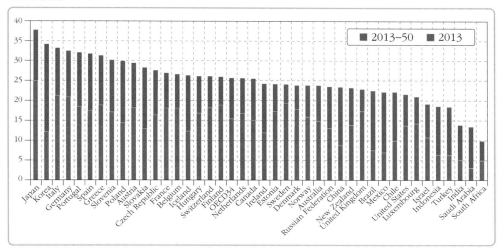

출처: OECD, 2011, Pensions at a Glance, OECD.
www.oecd.org/els/social/pensions/PAG

한편, 주식이나 부동산, 채권 등 자산의 가치가 증대됨에 따라 소비도 늘어나는 효과인 자산효과(wealth effect)의 경우 한국은행(가계소비의 자산효과 분석과 시사점, 2007. 11. 15)에 따르면 국내 증시가 10% 상승하면 가계소비가 0.3% 증가하는 것으로 나타났다. 미국의 경우 주가가 10% 상승할 때 소비가 1% 정도 증가한다는 점을 감안할 때 크게 낮은 수치다. 이는 상대적으로 우리나라 가계의 금융자산 축적이 저조한데다 주식보유 비중도 낮기 때문이다. 그러나 이 같은 결과도 소득계층별로 달랐다. 주가상승률이 10%포인트 높아지면 고소득층과 중소득층 가계의 소비증가율은 각각 0.4%포인트 높아졌지만, 저소득층의 소비는 유의한 반응을 보이지 않았다. 한편, 주택가격 변동이 소득계층별 소비에 미치는 영향은 2000년 이전에는 중간소득 이상 계층에서 양(+)의 값을 보였지만, 그 이후 모든 소득계층에서 유의하지 않은 것으로 나타났다. 2001년 이후 가계부채 급등을 동반한 주택가격 상승이 가계소비에 오히려 부정적 영향을 미치고 있기 때문이다. 반면 미국 연방준비제도이사회(이하 연준, Fed) 자료에 따르면 미국 집값이 15% 급락할 경우 지출 감소분은 3,000억 달러로 개인소득의 3%에 달할 것으로 전망하였다. 주택가격의 거품이 붕괴되자 침체가 장기화되는 이유이다. 흔히 자산효과는 소비지출에 영향을 미치는 물가수준과 자산가치를 결합하여 실질자산 가치($W/P$)로 표현하는데 이는 자산효과를 처음 제창한 영국의 경제학자 피구(Pigou)가 물가상승률이 낮아지게 되면 저축액의 가치 감소가 둔화되어 금융자산의 실질가치가 높아져 소득이 저축보다 소비에 더 배분된다고 본 데서 유래한다. 자산효과를 '피구효과(Pigou effect)'라고도 하는 이유이다.

참고로 자산효과와 유사하지만 구분해야 하는 MEW(Mortgage Equity Withdrawal) 혹은 HEW(Home Equity Withdrawal) 개념이 있다. 자산효과가 금융자산의 실질가치의 증대 혹은 실물자산의 실질가치의 증가에 따른 소비의 증대 효과인 반면, MEW 혹은 HEW는 주택소유자들이 보유주택을 담보로 창출하는 현금에 의한 소비 증대 효과이다. 일명 '현금기계(cash machines)'라 불릴 정도로 소비에 미치는 효과가 매우 크다. 금융자산에 비해 상대적으로 높은 레버리지가 가능한 주택자산의 특성에서 비롯한다. 즉 주택가격의 상승으로 주택가격에서 차입액을 뺀 순자산이 증가하면서 이를 담보로 추가 차입(현금을 인출)하여 주택 개량이나 자동차 구입 등 기타 생활용도에 지출하였다. 예를 들어, 미국을 중심으로 많은 국가들에서 2000년대 이후 주택가격이 급증하면서 소비 증대와 경기에 커다란 영향을 미쳤다. MEW 규모는 2006년 버블이 한창일 때 연간 8천억 달러까지 증가했다. 2001~2006년간 미국에서 MEW로 인한 소비증대 효과를 연간 GDP의 2~3%로 추산하고 있다. 버블이 붕괴하며 미국의 가계부채는 2010년에 11.5조 달러로, 가처분소득 대비 가계부채 비중도 118%로 감소하면서 MEW 역시 가처분소득의 −1%까지 붕괴됐다.[2] 영국에서도 MEW의 규모는 1984년 100억 파운드에서 1988년 230억 파운드로 증가했다가 1992년 경기침체와 주택가격 하락 이후 125억 파운드까지 하락했다가 2000년까지 300억 파운드로 증가하였다.[3] MEW 규모가 절정에 달했던 2003년 3분기의 약 90억 파운드는 영국 세후소득의 10%에 해당하는 규모였다. 1998년 7월부터 2008년 3월까지의 MEW 규모는 3,280억 파운드에 달하였고, 이는 영국 경제성장의 지속에 기여하였다.[4]

---

2) W. Galston, 2011, "What if the Right and the Left Are Both Wrong About Why the Economic Recovery Is So Slow? A New Theory," Brookings Institute (Aug. 22).
3) A. Holmans, 2001, "Housing and Mortgage Equity Withdrawal and their Component Flows," A Technical Report, Cambridge Centre for Housing and Planning Research (May).
4) Bank of England, "Mortgage Equity Withdrawal." http://www.bankofengland.co.uk/statistics/ hew/2011.htm

한편, 한국의 GDP 대비 가계소비지출이 차지하는 비중은 2002년 이후 지속적으로 하락하는 추세에 있으며, OECD 주요국가와 비교하여 매우 낮은 수준에 있다. 참고로 2012년 기준 한국의 GDP 대비 가계소비 비중은 51.1%로 미국(68.0%), 영국(64.3%), 일본(59.4%), 독일(56.3%) 등의 국가와 비교하여 매우 낮다. 이는 내수에 대한 의존도가 미국이나 일본에 비해 낮다는 것을 의미한다. 가계소비지출의 비중이 낮은 이유는 가계소득 증가율의 정체에서 비롯한다. 1992~2012년 기간 중 가계소득의 연평균 증가율은 7.4%로 국민총소득(GNI) 증가율 8.2% 보다 낮아 국민총소득에서 가계소득이 차지하는 비중은 1992년 72.9%에서 2012년 62.3%로 10.6% 포인트 하락하였다. 반면, 같은 기간 중에 기업소득 증가율은 10.1%로 국민총소득 증가율을 많이 상회하였다. 특히, IMF 외환위기 이후 기간(1999~2012년) 중 기업소득의 연평균 증가율은 10.3%로 가계소득 증가율 5.8%를 크게 상회하였다. 한 민간연구소의 추정에 따르면 2008년 기준 수출과 설비투자 비중을 유지하면서 가계소비 비중을 OECD 주요국 수준까지 끌어올릴 경우 GDP는 2%포인트 추가 성장이 가능하다.[5]

그림 8-3 OECD 주요국의 GDP대비 민간소비 비중 추이

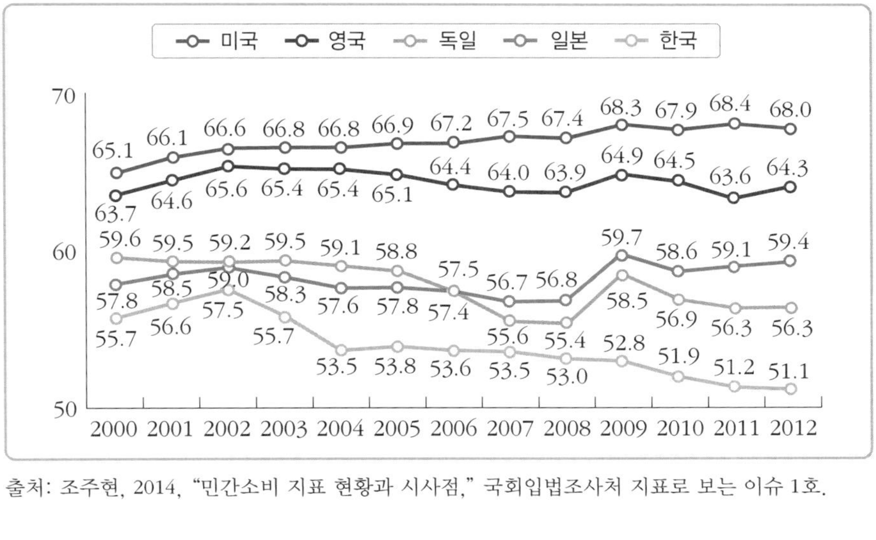

출처: 조주현, 2014, "민간소비 지표 현황과 시사점," 국회입법조사처 지표로 보는 이슈 1호.

---

5) 현대경제연구원, 2009, "한국경제 재도약을 위한 소비 확충 방안" (8월 16일).

그림 8-4 가계, 기업, 정부소득과 GNI 대비 가계소득 비중 추이(단위: 조 원, %)

출처: 한국은행, 경제통계시스템; 조주현, 2014, "민간소비 지표 현황과 시사점," 국회입법조사처.

이처럼 한 나라 경제의 소비수준은 여러 요인의 영향을 받는데 소비수준에 영향을 주는 여러 변수들과 소비지출 수준 사이의 관계를 함수로 표현한 것이 소비함수이고, 소비함수를 그림으로 표현한 것이 소비곡선이다. 일반적으로 소비곡선은 소비에 영향을 주는 가장 중요한 요인인 가처분소득과 소비의 관계로 표현된다. 즉 소비곡선은 다른 요인들이 일정하다는 것을 전제로 우상향하는 직선 혹은 곡선이 된다. 수요곡선과 마찬가지로 다른 요인이 변화하면 소비곡선 자체가 위나 아래로 이동하게 된다. 예를 들어, 이자율이 낮아지면 소비곡선은 위로 이동한다. 각 소득 수준에서 저축이 감소하여 소비지출이 증가하기 때문이다. 즉 소비함수는 다음과 같이 나타낼 수 있다.

$$C = a + cY_d$$

여기서 $C \equiv$ 소비지출, $a =$ 소득 0에서 소비지출,

$c \equiv$ 한계소비성향(MPC), $Y_d \equiv$ 가처분소득

그림 8-5 소비곡선

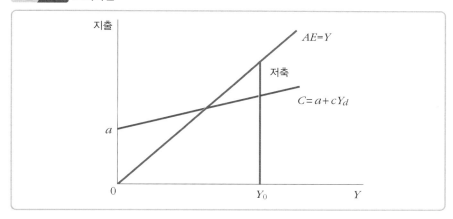

한편, 일반적으로 소득이 증가하면 소비가 증가하지만 증가한 소득이 모두 소비되지는 않는다. 즉 가처분소득이 한 단위 증가할 때 증가하는 소비의 양 인 '한계소비성향(≡△소비/△소득; MPC, marginal propensity to consumption)' 은 일반적으로 1보다 작다. 또 한 가구가 벌어들인 소득 중에서 얼마만큼을 소비·지출하는가를 나타내는 지표를 평균소비성향(≡소비/소득; APC, average propensity to consume)이라 한다. 소득은 소비와 저축으로 구성되기 때문에 '한계소비성향'과 '한계저축성향(MPS≡△저축/△소득)'의 합이나 '평균소비성 향'과 '평균저축성향(APS≡저축/소득)'의 합은 1과 같게 된다. 그리고 한계소비 성향과 평균소비성향은 소득이 증가할수록 떨어진다. (앞에서 지적했듯이) 사 회 전체의 소득분배가 균등할수록 소비지출(시장)의 규모는 커지는 이유이다. 그런데 한국사회의 경우 가계의 한계소비성향이 점차 하락하고 있는 것으로 나타났다. 소득계층 1분위(하위 20%)에 속하는 가계의 한계소비성향이 급격히 감소하고 있고, 3, 5분위에 속하는 가계도 지속적인 하락세를 보이고 있다. 특 히 소득계층 1분위 가계의 한계소비성향은 1988~97년 0.8799에서 1999~2007년 0.9124로 상승하였으나, 2008년 이후 0.1123으로 급감하였다. 또 소득 3분위 가계의 경우 동 기간 0.6566, 0.6253, 0.4604로 점차 하락하고 있고, 5분위 가계의 경우도 동 기간 0.5088, 0.4788, 0.3018로 지속적으로 하 락하고 있다.[6] 이는 최저 소득층 가계뿐 아니라 고소득층 가계가 소득이 증가

---

6) 현대경제연구원, 2009, "한국경제 재도약을 위한 소비 확충 방안." (8.16).

하는 만큼 소비를 늘리지 않고 있다는 뜻이다. 이는 국내 가계들의 보험, 연금 등 비소비지출과 교육 및 보건에 대한 부담 증가세가 지속되면서 소비 여력이 줄어들고 있기 때문인 것으로 분석됐다. 게다가 소득이 낮을수록 사회보장기여금의 부담률(＝사회보장기여금/소득)이 높아지는 역진적인 구조도 소비 하락의 요인으로 작용하고 있다. 2011년 기준 상위 0.01%의 부담률은 2.8%인 반면 하위 90%는 10.8%이다.

그림 8-6 한국의 평균소비성향 추이

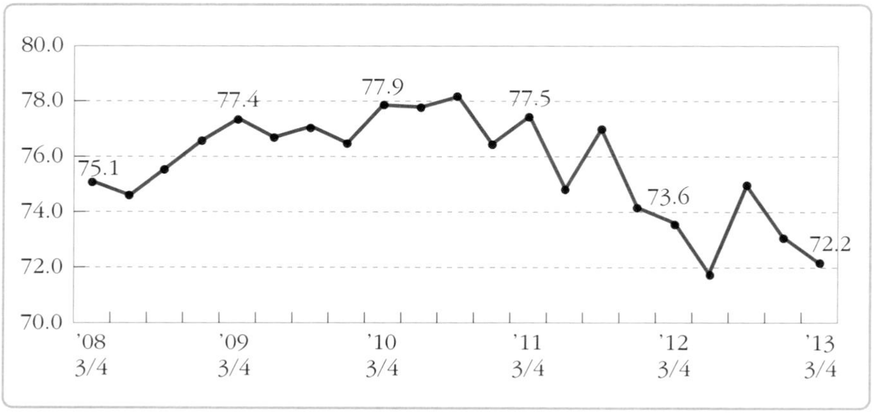

출처: 통계청, "2013년 3/4분기 가계동향" 2013년 11월 22일.

　지금까지 소비지출을 결정하는 가장 중요한 요인으로 소득을 지적했는데 시장이론에는 소득 개념에 대한 논쟁이 존재한다. 앞에서 지적한 가처분소득의 절대적 수준이 소비 결정에 핵심적 역할을 한다는 소비이론이 이른바 케인스형의 '절대소득가설(absolute income hypothesis)'이다. 그러나 절대소득가설은 사람의 소득을 너무 단순하게 이해하는 단점이 있고, 그에 대한 대안들이 제2차 세계대전 이후 제시되었다. 몇 가지를 소개하면 다음과 같다. 첫째는 절대적 소득에 대비한 상대적 소득 혹은 소득분포에서 상대적 지위의 측면을 고려한 이른바 '상대소득가설(relative income hypothesis)'이다. 예를 들어, 소비지출은 그 기(期)의 가처분소득에만 의존하는 것이 아니라 과거의 최고 가처분소득 수준에도 의존한다는 것으로, 이에 의하면 소비함수는 호황기와 불황기에 대하여 비대칭적이 된다. 즉 과거 소득이 높았을 때의 소비성향이 그후 소득이 낮아졌다고 해서 낮아진 만큼 줄어들지 않는 경향이 있다. 모딜리

그림 8-7 소비행동의 비가역성

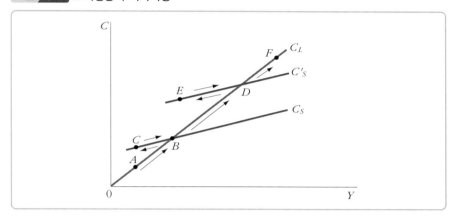

아니(Modigliani)와 듀젠베리(Duesenberry) 등에 따르면 소비함수를 시계열로 보았을 때 단기적으로는 소비성향이 크게 변동하지만 장기적으로는 안정적인 움직임을 보이는데, 이러한 현상은 소비가 그때의 소득에 의존함과 동시에 소비자의 습관으로서 과거의 소득수준에도 의존하기 때문이다. 호황기에는 평균소비성향이 일정한 장기소비함수 $C$에 따라 움직이고 불황기 및 경기회복기에는 경사가 완만한 단기소비함수($C_S$ 또는 $C'_S$)를 따라 움직인다. [그림 8-7]에서 보듯이 소득의 순환적 성장에 따라 소비 · 소득의 결합은 A → B → C → B → D → E → D → F 식으로 지그재그운동을 한다. 소비성향이 경기변동에 따라 톱니 모양의 지그재그운동을 하기 때문에 이 같은 상방이동을 '톱니효과(rachet effect)'라고도 하고, '소비행동비가역성 가설' 혹은 '관습가설'이라고도 한다. 듀젠베리는 개인 소비가 타인의 소비와 서로 영향을 주고받아 결정된다는, 즉 준거집단(자신이 속한 계층)의 소비를 따른다는 소비의 전시효과도 설명하였다. 전시효과 개념으로 넉시(Nurkse)는 고소득국에 대한 저소득국의 높은 소비성향을 설명하였다.

또 하나의 소비이론은 사람들은 소비를 일정한 수준으로 유지하려고 노력하는 태도를 갖고 있기에 소비는 전 생애에 걸쳐 예상되는 평균수입인 항상소득, 즉 정기적 혹은 자발적 소득 등에 의해 결정된다는 프리드먼(Friedman)의 '항상소득가설(permanent income hypothesis)'이 있다. 즉 '항상소득가설'에서는 사람의 소득을 항상소득 부분과 일시소득 부분으로 구분하고 사람들이 소비를 비교적 일정한 수준에서 유지하고 싶어 하는 경향을 갖는 것으로 본다. 여기서 인적 자본과 자산 등에 의해 발생하는 소득인 항상소득은 일생에 걸친 평균적 소득을 의미하는 반면, 일시소득은 일시적인 여건이 변화해 발생한 소득으로 임시 혹은 비자발적 소득 등 예측 불가능한 변동소득을 뜻한다. 예를 들어 경기가 좋아 받은 보너스는 일시소득이 되고, 승진하여 월급이 인상된 경우는 항상소득이 된다. 따라서 불황기에는 일시소득이 마이너스(−)가 된다. 항상소득가설에 따르면 호황기에 일시적으로 소득이 증가할 경우 사람들은 일정한 소비수준을 유지하려 하기 때문에 소득증가분의 일부만 소비하고 나머지를 저축한다. 즉 일시소득의 변동에 따라 소비는 크게 변화하지 않는다고 본다. 마찬가지로 장기적인 관점에서 소비를 계획하기 때문에 단기적인 세율 변화는 소비에 영향을 미치지 않는다고 본다. 즉 소비가 미래 예상소득에 영향을 받는다는 사실은 경제정책과 관련해 중요한 함의를 던져준다. 정부가 경기를 활성화하기 위해서는 소득세를 감면해 소비지출을 촉진할 것을 주장하는 사람들이 있는데 조세수입의 감소 때문에 일시적으로만 소득세를 감면할 경우 증가된 가처분소득은 대부분 저축으로 가고 소비지출에는 크게 영향을 미치지 않을 것이다. 금융위기 이후 뉴욕 월가에서 세금감면에 따른 경기부양책의 효과에 대한 소비함수 논쟁이 있었다.[7] 즉 부시 행정부는 경기부양을 위해 2008년 4월 말부터 5월 말까지 6주에 걸쳐 500억 달러의 세금을 환급했다. 항상소득가설대로라면 세금감면을 주 내용으로 하는 부시 행정부의 경기부양책은 소비를 진작하는 데는 한계가 있어 보인다. 결과부터 말하면 세금환급에도 불구하고 미국의 소비심리는 15년여 만에 최저수준을 기록했다. 뉴욕타임스에 따르면 세금환급 기간인 6주 사이에 소매판매 지표는 단 한 번만 늘었는데 그 이유로 소비자들이 주택담보대출이나 신용카드 빚을 갚거나 기름값에 쓰고 또 일부는 저축하고 있기 때문이라고 분석했다.

　　마지막으로 사람들의 소비는 생애주기 총소득(현재소득, 미래예상소득, 자산)이나 소비자의 주관적 시간선호(현재지향 혹은 미래지향), 은퇴연령 및 기대여명 등을 고려하는, 즉 일생에 걸친 소득의 변화 양상을 염두에 두고 적절한 소비 수준을 결정한다고 보는 '생애주기이론(life-cycle theory)'이 있다. 소득의

---

7) 2001년에도 미국 국민 한 사람당 300~600달러의 세금을 환급해준 적이 있다. 그런데 당시 미시간 대학의 조사에 따르면 대부분의 국민은 환급된 세금을 소비에 쓰지 않고 저축한 것으로 나타났다.

경우 청년기에는 낮은 수준이고 중·장년기에는 높은 수준으로 오르고 은퇴 후에 다시 소득이 낮아지는 양상을 보이는 반면, 소비의 경우 일생에 걸쳐 거의 일정한 수준으로 유지되고 있다고 본다. 즉 소득이 적은 청년기에는 앞으로 소득이 커질 것을 예상하고 소득보다 더 높은 소비수준을 유지하게 되는, 즉 마이너스(−) 저축 상태가 된다. 반면, 중·장년기에 접어들어 소득이 높아지면 이를 모두 소비하는 것이 아니라 은퇴 후를 대비해 저축하게 되고, 은퇴 후에 소득은 거의 0으로 떨어질 것이기에 중·장년기에 모아둔 저축으로 종전과 비슷한 소비수준을 유지하게 된다는 것이다. 즉 청년기에 마이너스(−), 중·장년기에 플러스(+), 그리고 노년기에 다시 마이너스(−) 저축이 된다. 따라서 생산성이 높은 중년기에는 소득이 많고 소비는 적어 평균소비성향이 낮고, 유년기와 노년기에는 생산성이 낮아 소득이 낮고 평균소비성향이 높게 된다. 또 절대소득가설에서는 같은 가처분소득을 갖고 있는 소비자들의 경우 같은 한계소비성향을 갖는 것으로 설명하는 반면, 생애주기이론은 같은 가처분소득을 갖고 있더라도 나이에 따라서 소비수준과 한계소비성향이 달라질 것이라고 예측한다. 항상소득가설과 생애주기이론이 소비이론을 풍부하게 만들었는데도 절대소득가설을 대체할 수 있는 소비이론이라고 할 수는 없다. 예를 들어, 소비자가 일생 동안의 소득이나 불확실한 미래 소득을 얼마나 정확히 예측할 수 있는지 알 수 없고, 미래에 예상되는 소득을 담보로 해서 돈을 빌려 쓸 수 있다는 비현실적 가정 등의 문제가 있다.

## 1.2. 기업 투자지출의 결정요인과 탈공업화의 함정

기업부문의 수요에 해당하는 투자지출은 어떤 나라에서 한 해 동안 생산된 최종재 중 기업이 구입하는 자본재의 총가치를 나타낸다. (제7장의 국민소득의 지출 측면에서 소개했듯이) 투자는 새로운 생산설비와 건축물에 대한 지출과 신축주택의 구입으로 국민계정에는 총고정자본형성으로 표시된다. 총고정자본형성은 건설투자와 설비투자와 무형고정자산투자로 구분한다. 건설투자는 다시 건물건설투자와 도로나 철도, 항만 등의 토목건설 투자로 나누고, 설비투자는 일반기계·정밀기기·통신 및 방송장비 등의 기계류 투자와 선박·승용차·철도차량 등의 운수장비 투자로 나눈다. 시장이론에서 기업의 투자 목적은 이윤 추구이고 이윤은 수입에서 비용을 공제한 것이기 때문에 투자지출의 결정요인들로는 투자에 따른 예상(기대)수입과 투자에 대한 기회비용인 이자율 그리고 자금조달의 용이성 등을 생각할 수 있다.

자금조달의 용이성은 기업의 자금조달 방식과 관련이 있다. 기업의 자금조달 방식은 크게 사업을 통해 획득한 이윤 중 일부를 재투자하는 경우(내부조달 방식)가 있을 것이고, 외부에서 자금을 조달하는 방법이 있다. 첫째, 이윤이 충분히 발생했을 경우 기업은 이익잉여금의 일부를 배당으로 분배하고, 나머지는 사내유보금(retained earnings)이 된다. 사내유보는 투자계획에 따라 집행될 예비 투자자금이 되기도 하고 현금준비금으로 남겨둘 수도 있다. 따라서 배당이 많을수록 투자에는 부정적으로 작용할 가능성이 높다. 예를 들어, 한국의 경우 외환위기 이후 배당률(1주당 액면금액에 대해서 지급되는 배당금의 비율)이나 현금보유 규모의 증대 경향을 보여주고 있다. 한국 대기업의 경우 제조업의 배당률은 1990~96년간 평균 5.4%였으나 2013년에는 21.8%를 기록하였다.[8] 자본시장 개방에 따른 외국인 주주의 영향력 증대나 주주 중시 기업경영의 경향과 관련이 있는 것으로 나타났다. 게다가 사내유보(이익잉여금)조차 투자로 연결되지 못하고 있다.

둘째, 외부에서 자금을 조달하는 경우를 살펴보자. 기업은 주식(신주)을 발행할 수도 있고, 채권을 발행해 직접 투자자들에게서 자금을 차입할 수도 있고, 은행에서 대출을 받을 수도 있다. 예를 들어, 한국 기업의 경우 외환위기 이전 기업이 필요한 자금의 많은 부분을 은행 차입으로 확보하였다. 특히 대기업의 경우 제조업의 설비투자를 위한 자금조달 중에서 금융기관 차입 비중은 1991년~1997년 31.0%에서 1998년~2000년 15.0%, 2001~2008년 9.7%로 크게 감소하였다. 반면, 제조업의 내부자금을 통한 설비투자 자금조달 비중은 외환위기 이전 28.2%에서 2001년~2008년 중에는 82.1%로 증가하였고, 주식 및 회사채가 차지하는 비중은 1991년~1997년 22.4%에서 1998년~2000년 21.7%로 소폭 감소하였으나 2001년~2008년 5.6%로 크게 하락하였다. 외환위기 이전 주식 및 회사채 발행에 의한 자금조달 비중이 낮은 이유를 자본시장의 미발달의 탓으로 돌리는 경향이 있었으나 외환위기 이후 자본시장의 개방 및 양적 성장에도 불구하고 증시를 통한 기업의 자금조달은 성공적이지 못한 것으로 나타나고 있다. 주식시장의 성장이 반드시 기업의 자금조달

---

8) 한국 기업의 배당률과 배당성향은 한국은행 경제통계 12.3.1 손익계산비율에서 확인할 수 있다.

규모와 비례하는 것은 아닌 것이다. 대부분의 주식 거래는 기업의 자금조달과 관계없이 이미 발행된 주식의 소유권 교체를 의미할 뿐이다. 기업의 자금조달로 연결되는 주식 거래는 기업공개(IPO)나 유상증자(신주 발행)의 경우에 한정된다. 또한, 기업은 종종 자사주 매입으로 주식시장에서 자금을 조달하기보다는 주식시장에 자금을 투입하곤 한다. 기업들의 자사주 매입 이유는 경영권 방어와 주주들의 요구에서 비롯한다. 주주 이익을 높이는 것을 꼭 부정적으로 볼 일은 아니지만 그 정도가 지나쳐 투자 재원마저 투입해야 할 형편이라면 이야기가 달라진다. 투자로 돌려야 할 자금을 이런 식으로 소진해버릴 경우 성장잠재력을 갉아먹어 기업의 장기적 발전 기반을 심각하게 손상시킬 수밖에 없다. 예를 들어, 미국과 더불어 자본시장이 가장 발달한 영국에서조차 주식시장의 단기업적주의(short-termism)가 기업의 장기적 성과에 부정적으로 작용하여 영국 기업의 혁신 역량, 브랜드 가치, 노동력의 숙련도를 발전시키기 위한 투자에 성공적이지 못했다는 평가를 받고 있다.[9]

외부에서 자금을 조달하는 또 하나의 방법은 차입이다. 은행에서 차입을 하거나 회사채 등 유가증권의 발행을 통해서 가능하다. 이 경우 일반적으로 차입 비용에 의해 영향을 받는다. 그러나 한국의 경우 2000년대 들어 금리가 한 자리대로 떨어졌음에도 기업의 외부자금 차입이 축소되었다. 외환위기 직전에 50%나 되었던 기업(제조업)의 차입금의존도(≡차입금/총자산)가 2013년까지 24.45%로 외환위기 이전에 비해 절반 이하로 떨어지고, 400%나 되었던 기업(제조업)의 부채비율(≡부채총액/자기자본)도 2013년에 92.93%로 하락한 이유이다.[10]

이는 외환위기 이후 투자율의 구조적 하락([그림 8-8])이 자금조달 문제나 비용 등이 아니었음을 의미한다. 그렇다면 남은 요인은 투자에 대한 기업의 자신감 상실, 즉 투자에 대한 부정적 전망이다. 사실, 전통적인 인식과 달리 투자지출에 대한 이자율의 역할은 크지 않은 것으로 확인된다. 예를 들어, 미국의 경우 1952~2010년간 GDP 대비 기업투자의 비중이 6.1~9.4%를 차지했는데 기업 투자는 이윤과 주가에 강하게 반응한 반면 이자율이나 주가 변동

---

9) The Kay Review of U.K. Equity Markets and Long-Term Decision Making, 2012, Final Report.
10) 한국은행, 경제통계 12.1.1, 기업경영분석지표 참고.

성이나 불확실성 등에는 약하게 반응한 것으로 확인된다. 특히 단기 이자율 하락은 투자 증가에 부정적 관련성을 보였는데 이는 중앙은행이 주도하는 이자율 움직임이 투자에 일차적 영향을 미친다는 생각과 반대되는 결과이다.[11]

그림 8-8 한국의 총투자율(%), 1990~2012년

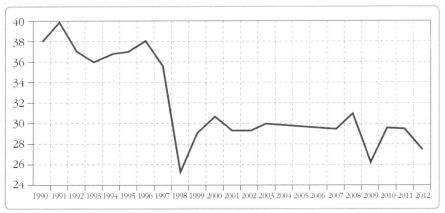

출처: 한국은행, 경제통계.

또한, 글로벌 금융위기 이후 미국 기업의 기록적인 현금보유액이나 한국 대기업의 높은 사내유보율 및 현금보유 규모 등은 불확실한 미래와 새로운 사업을 찾지 못하여 투자 결정을 하지 못하는데서 비롯한다. 2012년 우리나라 전체 기업의 사내 유보금의 규모는 약 762조원에 달했는데 그 중 대기업의 사내유보금이 616조원으로 대부분을 차지하였다. 이코노미스트(Economist)에 따르면 2012년 기준 한국 기업의 현금 보유 규모는 GDP 대비 34%(459조원)로 일본의 44%(229조엔)에 이어 두 번째로 높고 이는 GDP 대비 11%(1.9조 달러)에 해당하는 현금을 보유하는 미국 기업의 3배 이상에 해당한다.[12] 즉 오늘날 기업들의 투자가 부진한 이유는 기본적으로 탈공업화가 급속하게 진행되는 가운데 산업구조의 업그레이드와 공업화 이후 산업체계의 전반적 재검토라는 구조적 과제의 해결과 관련을 맺고 있다.

---

11) S. Kothari, J. Lewellen, and J. Warner, 2014, "The Behavior of Aggregate Corporate Investment," (August Version).

12) Economist, 2014, "Corporate saving in Asia: A $2.5 trillion problem" (Sep. 27)

그림 8-9 이익잉여금 추이

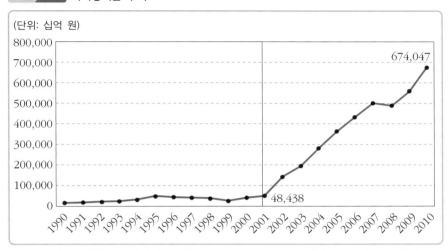

출처: 한국은행, 경제통계, 기업경영분석; 김상헌, 2011, 법인의 사내유보금에 대한 과세 방안 연구, 국회예산정책처 (11월).

그림 8-10 국내 전체 기업의 사내유보율 현황, 1990~2010년

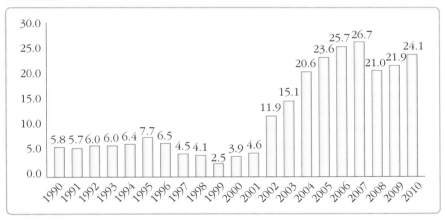

주: 사내유보율=이익이영금/자산 총액
출처: 김상헌, 2011, 법인의 사내유보금에 대한 과세 방안 연구, 국회예산정책처, 용역연구 (11월).

## 1.3. 정부 역할: 이분법을 넘어 보틀넥 프로젝트 만들기

정부지출은 재정지출과 용어상으로 구분된다. 전자는 GDP를 구성하는 지출 항목이기에 한 해에 생산된 최종재에 대해 지출한 것만을 의미하는 반면,

후자는 그 성격이 무엇이든 정부가 행한 모든 지출을 포함한다. 예를 들어 각종 보조금 같은 정부의 이전지출은 재정지출에 포함되지만 정부지출에는 포함되지 않는다. 이전지출은 아무 대가 없이 구매력을 이전한 것이어서 최종재에 대한 수요와 무관하기 때문이다. 그리고 정부지출은 용도에 따라 정부투자지출(도로, 항만, 교량, 공공시설 등의 건설을 위한 지출)과 정부소비지출(공무원 급여나 비품 구입 등)로 구분할 수 있다. 그러나 여기서는 정부지출을 재정지출과 같은 의미로 사용한다.

시장이론에서 정부지출의 역할은 기본적으로 민간부문의 지출, 즉 가계의 소비지출과 기업의 투자지출이 불충분할 경우 부족한 수요를 보충하는 역할을 수행한다. 즉 시장경제의 주역은 가계와 기업이기에 가계의 소비지출과 기업의 투자지출이 충분할 경우 정부의 경제 개입은 불필요하다. 따라서 상대적 과잉공급이 초래한 경기 침체의 경우 정부지출은 가계의 소비지출이나 기업의 투자지출 증가로 연결될 때 정당성을 갖는다. 정부지출은 예정된 정부지출을 초과하는 재정적자를 수반하기에 정부지출 증가가 가계의 소비지출과 기업의 투자지출로 연결되어 소득을 증가시킬 때 정부의 세수 증가로 이어져 재정적자를 보충할 수 있게 된다. 즉 정부지출은 가계의 일자리 창출로 연결되거나 기업 투자지출의 장애요인을 제거할 때 그 역할을 제대로 하게 되는 반면, 일자리 창출이나 투자지출의 장애요인 제거를 수반하지 못할 경우 정부부채만 악화시킬 것이다.

정부지출의 역할을 구체적으로 살펴보자. 정부지출은 시장경제에 양날의 칼로 작용한다. 정부지출 자체는 총지출을 증가시키지만 동시에 이를 위해 세금을 거둠으로써 가계나 기업 등의 소득을 감소시키기 때문이다. 경제활동에 있어서 정부 역할의 경우 거시적 시장의 불안정성이 심할 경우 정부지출이 시장의 안정성 회복에 긍정적 역할을 한다는 이른바 케인지언과 정부지출은 오히려 경제에 부작용을 만들 뿐이라는 이른바 시장주의자들의 대립은 거의 이념적이고 소모적이다. 먼저 정부지출의 경제적 효과를 살펴보자. 정부지출이 증가할 경우 1단계는 정부지출($\triangle G$)만큼 소득이 증대($\triangle Y_1 = \triangle G$)하고 소득증가에 따라 한계소비성향($c$)의 비율만큼 소비($\triangle C_1 = c \triangle G$)가 증가한다. 2단계는 소비가 증가한 만큼 소득($\triangle Y_2 = c \triangle G$)이 증대할 것이고 증대한 소득에 대한 한계소비성향의 비율만큼 소비($\triangle C_2 = c^2 \triangle G$)가 증가할 것이다. 이런 단계가 반복될 경우 정부지출($\triangle G$)에 따른 총수요의 전체 증가분은 $\{\triangle G/(1-c)\}$, 즉 '정부지출/(1-한계소비성향)'만큼 될 것이다. 여기서 한계소비성향은 1보다 작기 때문에 정부지출($\triangle G$)의 증가에 따른 총수요의 증가분은 정부지출보다 크게 된다. 이처럼 독립적인 정부지출 한 단위가 증가했을 때 국민소득(GDP)은 그 몇 배나 증가하게 된다. 이를 정부지출에 의한 '승수효과(multiplier effect)'라 한다. 이제 정부지출의 승수효과를 구체적으로 계산해보자. 경제 전체로 볼 때 소득(GDP)과 지출은 같기 때문에 총지출을 소득으로 대체할 수 있다. 앞에서 소개했듯이 소득과 총지출 간에는 다음과 같은 관계가 성립한다.

$$Y(GDP) = AE \equiv C + I + G + X^N$$

다음으로 각 지출을 소득에 대해 정리하자. 소득에 영향을 받는 지출은 소비지출과 수입이다. 즉 소비지출과 수입은 가처분소득($Y_d$)의 크기에 의해 결정되기에 소비($C$)와 수입($M$)은 다음과 같이 표현할 수 있다.

$$C = a + cY_d = a + c(Y-T) = a + c(1-t)Y$$

여기서 $c(=\triangle C/\triangle Y_d)$는 한계소비성향, $t$는 소득세율, $T$는 소득세액, 즉 T=tY가 된다.[13)]

$$M = b + mY_d = b + m(Y-T) = b + m(1-t)Y$$

여기서 $m(=\triangle M/\triangle Y_d)$는 한계수입성향이 된다.

반면, 투자지출과 정부지출, 그리고 수출은 소득에 영향을 받지 않는다. 따라서 소득과 총지출의 관계는 다음가 같이 재구성할 수 있다.

$$Y = a + c(1-t)Y + I(r) + G + X(e) - b - m(1-t)Y$$

$$\therefore Y = \frac{a-b+I(r)+G+X(e)}{1-(1-t)(c-m)}$$

---

13) 한국의 종합소득세율은 1,000만 원 이하, 1,000~4,000만 원, 4,000~8,000만 원, 8,000만 원 초과 4개 구간에 대해 2001년까지 10~40%에 있다가 2002년부터 9~36%로 10%씩 인하하였고, 2005년부터 구간별로 1%씩 인하하여 8~35%가 되었다가 2008년부터 소득구간을 1,200만 원 이하, 4,600만 원 이하, 8,800만 원 이하, 8,800만 원 초과로 상향조정하고, 2009~2010까지 소득세율을 다시 2%씩 인하하여 6~33%로 변경하였다. 그러나 최고세율 2% 인하는 2년간 유예되었고, 2012년부터는 소득구간을 확대하여 1,200만 원 이하 6%, 4,600만 원 이하 15%, 8,800만 원 이하 24%, 3억 원 이하 35%, 3억 원 초과 38%로 개편하였다.

따라서 $\dfrac{\triangle Y}{\triangle G} = \dfrac{1}{1-(1-t)(c-m)} > 1 \qquad (\because t<1,\ c>m)$

즉 정부지출의 승수효과가 존재한다는 것은 정부지출로 인한 총수요 곡선의 이동폭은 정부지출의 증가폭보다 크다는 것을 의미한다. 이제 정부가 조세 증가에 맞추어 정부지출을 증가시킨다면 국민소득은 어떻게 될 것인가를 생각해보자. 즉 정부지출에 따른 재정적자를 방지하기 위해 증세를 동시에 진행할 경우, 즉 균형예산을 추구할 경우 국민소득에 미치는 효과를 살펴보자. 정부지출의 증대는 소득을 증대시키는 반면, 증세는 민간부문의 지출을 감소시켜 소득을 감소시킬 것이다. 두 가지 효과를 비교하기 위해 총지출 식을 재구성하면 다음과 같다. 즉 $tY$ 대신 $T$로 대체했을 뿐이다.

$$Y = a + c(Y-T) + I(r) + G + X(e) - b - m(Y-T)$$

$$\therefore Y = \frac{a - b + I(r) + G + X(e) - (c-m)T}{1 - c + m}$$

따라서 $\dfrac{\triangle Y}{\triangle G} = \dfrac{1}{1-c+m}$, $\dfrac{\triangle Y}{\triangle T} = \dfrac{-(c+m)}{1-c+m}$ 이 되기에

$$\therefore \frac{\triangle Y}{\triangle G} + \frac{\triangle Y}{\triangle T} = 1$$

이처럼 균형예산을 추구할 경우에도 승수효과가 나타난다. 이를 '균형예산 승수(balanced budget multiplier)'라 한다. 즉 조세 증가액과 동일한 수준으로 정부지출을 증가시킬 때 GDP가 증가하는 비율이다. 조세 증가는 정부지출의 증가가 초래하는 경기부양 효과의 일부분을 상쇄하지만 완전히 상쇄하지는 않는다는 것을 의미한다.

반면, 정부 역할에 대해 부정적 인식을 갖는 시장주의자들은 정부지출의 '구축효과(crowding-out effect)' 혹은 '밀어내기 효과'를 강조한다. 구축효과는 추가적인 정부지출에 따라 민간부문의 활동을 위축시키는 효과를 말한다. 즉 정부의 추가 지출에 따라 민간 자금시장에서 민간부문이 사용할 자금이 줄어들어 시장금리를 상승시키고, 그 결과 가계소비와 기업투자 등 총수요를 감소시켜 국민소득(GDP)을 감소시킴에 따라 정부지출의 승수효과는 기대하기 어렵다는 것이다. 예를 들어, 추가적 정부지출의 대표적 수단은 차입, 즉 국채

발행이다. 정부가 국채를 발행해 자금을 조달할 경우 민간 자금시장에서 정부차입만큼 자금 공급은 줄어들기에 시장금리는 올린다. 즉 정부가 채권을 발행하게 되면 채권 공급량의 증가와 그에 따른 채권가격의 하락, 그리고 시장이자율의 상승을 초래할 것이다.

그런데 구축효과는 몇 가지 조건을 전제로 한다. 추가적인 정부지출에 따라 시장금리가 상승한다는 것인데 이는 자금시장에 전체 통화공급량이 일정하다는 것을 전제로 한다. 그러나 경기침체기의 경우 자금수요가 크지 않아 시장금리 상승 압력이 낮을 뿐 아니라 통화완화정책을 병행할 가능성이 높기에 시장금리 상승의 가능성은 매우 낮고, 따라서 시장금리 상승에 따른 구축효과가 나타날 가능성은 높지 않다. 즉 높은 실업과 대출에 대한 민간 수요가 낮은 상황에서 정부가 민간 활동을 구축할 위험성은 거의 없다. 특히 '대차대조표 침체(balance sheet recession)' 상황에서 자산가격이 하락함으로써 부채의 늪에 빠져 있는 가계의 경우 대출을 신속히 상환해야만 하는 상황에 처해 있기 때문에 재정 부양을 통한 소득 증대는 금융부문의 조정을 돕고 회복을 도울 가능성이 높다. 참고로 '대차대조표 침체'는 버블 붕괴로 인한 자산가치의 하락으로 경제주체가 빚을 내어 투자한 자산을 지키기 위해 투자나 소비를 줄이고 빚을 갚는 것을 최우선으로 하여 시장에 유동성이 공급되지 않아 발생하게 되는 경기침체를 의미한다. 즉 자산이 감소하는 가운데 부채가 증가하면서 부채를 줄여야 하는 압박을 받는 경제주체의 재산 상태의 조정은 경제주체의 총재산을 자산 장부(차변)와 부채 및 자본 장부(대변)로 나누어 기재한 대차대조표의 순환적 조정으로 이해할 수 있기에 '대차대조표 침체'라 부른 것이다. '대차대조표 침체'에 대해서는 뒤에서 다시 언급할 것이다.

한편, 정부지출이 승수효과를 항상 보장해주지는 않는다. 80년대 이후 선진국의 경우 정부지출에 따른 승수효과는 약화되었고 그 효과도 단기적이었다. 반면, 고도성장을 하는 신흥국, 예를 들어 중국의 경우 정부지출의 승수효과가 상대적으로 높았던 것으로 확인된다. 정부지출이 승수효과를 기대하지 못할 경우 중기적으로 재정건전성(fiscal consolidation)에 대한 우려를 증대시킨다. 즉 재정 부양은 국가부채의 적정 수준에 대한 논란이 제기된다. 정부 역할을 반대하는 측은 국가부채가 증대할 경우 대출자들은 정부에게 높은 이자율을 요구할 것이고, 이는 시장이자율 상승으로 이어져 경제성장을 억제한다고 주장한다. 게다가 국가부채가 증대할 경우 민간부문은 미래의 세금이 증대하고 미래소득을 현재가치로 평가한 자산가치의 하락을 예상하여 소비를 축소하게 되기 때문에 승수효과는 나타나기 어렵게 된다고 주장한다. 이른바 '리카도 동등성 정리'이다.

그러나 경기침체 시 정부 역할의 필요성을 주장하는 측에서는 성장의 지체가 정부부채의 증상이 아니라 고부채의 원인인 점에 주목한다. 정부지출의 축소는 실제로 글로벌 금융위기 이후 급증한 선진국 정부부채의 약 60%가 성장의 위축에 따른 정부 수입의 급감과 구제금융에 의한 것임이 IMF에 의해 밝혀졌다. 그럼에도 불구하고 높은 정부부채의 경우, 특히 부채를 정부가 통제하지 못하는 외화로 구성될 경우 패닉으로 이어질 가능성을 배제할 수 없다. 대표적 경우가 금융위기 이후 아일랜드의 사례이다. 상업은행의 부채가 GDP 규모의 600%를 넘었던 아일랜드는 금융위기가 발발하자 패닉에 빠졌고, 그 결과 정부부채는 2007년 GDP의 25%에서 2012년에는 117%로 폭증하였다. 무엇보다 중기적인 재정건전성에 대한 신뢰를 확보하지 못하는 경우, 즉 정부지출이 일시적인 효과로 단기간에 그치는 경우가 있다. 이른바 '삽질 프로젝트(Shovel-ready Project)'라고도 하는 것이다. 일본의 '잃어버린 20년'이나 이명박 정부의 '4대강 사업' 등이 이런 사례에 해당한다.

따라서 정부지출의 증가는 일시적인 총수요 확대 효과로 그치지 않고 기업투자와 고용의 증대 그리고 민간부문의 지출에 따른 성장세의 회복으로 이어질 경우에만 승수효과를 기대할 수 있다. 즉 정부지출이 마중물 역할을 할 수 있을 경우 세금 수입도 증대하여 정부부채는 다시 축소될 것이다.[14] 결국 정부지출의 여부가 중요한 것이 아니라 어떤 내용의 정부지출인가가 중요한 것이다. 기업투자의 병목을 제거하고 양질의 일자리 창출로 이어질 수 있는 프로젝트인가가 관건이 된다. 이른바 '보틀넥 프로젝트(Bottleneck Project)'가 되어야 한다. 선진국에서 정부지출의 승수효과가 약화된 이유는 토목건설 사업이 주를 이루는 사회간접자본(SOC) 사업에 정부지출이 관성적으로 집중되기 때문이다. 선진국의 경우 SOC는 상대적으로 양호하고 소득이 높기에 토목건

---

14) 재정적자(deficit)와 정부부채(debt)를 구분할 필요가 있다. 전자의 경우 일정 기간 정부가 지출하는 금액과 조세로 거둬들이는 금액의 차이를 말하고, 후자의 경우 특정 시점에 정부가 빚지고 있는 금액을 말한다. 즉 재정적자는 유량(flow) 개념이고, 정부부채는 스톡(stock) 개념이다.

설 사업을 통해 기업투자의 환경 개선과 양질의 일자리 창출을 기대하기는 어렵다. 반면 SOC가 부족한 신흥국의 경우 토목건설 사업의 효과가 상대적으로 크게 나타날 가능성이 높다. 선진국의 경우 양질의 일자리 만들기에 도움이 될 수 있는 스마트한 사업이 필요하다.

국가부채의 지속가능성

부채 축적의 방정식은 다음과 같이 표현될 수 있다.

$$D_t = (1 + i_t) D_{t-1} - P_t$$

여기서 $D_t$는 시기 $t$에서 부채이고 $t$기의 이자는 평균 명목금리($i_t$)로 지급한다. $P_t$는 기초 재정수지, 즉 이자지급액을 제외한 $t$기의 재정수지로 플러스(+)면 재정흑자이고 부채는 흑자액만큼씩 감소될 것이다. 기초 재정수지의 흑자가 이자액과 정확히 일치할 경우($P_t = i_t D_{t-1}$) 부채는 안정될 것이다. 앞의 식을 $t$기의 GDP로 나누면 다음과 같이 표현될 수 있다.

$$d_t = \frac{1 + i_t}{1 + g_t} d_{t-1} - p_t$$

여기서 $g$는 명목 GDP 성장률, $p$는 GDP 대비 기초 재정수지, 그리고 $d$는 GDP 대비 공공부채 비율이다. 이제 $\lambda_t = \frac{i_t - g_t}{1 + g_t}$라 할 때

$$d_t = (1 + \lambda_t) d_{t-1} - p_t$$

공공부채가 가장 좁은 의미에서 지속가능할 수 있기 위해서는 원금과 이자가 상환될 수 있어야만 한다. 따라서 오늘의 부채는 미래 예산에 의해 획득한 기초 재정흑자의 순 현재가치를 초과하지 말아야만 한다. 이 공공부채의 상한선을 Ds라 할 때 Ds는 다음과 같이 된다.

$$D_s = \sum_{t=1}^{\infty} \frac{p_t}{(1 + i_t)^t}$$

이제 단순화시키기 위해 $\lambda_t = \lambda$(일정)하다고 가정하면 다음을 얻는다.

$$d_s = \sum_{t=1}^{\infty} \frac{p_t}{(1 + \lambda)^t}$$

$\lambda < 0$인 경우, 명목 성장률이 영구히 이자율보다 높고, 게다가 $p$가 플러스인 경우 지속가능성 제약은 항상 만족되고 정부의 지속가능한 부채에 제한은 존재하지 않는다. 반면, $\lambda > 0$이고 $p$가 일정하다고 가정할 경우 지속가능한 부채를 위한 GDP 대비 부채 비율의 상한선은 다음과 같이 된다.

$$d_s = \frac{p}{\lambda}$$

## 1.4. 환율의 이해와 수출과의 관계

총지출을 구성하는 나머지 항목은 해외수요다. 시장이론에서 수출(X)은 외국인의 소득에 의존하지 수출국의 소득에 직접 의존하지 않는 것으로 본다. 즉 외국의 소득이 수출국의 소득에 거의 영향을 받지 않는다고 가정한다. 반면, 수출은 수출기업의 판매 노력과 더불어 외국 제품과 비교한 수출국 제품의 상대가격에 의존할 것이다. 따라서 다른 조건이 일정할 때 수출국 제품의 가격과 외국 제품 가격 사이의 상대적 비율에 영향을 받는 수출은 환율의 영향을 받는다. 화폐의 대외적 가치라고 말할 수 있는 환율(e)은 1국 통화와 타국 통화의 교환비율을 말한다. 이는 외국환 시세 혹은 외환시세라고도 한다. 일반적으로 통화의 가치는 그 통화가 가지는 구매력으로 표현된다. 원/달러 환율처럼 환율을 외국 통화 1단위에 대한 자국 통화의 일정액으로 표시할 때 환율 상승은 자국 통화의 대외가치의 하락, 즉 원화 가치의 하락(원화 절하)을 의미하며, 반대로 환율 하락은 원화 가치의 상승(원화 절상)을 의미한다.

보통 언급하는 환율은 명목환율을 의미한다. 그런데 명목환율로는 자국 재화로 얼마나 많은 외국 재화를 교환해 얻을 수 있는지를 알 수가 없다. 명목환율뿐만 아니라 양국 재화의 상대가격에 의해서도 영향을 받기 때문이다. 즉 외국 통화에 대한 자국 통화의 상대적인 구매력을 반영한 환율 개념이 실질환율이다. 실질환율은 자국재화(예: 한국 햄버거 한 개 가격을 3,300원이라 가정) 한 단위로 교환해 얻을 수 있는 외국 재화(예: 미국 햄버거 한 개 가격은 4.5 달러라 가정)의 양을 의미한다. 원/달러 명목환율이 1100원/1달러이라 할 경우 실질환율은 1.5, 즉 미국 햄버거 1개로 한국 햄버거 1.5개를 구입할 수 있음을 의미한다. 따라서 명목환율이 변하지 않더라도 실질환율이 상승했다면 미국 재화(햄버거)의 가격이 상대적으로 상승한 것을 뜻하고 이는 한국 재화(햄버거)의 가격은 상대적으로 하락한 것으로 이를 '실질절하'라고 하고, 반대로 실질환율이 하락할 때 한국 재화의 가격은 상대적으로 상승하는데 이를 '실질절상'이라고 한다. 즉

$$실질환율 = \frac{P_f}{P_d} \times 명목환율$$

이처럼 실질환율은 자국 통화 한 단위로 구입할 수 있는 재화 및 서비스와

동일한 양을 외국에서 구입하기 위해 필요한 외국 통화단위의 수를 측정한 것으로 해석할 수 있다는 점에서 특정 재화 및 서비스에 대한 두 통화 간의 구매력평가라고 이해할 수 있다. 이른바 '구매력평가설(Purchasing Power Parity Theories)'[15]이다. 실질환율의 식에서 구한 일정 시점의 (실질환율/명목환율)이 1과 같다면 양국 통화 간에 구매력이 평가를 이루어(absolute purchasing power parity) 일물일가의 법칙이 성립함을, 1보다 크면 자국통화가 저평가되어 있음을, 1보다 작으면 자국통화가 고평가되어 있음을 의미한다고 볼 수 있다. 이처럼 구매력평가에서 환율은 상대물가($P_d/P_f$)의 차이에 의해서 결정된다. 예를 들어, 자국 물가($P_d$)가 외국 물가($P_f$)보다 상승하면 실질환율은 하락한 것이고 이는 자국 통화가치가 고평가되었음을 의미하고, 이 경우 외국 제품보다 국내 제품 가격이 비싸져 무역수지는 악화되고 통화가치는 약세, 즉 (명목)환율 상승의 압력이 증대된다.

지금까지 실질환율은 각국이 한 재화만을 생산한다고 가정했다. 그러나 현실적으로 각국은 수많은 재화를 생산하기 때문에 실질환율에 사용되는 물가는 소비자물가지수와 같은 물가지수를 의미한다. 이 경우 실질환율은 자국의 상품묶음과 상대 국가의 상품묶음 간의 교환비율을 나타낸다. 상대적인 의미에서의 실질환율은 양국 간 환율의 변동률이 양국의 물가수준 변동률의 차이와 같아야 한다는 것을 말하며 특정시점을 기준으로 한 지수의 형태로 표시되는데 통상 앞의 식에 100을 곱하여 100을 기준으로 평가한다. 이때 기준시점에 비해 비교시점의 실질환율이 100보다 작은 경우 자국통화가 외국통화에 비해 상대적으로 고평가되어 있음을, 즉 자국 통화의 상대적 구매력(relative purchasing power)이 상승하여 자국 상품의 수출경쟁력이 약화되었음을, 100보다 큰 경우 자국통화가 외국통화에 비해 상대적으로 저평가되어 있음을, 즉 자국 통화의 상대적 구매력이 하락하여 자국 상품의 수출경쟁력이 강화되었음을, 100인 경우 양국 통화 간에 구매력이 평가를 이루고 있음을 의미한다고 볼 수 있다.

그런데 지금까지 소개한 구매력평가는 절대 구매력평가(Absolute PPP) 개념이다. 절대구매력 개념은 몇 가지 약점을 갖고 있다. 첫째, 금융수지가 배제되

---

15) 스웨덴의 경제학자 카셀(Gustav Cassel)이 개발한 이론으로 제1차 세계대전 이후 국제무역이 와해되고 세계 여러 나라의 가격체계가 변형되어 국제경제가 어려움을 겪고 있을 때 금본위제도로 복귀하기 위한 균형환율을 추정하기 위해 사용하였다.

었다. 오직 재화와 용역의 수출입이 균형을 이루는 환율을 추정하는 데 이용한다. 즉 절대 구매력평가 개념은 1973년 관리변동환율제도 채택 이후 국제 자본거래 규모가 크게 증가하면서 의미가 약화되었다. 둘째, 비교역재 가격이 포함되어 있다. 무역이 균형을 이루게 하는 환율을 추정하기 위해서는 비교역재 가격을 제외시켜야 하는데 일반물가지수는 비교역재 가격도 포함하고 있다. 셋째, 무역외비용도 무역거래에서 큰 비중을 차지하는데 절대 구매력평가 이론은 운송비 또는 기타 무역장애 요인을 무시하고 있다. 예를 들어, 절대 구매력에 기초한 것 중 하나인 빅맥지수(Big Mac Index)의 경우 햄버거의 원료에는 관세가 부과되고 운반비, 임대료, 각종 세금 등이 포함되어 있으며 대체재의 규모가 국가마다 상이하다는 점들을 고려하지 못하고 있다.

절대 구매력평가 이론의 신뢰도에 대한 문제 때문에 그 대안으로 등장한 것이 상대 구매력평가(Relative PPP) 개념이다. 여기서 환율은 다음과 같이 구해진다.

$$e_1 = \frac{P_1^d \times P_0^d}{P_1^f \times P_0^f} \times e_0$$

여기서 $e_0$ 기준연도 환율, $e_1$ 비교연도 환율
$P_0^d$ 기준연도의 자국 물가수준, $P_1^d$ 비교연도의 자국 물가수준
$P_0^f$ 기준연도의 타국 물가수준, $P_1^f$ 비교연도의 타국 물가수준

상대 구매력평가 개념에 따르면 외국의 물가수준이 불변이고 자국의 물가가 50% 상승하였다면 환율은 50% 상승하고 자국통화의 가치는 50% 절하되는 결과를 초래한다. 상대 구매력지수 역시 몇 가지 약점이 있다. 첫째, '발라사-사무엘슨 효과(Balassa Samuelson effect)'에 따라 비교역재의 가격 차이가 존재하기 때문에 선진국의 환율이 상대적으로 높게 추정(자국통화 저평가)되는 경향을 보이고 개도국의 환율은 상대적으로 낮게 추정(자국통화 고평가)된다. 그 이유는 비교역재의 하나인 서비스 가격이 같은 조건이라면 개발국에서 상대적으로 비싸기 때문에 개발국의 일반 물가지수가 상대적으로 높을 가능성이 있기 때문이다.

## 발라사–사무엘슨 효과(Balassa Samuelson effect)

발라사–사무엘슨 효과(가설)는 무역이 자유로워지더라도 상품가격의 차이가 존재하는 이유를 비교역재의 가격 차이와 교역재의 생산성 차이에 의해 발생한다고 보았다. 비교역재의 가격 차이는 탄력적인 교역재에 비해 비탄력적인 가격탄력성에서 비롯한다. 게다가 잘사는 국가가 못사는 국가보다 교역재의 생산성이 크다. 즉 완전교역재는 어느 장소에서 구입하든 국가와 관계없이 가격이 같은 반면, 운송비가 많이 드는 재화나 운송이 불가능한 재화(예: 이발 등 서비스)와 같은 경우에는 장소에 따라 가격 차이가 존재한다. 즉 높은 생산성은 높은 임금으로 이어져 잘 사는 국가의 비교역재의 가격이 높게 형성되고, 이는 못사는 국가가 잘사는 국가에 비해 물가가 낮은 이유이다.

기본적인 모형은 다음과 같다. 논의를 단순화하기 위해 두 국가, 두 개의 상품(교역재와 비교역재) 그리고 노동이라는 한 가지 생산요소만 사용한다고 가정한다. 또한, 비교역재의 노동의 한계생산은 국가마다 같다고 가정하고, 기준이 되는 상품(numeraire)으로 사용하기 위해 1로 정하자.

$$W_1 = P_{nt,1} \times MP_L^{nt,1} = P_{nt,1} = P_t \times MP_L^{t,1}$$
$$W_2 = P_{nt,2} \times MP_L^{nt,2} = P_{nt,2} = P_t \times MP_L^{t,2}$$

여기서 1(후진국), 2(선진국)는 국가, $t \equiv$ 교역재부문, $nt \equiv$ 비교역재부문

그런데 $MP_L^{nt,1} = MP_L^{nt,2} = 1$ 이고

선진국의 교역재 생산성이 높기 때문에 $MP_L^{t,1} < MP_L^{t,2}$ 이 된다.

$\therefore P_{nt,1} < P_{nt,2}$ 이 성립한다.

이처럼 교역재의 높은 생산성이 비교역재 가격을 상승시키는 것이다. 교역재는 가격이 같은데 비교역재는 가격이 다르기 때문에 생산성이 낮은 곳의 물가가 낮게 형성되는 일이 발생한다.

구매력평가 개념은 개별 교역재의 경우에 잘 적용되는 반면, 교역재 혹은 비교역재를 포함한 모든 재화와 용역의 경우에는 잘 적용되지 않는 것으로 나타난다. 또 장기간(몇십 년 이상)에는 잘 적용되지만 단기간에는 전혀 맞지 않는 경향이 있다. 특히, 인플레이션이 심한 기간에는 잘 적용되지만 경제가 안정된 시기에는 잘 적용되지 않고, 근본적인 경제구조 변화 시기엔 전혀 적용이 안 되는 경향이 있다.

한편, 명목 및 실질환율이 두 나라 간 통화가치의 교환비율인 반면 모든 교역상대국 통화가치 간의 종합적인 관계를 나타내는 환율이 실효환율(effective exchange rate, EER)이다. 변동환율제에서 일국통화의 명목적인 환율 변화에

대해 주요 교역상대국의 교역량 등으로 가중 평균한 환율이 명목실효환율(nominal effective exchange rate, NEER)이다. 특정시점을 기준으로 지수의 형태로 나타내는 실효환율은 각 교역상대국의 교역가중치를 감안하여 계산하므로 무역가중환율이라 부르기도 하는데, 식으로 표현하면 다음과 같다.

$$NEER_t = \sum W_i \cdot E_{it}$$

$W_i \equiv$ 교역국 $i$에 대한 교역가중치,

$E_{it} = t$기의 $i$교역국에 대한 자국통화표시 명목환율지수

예를 들어 미·일 2개국을 대상으로 우리나라의 실효환율을 산출해보자. 원화가 기준시점 대비 달러에 대해서 50%, 엔화에 대해서 40% 평가절하되고 미국과 일본의 가중치가 각각 0.7, 0.3인 경우 비교시점의 실효환율은 $[0.7 \times (1-0.5) + 0.3 \times (1-0.4)] \times 100 = 53$이 된다. 실효환율을 기준으로 판단해보면 원화의 가치는 기준시점대비 47% 평가절하되어 개별 환율인 달러/원, 엔/원 환율과 상이함을 알 수 있다. 실효환율은 100 이상이면 기준시점대비 원화가 고평가되었음을, 100 이하면 기준시점대비 원화가 저평가되었음을 나타낸다. 주의할 점은 '달러를 기준'으로 작성하는 명목환율과 달리 실효환율은 '원화를 기준'으로 작성하기 때문에 개별 환율과 반대로 실효환율이 상승하면 원화 강세를, 하락하면 원화 약세를 의미한다.

명목실효환율은 자국통화의 외국통화에 대한 대외가치를 나타낸다는 점에서 대외경쟁력을 평가하는 중요한 척도가 되나 주요 교역상대국 간의 상대적인 물가변동을 고려하지 않는다는 한계가 있다. 이 문제를 해결하기 위해 물가를 감안한 실효환율 개념이 실질실효환율(real effective exchange rate, REER)이다. 즉 대외교역 가격경쟁력에는 명목환율뿐만 아니라 각국의 물가변동률도 영향을 미친다. 예를 들어, 원/달러 환율이 불변이더라도 교역상대국인 미국과 일본의 물가상승률이 한국에 비해 상대적으로 높을 경우 한국의 대미 수출가격 경쟁력은 높아지게 된다. 따라서 한 나라의 수출가격 경쟁력을 보다 정확히 판단하기 위해 교역상대국의 물가상승률을 반영한 실질실효환율을 사용한다. 실질실효환율은 각 교역상대국의 환율을 해당국의 물가지수로 나누어 실질환율을 구한 후 앞에서 설명한 실효환율 작성방식에 의해 산출한다. 즉 물가변동에 따른 실질구매력의 변동을 실효환율에 반영하기 위하여 명목

실효환율을 교역상대국의 가중상대물가지수로 나누면 실질실효환율이 산출된다. 통상 지수화 하여 표현하는데 식으로 표현하면 다음과 같다.

$$REER_t = NEER_t \cdot \sum W_i \cdot (P_i/P_d)$$

$P_i = t$기의 $i$번째 교역국의 물가지수; $P_d = t$기의 국내물가지수

이처럼 실질실효환율은 교역상대국과의 명목환율 뿐만 아니라 물가수준(구매력)을 종합적으로 반영하기 때문에 환율의 장기균형 수준으로부터의 이탈 정도를 판단하는 지표로 활용되기도 한다.[16] 그러나 일물일가의 법칙이 성립하기 위해서는 실질환율의 산출을 위하여 물가에 포함되는 상품이 교역 가능하고 동질적이며 거래비용이 없어야 한다는 등의 제약이 있다. 게다가 환율은 단기적으로 물가 등 상대국간 실질구매력 외에도 해당 국가의 리스크를 반영한 국가신용등급에도 민감하게 반응한다는 측면에서 실질실효환율에만 의거해 환율의 안정을 기대할 수는 없다. 예를 들어, 글로벌 금융위기가 본격적으로 가시화된 2008년 9월 이후부터 2009년 1월까지의 환율변동폭을 살펴보면 우리나라의 원/달러 환율 절하폭(-41.6%)이 실질실효환율 절하폭(-28.3%) 보다 상대적으로 크게 나타났음을 알 수 있다.

수출은 환율 이외에도 대외경기가 중요한 결정을 한다. 한 국가의 수출은 상대국의 수입이기 때문이다. 한국의 경우에도 수출은 환율보다 세계경기에 더 커다란 영향을 받고 있다. 산업구조의 고도화, 제품 경쟁력의 향상, 중간재 생산 비중의 증대 등으로 환율이 수출에 미치는 영향은 감소하였다. 예를 들어, 기업들의 해외 생산기지 확대로 최종재 수출보다는 중간재 생산 비중이 증대하고 있는데 최종재 생산을 위해 수출하는 중간재의 경우 환율에 영향을 거의 받지 않는다. 게다가 우리나라 전체 수출의 대부분 상품이 고기술집약제품이기에 가격탄력성은 낮을 수밖에 없다.[17] 예를 들어, 환율 상승이 수출가격에 끼치는 영향을 나타내는 '수출가격 환율전가율'이 외환위기 전(1987년 1분기~1997년 2분기) 0.66에서 외환위기 이후(1999년 2분기~2008년 2분기) 0.46으로 하락했는데, 이는 세계 시장에서 기업들의 경쟁이 격화되면서 생산자가 아닌 시장이 가격을 결정하는 경향이 커졌기 때문이다. 수출가격이 판매량에

---

16) 실효환율은 국제결제은행(BIS)을 참고할 수 있음. http://www.bis.org/statistics/eer/
17) 장민, 2009. 3, "향후 수출관련 대외여건 전망과 시사점," 한국은행, 「금융포커스」, 13쪽.

끼치는 영향을 나타내는 '수출물량의 가격탄력성' 역시 같은 기간 −0.74에서 −0.45로 약화됐듯이 환율상승이 가져오는 수입 감소효과도 약화되었다. 환율 상승으로 인한 수입가격 상승효과는 증가했지만 수입가격 인상에 따른 수입물량 감소효과가 줄었기 때문이다. 수입가격 환율전가율은 0.13에서 0.87로 증가했고, 수입물량의 가격탄력성은 −0.84에서 −0.24로 약화됐다.[18] 그 결과 2002~2007년 중 수출물량 증가를 요인별로 보면 (IMF에서 발표하는 세계수입금액을 세계수입단가로 나누어 구한) 세계수입물량이 전체의 84%를 설명한 반면, 상대수출단가(≡한국 제품 수출단가/경쟁국 제품 수출단가)는 약 18.3%, 원/달러환율은 −3.6%, 엔/달러환율은 −0.2%에 불과한 것으로 나타났다.[19] 반면, 수입(M, import)은 외국제품에 대한 소비라는 점에서 국내 제품의 소비와 마찬가지로 소득 및 환율, 특히 소득에 가장 큰 영향을 받는다. 즉 수입함수[$M = M(Y_d)$]는 소비함수와 비슷하게 이해할 수 있다. 소득 한 단위 증가에 따른 수입 증가의 크기를 '한계수입성향(MPI≡$\triangle M/\triangle Y_d$)'이라 한다. 따라서 가처분소득이 한 단위 추가로 증가할 때 총수요는 한계소비성향에서 한계수입성향을 제외한 만큼 증가한다. 결국 총지출의 한 부분을 구성하는 순수출(무역수지)은 수입과 수출 규모에 영향을 미치는 그 나라의 국민소득과 환율, 세계경기 등에 의해 결정되는 것으로 본다.

표 8-2 **외환위기 전후 한국 수출함수의 추정 결과**

|  | 1987.1/4~1997.2/4 | 1997.3/4~2005.4/4 |
|---|---|---|
| α(상수) | 3.94(1.14) | −0.08(−0.02) |
| β1(원/달러환율) | 0.96***(4.37) | −0.21**(−2.55) |
| β2(세계GDP) | 0.49(0.65) | 1.56*(1.77) |
| β3(노동생산성) | 1.09**(2.57) | 1.06**(2.76) |
| β4(IT비중) | 0.81***(7.32) | 0.34**(2.67) |
| adj-R² | 0.97 | 0.99 |

주: 1) ( )는 t값.
　 2) ***는 1%, **는 5%, *는 10% 수준에서 유의미.
출처: 삼성경제연구소, 2006, "1987년 이후 한국의 경제시스템 변화", 「한국경제 20년 재조명」, 연구소창립20주년기념심포지엄.

---

18) 김용복, 곽법준, 2009, "환율변동이 실물경제에 미치는 영향," 한국은행 「금융경제연구」.
19) 윤상규, 안동준, 2008, "경상수지 결정요인 분석", *Monthly Bulletin*, 한국은행 (November).

## 1.5. 환율과 경상수지의 관계

지금까지 보았듯이 순수출이 증가하려면 수출이 증가해야 하는데 시장이론에서 환율은 수출에 가장 큰 영향을 미치는 요인이다. 즉 시장이론에 따르면 다른 조건이 일정할 경우 우리나라 상품의 가격이 외국 상품의 가격에 비해 상대적으로 낮아지면 수출이 증가하고 수입은 감소하게 된다. 즉 우리나라와 교역대상국의 물가수준이 주어졌을 때 환율이 상승하면 우리나라의 순수출은 증가하게 된다. 여기서 수출이 늘고 수입이 줄어든다는 것은 물량이 그와 같이 변화한다는 것을 뜻한다. 그런데 금액으로 따질 경우 다를 수 있다. 예를 들어, 환율 상승의 경우 수출 물량이 증가해도 (달러 표시의) 수출액이 이전보다 작아질 수 있다. 한편, 수입의 경우 환율 상승으로 (달러 표시의) 수입액이 반드시 줄어들게 된다. 환율이 상승해도 수입품의 달러표시 가격에는 변화가 없는 반면 국내 가격이 올라가 수입 물량이 줄어들기 때문에 수입액은 줄어든다. 물론, 수입액이 얼마나 줄어드는가는 수입 물량이 얼마나 민감한 반응을 보이느냐에 달려 있다. 예를 들어, 수입품에 대한 국내 수요의 가격탄력성이 비탄력적이라면 수입액은 별로 줄어들지 않을 것이다. 이처럼 순수출, 즉 경상수지는 환율이 상승한 결과 이전보다 더 커진다는 보장이 없다는 것을 알 수 있다. 환율 상승이 순수출을 증가시키기 위해서는 수출물량이 비교적 큰 폭으로 늘어나는 동시에 수입물량이 비교적 큰 폭으로 떨어져야 한다. 달리 표현하면 우리 수출품에 대한 외국의 수요가 상당히 큰 가격탄력성을 갖는 동시에 수입품에 대한 우리의 수요도 상당히 큰 가격탄력성을 가져야 한다는 것이다.

이를 구체화한 것이 '마셜–러너조건(Marshall–Lerner Condition)'이다. 이 조건은 환율 상승이 순수출을 증가시키기 위해서는, 즉 무역수지를 개선시키기 위해서는 자국과 외국의 수입수요탄력성($\varepsilon$)의 합이 1보다 커야 한다는 것이다. 이제 자국과 외국의 수입수요탄력성에 대한 절대치의 합이 1을 상회할 경우를 편의상 다음과 같이 네 가지로 가정해볼 수 있을 것이다. 첫째로 자국의 외국 상품에 대한 수입수요탄력성($\varepsilon_f$)이 0이고 외국의 자국 상품에 대한 수입수요탄력성($\varepsilon_d$)이 1을 상회하는 경우, 둘째로 외국의 수입수요탄력성이 0이고 자국의 수입수요탄력성이 1보다 클 경우, 셋째로 자국과 외국의 수입수요탄력성이 예를 들어 $\varepsilon_f=0.7$과 $\varepsilon_d=0.4$, 혹은 그 반대의 경우이다. 이상 네 가지 가정 아래 자국통화를 평가절하했을 때 나타나는 경상수지 개선효과를 설명해보면 다음과 같다.

첫째, $\varepsilon_f=0$이고 $\varepsilon_d>1$인 경우다. 자국통화를 평가절하했을 때 자국의 수입수요탄력성은 0이므로 평가절하에 의한 자국의 수입물량 감소는 전혀 일어나지 않는다. 그러나 외국의 자국상품에 대한 수입수요탄력성이 1을 상회함으로써 평가절하에 의한 자국의 수출물량 증가율이 평가절하폭을 상회함으로써 수출 금액이 평가절하 전보다 증가하여 무역수지는 개선된다.

둘째, $\varepsilon_f>1$이고 $\varepsilon_d=0$인 경우다. 외국의 자국 상품에 대한 수입수요탄력성이 0이므로 자국통화의 평가절하에 의한 자국의 수출 물량 증가는 전혀 일어나지 않는다. 자국의 수입수요탄력성이 1보다 크므로 평가절하에 의한 자국의 수입물량이 평가절하폭 이상으로 감소함으로써 전체적인 무역수지는 개선된다. 즉 $\varepsilon_d=0$ 조건하에서 평가절하에 따른 수출물량 증대가 전혀 일어나지 않고 평가절하율만큼 수출가격이 하락하여 수출금액은 감소하게 된다. 그러나 $\varepsilon_f>1$ 조건하에서 평가절하율 이상으로 자국의 수입물량이 감소함에 따라 수입금액의 감소가 수출금액의 감소를 상회함으로써 전체적인 무역수지는 흑자가 된다.

셋째, $\varepsilon_f=0.7$이고 $\varepsilon_d=0.4$인 경우다. 자국의 외국 상품 수입수요탄력성이 0.7이므로 자국통화를 10% 평가절하할 때 자국의 수입물량은 7% 감소하는데 이때 외화표시 수입상품 가격이 일정하면 수입금액은 7% 줄어든다. 한편 외국의 자국상품에 대한 수입수요탄력성은 0.4이므로 자국통화를 10% 평가절하할 때 자국의 수출물량은 4% 증대되나 자국상품의 수출단가는 평가절하폭인 10%만큼 하락함으로써 자국의 수출금액을 오히려 6% 정도 감소하게 된다. 따라서 자국통화를 평가절하할 경우 수입금액의 감소율 7%가 수출금액의 감소율 6%를 상회함으로써 전체적으로 무역수지는 개선될 수 있다.

넷째, $\varepsilon_f=0.4$이고 $\varepsilon_d=0.7$인 경우다. 자국의 외국 상품 수입수요탄력성이 0.4이므로 자국통화를 10% 평가절하할 경우 자국의 수입물량은 4% 감소하는데 이때 외화표시 수입상품 가격이 일정하면 수입금액은 4% 줄어든다. 한편 외국의 자국상품에 대한 수입수요탄력성은 0.7이므로 자국통화를 10% 평가절하할 경우 자국의 수출물량은 7% 증대되나 자국상품의 수출단가는 평가절하폭인 10%만큼 하락함으로써 자국의 수출금액은 오히려 3% 정도 감소하게 된다. 따라서 자국통화를 평가절하할 경우 수입금액의 감소율 4%가 수출금액의 감소율 3%를 상회함으로써 전체적으로 무역수지는 개선될 수 있다.

이처럼 마셜-러너 조건이 성립하려면 환율 변화가 수출입가격으로 완전 전가되어야 한다. 수출입가격에 대한 환율전가가 불완전할 경우 환율이 수출입에 미치는 효과는 약화될 수밖에 없다. 예를 들어 (앞에서 지적했듯이) 우리나라의 경우 환율이 올라도 상품수지 개선 효과가 크지 않은 반면, 수입의존적 경제구조, 즉 수입 수요의 가격탄력성이 매우 낮기 때문에 환율이 상승해도 수입은 적게 감소함으로 수입물가로의 전가율은 상당히 높아 인플레이션 압력으로 작용할 가능성이 높다. 다양한 실증분석 결과들 또한 외환위기 이후에 수출기업들이 달러표시 수출가격에 환율변화를 전가하는 정도가 낮아지고 있음을 보여주고 있다. 수출기업들이 달러표시 수출가격보다는 원화표시 수출가격을 조정함으로써 환율변동에 대응하는 경향이 강화된 결과다.[20] 그 결과 환율 상승이 설비투자에 미치는 영향은 더 부정적인 쪽으로 기울고 있는 것으로 나타났다. 즉 일반적으로 환율이 오르면 수출이 늘어나 투자가 확대될 수 있지만 자본재 수입비용이 높아져 반대로 투자가 감소하는 경향도 있다. 과거에는 수출효과가 더 커서 환율 상승이 설비투자를 늘리는 쪽으로 작용했지만 최근에는 오히려 투자를 줄이는 요인으로 작용한다는 것이다. 외환위기 이전에는 환율이 1% 오를 때 설비투자가 0.47% 증가한 것으로 나타났지만 외환위기 이후에는 오히려 0.04% 감소하는 것으로 나타났다.[21] 환율이 올라 수출이 늘어나면서 수출에서 벌어들인 돈이 투자로 연결되는 경로보다는 환율 상

---

20) 수출가격에 대한 환율전가율이 하락한 원인에 대해서는 환율제도 변경으로 미래의 환율변화에 대한 수출기업의 기대가 형성되는 모습이 달라짐에 따라 환율전가율이 낮아질 수 있고, 수출물가지수의 가중치가 큰 일부 품목에서 환율전가율이 크게 하락함에 따라 전체 수출물가에 대한 환율전가율이 낮아진 것으로 나타날 가능성이 제시되어 있다. 또한 국제상품시장에서 중국과의 경쟁이 심화되고 수출기업의 시장지배력이 저하될 경우 환율변화를 수출가격에 전가하는 정도가 하락할 수 있고, 환율전가율 하락이 세계적으로 나타나는 공통적인 현상일 가능성 등도 제시되었다. 윤성훈·김귀정, 2008, "불완전 환율전가 하에서 환율이 상품수지에 미치는 영향", 한국은행 금융경제연구원 보고서(11. 18).

21) 또 다른 한국은행의 실증연구 역시 환율이 1%(약 10원) 상승할 경우 가격이 상승한 국산소비(-0.19%) 및 국산투자(-0.35%)도 위축되는 것으로 나타났다. 이는 국산소비 및 투자에 대한 환율상승효과를 분해하는 경우 상대가격이 높아진 수입산의 국산으로의 대체효과(+)에도 불구하고 실질 구매력 감소로 인한 소득효과(-)가 더 크다는 것을 의미한다. 게다가 환율 상승으로 수입제품 가격이 상승하더라도 국산으로의 대체가 원활하지 않기 때문이다. 윤경수·엄상민·이종현, 2012, "환율변동의 소비 및 투자에 대한 대체효과와 소득효과," 한국은행, 「조사통계월보」, 4월.

승으로 자본재 비용이 높아져서 생기는 부담이 더 크기 때문이기도 하고 환율 상승에 따른 GDP 증가 효과가 떨어지기 때문이기도 하다. 실제로 한국은행의 조사에 따르면 1991~2009년간 환율 상승기에 비해 환율 하락기에 가계소비 증가율은 물론이고 기업의 설비투자와 수출의 증가율이 훨씬 컸고, 그 결과 GDP 증가율도 높았다.

**표 8-3 원/달러 환율과 주요 실물지표의 변동 (%, %p)**

| | | 기 간 | 환율변동1) | 주요 실물지표 변동2) | | | | | |
|---|---|---|---|---|---|---|---|---|---|
| | | | | GDP | 민간소비 | 설비투자 | 수출3) | 수입3) | 순수출4) |
| 절상기 | I | '94.3/4~'96.1/4 (7분기) | 2.8 | 8.9 | 9.2 | 19.3 | 22.2 (22.3) | 22.4 (21.8) | −0.2 ( 0.5) |
| | II | '99.1/4~'00.4/4 (8분기) | 11.4 | 9.1 | 10.0 | 36.4 | 16.9 (21.0) | 24.2 (27.3) | −7.3 (−6.4) |
| | III | '02.2/4~'07.4/4 (23분기) | 6.1 | 4.7 | 3.6 | 5.6 | 13.6 (15.1) | 11.7 (12.0) | 1.9 ( 3.2) |
| 평균(A) | | – | 6.8 | 7.6 | 7.6 | 20.4 | 17.6 (19.5) | 19.4 (20.4) | −1.8 (−0.9) |
| 절하기 | I | '91.1/4~'94.2/4 (14분기) | −3.6 | 7.3 | 7.1 | 8.0 | 12.1 (11.3) | 11.3 (10.7) | 0.9 ( 0.6) |
| | II | '96.2/4~'98.4/4 (11분기) | −18.1 | 1.1 | −1.9 | −15.3 | 15.4 (15.9) | −2.7 (−4.1) | 18.1 (20.0) |
| | III | '01.1/4~'02.1/4 (5분기) | −10.6 | 4.5 | 6.8 | −6.0 | −2.3 (−2.7) | −3.2 (−4.8) | 0.9 ( 2.1) |
| | IV | '08.1/4~'09.2/4 (6분기) | −18.3 | 0.5 | −0.2 | −7.8 | 1.7 ( 0.1) | −2.6 (−1.8) | 4.3 ( 1.9) |
| 평균(B) | | – | −12.7 | 3.4 | 3.0 | −5.3 | 6.7 ( 6.2) | 0.7 ( 0.0) | 6.0 ( 6.2) |
| 격차 (A−B) | | – | – | 4.2 | 4.6 | 25.7 | 10.9 (13.3) | 18.7 (20.4) | −7.8 (−7.1) |

주: 1) (+)는 절상, (−)는 절하를 의미하며 각 기간 중 분기별 전년동기대비 절상(하)률의 산술평균
　　2) 각 기간 중 실물변수의 분기별 전년동기대비 증감률의 산술평균
　　3) ( )내는 서비스를 제외한 재화 기준
　　4) 수출 증감률 − 수입 증감률
출처: 조병익·우신욱·윤용준, 2009, "금융시장 불안이 실물경제에 미치는 영향," 한국은행「조사통계월보」.

미국의 경상수지 적자와 중국의 경상수지 흑자로 상징되는 '글로벌 불균형'의 해소와 관련하여 위안화 절상이 미국의 경상수지 적자 해결에 크게 도움이 되지 않는다는 주장도 '마셜−러너조건'으로 설명할 수 있다. 미국의 수출상품은 대부분 비가격 경쟁력이 높기 때문에 수출상품의 상대가격 변화(달러가치 절하)에 민감하지 못하다. 반면, 위안화가 절상된다고 해서 저임금에 기초한 노동집약적 수입상품이 소득수준이 높은 미국에서 생산될 가능성은 낮다.[22] 위안화가 절상될 경우 미국은 수입선을 베트남 등으로 바꿀 가능성이 높기 때문이다. 즉 위안화 절상이 중국의 대미수출을 줄이더라도 미국의 수입 감소로 이어질 가능성은 낮기에 미국의 무역수지 개선은 기대하기 어렵다. 오히려 마셜−러너조건을 충족시키지 못한 상황에서 달러가치를 평가절하할 경우 오히려 'J커브 효과'를 우려한다. 'J커브 효과'란 한 나라의 통화가치가 평가절하될 경우 수출입 가격 변화는 즉시 일어나나 이에 따른 수출입 물량이 변화하는 데에는 시간이 걸리기 때문에 일정 시점까지는 무역수지가 더 악화된다는 이론이다. 즉 환율 변동 후 시간이 경과함에 따라 무역수지가 변동되

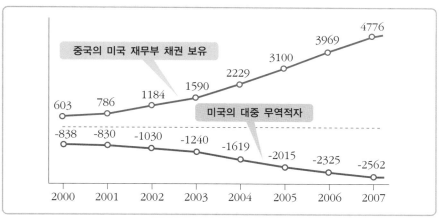

그림 8-11 미국의 대중 무역 적자와 중국의 미국 재무부 채권 보유 추이

출처: 미국 재무부.

---

22) 예를 들어, 뉴욕연방준비은행(Fed)은 2007년 발표한 보고서에서 달러화의 약세가 당장 미국에 수출증가를 가져올 수는 있어도 대외 무역수지 적자폭을 줄일 해독제가 되진 않는다고 지적했다. L. Goldberg and E. Dillon, 2007, "Why a Dollar Depreciation May Not Close the US Trade Deficit," *Current Issues in Economics and Finance*, Vol. 13, No. 5, Federal Reserve Bank of New York.

는 모습이 마치 J자 모양과 유사하다 하여 'J커브 효과'라 불린다. 이러한 현상이 발생하는 것은 기본적으로 환율 변동에 따른 수출입 가격의 변동과 이에 따른 수출입 물량 조정 간에 시차(time lag)가 존재하기 때문이다. 즉 통화가치 절하 초기에는 수출입 물량은 큰 변동이 없는 반면 수출품 가격은 하락하고 수입품 가격은 상승함으로써 무역수지가 악화되며 어느 정도 기간이 지난 뒤에야 수출입 상품의 가격경쟁력 변화에 맞추어 물량 조정이 일어남으로써 무역수지가 개선된다는 것이다.

## 1.6. 글로벌 공급 사슬의 형성과 환율 역할의 약화

산업화의 확산에 따라 산업간무역(inter-industry trade)보다 산업내무역(intra-industry trade) 혹은 기업내무역(intrafirm trade)의 비중이 증대하듯이 수요에 대한 가격탄력성이 작아지면서 수출에 대한 환율의 영향은 작아졌다. 즉 생산을 위한 수입의 증가, 수출을 위한 수입의 증가, 재수입(재수출)의 증가 등 국내 생산과 국제적 공급업체의 통합에 따른 글로벌 공급 사슬(Global Supply Chains, GSCs) 혹은 글로벌 가치 사슬(Global Value Chains, GVCs)이 형성되었다. 국가 간 산업내무역의 증가, 수입과 수출의 상관관계 증가, 기업내무역의 증가 현상이 그것들이다. 특히, 다국적기업(Transnational Corporations, TNCs) 내에서 발생하는 무역이 글로벌 공급 사슬 혹은 글로벌 가치 사슬의 형성을 주도하고 있다. 즉 개도국의 산업화 진전으로 기업 단위로 생산과정이 분산되었고, 산업 단위의 복합체가 구성되었다.[23] 실제로 모든 무역의 약 80%가 기업 간 계약 관계를 포함한 다국적기업의 국제 생산네트워크 내에서 발생하고 있고, 글로벌 무역의 약 1/3이 기업내무역으로 추정되고 있다.[24]

이처럼 글로벌 공급 사슬이 더욱 심화됨에 따라 국제생산 분업구조의 발달로 인해 최종재에서 각국이 창출한 부가가치의 비중은 낮아지고 있다. 예를 들어, 한국 수출 총액 중 한국이 직접 생산한 부가가치의 비중 역시 1995년

---

23) 예를 들어, 동북아지역 분업체계를 보면 2011년 기준 일본은 한국에 원재료 및 중간재 등을 중심으로 658억 달러를 수출하고, 대만과 중국에 원재료 및 자본재 등을 각각 506억 달러와 1,614억 달러를 수출한다. 동시에 한국은 중국에 원재료 및 중간재 등을 1,341억 달러, 대만은 중국에 중간재 등을 839억 달러 수출한다. 그리고 일본·한국·대만 등에서 원재료 및 중간재 등을 수입한 중국은 전 세계에 1조 8,986억 달러의 조립 완제품을 수출한다.
24) J. Keane, 2014, "Global value chain analysis: What's new, what's different, what's missing?" ODI.

76.3%에서 지속적으로 하락해 2009년에는 59.4%, 2011년 55.3%를 기록했다. 그 결과 수출이 증가해도 한국에서 직접 만들어낸 부가가치의 비중은 줄어들고 있다. 이는 외국에서 들여온 중간재를 가공해 다시 파는 가공무역적 성격이 강해지고 있다는 의미이기도 하다.[25] 최근 한국의 대 중국 수출 부진 현상도 중국의 중간재와 자본재 생산능력이 증대함에 따라 가공무역 위주의 중국 수출이 약화된 결과이다. 생산과정의 글로벌화로 부가가치의 중복계상은 실제 경제지표와 체감경기 간 괴리를 발생시키고 있다. 통상적인 무역액은 세관을 통과하는 물품의 총액을 집계하는데 이 경우 중간재에 투입된 부가가치가 국경을 넘을 때마다 여러 번 계상된다.[26] 예를 들어, 한국이 일본에서 400원어치 중간재를 수입, 가공 후 중국에 1,000원에 팔면 교역액 총합이 1,400원인데 이 중 400원은 두 번 집계된다. 이 경우 총 부가가치는 일본에서 발생한 400원과 한국에서 발생한 600원의 합인 1,000원이 된다. 글로벌 공급사슬이 심화되는 상황에서 부가가치 기준 교역액 집계가 필요해지고 있는 배경이다.

산업내무역 및 기업내무역의 비중 증대는 경기의 상호의존 증대에서도 확인된다. 예를 들어, 글로벌 경제활동에서 무역의 비중이 증대함에 따라 상대 국가의 거시경제 발전은 다른 상대 국가에서의 수요 증대를 초래하고 있다. 또한, 한 국가에서 경기 침체는 상대 국가의 수출 수요의 감소로 그 효과가 확산된다. 시장이론에 따르면 무역이 생산 특화(specialization in production)를 강화시키기 때문에 특정 부문(specific-sector)의 충격은 경기 사이클의 상호의존을 축소시키는 경향이 있다. 즉 "각 나라들은 자기 나라가 가지고 있는 자원에 따라 특화되는 산업이 다르기에 상대적으로 더 유리한 산업에 집중하고, 다른 국가와 무역을 하는 것이 양국 모두에게 유리하다"는 비교우위론에 기초한 전통적 무역이론에서는 산업간무역이 무역을 주로 이룰 것으로 가정하기 때문에 특정 산업의 충격은 특정 산업에 특화된 국가에게 그 충격이 제한적으

25) 이태환, 2013, "한·중·일 교역구조 재평가—부가가치 기준 무역자료를 바탕으로," 삼성경제연구소; 현대경제연구원, 2014, "수출 부가가치 유출률의 국제 비교 및 시사점," 경제주평 14-45(통권 616호).

26) 반면, 한국은행의 국제수지 집계방식에는 중국 등지의 해외생산분도 모두 수출입에 포함시킨다. 그 결과 한국 제조업의 해외생산 비중이 증가하면서 경상수지 흑자와 체감경기 간 괴리를 만들어내고 있다. 한국 제조업의 해외생산 비중은 2003년 4.6%에서 2012년 18.0%까지 증가했다. 주력 상품인 스마트폰은 80%에 육박하고 자동차도 2013년 기준 47.6%에 달했다.

로 작용한다. 그러나 시장이론과 달리 현실 세계에서 거시경제 수요의 효과는 점점 중요해지고 있다. 즉 글로벌 경제활동에서 산업내무역 및 기업내무역의 비중이 증대함에 따라 한 국가의 수요는 상대국의 거시경제 발전에 따라 증가한다. 마찬가지로 한 국가의 경기 침체는 다른 국가로부터의 수출수요를 감소

그림 8-12 GDP 대비 총 무역액의 비중

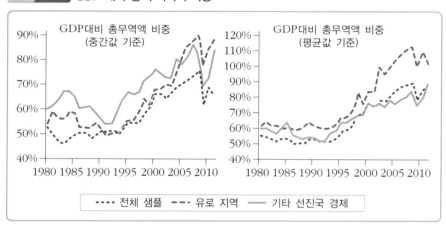

출처: K. Forbes, 2012, "The Big C": Identifying and Mitigating Contagion, Federal Reserve Bank of Kansas City Economic Symposium, Jackson Hole (Aug. 31).

그림 8-13 실질 GDP 증가율(전년대비 %)의 글로벌 동조화

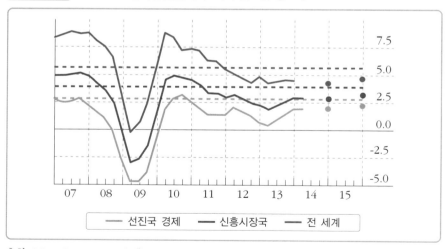

출처: Jaime Caruana, 2014, "Stepping out of the shadow of the crisis: three transitions for the world economy," a speech on the occasion of the Bank's Annual General Meeting in Basel on 29 June 2014.

그림 8-14 일인당 GDP 증가율의 글로벌 동조화

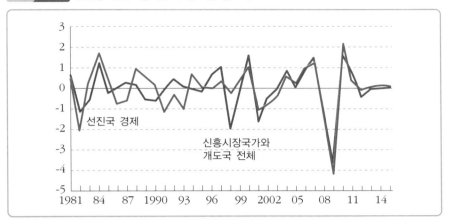

출처: K. Dervis, 2012, "World Economy: Convergency, Interdependence, and Divergence," Finance and Development (September).

시킴으로써 전 세계로 확산된다.[27) 그 결과 환율과 수출 간 상관관계도 약해지고 있다. 우리나라에서도 "환율이 하락하면 수출 시 가격경쟁력이 떨어지고 결국 수출 감소로 이어진다"는 공식은 깨진 지 오래이다.[28)

　이처럼 생산의 국제적 분절화(fragmentation)로 세계경제의 상호연관성이 고조되고 무역은 경쟁적이기 보다 점점 보완적이 되고 있다. 외국 기업에 영향을 미치는 장애물은 국내 기업의 경쟁력에도 영향을 미치고, 수입 장애물은 수출에도 장애물이 되고 있다. 예를 들어, 독일이 1만 달러 자동차를 생산하기 위해 공장은 국내에서 발생하는 직접적인 부가가치(자본과 노동) 5천 달러와 국내 철강 2천5백 달러 그리고 수입한 기어박스(gear boxes) 2천5백 달러의 중간재를 사용한다.[29) 구체적으로 국내 노동과 자본이라는 생산요소 5천 달러와 폴란드로부터 수입한 5백 달러 철광석을 포함한 2천5백 달러의 철강, 그리고 체코로부터 수입한 기어 박스의 1천5백 달러를 포함한 2천5백 달러의

27) K. Dervis, 2012, "World Economy: Convergency, Interdependence, and Divergence," Finance & Development (September), pp. 12~13.

28) 1991년 1분기~2009년 2분기 동안 환율하락기(+6.8%)와 환율상승기(-12.7%)에 수출은 각각 17.6%와 6.7%의 증가를 기록하였고, 경상수지의 흑자 규모도 각각 분기당 240억 3,100만 달러와 68억 5,800만 달러를 기록하였다. 그 결과 GDP 성장률은 전년동기 대비 평균 각각 7.6%와 3.4%를 기록하였다. 조병익·우신욱·윤용준, 2009, "금융시장 불안이 실물경제에 미치는 영향," 「조사통계월보」, 한국은행, 10월.

29) 구동축을 회전시키는데 필요한 동력을 전달하기 위한 각종 기어가 내장되어 있는 박스

기어박스로 구성된다. 이 경우 독일 내 부가가치는 8천 달러가 되고 수입된 부가가치는 2천 달러가 된다. 즉 독일 자동차 수출의 총 부가가치 내용물은 후방 연관성을 갖는 해외 부가가치와 제3국에 판매된 국내 부가가치로 구성된다.[30] 2011년 3월 일본의 지진과 쓰나미로 인한 글로벌 공급 사슬의 훼손이 자동차, 전자 분야 등 글로벌 기업들의 연쇄적 조업 중단으로 이어지며 글로벌 경제에 타격을 입힌 이유이다. 신흥시장국가들 및 개도국과 선진국 간 경기의 상호의존성은 1997~98년 아시아 위기 이후 특히 증대했다.[31]

기본적으로 산업내무역 비중의 증대는 제품의 차별화에 기초한 것으로 제조업 기술의 평준화에 따른 결과물이다. 우리나라의 경우에도 산업구조의 고도화, 제품 경쟁력의 향상, 중간재 생산 비중의 증대 등으로 환율이 수출에 미치는 영향이 감소하였다.[32] (앞에서 보았듯이) 환율 상승에 따른 수출 확대효과가 제한적인 이유는 우리나라 산업구조의 고도화에 따른 결과이다. 오늘날 우리나라 전체 수출의 60% 내외를 차지하는 상품이 고기술집약제품이고, 이들은 가격탄력성이 낮기 때문이다.[33] 게다가 환율은 투자에 부정적으로 영향을 미치고 있다. 예를 들어, 환율이 상승할 때 수익경로(수출)보다는 비용경로(수입자본재)가 상대적으로 크게 작용함으로써 단기적으로나 장기적으로나 투자를 감소시키고 있다.[34] 환율의 수출에 대한 영향은 가격효과와 물량효과 측면에서 모두 감소한 대신 수입에 대한 영향은 가격효과가 증가한 반면 물량효과는 오히려 감소하였기에 환율 상승은 상품수지의 개선에 있어서도 그 효과가 약해진 것이다. 이처럼 환율 상승은 설비투자의 감소효과와 상품수지 개선효과의 약화 등으로 성장률 제고효과를 약화시키고 있다.

---

30) Javier Lopez Gonzalez, 2014, Developing Countries Participation in GVCs: Ongoing and Future Work, OECD.
31) A. Kose and E. Prasad, 2010, "Emerging Markets: Resilience and Growth amid Global Turmoil, Brookings Institution Press; IMF, 2010," World Economic Outlook (Oct.).
32) 중국이나 유럽연합(EU) 등 기업들의 해외 생산기지 확대로 최종재 수출보다는 중간재 생산 비중이 증대하고 있는데 최종재 생산을 위해 수출하는 중간재의 경우 환율에 영향을 거의 받지 않는다.
33) 장민, 2009. 3, "향후 수출관련 대외여건 전망과 시사점," 한국은행, 「금융포커스」, 13쪽.
34) S. Randon and C. Smith, 2008, "Investment and the exchange rate: Short run and long run aggregate and sector-level estimates," *Journal of International Money and Finance*, Vol. 30, pp. 1~23.

화폐시장의 균형과 LM곡선

　　이제 물가와 국민소득의 관계를 보여주는 총수요에서 가장 중요한 부문인 국내부문의 균형 상태를 살펴보자. 국내부문은 화폐부문과 실물부문으로 구성되고 양자는 서로 밀접하게 연결되어 있다. 두 부문을 매개시켜주는 변수가 이자율이다. 즉 이자율은 국내부문의 가장 중요한 가격변수이다. 이자율은 화폐에 대한 기회비용, 즉 화폐의 가격이라는 점에서 화폐시장에서 결정된다. 즉 물가 변화는 화폐가치의 변화를 의미하고, 화폐가치는 화폐시장에서 화폐의 수요와 공급의 균형에 의해서 결정된다. 그럼 이제부터 화폐시장의 구조를 살펴보자.

### 2.1. 화폐의 공급: 통화량에 대한 중앙은행의 독점력(통화 공급의 외생성)

　　우리가 일상생활에서 사용하는 화폐, 곧 지폐와 동전은 모두 중앙은행에서 발행한 것이듯이 중앙은행은 통화의 원천적 공급자다. 이를 중앙은행의 '발권기능'이라 한다. 이렇게 공급된 화폐는 일반은행의 업무를 수행하는 과정에서 신용이 창조된다. 즉 화폐의 공급자는 은행이고, 은행은 중앙은행(예: 한국은행)과 일반(시중)은행으로 구분할 수 있다. 이처럼 중앙은행과 일반은행은 화폐공급 역할을 수행한다는 점에서 양자를 합하여 화폐제도 혹은 통화금융기관이라고도 한다. 반면, 증권회사, 보험회사, 단자회사, 리스회사 등 직접적으로 화폐와 관련이 없는 금융기관을 비통화금융기관이라 한다. 참고로 금융기관은 금융이 금(전)융(통)의 줄임말이듯이 자금(돈)의 중개를 담당하는 기관 혹은 기업을 의미한다.

　　화폐의 양과 흐름을 조절하는 중앙은행의 기본 역할을 통화신용정책이라 한다.[35] 다시 말해, 통화신용정책이란 화폐(돈)의 독점적 발행 권한(발권력)을 부여 받은 중앙은행이 다양한 정책수단을 활용하여 돈의 양이나 금리가 적정한 수준에 머물도록 영향을 미치는 정책을 말한다. 유통되는 돈의 양 또는 금리 수준은 가계나 기업의 경제활동 그리고 물가 등에 영향을 미친다는 점에서

---

35) 한국은행 홈페이지를 참고하였음.

통화신용정책의 중요성은 매우 크다고 할 수 있다. 예를 들어, 통화량이 경제 규모에 비하여 지나치게 많으면 경기 과열과 그에 따른 물가상승 및 투기가 일어나게 되고, 반대로 통화량이 지나치게 적으면 경기침체와 실업이 발생하게 된다. 따라서 경기가 과열되거나 침체되지 않게 하면서 경제가 지속적으로 발전하도록 하기 위해서는 통화량을 알맞은 수준으로 조절하는 것이 매우 중요하다.

통화신용정책의 최우선 목표는 중앙은행이 발행하는 돈의 가치, 즉 물가를 안정시키는 것이다. 물가가 오르면 자신이 가진 돈으로 살 수 있는 물건의 양이 줄어들게 되어 생활의 수준이 낮아지게 된다. 또한, 중앙은행은 금융시장 상황을 면밀히 점검하는 한편 자금수급 불균형 등으로 금융기관의 유동성이 악화되거나 금융시장에서 자금이 원활하게 돌아가지 않을 때 유동성을 공급하는 등 금융시스템의 안정을 유지하는 역할을 한다. 통화신용정책을 원활히 수행하기 위해서는 나라경제가 지금 어떠한 상태에 있고 앞으로 어떻게 될지에 대한 다양한 정보가 있어야 한다. 이러한 정보를 토대로 한국은행 총재를 포함한 7인의 금융통화위원들은 매월 한국은행과 금융기관과의 거래에서 기준이 되는 기준금리(정책금리)를 정하고 여타 통화신용정책에 관한 결정도 내리게 된다.

한편, 물가안정과 금융시장 안정 등을 달성하기 위한 한국은행의 통화신용정책 수단으로는 공개시장조작(open market operation), 여·수신제도, 지급준비율제도 등이 있다. 공개시장조작은 한국은행이 금융시장에서 금융기관을 상대로 국채 등 증권을 사고팔아 이들 기관의 자금사정을 변화시킴으로써 돈의 양이나 금리 수준에 영향을 미치려는 가장 대표적인 통화신용정책 수단이다. 또한 한국은행은 평상시 금융기관에 일시 부족자금 등을 대출해주거나 여유자금을 여수(與受)해주며 비상시에는 금융기관 등에 긴급자금을 대출해 줌으로써 금융시장이 불안해지지 않도록 하기도 한다. 한편 금융기관은 예금의 일정비율을 한국은행에 지불준비예금으로 예치해 두어야 하는데, 한국은행은 이 비율(지불준비율)을 조정하여 시중에 유통되는 돈의 양을 조절할 수도 있다. 이에 대해서는 뒤에서 다시 언급할 것이다.

중앙은행의 통화신용정책은 중앙은행의 대차대조표(B/S, balance sheet)를 통해서도 이해할 수 있다. 우리가 사용하는 화폐는 중앙은행이 발행한 중앙은행권(Note), 즉 중앙은행이 가치를 보증한 일종의 채권으로 이해할 수 있다.[36)] 먼저 자산을 보면 중앙은행은 금융기관과 정부를 상대로 예금을 받고 대출을 해주는 시중은행과 정부의 은행이기에 중앙은행 자산의 주요 항목은 은행과 정부에 대한 여신(Loan; $L_b + L_g$)일 수밖에 없다. 이밖에 중앙은행의 자산으로는 중앙은행이 보유하는 유가증권($S$), 외화 및 기타 외화표시자산 등의 외화자산($F$)으로 구성된다. 여기서 유가증권은 중앙은행이 주로 증권시장에서 매입한 것인데 이것 역시 정부나 민간에 대한 중앙은행의 여신과 성격이 같기 때문에 중앙은행의 여신에 포함한다. 다음으로 중앙은행의 부채를 보면 민간이 보유한 현금($C_p$)과 은행이 보유한 시재금($C_b$)으로 구성되는 중앙은행권($N$)이 있고, 정부의 예금($D_g$)과 (민간)은행의 예금($D_b$) 그리고 기타 외국기관의 예금($D_f$)으로 구성되는 예금($D$)이 있다. 그리고 중앙은행의 자본($O$)이 있다.

**은행의 은행** 한국은행은 금융기관을 상대로 예금을 받고 대출을 해준다. 즉 한국은행은 금융기관으로부터 예금을 받아 이를 관리하고 있는데 이 예금은 금융기관 고객의 예금인출에 대비한 지불준비금으로서 뿐만 아니라 금융기관 상호간의 자금결제 또는 한국은행으로부터 받은 대출금의 상환자금 등으로 이용되고 있다. 또한 한국은행은 금융기관에 대하여 재할인 또는 담보대출의 형태로 금융기관에 자금을 대출한다. 이러한 금융기관에 대한 통상적인 대출 외에도 한국은행은 금융기관이 일시적으로 자금이 부족하여 예금을 내주기가 어렵게 되는 경우에는 긴급자금을 빌려 주기도 하는데 이를 중앙은행의 '최종대부자(lender of last resort, LLR) 기능'이라고 한다. 이와 같이 한국은행은 자금 부족에 직면한 금융기관이 순조롭게 영업을 할 수 있도록 도와주는 역할을 하고 있으므로 우리나라 금융제도의 안전성을 지켜주는 마지막 보루라 할 수 있다.

**정부의 은행** 한국은행은 국고금을 수납하고 지급한다. 또한 정부는 자금이 부족한 경우 매년 국회에서 미리 정한 한도 내에서 한국은행으로부터 대출을 받거나 국채를 발행하는데 이때 한국은행은 정부의 국채발행업무를 대행하여 준다. 이 밖에 한국은행은 정부가 소유하고 있는 유가증권을 안전하게 보관하는 업무도 담당하고 있다.

---

36) 참고로 미국 재무부가 재정자금을 마련하기 위해 발행하는 미국채는 만기에 따라 단기, 중기, 장기로 구분된다. 가장 만기가 짧은 국채는 1년 이하로 'Treasury bills(T-Bills)'이라고 부른다. 10년물 미만의 국채는 'Treasury notes(T-Notes)', 10년물 이상은 'Treasury bonds(T-Bonds)'로 칭한다.

중앙은행은 통화신용정책의 수행을 위해 통화량이나 이자율을 조절하는데 통화량 조절의 일차적 수단은 중앙은행이 공급하는 본원통화(high-powered money, monetary base, reserve base)의 양이다. 중앙은행이 발행한 화폐는 일차적으로 공급된 통화라는 점에서 본원통화라 한다. 시중에 공급된 통화는 가계나 기업 등 민간이 보유하게 된 통화 중 일부만 현금으로 보유하고 은행에 예치할 것이다. 은행은 가계나 기업으로부터 예치한 예금 중 일부를 지불준비금으로 남겨두고 대출 등으로 예금을 운용한다. 다시 가계와 기업 등 민간부문은 대출된 자금 중 일부를 현금으로 보유하고 나머지를 은행에 예금한다. 이러한 과정이 반복되면서 창조된 신용도 시중 통화량의 한 부분을 구성한다. 이 과정을 은행의 예금통화 창조 과정이라 한다. 즉 은행제도 전체는 지불준비금의 몇 배에 해당하는 예금통화를 창조할 수 있다. 지불준비금은 각 금융기관이 언제든지 예금자의 지불요구에 응할 수 있도록 예금총액의 일정 비율을 보유하는 것을 말하고, '금융기관의 예금총액에 대한 현금준비 비율'을 '지불준비율(cash reserve ratio)'이라 한다. 일반적으로는 은행이 고객에게서 받아들인 예금 중에서 중앙은행에 의무적으로 적립해야 하는 비율을 말한다.[37] 여기서 현금이란 당해 금융기관의 현금시재금(은행이 보유한 현금)뿐만 아니라 타은행에 대한 요구불예금, 콜론 및 중앙은행예치금도 포함한다. 앞의 세 가지는 운전준비금이라고 하며, 중앙은행예치금은 법률로 규정되어 있을 경우 '법정준비금'이라고 한다.

## 통화정책의 목표와 수단

중앙은행의 통화정책의 목표는 국가마다 약간의 차이가 존재하지만 많은 공통의 목표와 수단도 갖고 있다. 여기서는 한국은행과 미국의 중앙은행인 연준(Fed)을 중심으로 살펴본다.

**한국은행** 한국은행은 통화정책의 최우선 목표를 물가안정으로 삼고 금융위기 이후 2011년 9월부터 금융안정 추구도 명시적 목표로 설정하고 있는 반면, 경제성장은 물가안정을 통해 도모하는 것으로 하고 있다. 그리고 통화정책의 목표를 달성하기 위해 공개시장조작을 비롯해 여수신제도와 지급준비제도를 운영하고 있다.

---

37) 한국의 경우 지불준비율은 한국은행법에 의해 금융통화위원회가 정하고, 한국은행은 매월 둘째 주와 넷째 주 수요일에 은행의 지불준비금 의무 적립액을 점검하고 있다.

**연준(Fed)** 연준은 통화정책의 목표로 완전고용과 물가 안정, 적당한 장기 이자율을 설정하고 있다. 무엇보다 완전고용을 가장 먼저 배치하고 있듯이 어느 중앙은행보다 완전고용의 추구를 가장 중요한 사명으로 삼고 있다. 그리고 은행 및 금융시스템의 안전과 건전성을 보장하기 위해 은행 기관들의 감독과 규제, 소비자의 신용권리 보호, 금융시스템 안정성 유지와 금융시장에서 발생할 수 있는 시스템 리스크(systemic risk) 억제, 예금기관들과 정부와 해외 공공기관 등에게 금융서비스 제공 등을 주요 사명으로 설정하고 있다. 통화정책의 수단은 다른 중앙은행과 비슷하지만 중요한 차이 중 하나는 은행이나 금융회사뿐 아니라 개인, 파트너십, 일반 기업 등에게까지 재할인을 적용한다는 점이다.(연준법 13조 3항) 여기서 '시스템 리스크'란 한 금융기관의 도산 또는 일시적인 유동성 부족으로 인한 결제 불능이 연쇄적으로 다른 참가기관의 결제 불능을 유발시켜 결제시스템 전체의 기능마비를 초래할 수 있는 위험으로 금융회사간의 음(−)의 외부성의 존재를 전제한다.

앞에서 보여준 중앙은행 대차대조표의 부채 항목 중 은행보유시재금($C_b$)과 민간은행의 예치금($D_b$)의 합계가 은행의 실제 지불준비금이다. 중앙은행은 금융기관으로부터 예금을 받아 이를 관리하고 있는데 이 예금은 금융기관 고객의 예금인출에 대비한 지불준비금으로서 뿐만 아니라 금융기관 상호간의 자금결제 또는 중앙은행으로부터 받은 대출금의 상환자금 등으로 이용되고 있다. 즉 민간은행의 지불준비금이 부족할 때 대출금 회수나 콜시장(금융기관 상호간에 초단기자금의 대차거래가 이루어지는 시장으로 대출자 측에서는 Call Loan, 차입자 측에서는 Call Money)[38]을 통한 차입으로 먼저 해결하고, 이런 수단들로 해결할 수 없을 때 중앙은행은 민간은행에 대출해준다. 이 때 중앙은행은 금융기관에 대하여 민간은행이 보유하는 상업어음을 재할인율(discount rate: 시중은행이 기업들로부터 할인 매입한 어음을 중앙은행이 다시 할인 매입할 때 적용하는 금리)로 재할인해주거나 상업어음이나 기타 자산을 담보로 중앙은행이 정하는 이자율로 대출해주는 형식을 취한다. 따라서 중앙은행은 시중은행에 빌려주는 자금에 적용하는 금리인 재할인율을 높이거나 낮춤으로써 시중은행이 중앙은행에서 빌려가는 자금을 줄이거나 늘려 본원통화량을 줄이거나 늘릴 수 있다.

그밖에도 중앙은행은 자신이 보유한 유가증권의 매매 혹은 유가증권의 발

---

38) 콜 시장의 거래에서 적용되는 이율이 콜 레이트(call rate)이다. 사실, 콜론과 콜머니는 구별 없이 부르기도 한다.

행을 통해 본원통화량을 조정할 수 있다. 이를 '공개시장조작'이라 한다. 즉 중앙은행은 공개시장에서 국·공채나 기타 유가증권을 사고팔아 본원통화량을 조절할 수 있다. 이때 중앙은행이 공개시장에서 증권을 매입(매각)하면 통화량이 증가(감소)하는데 이는 화폐시장에서 화폐공급의 증가(감소)를 의미하기 때문에 이자율이 하락(상승)한다. 즉 중앙은행이 증권을 매입(매각)하기 시작하면 국채 수요가 증가(감소)하여 국채의 유통가격이 상승(하락)하고, 이는 국채의 수익률, 즉 이자율이 하락(상승)한다는 것을 뜻한다. 이처럼 공개시장조작은 본원통화를 조절할 뿐 아니라 이자율을 변화시키는 효과가 있다. 그렇기 때문에 중앙은행은 공개시장조작, 즉 7일물 환매조건부채권(RP)의 매매를 통해 익일물 시장금리(콜금리, 은행간대출시장의 금리)를 기준금리(정책금리, 목표금리)에 맞춘다.[39] 그리고 단기 시장금리와 장기 시장금리로 구분되는 시장금리는 실물경제에 영향을 미친다. 이것이 이른바 통화정책의 금리 파급경로이다.

이제 구체적으로 중앙은행이 본원통화를 공급할 경우 시중에 유통되는 통화량은 어느 정도가 되는지 살펴보자. 논의를 단순히 하기 위해 예금 중 지불준비금의 비율인 은행의 지불준비율은 모두 $r(\equiv R/D)$이고 은행은 초과지불준비금이 있으면 모두 대출하고, 통화량 중 현금보유비율인 민간의 현금보유비율을 $c(\equiv C/M)$라고 가정하자. 최초에 H만큼의 본원통화가 중앙은행으로부터 공급되어 민간부문으로 흘러들어갔고, 사람들은 cH만큼 현금을 보유하고, 나머지 $\{(1-c)\times H\}$는 은행에 예금된다. 반면, $\{(1-c)\times H\}$의 예금을 받은 은행은 $\{r\times(1-c)\times H\}$를 지불준비금으로 보유하고 나머지 $[(1-r)\times(1-c)\times H]$를 대출할 것이다. 이것이 창조된 1차 파생적 예금이 된다. 대출받은 사람이 이 금액을 지출하면 이를 지불받은 사람은 $[c\{(1-r)\times(1-c)\times H\}]$를 현금으로 보유하고 나머지 $[(1-r)\times(1-c)^2\times H]$를 다른 은행에 예금한다. 이러한 과정을 통해 은행 전체적으로 창조된 파생적 예금은 다음과 같을 것이다. 여기서 우리는 지불준비금과 민간보유현금을 합하면 본원통화와 일치함을 확인할 수

---

39) 예를 들어, 한국의 경우 2008년 3월부터 '콜금리 무담보 1일물'에서 '7일물 환매조건부채권(RP) 금리'로 변경하였다. RP에는 국채, 정부보증채, 금융통화위원회가 정하는 기타 증권으로 구성한다. 사실 콜금리는 한국은행과는 무관하게 움직이는 금리이기에 한국은행은 콜금리를 결정한 것이 아니라 '목표치'에서 벗어나지 않도록 RP매매로 자금의 조절이나 단기자금 시장의 활성화를 추구한다. 한편, 2008년 9월 리먼브러더스 사태 이후 한시적으로 은행채와 일부 특수채까지 확대한 경험을 갖고 있다.

있다($H = C + R$). 그리고 통화량은 현금통화($C$)와 예금통화($D$)의 합으로 정의 되기에 통화량과 본원통화 간에는 다음의 관계가 성립한다.

$$M = \frac{1}{(c + r - cr)} H$$

**표 8-4** 예금창조 과정

| | 본원적 예금(D) | 지불준비금(R) | 대출(L) | 민간보유현금(C) |
|---|---|---|---|---|
| 은행 A<br>은행 B<br>은행 C<br>.<br>.<br>. | $(1-c)H$<br>$(1-c)^2(1-r)H$<br>$(1-c)^3(1-r)^2H$<br>.<br>.<br>. | $r(1-c)H$<br>$r(1-c)^2(1-r)H$<br>$r(1-c)^3(1-r)^2H$<br>.<br>.<br>. | $(1-c)(1-r)H$<br>$(1-c)^2(1-r)^2H$<br>$(1-c)^3(1-r)^3H$<br>.<br>.<br>. | $cH$<br>$c(1-c)(1-r)H$<br>$c(1-c)^2(1-r)^2H$<br>$c(1-c)^3(1-r)^3H$<br>.<br>.<br>. |
| 합 계 | $\dfrac{1-c}{(c+r-cr)}H$ | $\dfrac{r(1-c)}{(c+r-cr)}H$ | $\dfrac{(1-c)(1-r)}{(c+r-cr)}H$ | $\dfrac{c}{(c+r-cr)}H$ |

이처럼 현금통화와 예금통화의 합으로 정의되는 통화량은 본원통화와 파생통화의 합과도 일치하기에 양자를 종합해서도 통화량의 결정요인들을 파악할 수 있다. 본원통화는 민간 및 민간은행이 보유하는 중앙은행의 부채로서 '리저브 베이스(reserve base)'라는 표현이 말해주듯이 지불준비금의 크기를 결정하는 기반이 되며 나아가서는 통화량을 결정하는 기본요인이 된다. 즉 정의에 의해서

$$M \equiv C + D \text{ 그리고 } H \equiv C + R$$

그런데 $C = c \times M$이므로 $D = M - C = (1 - c) \times M$, 그리고 $R \equiv r \times D$이기 때문에 본원통화량은 다음과 같이 된다. 즉

$$H \equiv C + R = cM + rD = (c + r - cr) \times M$$

따라서 앞에서 구한 통화량과 본원통화 간의 관계가 도출된다.

$$\therefore M = \frac{1}{(c + r - cr)} H = mH \quad (\text{여기서 } m \equiv \text{통화승수} \equiv \frac{1}{c + r - cr})$$

즉 $H$만큼의 본원통화가 공급될 때 통화량은 $[1/(c+r-cr)]$배 증가하는데 이를 '통화승수(money multiplier, m)'라 한다. 즉 통화승수는 중앙은행이 공급한 화폐의 양과 은행의 예금창조 과정을 거쳐 궁극적으로 증가한 통화량 사이의 비율을 말한다. 이처럼 통화승수의 크기는 현금통화비율이 높을수록 금융기관에 예금으로 환류되는 부분은 작아지고, 지불준비율이 높을수록 이를 원천으로 하는 예금창조능력은 작아진다. 즉 본원통화를 기초로 파생통화를 창조하는 능력은 현금통화비율과 지불준비율에 반비례한다. 예를 들어, 중앙은행이 법정지불준비율을 올리면 통화승수의 값이 작아져 본원통화의 공급량이 그대로 있어도 통화량은 감소한다.

**그림 8-15** 통화공급 곡선

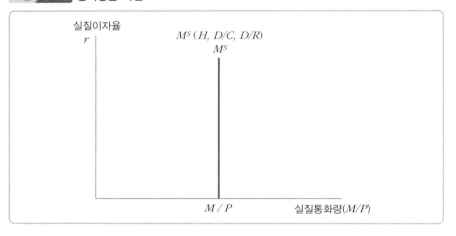

이와 같이 통화량은 본원통화의 크기와 지불준비율 그리고 현금통화비율 세 가지 요인에 의해 결정됨을 알 수 있다. 즉 현금통화비율은 장기적으로는 하락하는 추세를 보이지만 단기적으로는 안정적이라는 점에서 화폐의 공급은 중앙은행이 결정하는 본원통화와 지불준비율에 의해 결정된다. 시장이론에서 본원통화와 통화량의 관계는 통화승수가 안정적이라 본다. 이를 통화 공급에 대한 중앙은행의 독점력 혹은 금융의 외생성이라 한다. 뒤에서 소개하듯이 화폐공급 곡선이 화폐가격(이자율)에 관계없이 외부에서 결정되는 수직선의 모양을 갖는 이유다. 지금까지 화폐공급 과정을 통해 중앙은행이 통화량이나 이자율을 조절할 수 있는 수단을 갖고 있음을 보았다.

## 2.2. 화폐수요의 안정성

화폐수요에 대한 분석은 교환방정식에서 출발할 수 있다. 교환방정식은 상품의 거래에는 항상 상품의 흐름과 함께 그것과는 반대로 화폐의 흐름이 있다는 사고에서 출발한다.

$$MV = PT \Rightarrow MV = PY$$

여기서 M은 통화량, $V$는 화폐가 일정 기간 단위당 평균 몇 번 지출되느냐를 의미하는 화폐의 유통속도, $P$는 물가수준, $T$는 어떤 기간 중 상품의 실질 거래량을 나타낸다. 따라서 좌변($MV$)은 일정 기간의 화폐지출액을 의미하고, 우변($PT$)은 상품의 거래액으로서 총거래량($T$)을 실질생산 혹은 실질소득($Y$)으로 치환할 수 있기 때문에 명목 GDP로 이해할 수 있다. 따라서 화폐유통속도는 명목 GDP를 총통화량($M2$)로 나누어 구할 수 있을 것이다.[40] 총통화량은 제4절에서 소개할 것이다.

그런데 교환방정식은 다음과 같이 변용하여 이해할 수 있다.

$$P = \frac{V}{Y} M = aM \quad (a는 상수)$$

즉 전통적으로 시장이론에서는 화폐의 유통속도가 거래제도나 거래 관습에 의해 결정되기 때문에 적어도 단기적으로는 일정하다고 보고, 또한 시장이 완전 작동한다고 보는 시장주의자들의 경우 생산은 완전고용 수준($Y=Y_f$)에서 이루어지기 때문에 거래량도 단기적으로 일정하다고 보았다. 따라서 물가 P는 통화량 M에 비례한다. 이른바 고전학파의 '화폐수량설'로 시장주의자들의 통화정책에 뿌리를 이루고 있다.

이처럼 초기 시장주의자들(고전학파)의 기본 관심은 물가와 통화량의 관계에 있었다. 이들은 일시적으로 구매력을 저장하는 화폐의 기능을 통해, 즉 교환의 매개수단으로 화폐수요를 이해했다. 즉 거래수단으로 보유하고자 하는 화폐량은 소득과 밀접한 관계가 있다. 소득이 많을수록 구매량이 많을 것이고

---

40) 참고로 한국의 분기별 통화유통 속도는 2000년대 들어 0.8대를 유지해 왔다. 그러나 2007년 0.807에서 2008년 1분기 0.778로 하락한 뒤 2분기 0.769, 3분기 0.748, 4분기 0.703에 이어 2009년 1분기에는 0.6대로 주저앉았다.

그것을 위하여 개인이나 기업은 많은 구매력을 저장해야 할 것이다. 따라서 화폐수요함수는 교환방정식의 변용을 통해 구한다.

$$M_d = kPY \quad (\text{여기서 } k \equiv \frac{1}{V})$$

이것이 이른바 케임브리지학파의 '현금잔고방정식(Cambridge cash balance equation)'이다. 여기서 k는 명목소득에 대한 통화량의 비율을 나타낸다. 마셜 (A. Marshall)의 이름을 따서 '마셜의 k'라고도 한다. 그런데 마셜 k는 교환방정식의 (1/V)과 동일한 것으로 k가 일정한가는 화폐의 소득유통속도 V가 일정한가 하는 문제와 동일하다. 그런데 현금잔고방정식은 다시 다음과 같이 변형할 수 있듯이 물가가 통화량에 비례한다는 결론을 얻을 수 있고, 따라서 고전학파의 화폐수량설과 다를 바가 없다.

$$P = \frac{1}{kY_f} M$$

지금까지 살펴보았듯이 화폐수량설은 물가가 통화량에 비례한다는 이론으로 통화량의 변화가 생산량에 미치는 영향을 등한시하고 있다. 즉 화폐가 실물부문에 영향을 미칠 수 없다는 점에서 이를 '고전학파의 이분법(Classical dichotomy)' 혹은 '화폐의 중립성(neutrality of money)'이라 한다. 화폐수량설이 화폐를 주로 지출하기 위해 존재하는 것으로, 즉 화폐 보유 목적이 현재 혹은 미래의 지출을 위하여 일시적으로 보유하는 것이지 자산으로 보유하는 점에는 주목하지 못하고 있다.

사람들이 화폐를 자산으로 보유하는 데 주목한 이가 케인스(J. M. Keynes)다. 유동성(liquidity)이 화폐를 선호하는 것, 즉 화폐에 대한 수요를 의미하듯이 유동성선호설에서 케인스는 다른 수익자산(저축성예금이나 주식이나 부동산 등)을 보유할 때 획득할 수 있는 이자를 받을 수 없거나 수익을 포기해야 함에도 사람들이 화폐를 보유하는 동기로 세 가지를 지적했다. 첫째, 사람들은 상품을 구매하기 위해, 즉 거래하기 위해 화폐를 보유하는데 이를 거래적 동기에 의한 화폐수요라 하며 이는 주로 소득수준에 의해 결정된다. 둘째, 사람들은 미래의 불확실한 사고(경조비나 예비비) 등에 대비하기 위해서도 화폐를 보유하는데 이를 예비적 동기에 의한 화폐수요라 하며 이것 역시 주로 소득수준에 의해 결정된다. 셋째는 케인스의 유동성선호이론의 핵심으로 사람들은 화폐를 하나의 자산으로서 보유하는데 이를 투기적 화폐수요라 한다. 즉 사람들은 소득의 일부를 저축하는데 저축을 화폐라는 형태로 보유할 수도 있고 다른 금융자산이나 실물자산으로 보유할 수도 있다. 자산을 보유하면 자산소득을 기대할 수 있는데도 화폐를 보유하는데, 이는 자산 손실의 가능성에 대비하기 위한 차원으로 본다. 예를 들어, 화폐를 보유하는데 따른 기회비용은 이자소득의 상실이다. 따라서 이자율이 높아질수록 화폐보유에 따른 기회비용은 증가한다. 즉 화폐보유를 줄일 수밖에 없다. 그런데 이자소득을 확보할 수 있는 대표적 대체자산은 채권이다. 사람들이 채권의 보유를 늘리려 할 때는 채권 보유로 인해 높은 수익을 기대할 때이고, 채권의 수익률은 채권가격이 낮을수록 상승한다. 주식처럼 채권을 값싸게 사서 비싸게 팔면 수익이 발생하기 때문이다. 채권 수익률은 시장이자율에 수렴하는 경향이 있기에 시장이자율이 높아지면 화폐 보유를 줄이고, 채권 투자를 증대시킬 것이다. 이처럼 화폐에 대한 수요는 소득($Y$)에 대한 정($+$)의 함수, 그리고 이자율($r$)에 대한 부($-$)의 함수가 될 것이다. 즉

$$M_d = L(\overset{\oplus}{Y}, \overset{\ominus}{r}) \quad \text{(여기서 } L_Y > 0, \ L_r < 0\text{)}$$

이처럼 케인스의 화폐수요이론의 특징은 이자율이 통화량과 유동성선호(화폐수요)에 의해 결정된다는 것이다. 즉 화폐공급이 중앙은행에 의해 또는 다른 요인에 의해 외생적으로 결정된다면 화폐공급곡선($M_s$)은 수직선이 되고, 화폐수요곡선($M_d$)은 화폐수요가 이자율과 역의 관계이므로 우하향하게 된다. 이를 그림으로 표현하면 다음과 같다. 물가수준 $P$에서 명목 통화공급량 $M^s$가 주어졌을 때 소득 $Y_0$에서 이자율 $r_0$가 결정된다. 이제 소득이 $Y_0$에서 $Y_1$으로 증가하면 화폐수요곡선은 우상향으로 이동하고, 새로운 균형조건의 이자율은 $r_1$이 된다. 이처럼 국민소득과 이자율 사이에 일대일의 관계가 존재하는데 이를 그림으로 나타낸 것이 *LM*곡선이다. 즉 *LM*곡선의 모든 점은 화폐시장의 균형상태를 나타낸다. 그리고 *LM*곡선의 기울기는 이자율에 대해 화폐수요가 얼마나 민감하게 반응하는가에 달려 있다. 민감하게 반응할수록 *LM*곡선의 기울기는

그림 8-16 화폐시장의 균형과 *LM*곡선

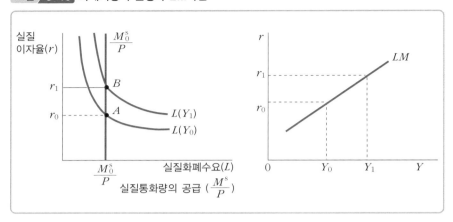

완만하게 될 것이다. 그리고 통화공급량의 증가 혹은 감소는 통화공급 곡선을 우측 혹은 좌측으로 이동시킴으로써 *LM*곡선을 우하향 혹은 좌상향으로 이동시킨다. 마찬가지로 물가의 상승 혹은 하락은 실질 통화공급량을 축소 혹은 증가시키기 때문에 통화공급 곡선을 좌측 혹은 우측으로 이동시킴으로써 *LM* 곡선을 좌상향 혹은 우하향으로 이동시킨다.

이처럼 이자율이 화폐의 수요와 공급, 즉 화폐시장에서 결정된다고 본 케인스의 주장은 이자율이 실물부문의 저축과 투자에 의해 결정된다고 본 고전학파와 대조를 이룬다. 즉 통화량의 변화가 물가의 변화와 비례한다고 주장한 고전학파의 화폐수량설이 적어도 단기적으로는 옳지 않다고 본 케인스는 결국 화폐유통속도($V$)와 총실질생산량($Y$)이 안정적이지 않다고 본 것으로 화폐수요함수가 안정적이지 않다고 본 것이다. 따라서 통화량 팽창 정책이 이자율 하락을 가져오지만 투자지출 및 총수요의 증가를 크게 기대할 수 없다고 본 것이다. 케인스학파가 화폐금융 정책보다 재정정책을 선호하는 이유가 여기에 있다.

참고로 금리는 자금배분 및 경기조절[41] 기능을 수행하고 있으며, 자금융통에 대한 대가로 이해할 수 있다. 금리는 크게 중앙은행이 설정하는 정책금리(기준금리 혹은 목표금리)와 시장금리로 구분할 수 있고, 기간에 따라 단기금리와 장기금리로 나누어 이해할 수 있다. 일반적으로 단기금리는 적용 기간이 1

---

41) 금리 변화는 가계의 저축을 통해 소비를, 그리고 기업의 투자 등에 영향을 미치기 때문이다.

년 미만인 금리로 중앙은행 통화정책 기조나 시중자금사정 등을 반영하여 수시로 변동하는 특징을 갖는다. 반면, 적용 기간이 1년 이상인 장기금융 시장 금리는 경기 및 인플레이션에 대한 기대를 반영하고 있어 현재의 경기상황 및 미래경제에 대한 기대감을 나타낸다. 시장 단기금리 중 기간이 가장 짧은 금리가 콜금리(1일물)이고, 만기가 91일인 양도성예금증서(CD)나 기업어음(CP) 등의 이자율도 단기시장금리로 활용된다. 시장의 장기금리로는 국고채 1년, 3년, 5년, 10년, 회사채AA-(3년) 등을 사용한다.

CD(Certificate of Deposit · 양도성예금증서) 은행의 정기예금에 양도성을 부여한 것으로, 은행이 발행하고 증권회사와 종합금융회사의 중개를 통해 매매된다. 예금통장과는 달리 통장에 이름을 쓰지 않은 무기명이며, 중도해지는 불가능하나 양도가 자유로워 현금화가 용이한 유동성이 높은 상품이다. 때문에 예금자는 이를 만기일 이전이라도 금융시장에서 자유로이 매매할 수 있다. CD금리(유통수익율)는 단기금리의 기준금리로서 변동금리채권, 주가지수 선물 및 옵션 시장의 기준금리로 활용되고 있다. 또 은행의 단기대출과 주택담보대출의 시장금리연동 기준으로 만기 3개월 CD 유통수익률이 쓰인다. 최단 만기가 30일 이상으로 제한되어 있으나 실제로는 3개월 및 6개월 만기가 주종을 이루고 있으며 만기 전 중도환매는 허용되지 않는다. 참고로 은행끼리만 자금조달수단으로 사용하도록 되어 있는 은행간CD가 따로 있다.

CP(Commercial Paper · 기업어음) 신용도가 높은 우량기업이 자금조달을 목적으로 발행하는 단기의 무담보 단명 어음으로 1981년 도입했다. CP는 어음법에 기초해 발행되는 특성상 유가증권인 주식이나 채권과 달리 공시의무가 면제된다. 이사회 결의가 필요 없고 발행한도 제한도 없다. CP는 신용도가 높은 우량기업이 자기신용으로 발행되기 때문에 발행 기업이 부도를 내면 원금은 떼이게 된다. 따라서 우량기업이 금융시장 실세금리 수준으로 어음을 발행하고 있는데, 금융회사가 이를 인수하여 일반고객에게 매출한다. 즉 돈이 필요한 기업은 거래 은행에서 어음용지를 받아 작성한 뒤 오전 중 증권사에 넘기면 당일 오후 2시(어음교환차액결제 시간) 이후 현금을 지급받는다. 느슨한 규제로 인한 편의성은 폭발적인 발행 증가의 원동력이 됐다. 대표적인 사례가 기업들의 자금조달 수요와 무관한 '자산유동화기업어음(ABCP)'의 폭발적 성장이다. 국내 증권사들은 2000년대 들어 CP의 주요 수요처인 MMT(Money Market Trust · 수시입출금식 특정금전신탁)과 MMF(Money Market Fund) 등의 급성장에 대응하기 위해 서류상 회사인 특수목적회사(SPC)를 만들고 ABCP를 쉴 새 없이 찍어냈다. 게다가 2009년 자본시장법 시행에 따른 CP 만기 제한(1년 미만) 철폐는 정기예금과 금융상품의 파산 위험 자체를 사고팔 수 있도록 만든 신용부도스와프(CDS) 등 다양한 자산을 기초로 한 ABCP 차익거래까지 불을 지폈다. 결국 2010년부터 ABCP 발행잔액은 일반 CP까지 압도하기 시작했다. 한국예탁결제원에 따르면 CP 발행잔액(ABCP 포함)은 2003년 말 15조8000억 원에서 2013년 9월 말 기준 10배에 가까운 144조5000억 원 규모로 늘어났다. 2010년부터 부동산시장 등 경기침체로 기업들이 유동성 위기에 몰리면서 CP 등에 투자했던 개인들은 연이어 타격을 받았다. 2010년 금호산업과 금호타이어, 2011년 LIG건설, 2012년 웅진홀딩스 등의 CP 발행에 따른 피해가 그것이다.

CDS(Credit Default Swap · 신용부도스와프)  대출이나 채권의 형태로 자금을 조달한 기업이나 국가 등 채무자의 부도위험 등 신용위험만을 별도로 분리해 이를 시장에서 사고파는 파생금융상품의 일종이다. 예를 들어, 다음은 CDS에 관한 기사 하나이다. "아베노믹스에 대한 우려가 커지면서 한국과 일본의 부도위험 지표가 20개월 만에 역전됐다." 즉 2014년 11월 18일 일본의 5년물 외화 표시 국채 기준 CDS 프리미엄이 57bp로 상승한 반면, 한국의 외국환평형기금채권(외평채) CDS 프리미엄은 51bp였다. 즉 일본 국채 5년물 CDS 가격이 한국물보다 0.06% 높아진 것이다. 즉 일본물 CDS 프리미엄의 상승은 일본의 부도 위험이 높아졌다는 뜻이다.

MMF(Money Market Fund · 수시입출금식 수익증권)  상대적으로 안전한 국공채와 기업어음(CP), 양도성예금증서(CD) 등에 투자해 수익을 얻는 상품이다. 환매수수료가 없고 당일 환매금을 지급한다. 다만 예금자 보호 대상에서 제외되고, 가입한 지 29일 이전에 찾게 되면 중도해지 수수료를 내야 하기에 30일 이상 180일 이내의 자금을 운용하는 데 유리하다.

MMDA(Money Market Deposit Account · 수시입출금식 예금)  수시입출금식 통장처럼 입출금이 자유로운 확정금리형 상품이다. 은행에서 가입할 수 있고 각종 자동이체나 공과금 이체가 가능하다. 결제 기능도 있다. 투자 금액에 따라 차등금리를 적용한다. 고액일수록 활용가치가 높다. 5,000만원까지 예금자보호법에 의해 보호를 받을 수 있다. 이자율은 다른 상품에 비해 다소 낮은 편이나 목돈을 안정적으로 운용하는 이점이 있다.

CMA(Cash Management Account · 종합자산 관리계좌)  국공채나 기업어음 등에 투자해 발생한 수익을 고객에게 돌려주는 상품이다. 종합금융사나 증권사에서 가입할 수 있다. 소액을 단기간 운용하는 데 적합하다. 종금사 CMA는 5000만원까지 예금자보호법으로 보장된다. 수시입출금이 가능할 뿐만 아니라 하루만 맡겨도 이자를 준다.

MMT(Money Market Trust · 수시입출금식 특정금전신탁)  콜론 예금 RP CMA MMDA CP CD 중 고객이 직접 자산운용 방법을 지정하는 단기자금운용 금융상품이다. 주로 콜론을 통해 수익을 내는 금융상품이다. 은행끼리 자금을 빌려주는 콜론은 은행 간 발행어음이나 초단기 자금거래로 운용된다.

RP(Repurchase Agreement · 환매조건부채권)  환매조건부채권매매시장은 일정기간 경과 후에 일정한 가격으로 동일채권을 다시 매수하거나 매도할 것을 조건으로 채권이 거래되는 시장이다. 이 시장에서는 증권회사와 한국증권금융이 매도 및 매수 업무를 모두 취급할 수 있는 반면 은행, 종금사, 우체국은 매도업무만을 취급하도록 되어 있으며 이의 중개는 자금중개회사와 증권회사 등이 담당한다. RP거래를 통하여 채권보유자(RP매도자)는 단기자금이 필요한 경우 채권을 담보로 손쉽게 자금을 조달할 수 있어 채권매각에 따른 자본손실위험을 회피할 수 있으며, 단기여유자금을 보유하고 있는 투자자(RP매수자)로서도 채권 투자에 따른 위험부담 없이 안전하게 자금을 운용할 수 있다. 참고로 콜시장 참가기관들끼리만 거래가 이루어지는 금융기관 간 RP시장이 따로 형성되어 있다.

한편, 케인스정책은 경기가 침체하고 인플레이션율이 상승했던 1960년대 후반 이래 커다란 도전을 받게 된다. 이러한 배경 속에서 화폐수량설이 부활하는데 이것이 프리드먼의 '신화폐수량설'이다. 프리드먼은 명시적으로 사람들의 화폐수요가 실질화폐에 대한 수요, 즉 (실물단위로 표시한 수요인) 실질구매력이라고 주장한다. 화폐도 여러 자산 중 하나이기에 화폐수요도 예산제약과 기회비용에 의해 결정되고, 예산제약은 실질소득($Y/P$)이고 화폐보유의 기회비용은 화폐 이외의 다른 자산을 보유할 경우 예상되는 수익률(예: 주식의 수익률 $r_e$나 채권의 수익률 $r_b$ 등)과 예상물가상승률($\pi$) 등이다. 따라서 프리드먼의 화폐수요함수는 다음과 같이 나타낼 수 있다.

$$\frac{M_d}{P} = L(\overset{\oplus}{\frac{Y}{P}}, \overset{\ominus}{r_e}, \overset{\ominus}{r_b}, \overset{\oplus}{\pi}) \quad (여기서\ L_{\frac{Y}{P}}>0,\ L_{r_e}<0,\ L_{r_b}<0)$$

그리고 프리드먼은 화폐수요에 결정적인 영향을 미치는 것은 다른 자산의 수익률이 아니라 실질소득이라 주장한다. 즉 이자율이나 수익률 등에 대한 화폐수요의 탄력성은 아주 작고 화폐수요는 무엇보다 소득에 큰 영향을 받는다고 주장한다. 그리하여 화폐수요함수는 다음과 같이 나타낼 수 있다.

$$\frac{M_d}{P} = k(r_e,\ r_b,\ \pi)\frac{Y}{P} \quad 혹은 \quad M_d = k(r_e,\ r_b,\ \pi)Y$$

여기서 프리드먼은 $k(r_e,\ r_b,\ \pi)$가 비록 고전적 화폐수량설의 주장처럼 고정된 것은 아니지만 충분히 안정적인 값이라 주장한다. 즉 화폐수요와 화폐수요에 미치는 변수들 사이의 관계는 매우 안정적이기에 화폐공급이 증가해서 화폐시장이 초과공급 상태에 놓이게 되면 균형을 회복하기 위해서는 반드시 실질소득이나 물가나 이자율이 변해야 한다. 그런데 프리드먼은 실질화폐수요가 이자율보다 실질소득에 의해 결정된다고 보기에 균형이 회복되기 위해서는 실질소득이나 물가가 변해야 한다고 했다. 따라서 통화량의 변화는 결국 명목소득(실질소득 × 물가)의 변화를 야기하게 된다. 즉 통화량의 변화가 명목국민소득의 변화를 결정한다고 본다. 이처럼 고전학파에서는 통화량의 변화가 비례적으로 물가의 변화를 가져오는 반면, 신화폐수량설에서는 통화량이 변할 경우 $V$와 $Y$가 변할 가능성을 어느 정도 인정하기 때문에 물가의 변화가 비례적으로 나타나는 것은 아니다. 지금까지 살펴보았듯이 신화폐수량설의 화폐수요는 케인스의 그것과 큰 차이가 없다. 둘 다 화폐수요를 이자율의 감소함수로 보았고, 소득의 증가함수로 보았기 때문이다. 단지, 어느 변수를 결정적으로 보냐에 차이가 있을 뿐이다. 케인스는 이자율을, 프리드먼은 명목소득을 강조하였을 뿐이다. 이처럼 화폐수요에 대한 이자율의 영향이 크다고 보는 케인스학파는 $LM$곡선의 기울기가 완만한 반면, 이자율이나 자산 수익률의 영향이 크지 않다고 보는 통화주의의 경우 $LM$곡선의 기울기가 가파르게 된다.

## 제 3 절  자산의 구성과 수요 그리고 신용

### 3.1. 자산과 신용

사람들이 화폐를 얼마나 보유하는가의 문제는 보다 기본적으로는 자산 구성의 문제이다. 모든 경제주체는 자신들이 소유하는 부를 여러 종류의 자산별로 배분해 보유할 것인지를 결정해야 한다. 부의 소유자가 선택하는 자산보유 배분의 묶음을 '포트폴리오(portfolio)'라 한다. 그리고 어떤 자산을 각기 얼마만큼씩 보유할 것이지를 결정하는 것을 포트폴리오 배분 결정이라 한다. 포트폴리오 배분을 결정하는 주요 요인으로는 기대수익률, 위험도, 유동성, 만기 등을 지적할 수 있다. 첫째, 자산의 수익률은 사전에 모두 알 수 없기에 포트폴리오 배분에서 가장 우선적으로 고려하는 수익률은 기대수익률을 기준으로 하고, 사람들은 다른 조건이 일정할 경우 기대수익률이 높을수록 그 자산을 더 많이 보유하려고 할 것이다. 둘째, 사람들이 보유하려는 자산의 수익은 불확실하다. 자산으로부터 실현된 수익과 기대수익이 다를수록 그 자산은 위험이 높다고 말할 수 있다. 다른 조건이 일정할 경우 위험이 낮은 자산을 더 많이 보유하려 할 것이고, 대부분 사람들은 위험회피적 성향을 갖기에 위험이 낮은 자산을 보유하는 경향이 크다. 셋째, 자산의 유동성이 높을수록 그 자산은 더 매력적일 수밖에 없다. 예를 들어, 유동성이 낮은 자산은 신용이 경색되는 상황에서 현금화에 어려움을 갖기 때문에 포트폴리오 배분의 결정에서 유동성은 매우 중요한 기준이 될 수밖에 없다. 넷째, 자산의 만기란 자산의 약정기한이 도래해 투자자가 원금을 돌려받는데 소요되는 시간을 의미하는데 대개 기간이 길수록 기대수익률이 높아지는 이유는 앞에서 소개한 기간물 프리미엄과 관련이 있다. 예를 들어, 만기가 단기인 채권보다 장기인 채권이 이자율이 높다는 것은 수익률이 장기가 높다는 것을 의미하고, 이는 만기가 길어질수록 위험이 증가하기 때문이다.

**장기 채권 수익률 결정** 장기 채권 수익률의 변화는 신호 채널(signaling channel)과 포트폴리오 균형 채널(portfolio balance channel) 개념으로 설명할 수 있다. 만기 $n$년의 채권 수익률은 익일물(overnight) 평균 예상 금리($\bar{r}_{t,\,t+n}$)와 기간 프리미엄(term premium, $TP_{t,n}$)의 합으로 구성된다. 즉

$$r_{t,\,t+n} = \bar{r}_{t,\,t+n} + TP_{t,n}$$

기간 프리미엄은 이자율 상승 가능성에 대한 리스크와 신용 및 유동성 리스크 프리미엄이다. 신호 채널에 따르면 중앙은행의 자산 매입은 단기금리 수준에 대한 예상을 기존보다 낮출 뿐 아니라 성장세가 약화될 것으로 전망하기 때문에 낮아진 단기금리가 장기간 지속될 것으로 예상한다. 그 결과 익일물 평균 금리는 하락하고, 다시 장기금리를 하락시킨다. 반면, 포트폴리오균형 채널에 따르면 중앙은행의 장기자산 매입은 기간 리스크의 매입을 의미하기에 시장의 투자자들은 해당 자산의 기간 리스크에 대한 보상 요구를 낮춘다. 그 결과 채권 수익률 중 기간 프리미엄 부분을 하락시켜 채권 수익률을 하락시킨다.

　자산시장의 중요한 특성은 일반 상품과 달리 신용을 창출한다는 점에 있다. 1980년대 이후 '금융화'를 주도한 엔진이 신용이었다. '금융화'는 "전체

경제 활동에서 금융산업의 지배력과 기업 경영에 대한 금융 통제가 증가하는, 즉 경제 중력의 중심이 생산에서 금융으로 이동"하는 현상을 일컫는다. '금융화'의 증거 중 하나가 GDP 대비 신용 비율의 급증이다.[42] 19세기 말부터 (대공황 시기와 2차 대전을 제외하고는) 1970년대까지 GDP 대비 신용의 비율은 17개 선진국에서 평균 약 50~60%에 머물렀다. 그러나 1980년부터 2010년 사이에 62%에서 118%로 약 두 배가 증가했다. 특히 1995~2007년간 79%에서 112%로 급증했다. 신용 증가를 주도한 것은 부동산 대출이었다. 1970년대 이후 GDP 대비 모기지 대출의 비중은 8배나 증가하였다. 이처럼 금융(은행) 비즈니스의 주요 특성 중 하나는 부채(신용)로 수익을 추구하는 방식이라는 점이다.

시장이론에서 신용은 차입자가 현재 가치 있는 것을 획득하고 미래 일정 시점에 대출자에게 (일반적으로 이자와 더불어) 상환할 것을 동의하는 계약상 합의를 의미하고, 개인 혹은 기업의 차입 역량, 즉 거래한 재화의 대가를 앞으로 치를 수 있음을 보이는 능력을 지칭한다. 이처럼 시장이론에 따르면 신용 혹은 부채는 시점 간 자원배분(intertemporal resource allocation)의 효율성을 증대시키고, 적어도 일시적으로 소비와 투자를 부양하고, 그 결과 성장에 기여한다. 예를 들어, 가계는 미래 소득을 이용하여 현재 소비를 증대시킴으로써 성장을 증대시킨다. 이처럼 시장이론에서 부채는 자원배분의 효율성을 증대시키는, 즉 합리적 선택을 지원하는 수단으로 평가된다. 그러나 자산시장은 자산의 신용 창출 능력으로 시장이론이 기대하는 효율적인 자원배분이 쉽지 않다. 예를 들어, 주택이나 주식 등을 담보로 대출을 받을 수 있다. 앞에서 소개한 '자산의 증권화'가 자산의 신용 창출 능력을 잘 보여준다. 그 결과 자산시장은 단기에 오버슈팅(overshooting)하는 경향이 있다. 예를 들어, 주택가격의 상승이 예상될 경우 시장에는 매도자는 사라지고 매수자만 존재한다. 담보로 대출을 통한 주택 매입이 증가하고 이는 주택가격을 상승시킨다. 그런데 주택가격 상승은 주택의 담보 가치를 상승시키기 때문에 추가 대출이 가능하고, 이렇게 창출된 신용은 주택가격의 추가 상승을 가능케 한다. 주택자금을 대출해준 금융회사 역시 주택가격 상승으로 담보 가치가 증대하고, 이는 금융

---

42) Ò. Jordà, M. Schularick, and A. Taylor, "The Great Mortgaging: Housing Finance, Crises, and Business Cycles," NBER Working Paper No. 20501.

회사의 자금조달을 보다 용이하게 할 뿐 아니라 레버리지를 증대시킨다. 그 결과 신용의 공급이 늘어 주택시장의 붐을 지속시킨다. 역으로 주택가격의 하락이 전망될 때에는 주택가격이 단기적으로 과도하게 하락하는 경향이 있다. 주택가격의 하락은 담보자산 가치를 하락시키기에 대출 회수로 이어지고 이는 주택 공급의 증가와 주택가격의 추가 하락의 압력으로 작용하기 때문이다.

이처럼 신용(부채)은 증폭되는 '과잉부채의 경향', 즉 '레버리지 효과'를 만들어내는 경향이 있다. 즉 자산가치의 증대와 신용의 증대 사이에는 '피드백 루프(feedback loop: 하나의 변화가 그 변화의 정도를 증대시키는 조건을 만들어내는 현상)'가 작동한다. 레버리지를 높일수록 자기자본수익률(ROE)을 증대시킬 수 있기 때문이다. 따라서 부채는 적정 규모를 넘어설 가능성이 높고, 그렇게 될 경우 부채상환부담(debt service burden)은 소비를 억제시킨다. 즉 높은 부채 수준은 거시경제의 안정성을 훼손하고 경기 침체의 리스크를 높이는 '피셔리안 부채 디플레이션(Fisherian Debt Deflation)'[43]에 빠질 가능성이 높다. 자산가격 버블이 형성되는 그 이면에는 항상 과다한 신용 확대로 민간부채가 누적되는 현상이 초래되기 때문이다. 금융기관도 자산가격 상승으로 대출의 부실위험이 크게 감소되기 때문에 신용을 누적적으로 창출해 가계 및 기업부문에 대해 신용을 과도하게 공급함으로써 결국에는 경제주체들의 금융부채가 급속하게 증가하게 된다. '피셔리안 부채 디플레이션'에 빠지면 물가 하락은 실질금리(명목금리−물가상승률) 상승을 불러오고, 그 결과 채무 상환 부담은 커지고 경제주체는 금리가 더 오르기 전에 빚을 갚기 위해 서둘러 자산을 매각하게 되기에 결국 가용자산이 줄어 소비가 위축되고 디플레이션이 심해지는 악순환에 놓인다.

그럼에도 불구하고 시장이론에서는 화폐와 신용을 동일한 것으로 간주한다. 즉 시장이론에서는 화폐의 정의(측정), 통화량 통제 방법, 화폐 보유의 이유 등에 매달리지만 시장이론이 상정하는 화폐경제의 현실은 '화폐'가 아니라 '신용'이다. 기본적으로 은행 대차대조표의 차변(자산)은 대출과 지불준비금(reserve)으로, 대변은 부채(예금)와 은행 자본으로 구성한다. 그런데 지불준비금은 중앙은행에 의해, 그리고 자본은 은행의 수익 및 손실의 과거 역사에 의

---

43) 미국 경제학자 어빙 피셔(Irving Fisher)가 1930년대 미국 대공황을 설명하면서 만든 개념으로, 자산가치 하락에 따른 경기침체를 의미하는 자산디플레이션과 비슷하지만 부채가 경기침체를 가속화시킨다는 것이 특징이다.

해 고정된다고 가정한다. 따라서 이 가정에서는 중앙은행이(시중은행과 더불어) 결정권을 갖는 통화와 신용이 함께 움직인다. 그러나 현실 세계에서 은행 및 기타 예금기관들은 대출을 위해 법정화폐 이외에 수많은 자금조달 방법을 보유한다. 즉 은행 자산은 예금과 지불준비금 이외의 신용에 영향을 받기에 고정되지 않는다. 따라서 총수요는 (비화폐 자산가격의 변화뿐만 아니라) 신용의 양과 이용가능성 그리고 신용의 가격에 의해 결정된다. 신용을 포함하지 않는 현재의 거시경제 모델이 금융위기를 계기로 근본적 문제점이 드러난 배경이다.

  '과잉신용(부채) 경향'은 금융기관의 '과잉대출 경향'과 동전의 앞뒷면을 구성한다. 금융기관은 대개 광범위한 주식의 분산 보유에 기초한 유한 책임(부채) 회사로 그들의 대출 능력은 그들이 차입하는 조달자금에 의존한다. 결과적으로 대출로 발생하는 리스크는 타인의 돈이기에 금융기관이 직면하는 인센티브는 (개인의 경제행동 동기와 비교해) 왜곡될 수밖에 없다. 즉 개인과 달리 금융기관에게 자기자본이 요구(capital requirement)되는 이유이다. 그렇지만 다른 한편 '예금자보험'을 포함해 여러 형태의 부채 보장 등으로 금융기관은 대출을 확장시킬 수 있는 역량도 확장시켜 왔다. 예를 들어, 금융회사들의 과도한 레버리지가 금융위기를 만들어냈음에도 불구하고 금융위기 과정에서 선진국 정부와 중앙은행들은 은행시스템에서 발행되는 부채의 보장 범위와 규모를 확장시켰다. 이러한 금융기관의 '과잉대출 경향성'은 자산 간 '만기불일치' 등의 문제와 결합하여 주기적으로 유동성 위기를 만들어낸다. 그런데 신용이 경색될 경우 시장은 제대로 기능하지 않고 관찰할 수 있는 가격은 존재하지 않는다. 이 상황에서 은행이 보유한 대규모 자산에 대한 평가는 불가능하다. 즉 유동성 부족(illiquidity)과 지급불능(insolvency)은 구분되지 않는다. 금융위기 직전 역사상 최고를 기록한 금융기관의 레버리지 비율은 금융시스템의 취약성을 증대시켰고, 그 결과가 금융위기이다.

  이처럼 신용과 신용시장에서 금융기관의 역할 등에 대한 평가 없이 거시경제에 대한 이해는 불가능하다. 경제학자들은 1930년대 세계대공황 이후 거시적 시장분석을 만들어내고, 60년대에는 경기순환이 완전히 길들여졌다고 공언한 적이 있다. 그러나 경기침체는 70년대와 80년대에 다시 나타났다. 90년대 들어 경기팽창 국면이 장기적으로 지속되자 경기순환이 사라졌다는 주장은 다시 고개를 들기 시작했다. 그렇지만 2001년 닷컴버블의 붕괴에 따른 경기침체와 2007년 금융위기에 따른 불황은 거시경제 현상에 대한 경제학자들의 이해가 많이 부족하고 경제안정은 결코 성취되지 않았음을 보여주었다. 21세기의 경기침체가 금융위기의 결과인 반면, 표준적인 거시경제 모델에서는 금융시장이나 자산시장은 완전하거나 마찰이 없는 시장으로 이해하고 있다. 대표적 가설이 '효율적 시장이론(efficient market theory)'이다. 효율적 자산시장이론은 다음의 가정들에 기초한다. 첫째, 고도의 성능을 자랑하는 컴퓨터에 기반해 있는 현대의 금융시장은 시장청산에 필요한 충분한 양의 정보와 시장의 자유를 보장한다. 둘째, 금융상품의 구매자와 판매자들이 서로 충분한 정보를 갖고 규제 없는 자유로운 금융시장에서 거래를 하기만 하면, 금융상품의 시장가격은 항상 시장청산 가격 수준으로 조정된다. 여기서 금융상품의 시장청산 가격은 시장의 '근본적인 힘', 즉 펀더멘털에 의해 결정된다. 즉 어느 시점에서 이용 가능한 모든 정보가 즉각적으로 가격결정에 영향을 주는 효율적 자산시장이 존재하고 규제에 따른 가격 왜곡이 없는 경우 자산가격은 생산성과 같은 기초 경제력을 반영한다고 주장한다. 셋째, 컴퓨터 시스템에 의한 시장 운용은 전 세계적으로 거래자의 수를 폭발적으로 증가시켰고, 거래자 수의 증가는 시장청산 가격을 중심으로 한 시장가격의 편차를 감소시킨다.

이처럼 조직적이고 질서 있게 작동하는 현대의 금융시장에서 자산가격은 그 자산의 가치에 관한 모든 공개된 정보를 반영한다. 일반적으로 자산가격은 해당 자산의 장래 기대수익을 할인한 가치로 정의된다. 예를 들어, 효율적 자산시장이론은 주가를 소비에 대한 한계대체율(MRS)을 사용해 할인된 예상 미래수익의 현재가치로 이해한다. 왜냐하면 소비하지 않고 저축할 경우 투자 대상이 되는 주식의 예상수익의 현재가치로 대체될 수 있기 때문이다. 즉 주식의 수익은 소비에 대한 효용극대화 범주에서 도출된다.[44] 따라서 주가와 같은 투기적 자산가격은 항상 펀더멘털 가치와 가격 변화에 대한 최선의 정보를 통합하고, 그 결과 경제주체들은 리스크를 완벽하게 이해하며, 금융기관과 유동성은 어떠한 역할도 하지 못하기에 위기는 발생하지 않는다. 이러한 환경 하

---

44) R. Lucas, 1978, "Asset Prices in an Exchange Economy," *Econometrica*, Vol. 46 No. 6, pp. 97-113; D. Breeden, 1979, "An Intertemporal Asset Pricing Model with Stochastic Consumption and Investment Opportunities," *Journal of Financial Economics*, Vol. 7 No. 2, pp. 265-296 참조.

에서 중앙은행은 자산가격의 변동성 자체에 특별한 관심을 가질 필요가 없으며, 단지 자산가격은 장래 경제 상황에 관한 유용한 정보를 제공한다는 점에서만 의미를 갖는다. 게다가 금융중개기관들은 개인의 유동성 쇼크에 대해 소비자에게 유동성 보험을 제공하고, 시장은 금융중개기관들이 전체 리스크를 공유하도록 허용한다. 따라서 금융시장이 완전하다면 금융시스템은 은행들의 유동성 쇼크를 헤지(hedge, 회피)하도록 유동성을 효율적으로 제공한다.

그러나 효율적 자산시장 가설은 주가의 심한 변동성을 제대로 설명하지 못한다. 효율적 시장이론이 설명하는 것보다 실제 주가는 과도한 변동성을 가지기 때문이다.[45] [그림 8-17]은 효율적 자산시장 이론에서 예상하는 소비나 이자율의 현재가치(PDV)보다 실질 주가의 변동성이 심했음을 보여주고 있다. '1987년의 주식시장 급락'과 '1998년의 LTCM(Long Term Capital Management) 파산'[46] 등은 자산가격의 특성을 잘 보여준다. 예를 들어, 보유 포트폴리오(금

그림 **8-17** 실질 주가와 차후 실질 배당소득의 현재가치

출처: R. Shiller(2003).

45) R. Shiller, 2003, "From Efficient Market Theory to Behavioral Finance," *Journal of Economic Perspectives*, Vol. 17 No. 1, pp. 83~104.
46) LTCM의 경우 유사한 자산 간에 가격 차이가 발생하는 경우 차익거래(arbitrage trade)를 기본전략으로 사용하였다. LTCM은 대규모 차입을 통해 거래 규모를 확대시켜왔고 설립 초기에는 높은 수익률을 달성했다. 그런데 1998년 러시아 국채 가격 급락을 시발점으로 LTCM의 예상과 반대로 자산가격이 움직이자 보유한 자산의 평가손이 발생하기 시작했고, 이에 따라 자금을 대출해준 금융기관의 마진콜(margin call: 자산가격과 대출담보자산의 가치 간의 차이가 발생했을 경우 차이에

융기관이나 개인이 보유하는 금융자산의 명세표)에 대한 이익획득 및 추가적 위험 방지를 위해 시황과 동일한 방향으로 주문하는 '포트폴리오 보험(portfolio insurance)' 전략은 주식시장의 내재적 가치에 부정적 요인이 없는 상황에서도 주식시장을 급격히 붕괴시켰다. 참고로 '포트폴리오 보험' 전략은 보유 포트폴리오의 주가가 상승하면 지수선물을 추가적으로 매수하여 주식가격의 상승과 아울러 지수상승에 따른 이익을 획득하고, 하락 시에는 지수선물을 매도함으로써 보유주식의 시세 하락에 따른 손실을 선물매도에 의하여 어느 정도 방지한다.

자산가격의 불완전성은 주식투자수익률과 채권수익률의 관계를 통해서도 확인할 수 있다. 투자자 입장에서 저축을 어떻게 배분할지 결정할 때 높은 수익을 얻기 위해 얼마나 큰 위험을 받아들일지 결정해야 하는 문제에 직면한다. 이른바 '위험분산설'이다. 주식은 채권에 비해 명백히 위험한 자산이다. 그럼에도 주식에 투자하는 것은 위험에 대한 보상으로 고수익을 기대할 수 있기 때문이다. 그래서 시장이론은 주식의 장기투자수익률이 채권수익률보다 높다고 주장한다. 《비즈니스위크》(Businessweek, Sept 24 2009)는 금융위기 이후 '새로운 표준(a new normal)'의 도래를 소개하면서 "금융위기가 주식과 채권 시장의 기본적인 기능에 대해 경제주체들이 갖고 있는 깊은 믿음을 산산조각 냈고, 신성시되었던 투자교과서는 다시 써져야 한다"라는 표현으로 시작하였다. 《비즈니스위크》의 계산에 따르면 투자기간이 40년 이하에서는 미국 국채가 주식보다 나은 수익을 실현했다. 즉 투자교과서에서 지금까지 신성불가침의 믿음이었던, 즉 장기적으로 채권보다 높은 수익을 보장해준다는 이른바 '주식의 리스크 프리미엄'은 엄청나게 과대평가되었다는 것이다. 다음 [그림 8-18]은 2009년 3월 9일의 다우존스지수가 인플레이션을 조정한 과거의 주가지수와 비교할 때 약 43년 전인 1966년 수준이었음을 보여준다. 무엇보다 "주식은 사서 묻어 둬야 한다"라는 오랜 투자 격언은 현실적으로 폐기된 지 오래다. 미국의 평균 주식 보유기간은 1980년대에 2년 정도였는데 최근에는

---

대한 상환 요구)에 응하기 위해 보유한 자산을 매각하였는데 상당수 자산은 유동성이 낮은 이유로 해당 자산가격의 추가 하락(급락)을 촉발하는 악순환이 발생하였다. 이는 단순히 LTCM의 파산으로 그치는 것이 아니라 LTCM에 대출을 제공한 금융기관의 부실, LTCM이 투자한 자산을 보유한 투자자들의 손실 발생에 따른 추가적인 매도 압력으로 확산될 조짐을 보였고, 대규모 자본시장 위기를 우려한 연준(Fed)의 개입으로 진정되었다.

2.8개월에 불과할 정도다. 한 추정에 따르면 평균 주식 보유기간의 단기화의 주요인인 초단타거래(high frequency trade)가 하루 전체 주식거래량의 70%에 달할 정도다.

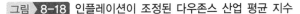
그림 8-18  인플레이션이 조정된 다우존스 산업 평균 지수

* 2009년 8월 물가 기준
출처: Bloomberg, Bureau of Labor Statistics, Businessweek.

주식이 장기투자에서 안전한 상품이라는 믿음은 금융위기 이전에도 부정된 바 있다. 예를 들어, 16개 국가를 대상으로 지난 105년에 걸쳐 주식 투자수익률을 분석한 결과[47]에 따르면 미국의 모든 주식은 20년 이상 투자해야 플러스(+)의 실질 수익이 보장되었고, 영국은 22년 이상, 프랑스는 54년 이상, 일본은 50년 이상 투자해야 플러스(+)의 실질 수익이 보장되었다고 주장했다. 이처럼 높은 성과를 만드는 기업들에게는 기업을 지속적으로 운영하게 해주고, 투자자(저축자)에게는 과도한 리스크 없이 괜찮은 수익을 획득시켜줌으로써 장기 기업의 성과를 지원하는 역할을 수행한다는 것이 교과서 세계의 주식시장인 반면, 오늘날 주식시장은 초단타 거래의 증가로 기업의 단기업적주의 추구에 영향을 미치고 있다. 즉 단기업적주의는 기업의 과소 투자뿐만 아니라 사업의 근본적 운영 역량 개발을 소홀히 하는 경향을 수반했다. (앞에서 소개했

47) E. Dimson, P. Marsh, and M. Staunton, 2004, "Irrational Optimism," *Financial Analysts Journal*, Vol 60 No. 1, pp. 15~25; E. Dimson, P. Marsh, and M. Staunton, 2008, "The Worldwide Equity Premium: A Smaller Puzzle," in R. Mehra (ed.), *Handbook of the Equity Risk Premium*, Elsevier, pp. 467~514.

듯이) 케이보고서(The Kay Review)는 영국의 주식시장이 더 이상 영국 기업의 신규 투자자금 조달의 주요 수단이 아니라는 점을 보여주고 있다.[48]

지금까지 보았듯이 시장이론의 예상과 다른 자산가격의 움직임은 신용과 깊은 연관성을 보여준다. 자산가격의 높은 변동성과 금융시장의 불안정성의 중심에 신용이 존재하고 있는 것이다. 예를 들어, 자산가격, 특히 주택가격과 은행위기 사이에는 높은 연관성이 존재한다.[49] 구체적으로 미국에서 실질 주택가격이 1% 포인트 증가했을 때 금융위기를 0.07%까지 증가시킨 것으로 나타났다.[50] 게다가 금융위기가 초래한 경기 침체는 일반 경기 침체보다 장기적이고 보다 큰 고통을 수반한다. 그리고 경기 호황기 때 확장된 신용의 규모가 클수록 침체 이후 회복도 취약할 수밖에 없다.[51] 사실, 시장이론에는 '경기순환(business cycle: 호경기·침체·불황·회복의 주기적 순환운동)'은 존재하지만 '금융 사이클(financial cycle)'은 존재하지 않는다. 앞에서 지적했듯이 시장이론에서 금융시장은 마찰이 존재하지 않고, 금융위기가 발생할 수 없는 세계로 이해하기 때문이다. 그러나 현실 세계에서 금융 사이클과 금융위기는 항상 존재해왔다. '붐-버스트 사이클(boom-bust cycle)'과 수많은 은행위기가 그것이다. 금융 사이클의 주기는 전통적인 경기순환의 그것보다 훨씬 길다. 후자의 주기는 8년가량이지만, 전자의 주기는 16~20년 혹은 그 이상이다.[52] 경기순환이 반복 진행되는 과정에서 자산과 부채의 스톡(stocks)은 증가한다. 즉 금

---

48) The Kay Review of UK Equity Markets and Long-Term Decision Making, July 2012.
49) 예를 들어, 1970~2001년 사이에 OECD 국가들의 자산가격의 붐-버스트(boom-bust) 사이클 중 부동산자산 가격의 붐이 거품붕괴로 끝난 확률은 52.5%였다. 반면, 같은 기간 중에 주식시장 붐이 거품 붕괴로 끝난 확률은 12.5%에 불과했다. M. Bordo and O. Jeanne. 2002. "Boom-Busts in Asset Prices, Economic Instability, and Monetary Policy." NBER Working Paper 8966 (June).
50) R. Barrell, P. Davis, D. Karim, and I. Liadze, 2010. "Bank Regulation, Property Prices and Early Warning Systems for Banking Crises in OECD Countries," *Journal of Banking and Finance*, Vol. 34, No. 9, pp. 2255-64.
51) 예를 들어, 1971~2001년간 선진국에서 주택시장의 거품이 붕괴된 후 GDP 증가율은 붕괴 이전의 추세보다 3년간 8%가 낮았다. 보다 최근의 연구에서는 금융위기가 평균 GDP를 9% 포인트 하락시키고, 실업은 7% 포인트 증가시켰음이 확인되었다. C. Reinhart and K. Rogoff, 2009. *This Time is Different: Eight Centuries of Financial Folly*, Princeton University Press. 이밖에도 금융위기는 정부 부채를 크게 증가시키고, 금융기관 및 중요 기업들을 국유화시킨다. 예를 들어, 미국의 경우 금융위기 이후 수백 개의 은행, 패니매(Fannie mae)와 프레디맥(Freddie Mac) 등 정부보증기업, GM 등의 주요 기업들을 국유화하였다. 영국도 RBS(Royal Bank of Scotland) 등을 국유화시켰다.
52) 그 밖에도 금융 사이클의 특성으로 신용과 자산가격의 중·단기적 동조화와 은행 시스템 위기의 수반 등을 지적할 수 있다. J. Caruana, 2012, "Assessing global liquidity from a financial stability perspective," BIS, 48th SEACEN Governor's Conference and High-Level Seminar, (Nov. 22~24), p. 6.

융의 불균형이 성장한다. 그런데 자산과 부채 스톡의 증가는 지속 불가능한 신용과 자산가격의 붐을 수반한다. 게다가 금융 사이클은 은행시스템의 위기와 밀접한 관련을 맺는다. 그 결과는 소득과 부의 배분에 심대한 영향을 미치고, 해결하기 어려울 정도로 시스템을 불안정하게 만든다.

## 경기변동론

시장이론에서 경기변동 혹은 경기순환에 대한 설명은 통화량의 변화 등과 같은 화폐적인 충격에 의한 것이라고 보는 화폐적 경기변동(MBC)론과 생산함수(생산성 및 기술) 변화, 노동력 규모의 변화, 실질 정부지출, 소비자지출 및 저축 의사결정에 영향을 미치는 실물적인 충격을 경기변동의 주요 요인으로 보는 실물적 경기변동(RBC)론으로 구분된다.

첫째, 화폐적 경기변동론의 경우 시장이자율이 낮아져 투자자들에게 잘못된 투자를 유도하여 단기적으로는 호황을 가져오지만 장기적으로는 불황을 야기한다고 주장하며 글로벌 금융위기를 연준(Fed)의 초저금리 정책의 산물로 이해한다. 예를 들어, 자산가격이 상승하기 시작하면 시장이자율이 자연이자율 혹은 균형이자율보다 낮기 때문에 가계는 자산효과에 의해 소비를 늘리는 동시에 은행차입을 통해 자산에 대한 투자를 확대하고, 기업은 보유 주식 및 부동산 가치가 증대되어 기업가치가 높아짐에 따라 주식발행 또는 은행 차입 등을 통해 투자를 확대해 간다. 이러한 과정에서 가계 저축은 감소하고 기업 투자는 증가함으로써 투자와 저축의 불균형이 발생한다. 이는 결국 장래에 생산이 지출을 초과하는 과잉공급(과잉설비)을 초래하게 되어 경기침체의 여건을 조성하게 된다. 이 경우 중앙은행이 정책금리를 인상해서 시장이자율을 자연이자율과 균형되게 함으로써 저축과 투자의 균형을 회복하는 것이 바람직함에도 일반물가 수준이 낮은 수준에 안정되어 있기 때문에 정책금리를 인상하지 못하게 된다. 결과적으로 과잉 생산설비와 이에 따른 초과공급을 해소하고 저축과 투자의 균형을 회복하기 위해서는 경기침체가 불가피하다는 것이 바로 Ludwig von Mises, Friedrich Hayek로 대표되는 오스트리아학파의 경기변동이론이다.

둘째, 실물적 경기변동이론의 경우 실물적 충격이 경제주체들의 기호를 변화시키고 최적화시키는 과정에서 경기변동에 중대한 영향을 미친다고 본다. 다음으로 불균형 경기변동론은 경기변동의 추세선이 균형상태라고 보고 경기변동은 이러한 균형상태에서 총수요와 관련된 외부충격으로 인해 균형상태에서 벗어나 있으며, 다시 균형으로 돌아가는 과정으로 인해 경기변동이 발생한다고 보고 있다. 즉 경기후퇴를 일종의 시장청산의 실패로 이해한다.

## 3.2. 금융시장의 내재적 불안정성

금융위기는 금융시장이 리스크 관리의 중심적 역할을 수행하고 거래비용을 낮추도록 자본을 할당하는 데 실패했음을 보여주었다. (앞에서 지적한) 자산시장에서 가격의 실패도 기본적으로 금융시장의 불완전성에서 비롯한다. 예를 들어, 민스키(Minsky)의 '금융불안정 가설(financial instability hypothesis)'에 따르면 새로운 변화(Displacement) ⇒ 붐(Boom) ⇒ 도취(Euphoria) ⇒ 스마트 혹은 운 좋은 투자자의 이윤 추구 ⇒ 공황(Panic) ⇒ 비관의 확산 ⇒ 은행과 대출자들은 미결제 부채를 해결하기 위해 심지어 안전자산에 대해서도 투매를 추구(fire-sale)하는 이른바 '민스키 모멘트(Minsky moment)'가 발생한다. 즉 금융시장은 시장이론이 가정하듯이 효율적으로 작동하지 않을 뿐 아니라 본질적으로 불안정하다. 경제주체들이 합리적이라 가정하는 시장이론과 달리 현실 세계의 경제주체들은 합리적이지 못하다. 몇 가지 예를 들어보자. 첫째, 사람들은 투자할 때 공포와 탐욕에 지배된다. 기존의 생활수준 아래로 추락하는 것에 대한 우려로 지나치게 안전한 자산에 투자하는 경향이 있다. 예를 들어, 주가가 하락하는 약세장인 베어마켓(the bear market)에서 공포가 투자자들 사이에 확산된다. 위기의 초기 국면에서 공포는 자산가치 하락을 심화시키는 매도 물결을 만들어 패닉으로 전환되고, 리스크가 있는 시장에서 자본이 유출되어 수익은 매우 낮지만 안전도가 매우 높은 자산으로 이동한다. 즉 패닉이 주도하는 매도 국면에서는 이른바 '처분효과(disposition effect: 보유한 주식의 가격이 매수가격 아래로 떨어지면 매도를 꺼려하고 매수가격 위로 올라가면 쉽게 매도 처분하는 심리)'도 제대로 작동하지 않는다. 또한, 리스크 회피와 관련해서 사람들은 수익을 실현했을 때와 손실을 실현했을 때 상이한 행동을 하는 경향이 있다. 전자의 경우 위험을 회피하는 경향이 있는 반면, 후자의 경우에는 위험을 더욱 추구하는 경향이 있다. 즉 보유자산의 가격이 매수가격 이하로 하락했을 때는 손실이 아까워 매도하기를 주저하는 반면, 역으로 이익을 실현한 자산은 바로 처분하여 추가 이익의 기회를 잃는 경향이 있다. 반대로 더 높은 수준의 생활수준으로 점프하기 위해 탐욕에 사로잡히기도 한다. 즉 상대적으로 장기간 시장이 번영하는 동안 투자자들은 수익을 손쉽게 그리고 높게 실현하는 경향이 있고, 이른바 "성공은 내 능력이고 실패는 불운이나 다른 사람의 실수 등의 탓"으로 돌리는 '자기 귀인 편향(self-attribution bias)'으로 수익 실현을 시장의 일반 상황으로 돌리기보다는 자신의 능력으로 해석한다. 투자자의 성공은 자신감을 강화하여 보다 높은 리스크를 추구하도록 한다. 이처럼 투자자는 성공과 실패에 대해 객관적으로 평가하지 못하게 하고 과신의 태도를 형성시킨다. 이른바 '과도한 자신감(overconfidence)'을 갖고 리스크를 과소평가하게 되는 것이다. 그리고 이러한 과신과 비현실적 낙관주의가 만들어낸 리스크의 과소평가는 "영원히 지속되는 활황장(the never-ending bull market)은 없다"는 경고를 무시하게 만든다. 즉 신용의 팽창, 과도한 낙관주의, 탐욕의 부상, 리스크 망각과 과도한 리스크 추구 등이 금융과 자산시장의 붐을 지속시키는 것이다. 여기에 단기 업적주의는 이러한 분위기를 강화한다. 이처럼 공포와 탐욕은 리스크 회피의 증가와 축소로 작동한다.

둘째, 과거의 추세가 그대로 지속되리라는 전제 아래 과거의 추세에 많은 비중을 부여하는, 특히 상대적으로 단기간 관찰에 지나치게 의존해 일반화시켜 미래를 예측하는 '외삽법의 오류(extrapolation bias)'를 범하기도 한다. 즉 시장이론에 기초한 리스크 모델들은 기껏해야 수년간에 걸친, 제한된 양의 자료 관측에 근거한 패턴을 일반화시키는 '단계열 편향(the short-series bias)'을 만든다. 예를 들어, 주택담보대출은 장기 채무임에도 불구하고 신용평가사는 모기지를 기초자산으로 구성한 부채담보증권(CDO)에 대한 리스크 평가에서 상대적으로 단기 자료를 활용하였다. CDO에 대해서는 뒤에서 자세히 소개할 것이다.

셋째, 미인이 불특정 다수의 인기투표에 의해 결정되는 것처럼 주식의 가격도 대중의 심리에 의해 좌우된다는 '케인스의 미인대회(Keynesian Beauty Contest)' 개념 같은 '군집행동(herd behavior)' 또한 피드백 거래(feedback trading)를 만들어 시장의 효율성을 저해한다. 즉 상대적으로 유사한 사고를 하는 집단은 자신들의 생각을 현실로 만드는 이른바 '자기 충족 예언(self-fulfilling prophecy)'의 함정에 빠져 '상향 나선(upward spiral)'을 만들어낸다. 여기에 시장의 점증하는 행복감(euphoria)과 미디어가 부채질을 한다. 이런 점에서 피드백은 의도적으로 가격을 불안정하게 만드는 현상이다.[53] 이 밖에도

---

53) A. Szyszka, 2011, "Systemic changes in the financial world and the search for the new paradigm of finance," The European Money and Finance Forum (Jan.).

마크업(mark-up)률 등을 감안해 결정되는 상품가격과 달리 자산가격은 기대요인의 영향을 크게 받고 시장참여자가 장래 투자에 대한 신뢰를 잃는 경우, 단기간에 위험 회피적인 심리적 일탈행위가 나타나는 경우가 많아 때때로 실물경제 여건을 반영한 적정 수준을 장기간 이탈하여 움직이는 특성을 가지고 있다.

이러한 이유들로 시장이론에 기초한 투자이론은 더 이상 효과적이지 못하다. 예를 들어, 금융위기 이전 신용평가사들은 주어진 포트폴리오 내 주요 부채의 다양화가 개별 차입자의 지급불능 리스크(the insolvency risk)를 제거할 수 있다고 믿어 왔다.[54] 분산투자에 의해서 포트폴리오 전체의 리스크를 경감할 수 있다는, 즉 잘 분산된 주식 포트폴리오로 개별 자산이 갖는 '분산가능위험(diversifiable risk)' 혹은 고유의 '비체계적 위험(a unique nonsystematic risk)'을 제거하는 것이 가능하다는 이른바 '분산투자 효과' 개념의 연장선에서, 부채 포트폴리오도 수백 차입자 중 한 사람의 지급불능은 포트폴리오 전체 가치에 영향을 미칠 만한 충격을 가하지 않을 것이라고 가정하였다. 이것이 증권화 부채 포트폴리오에 기초해 발행한 CDO에 신용평가사가 안전하다고 평가해 높은 등급을 부여한 이유이다. 그런데 앞에서 지적했듯이 금융위기를 만든 CDO는 '외삽법의 오류'나 '단계열 편향'과 더불어 '시스템 리스크'를 과소평가한 실수의 산물이었던 것이다. 예를 들어, 개별 투자자들은 분산 투자를 통해 투자 위험을 줄일 수 있었지만, 모든 투자자가 동일한 대상에 분산 투자하다 보니 투자 대상의 관점에서는 오히려 자금이 집중되었다. 금융위기 전 골드만삭스는 헤지펀드를 모방하였고, 파산한 투자은행들인 리먼브러더스와 베어스턴스는 골드만삭스를 모방하였고, 상업은행은 투자은행을 모방하였다. 금융회사들의 수익률이 비슷하다는 사실은 모든 금융회사의 비즈니스모델이

---

54) 대표적인 경우가 투자대상을 유가증권의 집합체인 '포트폴리오'로 포착하고 투자 수익과 이에 수반하는 투자 위험을 동시에 고려하는 마코위츠 포트폴리오 선택이론(the Markowitz portfolio theory, 1952)이다. 여기서 유가증권의 투자수익은 일어날 수 있는 모든 수익을 그 확률로 가중 평균한 기대치로, 그리고 리스크는 그 기대치가 실현되는 확률 척도인 기대수익과 기대치와의 괴리를 나타내는 분산치 또는 제곱근인 표준편차로써 잡을 수 있다. 그런데 포트폴리오에는 다수의 투자대상(유가증권)이 포함되기 때문에 개별 유가증권의 효용은 단순히 그것이 지닌 고유의 기대수익과 그 리스크가 크고 작다는 것에 한정시켜서 평가하지 않고 포트폴리오 전체의 수익과 리스크에 미치는 영향에 의해서 평가되어야 한다. 따라서 특정 유가증권의 수익은 다른 증권의 수익과 여러 상관관계를 갖기 때문에 모든 증권의 수익이 완전한 상관관계를 갖고 있지 않는 한 많은 증권을 추가함으로써 포트폴리오 전체의 리스크와 편입 증권의 리스크를 편입비율로 가중시킨 합계보다도 상당히 저하될 수 있다.

유사하였음을 의미한다. 본래 금융시장에서 투자의 다양성은 수익 추구와 리스크 관리라는 두 가지 이유로 출현하였다. 그런데 금융회사의 수익 추구가 경쟁적이 되어 집단적인 고수익 추구 활동의 결과 전체 금융부문에 비즈니스 전략으로 모방이 확산되었다. 이러한 전략의 결과 리스크 관리도 동질성을 강화시키면서 금융부문의 대차대조표(B/S)가 동질화되었던 것이다. 금융회사의 성과가 대개 경쟁 회사나 성공한 기업의 성과(benchmark)와 비교해 판단된 결과 은행들은 리스크 추구에서 서로를 모방하도록 부추겨졌던 것이다. "음악이 연주되는 한 우리 모두 일어나 춤을 추어야만 했다(As long as the music is playing, you've got to get up and dance)"는 2007년 시티그룹의 CEO였던 척 프린스(Chuck Prince)의 고백은 금융시장의 모방을 잘 표현해주고 있다. 이처럼 (예상하지 못한) '시스템 리스크'는 잘 분산한 모기지 포트폴리오의 전체 가치에 심대한 충격을 가했다. '시스템 리스크'에 대한 예상 실패는 상호연관성에 대한 과소평가의 결과였던 것이다.

## 시장이론에서 투자의 총위험

투자의 총위험은 비체계적 위험과 체계적 위험으로 구성된다. '비체계적 위험' 혹은 '분산가능위험'이란 개별 자산과 관련된 위험의 일부는 포트폴리오를 구성함으로써 제거될 수 있다. 즉 여러 자산에 나누어 투자함으로써 위험의 일부를 감소시키는 효과를 '분산 효과(diversification effect)' 또는 '포트폴리오 효과(portfolio effect)'라 하며 이런 효과(분산투자에 의해 제거될 수 있는 위험의 부분)를 '분산가능 위험' 또는 '비체계적 위험'이라고 한다. 특정 자산이나 소수의 집단에 의해 영향을 미치는 특수한 사건(신제품 개발, 혁신적인 비용절감, 신시장의 개척 등 좋은 소식이나 예기치 않은 소송, 산업재해, 파업 등 나쁜 소식)에 의해 야기되는 위험이다. 이처럼 '비체계적 위험'은 개별 기업이나 자산에 한정되므로 특수위험(unique risk) 또는 자산고유위험(asset-specific risk)이라고 한다. 이와 달리 '체계적 위험 혹은 시스템 리스크(systematic risk)' 혹은 '분산불가능 위험(nondiversifiable risk)'이란 포트폴리오의 종목수를 추가할수록 거기서 생기는 위험 감소의 편익은 줄어들고, 궁극적으로 분산투자에 의해서는 더 이상 제거될 수 없는 최소한의 위험이 여전히 남아 있는데 이를 '분산불가능 위험' 또는 '체계적 위험(시스템 리스크)'이라고 부른다. 즉 거의 모든 기업에 영향을 미치는 전반적인 요인(이자율, 인플레이션, GDP 등)에 의해 야기되는 위험인 '체계적 위험'은 시장 전반에 영향을 미치므로 '시장위험(market risk)'이라고 부른다.

그러나 시장은 완전하지 않고, 은행들은 유동성 쇼크를 완전히 헤지할 수 없으며 금융시스템 또한 효율적인 수준의 유동성을 제공하지 못한다. 실제로 각종 자산가격으로부터 유용한 '기대정보'를 추출하는 것은 현실적으로 대단히 어렵다. 그 이유는 기술진보 등으로 기업의 장래가치를 시장가격으로 전환하는 과정에서 필요한 투자자가 적용하는 할인율이 주관적이거나 장래의 투자수익흐름을 정확히 측정하기가 어렵기 때문이다. 또한 자산가격은 가격결정에 있어 기대요소를 많이 포함하고 있어 기초경제력 이외의 비(非) 기초경제적 요인에 의해 영향을 크게 받음으로써 가격의 변동성이 내생적으로 지나치게 커지는 경향을 보인다. 그 결과 자산가격은 잘못 책정되고 심지어 안전자산의 가격들도 그들의 펀더멘털 가치 아래로 떨어질 수 있다. 그리고 자산가격이 너무 떨어질 경우 유동성 수요를 가진 은행을 파산시킬 것이다.

## 제 4 절 　금융시스템

### 4.1. 금융시스템의 이해[55]

금융시스템(financial system)은 금융시장 및 금융기관과 이들을 형성하고 운영하며 원활하게 기능하도록 하는 법규와 관행, 지급결제시스템 등 금융인프라를 모두 포괄하는 개념이다. 먼저 금융시장은 기업, 가계, 정부, 금융기관 등 경제주체가 금융상품을 거래하여 필요한 자금을 조달하고 여유자금을 운용하는 장소를 의미한다. 금(전)융(통)의 준말로 이해할 수 있는 금융의 목표는 금융중개, 즉 금융자원의 효율적 배분에 있다. 금융자원의 배분 과정에서 자금 공급자(투자자)의 경우 수익성 및 안전성(유동성) 등의 고려와 더불어 정보비대칭 문제를 해결할 필요(은행과 신용평가사의 역할)가 있는 반면, 자금 수요자의 경우 자금조달 방법으로 차입(예: 은행 대출, 채권과 CP 등의 발행)과 투자자 모집(예: 주식 발행) 중 선택해야 한다.

'금융상품'은 현재 혹은 미래의 현금흐름에 대한 법률적 청구권을 나타내는 증서를 의미하는데 채권, 주식 등과 같은 기초자산 뿐만 아니라 선물, 옵션, 스왑 등 파생금융상품도 포함된다. (금융)선물(futures) 거래는 장래 매매를 할

---

55) 한국은행 홈페이지를 참고했음.

것을 사전에 약속하는 계약을, 옵션 거래란 장래 매매하는 권리를 사전에 매매하는 계약을 말한다. 스왑 거래란 거래조건을 서로 맞바꾸는 것을 말하는데 오늘날에는 두 채무자가 각자의 금리지급조건을 교환하는 금리스왑과 서로 다른 통화의 원리금 상환을 교환하는 통화스왑, 그리고 이들 금리 및 통화스왑을 여러 형태로 결합한 혼합스왑 등 거래대상과 목적에 따라 다양하게 발전되어 있다. 마찬가지로 스왑과 옵션을 조합한 스왑션이나 기온이나 강수량 등과 관계가 있는 기상파생상품, 구조화금융상품(structured products: 표준적 금융상품으로 충족될 수 없는 특정 요구에 대처하기 위해 만들어진 합성투자상품) 등 시간이 흐를수록 그 형태도 복잡해지고 진화하고 있다. 현재 수천종의 파생상품이 거래되고 있다.

'금융시장'은 거래되는 상품의 성격에 따라 대출시장, 주식시장, 채권시장, 외환시장, 파생금융상품시장으로 구분할 수 있다. 파생금융상품시장은 다양한 금융수단을 보유하는 데에 따르는 금리·주가·환율 등 가격변동 위험을 회피할 수 있는 수단을 제공한다. 여기서 외환시장은 서로 다른 통화를 교환하는 시장으로 자금의 대차거래는 아니지만 자금이 운용되고 있다는 점에서 금융시장에 포함된다. 금융기관은 거래비용의 절감, 만기 및 금액의 변환, 위험의 분산, 지급결제수단의 제공 등을 통해 금융시장에서 경제주체가 원활하게 금융거래를 할 수 있도록 하는 역할을 수행하고 있다. 구체적으로 금융기관은 예금·대출, 투자, 신용분석 등과 관련한 많은 전문 인력과 경험을 바탕으로 자금의 공급자와 수요자가 보다 적은 비용으로 금융거래를 할 수 있도록 해준다. 이와 함께 금융기관은 다양한 리스크관리 기법과 분산투자 등을 통해 리스크를 축소하거나 분산함으로써 자금을 보다 안정적으로 운용한다. 한편 경제주체간의 각종 거래를 종결시켜 주는 지급결제수단을 제공하여 경제활동을 보다 활성화 시켜주는 기능도 수행한다.

'금융인프라'는 금융시장과 금융기관이 원활히 기능하도록 하는 각종 금융규제 및 감독제도, 금융안전망, 지급결제시스템 등을 총칭한다. 금융규제와 감독은 금융시장 참가자가 일정한 규칙(rule)을 준수토록 함으로써 시장이 공정하고 투명하며 효율적으로 작동할 수 있도록 하는 제도를 의미한다. 이에는 금융관련 법률과 규정, 금융기관의 인·허가, 건전성 감독 및 감시, 제재 등이 포함된다. 금융안전망은 금융기관 도산 등으로 금융시스템이 불안해지고 이것이 경제에 악영향을 미치는 것을 방지하기 위한 금융시스템의 보완장치이다. 대표적인 금융안전망으로는 예금자보호제도와 중앙은행의 긴급유동성 지원제도(=최종대출자 기능)가 있다. 한편 지급결제시스템은 경제주체의 경제활동에서 발생하는 각종 거래를 마무리하는 지급결제가 원활히 이루어지도록 해주는 제도적 장치를 의미한다.

금융시스템의 중요한 기능은 가계, 기업, 정부, 금융기관 등 경제주체들이 저축, 차입, 보험계약 등을 통해 소비나 투자와 같은 경제활동을 원활하게 수행할 수 있도록 지원하는 것이라고 할 수 있다. 가령 가계는 금융시스템이 제공하는 저축이나 보험 수단을 이용함으로써 실직, 질병, 노후 등의 상황에서도 일정한 소비수준을 유지할 수 있다. 또한 경우에 따라서는 미래의 소득을 예상하여 차입을 통해 현재의 소비를 늘릴 수도 있을 것이다. 기업도 높은 수익이 기대되는 부문에 대한 투자를 늘리고 싶을 경우 부족한 자금을 금융시장이나 금융기관을 통해 조달할 수 있으며, 이와는 반대로 여유자금이 있는 경우에는 금융시장이나 금융기관을 통해 운용하게 된다. 이와 같이 금융시스템은 예금, 주식, 채권 등의 금융상품을 제공함으로써 경제주체의 여유자금이 저축되어 자금이 부족한 경제주체의 투자나 소비 지출로 이어지도록 하는 기능을 수행한다. 특히 이러한 과정에서 금융시스템이 자원을 생산성이 더 높은 경제활동의 영역으로 흘러가도록 기능하게 되면 자원배분의 효율성이 증대되면서 사회 전체의 후생도 늘어나게 된다. 이는 저축 혹은 투자주체의 부(wealth) 혹은 수익이 늘어나는 것을 의미한다.

금융시스템이 이와 같은 기능을 수행할 수 있는 것은 금융시장이 금리, 주가, 환율 등 (기초)금융상품의 가격을 형성하여 줌으로써 다양한 선호체계를 가진 경제주체의 금융거래가 원활하게 이루어지도록 하기 때문이다. 예를 들면 어떤 자금운용자는 위험이 높더라도 높은 수익을 보장하는 투자를 선호하고 어떤 자금운용자는 그와 반대인 경우도 있다. 또한 자금운용을 단기로 하고 싶을 수도 있고 장기를 원할 수도 있다. 자금 차입주체가 선호하는 차입조건 역시 다양할 것이다. 이와 같이 금융시스템은 위험, 수익성, 만기, 유동성 등 다양한 시장참가자의 선호 요인이 반영된 금융상품을 제공하고 가격을 형성함으로써 자금거래가 원활히 이루어지도록 한다. 이와 같이 금융시스템이 발전하여 다양한 금융상품이 제공되고 금융거래가 활성화되면 적절한 가격을 바탕으로 경제주체는 위험을 분산할 수 있다. 위험 분산을 위한 금융상품으로는 생명 건강 등과 관련한 보험상품과 금융자산 가격의 변동 위험, 거래상대방의 채무불이행 위험(=신용위험) 등과 관련한 각종 파생금융상품이 있다. 최근에는 금융공학과 정보통신기술의 발전 등으로 파생금융상품의 종류가 더욱 다양화, 국제화되고 있으며 그 거래규모도 더욱 증대되는 추세이다. 마지막으로 금융시스템은 정책당국이 금융·경제정책을 수행하는 중요한 경로가 된다. 예를 들어 중앙은행의 금리정책은 금융시장에서 공개시장조작 등을 통해 실행되며 정책의 효과는 금융시스템을 거쳐 실물경제로 파급된다. 이는 금융시스템이 금융상품의 공급을 통해 실제로 발행되는 중앙은행의 현금통화보다 더 많은 유동성을 창출하는 기능을 수행하면서 실물 경제활동을 뒷받침하기 때문이다.

그러나 금융시스템이 금융거래 계약을 통해 유동성을 창출하는 본원적 기능을 수행하는 이면에는 금융시스템의 불안을 유발할 수 있는 잠재적인 요인도 함께 존재한다. 즉 금융거래 계약은 현금을 이용한 거래와는 달리 차후에 이행되지 못할 위험성도 내포하고 있다. 또한 불완전 정보, 불완전 경쟁 등으로 금융시장은 완벽하게 작동하기 어려워 금융시스템이 항상 스스로 사회적 후생을 극대화 시켜주지 못하거나 경우에 따라서는 금융불안이 야기되어 큰 경제적 비용이 초래될 수도 있다. 따라서 금융시장, 금융기관 및 금융인프라로 구성된 금융시스템이 본연의 기능을 원활하게 수행할 수 있도록 정책당국의 금융안정을 위한 다양한 노력이 필요하게 된다. 이러한 관점에서 한국은행을 비롯해 대부분 중앙은행들은 경제의 건전한 발전을 도모하기 위해 금융안정상황 분석 및 평가, 금융시장 안정을 위한 긴급유동성 지원 등 다양한 금융안정 정책을 수행하고 있다.

우리나라의 금융시장은 금융기관을 통해 자금중개가 이루어지는 대출시장, 장단기 금융상품이 거래되는 전통적 의미의 금융시장, 외환시장, 파생금융상품시장으로 구성된다. 대출시장은 은행, 상호저축은행, 상호금융, 신용협동조합 등과 같은 예금취급 금융기관을 통해 다수의 예금자로부터 자금이 조달되어 최종 자금수요자에게 공급되는 시장을 말한다. 또한 신용카드회사와 같은 여신전문금융회사가 제공하는 현금서비스나 판매신용도 대출시장에 포함된다. 대출시장은 차주에 따라 기업대출시장과 가계대출시장으로 구분할 수 있다.

　전통적 금융시장은 거래되는 금융자산의 만기에 따라 자금시장(money market)과 자본시장(capital market)으로 구분된다. 자금시장은 단기금융시장이라고도 하는데 콜시장, 한국은행 환매조건부증권매매시장, 환매조건부증권매매시장, 양도성예금증서시장, 기업어음시장 등이 자금시장에 해당된다. 자본시장은 장기금융시장이라고도 하며 주식시장과 국채, 회사채, 금융채 등이 거래되는 채권시장 그리고 통화안정증권시장 등이 여기에 속한다.

　외환시장은 외환의 수요와 공급에 따라 외화자산이 거래되는 시장으로 우리나라에서는 교역규모 확대, 외환자유화 및 자본시장 개방, 자유변동환율제 도입 등에 힘입어 주로 원화와 달러화를 중심으로 이종통화간의 거래가 활발히 이루어지고 있다. 한편 외환시장은 전형적인 점두시장의 하나로서 거래 당사자에 따라 외국환은행간 외환매매가 이루어지는 은행간시장(inter-bank market)과 은행과 비은행 고객 간에 거래가 이루어지는 대고객시장(customer market)으로 구분된다. 은행간시장은 금융기관, 외국환중개기관, 한국은행 등의 참여하에 대량의 외환거래가 이루어지고 기준환율이 결정되는 도매시장으로서 일반적으로 외환시장이라 할 때는 은행간시장을 말한다.

　파생금융상품시장은 전통 금융상품 및 외환의 가격변동위험과 신용위험 등 위험을 관리하기 위해 고안된 파생금융상품이 거래되는 시장이다. 우리나라의 경우 외환파생상품 위주로 발전되어 왔으나 1990년대 중반 이후에는 주가지수 선물 및 옵션, 채권선물 등이 도입되면서 거래수단이 다양화되고 거래규모도 크게 확대되고 있다. 먼저 파생상품(derivatives)이란 용어의 의미에서 보듯이 주식이나 원자재 같은 상품을 기초로 해서 만들어진 상품이다. 파생상품을 만든 이유는 기본적으로 불확실성과 위험을 합리적으로 관리하려는 동기에서 출발하였다. 오늘날 우리는 유가를 비롯한 원자재 가격, 환율, 금리, 주가 등의 급격한 변동 속에서 살아가고 있고, 이러한 변동성이 커질수록 가계와 기업, 정부 등 경제주체들은 불확실성과 그로 인한 위험에 직면하게 된다. 예를 들어, 국제 유가나 원자재 가격이 급격히 상승하면 생산비용이 늘어나 기업의 수익성은 떨어지고, 가계의 실질소득은 하락하고, 국가의 GNI도 하락하게 된다. 또한, 환율이 오르면 원자재를 수입해야 하는 기업들은 큰 손실을 입게 되고, 환율이 하락하면 수출업자가 손실을 입게 된다. 따라서 기업이나 투자자들은 다양한 상황 변동에 따른 위험을 합리적으로 관리할 필요성이 존재한다. 이에 부응하기 위해 출현한 것이 파생상품이다. 파생금융상품의 본격적인 거래가 70년대 초 금융 상황의 급격한 변화에서 비롯한 것도 우연이 아니다. 즉 1971년 8월 15일 미국 정부의 금태환 정지 선언에 따른 달러 가치의 하락과 변동환율제로의 이행으로 국제시장에서 달러로 거래되는 석유나 원자재 등 상품가격이 상승하고, 그에 따른 인플레이션의 발생은 금리 상승으로 이어지고 주식이나 채권 가격이 불안정해진다. 금융선물이 1972년 시카고 상품거래소(CBOT, Chicago Board of Trade)에서 통화선물(또는 외환선물)을 중심으로 거래되기 시작하였고 통화선물 거래가 성공적으로 이루어지자 선물거래방식이 점차 다른 금융자산으로 확산되었고 옵션(option) 시장도 1972년 시카고에 설립된 배경이다. 선물거래가 급증하면서 1974년 상품선물거래위원회법이 통과되고 1975년에는 각종 선물에 대한 규제감독기관으로 상품선물거래위원회(CFTC, Commodity Futures Trading Commission)가 구성된다. 1980년대 이후에는 선물계약의 전체 거래대금이 현물거래를 압도하였다. 파생금융상품의 가치를 계산하기 위한 금융공학과 수학이 발전하기 시작한 것도 이러한 금융환경의 변화가 배경을 이룬다. 금융공학의 효시로 알려진 '블랙–숄즈 모형(Black–Scholes Model)'이 발표된 것이 1973년('옵션과 기업 채무의 평가, The Pricing of Options and Corporate Liabilities')이다. 블랙–숄즈 모형은 숄즈에게 노벨상의 영광을 안겨주었을 뿐 아니라, 발표 후 불과 수개월 만에 금

**그림 8-19 파생상품과 기초상품**

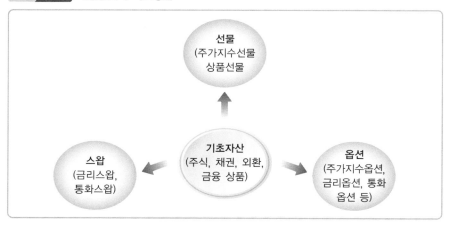

융시장에서 이 방정식을 이용한 옵션의 가치 평가가 이루어질 정도로 파급 효과가 지대하였다.

파생상품의 거래에서는 채권, 통화, 주식 등 현물이 거래되는 것이 아니라 기초자산의 가격이나 지수가 거래된다.

파생상품과 기초상품 간 중요한 차이 중 하나는 전자의 경우 레버리지 효과가 매우 크다는 점이다. 주식이나 채권 등 기초상품 거래는 매매할 때 현물의 가치와 동일한 금액을 필요로 하지만 파생상품의 거래는 적은 금액으로도 큰 거래가 가능하다. 즉 파생상품거래는 투자 원금을 거래당시에 바로 주고받지 않고, 일정 비율의 증거금만 가지고 거래하기 때문에 실제 거래대금보다 더 적은 금액으로 거래를 할 수 있다. 그 결과 수익과 손실이 매우 크다. 즉 파생상품 거래는 고위험(High-risk), 고수익(High-return) 상품으로 손실위험이 크므로 결제이행을 위한 담보가 항상 필요하다. 예를 들어, 선물거래의 경우 계약시점과 결제시점간의 간격이 장기간이므로 미결제약정을 갖고 있는 투자자로 하여금 선물가격이 자신에게 불리하게 변동될 경우를 대비하기 위해 증거금을 납부하도록 하고 있다. 증거금은 결제이행을 보증하기 위한 담보금이므로 결제의무를 부담하는 주체에 따라 투자자가 회원에 대한 결제이행보증금으로 회원에 납부하는 위탁증거금과 회원이 거래소에 대한 결제이행보증금으로 거래소에 납부하는 거래증거금으로 구분된다.

파생상품은 거래 장소에 따라 거래소를 통해 거래되는 장내파생상품과 거래소가 아닌 곳에서 거래되는 장외파생상품(Over The Counter derivatives, OTC)으로 구분하기도 한다. 전자의 경우 거래소가 결제에 대한 책임을 질뿐만 아니라 증거금제도나 일일정산 등 결제안전장치가 있어 거래가 안전하고 투명한 장점을 갖는다. 반면, 장외 거래를 필요로 하는 고객과 장외파생상품을 전문적으로 취급하는 시장 조성자 사이에서 대부분 이루어지는 후자의 경우 거래 상대방끼리만 동의하면 어떠한 조항도 넣을 수 있다는 점에서 유연성이 있고 맞춤형 거래가 가능하다는 특징이 있다. 즉 장외시장의 딜러들은 직접 만나지 않으며 이들은 전화와 컴퓨터로 연결되어 있다. 거래는 전화로 이루어진다. 여기서 전화 통화는 녹음된다. 거래의 한 상대방은 일반적으로 금융기관에서 일하는 거래자이다. 거래의 다른 상대방은 금융기관에서 일하는 거래자이거나 기업의 재무담당자 또는 펀드매니저일 것이다. 그러나 장외거래의 경우 금융 지식과 정보의 비대칭성으로 인하여 불공정거래가 발생할 개연성이 높을 뿐 아니라 그 다양성과 (장)부외거래의 가능성 때문에 상대적으로 투명성이 부족하여 장외파생상품의 직접적인 투자자 또는 장외파생상품거래를 하는 회사의 주주 등 간접적인 이해관계자가 불의의 손해를 입을 가능성도 높다. 파생상품 중 선물과 장내옵션이 장내파생상품이고, 장외옵션, 스왑, 선도거래(forwards)가 장외파생상품이다. 선물거래와 선도거래의 주요 차이가 장내파생상품과 장외파생상품에 있듯이 선물거래는 공인된 거래소에서 이루어지는 표준화된 거래인 반면, 선도거래의 경우 계약자들 간에 개별적으로 체결되는 계약이기에 거래 장소, 형식, 내용, 방법 등이 다양하게 정해진다는 차이를 갖는다. 장외시장의 거래 규모가 거래소의 규모보다 대개 크다. 예를 들어, 2010년 7월 도드-프랭크(Dodd-Frank) 법안이 통과되기 이전 장외거래(OTC)를 통한 파생금융상품의 명목가치만 하더라도 세계 GDP의 10배가 넘는 7백조 달러로 추정되었다. 장외파생상품의 위험성은 금융위기를 통해 드러났고, 그 결과 2009년 9월 G20에서 장외파생상품거래의 청산기관으로 중앙청산소(CCP: Central Clearing Party)를 통한 청산을 하기로 합의함에 따라 한국도 2013년 4월과 7월 각각 자본시장법 및 금융투자업규정의 개정을 통해 2014년 6월 30일부터 의무청산 시행을 개시하였다. 중앙청산소란 원래 거래소 장내시장에서 거래되는 상품에 대해 제공되는 중앙청산결제 서비스로 이를 장외파생상품의 거래까지 확대시킴으로써 청산소가 장외파생상품 거래의 결제 위험을 인수해 거래상대방의 신용위험이 집중되도록 하고 회원자격의 제한, 포지션과 증거금 관리 등의 역할을 수행하도록 한 것이다.

이처럼 파생상품은 위험관리 기능과 동시에 고수익 추구가 가능하기에 위험도 매우 높다는 양면성을 갖고 있다. 예를 들어, 수출입을 주 사업으로 하는 기업들에게 환위험 회피(hedge) 등 기업 운영의 안정성을 높여주는 기능이 있는 반면, 수익을 추구할 경우 위험도 수반된다. 이 두 가지 측면을 예를 통해 살펴보자. 먼저 환위험 회피의 경우이다. 환율이 하락하는 상황에서 수출업체 (예: 조선업체)는 환리스크를 헤지하기 위해 선박수주 계약을 하자마자 동시에 수주계약 금액에 해당하는 선물환 매도를 해야 한다. [그림 8-20]과 [그림 8-21]은 조선업체들의 선물환 매도에 따른 자금흐름도이다. 단, 조선업체가 1년 후 받기로 한 수주대금 1억 달러의 선물채권을 선물환거래를 하였고, 계약을

그림 8-20 조선업체들의 수출계약 체결과 선물환 매도에 따른 자금흐름도

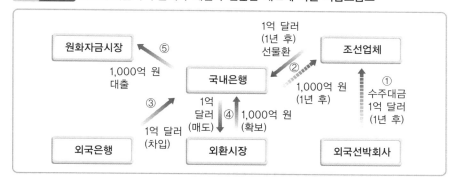

그림 8-21 선물환계약 만기 시의 자금흐름도

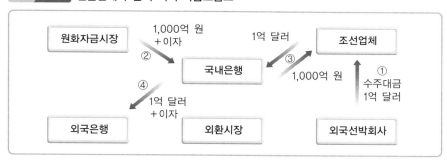

체결할 때 현물(spot) 환율과 선물환 환율 모두 1,000원이라 가정한다. 선물환을 매수한 국내 은행은 외국 은행으로부터 현물 1억 달러를 차입(예: 이자 1%)해 시장에 매도하여 확보한 1,000억 원을 국내 기업에 대출(예: 3% 이자)한다. 이제 1년 후 선물환 거래가 청산되는 과정을 살펴보자. 국내 조선업체는 선박을 넘겨주고 외국 선주에게 1억 달러를 받아 국내 은행에게 1억 달러를 넘겨주고 국내 은행은 기업에게 회수한 대출금 1,000억 원과 이자로 국내 조선업체와 외국 은행에 지불함으로써 국내 기업과 은행 모두 환헤지에 성공한다. 게다가 국내 은행은 선물환 매수를 함으로써 수익을 실현할 수 있다.

선물환 거래는 기업에게만 적용되지 않는다. 가계 소비자 역시 선물환 거래에 적극 참여한다([그림 8-22] 참고). 예를 들어, 가계 소비자가 해외자산을 투자대상으로 하는 펀드에 투자하는 순간 자산운용사 역시 환율 변동에 따른 손실을 회피하기 위해 선물환 매도를 해야 하기 때문이다. 다음은 환헤지를 하지 않은 해외투자의 손실과 관련된 신문기사 하나이다.

"2013년 1월 브라질 국채 3억 원어치를 산 원모씨의 11일 기준 자산 평가액은 1억9,350만 원이다. 2년도 안 되는 기간에 원금의 36%가 날아갔다. 지난해 초 헤알당 550원 선이던 환율(재정환율 기준)이 420원 안팎까지 떨어진 탓에 입은 환차손만 22%에 달한다. 작년[필자주: 2013년]부터 브라질 기준금리가 10차례에 걸쳐 연 7.25%에서 11.25%로 오르면서 평가 손실도 발생했다. 세 차례 받은 이자를 합해도 수익률은 −25%다. 연 10%가 넘는 채권수익률, 종합소득과세 면제 등을 내세워 2011년 이후 7조 원어치, 올 들어서만 1조7,000억 원어치가 팔린 브라질 국채가 투자자를 울리고 있다. 지난 8월 말 이후 두 달간 9~10%의 손실이 발생했다. 일시적으로 회복됐던 헤알화 가치가 다시 급락했고, 기준금리까지 올랐기 때문이다."

(한국경제신문, "브라질 국채 투자자의 눈물," 2014년 11월 12일자)

그림 8-22 환율과 펀드투자

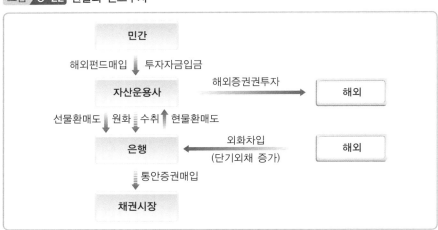

기업이나 개인 그리고 은행의 선물환 거래 참여가 합리적 선택이라 하더라도 국민경제 차원에서도 최적의 선택임을 의미하지는 않는다. 환율 하락 상황에서 선물환 거래의 급증은 기타투자수지(금융계정)의 증가와 단기 대외부채의 증가를 초래한다. 그 결과 달러가 약세인 상황이 달러값을 추가적으로 하락시키는 악순환을 만든다. 즉 국내 기업 및 개인, 은행의 합리적 선택의 결과인 선물환 거래는 국민경제의 관점에서는 수출경쟁력을 약화시킬 뿐 아니라 외환시장 불안정성을 증가시키는 '구성의 오류'를 발생시킨다. 이른바 '부정적 외부효과'를 발생시킨다. 예를 들어, 리먼 브러더스가 파산한 2008년 9월 기준 한국의 총대외채무는 4,251억 달러였고 이 중 은행권의 단기채무가 653.3억 달러(29.3%)로 2007년 말 대비 19.7%나 급증하였는데 그 결과 외환시장의 변동성을 크게 증폭시켰다. 국내 은행의 단기 해외차입을 유발한 것은 기본적으로 선물환 거래에 의한 것이었다. 국내 은행이 조선·중공업체 및 해외증권투자의 환위험 헤지를 위한 선물환 매도를 받아주면서 발생한 '포지션 조정',[56] 즉 국내 은행은 선물환 거래에 따른 환위험 헤지를 위해 선물환을 매입하면 현물환을 매도하는 과정에서 현물환 매도용 외화대금을 차입하였다.

'부정적 외부효과'는 실제로 비용을 유발시킨다. 대표적 경우가 역외(차액결제)선물환(NDF, Non-Deliverable Forward) 거래이다. 만기에 계약 원금의 교환 없이 계약 선물환율과 현물환율(지정환율)간의 차이만을 계약 당시 약속한 지정통화(통상 미 달러화)로 결제하는 파생금융상품(일명 '차액결제선물환')으로 본국의 세제나 운용상의 규제를 피하여 금융·조세·외환관리 면에서 특전을 누릴 수 있는 타국(역외)에서 운용하는 선물환이다. 따라서 실수요와는 무관한 투기적 거래가 빈번하다. NDF 거래는 주로 홍콩 등 해외 외환시장에서 이루어진다는 점에서 역외거래이다. 1995년경부터 홍콩, 싱가포르 등지에서 원·달러 선물환 거래가 시작됐으며 지금은 뉴욕·런던 등지에서도 거래가 활발하다. 주로 한달짜리 원·달러 선물환이 거래된다. 외국인만 참여하는 시장이었으나 1999년 4월부터는 국내 은행 등 내국인의 참여가 허용되었다. 대규모 NDF 매매는 국내 외환시장 참가자들의 심리에도 영향을 미칠 수밖에 없다. 예를 들어, 투기세력(외국펀드)이 원화 강세를 예상하고 NDF 시장에서 국내 은행에 선물환 1억 달러(만기 90일, 1달러=1,100원)를 매도하면 국내 은행(현지법인)은 헤지를 위해 현물 1억 달러를 (다른 외국은행에서) 차입해 현물시장에서 달러를 내다팔고 1,100억 원을 기업에게 대출한다. 그 결과 원화 강세와 단기 외채가 증가한다. 90일 후 은행은 1,100억 원과 이자수입을 갖고 외국펀드에게 차액결제로 100억 원(1천만 달러) 그리고 외국은행에 1천억 원(1억 달러)를

---

56) 예를 들어, 조선업체는 2007년 수주액 1,015억 달러의 60%가 넘는 623억 달러의 선물환을 매도하였고, 2008년 상반기 전체 기업(584억 달러) 및 해외증권투자(37억 달러)에 따른 선물환 순매도는 621억 달러인데 이 중 403억 달러를 조선업체가 매도한 것이었다.

지급한다. 원화 강세가 지속될 경우 수출경쟁력의 약화 등으로 정부는 외환시장에 개입하기 쉽다. 이 때 정부가 동원하는 자원이 '외국환평형기금'이고, 외화자금의 수급조절을 위해 정부가 발행하는 채권이 '외국환평형기금채권(외평채)'이다.[57] 즉 외국환평형기금은 정부가 외환시장에 직접 개입하여 계절적 또는 투기적인 외화자금의 수요불균형을 조절함으로써 자국통화의 대외가치, 즉 환율을 적정수준에서 안정시킴과 동시에 이에 따른 국내 통화량의 증감을 재정자금으로 흡수 내지 중화시킴으로써 국내 금융시장을 안정시키기 위해 설치된 정부의 특별기금에 해당한다. 2004년 재경부 국정감사에서 역외선물환을 통해 1조 8천억 원의 손실을 본 부분이 크게 문제가 된 적이 있다. 수출에 도움을 주고자 달러를 1,200원 이상으로 유지하기 위해 달러를 사들이고 원화를 파는 포지션을 취했는데 결과는 실패로 끝났다. 즉 정부는 현물환 시장에다가 NDF시장까지 동원하여 화끈(?)하게 달러가치를 지지했지만 미국의 경상수지 적자로 달러가 남발이 되면서 달러 공급과잉의 흐름을 막을 수 없었던 것이다. 참고로 외평채는 원화와 외화 표시 두 가지로 발행된다. 원달러 환율이 급락(원화의 평가절상)할 경우 정부는 원화표시 외평채 발행을 통해 원화를 확보, 시장에 공급함으로써 원화 가치를 안정시킬 수 있다. 반대로 외화표시 외평채는 원달러 환율이 급등(원화의 평가절하)하는 것을 막기 위한 목적으로 주로 발행된다.

파생상품거래가 대규모 손실을 유발한 대표적 경우가 키코(KIKO: Knock-in, Knock-out) 사태이다. 주로 수출기업들이 환율이 떨어질 때 입는 손실을 피하게 해주는 통화옵션의 한 상품이다. 통화옵션이란 일정기간 내 또는 계약 만기일에 일정량의 통화를 일정한 가격으로 사거나 팔 수 있는 계약상의 권리이다. '콜옵션(call option)'은 일정기간 내에 또는 계약 만기일에 일정 가격으로 일정량의 특정 통화를 살 수 있는 권리이며 풋옵션(put option)은 반대로 팔수 있는 권리이다. 거래된 대부분 키코는 기업이 수출대금의 환율변동 위험에 대비하기 위한 수단으로 상한선(Knock-in) 환율과 하한선(Knock-out) 환율을 설정하고 풋옵션 매입과 콜옵션 매도를 1대2 비율로 결합시켰다. 예를 들어,

---

57) 한국은 외국환거래를 원활하게 하기 위해 「외국환거래법」 제13조 제1항에 근거하여 1967년부터 외국환평형기금은 설치하여 운영 중으로 외환보유액 유지 등을 통해 환율의 급변동에 효과적으로 대처(smoothing operation)하여 외환시장의 안정화와 국민경제의 안정적 성장을 목적으로 삼고 있다.

기업 A가 키코 거래 계약을 할 때의 환율(약정환율) 1달러=1000원에서 상한선 (Knock-in) 환율을 1,100원, 하한선(Knock-out) 환율을 990원으로 월 100만 달러씩 6개월을 계약했다. 이 경우 환율이 상한선인 1,100원 이하로 오르면 현실 환율로 매도할 수 있고, 환율이 하락하더라도 하한선인 900원까지는 약정환율 1,000원을 적용받는다. 대신 900원 밑으로 떨어지면 계약은 무효가 된다. 따라서 환율이 약정환율인 1,000원과 하한선 900원 사이를 맴돌 경우, 예를 들어 환율이 900원이라면 풋옵션 1계약(100만 달러)을 달러 당 1,000원이 라는 높은 가격으로 팔 수 있으므로 10억 원의 환차익을 실현하게 된다. 그러나 기대와 달리 환율 상승 시, 예를 들어, 환율이 1,200원일 경우 현물시장에서 달러를 팔면 12억 원을 벌 수 있지만 계약환율인 1,000원을 적용하기에 10억 원 밖에 받지 못해 손실이 발생한다. 문제는 A사의 경우 콜옵션 매도 2계약에 따라 약정환율인 1,000원에 200만 달러를 매도해야 하기에 4억원의 총손실을 보게 된다. 순손실만 고려하더라도 수출대금 100만 달러를 초과한 100만 달러에 대해 2억원 손실이 발생한다. 그 다음 달에 환율이 1,300원으로

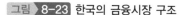

**그림 8-23** 한국의 금융시장 구조

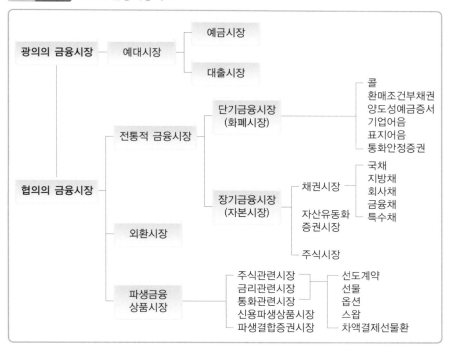

상승할 경우에는 추가로 3억원 손실이 발생한다. 키코 사태의 발생이 시작했던 2008년 900원대에서 1500원대까지 상승함으로써 키코 계약의 피해는 눈덩이처럼 불어났다.

금융시스템은 금융거래 방식에 따라 직접금융시스템과 간접금융시스템으로 구분한다. 직접금융시스템은 금융거래가 자금공급자와 수요자간에 자금이 직접 이전되는 방식, 즉 자본시장 중심으로 금융거래가 이루지는 시스템을 말한다. 직접금융시스템에서는 자금의 최종수요자가 발행한 채무증서나 회사채 등의 직접증권을 자금공급자가 직접 매입하는 방식으로 금융거래가 이루어진다. 반면, 간접금융시스템은 시장이 아닌 금융중개기관을 통해 거래가 이루어진다. 즉 간접금융시스템에서는 은행이나 자산운용회사와 같은 금융중개기관이 예금증서나 수익증권과 같은 간접증권을 발행하여 자금을 조달한 다음 이를 이용하여 자금의 최종수요자가 발행하는 직접증권을 매입하는 방식으로 금융거래가 이루어진다. 자금의 실질적인 공급자와 수요자 간에 직접 거래가 이루어지지 않는다는 점에서 간접금융이라 한다.

**그림 8-24 금융시스템과 자금 흐름**

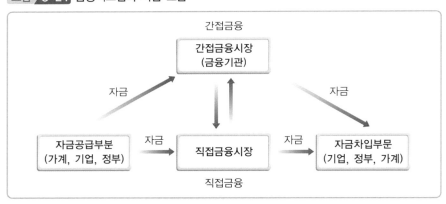

## 4.2. 그림자금융시스템(Shadow Banking System)

금융시스템은 1970년대 이후 근본적인 변화를 경험하였다. 그 결과로 글로벌 금융위기의 원인 중 하나로 지적되는 '그림자금융'이 1980년대 이후 급성장하였다. '그림자금융'은 "은행이 아니면서, 따라서 은행 규제의 대상이 아니면서, 은행의 기능을 수행하는 기관 혹은 장치"로 정의한다. 즉 그림자금융은 전통적 은행(예금수취기관)처럼 만기(maturity), 신용(credit), 유동성(liquidity) 전환을 수행하지만, 중앙은행의 유동성에 대한 접근(예: 재할인창구)이나 공공부문으로부터의 신용 보증(예: 예금보험)에서 배제된다.[58] 즉 그림자금융은 건전성 규제와 감독 관리가 적용되지 않는 혹은 규제를 받는 은행의 경우보다 규제와 감독 관리를 덜 받는 환경에서 발생한다. 여기서 '그림자'라는 말은 은행대출을 통해 돈이 유통되는 일반적인 금융시장과 달리 투자대상의 구조가 복잡해 손익이 투명하게 드러나지 않는다는 점에서 붙은 것이다. 투자은행 · 헤지펀드 · 구조화투자회사(SIVs, Structured Investment Vehicles: 투자은행들이 장기고수익자산에 투자할 목적으로 설립한 투자전문 자회사)뿐만 아니라 비은행 모기지대출회사, 헤지펀드와 사모펀드(PEF, Private Equity Fund), 투자은행과 증권중개인(broker dealers), 보험, 머니마켓뮤추얼펀드(MMMF), 연기금, 정부보증기업(GSEs, Government Sponsored Enterprises), 특수목적기업(SPCs or SPVs, Special Purpose Companies or Vehicles), ABCP 콘듀잇(Conduit, 부동산 · 카드채 · 유가증권 등을 혼합해 유동화하기 위해 은행들이 설립한 자산유동화법인), 증권대부(고객의 공매를 위하여 한 중개인이 다른 중개인에게 증권을 대부하는 업무), 모노라인(Monoline, 채권보증회사) 등이 포함된다.

그림자금융의 등장은 기본적으로 금융화에 따른 금융회사의 수익 추구의 산물이었다. 은행을 포함해 금융회사는 기본적으로 자금조달 비용을 최소화시키고 자산운용의 수입 극대화를 추구한다. 은행의 전통적인 영업방식인 단기 자금조달(예금)과 장기 자산운용(대출)이 그것이다. 또한 금융회사는 자산의 리스크를 줄이기(이전시키기) 위해 그리고 운용자산 규모를 극대화시키기 위한 레버리지 기법으로 자산을 유동화시킨다. 유동성이란 자산을 현금으로 전환할 수 있는 정도 혹은 능력을 의미한다. 즉 '자산의 유동화(화폐화, 증권화;

---

58) Z. Pozsar, T. Adrian, A. Asheraft, H. Boesky, 2010, "Shadow Banking," FRB of N.Y. Staff Reports, No. 458 (Feb.). 금융안정위원회(FSB)는 "정규적인 은행시스템 외부에서 이루어지는 신용 중개와 관련된 금융중개 기관이나 금융중개 활동"으로, IMF는 "비핵심 부채(비전통적 자금조달)를 통한 은행과 비은행 금융기관의 자금조달"로 정의했다. Financial Stability Board(FSB), 2013, "Policy Framework for Strengthening Oversight and Regulation of Shadow Banking Entities," Consultative Document, Financial Stability Board, Basel. http://www.financialstabilityboard.org/publications/r_130829c.htm; IMF, 2014, Global Financial Stability Report: Risk Taking, Liquidity, and Shadow Banking: Curbing Excess While Promoting Growth, Ch. 2 (Oct.).

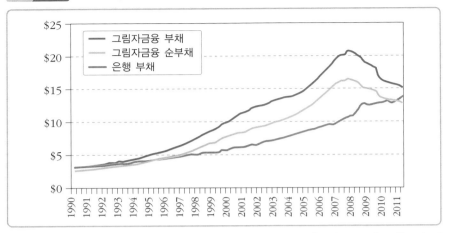

출처: Z. Pozsar, T. Adrian, A. Ashcraft, and H. Boesky, 2012, "Shadow Banking," Federal Reserve Bank of New York Staff Report No. 458, Figure 1 (February revision).

ABS)'는 유동성이 낮은 혹은 유동성이 없는 자산을 증권화하여 자산의 유동성을 제고시키는 동시에 자산의 리스크를 이전시키고 운용자산을 추가로 확보하는 효과를 만들어낸다.

증권화 시장은 1970년에 미국의 정부주택보증공사인 지니매(GNMA 혹은 Ginnie Mae)가 미국 정부가 보증하는 주거용 모기지(주택담보대출금)를 담보로 한 증권(rMBS: resident MBS) 발행을 계기로 탄생하였다. 1980년대에는 소비자 자산을 담보로 한 증권 시장이, 그리고 영국에서 주거용 모기지 담보 증권 시장이 출현하였고, 90년대에는 미국에서 상업용 부동산에 대한 증권화(cMBS: commercial MBS)가 시작되었다. 21세기 시작 무렵 미국 민간 차원의 증권화 시장 규모는 유럽 규모의 약 5배 수준인 1조 달러로 성장하였다. 특히, 2000년 닷컴버블이 붕괴되면서 대체 투자 대상으로 MBS가 부상하면서 민간 회사 차원의 주거용 MBS 발행은 1999년 1,480억 달러에서 2006년에는 1.2조 달러까지 급증하였다. 그 결과 전체 MBS 발행 중 18%에서 56%로 증가하였다. 게다가 신용등급이 낮은 저소득층을 대상으로 주택자금을 빌려주는 비우량주택담보대출인 서브프라임 모기지(subprime mortgage)[59]의 증권화 시장은

---

59) 미국의 모기지 시장은 신용등급에 따라 크게 프라임(prime conforming conventional mortgage), 프라임 점보(prime jumbo), 알트에이(Alt-A), 서브프라임(subprime mortgage) 시장으로 구분된다. 서브프라임 모기지는 신용도가 떨어지는 개인들을 대상으로 집값의 90% 이상까지 대출해주는

2000~06년간 1천억 달러에서 6천억 달러 규모로 증가하였다. 그 결과 모기지 증권화 시장의 6.9%에서 20.1%로 증가하였다. 1940년에 44%에 불과했던 미국의 주택소유 비중이 금융위기 직전 69%까지 상승하고 주택가격이 폭발적으로 상승한 배경이다. 금융위기 이전 증권화를 통한 자산의 리스크 이전과 수익성 제고는 '증권의 재증권화(rehypothecation)'인 부채담보부증권(CDO)에서 절정을 이루었다. CDO 규모는 2000~07년간 6배 이상 증가하여 1조 달러 규모로 증가하였다. CDO를 또 다시 증권화시킨 2차 CDO도 11배 증가하여 약 3천억 달러 규모로 증가하였다.[60] 자산의 유동화와 CDO에 대해서는 뒤에서 자세히 소개할 것이다.

한편, 금융회사의 수익 추구는 리스크 증대를 수반할 수밖에 없다. 그러나 은행 등 금융회사의 과도한 위험 추구는 금융회사의 파산으로 그치지 않고 전염효과(contagion effect)의 형태로 사회적 비용을 유발함으로써 금융시스템, 나아가서는 국민경제의 안정성을 위협할 수 있다. 경제이론적으로 볼 때 모든 손실이나 수익이 내부화되면, 즉 사회적 외부성이 존재하지 않는다면 규제는 불필요하다. 그러나 금융회사가 파산할 경우, 특히 많은 금융기관과 상호 연관된 거대 금융기관이 파산하는 경우 그 피해는 주주와 경영자 등에 대한 사적비용을 크게 초과하여 경제시스템 전체의 문제로 비약한다. 그리하여 금융부문에는 특정한 행동 규칙을 설정하는 규제, 그 규칙이 준수되는지의 여부를 관찰하는 감시, 그리고 금융회사의 행동을 보다 전반적으로 단속하는 감독을 통하여 과도한 리스크를 추구하지 못하게 한다. 따라서 금융회사가 높은 수익을 추구하려면 역설적으로 규제와 감독 등을 완화시켜야 한다. 미국 등 선진국을 중심으로 1980년대 이후 금융의 탈규제 흐름은 그 결과였다. 예를 들어, 앞에서 소개한 '자산의 증권화'가 급증한 것도 (은행감독 업무의 국가간 협력과 국제적 기준을 마련하기 위하여 G10의 중앙은행 및 은행 감독 당국의 대표들로 구성된) 바젤위원회가 '자산의 증권화'에 관대하였기 때문이다. 즉 은행의 자산 이

---

장기 주택담보대출이다. 즉 비우량 주택담보대출로 서브프라임 모기지의 대출 금리는 우량 대출인 프라임 모기지의 대출 금리보다 2~3%가 높고, 대부분이 2년간 고정금리를 내다가 이후 28년 동안 변동금리를 내는 구조이다. 서브프라임 모기지 대출은 2006년 말 잔액기준으로 전체 모기지 대출 잔액의 12%를 차지하였고, 홈에퀴티론(home equity loan, HEL)까지 포함하면 24%에 달했다. HEL이란 주택 구입 가격에서 은행으로부터 집을 담보로 대출받은 돈을 제외한 집의 가치를 담보로 또다시 대출받는 소위 '2차 대출'로 담보물 차압에 있어서도 선순위(first-lien) 모기지에 밀린다.

60) P. Lindner and J. Blankenheim, 2013, "Secuirtization: Lessons Learned and the Road Ahead," IMF Working Paper, pp. 8-9.

전이 위원회가 설정한 기준을 충족하고, 또한 리스크가 특수목적법인(SPVs, Special Purpose Vehicles)에 이전되도록 건전성 기준에 포함된 규정들을 충족하는 한 이전시킨 자산을 은행의 자기자본비율{=(자기자본/위험가중자산)× 100; BIS capital adequacy ratio}에서 배제할 수 있도록 허용해주었다.[61] 여기서 위험가중자산이란 '위험가중자산(Risk Weighted Assets)'이란 자산 중 손실을 입을 위험이 있는 자산을 의미한다. 예를 들어, 바젤 II 기준으로 은행이 보유하는 자산 중 중앙정부나 중앙은행에 대한 채권의 위험가중치는 0%, 국내 공공기관에 대한 채권은 10%, 은행에 대한 채권은 20%, 주택담보대출 채권은 50% 등을 적용한다. 즉 자기자본비율이란 은행의 최소한 지불능력(solvency ratio)을 의미한다. 바젤 II에서 은행의 자산 중 손실을 입을 위험이 있는 자산은 신용위험가중자산, 시장위험가중자산, 운영위험가중자산으로 구성한다. 이에 대해서는 다음 절에서 자세히 소개할 것이다.

또한, 규제 회피를 위해 (장)부외거래(off-balance sheet transactions)가 급증하였다. 즉 규제와 감독을 회피하기 위해 (앞에서 지적했듯이) 파생금융상품을 중심으로 거래소시장 밖인 장외거래(OTC)와 대차대조표(B/S)에 수치가 나타나지 않는 (장)부외거래가 급증하였다.[62] 즉 규제에 대한 금융회사의 대응이 자기자본비율 제약의 회피와 유동성을 보장해주는 그림자금융 대두의 배경이었던 것이다. 사실, 1980년대 이후 은행에 대한 규제 완화의 많은 부분이 규제를 덜 받고 자금조달 비용을 절감할 수 있으며 높은 레버리지(차입)를 사용하는 '그림자금융'과 경쟁할 수 있도록 하는 데 초점을 맞추었다. 예를 들어, 은행들은 감독 없이 높은 리스크를 추구하기 위해 자본 비용을 피할 수 있는 장부외거래가 가능한 특수목적법인(SPVs, special purpose vehicles)을 만들었다.

## 4.3. 자산의 유동화와 통화지표의 변경

통화량은 중앙은행이 발표하는 통화지표로 파악할 수 있다. 통화량을 측정하는 기준이 되는 지표인 통화지표는 시중에서 유통되는 돈의 흐름을 파악하

---

61) A. Rinne, 2004, "Treatment of asset securitization under the proposed BASEL II Accord and the U.S. Banking Agencies' advance notice of proposed rulemaking," Master of Arts in Law and Diplomacy Thesis, Tufts University, p. 31.
62) 금융자산의 인도와 인수, 자금 결제가 계약 만기 시점에 이루어지고 계약 시점에는 자산이나 부채 가치가 변동하지 않는 파생금융상품은 장부외거래의 속성을 갖는다.

는 기준으로, 대표적인 통화지표에는 협의통화(M1), 광의통화(M2), 금융기관 유동성(Lf), 광의유동성(L) 등이 있다. 이 중 가장 포괄적인 것은 L이다. 유동성은 얼마나 쉽고 빠르게 다른 자산이나 상품 및 서비스로 교환할 수 있는지를 보여주는 기준인데, 단순히 얘기하면 얼마나 쉽고 빠르게 현금화할 수 있는가의 정도를 의미한다. 통화지표의 구성을 이해하는 것은 금융시장을 이해하는 것과 직결된다. 한국은행은 반세기 동안 사용하던 통화지표의 내용과 기준 등을 2000년대 들어 두 차례나 변경하였다.

첫 번째 통화지표의 변경은 은행과 비은행 금융기관 간 역할 구분이 무의미해진 결과였다. 즉 2002년 통화지표 재편의 핵심은 은행이 취급하던 상품을 총통화($M2$) 그리고 비은행 금융기관이 취급하던 상품을 총유동성($M3$)에 포함시켰던 종래의 통화지표에서 금융기관 간 구분을 없애고 2년 이하의 상품을 총통화($M2$) 그리고 2년이 넘는 상품을 총유동성($M3$)으로 구분하였다. 그리고 은행 및 금융기관의 수시입출식저축성예금(MMDA, MMF 등) 중 사실상의 현금성 예금을 M1에 포함시켰다. 통화지표의 기준 변경은 예를 들어 70년대 등장한 '관리된 화폐'인 펀드(예: MMF)와 이에 대응해 1982년 등장한 은행의 금융상품(예: MMDA) 간 구분이 무의미해졌고, 1990년대 말부터 은행, 증권, 보험 간의 장벽이 제거되면서 은행의 상품과 비은행 금융기관의 상품을 구분하는 것이 무의미해진 결과였다.

특히, 한국의 경우 금융환경의 변화가 자본흐름 자유화와 맞물리면서 통화정책의 혼란을 경험하였다. 1993년 출범한 김영삼 정부는 금융시장 자유화를 앞당기면서 은행 예금금리보다 양도성 예금증서($CD$)나 기업어음($CP$) 등 총통화($M2$)에 포함되지 않는 단기 금융상품의 금리자유화를 선행했다. 즉 정부가 은행이자율과 회사채수익률을 계속 통제하면서 $CP$와 같은 단기증권에 대한 이자율은 완전히 자유화하는 식의 비대칭적 금리자유화 정책을 시행했다. 그 결과 1993년 이래 $CP$ 시장이 급팽창하고 국내 금융시장의 단기화와 단기수익을 극대화하는 경향을 초래했다. 즉 높은 영업이익률을 실현한 호황기인 1993~96년간 기업의 높은 설비투자를 뒷받침하기 위한 기업들의 왕성한 자금수요가 제2금융권인 종합금융사와 투자금융사 등의 활발한 이면보증으로 뒷받침되었다. 자본시장이 미발달한 우리나라의 경우 비은행 금융기관과 단기 증권시장은 은행에 비해 신용평가와 감시 기능이 일천(日淺)하였다. 종금사는 어음의 할인과 매출에 따른 중개마진을, 은행은 일반계정에 비해 훨씬 자유화된 신탁계정을 통해 대출을 확대하거나 *CP*를 구매함으로써 정보생산과 감시기능을 수행하는 데 따른 비용 부담 없이 고수익을 획득했다. 예금자들도 같은 은행이 취급하고 있지만 일반 예금보다 신탁계정의 수익률이 높았기 때문에 자연스럽게 후자로 예금을 이동했다. *CP*에 대한 수요가 충분한 상황에서 까다로운 규제와 감시에 얽매이지 않고 *CP*를 발행하여 쉽게 투자자금을 조달할 수 있었던 재벌들은 다량의 *CP* 등 주로 단기자금에 의존해서 자동차, 석유화학, 반도체 등 장기 고정투자를 확대했다. 국내 기업의 자금조달구조에서 기업어음과 해외차입을 통한 자금조달 비중이 급증했다. 해외자금 유입의 급증은 국내적으로 통화량의 증가를 가져왔다. 통화량이 증가함에 따라 한국은행은 총통화지표인 *M2* 중심의 직접관리에 치중했다. 그 결과 1993~96년까지 총통화(*M2*)의 증가율은 하락 추세였는데 총유동성(*M3*)의 증가율은 높은 수준을 유지했다. 총통화(*M2*)와 총유동성(*M3*)의 비일치 문제가 발생한 것이다. 통화정책을 위한 기본정보인 통화지표가 제 기능을 하지 못했고 그 결과

**그림 8-26 통화지표**

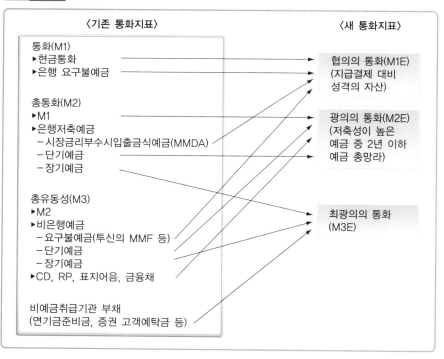

는 외환위기로 귀결되었다. 소 잃고 외양간 고치기 식으로 외환위기 이후 한국은행은 통화지표를 재편하였는데 시험기간을 거쳐 새로운 통화지표는 2002년부터 공식적으로 도입했다.

**표 8-5** 2002년 2월 16일 발표한 한국은행의 새 통화지표

| 구 통화지표 | | 새 통화지표 | |
|---|---|---|---|
| M1<br>(통화) | 현금통화+은행의<br>요구불예금 | 신M1 | M1+비통화금융기관요구불예금+금융기관 수시입출식<br>저축성예금(은행의 저축예금·MMDA·투신사MMF) |
| M2<br>(총통화) | M1+은행의 저축성<br>예금 및 거주자 외화<br>예금 | 신M2 | =신M1+기간물 정기예·적금 및 부금(만기 2년 이상<br>제외)+시장형상품+실적배당형상품(장기금전신탁 제<br>외)+금융채+기타(투신증권저축·종금사발행어음) |
| M3<br>(총유동성) | M2+비통화금융기관<br>예수금+CD+RP+표<br>지어음 및 상업어음<br>일반매출+금융채 | 신M3 | =신M2+신M2대상 금융기관의 2년 이상 상품+한국증<br>권금융의 예수금 및 자발어음+생명보험사 및 우체국<br>보험의 보험계약준비금 및 RP+농협국민생명공제 예<br>수금 |

주: MMF는 2007년 3월부터 M1에서 제외되었다.

두 번째 통화지표의 변경은 금융기관과 비금융기관 간 역할 구분이 무의미해진 결과였다. 즉 앞에서 살펴본 자산의 증권화(화폐화)에 따라 유동성이 급증한 결과 2006년 통화지표에서 유동성의 범위를 확대·재편했다. 자산유동화증권(ABS; Asset Backed Securities) 시장의 폭발적 성장이 그것이다. ABS란 금융기관 및 기업 등이 보유하고 있는 특정 자산 중 일부를 유동화자산으로 묶어 이를 바탕으로 증권을 발행하고, 유동화자산으로부터 발생하는 현금흐름으로 발행증권의 원리금을 상환하는 증권을 의미한다. 자산유동화증권은 발행기관의 신용도와 관계없이 자산의 특성과 현금흐름 그리고 신용보강 절차에 따라 높은 신용도를 지니는 증권 발행이 가능하기 때문에 금융기관의 유동성을 제고시킬 뿐만 아니라 조달비용을 낮출 수 있고, 위험의 다양화와 분산을 돕고, 투자자의 입장에서도 높은 수익률로 투자할 수 있다는 장점을 지니고 있다. ABS의 기초자산은 주거용 및 상업용 주택담보대출금, 자동차할부금, 신용카드대출금, 학자금대출, 공장 및 시설 등 모든 자산으로 구성할 수 있다. 이런 배경 속에 은행은 안전한 돈을 대출 형태로 보유하는 것보다 증권화하기 시작했던 것이다.[63]

63) 우리나라의 경우에도 1997년 말에 발생한 외환위기로 기업 및 금융기관의 유동성이 악화되고 부동

그림 8-27 글로벌 증권화 시장의 규모 추이(단위: 조 달러)

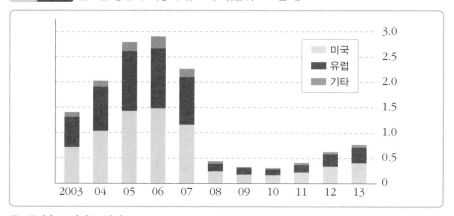

주: 주거용 모기지는 제외.
출처: Economist, Jan. 11 2014.

간단한 예를 들어 설명하자. 은행 A는 예금 10억원(연 3%)을 유치했고, 이를 모두 주택담보대출금으로 대출(연 5%)해주었다 가정하자. 설명을 단순화시키기 위해 지불준비금은 제외하자. 은행의 대차대조표에는 자산란에 현금 자산 10억 원이 주택담보대출금(채권) 자산으로 전환되었고, 부채란에 예금 10억 원이 기록될 것이다. 추가 예금을 확보하기 전에 은행 A가 영업을 하기 위해서 주택담보대출금 자산을 담보로 한 채권(MBS)을 발행(표면이자율 연 4%)할 수 있을 것이다. MBS 발행을 통해 은행 A는 유동성이 없는 자산을 유동화(현금화)시킴으로써 현금 10억 원을 추가로 확보했을 뿐만 아니라 주택담보대출금의 리스크도 이전시켰고, 은행의 자산도 20억 원으로 증대시킴으로써 수익도 증대시켰다. 이상의 예에서 보듯이 자산의 증권화는 기본적으로 레버리지를 통한 수익 증대 추구의 결과였다. 자산수익률(RoA)이 주어졌을 때 레버리지를 높일수록 금융회사의 자기자본이익률(RoE)은 증대한다. 금융회사의 수익성에 영향을 미칠 수 있는 요인을 보다 세분화시키면, 자본 대비 자산(금융 레버리지) 규모를 증대시킬수록, 자기자본 이외의 자본 비중(자기자본 마진)이 클수록, 단위 자산 당 리스크(RoRWA, Return on Risk-weighted assets)가 클수록 수익성을 증대시킬 수 있다. 참고로 은행의 자기자본(common equity)은 기

---

산시장이 침체되자 이를 해결하기 위한 방안으로 1998년에 정부가 '자산유동화에 관한 법률'을 제정함으로써 ABS 제도가 도입되었다. 도입 이후 한국자산관리공사(KAMCO)의 부실채권 및 부실자산의 유동화를 비롯하여 각 기업의 구조조정을 목적으로 한 ABS 발행이 급격히 증가하였다.

본자본(Tier 1)과 보완자본(Tier 2)으로 구성된다. 기본자본은 실질 순자산으로 영구적 성격을 지닌 자본금, 자본준비금, 이익잉여금 등을 말하며, 보완자본은 후순위채권 등 부채 성격을 지닌 자본을 말한다. 즉 기본자본은 은행의 규제자본(regulatory capital or capital adequacy)을 구성하는 요인이다. 기본자본비율은 은행의 실질 자본건전성을 판단할 수 있도록 BIS 비율에서 보완자본을 제외하고 산출하는 지표를 말하며 이를 'Tier 1 비율'이라고도 한다.

앞에서 보았듯이 *RoE*와 *RoA* 간에는 다음 관계가 성립한다.

$$\text{자기자본이익률}(RoE) = \frac{\text{순소득}}{\text{총자산(Assets)}} \times \frac{\text{총자산}}{\text{자기자본(Common equity)}}$$

이제 *RoE*를 보다 분해하여 다음과 같이 표현할 수 있다.

$$RoE = \frac{\text{총자산}}{\text{자기자본}} \times \frac{\text{순소득}}{\text{위험가중자산}} \times \frac{\text{위험가중자산}}{\text{총자산}}$$

즉 *RoE* = 금융 레버리지 × 위험가중자산이익률 × 단위자산 당 리스크

지금까지 살펴보았듯이 자산의 증권화는 유동성이 낮은 혹은 없는 자산의 유동성을 높이는 역할을 수행한다. 즉 주택담보대출금을 증권화한 MBS는 그 자체로 매각할 수 있을 뿐만 아니라 환매조건부채권(RP) 발행을 위한 담보물로 활용될 수도 있다. 그 결과 금융회사의 자산(부채)이 증대하는, 즉 '레버리지 효과'를 발생시킨다. 금융회사의 자산 증대는 신용의 붐(credit boom)을 일으킴으로써 자산가치의 상승을 초래한다. 한국은행은 2005년 10월 이후 2007년 8월까지 다섯 차례에 걸친 콜금리 1.25% 인상의 이유로 시중 유동성의 지속적인 증가를 들고 유동성 증가의 주요인으로 주택가격 상승을 지적하였다. 즉 콜금리 상승으로 통화량은 1% 정도 감소했지만 같은 기간 중 주택가격 상승으로 사람들이 은행에서 경쟁적으로 대출받아 주택을 구입했고 그 결과 은행 대출 중심으로 유동성이 늘어 통화량이 2% 정도 증가하면서 결국 통화량은 1% 정도 증가했다는 지적이다. 금리보다는 주택 가격 등 자산 가격 변화가 통화량에 더 영향을 미치고 그 결과 장기적으로 물가 수준에도 영향을 미친다는 결론이다.[64]

---

64) 한국은행, 2007, "최근 통화량의 변동 요인 분석" (8월 22일).

자산의 증권화는 비우량주택담보대출인 서브프라임 모기지(Subprime Mortgage)를 기초자산으로 삼은, 즉 '증권을 재증권화(re-securitized existing securities)'한 부채담보부증권(CDO)에서 절정을 보여주었다.

### 부채담보부증권(Collateralized Debt Obligation, CDO)의 기원과 제조 방법

CDO는 기본적으로 기존 증권을 재증권화한 증권(re-securitized existing securities)이다. 첫 번째 CDO는 1990년 2월 파산으로 지금은 없어진 월가의 주요 투자은행이었던 드렉셀 번햄 램버트(Drexel Burnham Lambert)에 의해 1987년에 만들어졌다. 그러나 뉴욕에 있는 캐나다 제국 상업은행(Canadian Imperial Bank of Commerce)의 데이비드 리(David Li)에 의해 '가우시안 코퓰라 함수(Gaussian Copula Function)'[65]가 개발된 1997년까지 구조화증권은 광범위하게 도입되지 않았다. 그러나 CDO 발행액은 2004년에는 1,500억 달러, 그리고 2006년에는 5천억 달러가 넘어설 정도로 급증했다. 그 결과 누적 CDO의 명목가치 규모도 2000년 2,750억 달러에 불과했으나 2002년 6천억 달러, 그리고 2006년 말까지 26조 달러로 증가하였다. CDO의 폭발적 성장을 이해하기 위해서는 CDO의 제조 방식을 이해할 필요가 있다. 먼저 CDO는 구조화금융상품으로 불린다는 점에서 CDO를 이해하기 위해서는 구조화금융의 원리를 이해할 필요가 있다. 구조화금융의 핵심 아이디어는 〈고위험-고수익〉을 갖는 자산을 〈저위험-고수익〉 자산으로 전환시키는 것이다. 금융이론에서 리스크를 낮추는 기본적 방법은 투자의 분산이다. 구조화상품이 기초자산의 풀(pool)에 많은 증권을 포함시키는 이유이다. 그러나 풀 자체로 리스크의 분산이 되지는 않는다. 파산(채무불이행, default)의 상관성이 낮은 기초자산들로 풀을 만든 후 은행들은 이 풀(자산)을 여러 개의 조각(자산)으로 자른다. 이를 트랑세(tranches)라 부른다. 파산 상관성이 낮은 증권들을 많이 포함할수록 기초자산의 평균 신용등급보다 높은 등급을 갖는 트랑세를 많이 만들 수 있다.

이해를 돕기 위해 간단한 예를 소개한다. 여기 채무불이행의 경우 0달러, 그렇지 않을 경우 1달러를 받을 수 있는, 그리고 일정한 채무불이행 확률(예: $P_d$=10%)을 가진 두 개의 동일한 채권을 가정하자. 이제 이 두 개의 채권을 하나의 포트폴리오

---

65) 데이비드 리는 중국에서 캐나다로 유학 와서 통계학 박사를 취득한 후 은행가로 일하던 중 생명보험회사를 위해 배우자의 사망과 남은 사람의 수명 간의 상관관계를 작업하던 친구의 도움을 받아 파산이 기업의 사망이라는 점에 착안하여 파산율 간의 상관관계를 모델화하였다. 그가 이용한 모델은 상호 의존하는 사건들에서 다양한 경우의 가능성을 예측하게 해주는 코퓰라(Copulas) 함수였다. 채권의 풀에 대한 가장 좋은 코퓰라 함수는 19세기 독일 통계학자 가우스(Gauss)의 이름을 딴 '가우시안 코퓰라 함수'였다. 데이비드 리는 J.P. Morgan Chase로 옮겼고, 2000년에는 자신의 아이디어를 'the Journal of Fixed Income'에 게재하였다. 데이비드 리가 대출 상품 간 상호 연관된 손실에 직면할 수 있는 확률을 계산할 수 있게 해준 '가우시안 코퓰라 함수'의 모형을 일부에서는 월가를 무너뜨린 '악마의 공식'으로 부른다. WSJ, 2005, "Slices of Risk: How a Formula Ignited Market That Burned Some Big Investors" (Sep. 12).

에 섞게(pool) 되면 기초자산의 총 명목가치는 2달러가 된다. 단, 두 개의 기초자산의 채무불이행 간에는 상관성이 존재하지 않는다. 즉 자산 풀에는 채무불이행의 상관성이 없는 자산들로 구성한다. 이 자산 풀을 두 개의 1달러 트랑세, 즉 선순위 트랑세(senior tranche)와 후순위 트랑세(junior tranche)로 만든다. 즉 후순위 트랑세는 하나 이상의 기초채권이 채무를 불이행할 경우에는 투자 자금을 회수하지 못하고, 그렇지 않을 경우(두 개의 기초채권 모두 채무를 이행할 경우) 1달러를 보상받는다. 반면, 선순위 트랑세는 후순위 트랑세의 자본이 고갈된 후 위험을 떠안기에 두 채권 모두가 채무불이행할 경우만 투자자금을 회수하지 못하고, 그렇지 않은 경우에는 1달러를 회수할 수 있다. 두 개의 기초자산 채권의 채무불이행 간에 상관성이 존재하지 않는다는 것은 두 개 기초자산의 수익과 위험은 서로 독립적이라는 것을 의미한다. 따라서 선순위 트랑세의 채무불이행 확률, 즉 투자자금을 회수하지 못할 확률은 1%(=10%×10%)가 된다. 즉 기초자산의 평균 채무불이행 확률(10%)보다 낮기에 신용등급은 향상된다. 물론, 후순위 트랑세의 채무불이행 확률은 19%(=$1-0.9^2$)가 된다.

이제 동일한 성격을 갖는 하나의 채권을 추가해 세 개의 채권을 기초자산으로 한 풀(pool)을 활용해 트랑세를 만들어보자. 같은 논리로 계산을 하면 세 개의 채권 모두가 채무불이행할 경우 손실을 보는, 즉 보상을 받지 못하는 선순위 트랑세의 채무불이행 확률은 0.1%가 되고, 두 개 이상의 채권이 채무불이행할 경우 손실을 보는 중간 혹은 메자닌[66] 트랑세(middle or mezzanine tranche)의 채무불이행 확률은 2.8%[$=0.9×0.1^2×3+0.1^3={_3}C_2(0.9)(0.1)^2+{_3}C_3(0.1)^3$]가 되고, 한 개 이상의 채권이 채무불이행할 경우 손실을 보는 후순위 트랑세의 채무불이행 확률은

표 **8-6** 2005~2007년 발행된 서브프라임 MBS로 만든 CDO(%)

| | 3년내 파산율 추정치 | 실제 파산율 |
|---|---|---|
| AAA | 0.001 | 0.10 |
| AA$^+$ | 0.01 | 1.68 |
| AA | 0.04 | 8.16 |
| AA$^-$ | 0.05 | 12.03 |
| A$^+$ | 0.06 | 20.96 |
| A | 0.09 | 29.21 |
| A$^-$ | 0.12 | 36.65 |
| BBB$^+$ | 0.34 | 48.73 |
| BBB | 0.49 | 56.10 |
| BBB$^-$ | 0.88 | 66.67 |

출처: Donald Mackenzie, University of Edinburgh.

---

66) 이탈리아어로 건물의 1층과 2층 사이에 있는 라운지 등의 공간을 의미한다.

27.1%[=$1-0.9^3=1-_3C_3(0.9)^3$])가 된다. 이처럼 풀 안에 하나의 기초자산을 추가해 세 개의 CDO를 만듦으로써 기초자산의 2/3는 기초자산의 평균 리스크보다 낮은 리스크를 갖게 되었다. 게다가 구조화금융상품의 특징은 후순위 트랑세를 증권화 기술을 사용해 우량 등급의 자산으로 전환시킬 수 있다는 점이다. 이른바 '2차 CDO(CDO-squared, $CDO^2$)'이다. 신용평가사 무디스에 따르면 '2차 CDO'는 모든 증권화 상품의 총 명목가치에서 1998년에는 2.6%에 불과했으나 2006년에는 55%로 증가하였다. 두 개의 채권을 풀로 하여 만든 CDO 중 후순위 트랑세의 채무불이행 확률은 19%(=$1-0.9^2$)였다. 여기에 똑같은 채무불이행 확률(19%)을 가진 또 다른 후순위 트랑세를 섞어 풀을 만들어 새로 발행한 선순위 트랑세는 두 개의 후순위 트랑세가 모두 채무를 불이행할 경우에 손실을 보는 CDO로 이 증권의 채무불이행 확률은 3.6% (=$0.19^2$)가 된다. 이는 본래 후순위 트랑세의 채무불이행 확률 19%보다 훨씬 낮게 된다. 즉 이러한 후순위 트랑세 5개로 자산의 풀을 만들면 0.00025(0.025%)의 채무불이행 확률을 갖는 최고 등급의 자산을 만들게 된다. 이처럼 구조화금융의 핵심 아이디어는 기초자산의 풀에 많은 증권을 포함시킬수록 기초자산의 평균 신용등급보다 높은 등급을 갖는 트랑세를 많이 만들 수 있다는 것이다. 신용평가사 피치(Fitch)의 2007년 신용평가에 따르면 회사채의 경우 전체의 1% 미만이 최고등급인 AAA를 받은 반면, 전 세계 구조화상품은 약 60%가 AAA를 받았다.

이처럼 CDO는 유동성 공급에 크게 기여함으로써 서브프라임 모기지와 MBS에 대한 수요에 불을 붙였다. 당해 발행된 서브프라임 MBS 자산으로 구성된 CDO가 2005년에만 2천억 달러에 달했는데 그 중 70%인 1,400억 달러가 AAA 등급을 받지 못했고, 2007년에는 전체 CDO의 명목가치가 3조 달러에 달했는데 그중 60% 이상이 AAA 등급을 받지 못했다.[67] 이는 주택담보대출의 조건이 매우 느슨해졌음을 의미한다. 소득이 부족하고 선지불(down payment) 능력이 없는 가구에게 담보가치(주택가격) 대비 대출 비율(LTV, loan to value)을 매우 높게 적용하고, 심지어 100%의 모기지를 제공하기도 하였다. 그러나 이런 대출 조건은 높은 이자율과 월 상환금을 특징으로 할 수밖에 없다. 2,3년간은 이자율과 월 상환금을 낮게 했다가 높은 이자율과 상환액으로 재조정하는 변동금리부 모기지대출(ARMs, adjustable rate

---

67) 신용평가기관들이 평가하였던 CDO의 풀에서도 서브프라임 MBS의 비중은 2003년 43.3%에서 2006년에 71.3%로 성장하였다. U.S. Securities and Exchange Commission, July 2008, "Summary Report of Issues Identified in the Commission Staff's Examinations of Select Credit Rating Agencies," p. 7.

mortgages)을 적용하였다. 이른바 '미끼금리(teaser interest rates)' 방식이다. 많은 지역에서 주택가격이 연 10~20%씩 상승하는 상황을 이용하여 차입자에게는 주택가격이 상승하기에 2,3년 내에 대출금 상환이 가능하다고 유혹했고,[68] 주택가격이 지속적으로 상승한다면 100% LTV는 90~80%로 하락하기 때문에 전통적인 모기지 조건(LTV 80% 이하의 프라임 등급)의 기준이나 프라임 점보(prime jumbo) 모기지 조건으로 이자율 조정이 가능하다고 유혹하였다. 이러한 서브프라임 모기지를 기초자산으로 구조화상품을 만들었던 것이다. 그런데 2007년 메릴린치가 발행한 AAA 등급의 30개 자산담보 CDO 트랑세 중 27개가 금융위기 이후 정크 본드(junk bond)[69] 수준으로 떨어졌다.[70] 무디스(Moody's)도 2000~2007년간 발행한 약 4만 5천 개의 모기지 관련 증권이, 특히 2006년 발행한 증권에는 하루 30개가 최고 신용등급(AAA)의 상품들이었는데 이 중 83%가 금융위기 이후 등급이 강등되었다.[71] 그 결과 금융위기 이전 10년간 10배 이상 증가했던 구조화금융상품이 2008년 첫 2분기기동안은 분기당 50억 달러로 축소되었다. 이는 신용평가사의 수입구조 변화에서도 확인된다. 2006년까지 무디스는 수입의 44%가 구조화상품에서 나왔는데 이는 전통적인 수입 기반인 회사채 신용평가의 32%를 크게 상회하는 것이었다. 그런데 2008년까지 신용평가사의 구조화상품 수입은 사라져버렸고, 신용평가사들의 주가는 50%까지 하락했다. 시장이 신용평가사들의 수입 하락을 일시적인 것이 아니라 지속될 것으로 보았기 때문이다.

이처럼 '증권의 재증권화'는 상대적으로 높은 수익을 낮은 신용 등급이 높

---

68) 2005년 전반기에 만들어진 모든 모기지의 약 1/4이 이자만 납부하는 대출이었다. 같은 해 미국 서브프라임 업계 1위 대출업체인 컨트리와이드(Countrywide)와 미국 최대 저축은행인 워싱턴 뮤추얼(Washington Mutual)이 발행한 ARM 옵션을 가진 모기지 중 68%가 이른바 '닌자론(a loan to someone with no income, no job or assets)'이었다.

69) 정크본드(junk bond)란 일반적으로 기업의 신용등급이 아주 낮아 회사채 발행이 불가능한 기업이 발행하는 회사채로 '고수익채권' 또는 '열등채'라고도 부른다. 신용도가 낮은 회사가 발행한 채권으로 원리금 상환에 대한 불이행 위험이 큰 만큼 이자가 높다. 1970년대 미국 정크본드 시장의 대부로 불렸던 마이클 밀켄(Michael R. Milken)이 하위등급 채권을 정크라고 부른 데서 유래되었다. 당시에는 신용도가 높은 우량기업이 발행한 채권 중 발행 기업의 경영이 악화되어 가치가 떨어진 채권을 가리켰으나, 최근에는 성장성은 있으나 신용등급이 낮은 중소기업이 발행한 채권이나 M&A에 필요한 자금을 조달하기 위해 발행한 채권 등을 포함하는 넓은 개념으로 사용되고 있다. 무디스는 신용등급이 Ba 1, S&P는 신용등급이 BB 이하, 피치(Fitch)는 신용등급이 BB 이하인 기업이 발행한 채권이 정크본드로 분류된다.

70) S. Craig, R. Smith, and S. Ng, 2008, "Merril Aims to Raise Billions More: Firm Dumps Mortgage Assets as Crisis Drags Another Big Write-Down," *Wall Street Journal* (July 29)

71) Financial Crisis Inquiry Commission Report, 2011, p. xxv.

은 증권의 발행을 가능케 해주었다. 자산 증권화가 금융위기의 원인 중 하나로 지적되는 이유는 기본적으로 대출 발행자, 증권화 중개기관, 신용평가기관, 투자자 등으로 이루어지는 ABS의 구조에서 비롯한다. 즉 앞에서 소개한, 정보의 비대칭성에서 비롯하는 '주인-대리인 문제'를 갖는다. 예를 들어, 증권 투자에 대한 책임을 떠맡는 투자자의 경우 증권 발행자와 이해관계를 갖는 신용평가기관의 평가에 과도하게 의존할 수밖에 없는 구조이다. 자산유동화증권의 문제는 금융위기 이후 자산유동화증권 시장의 위축으로 이어졌다.

자산의 증권화는 은행의 비즈니스 모델에도 변화를 가져왔다. 즉 자산의 증권화로 은행들은 '대출 후 (만기까지) 보유'하는 전통적인 영업 방식(Lend-and-Hold, L&H)에서 자산증권화를 통해 자산의 신용 위험을 다양한 투자자들에게 배분하는 영업 방식(Originate-to-Distribute, OTD)으로 수익 모델을 바꾼 것이다. OTD 모델은 은행이 대출 자산을 만기까지 보유하지 않고 자산의 유동화를 통하여 신용위험을 다양한 투자자들에게 분배하는 모델이다. OTD 모델은 부실 대출의 원인 중 하나로 지적되곤 한다. 대출 발행자는 대출의 경제적 이해를 거의 갖지 않기 때문이다. 즉 신용 등급이 낮은 차입자에 대한 대출의 증가에 기여했다.

이러한 변화를 배경으로 한국은행은 2006년 6월 우리나라 경제의 전체 유동성 크기를 측정하기 위한 지표인 '광의유동성 지표(L, Liquidity Aggregates)'를 새로 개발하였다. L은 그동안 한국은행이 발표해온 통화지표인 협의의 통화(M1), 광의의 통화(M2), 유동성(M3)지표가 기본적으로 금융기관의 유동성을 대상으로 하는 것과 달리 국채, 회사채 등 정부와 기업이 발행하는 유동성 상품을 거의 모두 포괄한다. 즉 그동안 총유동성 지표 역할을 해왔던 M3가 예금취급기관과 일부 보험기관 등 금융기관의 유동성을 측정해왔던 것과 달리 L은 정부와 기업 등이 발행한 유동성 금융상품을 포함해 사실상 국내 경제의 전체 유동성을 거의 대부분 포함하고 있다. L의 등장으로 IMF 편제기준에 없는 M3는 기존의 이름을 상실하고, Lf(금융기관 유동성)란 새로운 이름으로 불리게 됐다. L을 통해 국내 유동성 수준을 측정해본 결과 시중자금은 지난 몇 년 동안 은행 등 금융기관보다는 정부와 기업 등 비금융기관이나 카드사 등 여신전문기관 등을 중심으로 급팽창해온 것으로 나타났다.[72] 총유동성에

---

72) 특히 2005년의 경우 한국은행이 집계해 온 통화증가율은 연간 6~7% 수준인 데 비해 그동안 지표

국·공채가 편입된 것도 금융시장의 불안정성이 증대하면서 안전자산에 대한 수요 또한 크게 증가했기 때문이었다. 즉 외환위기 직후 안전자산 선호현상으로 회사채나 기업어음 등의 발행이 위축된 반면, 국채 발행 규모가 급격히 커졌다.

**표 8-7 2006년 6월 발표된 통화지표와 유동성지표의 포괄 범위**

| 통화지표 | M1(협의통화) | 현금+요구불예금+수시입출식 저축성예금 |
|---|---|---|
| | M2(광의통화) | =M1+정기예·적금 및 부금*+시장형상품+실적배당형상품*+금융채*+기타(투신증권저축, 종금사 발행어음) * 만기 2년 이상 제외 |
| 유동성지표 | L(금융기관 유동성, M3) | =M2+만기 2년 이상 정기예·적금 및 금융채+증권금융 예수금+생명보험회사(우체국보험 포함) 보험계약준비금 및 RP+농협국민생명공제의 예수금 등 |
| | L(광의유동성) | =L+정부 및 기업 등이 발행한 유동성금융상품(증권회사 RP, 여신전문기관의 채권, 예금보험공사채, 자산관리공사채, 자산유동화전문회사의 자산유동화증권, 국채, 지방채, 기업어음, 회사채 등) |

## 4.4. 금융시스템의 안정성

글로벌 금융위기 이후 많은 중앙은행의 역할에 금융(시스템)안정 기능이 추가되었다. 예를 들어, 한국의 경우 2011년 9월 한국은행의 임무로 물가안정과 더불어 금융안정(한국은행은 통화신용정책을 수행함에 있어 금융안정에 유의하여야 한다〈신설 2011.9.16.〉)을 한국은행법 1조(목적) 2항에 추가하였다. 즉 글로벌 금융위기 이전까지 금융안정은 중앙은행의 주요 임무가 아니었다. 이는 금융안정에 대한 이해가 금융위기 전후에 변화했음을 보여준다. 금융위기 이전까지 금융안정은 대부분 국가에서 금융감독 기구의 몫이었고, 금융감독은 개별

---

에는 잡히지 않았던 비통화성 유동성 증가율은 그 두 배가 넘는 17%에 달했다. 2006년 4월 말 현재 L의 잔액(잠정)은 1,686조 3,000억 원으로 집계됐다. 이 중 M1이 차지하는 비중은 19.4%, M2는 62.3%이고, 종전의 M3인 금융기관 유동성(Lf)은 84.4%인 1,423조 7,000억 원인 것으로 나타났다. Lf에는 포함되지 않아온 정부와 기업이 발행한 유동성상품의 크기는 262조 6,000억 원이었다. 특히 유동성 증가는 금융기관이 아니라 정부와 기업 등 비금융부문을 중심으로 급팽창해왔다는 것이 밝혀졌다. M2증가율이 2004년 6.3%, 2005년 6.9%인 데 비해 L증가율은 7.2%와 8.8%로 높았다. 2005년의 경우에는 비금융부문의 유동성이 금융부문 통화증가율의 두 배가 넘을 정도로 급격히 늘었다. 기존의 M3에는 포함되지 않았지만 L에는 포함되는 비금융부문의 유동성만의 증가율은 2005년 무려 17%에 달해 M2증가율 6.9%나 Lf증가율 7.3%를 크게 상회했다.

금융기관의 부실화 또는 도산을 방지하는 데 목적을 둔 '미시건전성 감독(micro-prudential supervision)'에 초점을 맞추었다. 개별 금융기관의 건전성 및 영업행위 규제 그리고 소비자 보호 등을 다루는 '미시건전성 규제(micro-prudential regulation)'의 경제적 논리는 '도덕적 해이'의 문제에 기초한다. 레버리지를 이용하는 금융기관의 주주들은 수익률을 높이기 위해 높은 리스크를 추구할 인센티브를 갖는다. 즉 일반은행은 통화당국이 설정한 지불준비금의 크기에 따라 최소한의 제약을 받으면서 가능한 많은 자금을 대출하여 이자수입을 얻으려고 한다. 그러나 개별 은행이 자신의 이윤을 과도하게 추구하면 자칫 국민경제에 막대한 손실을 가져올 수 있다. 특히 은행산업의 경우 자금 대여자와 차입자 간에 정보의 비대칭성과 더불어 대여자금의 상환 자체가 불가능하게 될지도 모르는 불확실성이 존재한다. 그런데 은행은 국민경제 전체를 대상으로 하여 발행된 상품을 취급한다는 특수성 때문에 한 은행의 파산은 일반기업의 파산과 달리 연쇄파산(bank-run)을 가져온다. 한 은행이 파산하면 다른 은행 역시 연쇄적으로 파산하기 때문이다. 1930년대 경험하였던 대공황이 미국의 월가에서 시작하였다는 사실이 은행의 중요성을 잘 보여준다. 은행이 파산해도 예금자가 손해를 입지 않도록 해주는 보험제도인 예금보험(deposit insurance)[73] 제도가 '연방예금보험기구(Federal Deposit Insurance Corporation, FDIC)'라는 명칭으로 설립된 것도 대공황기인 1933년이었다. 당시 한 해 동안 거의 2,000건 이상을 포함해 5,000개가 넘는 은행파산[74]이 보험 실시로 급격히 줄어 1935년에는 파산하는 은행을 거의 찾아볼 수 없게 되었다. 이는 예금자의 심리에 안정이 얼마나 중요한지를 보여주는 것이다. 그러나 공적 안전망은 리스크 이전(risk-shifting) 문제를 악화시키는 측면도 있다. 즉 은행 파산과 패닉을 예방하기 위해 도입하고 있는 예금보험제[75]는 파산 시 정부 구제에 대한 기대로 예금자들로 하여금 은행의 리스크 추구를 모니터할 인센티브를 줄여 은행의 과도한 리스크 추구의 비용을 증가시킨다. 이를 예방하기 위한 것이 금융 규제의 목적인 반면, 금융위기 이전까지 금융 규

---

73) 미국의 예금보험 범위는 1934년 5천 달러 → 1950년 1만 달러 → 1966년 1만5천 달러 → 1969년 2만 달러 → 1974년 4만 달러 → 1980년 10만 달러 → 2008년 9월 26일 25만 달러로 증액되어 왔다.
74) L. Zingales, 2015, "Does Finance Benefit Society?" NBER Working Paper 20894 (Jan.) p.8.
75) 현재 우리나라의 경우 금융기관 중 6개 금융기관(은행, 증권사, 보험사, 종금사, 신협, 상호저축은행)이 예금보험에 가입되어 있다.

제는 개별 금융기관의 과도한 리스크 추구를 억제하는데 초점을 맞춘 '미시건전성 규제'였다. 국제적 기준으로는 바젤 I과 II가 여기에 해당한다.

참고로 바젤체제는 바젤은행감독위원회(BCBS, Basel Commite on Banking Supervision)를 의미하고, 위원회의 사무국이 바젤에 소재하므로 국제은행감독기준을 '바젤 은행감독기준'으로 이름을 붙였다. BCBS는 1974년 G10국가(미국, 영국, 독일, 벨기에, 프랑스, 네덜란드, 일본, 이탈리아, 캐나다, 스웨덴) 중앙은행 총재로 구성 됐다. 우리나라는 2009년에 가입했고 현재는 28개국 국가가 회원국이다. 바젤 I부터 바젤 III까지 진화해온 바젤체제는 위험가중자산을 넓혀왔다. 바젤 I 은 BIS자기자본비율(≡자기자본/위험가중자산)을 8% 이상으로 하도록 의무화 했다. 즉 은행의 자산을 차주의 신용도, 담보 및 보증 유무 등을 기준으로 분류한 후 위험이 높을수록 자본을 더 많이 적립토록 하는 규제방식을 채택함으로써 은행이 과도하게 고위험-고수익을 추구하는 것을 억제하였다. 위험가중자산과 관련하여 바젤 I은 1988년 7월 시행됐는데 신용리스크(credit risk)와 시장리스크(market risk)를 강조했다. 신용리스크는 거래상대방의 경영상태 악화, 신용도 하락 또는 채무 불이행 등으로 인해 손실이 발생할 위험이다. 금융회사 입장에서는 보유하고 있는 대출자산이나 유가증권 등으로부터 발생하는 현금흐름이 계약대로 회수되지 않을 가능성을 의미한다. 수학적으로 리스크는 어떤 사건의 결과가 확률적 기대치에서 벗어나는 정도로 해석되며 주로 분산이나 표준편차에 의해 측정된다. 반면, 시장리스크란 환율, 금리, 채권 등의 시장가격과 예상변화율이 기대했던 방향과 반대로 움직이는 경우 금융기관이나 투자자들이 손실을 입을 리스크를 말한다. 바젤 II는 2007년 1월 시행됐는데 운영리스크를 추가했다. 운영리스크(Operational Risk)는 부적절하거나 잘못된 내부의 절차, 인력, 시스템 및 외부사건으로 인해 발생하는 손실리스크를 의미하며 측정이 가능한 법률리스크는 운영리스크에 포함되나 측정이 곤란한 전략리스크와 평판리스크는 제외된다. 금융거래량의 증가, 복잡한 금융상품 등장, IT의존도 심화, 소송사건 증가 등에 따라 운영리스크 관리의 중요성이 새롭게 인식되면서 추가되었다.

금융위기 이전까지 중앙은행이 금융(시스템)안정을 외면했던 것은 시장이론의 관점에서 비롯한다. 금융시장의 참가자들은 모든 적합한 정보를 사용할 뿐 아니라 헤지펀드, 파생금융상품 등 금융공학이 만들어낸 상품들은 시스템 리스크를 배제하기에 시장이론에서 금융시스템이 '위기'에 놓이는 상황은 발생할 수 없다. 즉 시장의 일시적 불균형은 가능하지만 위기가 시스템적으로 발전하기 전에 시장이 스스로 교정한다고 믿고 있기 때문이다. 예를 들어, 자산 인플레가 버블로 발전하는 것이 불가능하거나 버블의 출현을 사전적으로 인식하기 어렵다는 인식에 기초한다. 일반적으로 '버블'은 '붐-버스트 사이클' 혹은 펀더멘털에 의해 보증된 가치 이상으로 자산가치의 급등과 뒤이은 대규모 매도의 발생에 따른 자산가치의 급락으로 이해한다. 그런데 개별 은행이 보유한 자산가치의 하락은 개별 은행을 위기로 빠뜨릴 뿐 아니라 은행간대출시장을 매개로 은행의 연쇄 파산으로 이어질 가능성이 있다. 게다가 은행시스템의 붕괴는 실물경기의 침체, 특히 부채 디플레이션을 유발시키는 등 경제 전체적으로 대규모 자중손실(deadweight costs)을 유발할 것이다. 이는 중앙은행이 사회적 후생을 개선하기 위해 개입할 수 있는 명분이 된다. 즉 금융시장의 불완전성은 중앙은행의 시장 개입에 대한 정당성을 제공한다. 금융위기 이후 금융안정이 중앙은행의 역할에 추가된 배경이다. 그러나 금융위기 이전까지, 심지어 금융위기 이후에도 중앙은행의 시장 개입은 사후적이어야 한다는 것이 시장이론의 지배적 입장이다. 예를 들어, 이른바 '잭슨홀 컨센서스(Jackson Hole Consensus)'라 부르는 시장이론의 입장에 따르면 중앙은행들은 자산가격을 목표로 삼아서는 안 되고(central banks should not target asset prices), 버블을 터뜨리려는 시도도 하지 말아야 하며(central banks should not try to prick a bubble), 버블이 꺼진 후 청소질, 즉 거시경제의 붕괴를 피하기 위해 충분한 유동성을 투입해야만 한다(central banks should follow a "mop-up strategy" after the burst of a bubble, which means injecting enough liquidity to avoid a macroeconomic meltdown).

중앙은행의 '최종대부자(the lender of last resort) 기능'이 그것이다. 즉 중앙은행은 금융기관에 대한 통상적인 대출 외에도 금융기관이 일시적으로 자금이 부족하여 예금을 내주기가 어렵게 되는 경우, 특히 유동성 위기 시에는 긴급자금을 빌려준다. 은행의 위기는 기본적으로 은행 영업 모델에서 비롯한다. 즉 은행은 수익을 추구하는 과정에서 만기 불일치, 자산 불일치, 신용 불일치, 유동성 불일치 등의 문제에 직면하곤 한다. 예를 들어, 은행은 수익을 추구하기 위해 자금조달(예: 예금, 증권 발행 등)을 단기로 하고 자산운용(예: 대출, 증권

투자 등)을 장기로 하는 경향이 있다. 이 과정에서 장·단기 만기 불일치, 자산-부채 불일치, 유동성 불일치 등 은행 영업 모델의 원천적 문제들이 발생한다. 자금조달에 문제가 없을 경우, 즉 신용 흐름이 원활히 진행될 경우에는 조달자금의 만기가 도래할 경우 새로운 자금을 조달하여 상환이 가능하지만, 신용시장이 경색될 경우 자금조달에 어려움을 겪을 수 있는데 이를 '유동성 위기(liquidity crisis)'라 한다. 또한, 수익 추구 과정에서 자산의 변환이 발생한다. 예를 들어, 장기수익증권에 투자했는데 증권의 기초자산 가격이 폭락할 경우 증권 가치 하락은 별개로 하고 매각 자체가 어려움을 겪을 수 있다. 이 경우 은행들은 '유동성 위기'뿐만 아니라 '지급불능 위기(insolvency crisis)'에 내몰릴 수 있다. 그런데 중앙은행의 최종대부자 기능은 유동성 위기는 지원할 수 있지만 지급불능 위기는 구제할 수 없다. 최종대부자 역할(긴급유동성 제공)과 관련하여 월터 배젓(Walter Bagehot)은 1873년 "롬바드 스트리트(Lombard Street: A Description of the Money Market)"에서 오늘날 중앙은행이 원칙으로 삼고 있는 기준을 제시했다. "대출은 단지 지불 가능한 기관에, 좋은 담보에 대해, 높은 이자율로, 제한 없이 행해져야 하며 중앙은행은 이러한 대출을 할 준비가 되어 있다(the central bank ought to lend freely to a failing bank, against high-quality collateral and at a punitive rate)는 것을 사전에 분명히 밝혀야 한다"는 것이다.[76]

그러나 중앙은행의 시장 개입은 사후적 개입보다는 사전적 개입이 비용 면에서 효과적이다. 금융위기를 겪으면서 개별 경제주체들 입장에서 합리적으로 보이는 행위가 시스템 전체의 관점에서는 바람직하지 못한 결과를 초래할 수 있다는 점이 문제로 부각되었고, 미시건전성 감독(규제)만으로는 전체 금융시스템의 안정을 위협하고 그 결과 경제 전체를 위협하는 '시스템 리스크'에 효과적으로 대응하기 어렵다는 인식이 부상하였다. 그 연장선에서 은행의 과도한 리스크 추구를 예방하기 위해 중앙은행은 금리를 결정할 때 '바람에 맞서(lean-against-the wind)'는 선제적 통화정책, 즉 '버블 파이터(bubble

---

76) 한편, 은행위기는 은행 중심 금융시스템을 가진 국가에서는 통화위기(currency crisis)나 국가부채위기(sovereign debt crisis)로 진화하고, 이 경우 국내 중앙은행은 외환보유고 범위 내에서 외화유동성의 지원에 한계를 가질 수밖에 없다. 결국 외화 자금은 대외적으로 해결할 수밖에 없고, IMF가 외화유동성의 최종대부자 역할(구제금융 지원)을 수행한다. 물론, IMF의 구제금융은 가혹한 조건들을 수반한다.

fighter)'가 되어야 한다는 주장이 부상하였다. 자산가격 상승은 은행으로 하여금 레버리지를 추구할 인센티브를 증폭시키기 때문에 금리 인상을 통해 리스크 추구의 인센티브를 축소시켜야 한다는 것이다. 이러한 주장은 확장적 통화정책 혹은 마이너스(−) '테일러 준칙 갭'(≡실제 금리−테일러 준칙 금리)과 주가, 상품가격, 주택가격 붐 사이의 연관성이 존재한다는 연구에 기초하고 있다.[77]

그런데 시장이론은 버블은 사후적으로 판단할 수 있을 뿐이기에 중앙은행은 버블 판단이 불가능하고, 버블의 현실화를 피할 수 있는 유용한 수단도 갖고 있지 못하다고 주장한다.[78] 이런 상황에서 자산가치 인플레를 금리 인상으로 처방할 경우 자산가격 붐을 억제하는 효과를 통해 거품 조성을 완화시킬 수는 있으나 (산출량 및 고용 등) 거시경제적 비용을 수반한다고 주장한다. 게다가 자산가격 상승이 거품이 아닐 경우에는 금리 인상이 경기를 후퇴시키는 우를 범할 수 있다고 주장한다. 시장이론이 금융위기 이후에도 여전히 중앙은행의 '버블 파이터' 역할을 반대하는 배경이다. 시장이론의 경우 자산가치 인플레와 관련된 통화정책은 자산가격 상승(자산효과) → 소비지출 증대 → 총수요 증대 → 물가(상품가격) 상승에 대한 영향에 제한해야만 한다고 주장한다. 실증연구도 인센티브를 축소시키기 위한 금리 인상은 레버리지 사이클의 초기에만 적합하다는 것을 보여준다.[79]

무엇보다 자산 인플레를 통화정책으로 해결하는 것은 한계가 있다. 앞에서 지적했듯이 통화공급에 대한 중앙은행의 통제력이 크게 약화, 즉 민간부문의 신용 창출 능력이 크게 신장되었기 때문이다. 이처럼 금융(시스템)안정은 금리 정책만으로는 한계가 있기에 '거시건전성 규제(macro-prudential regulation)'

---

77) R. Ahrend, B. Cournede, and R. Price, 2008, "Monetary Policy, Market Excesses and Financial Turmoil," OECD Economics Department Working Paper No. 597; S. Gerlach and K. Assenmacher-Weshe, 2008, "Monetary Policy, Asset Prices and Macroeconomic conditions; A Panel VAR Study," National Bank of Belgium Working Paper 149; P. Pagano, M. Lombardi and A. Anzuini, 2010, "The Impact of Monetary Policy on Commodity prices," ECB Working paper 1232.

78) B. Bernanke and M. Gertler, 2001, "Should Central Banks Respond to Movements in Asset Prices?" *American Economic Review*, Vol. 192, pp 253–57. 그러나 이러한 주장에 대해 일부에서는 자산가치의 거품(asset price misalignments)을 확인하는 것이 어렵다고 하지만 이 어려움은 테일러 준칙의 구성요인들(예: 잠재 산출량)을 확인하는 어려움 정도에 불과하다고 주장한다. S. Cechetti, 2003, "What the FOMC Says and Does When the Stock Market Booms," Conference on Asset Prices and Monetary Policy, Reserve Bank of Australia (Aug.).

79) I. Agur and M. Demertzis, 2012, "Excessive Bank Risk Taking and Monetary Policy," ECB Working Papers, No. 1457 (Aug.).

가 도입되었다. 미시건전성 규제와 달리 '거시건전성 규제'는 전체 경제에 중대한 손실이 초래되지 않도록 금융시스템 전반의 장애를 예방하거나 또는 조기 해소하는 것을 목적으로 하는 금융 규제를 일컫는다. 즉 '거시건전성 규제'는 금융시스템의 각각의 구성 요인들을 지키는 것이 시스템의 보호에 충분조건이 아닌, 즉 금융시스템의 리스크가 개별 리스크의 단순한 집합이 아니라는, 이른바 '구성의 오류'를 전제로 한다. 이처럼 단기금리를 중심으로 한 중앙은행의 통화정책 확산 채널이 제대로 작동하지 않는 상황에서 자산가격 인플레이션을 효과적으로 다루기 위해서는 통화정책을 '거시건전성 규제' 혹은 '시스템 리스크' 규제와 결합시켜야 한다. 즉 중앙은행과 다른 감독기구와의 협력이 필요하다.[80] 통화정책 역시 국내 통화량뿐만 아니라 신용과 해외자본의 유입 그리고 자산가격에 대한 환율의 영향 등도 고려해야 한다.

바젤 III가 기존의 자기자본비율의 강화와 더불어 유동성 확충, 레버리지 상한의 도입, '시스템적으로 중요한 금융기관(SIFI)'의 자본 강화, 경기역행적 자본요구 등에 대한 규제를 강화한 이유이다. 첫째, 바젤 I, II와 달리 바젤 III는 자기자본비율 산출식에서 분모에 해당하는 '위험가중자산'보다는 분자인 '규제자기자본'에 초점을 맞추었다. 은행(금융회사)의 마지막 보루인 자기자본의 질(質)을 높이지 않을 경우 글로벌 금융위기가 언제든지 재발할 수 있다는 두려움에 뿌리를 두고 있다. "한 달 기준의 국채 등 유동성이 매우 높은 자산을 순현금유출로 나눈 비율"로 정의하는 '단기유동성비율(LCR, liquidity coverage ratio)'의 도입이 그것이다. 즉 LCR은 시장 위기가 닥쳤을 때 당국 지원 없이 30일간 자체적으로 견딜 수 있도록 하자는 취지에서 마련된 것으로 LCR 비율이 높으면 유동성 위기가 발생했을 때 그만큼 오래 견딜 수 있음을 의미한다. 즉 유동성 확충을 통해 은행의 무분별한 레버리지를 규제해 파산위험을 적정 수준에서 관리하겠다는 것이다. LCR은 한 차례 연기하여 2019년부터 시행된다.

둘째, 유동성 강화는 일명 '중장기 유동성비율'로 불리는 '순안정자금조달비율(NSFR, net stable funding ratio)'에 의해서도 보완되었다. 바젤은행감독위원회(BCBS)는 2014년 10월 31일 「바젤은행감독위원회 금융감독기관장 및 중

---

80) 금융위기 이후 유럽이 금융감독당국 대표 및 중앙은행 총재로 구성된 '유럽 시스템리스크 위원회(Europe System Risk Board, ESRB)'를 구성한 이유이다.

앙은행 총재회의」의 승인을 거쳐 「순안정자금조달비율(NSFR) 기준서」를 최종 확정·발표하였다. 이에 따라 은행들은 2018년부터 최저 100%의 규제비율을 확보해야 한다. NSFR은 운용 측면에서 장기간(1년 이상) 필요한 자금에 대비해 조달 측면에서 장기간 안정적 자금을 보유하도록 하는 중장기 유동성비율이다. 즉 NSFR은 (부채와 자본 중 스트레스 상황에서도 향후 1년 이내 이탈 가능성이 낮은 안정적인 조달금액인) 가용안정자금조달을 (자산항목 중 향후 1년 이내 현금화될 가능성이 낮아 1년 이상의 안정적 자금조달이 요구되는 금액인) 필요안정자금조달로 나눈 값이다.[81] 이처럼 유동성 확충이 바젤 III의 핵심을 구성하는 이유는 '유동성 리스크(liquidity risk)'의 중요성 때문이다. '유동성 리스크'는 거래 일방이 일시적인 자금부족으로 인해 정해진 결제시점에서 결제의무를 이행하지 못함으로써 거래상대방의 자금조달계획 등에 미치는 손실가능성을 말한다. 일반적으로 자금의 운용 및 조달 기간의 불일치 또는 예기치 않은 자금유출 등의 지급불능 상태나 자금의 과부족 해소를 위한 고금리 조달 및 보유자산의 불리한 매각 등으로 인해 발생한다. 거래상대방이 지급 기일이 지난 이후 어느 시점에 가서 채무를 결제할 수 있다는 점에서 거래상대방이 파산해 채권의 회수가 영구 불가능한 신용리스크와 차이가 있다.

셋째, 시스템적으로 중요한 27개 은행들(SIBs, systemically important banks)에 대해 총손실흡수력(TLAC, Total Loss-Absorbing Capacity)을 도입했다. 은행들이 파산했을 때 공적 자금으로 구제하는 것을 피하기 위해 손실을 흡수할 수 있는 충분한 책임을 갖도록 하자는 취지이다. 그밖에도 은행의 경기순응성 완화를 위해 호경기에 자본을 추가로 쌓도록 하는 경기역행적 자본규제가 도입되었다.

이상에서 보았듯이 은행에 대한 규제는 여전히 거시건전성보다는 개별 은행들의 지불능력(solvency)인 미시건전성에 초점을 맞추고 있다. 개별 은행의 자본 손실 흡수 능력을 개선한다고 해서 붐(boom) 기간의 과도한 자산 증대를 개별 은행이 직접 해결하기는 어렵다.[82] '시스템 리스크'는 은행의 네트워크

---

81) 예를 들어, 초안에는 6개월 미만 단기대출(분모) 가중치가 은행의 경우 0%, 비은행은 50%로 제시됐으나 확정안은 가중치를 금융기관별로 구분하지 않고 모두 15%(고유동성 자산담보부대출은 10%)로 적용키로 했다. 또한, 파생상품 부채의 20%와 개시증거금의 85%를 안정자금으로 보유토록 유도키로 했다.

82) 참고로 금융위기로 인해 공적 자금이 투입돼 국유화된 아일랜드의 앵글로아이리시은행(AIB)은 보통주(Tier 1)의 자본 비율이 7% 이상, 특히 금융위기 직전인 2006년에는 8%가 넘었음에도 불구하

화(상호연관성)에서 발생하는 과도한 자산 증대에서 비롯하기 때문이다. 한편, 한국이 도입한 '거시건전성 규제'들로는 '외환건전성부담금(일명 은행세)', '선물환포지션 한도', '외국인 채권투자 과세' 등이 있다.[83] 외환건전성부담금의 경우 자금조달 수단으로써 은행의 단기 외화 차입이 야기하는 환율변동성의 증대나 외화유동성의 문제 등 외환시장의 불안정을 완화시키기 위한 조치로 부담금 부과는 은행이 경제 전체에 야기하는 '부정적 외부효과'에 대한 피구세(Pigouvian tax)의 성격을 갖는다. (앞에서 지적했듯이) 은행의 단기 외화 차입은 1997~98년 외환위기 때나 글로벌 금융위기 발발 이후 2008~09년 외환시장 불안정의 주요 원인으로 작용하였다. 은행의 선물환포지션 역시 환율 하락시 은행의 단기외화 차입의 증가로 작용한다. 즉 수출업자의 선물환 매도와 은행의 선물환 매수는 은행의 단기외화 차입으로 연결되기 때문이다. 은행의 선물환포지션 증가는 환율 하락을 강화시킴으로써 선물환 거래와 은행의 선물환포지션 증가를 증폭시킨다.

그림 8-28 외화 자금조달에 의한 은행 영업과 은행세 부과 효과

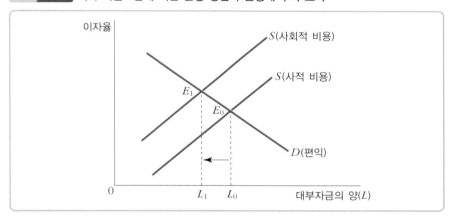

고 파산하였다. H.S. Shin, 2011, "Macroprudential policies beyond Basel III," BIS Papers, No. 60.

83) 자본유출입 변동성을 완화하기 위해 56개 금융기관 등을 대상으로 과도한 외화부채 증가를 억제하기 위해 2011년 8월부터 도입한 외환건전성부담금의 부과요율은 만기별로 단기(1년 이하) 20bp(0.2%), 중기(1~3년) 10bp, 장기(3~5년) 5bp, 초장기(5년 이상) 2bp이다. '선물환포지션 한도' 규제는 외환의 과도한 단기차입과 환율변동성을 줄이기 위한 조치로, 은행의 자기자본 대비 선물환 보유액의 비율로 2011년 7월부터 외국은행지점 한도는 200%, 국내은행 한도는 40%였다. 환율 하락의 지속에 대한 우려로 정부와 한국은행은 2013년 1월부터 국내은행 및 외은지점의 한도를 25.0%씩 축소하여 국내은행은 현행 40%에서 30%로, 외은지점은 현행 200%에서 150%로 축소하기로 결정하였다. 그리고 '외국인 채권투자 과세'는 2011년 1월 이후 외국인(비거주자 및 외국법

    물가 변화는 화폐시장에서 이자율을 변화시키고 이자율은 소비 주체인 가계의 저축을 통해 소비에 영향을 미치고, 투자 주체인 기업의 투자에 영향을 미친다. 즉 이자율은 대부자금 시장의 가격으로 가계의 저축액(대부자금의 공급량)을 결정하고 기업의 투자지출(대부자금의 수요량)을 결정하기 때문이다. 즉 특정 이자율($r_0$)에서 가계의 소비지출$[C_0 \equiv Y_d - S_0(r_0)]$이 결정되고 기업의 투자지출$[I = I_0(r_0)]$이 결정되며, 소비지출과 투자지출에 대응하는 국민소득($Y_0$)이 결정된다. 그런데 이자율에 변화가 생기면 총지출곡선에 변화가 발생한다. 예를 들어, 이자율이 $r_1$으로 하락하면 소비($C_1$)와 투자($I_1$)가 증가하여 새로운 국민소득 $Y_1$을 만들어낸다. 이처럼 이자율과 소비지출과 투자지출 그리고 국민소득 사이에는 일대일의 대응관계가 성립한다. 각 대응관계는 하나의 균형상태를 의미하고, 균형은 $E_0(r_0, C_0, I_0, Y_0)$에서 새로운 균형 $E_1(r_1, C_1, I_1, Y_1)$으로 이동했음을 의미한다. 이 균형상태는 다름 아닌 실물시장의 균형상태이고 이를 그림으로 표현한 것이 IS곡선이다. IS곡선의 기울기는 이자율에 대한 저축과 투자지출이 얼마나 민감하게 반응하는가를 나타낸다. 즉 이자율에 대한 저축과 투자의 탄력성이 클수록 IS곡선은 완만하게 되고, 탄력성이 작을수록 가파르게 된다.

    그리고 IS곡선의 이동은 동일한 이자율 수준에서 소득을 증대 혹은 감소시키는 요인들(실질자산, 정부지출, 순수출 등의 변화)에 의해 영향을 받을 것이다. 예를 들어, 정부지출($G$)을 증가할 경우 혹은 수출이 증가할 경우 IS곡선은 우상향으로 이동할 것이다. 일정한 이자율 수준(예: $r_0$)에서 소비 $C_0(r_0)$와 투자 $I_0(r_0)$가 결정되고, 이들은 정부지출 $G_0$와 순수출 $X_0^N$와 더불어 국민소득 $Y_0$를 구성할 것이다. 그런데 이자율은 변화가 없는데 정부지출이 $G_1$으로 증가한다면 국민소득은 $Y_1$으로 증가할 것이다. 마찬가지로 순수출이 $X_1^N$으로 증가해도 국민소득은 $Y_1$으로 증가할 것이다. 따라서 이자율 $r_0$에서 정부지출이나 순수출이 증가하면 국민소득이 증가하기 때문에 이를 그림으로 표현하려면 IS곡선을 이동($IS_0 \rightarrow IS_1$)시켜야 할 것이다. 이처럼 IS곡선은 정부지출이나 순수출

---

인)이 국채와 통화안정증권에 투자해 얻은 소득 중 이자소득(14%)과 양도차익(20%)에 대한 법인소득세를 말한다. 2009년 5월부터 비과세했던 것을 폐지한 것이다.

이 증가 혹은 감소하면 우측 혹은 좌측으로 이동할 것이다.

그림 8-29 총지출곡선과 실물시장의 균형(IS곡선)

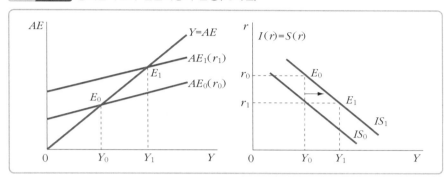

## 제 6 절   환율의 결정조건과 대외부문의 균형 그리고 BP곡선

이자율의 변화는 금융수지(국제수지)의 변화를 통해 환율에 영향을 미치고 환율 변화는 순수출에 영향을 미친다. 이제 환율을 결정하는 요인과 국제수지의 균형조건을 살펴보자. 각국 통화의 가치(환율)를 고정하지 않고 시장의 추세에 따라 변동하는 변동환율제에서 환율은 일반상품의 가격 형성 과정과 같이 원칙적으로는 외화에 대한 수요와 공급에 따라서 변동한다. 즉 환율은 외화에 대한 가격으로 외화의 수요와 공급에 따라 결정된다. 이런 점에서 환율은 국제수지를 결정짓는 요인들과 밀접한 관계를 갖는다. 첫째, 물가상승률의 차이이다. 자국의 물가상승률이 외국의 물가상승률보다 높을 경우 자국의 화폐의 가치가 상대적으로 더 하락하기에 외국 화폐에 대한 수요는 증가한다. 또한, 물가는 경상수지에 영향을 미친다. 국내 물가가 상승하면 환율이 일정할 경우 수출가격의 상승으로 이어져 수출을 감소시킴으로써 외환 공급의 감소와 자국 통화가치의 절하(예: 원/달러 환율 상승)를 초래한다. 둘째, 환율의 움직임은 금융적 현상으로도 이해할 수 있다. 즉 고정환율제 하에서는 자본이동도 제약되었기에 경상수지가 외환 공급의 중요한 요인이 되었던 반면, 변동환율제의 도입과 자본흐름의 자유화가 진전된 이후에는 금융수지가 외환 공급에 더 중요한 요인으로 자리 잡게 되었다. 예를 들어, 양국 간의 이자율 차이$(r-r_f)$가 확대되면 외화의 유입(금융수지의 흑자)과 환율의 하락을 초래한다. 역으로 이자율 차이의 하락은 외화의 유출(금융수지의 감소)을 초래하므로 환율이 상승하게 된다. 따라서 이자율과 환율 사이에는 역$(-)$의 관계가 존재한다.

셋째, 자국과 외국 간 상대적 소득의 차이에 의해서도 환율은 영향을 받는다. 즉 환율은 양국 간의 실질 GDP의 차이$(Y-Y_f)$에 의해서도 영향을 받는다. 비교국가에 비하여 자국의 소득이 증가한다면 구매력이 증가하여 외국 재화에 대한 수요(수입)가 증가와 경상수지의 악화로 외환에 대한 수요가 증가할 수밖에 없다. 그렇게 되면 외환의 가치는 상승하고 따라서 환율은 상승하게 된다. 넷째, 환율은 정부의 조절에 의해서도 영향을 받는다. 정부가 환율을 조정하는 방법으로는 외환 거래에 대한 규제를 조정하는 방법, 무역을 규제하는 방법, 외환시장에 대한 개입 등이 있다. 다섯째, 환율은 미래환율에 대한 기대에 의해서도 영향을 받는다. 향후 자국의 화폐 가치가 떨어질 것이라고 예측된다면 자국 화폐를 팔게 될 것이므로 외환의 수요는 증가할 것이다. 그 반대로 자국 화폐의 가치가 상승할 것이라고 예측한다면 외화에 대한 수요는 증가하고 공급은 증가할 것이다. 이처럼 변동환율제 아래에서의 환율은 외화의 수급에 의해서 결정되는데 그 나라 경제의 기초적 조건들에 의해 영향을 받고 있음을 알 수가 있다. 실증연구 또한 신흥시장국의 자본 유입이 선진국과 신흥시장국 간의 성장률과 이자율 차이 그리고 글로벌 리스크 성향 등에 의해 결정됨을 보여준다([그림 8-30] 참고).[84]

이상에서 보았듯이 환율과 경제의 기초적 조건들 간에는 일정한 관계가 존재하는데 이를 대외부문의 균형이라 한다. 대외부문의 균형은 국제수지(BP, balance of payment)의 균형을 의미하고 이는 국제수지가 0이 되는 상태이다. 그런데 기본적으로 경상수지(순수출)는 환율과 국민소득에 의존하고 금융수지는 이자율 차이에 의존한다. 즉

$$국제수지 = 경상수지(e,\ Y-Y_f) + 금융수지(r,\ r_f) = 0$$

84) S. Ahmed and A. Zlate, 2013, Capital Flows to Emerging Market Economies: A Brave New World? Board of Governors of the Federal Reserve System, International Finance Discussion Papers No. 1081.

그림 8-30 신흥시장국으로 자본의 순유입을 결정하는 요인들

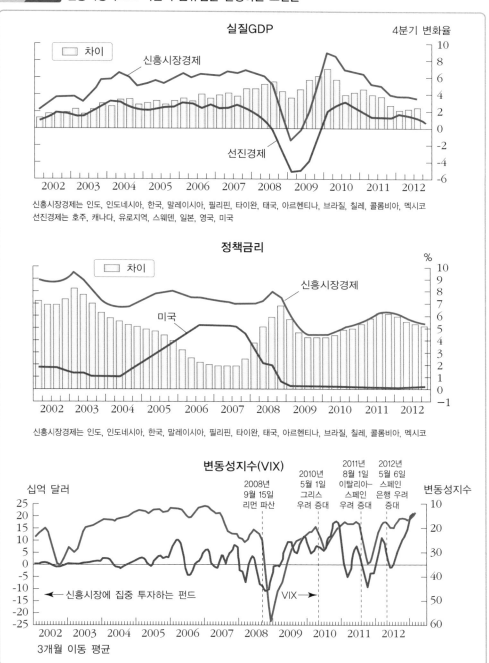

주: VIX(Volatility Index)는 S&P 500지수 옵션과 관련해 향후 30일간의 변동성에 대한 투자기대지수.
출처: S. Ahmed and A. Zlate, 2013, Capital Flows to Emerging Market Economies: A Brave New World?
    Board of Governors of the Federal Reserve System, International Finance Discussion Papers No.
    1081.

국제수지는 총수요와 밀접한 관련을 갖고 있기에 세 변수 중에서 환율이 주어진 것으로 가정하고 이자율과 국민소득을 중심으로 살펴본다. 이는 총수요에서 국내부문이 대외부문보다 중요하고, 이자율이 가장 중요한 가격 변수라는 것을 보여준다. 국제수지의 균형상태에서 이자율과 국민소득의 관계로 단순화시킨 것이 BP함수다. 즉 환율이 일정할 때 BP함수는 다음과 같이 나타낼 수 있다.

$$BP = BP(\overset{\ominus}{Y - Y_f},\ \overset{\oplus}{r - r_f}) = 0$$

그리고 BP 함수를 그림으로 표현한 것이 BP곡선이다. 임의의 점 A에서 국제수지가 균형을 이루고 있었다고 가정할 때 새로운 국제수지의 균형을 찾아보자. 즉 점 A에서 이탈할 때 새로운 균형점은 어디가 될 것인가를 생각해보면 점 A에서 우상향이나 좌하향으로 이동해야만 국제수지는 균형을 회복할 수 있다는 것을 알 수 있을 것이다. 먼저, 우상향으로 이동하는 경우를 생각해보자. 이자율의 변화가 없는 상황에서 소득이 증가하면 수입이 증가하고 경상수지가 감소한다. 따라서 국제수지가 균형을 회복하기 위해서는 자본유입, 즉 금융수지가 증가하여 경상수지 감소를 상쇄시켜야 된다. 자본유입이 증가하려면 국내이자율이 상승해야 한다. 즉 소득이 증가할 경우 새로운 균형점 B는 이전의 균형점 A에 비해 소득과 이자율이 상승한 상태가 된다. 마찬가지로 점 A에서 위로 이동할 경우 소득에 변화가 없는 상황에서 이자율 상승은 금융수지의 증가를 가져와 국제수지를 흑자로 만든다. 따라서 국제수지가 균형이 되기 위해서는 경상수지가 하락해야 하고, 이는 소득이 증가할 경우에 해당한다. 따라서 우측, 즉 점 B로 이동해야 국제수지는 균형을 이룬다. 즉 국제수지가 균형을 이루기 위해서는 소득이 증가할 때 이자율이 상승해야 하므로 BP곡선은 우상향 형태를 갖는다. (그림에는 표시를 하지 않았지만) 반대로 점 A에서 좌하향으로 이동하는 경우도 균형을 회복할 수 있다. 이번에는 반대로 국민소득이 변화가 없는 상황에서 이자율이 하락하면 금융계정이 감소하게 되고 국제수지는 적자가 된다. 따라서 국제수지가 균형을 회복하기 위해서는 경상계정이 증가하여 금융계정의 감소를 상쇄시켜야 한다. 경상계정이 증가하려면 국민소득이 감소하여 수입이 감소되면 가능하다. 즉 대외부문의 균형을 나타

그림 8-31 국제수지의 균형과 BP곡선

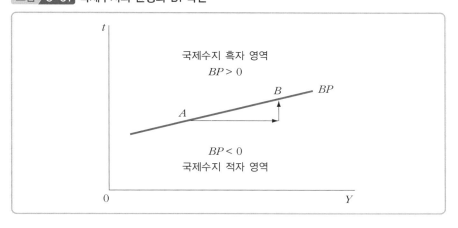

내는 BP곡선은 우상향의 기울기를 갖는다. 그리고 BP곡선의 아래 영역은 국제수지의 적자, 위 영역은 흑자를 의미한다. 여기서 BP곡선의 기울기는 자본이동이 이자율의 변화에 얼마나 민감하게 작용하는가에 의존한다. 예를 들어, 금융자산이 완전대체적이고, 국가 간 자본이동이 완전할 경우 BP곡선은 가로축에 평행할 것이나, 자본이동이 완전히 제약되어 이자율 변화에 자본이동이 반응하지 못할 경우에 BP곡선은 세로축에 평행이 될 것이다. 예를 들어, 현실적으로 기축통화 역할을 하는 달러 혹은 달러표시자산과 신흥시장국의 화폐(표시자산) 간 대체성은 낮을 수밖에 없기에 후자의 리스크에 대한 보상 수익률이 보장되어야 하기에 BP곡선의 기울기는 우상향이 될 수밖에 없다.

한편, BP곡선은 환율이 변화할 때 이동한다. 예를 들어, 국제수지가 균형($e_0$)을 이루는 점 $A$에서 환율이 상승($e_1$)하면 순수출의 증가와 경상수지의 증가, 즉 국제수지가 흑자가 된다. 따라서 국제수지가 균형을 회복하기 위해서는 환율이 상승할 경우 경상수지나 금융수지가 감소해야 하고 이는 국민소득이 증가하거나 이자율이 하락해야 가능하기 때문에 BP곡선은 우측(우하향)으로 이동해야 한다. 반대로 점 $A$에서 환율이 하락($e_2$)하면 국제수지가 적자가 되기 때문에 국제수지가 균형을 회복하기 위해서는 국민소득이 감소하여 경상수지가 증가하거나, 이자율이 상승하여 금융계정이 증가해야 가능하기 때문에 BP곡선은 좌측(좌상향)으로 이동할 것이다.

그런데 두 국가 간 이자율 차이는 단기적으로 두 국가 간 환율에 영향을 미

그림 8-32 환율 변화와 BP곡선의 이동

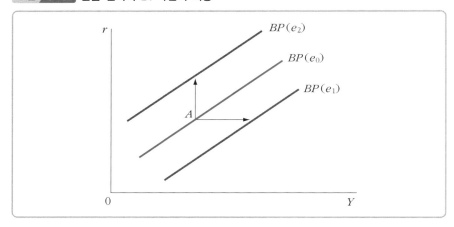

치지만 이자율의 차이는 미래환율에도 영향을 미친다. 즉 이자율 혹은 자산의 수익률 차이는 이른바 '캐리 트레이드(carry trade)'를 발생시킨다. 캐리 트레이드란 금리가 낮은 통화로 자금을 조달해 금리가 높은 나라의 금융상품 등에 투자함으로써 수익을 내는 거래를 의미한다. 통상적으로는 금리 차 거래의 직접적인 대상이 되는 채권이나 대출자산 등에 대한 투자에 국한되지만, 보다 넓은 의미로는 주식이나 원자재, 부동산 등 수익을 낼 수 있는 다양한 종류의 자산에 대한 투자들을 두루 포괄한다. 그러나 캐리 트레이드의 성공은 이자율 차이뿐만 아니라 조달 통화가치의 안정 혹은 하락을 전제로 한다. 예를 들어, 한국의 1년 채권금리가 3%, 미국의 1년 채권금리가 1%, 환율이 1,100원이라고 가정하자. 양국 채권 간 신용 리스크에 차이가 없고, 환율 변동도 없다고 가정한다면 투자자들은 달러를 차입해서 한국 채권을 매입할 것이고 그 수익률은 연 2%가 될 것이다. 그런데 1년 후 환율이 변하지 않을 가능성은 사실상 없다. 예를 들어, 1년 후 1달러=1,000원으로 원화가치가 절상된다면 환차익을 포함해 12.3%의 수익률을 실현할 수 있다. 단, 논의를 단순하게 하기 위해 채권 수익에 대한 세금은 존재하지 않는다고 가정하자. 그러나 1년 후 1달러=1,200원으로 원화가치가 절하된다면 환차손으로 인해 약 6.6%의 손실을 입게 될 것이다. 따라서 실제 미래 환율에는 양국 간의 이자율의 차이가 반영될 수밖에 없다. 즉 현물거래에서의 환율을 기준으로 양국 간의 이자율 차이가 반영된 1년 후의 환율이 지금 정해지는데 이 환율이 통화선물환 환율(foreign exchange forward rate)이다. 이는 '이자율 평형(Interest Rate Parity)' 개념에 의해서 설명할 수 있다.

이자율 평형

예를 들어, 미국의 금리를 $R^*$, 한국의 금리를 $R$, 환율을 ₩/\$=S라고 하자. 개인이 자신의 재산을 한국 채권에 저축하려 하면 다음 해에 $(1+R)$ 만큼 수익을 얻게 된다. 미국 채권에 저축하려 한다면 우선 현물환율 S에 따라 원화를 달러화로 바꾼 $1/S$로 미국 채권을 구매한다. 1년 후에 $(1/S)(1+R^*)$의 미국 달러화가 발생되며 이는 곧 원화로 전환된다. 즉 $(1/S)(1+R^*)S$ 의 원화를 얻게 된다. 투자 시점에서 내일의 환율을 알 수 없기 때문에 예상 수익률$[(1/S)(1+R^*)S^e+1]$을 통해 투자를 결정한다. 따라서 미국 채권을 매입하는 경우 환위험에 노출되며 이는 선물환 매입포지션을 통해 헤징된다. 즉 1년 후의 투자수익률을 $[(1/S)(1+R^*)]F$로 확정시키는 것이다. $F$는 선물환 환율이다. 그러므로 다음의 관계가 성립한다.

$$1+R=\frac{F}{S}(1+R^*)$$

그런데 $\frac{F}{S}=\frac{S}{S}+\frac{F-S}{S}=1+\frac{F-S}{S}$

$$\therefore\ 1+R=[1+\frac{F-S}{S}](1+R^*)=1+\frac{F-S}{S}+R^*+R^*\frac{F-S}{S}$$

그런데 $R^*$와 $\frac{F-S}{S}$ 모두 매우 작은 수이기 때문에 $R^*\frac{F-S}{S}\approx0$ 이라 할 수 있다.

즉 $1+R\approx1+\frac{F-S}{S}+R^*\ \Rightarrow\ R-R^*\approx\frac{F-S}{S}$

따라서 자국 금융자산의 수익률과 외국 금융자산의 수익률 간 차이는 근사적으로 통화선물환 할증(forward premium: F−S>0) 혹은 통화선물환 할인(forward discount: F−S<0)과 같다는 것을 의미한다. 이른바 '무위험이자율평형(CIP, covered interest parity)' 개념이다. 선물환을 매입하지 않을 경우에는 선물환 환율을 미래의 현물환 기대환율 E(S)로 대체하면 된다. 이른바 '유위험이자율평형(Uncovered Interest Rate Parity, UIP)' 개념이다.

한편, '캐리 트레이드'는 '캐리 트레이드'를 강화하는 이른바 피드백(feedback) 경향이 있다. 즉 캐리 트레이드 자금의 유입에 의한 환율 하락은 그 자체가 환율 하락을 확대시키는 경향이 있다. 그 결과 단기적으로 환율은 펀더멘털 변수들의 움직임보다 크게 움직일 수 있는데, 이를 오버슈팅이라 한다. 즉 통화교란 현상이 발생할 때 환율이 새로운 균형으로 이행되기까지 장기적인 균형경로에서 벗어나 단기적으로는 더 큰 폭으로 변하는 것을 말한다. 오버슈팅은 경제에 어떤 충격이 가해졌을 때 변수가 장기적인 수준에서 크게 벗어난 후 시간이 지남에 따라 장기균형 수준으로 수렴해가는 현상을 말한다는 점에서 환율 이외에도 물가, 주가 등에 적용된다. 특히 자산시장은 일반 상품시장과 달리 신용의 창출 혹은 축소로 인해 자산가격(집값, 주가 등)은 과도하게 상승 혹은 하락하는 특성을 보인다. 또한, 정부의 통화완화 정책 결과 국내 통화량이 증가할 경우 단기의 가격경직성으로 이자율이 하락하고 자본수지가 적자로 돌아서 환율은 상승하는 데 환율 상승에 기대인플레이션이 가세함으로써 오버슈팅 현상이 나타날 수 있다. 즉 오버슈팅은 통화변동에 따른 금융·외환시장에서의 반응이 상품시장에서보다 빠르게 나타나기 때문이다. 그리고 시간이 지남에 따라 균형수준 이하로 하락했던 통화가치가 상승(환율 하락)하여 새로운 균형수준에 이르게 된다.

## 제 7 절 총수요의 구조

이제 국민소득의 총지출 측면을 통해 각 물가수준에 대응하는 한 나라 경제의 모든 상품의 수요량(국민소득)을 나타내는 총수요함수를 도출할 수 있다. 물가의 변화는 화폐시장에서 이자율의 변화로 나타나고, 이자율의 변화는 실물시장에서 저축과 투자의 변화를 통해 총지출, 즉 국민소득을 변화시킨다. 또 이자율의 변화는 금융수지와 환율에 영향을 주어 총지출(국민소득)과 국제수지를 변화시킨다. 예를 들어, 물가가 $P_0$에서 $P_1$으로 상승하면 실질통화량 $(M/P)$이 감소하고 화폐수요량이 증대한다. 즉 물가가 상승할수록 소비자가 원하는 상품을 구입하기 위해 보유해야 하는 화폐량은 증대한다. 화폐 보유를 늘리고 대신 이자를 가져다주는 자산에 대한 수요를 감소시키는 과정에서 이자율이 $r_0$에서 $r_1$으로 상승한다. 예를 들어, 채권 수요의 감소는 채권 가격을 하락시켜 채권수익률과 시장이자율을 상승시킨다. 그 결과 LM곡선을 $LM_0$에서 $LM_1$으로 좌상향으로 이동시킨다. 이자율이 상승하면 기업은 투자지출을 감소시킨다. 게다가 물가가 상승하면 사람들이 가진 (금융)자산의 명목가치는 불변하지만 실질가치는 $W_0/P_0$에서 $W_0/P_1$으로 감소한다. 즉 실질구매력의 감

그림 8-33 물가 상승에 따른 IS-LM-BP 변화와 총수요 곡선의 도출

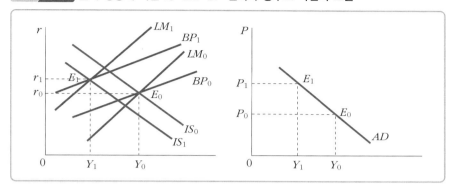

소로 소비가 감소한다. 이른바 '자산효과'이다. 마지막으로 이자율이 상승하면 외화가 유입, 즉 금융수지는 흑자가 되고 자국의 화폐가치는 외화에 대해 절상($e_0 \rightarrow e_1$)된다. 이는 외화로 표시한 국내제품의 가격이 상승하는 반면 외국제품의 가격이 하락하는 것을 의미한다. 그 결과 수출은 감소하고 수입은 증대, 즉 순수출(경상수지)이 감소한다. 환율 하락은 $IS$곡선을 $IS_0$에서 $IS_1$으로 좌하향으로 이동시키고, $BP$곡선을 $BP_0$에서 $BP_1$으로 좌상향으로 이동시킨다. 그 결과 시장 균형은 $E_0(P_0,\ r_0,\ e_0,\ Y_0)$에서 $E_1(P_1,\ r_1,\ e_1,\ Y_1)$으로 이동한다. 이처럼 시장이론에서는 다른 조건이 일정할 때 물가수준이 상승하면 소비나 투자지출 그리고 순수출이 감소하여 총수요량이 감소할 것으로 예상한다. 총수요곡선이 개별 상품의 수요곡선처럼 우하향하는 이유가 여기에 있다.

지금까지 보았듯이 총수요는 화폐시장과 실물시장 그리고 대외부문의 균형이 결합된 것이다. 따라서 총수요곡선의 기울기는 화폐수요, 저축이나 투자, 자본흐름 등이 이자율에 얼마나 민감하게 반응하는지, 그리고 수출이 환율에 얼마나 민감하게 반응하는지 등에 달려 있다. 예를 들어, 화폐수요가 이자율에 민감하게 반응하지 않을수록, 저축과 투자지출이 이자율에 민감하게 반응할수록, 수출이 환율에 민감하게 반응할수록 총수요곡선의 기울기는 완만해질 것이다. 이는 시장주의자들의 기본인식이기도 하다. 반면, 불황기의 경제 상황에 주목한 케인스는 반대의 견해를 보였다. 전자가 재정정책을 반대하고 후자가 이를 찬성한 이유다.

| 통화주의학파와 새고전학파의 견해 | 케인스학파의 견해 |
|---|---|
| 저축(소비)에 대한 이자율 탄력성: 탄력적<br>투자에 대한 이자율 탄력성: 탄력적<br>화폐수요에 대한 이자율 탄력성: 비탄력적 | 저축(소비)에 대한 이자율 탄력성: 비탄력적<br>투자에 대한 이자율 탄력성: 비탄력적<br>화폐수요에 대한 이자율 탄력성: 탄력적 |
| IS: 국민소득에 대한 이자율 탄력성: 탄력적<br>LM: 국민소득에 대한 이자율 탄력성: 비탄력적 | IS: 국민소득에 대한 이자율 탄력성: 비탄력적<br>LM: 국민소득에 대한 이자율 탄력성: 탄력적 |
| AD: 국민소득에 대한 물가 탄력성: 탄력적 | AD: 국민소득에 대한 물가 탄력성: 비탄력적 |
| 재정정책 비효과적 | 재정정책 효과적 |

그림 ▶ 8-34 이자율의 역할 차이와 총수요 곡선의 기울기

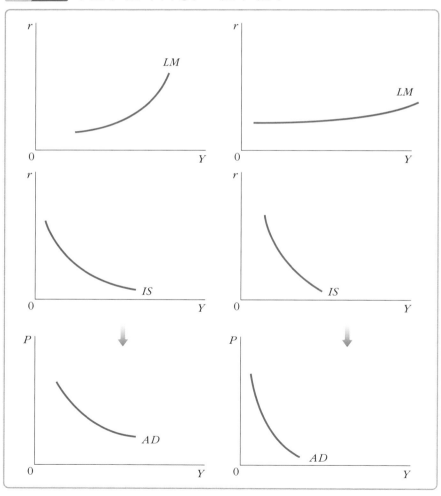

# 제 9 장
# 총공급의 구조

    국민소득의 총지출 측면이 총수요라면 국민소득의 생산 측면이 총공급(AS, aggregate supply)이다. 총수요와 마찬가지로 각 물가수준에 대응하는 한 나라 경제의 모든 생산부문의 생산량 간의 관계가 총공급 구조라 할 수 있다. 국민소득을 총지출 측면에서 바라본 총수요 분석은 경제에 과잉생산 능력이 존재할 경우 적합하다. 총지출이 국민소득의 수준을 제약하기 때문이다. 그러나 경제가 생산능력에 근접한 수준에서 생산이 이루어지는 경우에는 국민소득의 결정은 총공급을 도입해야 한다. 시장이론에서 단기의 총공급함수는 물가와 국민소득 간에 정(+)의 관계를 의미하기에 단기 총공급곡선(SRAS, short-run AS)은 우상향한다. 반면, 장기에는 국민소득이 완전고용 수준에서 결정되기 때문에 국민소득은 물가수준과 관계없이 결정되기에 장기 총공급곡선(LRAS, logn-run AS)은 수직선이 된다. 즉 경제가 자원을 완전히 활용하고 있다면 물가가 아무리 상승하더라도 생산의 증가를 유도하지 못할 것이다. 장기적으로는 노동자의 초과근무 지속도 불가능하고, 기계의 유지보수 연기도 불가능하다.

    따라서 단기에 경제가 과잉생산 능력 상태에 있을 경우에는 물가수준이 상승하지 않고도 산출량 증가가 가능하다(수평선 *AS*). 즉 단기에 경제는 생산능력의 100% 이상으로 운영이 가능하다. 단기간 동안 노동자의 초과근무도 가능하고 기계의 유지보수를 임시 연기하고 추가 가동도 가능하기 때문이다. 이처럼 수직선의 *AS*와 수평선의 *AS* 사이에 높은 물가수준이 기계를 더 활용하도록 자극하는 우상향하는 총공급(*AS*)의 영역이 존재할 수 있다. 한편, 단기총공급곡선(SRAS)의 이동은 개별 상품의 공급곡선의 이동처럼 생산능력의 증대

(예: 신규 투자)나 생산비의 상승(예: 수입 원유 가격의 상승) 등에 의해 가능하다. 물론, 장기공급곡선 역시 이동한다. 즉 산출량을 결정하는 노동과 자본과 자연자원과 기술지식 등에 변화가 발생할 때 자연산출량(장기 추세의 GDP)의 수준은 변화하고, 이때 장기 총공급곡선은 이동한다. 여기서 자연산출량은 경제가 '자연실업률(natural unemployment rate)' 수준에 있을 때 생산해내는 실질 GDP를 말한다. 그리고 자연실업률은 "노동시장이 이론적으로 작동하는 상태에서 노동에 대한 수요와 노동의 공급을 일치시키는 균형실업률" 혹은 "정부의 '경기안정화정책'(경기변동의 진폭을 줄여 경제의 안정적 성장을 도모하고자 하는 정책으로 크게 재정정책과 통화정책으로 구분)에 상관없이 장기적으로 변하지 않는 실업률"을 말한다. 프리드먼이 처음 사용한 용어이다. '자연실업률'이 시장이론에서 말하는 완전고용 상태이다.

## 제1절   시장의 불완전성과 총공급곡선

역설적으로 시장이론에서는 단기 총공급곡선이 우상향하는 이유로 '시장의 불완전성'을 지적한다. 첫 번째의 경우는 '명목임금의 경직성'이다. 명목임금의 계약기간은 상대적으로 장기인 반면, 경제주체들의 예상물가와 실제물가 간에는 차이가 존재할 가능성이 높고 이 차이를 신속하게 조정하기도 어렵다. 예를 들어, 예상 물가가 실제 물가보다 낮을/높을 경우 실질임금은 시장 균형임금보다 높기/낮기 때문에 기업은 고용을 줄이고/늘리고 자연산출량 이하/이상에서 생산하게 된다. 두 번째 경우는 '재화가격의 경직성'이다. 물가가 하락하면 재화의 가격도 떨어져야 맞지만 대부분 기업의 경우 가격을 물가 변화에 맞춰서 매번 바꾸지 않는다. 상품 목록을 새로 인쇄하고 배포하는 비용 등 가격 변경 비용을 '메뉴비용'이라고 하는데 메뉴비용을 내느니, 즉 가격을 변경하기보다는 차라리 그냥 덜 팔려라 하는 기업이 대부분이다. 그러나 가격 조정을 거부한 기업의 경우 판매량의 감소에 직면할 것이고 그 결과 생산과 고용이 감소한다. 즉 물가 하락으로 공급량이 감소한 것이다. 세 번째는 '단기적인 착각'의 경우이다. 즉 개별 경제주체들은 자기 입장에서 생각하는 경향이 있는데 전반적인 물가수준이 예상보다 낮을 경우 자기 가격만이 상대적으로 하락했다고 착각할 수 있다. 예를 들어, 전반적인 물가가 하락했는데 쌀 재배농민은 다른 상품가격에 비해 쌀의 상대가격이 하락한 것으로 착각할 경우 수익성이 하락할 것으로 판단해 쌀 공급량을 줄인다. 이른바 '화폐환상(money illusion)'이다. '화폐환상'이란 실질변수의 변화와 명목변수의 변화를 구별하지 못하고 착각하는 현상이다. 노동자에게 화폐환상이란 물가가 상승함에 따라 명목임금이 상승한 것을 노동자는 실질임금이 상승한 것으로 착각하고 명목임금을 기준으로 노동을 공급하는 현상을 말한다.

이처럼 시장이론에서 총공급의 구조는 물가와 국민소득 간에 단기적으로 정(+)의 관계를 특징으로 한다. 그러나 앞에서 보았듯이 총수요의 구조에서와 마찬가지로 물가와 국민소득 간에 직접적인 관계가 존재하는 것이 아니라 물가의 변화가 단기의 생산요소인 노동시장에 영향을 미치고, 고용량이 변화해 총산출량과 국민소득을 변화시킨다. 따라서 단기 총공급함수를 도출하기 위해서는 물가 변화가 노동력의 공급자인 노동자와 노동력의 수요자인 기업에게 어떻게 영향을 미치는가를 이해하는 것이 핵심이다. 노동시장에서 결정된 고용량 수준에서 총산출량이 결정될 것이고, 총산출량을 결정하는 생산함수는 개별 상품의 생산함수와 동일한 구조를 사용하기 때문이다.

그림 9-1 총공급의 구조

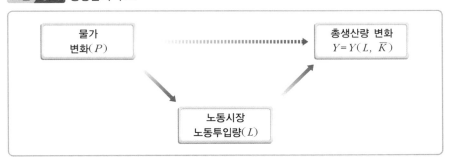

구체적인 예를 들어 단기 총공급함수를 도출해보자. 기본적으로 노동시장은 명목임금(가격)의 경직성과 화폐환상 등으로 불완전하다. 명목임금의 경우 계약기간 동안 변하지 않는다는 점에서 경직적이다. 그 결과 노동자는 기업보다 물가 변화를 자신의 선택에 신속하게 반영시키기 어렵다. 반면, 기업은 물가변화를 상품가격이나 고용 조정에 상대적으로 신속하게 반영할 수 있다. 이처럼 노동자는 자신이 예상한 물가($P^e$)가 실제 물가($P$)와 차이가 나더라도 임금 계약 기간 동안 물가를 임금에 반영시키기 어렵다는 점에서 노동자는 기업에 비해 실질 변수의 차이를 신속하게 조정하기 어렵다.

예를 들어, 최초(0기)의 시장균형($E_0$)은 물가, 명목임금, 실질임금, 노동량, 총생산량이 각각 $P_0$, $W_0$, $u_0(=\dfrac{W_0}{P_0})$, $L_0$, $Y_0$ 수준에서 이루어지고 있다. 이제 1기에 대해 새로운 임금 협상이 이루어진다. 첫째, 노동자의 예상 물가($P^e$)가 실제 물가($P$)와 정확하게 일치한다면 노동자가 1기의 예상 물가($P_1^e$)를 반영하여 합의한 임금 $W_1$에서의 노동공급량은 실질임금($\dfrac{W_0}{P_0}=\dfrac{W_1}{P_1}$)에 차이가 없기에 생산활동에 투입되는 노동량은 초기의 노동량과 차이가 없을 것이다. 둘째, 노동자의 예상 물가($P^e$)가 실제 물가($P$)보다 낮은 경우를 보자. 이 경우 노동자가 1기의 예상 물가($P_1^e$)를 반영하여 합의한 임금 $W_1$에 기초한 실질임금($\dfrac{W_1}{P_1^e}$)은 0기의 실질임금($\dfrac{W_0}{P_0}=u_0$)보다 낮기에 노동투입량은 초기보다 증가한 $L_1$이될 것이다. 실제 물가가 예상 물가보다 높기 때문에 실질임금의 하락으로 기업이 고용을 증가시키기 때문이다. 그리고 증가한 고용량 수준 $L_1$에서 총생산량 $Y_1$이 이루어진다. 즉 예상 물가보다 실제 물가가 더 오를 경우 고용과 산출량은 증가할 것이다. 따라서 물가 $P_0$에 대응하는 공급 측면의 균형산출량 $Y_0$, 물가 변화 후의 $P_1$에 대응한 균형산출량 $Y_1$ 두 점을 연결하면 우상향의 단기 총공급곡선(SRAS)이 도출된다. 셋째, 반대로 노동자의 예상 물가($P^e$)가 실제 물가($P$)보다 높은 경우 노동자가 1기의 예상 물가($P_1^e$)를 반영하여 합의한 임금 $W_1$에 기초한 실질임금($\dfrac{W_1}{P_1^e}$)은 0기의 실질임금($\dfrac{W_0}{P_0}=u_0$)보다 높기에 노동투입량은 초기보다 감소하고 산출량도 감소할 것이다. 즉 예상 물가보다 실제 물가가 낮은 경우에는 산출량이 감소하기에 물가 변화 후의 물가와 균형산출량을 연결하면 우상향의 단기 총공급곡선(SRAS)이 도출된다. [그림 9-2]는 노동자의 예상 물가($P^e$)가 실제 물가($P$)보다 낮은 경우로 노동시장과 총생산곡선 그리고 총공급곡선을 표현한 것이다.

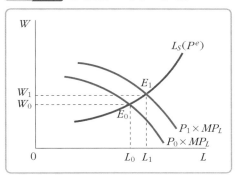

그림 9-2 명목임금 표시의 노동시장

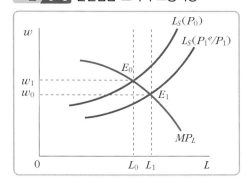

그림 9-3 실질임금 표시의 노동시장

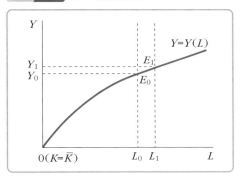

그림 9-4 단기 총생산함수

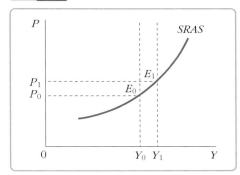

그림 9-5 단기 총공급곡선

　　한편, (앞에서 지적했듯이) 시장이론에서 총공급곡선은 장기적으로 완전고용
수준에서 수직선이 된다. 장기 총공급곡선이 수직인 이유는 단기에서 작용하
는 임금과 가격의 경직성이 사라지고 이로 인해 생산량이 특정 물가 수준에
의존하지 않기 때문이다. 한 예로 장기에 물가가 하락할 경우를 가정해보자.
실질임금이 상승해 노동이 초과공급 상태에 놓이면 임금을 신축적으로 변동
시킬 수 있는 장기의 경우에는 노동의 초과공급 상태에서 벗어나게 된다. 따
라서 장기에 고용 수준은 완전고용 수준에서 유지하게 되고 다른 생산요소도
동일한 과정을 거쳐 결국 산출량 역시 자연산출량 수준에서 결정된다. 노동자
는 실질가치를 반영할 것이기 때문이다. 결국 장기 총공급곡선에서 생산량을
결정하는 요인은 물가가 아니라 자본량이나 이용 가능한 기술 등과 같은 생산
요소이다. 예를 들어, 자본량이 증가하거나 기술이 진보할 경우 노동투입물
당 산출량이 증가하기 때문에 총생산곡선을 상향으로 이동시키고 장기 총공

급곡선은 우측으로 이동할 것이다. 이처럼 총공급곡선이 수직선일 경우 총수요 확장정책, 즉 $AD$를 우상향으로 이동시키는 정책은 물가만 상승시킬 뿐 국민소득이나 고용에 미치는 효과가 없다. 시장의 강한 균형회복력을 신뢰하는 시장주의자들이 재정확대정책이나 통화완화정책 등 총수요 확장정책에 부정적인 이유이다.

## 제 2 절　기술진보와 총공급 구조의 변화

한편, 총공급은 생산 측면에서 국민소득이기 때문에 기술진보와 산업구조의 변화는 총공급에 구조 변화를 가져올 수밖에 없다. 예를 들어, 경제가 발전함에 따라 제조업에서도 경공업의 비중이 낮아지고 중화학공업의 비중이 증대한다. 이를 '산업구조의 고도화'라고 한다. 또 80년대 이후 기존 산업의 경우에도 부가가치를 증대시키기 위해 기술의 융복합화와 복합상품의 등장이 크게 증대하였다. 그 결과 1차는 1.5차로, 2차는 2.5차로 가치가 +0.5차 부가되는 경향이 증대하였다. 예를 들어, 농업과 제조업에 아이디어 등 소프트 요소를 더한 농업과 제조업의 '서비스화 및 아이디어화'가 그것이다.

그런데 생산 개념에서 보았듯이 경공업은 상대적으로 가변투입물에 대한 의존이 높은 반면, 장치산업의 성격을 갖는 중화학공업은 고정투입물의 비중이 높다. 따라서 산업구조가 고도화되거나 고부가가치화되면서 총생산곡선은 상방으로 이동할 것이고, 이는 한계생산체감 혹은 한계비용체증이 약화되는

그림 9-6 기술진보와 총공급구조의 변화

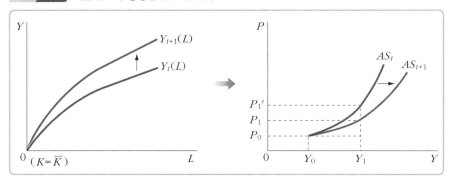

것을 의미한다. 간단히 설명하면 (생산과 비용 개념에서 설명했듯이) 1차 산업보다 2차 산업, 2차 산업 중에서도 경공업보다 중화학공업, 그리고 자본집약적인 유형재산업보다 아이디어집약적인 무형재산업에서 한계생산체감은 약화되고, 한계비용곡선의 기울기는 완만하게 된다. 따라서 경제 전체의 부가가치 중 1,2차 산업보다 2,3차 산업의 비중이 높을수록, 특히 무형재산업의 비중이 높을수록 모든 산업의 생산곡선의 결합물인 총생산곡선은 위로 이동하고, 모든 산업의 한계비용곡선의 결합물인 총공급곡선의 기울기는 완만하게 될 것이다.

또한, 산업구조의 고도화나 경제에서 무형가치의 비중 증대에 따른 총공급 구조의 변화는 물가 상승의 압력이 둔화되는 것을 의미한다. 예를 들어, (제5장 제1절에서 지적했듯이) 90년대 이후 IT 분야를 중심으로 한 기술혁신으로 GDP에서 IT산업의 비중이 증대함에 따라 IT산업 생산물의 가격 하락은 인플레이션 억제에 크게 기여하고 있다. 즉 총공급곡선의 기울기가 완만해지기 때문에 총수요와 총공급이 증가할 때 인플레이션 압력은 줄어든다. 총수요의 확장에 따른 물가 상승은 총공급곡선 상에서 결정되기 때문이다. 인플레이션 압력의 둔화는 글로벌화와도 관계가 있다. 예를 들어, 1997~2006년간 미국 시장에서 저임금국가들의 시장점유율이 1% 높아질 때 생산자물가가 미국은 2.35%,[1] 영국은 3.8%, 스웨덴은 2.6%, 독일은 1.2% 하락하였다. 특히. 중국의 영향력이 커졌다. 1995~2008년간 유럽연합(EU) 시장에 대한 중국 수출의 점유율이 1% 증가할 때마다 생산자물가가 5% 하락했다.[2] 경제학에서 70~80년대와 달리 90년대 이후 인플레이션이 주요한 경제문제가 되지 않는 이유가 여기에 있다. 게다가 2000년대 전 세계의 저금리 기조도 인플레이션 압력 둔화와 깊은 관련이 있다. 즉 인플레이션 압력의 둔화에도 불구하고 물가목표치를 변경하지 않음으로써 통화 긴축의 유인은 소멸되고 저금리 기조를 지속시켰던 것이다. 그 결과가 금융위기 이전 20년간 진행된 신용의 확장과 자산가격의 상승 등 금융의 붐이었다.

---

1) R. Auer and A. Fischer, 2010a. "The effect of low-wage import competition on US inflationary pressure," *Journal of Monetary Economics*, Vol. 57 No. 4, pp. 491~503. 여기서 저임금국가들은 중국, 브라질, 인도네시아, 인도, 말레이시아, 멕시코, 필리핀, 타이 등으로 구성된다.
2) R. Auer and A. Fischer, 2010b, "Globalisation's impact on inflation in the European Union," CEPR Discussion Paper 6451. 여기서 저임금국가들은 중국, 인도, 말레이시아, 멕시코, 필리핀, 폴란드, 루마니아, 슬로바키아공화국, 타이, 터키 등으로 구성된다.

**그림 9-7** 미국의 소비자물가 상승률 추이, 1976~2006

주: 여기서 인플레이션은 핵심 개인소비지출에 의해 측정된 것.
출처: 블룸버그(Bloomberg)가 제공한 월간 연 자료.

한편, 뒤에서 다시 소개하겠지만, 금융위기가 진행되기 시작했던 2008년의 높은 인플레율은 곡물이나 원자재 그리고 에너지 등 1차 상품가격의 상승에 의한 것이었다. 이는 총공급곡선을 좌측 상방으로 이동시키고 물가 상승의 정도는 총수요곡선상에서 결정될 것이다. 즉 경기가 침체된 상황에서 총수요곡선의 경우 물가 변화에 대해 국민소득(총지출)의 반응이 민감하지 않기에, 즉 AD곡선이 가파른 형태를 갖기에 총공급곡선의 후퇴에 의한 물가 상승의 폭은 클 수밖에 없다. 반면, 최근의 세계경제 상황은 디스인플레이션(disinflation) 압력에 시달리고 있다. 참고로 넓은 의미에서 디스인플레이션은 물가수준이 지속적으로 높아지고 있으나 상승률이 줄어드는 경우를 의미하나 이때 디스인플레이션은 일반적으로 인플레이션을 종식시키기 위해 점차적으로 통화를 수축시켜 가격의 상승률을 낮춘 정책의 결과를 의미한다. 그러나 금융위기 이후 주요국은 공격적인 통화완화정책에도 불구하고 인플레이션이 상승하지 않는 디스인플레이션 상태에 놓여 있다.

제 **10** 장

# 인플레이션과 실업

## - 인플레이션과 고용 창출이 약화된 성장-

총수요와 총공급의 구조를 도출함으로써 거시적 시장의 세계를 이해할 수 있게 되었다. 거시적 시장에서 가장 중요한 문제는 인플레이션이나 디플레이션 그리고 실업과 경제성장이다. 그 이유는 총수요와 총공급을 매개하는 변수가 물가와 국민소득이기 때문이다. 물가의 상승과 하락이 인플레이션과 디플레이션의 문제라면 국민소득의 증가는 고용의 증가(실업의 감소)이자 경제성장이기 때문이다. 따라서 이 장에서는 인플레이션 및 디플레이션과 실업을 살펴보고, 경제성장은 제12장에서 별도로 다룰 것이다.

## 제 1 절 인플레이션 위협 없는 경제성장

### 1.1. 인플레이션의 비용

일정한 기간 물가지수가 증가한 비율을 물가상승률 혹은 인플레이션이라 부른다. 이론적으로는 인플레이션을 '전반적 · 지속적 물가상승'이라 정의할 수 있다. 대부분 나라에서 물가가 상승을 거듭해온 까닭에 최근에는 인플레이션을 '물가상승' 정도의 개념으로 이용하고 있다. 물가수준이 높다는 것과 물가상승률이 높다는 것은 전혀 다른 의미로 구분할 필요가 있다. 물가가 매우 높은 수준에 있다 하더라도 그 수준에 계속 머물러 있다면 물가상승률은 0이 되기 때문이다. 예를 들어 일본의 물가수준은 전 세계적으로 높은 수준이지만 장기불황으로 물가상승률은 매우 낮은 수준이다. 물가지수의 종류가 여러 가지인 것처럼 인플레이션에도 여러 종류가 있다. 가장 많이 이용되는 소비자물가 상승률을 비롯하여 생산자물가 상승률, GDP 디플레이터 증가율 등이 그것이다. 인플레이션이 추상적인 개념이라면 인플레율은 이를 구체적 수치로 제시한 것이다. 그러므로 인플레이션과 인플레율은 구별해야 한다. 양자를 혼용하는 경우가 많은 것이 사실인데, 이는 우리가 경제성장이라는 개념과 이를 수치화한 경제성장률을 혼용하는 것과 비슷한 현상이다.

이론적으로 인플레이션의 발생은 총수요와 총공급으로 설명할 수 있다. 첫째, 인플레이션은 경제 전체의 총공급에 비해 총수요가 과다하기 때문에 발생한다고 알려져 왔다. 이를 '수요견인 인플레이션(demand-pull inflation)'이라 한다. 둘째, 총수요가 일정할 때 총공급이 감소해도 물가는 상승한다. 총공급이 감소하는 것은 임금, 지대, 원료비, 수송비 등 생산비용이 상승하면서 물가상승이나 흉작에 의한 곡물가격의 상승 등이 나타나기 때문이다. 이를 '비용상승 인플레이션(cost-push inflation)'이라 한다. 총공급곡선을 이동시키는 요인을 '공급충격(supply shocks)'이라 부른다. '공급충격'은 즉시 가격에 영향을 미치기 때문에 '가격충격(price shocks)'이라고도 한다. 특히, 물가상승을 시키는 '공급충격'을 '불리한 공급충격(adverse supply shocks)'이라 한다. 즉 '불리한 공급충격'은 생산요소 투입량이 일정한 상태에서 생산곡선이 상방으로 이동하는 현상이다. 첫째, 주어진 물가에서 한계비용이 상승하면 기업은 산출량을 감소시켜 단기 총공급곡선(SRAS)은 좌상방으로 이동한다. 둘째, 예상물가가 상승할 경우 노동공급곡선이 좌상방으로 이동하면서 단기 총공급곡선(SRAS)은 좌상방으로 이동한다. 공급 측면의 인플레이션은 수요 측면의 인플레이션으로 설명하기 힘든 인플레이션 현상, 즉 '스태그플레이션(stagflation: 경기침체와 인플레이션이 동시에 나타나는 현상)' 등을 이해하는 데 도움이 된다.

인플레이션이 문제가 되는 것은 무엇보다 소득의 실질구매력이 감소하기 때문이다. 특히 예상치 못한 인플레이션은 다음의 이유들로 부나 소득의 재분배 효과를 수반하고 상대적으로 가격이 더 많이 오를 것으로 예상되는 상품들에 대한 투기가 성행하도록 한다. 첫째, 인플레이션이 발생할 경우 화폐자산을 가진 사람(현금, 은행저축, 채권자)은 불리하고 실물자산(부동산, 귀금속, 채무자)을 가진 사람에게 유리하도록 부를 재분배한다. 따라서 사람들은 저축하기

보다는 빚을 얻어서라도 물건을 사두려고 하므로 물가가 더 오르게 된다. 둘째, 인플레이션은 소득을 재분배하는 효과도 가져온다. 모든 상품의 가격이 같은 시기에 같은 비율로 오르는 일은 거의 없으므로, 가격이 비교적 늦게 오르거나 덜 오른 재화를 소유한 사람은 손해를 본다. 또 고정된 봉급을 받는 사람에게는 불리하고, 물건을 사고파는 사업가에게는 유리하게 작용한다. (총공급곡선의 도출에서 보았듯이) 예상보다 높은 인플레이션은 노동자에 불리하게 작용한다. 소득이전을 유발시킨다. 일부 시장주의자들은 부의 재분배가 민간부문에서 서로 상쇄되므로 경제전체적으로 큰 문제가 없다고 주장하나 부의 재분배는 불공정을 유발하므로 사회적 문제(비용)를 유발한다. 물론, 인플레이션은 불확실성을 증가시켜 장기 계약에 대한 회피현상을 유발하고, 이로써 기업의 장기 투자계획에도 차질을 발생시킨다. 금융기관 역시 대출을 꺼리게 되면서 투자 감소와 성장 둔화에 영향을 미친다. 또한, 투기를 유발시킴으로써 근로의욕을 감소시킨다. 인플레이션이 높을수록 변동성과 불확실성이 커지기에 투자에 부정적으로 작용한다. 그리고 (제8장에서 보았듯이) 인플레이션은 단기적으로 경상수지를 악화시키는 요인이 된다. 인플레이션으로 외국상품에 비해 국내 상품이 상대적으로 비싸지기 때문에 수출 감소와 수입 증가를 유발하는 것이다. 이러한 사회적 비용 때문에 정부가 인플레이션을 잡기 위하여 (disinflation) 긴축 정책을 동원하고, 그 결과 경기 침체, 실업 발생, 산출량 감소 등의 비용을 유발한다.

다른 한편, 정부는 인플레이션을 의도적으로 이용하는 경향도 있다. 시장이론에 따르면 인플레이션이 완벽하게 예상되면 명목임금이나 명목이자율 등 명목변수에만 영향을 줄 뿐 고용량, 실질소득, 실질이자율 등의 실질변수에는 어떠한 영향도 주지 않는다. 그러나 이 경우에도 제도상의 특성 때문에 비용을 초래할 수 있다. 예를 들어, 세법의 많은 규정들은 인플레이션의 영향을 고려하지 않는다. 그 결과 인플레이션은 종종 법제정자들이 의도하지 않은 형태로 개인의 세금부담을 변화시킨다. 누진세를 생각해보자. 누진적 소득세는 납세자의 소득이 높아질수록 더 높은 세율이 적용되는 특성을 갖고 있다. 소득세는 명목소득을 기준으로 누진세율이 적용되기 때문에 인플레이션으로 명목소득이 증가하고 실질소득에는 어떤 변화가 없을 경우 더 많은 세금을 내야 하는 결과를 가져온다. 법인세도 마찬가지이다. 인플레이션이 존재할 경우 이윤이나 소득은 물가 상승의 결과일 수 있다. 예를 들어, 기업이 전년도에 비해 5% 오른 가격으로 팔고 인플레이션이 5% 발생할 경우 기업의 실질 이윤은 제로가 된다. 그런데 세법이 인플레이션 효과를 인정하지 않을 경우 기업은 발생하지 않은 이윤에 대해 세금을 납부하게 된다. 반대로 높은 인플레이션은 정부의 수입을 증가시키는 효과와 더불어 정부의 실질 부담(부채)은 줄이는 효과가 있다. 이른바 '인플레이션 조세'이다. '인플레이션 조세'는 정부가 신규 화폐를 발행하여 정부지출을 할 때 정부의 신규발행 이익인 실질주조차익(real seigniorage revenue)을 의미한다. 즉 정부지출 재원으로 신규통화를 발행하여 조달하는 정부수입은 정부가 인플레이션을 야기해 세금을 추징하는 것과 같은 결과를 가져오기 때문에 실질주조차익을 '인플레이션 조세'라 하는 것이다.

화폐주조차익(Seigniorage gain) 중앙은행만이 현금 통화 공급의 독점권을 갖는 이유는 화폐의 생산함수가 일반 상품의 생산함수와 다르기 때문이다. 즉 한계생산 물가치에 비해 한계생산비가 너무 작은 화폐생산이 독점되지 않으면 공급이 너무 많아 화폐는 기능을 발휘할 수 없는 반면, 독점생산자는 엄청난 폭리를 취할 수 있기 때문에 공공기관이 맡을 수밖에 없다. 이를 화폐주조 혹은 화폐발행 차익 (Seigniorage gain)이라 한다. 이 때문에 지금까지 역사상 각국 정부가 세뇨리지를 남용해 막대한 이익을 챙기려 시도한 적이 많았다. 세뇨리지 효과는 미국이 그간 그렇게 무역적자를 보면서도 장기호황을 누릴 수 있었던 가장 큰 이유이기도 하다. 달러는 현재 전 세계의 기축통화이기 때문에 우리나라를 비롯한 세계 각국이 너도 나도 달러를 보유하고 있다. 따라서 유로화의 등장으로 달러 거래량이 감소하게 되면 미국의 달러 발행에 따른 이익이 감소하고, 그 결과 달러 가치는 하락한다. 예를 들어, 맥킨지(Mckinsey)는 미국이 기축통화 유지로 입는 혜택이 정상기(2007년 7월~2008년 6월)에는 GDP의 0.3~0.5%, 그리고 위기 시(2008년 7월~2009년 6월)에는 0~0.2%에 달하는 것으로 추정했다.[1]

한편, 인플레이션의 원인이 크게 수요측 요인과 공급측 요인으로 구분할 수 있듯이 인플레이션 대책도 다양하다. 대책의 차이는 기본적으로 거시적 시장의 세계를 보는 시각 차이에서 비롯한다. 인플레이션의 원인으로 통화주의 학파는 과다한 통화공급, 새고전학파는 재량적 통화정책에 따른 통화량의 남발로 이해한다. 이들에게 물가는 통화가치와 밀접한 관계를 맺고 있다. 상품

---

1) McKinsey Global Institute, 2009, "An exorbitant privilege? Implications of reserve currencies for competitiveness" (Dec.).

거래량보다 통화량이 늘어나 화폐가치가 떨어지고 일반 물가가 지속적으로 오르는 현상, 통화팽창을 인플레이션이라 하는 이유도 여기에 있다. 이는 [그림 10-1]로 이해할 수 있다. $E_1$점에서 출발하여 통화 공급의 증가는 총수요곡선을 $AD_1$에서 $AD_2$로 이동시킨다. 새로운 단기균형은 $E_2$에서 달성되며 물가는 $P_2$로 상승한다. 그러나 장기적으로는 명목임금이 상향 조정됨으로써 단기 총공급곡선(SRAS)을 좌상향으로 이동시킨다. $P_1$에서 $P_3$로의 물가상승률은 화폐수량설에서 보았듯이 통화공급의 증가율과 동일하다. 특히 새고전학파는 경과기간을 무시하고 물가가 즉각적으로 $P_3$로 상승하는 것으로 본다. 단기에서도 장기공급곡선이 공급곡선으로 작동한다는 것이다. 이러한 주장은 인플레이션이 심한 상황에서는 설득력이 있다.

**그림 10-1 화폐수량설과 인플레이션**

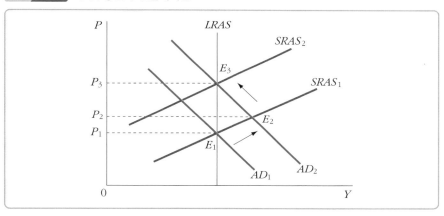

통화주의학파와 새고전학파 등 시장주의자들이 언제 어디서나 '화폐적 현상'이라고 주장하는 이유는 기본적으로 시장이 균형에 놓여 있다고 보기 때문이다. 즉 이들은 시장의 균형 회복력을 강하게 신뢰하기에 국민소득은 궁극적으로 완전고용 수준에 있고, 따라서 물가의 상승은 통화량의 증가에 의해서만 발생한다고 본다. 따라서 인플레이션 대책에 대해서도 이들은 '준칙(rule)'에 의한 적정 통화공급을 주장한다. 이에 대해서는 뒤에서 자세히 설명할 것이다.

새고전파경제학　임금이나 물가 등 가격을 신축적으로 조정해 시장이 항상 균형상태를 유지한다는 가정에 기초한 이론체계로 그 뿌리를 고전파경제학에서 찾을 수 있다는 뜻에서 이 이름이 붙었다.
새케인스학파　통화주의학파에 대항해 미시적인 가격이나 임금의 경직성 하에서 재량적인 재정 및 금융정책의 유효성을 주장한다. 다만, 새케인스학파는 케인스학파와 달리 자의적인 재정 및 금융정책에 대해서는 비판적이다.

　　반면, 케인스를 계승하는 새케인스학파는 인플레이션 원인을 확장적 정부지출의 증가에 따른 총수요 증가나 '불리한 공급충격'으로 본다. 케인스학파의 경우 장기에 있어서 인플레이션은 화폐적 현상이라고 볼 수 있지만 최소한 단기에서는 '실물적 현상'으로 이해한다. 즉 이들은 단기에 있어서 시장의 불균형 상태와 우상향하는 총공급 곡선을 전제로 하기에 재정확대정책은 총수요 곡선을 이동시켜 국민소득과 고용을 증대시키지만 물가상승을 유발한다고 본다. 따라서 케인스학파는 인플레이션에 대한 대책도 긴축적 총수요관리정책을 통해 과다한 유효수요를 줄일 것을 주장한다. 단지, 새케인스학파는 수요 측면의 인플레이션 대책으로 급진적 총수요긴축정책보다 점진주의적 총수요긴축정책을 선호하고, 공급 측면의 인플레이션 대책으로는 '중립정책', '수용정책', 그리고 '억제정책' 중 선택할 것을 주장한다. 여기서 '중립정책'이란 공급충격이 있기 전의 명목국민소득을 공급충격 후에도 동일한 수준에서 유지하는 정책을, '수용정책'이란 공급충격이 있기 전 실질국민소득을 공급충격 후에도 유지하기 위해 공급충격에 의한 물가 상승을 받아들이는 정책을, '억제정책'이란 공급충격이 있기 전 물가수준을 공급충격 후에도 계속 유지하는 정책을 말한다. 사실, 총수요가 부족한 상황에서 물가상승 압력이 지속되는 비용상승 인플레이션의 경우 전통적인 통화정책과 재정정책은 도움이 되지 않는다. 예를 들어, 비용 인상은 임금이나 원유 등 원자재 가격 상승 등에 의해 발생할 수 있는데 이에 대한 대책으로는 비용절감 노력이나 소득정책 등이 필요하다. 특히, 원자재가격 상승을 통한 물가상승 요인은 해외요인이므로 국내정책의 경우 장기적으로는 비용절감 노력이지만, 단기적으로 해결할 수 있는 대책은 환율 하락(원화 가치 상승)뿐이다. 그러나 수출 경쟁력을 하락시키는 환율 하락은 한계선이 있고, 그것은 수출에 지장을 주지 않는 수준에서라는 제약조건이 붙는다.

## 1.2. 물가안정목표제

인플레이션의 문제는 물가안정(price stability)의 중요성을 의미한다. 물가안정이 거시경제정책, 특히 통화정책의 핵심 목표가 되는 이유이다. 물가안정이란 이론적으로는 디스인플레이션 과정에서 유발되는 단기적 비용과 장기적 이익을 모두 감안해 사회적 후생을 극대화하는 인플레이션 혹은 경제적 의사결정에 영향을 미치지 않는 정도의 인플레율이 있는 상태로 이해한다. 인플레이션이 경제에 많은 비용을 부과하므로 통제가 필요한 반면 지나치게 인플레이션을 낮추는 것은 많은 비용이 추가된다는 인식의 산물이 '적정 인플레율' 혹은 '목표 인플레율(Inflation targeting)' 혹은 '물가안정목표제' 개념의 도입이다. '물가안정목표제'는 영국이 1992년 가장 먼저 도입한 이후 1990년대 중반부터 2000년대 중반 사이에 한국과 뉴질랜드와 캐나다 등 30여개 이상의 선진국과 신흥시장 국가들에서 도입되었다. 반면, 연준(Fed)과 일본은행(BOJ)은 각각 2012년 1월과 2013년 1월에 뒤늦게 '유연한 물가안정목표제(flexible inflation targeting)'를 도입하였다. 일본의 경우 1990년대에 이미 디플레이션 상황에 직면해 있었기 때문에 플러스(+)의 물가안정목표제를 도입할 기술적 역량을 갖고 있지 못했던 반면, 미국의 연준은 실업 축소의 중요성을 격하시킨다는 미국 의회의 부정적 반응을 우려해 도입하지 못했다. 우리나라의 경우 1998년 한국은행법을 개정하여 한국은행이 물가목표치를 정하고 이에 부합하는 통화정책을 운용하도록 제도화하였다.

'적정 인플레율'을 선택하는데 있어서 물가 문제는 1~2년의 짧은 시계가 아닌 중기적인 관점에서 접근해야만 올바른 의미의 파악이 가능하다. 예를 들어, 선진국의 경우 중기적 관점에서 물가목표치를 소비자물가 상승률(전년대비)을 기준으로 2% 이내, 그리고 한국의 경우 3%로 설정하고 있다. 참고로 중기의 기간으로 선진국의 경우 2년, 한국의 경우 3년으로 설정하고 있다. 한국은행은 물가안정목표의 대상 기간을 2007~2009년으로 하여 소비자물가 연평균 상승률의 3년 평균이 3.0±0.5%에서 유지되는 것으로 설정해왔다. 그런데 물가안정보다 성장을 우선시 한 이명박 정부(2010~2012년)에서 3.0±1.0%로 변경하였다가 박근혜 정부(2013~2015년)에서 다시 3.0±0.5%로 변경하였다.

물가목표치를 중기적 관점에서 설정하는 이유는 무엇보다 통화정책으로 수주 혹은 수개월 내 물가의 미세조정을 할 수 없기 때문이다. 둘째, 중기적 시계는 통화정책이 물가안정을 훼손시키지 않으면서 총산출량이나 환율 안정 등 중앙은행의 다른 단기 목표들을 추구할 수 있게 한다. 셋째, 물가 변화는 예상할 수 없는 충격들에 영향을 받는 반면, 통화정책은 현저한 시차를 갖고 물가 변화에 영향을 미친다. 여기서 시차는 대부분의 경제 관계처럼 가변적이고 매우 불확실하다. 즉 어느 중앙은행도 매우 짧은 시간 내 물가를 구체적 목표지점 혹은 바람직한 수준으로 되돌릴 수 없다. 이처럼 물가 안정은 긴 기간에 걸쳐서만 유지할 수 있기에 통화정책은 미래를 내다보는 방식(forward-looking manner)으로 운영해야만 하고, 또 할 수밖에 없다. 물론, 기간이 길어질수록 물가목표에 대한 신뢰성은 약화될 것이다.

한편, '적정 인플레율'과 관련하여 0%의 인플레이션 대 2% 내외의 완만한 인플레이션의 견해가 대립된다. 전자를 주장하는 이들은 약간의 인플레이션도 금방 가속화될 가능성 있기에 0%에 가깝게 유지하여 인플레이션의 예상을 완전히 봉쇄하는 것이 바람직하다고 주장하다. 즉 인플레이션은 그 수준에 관계없이 경제적 비용을 유발하며 특히 인플레이션을 낮추는데 드는 비용은 일시적이지만 0%의 인플레이션이 가져다주는 경제적 이득은 영구적이라는 주장이다. 반면, 2% 내외의 완만한 인플레이션을 주장하는 이들은 임금의 하방경직성 등 구조적 문제로 어느 정도의 인플레이션은 불가피하고, 인플레이션의 과도한 통제는 성장을 저해하는 등 높은 비용을 유발한다고 본다. 그밖에도 플러스(+) 물가상승률을 설정한 이유들로는 임금 조정을 가능케 하고, 명목금리 조정에 대한 여지를 허용하고, 제로금리로 하락할 경우 실질금리가 마이너스(−)로 하락하는 것을 허용하고, 목표물가 수준을 0%로 할 경우 디플레이션 위험이 있기 때문이다. 특히 인플레이션이 거의 0%에 가까운 수준일 때는 통상적인 정책수단을 사용할 수 없기 때문에 인플레이션이 0% 이상인 경우보다도 경제가 더 불안정하게 될 수 있다. 글로벌 금융위기 이후 제로금리에도 불구하고 높은 실업과 경제의 취약성이 지속됨에 따라 목표물가를 상향시키자는 주장이 제기되고 있는 배경이다. 예를 들어, 4% 목표물가는 명목단기금리를 '실질금리＋4%'에서 시작할 수 있기 때문에 제로금리 문제를 완화시킬 수 있다는 것이다.[2]

그러나 어느 정도의 인플레이션이 적정한가는 그 나라의 경제구조, 과거 인플레이션의 경험, 사회·정치적 환경 등 요소에 달려 있다. 게다가 물가안정과 물가안정목표제는 다른 얘기이다. 기본적으로 물가안정목표제는 통화량과 물가 간의 비례적 관계를 주장하는 화폐수량설에 기초하는 개념인 반면, 화폐수량설은 80년대 이후 많은 문제를 드러냈다. 그 결과 물가안정목표제 역시 많은 문제점을 드러내고 있다. 이에 대해서는 통화정책에서 자세히 소개할 것이다.

## 1.3. 인플레이션과 이자율

인플레이션은 현재소비를 유보함으로써 발생하는 효용 감소에 대한 보상 성격을 갖는 이자율에 영향을 미친다. 이자율에는 명목이자율과 실질이자율이 있다. 앞에서 보았듯이 전자는 예금에 대한 이자율 또는 채권의 수익률을 말한다. 즉 예금이나 채권을 보유하지 않고 화폐를 보유함으로써 지불하는 기회비용을 말한다. 후자는 명목이자율로 구한다. 실질이자율은 명목이자율에서 인플레율이 조정된 이자율로 이해한다. 실질이자율은 사전적·사후적 실질이자율로 구분할 수 있다. 사후적 실질이자율이란 자금의 대차계약이 종료된 후에 실제로 실현된 실질이자율이고, 사전적 실질이자율이란 대차계약 직전에 대차계약이 만료되었을 때 예상되는 실질이자율이다. 이런 의미에서 사전적 실질이자율은 예상실질이자율이라 한다. 사전적 실질이자율은 명목이자율에서 현재시점에서 대차계약 만료시점($t$기)의 예상인플레이션을 차감함으로써 구할 수 있다.

$$r_{\text{ex-ante}} \equiv r_t^e = i_t - \pi_t^e$$

참고로 대차계약이란 어떤 사람이 다른 사람의 소유물을 사용·수익하기 위하여 체결하는 계약을 말하며 빌려 주는 자를 대주, 빌려 받는 자를 차주라 한다. 이때 빌려 쓰는 물건이 그 성질상 사용하면 없어지는 경우는 법률 용어로 소비대차라 하며, 그 물건이 소모되지 않아 다시 원상대로 돌려주는 경우를 사용대차 또는 임대차라고 한다.

---

2) L. Ball, 2014, "The Case for a Long-Run Inflation Target of Four Percent," IMF Working Paper WP/14/92 참고.

반면, 사후적 실질이자율은 명목이자율에서 대차계약이 만료되었을 때 실제로 실현되는 인플레이션을 차감함으로써 구할 수 있다.

$$r_{\text{ex-post}} \equiv r_t = i_t - \pi_t$$

위 두 식을 '피셔방정식(Fisher Equation)'이라 한다. 그리고 사후적 실질이자율에서 정부가 자본이득에 과세($T$)하면 조세부과 시 실질이자율이 된다. 즉

$$(1-T)r_t = i_t - \pi_t$$

통화량의 증가는 세 가지 효과를 통해 명목이자율에 영향을 미친다. 먼저 통화량의 증가는 유동성의 초과공급을 발생시키고, 이 유동성으로 사람들은 재화와 채권을 구입하게 되며, 그 결과 채권가격이 상승하고 명목이자율이 하락하게 되는데 이것이 '유동성효과'이다. 반면, 통화량의 증가가 단기에 물가에 미치는 영향은 크지 않기에 실질이자율은 하락한다. 둘째, 실질이자율의 하락은 투자를 증대시키고 이는 소득을 증대시켜 화폐수요를 증대시키므로 명목이자율을 상승시키게 되는데 이것이 '소득효과'이다. 반면 명목이자율과 인플레이션이 상승하기 때문에 소득효과에 의한 실질이자율은 양자의 상승 정도에 의해 결정된다. 일반적으로 화폐수요 증가에 의한 명목이자율 상승이 재화수요 증가에 의한 물가상승보다 크고 빠르기 때문에 실질이자율이 상승한다. 셋째, 통화량 증가의 장기적 효과로서 물가예상효과를 '피셔효과'라 한다. $i = r + \pi^e$에서 통화량 증가로 인한 물가상승이 사람들의 인플레이션 예상($\pi^e$)을 상승시켜 명목이자율을 상승시키는 효과다. 피셔효과에 의해 장기에는 통화량증가율과 인플레율과 명목이자율 사이에 1 : 1 : 1의 대응관계가 나타나는데 그 이유는 장기에 경제는 완전고용상태에 있게 되고, 실질이자율은 이에 대응되는 자연이자율($r_n$) 수준에서 안정되어 있게 되며, 장기에서 가격이 완전히 신축적으로 변화하기 때문에 통화량 증가만큼 물가가 상승하여 통화량증가율과 물가상승률은 같게 된다. 여기서 자연이자율은 화폐공급과 수요의 변화와 관계없이 투자의 생산성 등에 의해 결정되는 일정한 수준의 실질이자율을 말한다. 즉 자연이자율은 사회 전체 차원에서 볼 때는 장기 실질 GDP 성장률로 대체하여 이해할 수도 있다. 따라서 장기에서 피셔방정식은 다음과

같이 나타낼 수 있다.

$$i_t = r_n + \pi_t = r_n + m_t \quad (\text{단, } m_t \text{는 통화량증가율})$$

위 식에서 인플레율이 통화량 증가율로 대체된 것은 교환방정식($MV=PY$)을 통해 도출한 것이다. 즉 화폐유통속도와 실질 GDP가 일정할 때 통화량 증가율은 물가상승률과 일치하기 때문이다. 여기서 피셔는 장기에 실질이자율은 균형 상태에 수렴하기 때문에 $r_n$은 일정하게 고정되어 있다고 가정하기에 장기에 통화량증가율과 인플레이션 그리고 명목이자율 사이에는 1 : 1 : 1의 대응관계가 성립함을 알 수 있다. 예를 들어, 통화량 증가율이 5%이면 장기에서 인플레율과 명목이자율이 각각 5%씩 상승하게 되는 반면, 실질이자율은 변하지 않는다. 또 사후적 실질이자율에서 사전적 실질이자율을 차감하면 다음 식을 얻는다.

$$r_t - r_t^e = -(\pi_t - \pi_t^e)$$

위 식의 좌측은 예상하지 못한 실질이자율 또는 실질이자율에 대한 예측오차이고, 우측은 예상치 못한 물가상승률 또는 물가상승률에 대한 예측오차다. 위 식에 따르면 실질이자율에 대한 예측 오차와 물가상승률에 대한 예측오차 간에 역의 관계가 있음을 의미한다. 만약, $\pi_t > \pi_t^e$이면 $r_t < r_t^e$이다. 장기에서는 $\pi_t = \pi_t^e$이기 때문에 $r_t = r_t^e$이다. 즉 장기에서는 사전적 실질이자율과 사후적 실질이자율이 같아진다.

## 1.4. 인플레이션 위협 없는 경제성장

제9장(총공급)에서 보았듯이 총수요의 증대가 인플레이션에 미치는 영향은 총공급곡선의 기울기와 관련이 있다. 즉 산업구조가 고도화될수록, 혹은 경제에서 무형가치의 비중이 높아질수록 총공급곡선의 기울기는 완만해지기 때문에 소득이 증가할 때 인플레이션 압력은 줄어든다. 90년대 이후 IT 분야를 중심으로 한 기술혁신으로 GDP에서 IT산업의 비중이 증대함에 따라 IT산업 생산물의 가격 하락은 인플레이션 억제에 크게 기여하고 있다. 예를 들어, 미국 경제에서 IT상품은 1994년 1%에서 1995년에는 5% 그리고 1996~98년에는

가격이 평균 8% 하락함으로써 1994~98년 미국의 인플레율을 2.3%에서 1.8%로 0.5% 하락시키고 투자를 활성화하는 데 기여했다. 1995년 이후 미국의 생산성 증가율에 IT분야가 기여한 정도는 50% 이상이었다. 즉 생산성 증가율이 1973~95년 연평균 1.4%에 비해 1995~99년에는 2.8%를 기록했는데 이는 컴퓨터 및 통신장비 등의 성능 향상, 가격하락, 인터넷 등 전자적 접속성의 확대, 유용한 소프트웨어의 발전과 이들의 시너지 효과 등에서 비롯한 것이었다. 또한 경제성장에도 불구하고 인플레이션 압력이 둔화된 것은 글로벌화와도 관계가 있다. 그 결과 1980년대 후반 이후 미국을 중심으로 선진국의 시장금리는 지속적으로 하락했고, 한국 역시 90년대 이후 시장금리는 지속적으로 하락했다. 금리의 장기적 하락은 인플레이션 압력 둔화와 무관하지 않다.

그림 10-2 주요국의 국고채 10년물 수익률 추이

출처: 김완중·강전은·이승훈, 2010, "금융위기 이후 은행권 자금조달 및 운용행태의 구조적 변화와 시사점," 하나금융경영연구소, 그림 28에서 재인용.

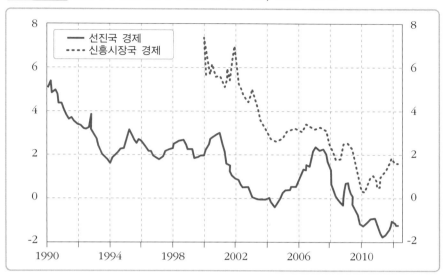

주: 실질 단기 이자율=머니마켓금리−기대인플레이션.
출처: ECB, 2012, "Global liquidity: concepts, measurements and implications from a monetary policy perspective," Monthly Bulletin (Aug.).

그림 ▶10-4 한국의 국고채(10년물)와 회사채(3년물 AA−) 수익률 추이, 1990~2014

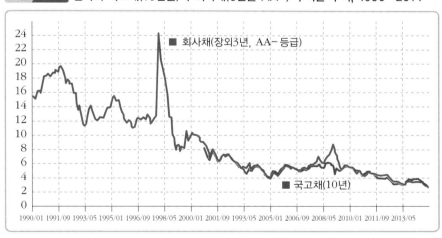

출처: 한국은행, 경제통계.

## 1.5. 부채 디플레이션의 공포

적어도 제2차 세계대전 이후 최근의 글로벌 금융위기 이전까지는 (90년대 이후 일본의 경우를 제외하면) 물가가 하락하는 현상인 디플레이션은 경험하기 어려웠다. 즉 2차 대전 이전에는 인플레이션과 디플레이션이 모두 발생했으나, 2차 대전 이후에는 주로 물가가 상승하는 인플레이션만 발생하였다. 그러나 30년대 대공황에서의 디플레이션 경험이나 90년대 이후의 일본의 디플레이션 등에서 보듯이 디플레이션은 한번 발생하면 벗어나기가 매우 어려운 문제이다. 글로벌 금융위기 이후 대침체(the Great Recession)가 지속되는 이유도 디플레이션 압력의 증대와 관계가 있다.

디플레이션은 인플레이션과 반대의 영향을 미친다. 물가 상승으로 실질소득의 감소를 경험한 많은 사람들은 물가 하락은 좋은 것이 아닌가 생각할 수 있다. 물가가 하락하면 화폐가치가 상승하여 고정 소득자들의 경우 실질소득이 늘어나고, 실질소득이 증가하면 당연히 소비가 증가하고, 소비 증가는 국민소득의 증가, 즉 경제성장으로 이어질 것이다. 그러나 물가 하락에는 부정적인 측면도 있다. 물가가 하락하여 화폐가치가 높아지면 실질부채도 증가한다. 실질 부채의 증가는 소비 감소를 통해 성장의 발목을 잡을 수 있다. 물론, 대부자는 이득을 본다. 이처럼 이론적으로 물가 하락은 긍정적 · 부정적 효과가 모두 있다.

디플레이션은 생산성 향상이나 기술혁신 등에 의해 공급이 증가하거나 자산가격 버블의 붕괴 등과 같은 요인으로 수요가 감소함에 따라 발생한다. 경쟁 촉진이나 기술진보 등으로 가격이 인하되어 발생하는 전자의 경우 고비용 생산구조의 시정으로 대외경쟁력이 제고되고 수요증가가 유발되기에 바람직하다. 그러나 이 경우 현실적으로는 물가상승률이 하락하는 디스인플레이션은 초래할 수 있으나 디플레이션으로 발전하지는 않는다. 반면, 수요 감소에 의해 발생하는 디플레이션의 경우 경제의 과잉투자 또는 공급조정 과정에서 급격한 수요 위축을 수반하기 때문에 경제에 매우 부정적인 영향을 미친다. 경험적으로도 대규모 유동성 투입에도 수요 창출로 연결되지 않는 이른바 '유동성 함정(liquidity trap)' 진입 시기에 디플레이션 가능성이 증가한다. 왜냐하면 경기 불확실성이 높은 상황에서는 현금보유성향이 급증해 시중에 투입된 유동성이 유통되지 않기 때문이다. 디플레이션이 발생하면 명목이자율이 하락하고 그 결과 화폐수요를 증가시킨다. 그런데 명목이자율은 0보다 낮아질 수 없다. 즉 명목이자율이 0에 도달하면 더 이상 이자율을 낮출 수 없기에 통화정책의 효과를 제약한다. 이른바 시장에 현금이 흘러 넘쳐 구하기 쉬운데도 기업의 생산, 투자와 가계의 소비가 늘지 않아 경기가 나아지지 않고 마치 경제가 함정(trap)에 빠진 것처럼 '유동성 함정' 상황에 놓인다. 1930년대 미국 대공황을 직접 목도한 케인스(Keynes)는 아무리 금리를 낮추고 돈을 풀어도 경제주체들이 돈을 움켜쥐고 내놓지 않아 경기가 살아나지 않는 현상을 돈이 함정에 빠진 것과 같다고 해 '유동성 함정'이라 명명했다.

제로금리하에서 화폐와 채권은 본질적으로 완전 대체재가 된다. 즉 명목금리가 제로 수준에 이르게 되면 소비자와 은행은 본원통화(monetary base, H)와 채권의 보유 사이에 무차별하게 되고, 본원통화나 채권과 은행 예금 사이에도 무차별하게 된다. 이런 상황에서 본원통화를 증가시키더라도 포트폴리오에서 채권이나 은행 예금을 현금으로 대체시키는 소비자에 의해 흡수되거나 추가 본원통화는 초과 지불준비금을 보유할 은행에 의해 흡수된다. 즉 채권을 현금으로 대체시킬 경우 (현금+예금)으로 측정되는 통화공급에 영향을 미치지 못한다. 또한, 은행 예금을 현금으로 대체하거나 본원통화를 지불준비금에 추가할 경우 은행의 신용은 축소되고 총통화량(M2)은 변화가 발생하지 않는다. 이처럼 유동성 함정 하에서 본원통화의 증가는 약간의 총통화량을 확장시키고, 은행 예금을 사실상 축소시키고, 심지어 은행 신용을 축소시킨다. 총통화량 확장의 실패는 확장적 통화정책의 실패를 의미하기에 중앙은행은 본원통화의 확장으로 통화공급 확장을 획득할 수 없다.[3] 1930년대 미국경제와 1990년대 일본경제가 이러한 유동성 함정에 빠졌다. 유동성 함정 상태에서 물가 하락(디플레이션)이 지속될 경우 명목이자율에서 인플레율을 조정한 실질이자율은 상승하게 된다. 실질이자율이 상승하면 투자가 줄어들고 경제가 위축되게 된다. 미국 대공황 때 그랬다. 예를 들어, 대공황기 미국의 민간투자는 1929년 162억 달러 수준에서 1932년 10억 달러 수준으로 급감했다. 일본 역시 1990년대 초 이래 GDP 대비 총투자 및 순투자가 차지하는 비중이 계속 하락했

---

3) P. Krugman, 1998, "It's Baaack: Japan's Slump and the Return of the Liquidity Trap," Brookings Papers on Economic Activity 2.

다.[4] 기업의 경우 투자를 하기 위해선 향후 일정 기간 투자한 사업이 순조롭게 굴러갈 것이라는 전망이 있어야 한다. 그러나 경기 전망이 어두우면 선뜻 투자를 하지 못할 것이다. 소비자의 경우에도 경기가 악화돼 물가가 계속 떨어지는 디플레이션을 예상한다면 지금 소비하는 것은 손해일 수밖에 없다. 가격이 떨어질수록 현금의 가치는 상대적으로 높아지게 되고 나중에 싼값에 물건을 살 수 있기 때문이다. 이 경우 특히 냉장고·TV 등 내구재 소비는 극도로 위축된다.

유동성 함정을 *IS-LM* 분석과 총수요-총공급 분석으로 이해하면 [그림 10-5]와 같이 표현할 수 있다. 즉 제로금리 하에서 이자율에 대한 화폐수요의 탄력성이 매우 크기에 *LM* 곡선은 *x*축에 수평선이 되고 통화정책은 효과를 보기 어렵다. 마찬가지로 (제8장에서 보았듯이) 이자율이 하락해도 은행 신용이 증가하지 않기에 총수요 곡선은 *x*축에 거의 수직선이 되고 총공급 증대 정책은 효과를 보기 어렵게 된다.

그림 10-5 유동성 함정과 IS-LM 그리고 총수요-총공급

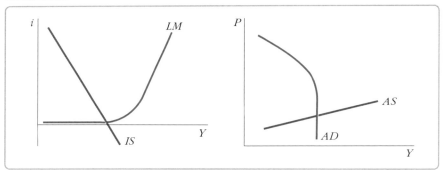

출처: Paul Krugman, 2000, Thinking About the Liquidity Trap, *Journal of the Japanese and International Economies*, Volume 14, Issue 4, pp. 223 & 224.

이처럼 디플레이션은 불황 하에서의 물가 하락이기에 인플레이션보다 훨씬 어려운 문제를 야기한다. 첫째, 물가 하락이 예상될 경우 소비를 지연(위축)시켜 기업수지를 악화시키고, 이에 따른 기업 도산의 증가는 실업을 증가시키고 임금을 감소시킴으로써 다시 소비 위축과 경기 악화를 심화시키는 악순환

---

[4] M. Kawai and P. Morgan, 2014, "Banking Crises and "Japanization": Origins and Implications," ADBI Working Paper Series.

고리를 만들어내기 쉽다. 둘째, 물가 하락에 따른 실질부채의 증가는 기업을 도산시켜 은행 부실을 증대시킴으로써 대출과 투자를 감소시켜 불황을 심화시킨다. (앞에서 소개한) 이른바 '부채 디플레이션(debt deflation) 효과'이다. 셋째, 물가 하락은 명목 이자율이 고정된 상황에서 실질이자율을 상승시켜 투자 감소와 생산활동 위축을 통해 기업수지를 악화시킴으로써 불황을 장기화시킨다. 이른바 '실질금리 상승 효과'이다. 넷째, 물가 하락은 실질임금 상승을 의미하기에 명목임금도 삭감하여야 하나 임금경직성으로 어렵다. 즉 실질임금이 상승함으로써 임금 조정보다는 고용 축소를 선호하여 실업률을 상승시킴으로써 소비를 감소시켜 경기를 악화시킨다. 디플레이션의 비용이 인플레이션의 비용보다 훨씬 더 큰 이유이다. 게다가 디플레이션의 경우 통상 자산디플레이션도 유발시킨다. 즉 자산가치의 하락은 가계 및 기업의 담보가치를 하락시켜 가계에게는 소비 위축, 기업에게는 역선택과 도덕적 해이를 증가시키고, 금융기관에게는 대출 억제로 작용하여 기업 자금난을 심화시킴으로써 경기침체를 심화, 장기화시킨다.

대공황이 보여준 디플레이션의 악순환 고리와 장기 지속성은 일본의 장기 불황에서 진면목을 다시 드러냈다. 일본의 장기불황을 리처드 쿠(Richard C. Koo)는 '부채 디플레이션'의 또 다른 이름인 '대차대조표 침체(balance sheet recession)'[5] 개념으로 잘 설명하였다. 즉 자산가치의 버블이 붕괴하면 가계든 기업이든 대차대조표 상에서 축소된 자산에 대응해 부채를 줄이는 데 집중하고, 경제주체들이 망가진 대차대조표를 복원하기 위해 대출 상환에 주력하면 경제의 총수요는 위축되고 경기는 장기 침체의 나락으로 빠져드는데 이런 상황에선 금리 인하와 양적완화(QE, Quantitative Easing: 중앙은행이 국채 매입 등의 방식으로 통화를 시중에 직접 공급하여 경기를 부양하는 통화정책) 등 통화정책은 효과를 상실한다. 왜냐하면 빚 갚기가 최우선 과제인 경제주체들은 금리가 아무리 낮아도 대출을 외면하기 때문이다. 즉 가계, 기업, 정부 등 경제주체들은 빚이 증가하면 이를 갚으려는 노력을 하게 되는데, 이로 인해 소비와 투자가 감소하면서 불황이 발생한다. 즉 대차대조표를 맞추기 위한 부채 축소가 "소비 · 투자 감소 → 내수 부진 → 자산가격 추가 하락 → 부채 추가 축소 →

---

5) R. Koo, 2011, "The world in balance sheet recession: causes, cure, and politics," *real-world economics review*, No. 58 (Dec. 12), pp. 19–37.

소비·투자 추가 감소 → 경기불황"의 악순환 함정에 빠진다. 1990년대 초반 일본 기업들의 대차대조표상 대변(자본·부채) 항목의 부채는 급격히 늘어나는 반면, 차변에 있는 (부동산)자산가격은 계속 떨어지자 부채를 감소시키기 위해 투자를 하지 않으면서 경기가 더욱 침체에 빠졌다.

부채 디플레이션의 결과가 참혹함에도 불구하고 예방하지 못하는 이유는 시장이론에는 부채에 대한 논의가 부재하기 때문이다. 경제 전체 차원에서 차입자와 대출자는 서로 상쇄된다. 즉 누군가의 채무는 동시에 누군가의 채권이 된다. 이처럼 모든 채무자의 부채는 모든 채권자의 자산으로 서로 상쇄되는 것으로 인식함으로써 부채는 사소한 것으로 취급된다. 하지만, 부채는 결코 사소한 것이 아니고 항상 제로섬 게임으로 풀리는 문제가 아니다. 채무자는 채권자와 구분되는 이질성("heterogeneity")과, 파산으로 대표되는 경제 관계의 갑작스런 단절로 이어지는 불연속성("discontinuity") 등의 특성을 가진다. 금융위기는 과도한 신용 팽창(부채 스톡의 중요성)의 결과이고 금융위기 이후 대침체는 그 결과가 수반한 역풍이다.

## 1.6. 한국의 가계부채와 대차대조표 침체의 가능성: 이론적 설명

이제 한국의 가계부채와 대차대조표 침체의 가능성을 살펴보자. 한국의 가계부채 규모는 2000년대 초 이래 한국은행에 의해 (비영리기관과 개인사업자의 부채까지 포함하는) 자금흐름과 (가계대출과 판매신용의 합으로 구성된) 가계신용으로 집계되고 있다. 국제 비교를 위해 사용되는 자금흐름표는 한국의 경우 개인사업자에 대한 대출을 포함한다. 2012년까지 가계신용 기준으로는 가처분소득 대비 136%(959조원),[6] 자금흐름 기준으로는 164%에 달했다. 2014년에 자금흐름 기준으로 170%에 달할 것으로 전망된다. 2000년 80%에도 미치지 못하였던 가계부채 비율이 12년간 두 배 이상으로 증가한 이유는 당연히 가계부채가 가계소득에 비해 훨씬 빠른 속도로 증가한 결과이다. 2000년대 10년간 가계부채 연평균 증가율이 10% 안팎이었던 반면, 가처분소득 연평균 증가율은 5% 안팎에 불과하였다. 사실, 오늘날 높은 가계부채 비율은 90년대 초 이래 누적된 결과이다. 90년대 초 이래 경상민간소비(명목 민간최종소비지출) 증가율과 처분가능소득(명목 국민총처분가능소득) 증가율이 하락하는 가운

---

6) 2014년 3분기까지 가계신용 규모는 1,060.3조원으로 증가했다.

데 (98년 외환위기, 2003년 신용카드 사태 전후, 2008년 금융위기 때를 제외하고) 전자가 후자를 앞섰다. 그 결과 (경상민간소비/처분가능소득) 비율이 1992년 73%에서 2012년 93%로 증가하였다. 하락하는 경상민간소비 증가율에 미치지 못

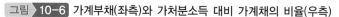
**그림 10-6** 가계부채(좌측)와 가처분소득 대비 가계채의 비율(우측)

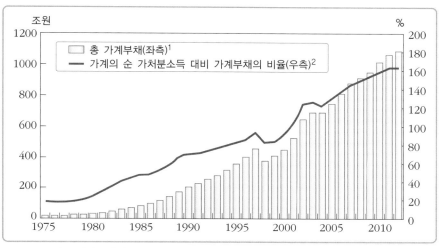

주: 1. 2010년 소비자물가지수로 조정된 실질가치; 2. 현재가격 기준
출처: R. Jones and M. Kim, 2014, "Addressing High Household Debt in Korea," OECD Economics Department Working Papers No. 1164.

**그림 10-7** 경상민간소비 및 처분가능소득 증가율 추이

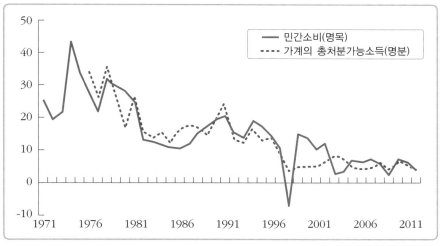

출처: 한국은행 경제통계, 국민계정(2005년 기준) 10.2.1 & 10.1.1; 박종규, 2013, "우리나라 가계의 소득, 소비, 저축 및 부채의 추이와 시사점," 한국금융연구원 〈그림 1〉에서 재인용.

한 처분가능소득 증가율의 결과가 가계부채 비율의 증가였던 것이다.

이는 지난 20년 이상 진행된 탈공업화와 맥을 같이 한다. 즉 한국의 제조업 고용 비중은 27.6%(1991년)에서 16.9%(2011년)로 감소하였다. 이 기간 중 제조업의 일자리 감소(153만 명)가 전체 일자리의 증가(679만 명)와 제조업의 일인당 부가가치의 급증 속에 진행되면서 90년대 초까지 차이가 없었던 제조업과 서비스업의 일인당 부가가치의 격차가 90년대 중반 이후 확대되어 두 배 이상 그 격차가 확대되었다. 즉 탈공업화는 상대적으로 생산성이 높은 제조업에서 일자리의 감소와 생산성이 낮은 서비스업에서의 일자리 증대로 이어진, 즉 줄어든 중간소득 일자리의 대부분이 저소득 일자리로 이동한 일자리 및 소득의 양극화[7]였고, 경제 전체의 성장률도 하락시켰다. 즉 소비지출의 결정요인에서 지적했듯이 1992~2012년 기간 중 국민총소득(GNI) 증가율 8.2%에 비해 가계소득의 연평균 증가율은 7.4%에 불과하였다. 같은 기간 중 기업소득의 연평균 증가율 10.1%였듯이 가계소득과 기업소득의 불균등 성장이 진행된 것이다. 특히, 외환위기 이후(1999~2012년) 기업소득의 연평균 증가율은 10.3%로 가계소득 증가율 5.8%를 크게 상회하였다.[8] 그 결과 재분배 이전 시장소득을 기준으로 한 지니계수가 1992~2009년간 0.254에서 0.320으로 26%나 증가할 정도로 소득분배가 악화되었다.[9] 국민소득 증가율에도 미치지 못한 가계소득 증가율은 임금 상승률 둔화에서 비롯한 것이었다. 즉 실질임금의 연평균 상승률은 90년대 5.0%, 2000년대 1.7%, 그리고 2010년 이후(2010~13년) 0.5%로 계속 하락하였다. 특히, 한국의 2007~12년간 실질임금 증가율은 연 −2.3%로 일인당 GDP 40위권 내 국가들 중 (GIIPS 국가들을 제외할 경우) '임금 없는 성장'이 가장 심각한 국가였다.[10]

---

7) 중산층의 비중은 1990년 74.5%에서 2013년 67.3%로 축소되었다.

8) 조주현, 2014, "민간소비 지표 현황과 시사점," 국회입법조사처 지표로 보는 이슈 1호.

9) K. Choi. 2013, "Korea's Income Inequality: The Trend and major Issues," KDI & 한미경제학회, "KDI-KAEA Conference on Fiscal Sustainability and Innovative Welfare System" (5 August).

10) 박종규, 2014, "'임금 없는 성장'의 국제 비교," 한국금융연구원, 금융포커스, 23권 16호 (4.19~4.25).

그림 10-8 실질 GDP와 평균 실질임금(1990=100)

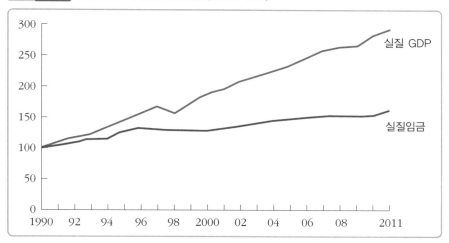

출처: OECD; MGI, 2013, "Beyond Korean Style: Shaping a new growth formula" Exhibit 5 (April).

가처분소득 대비 가계부채 비율의 증가는 외환위기 이후 하락했다가 2002년 외환위기 이전 수준을 넘어 100%를 넘기 시작하였고, 그 결과가 2003년 카드채무 불이행 대란('카드 사태')이었다. 즉 2003년 '카드사태'는 민간소비 증가율이 하락하는 가운데 2001년 닷컴 버블 붕괴 이후 미국 경기가 침체에 빠지자 수출까지 −2.3%를 기록하며 타격을 받으며 경제성장이 둔화되자 (2002년 지방선거와 대선을 앞둔) 2002년 김대중 정부는 통화팽창[11]과 더불어 가계부채 주도에 의한 경제성장을 추구하였고, 그 결과가 '카드사태'였다. 가계부채 악화의 결과는 참혹하였다. 2003년 이후 민간소비 증가율이 GDP 증가율에도 미치지 못할 정도로 가계부채는 성장의 발목을 잡고 있다. 가계부채의 악화 → 국민소득 증가율의 하락 → 가계소득 증가율의 하락 → 가계부채의 악화로 이어지는 악순환의 고리가 형성된 것이다. 그 결과는 가계 저축률의 하락에 반영되고 있다. 가계의 순저축률이 1991년 24.2%를 기록한 이후 97년(15.1%)까지 계속 하락하였고, 그 후에도 98년(15.1% → 21.6%)과 2003~04년(0.4% → 4.8% → 8.4%)과 2009년(2.6% → 4.1%)의 일시적 반등을 제외하고 2012년 3.4%까지 지속적으로 하락하였다.

---

11) 총유동성(L)의 증가율은 2001년 하반기부터, 그리고 총통화량(M2)은 2002년 3월부터 두 자릿수 증가율을 유지하였고 이는 노무현 정부가 출범한 2003년 4월까지 지속되었다.

그림 10-9 총통화량(M2)과 총유동성(Lf)의 증감율 추이, 2000~2010년

출처: 한국은행.

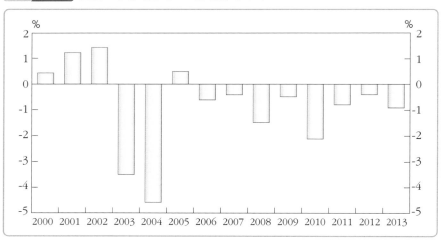

그림 10-10 (민간소비 증가율-GDP 증가율)의 추이

주: 현재 가격 기준.
출처: R. Jones and M. Kim, 2014, "Addressing High Household Debt in Korea," OECD Economics Department Working Papers No. 1164.

## 가계소득의 정체와 가계부채의 악순환 구조

이제 가계부채의 악순환 구조를 간단한 모형의 구축을 통해 설명해보자.

저축률 $s(\equiv \frac{S}{Y})$를 로그를 취해 미분하면

$$\frac{ds}{s} = \frac{dS}{S} - \frac{dY}{Y} = \frac{dY - dC}{S} - \frac{dY}{Y} = \frac{dY - dC}{Y} \frac{Y}{S} - \frac{dY}{Y} = \frac{dY - dC}{Y} \frac{1}{s} - \frac{dY}{Y}$$

$$ds = \frac{dY - dC}{Y} - \frac{dY}{Y}s = \frac{dY}{Y}(1-s) - \frac{dC}{C}\frac{C}{Y} = \frac{dY}{Y}(1-s) - \frac{dC}{C}(1-s)$$

$$\therefore \ ds = (\frac{dY}{Y} - \frac{dC}{C})(1-s)$$

양변을 $dt$로 나누면

$$\frac{ds}{dt} = [\frac{(dY/Y)}{dt} - \frac{(dC/C)}{dt}](1-s)$$

$$\frac{ds}{dt} = (g_y - g_c)(1-s)$$

여기서 $g_y$는 소득증가율이고 $g_c$는 소비증가율이다.

이처럼 가계의 소비증가율의 감소가 소득 증가율의 감소보다 더 적을 경우 저축률은 감소하고, (소비/소득) 비율은 증가한다.

그런데 소득보다 소비가 증가할 때 가계부채는 증가한다. 즉

$$\frac{dD}{dt} = C - Y = -S$$

가계 대차대조표의 취약성은 가계 부채의 레버리지 배율($d \equiv D/Y$)로 이해할 수 있고 레버리지 배율의 변화는 레버리지 배율을 시간에 대해 미분하여 구할 수 있다. 즉

$d \equiv \frac{D}{Y}$를 양변에 로그를 취해 미분하면

$$\frac{dd}{d} = \frac{d(D/Y)}{(D/Y)} = \frac{dD}{D} - \frac{dY}{Y} = \frac{-S}{Y}\frac{D}{Y} - \frac{dY}{Y} \qquad (\therefore \ dD = -S)$$

$$\therefore \ d(\frac{D}{Y}) = -s - \frac{dY}{Y}\frac{D}{Y}$$

양변을 $dt$로 나누면

$$\frac{d(D/Y)}{dt} = -g_s - g_y\frac{D}{Y} \qquad (단, \ g_s \equiv \frac{ds}{dt})$$

따라서 (앞의 모델에서 보았듯이) '가계의 가처분소득 대비 부채 비율'이 증가하는 가계 대차대조표의 취약성($\frac{d(D/Y)}{dt}$)은 다른 조건이 일정할 때 소득 증가율이 하락할 때 증가한다. 즉 소득 증가가 낮은 가계일수록 소비 증가가 하락

하지 않는 한 저축률이 하락하기 때문에 대차대조표의 취약성은 빠르게 증가한다. 이처럼 가계집단의 소득 증가가 정체된 상황에서 소비 증가를 유지하려는 선택은 저축률을 낮추고, 가계집단의 대차대조표의 취약성을 증대시킨다. 게다가 2013년 말 기준 가계신용 약 1021.4조 원 중에서 주택담보대출금이 527.6조 원으로 약 52%를 차지하고 있다.[12] 취약한 가계 대차대조표와 높은 주택담보대출 비중의 구조는 신용경색이나 주택시장 침체의 경우 '대차대조표 침체'의 길로 들어설 수밖에 없음을 보여준다. 주택담보대출이 가계부채의 큰 비중을 차지한 것도, 즉 주택부문이 레버리지를 주도한 것도 부채 주도 성장과 관련이 있다. 2002년 과도한 소비 진작책으로 가계대출이 크게 증가하면서 신용불량자가 양산되고, 수도권 집값이 급등하기 시작했다.[13] 즉 통화팽창에 따른 유동성 확대와 저금리 기조의 지속[14]이 건설경기 활성화 시책과 맞물리면서 가계대출이 부동산과 주식 시장 그리고 서비스업으로 이동하였다. 2001년 전국의 아파트 가격이 전년 대비 14.5% 상승(서울지역 아파트 가격은 19.3% 상승)했고, 이는 1991년 이후 최대 폭의 상승을 기록했다. 종합주가지수도 (당시 선진국은 주가가 크게 하락하였으나) 2001년 9월 17일 468.8포인트에서 2002년 3월 8일에는 827.0포인트로 76% 상승하였다. 김대중 정부는 뒤늦게 2002년 주택담보인정비율[15](LTV, loan to value; 주택담보가치 대비 최대 대출 한도)을 도입해 돈줄을 죄었지만 저금리 기조까지 겹치면서 대출 광풍을 차단하지 못했고, 2003년 출범한 노무현 정부 임기 내내 이 후유증에 시달려야 했다. 즉 부동산가격 상승 기대(2003~2006년 중 서울 아파트가격은 연평균성장률 10.2% 상승)가 지속되면서 2003년~2006년 중 주택담보대출은 연평균 21.2조 원 증가하는 모습을 보였다. 종합부동산세를 2005년 도입하고, LTV에 이은 대출 규제의 2중 장치로 총부채상환비율(DTI, debt to income; 주택담보대출의 연간 원리금의 상환액과 기타 부채에 대해 연간 상환할 이자의 합을 연소득으로 나눈 비율)을 추가 도입했지만 임기 말까지 과열은 식지 않았다.[16] 주택자산의

---

12) 관계부처합동, 2014, "가계부채 구조개선 촉진 방안-경제혁신 3개년 계획 후속조치-" (2.27).

13) 외환위기 이후 김대중 정부는 국내경기 부양을 위한 수단으로써 분양가 자율화 및 분양권 전매 허용, 양도세 한시 면제 등 부동산경기 활성화에 주력하는 모습을 보였다. 이로 인해 서울 아파트 매매가격이 2001년 19.3%, 2002년 30.8% 상승함에 따라 주택담보대출도 2002년 45.5조원 급증하였다.

14) 2001년 2월 기준금리를 5.25%에서 5%로, 그 후 2001년 9월까지 4%로, 2005년 10월 초까지 3.25%로 계속 인하하였다.

15) 실제로는 (대출금액＋선순위채권＋임차보증금＋최우선변제 소액임차보증금)/부동산가치.

특성인 높은 신용 창출, 즉 높은 레버리지가 주택가격을 상승시키고, 주택가격의 상승이 다시 추가 신용을 창출하면서 주택시장의 붐을 만들었던 것이고, 이 과정에서 주택담보대출이 가계부채의 상승을 주도했던 것이다.

그림 10-11 **신용경색 및 주택시장 침체의 파급경로: 예시**

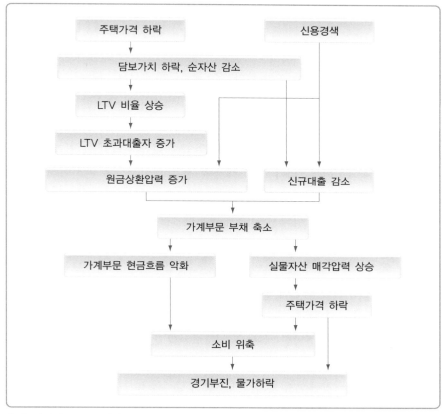

출처: 김영일, 2014, "가계부채의 위험에 대한 이해와 위험관리체계의 설계방향," KDI.

---

16) 노무현 정부는 2003년 5월 투기/투기과열지구 3년 이하 주택담보대출 LTV 비중을 60%에서 50%로 하향 조정, 2003년 10월 투기지구 만기 10년 이내 아파트 담보대출 LTV 비중을 50%에서 40%로 하향 조정, 2004년 3월 DTI 40% 이하와 만기 10년 이상 고정금리 주택담보대출 LTV 비중을 70%로 완화, 2005년 7월 투기지역 6억 원 초과 아파트 담보대출 LTV 비중을 60%에서 40%로 하향 조정, 2005년 8월 1가구 2주택 차주 등에 대해서도 DTI 40% 적용, 2006년 3월 투기지역 6억 원 초과 아파트에 대해 LTV 60% 및 DTI 40% 중복 적용 등을 도입하였다.

## 1.7. 유동성 함정과 총수요의 구조적 불안정성

경기 침체 상황에서 돈이 돌지 않으면 각국의 중앙은행은 신용경색을 타개하기 위해 기준금리를 지속적으로 내리고 통화 공급을 늘리게 된다. 하지만 금리를 계속 내리다 보면 금리는 어느 순간 더 이상 내릴 수 없는 수준, 즉 '제로금리'에 이르게 된다. 결국 중앙은행은 쓸 수 있는 모든 정책수단을 상실하게 되고 경제는 (앞에서 소개한) '유동성 함정'에서 빠져나올 수 없게 된다. 제로금리 하에서 유동성 함정에 빠져 있다는 것은 경제가 마이너스(−) 실질 금리에 있다는 것을 의미한다. 즉 제로금리에서는 저축이 과잉 공급된 상태에 있음을 의미한다. 과잉저축(S >I)은 플러스(+)의 순수출을 의미한다. 시장이론에 따르면 이자율 차이는 환율의 조정을 가져온다. 유동성 함정에 놓인 국가의 자본이 상대적으로 금리가 높은 국가로 투자되고 그 결과 경상수지는 균형을 회복한다. 그러나 현실 세계의 경우 재화시장은 완전히 통합되어 있지 않기 때문에 자본의 이동이 완전히 자유롭고 해외 투자 수익이 플러스(+)라 할지라도 국내 소비의 측면에서 필요한 실질금리는 마이너스(−)가 될 수 있다.[17] 예를 들어, 상대적으로 폐쇄적인 시장을 갖고 있는 일본의 경우 그 효과는 매우 작을 수밖에 없다. 역으로 일본의 경우에서 보더라도 마찬가지이다. 글로벌 금융위기 이전까지 무역흑자가 지속되었고, 2013년경까지 경상수지 흑자기조가 지속되고, 해외 투자도 증대시켰음에도 불구하고 유동성 함정이 지속된다는 것은 취약한 국내 투자를 보완할 만큼 순수출이나 해외투자 규모가 크지 않다는 것이다. 따라서 유동성 함정에 놓인 경제가 완전고용을 회복하기 위해서는 경상수지 흑자 규모, 특히 순수출을 크게 늘려야 할 것이다. 그러나 글로벌 경제가 동반 침체된 상황에서 경상수지 흑자 늘리기 경쟁은 무역전쟁을 야기할 수 있다.

유동성 함정은 사실 시장경제의 구조적 불균형의 산물이다. 일정 주기 동안 한 경제에서 생산된 모든 상품의 가치는 같은 주기 동안 발생한 소득의 총량과 동일하다. 따라서 기업이 생산한 것을 모두 팔려면 국민들이 전체적으로 그들의 모든 소득(임금, 임대료, 이자 그리고 이윤)을 소비할 때 가능하다. 그 경우 이윤은 높아지고 따라서 기업인들은 후속되는 기간 중에 동일량, 아니면

---

17) P. Krugman, 1998, p. 140.

더 많은 양의 상품을 생산할 것, 이른바 순환유통(circular flow)이 가능하다. 그런데 저축, 세금, 수입의 누출 중 세금과 수입은 정부지출과 수출로 상쇄할 수 있으나, 저축의 경우 저축을 흡수하는데 필요한 투자는 자본 규모를 확대시키고 이로써 경제의 생산능력이 증대되고, 그 결과 다음 주기에 생산과 수입(收入)을 확대시킨다. 여기서 수입(收入)의 수준이 높아질수록 저축은 많아질 것이다. 즉 소득 수준이 높은 사람이 낮은 사람보다 수입(收入)에 대한 저축률이 높기에 사회의 수입(收入) 총액이 증가함에 따라 저축 총액은 그보다 더 빠른 비율로 증가한다. 그러므로 투자량의 보다 큰 확대가 요구되나 민간부문에서 (특히 경제 성숙도가 증가할수록) 이윤이 보장되는 투자 영역은 한정, 즉 저축이 투자를 초과하는 상황에 직면한다. 특히 소득불평등의 심화는 저축과 투자의 불일치를 심화시킨다. 이는 총공급이 총수요를 초과하는 침체의 지속이 불가피함을 의미한다. 따라서 총공급과 총수요의 불균형을 근본적으로 해결하기 위해서는 소득불평등의 해소가 중요하다. 그러나 시장경제에서 소득불평등의 해소는 한계가 있고, 따라서 정부가 적자 재정을 통해 총수요의 부족을 해결하고자 한 사람이 케인스였다. 그러나 글로벌 금융위기 이후 선진국의 경우에서 보듯이 국가부채가 악화된 상황에서, 즉 세입 이상으로 정부지출을 늘리기 어려운 상황에서 (저축>투자)의 불일치를 해결하려는 선택이 수출을 늘리고 수입을 줄이는 방식이었고, 그 결과가 무역전쟁과 환율전쟁이다. 1930년대 대공황 이후에도 무역전쟁이 발발했듯이 말이다. 그러나 무역전쟁은 제로섬 게임이기에 결코 해결책이 되기 어렵다. 대공황이 2차 세계대전의 발발 이후 궁극적으로 진정된 배경이다.

## 제 2 절  실업률과 고용률 그리고 고용 창출력의 약화

### 2.1. 고용불안정의 심화와 실업률 의미의 약화

실업으로 인한 절망과 좌절감은 자칫 인간성을 피폐시키고, 가정을 무너뜨리며, 삶에 대한 의욕을 앗아가기도 한다. 실업이 증가하면 자살률과 이혼율이 높아지고, 범죄율이 증가하며, 빈부 격차가 더 벌어지게 된다. 이처럼 실업은 개인과 가정, 사회에 많은 고통과 손실을 가져다주는 대표적인 경제적 해악이다. 실업은 노동할 의욕과 능력을 가진 자가 자기 능력에 상응하는 노동기회를 얻지 못하고 있는 상태로 정의한다. 통계청은 매월 15일이 포함된 1주간(일요일~토요일) 동안 약 3만 2,000가구의 표본조사가구 내에서 현재 만 15세 이상인 자[18]를 대상으로 인적 사항, 취업자, 실업자, 비경제활동인구와 관련된 32개 항목을 조사한다. 장기분석 시 이용하기 위해 전년동월비와 단기분석 시 이용하기 위해 계절효과를 조정한 전월비(전분기비) 두 가지 자료를 발표한다. 전자를 사용할 경우 기저효과(base effect: 기준시점의 통계치가 너무 낮거나 높아서 기준시점과 비교한 시점에 대한 평가를 하는 데 있어서 왜곡이 일어나는 것)를 고려해야 한다.[19]

'15세 이상 인구'란 조사대상월 15일 현재 만 15세 이상인 자이고, '경제활동인구'란 만 15세 이상 인구 중 조사대상 기간 상품이나 서비스를 생산하기 위하여 실제로 수입이 있는 일을 한 취업자와 일을 하지는 않았으나 구직활동을 한 실업자를 말한다. 그리고 '취업자'는 조사대상주간에 수입을 목적으로 1시간 이상 일한 자, 동일가구 내 가구원이 운영하는 농장이나 사업체의 수입

**그림 10-12** 15세 이상 인구

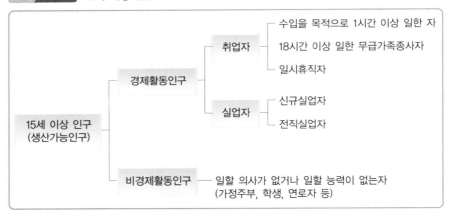

18) 현역군인 및 공익근무요원, 형이 확정된 교도소 수감자, 전투경찰(의무경찰 포함) 등은 제외한다.
19) 예를 들어, 경제위기가 한창이던 2009년 7월 취업자 수는 2,382만 8,000명으로 2008년 2,390만 3,000명에 비해 7만 6,000명이 줄어들었다. 이 수치를 기준으로 2010년 7월의 취업자 수를 전년대비로 내다보니 취업자는 47만 3,000명이나 깜짝 증가했다. 하지만 2008년을 기준점으로 보면 39만 8,000명이 증가한 데 그쳤다. 연평균으로는 20만 명도 증가하지 못했다. 매년 시장으로 나오는 생산인구는 30만 명가량이기에 적어도 30만 개의 일자리는 생겨야 취직이 어렵다는 얘기가 안 나오게 된다. 2008년부터 2년간 1/3은 최소한 일자리를 갖지 못한 것으로 추정할 수 있는 것이다.

을 위하여 주당 18시간 이상 일한 무급가족종사자, 직업 또는 사업체를 가지고 있으나 일시적인 병 또는 사고, 연가, 교육, 노사분규 등의 사유로 일하지 못한 일시휴직자를 의미하고, '실업자'는 조사대상주간에 수입 있는 일을 하지 않았고, 지난 4주간 일자리를 찾아 적극적으로 구직활동을 한 사람으로서 일자리가 주어지면 즉시 취업이 가능한 사람으로 정의된다. 여기서 구직 기준은 노동력 조사의 활동원칙에 따라 선언적인 의미를 넘어서 객관적으로 판단할 수 있는 적극적인 구직활동을 말한다. 이것이 통계적으로 보면 실업자 되기가 정말 어렵다는 우스갯소리가 나오는 이유다.

이처럼 실업률을 규정하기 위해서는 경제활동인구 중 취업과 실업을 구분해야 하고, 또한 실업자와 비경제활동인구를 구분해야 한다. '비경제활동인구'란 만 15세 이상 인구 중 조사대상기간에 취업도 실업도 아닌 상태에 있는 사람을 의미하고, 실업률이란 결국 총인구가 아니라 이러한 15세 이상의 경제활동인구로 정의된 사람들 가운데에서 실업자가 몇 %를 차지하는가를 나타내는 수치다. 정리하면 다음과 같다.

$$\text{경제활동참가율(\%)} \equiv \frac{\text{경제활동인구}}{\text{15세이상인구}} \times 100$$

$$\text{고용률(\%)} \equiv \frac{\text{취업자}}{\text{15세이상인구}} \times 100$$

$$\text{실업률(\%)} \equiv \frac{\text{실업자}}{\text{경제활동인구}} \times 100$$

공식적인 실업률 지표와 현실의 온도차가 크다 보니 실업률 통계에 대한 국민의 신뢰가 높지 않다. 실업률 지표의 첫 번째 구조적 문제점은 실업자가 증가해도 실업자가 비경제활동인구로 전환될 경우에는 실업률이 증가하지 않을 수 있다는 점이다. 우리나라의 경우 주요국들에 비해 노동시장과의 연계가 약한 노동자가 상대적으로 많다. 이런 노동자들은 실직할 경우 실업자로 노동시장에 머물면서 새로운 일자리를 찾기보다는 노동시장에서 빠져나와 비경제활동인구가 되는 경향이 강하다. 따라서 실업률 변화에 큰 영향을 미치지 않는다. 예를 들어 현재 100명의 경제활동인구 중 5명이 실업자인데 경기가 나빠져 5명이 추가로 실직했다고 가정해보자. 만약 이들이 노동시장과 연계가 강해서 노동시장에 남아 구직한다면 실업률은 10/100＝10%로 올라가게 된다. 하지만 이들이 구직을 포기하고 노동시장에서 물러난다면 실업률은 5/95＝5.3%가 된다. 즉 경기가 나빠져 기존 실업자만큼 추가실업이 있었음에도 실업률은 0.3%포인트 상승하는 데 그친다. 따라서 우리나라와 같이 노동시장과 연계가 약한 노동자가 많은 경우 실업률은 체감경기와 괴리를 보일 수 있다. 반면 미국을 포함한 상당수 OECD 회원국의 경우 노동시장참여율은 경기변동에 통계적으로 유의한 반응을 보이지 않는다. 그만큼 노동시장과 연계가 강한 노동자가 많고 그들은 경기가 나빠진다고 해서 쉽게 노동시장에서 물러나지 않고 구직활동을 지속한다는 얘기다.

실업률의 또 다른 문제점은 실업의 분포, 즉 누가 얼마 동안 실업상태에 놓여 있었는지를 말해주지 않는다는 점이다. 예를 들어 120명의 경제활동인구 중 항상 10명이 실업에 놓여 있는 두 개의 경제 A와 B를 상정해보자. 경제 A의 경우 다달이 번갈아 가며 새로운 10명이 실업자가 되고 기존의 실업자는 다시 취업이 된다고 하자. 그리고 경제 B의 경우에는 기존의 10명이 1년 내내 실업상태에 놓여 있다고 생각해보자. 실업률은 두 경제 모두 10/120＝8.3%이다. 과연 경제 전체로 봐서 어느 경우가 덜 고통스러울까? 노동자들 모두가 위험기피적인 선호를 가지고 있다고 가정하면 경제 A의 경우 노동자들은 1년 가운데 1개월은 실업상태로 지내야 한다. 따라서 11개월 치 임금으로 12개월을 살아야 한다. 경제 B의 경우 취업자는 1년 내내 취업 상태지만 일단 실업상태에 놓이게 되면 실업은 1년 동안 유지되고, 이 경우 1년 동안은 소득 없이 살아야 한다. 그리고 실업자가 될 확률이 10/120이기 때문에 평균 소득은 여전히 11개월 치 임금이다. 두 경제 평균 소득은 동일하다. 하지만 위험기피적인 노동자들은 실업에 처하게 되는 경우 감당해야 할 고통이 너무나 크기 때문에 차라리 1년에 1개월씩 실업에 처하게 되는 경제 A를 더 선호한다. 실업률은 두 경제 모두 동일하다. 그러면 두 경제의 차이를 보여주는 노동시장지표에는 무엇이 있을까? 그것은 바로 실업자들이 실업 상태를 벗어나는 데 소요되는 기간을 나타내는 평균 실업기간(mean duration of unemployment) 또는 평균 구직기간(mean duration of seeking for work)이다. 경제 A의 경우에는 평균 실업기간은 1개월이고, B의 경우에는 12개월이다. 평균 실업기간이 길수록 실업의 고통이 일부 노동자에게 집중됨을 의미한다. 따라서 실업률이 같다면 평균 실업기간이 긴 경제의 후생이 더 나빠진다. 간단히 말해 동일한 분량의 실업이라는 고통이 일부 노동자에게 집중되고 이들이 실업상태를 벗어나는 데 오랜 시간이 걸린다면 경제 전체의 후생 수준도 낮아진다는 것이다. 따라서 평균 실업기간은 실업이 가져오는 일종의 분배 효과를 가늠하게 해주는 지표이다. 이런 측면은 실업률이란 수치로는 전혀 가늠할 수 없는 부분이기도 하다. 고용 불안이 높아지는 상황에서 사회통합과 고통분담 차원의 '일자리 나누기(Work Sharing)'가 제기되는 배경이다. 일자리 나누기는 임금삭감 또는 근로시간 단축 등의 방법을 통해 일자리를 유지하거나 창출하는 전 과정을 의미한다. 일자리 나누기는 근로시간 단축을 위한 '워크셰어링(work sharing)'과 직무분할을 통한 '잡셰어링(job sharing)'의 두 가지가 있다. 여기서 직무분할(Job Sharing)이란 1명의 풀타임 일자리를 2명 이상의 파트타임 근로자가 나누어 근로하는 것을 의미한다.

이 밖에도 한국의 실업률 수치가 낮게 나오는 이유는 고용보험에 가입하지 않은 자영업자와 비정규직이 많기 때문이기도 하다. 실업급여를 받을 수 없다보니 비정규직이나 자영업자들이 실업자 신고를 할 이유가 없는 것이다. 반면, 미국과 유럽 등의 자영업자 비율은 10% 미만이다. 우리나라 35%의 1/3에도 미치지 못할 정도다. 주요국들은 이에 그치지 않고 다양한 실업률 자료를 발표하고 있다. 집에서 쉬는 사람, 공부하는 사람, 부모님 가게에서 치킨 배달을 하는 사람 등을 실업자에 넣을지 말지에 따라 U1에서 U6까지 다양한 실업률 통계를 낸다. 이 중 U3가 우리나라 실업자 통계와 기준이 비슷하다. 체감실업률에 대한 불만은 '사실상 실업자'라는 개념을 만들어냈다. 공식실업자외에 구직단념자나 취업준비자, 주당 18시간 미만 노동자를 실업자에 넣는 방식이다. 학계에서는 이를 '유사 실업자' 또는 '잠재적 실업자'라고 부른다. 한국의 경우 취업자 수를 집계할 때 일용직·임시직과 상용직을 동일하게 취급하고, 취업준비학원 및 기관통학자는 전업주부와 같은 비경제활동인구로 분류해 '고용의 질'을 보여주는 데 한계가 있다. 취업의사와 능력은 있으나 경력이 맞는 일자리가 없는 등 노동시장적 사유로 지난 4주간 구직활동을 하지 않았으나 지난 1년 내에는 구직경험이 있었던 자를 의미하는 구직단념자는 비경제활동인구로 분류되므로 경기악화 시 구직단념자가 증가하더라도 실업률이 거의 증가하지 않을 수 있다. 게다가 한국의 사회복지제도가 열악하기 때문에 1주일에 1시간이라도 일을 안 하고 살 수 없다. 사회복지가 열악하다 보니 아르바이트 등 조금이라도 일을 하게 되고 그 경우 고용된 것으로 간주하니 실업률이 낮을 수밖에 없다. 즉 사회안전망이 잘 구축된 선진국에 비교해 실업률이 과소평가될 가능성이 높다.

**비정규직** 비정규직은 임금을 적게 주고, 해고를 쉽게 할 수 있으며, 정규직과의 차별대우, 즉 같은 일을 하고도 정규직 임금의 50~70%를 받고, 통근버스 · 할인구매 등 정규직 노동자들에게 제공되는 복지가 비정규직에게는 배제되어 있고, 최저임금제에서 정한 금액과 큰 차이가 없는 임금과 휴식시간이 거의 없는 지나친 업무강도 등 저임금/장시간 노동에 시달리고, 계약기간이 만료되면 더 이상 일할 수 없는 불안고용에 시달리고, 어용노조가 아닌 민주적 노동조합 결성 시 직장폐쇄로 노동자들을 해고하거나, 근로계약 연장을 조건으로 한 노조 탈퇴를 강요하는 노동운동 탄압 등 노동자의 인권을 무시한 고용환경 등에 직면해 있다. 정부와 노동계의 비정규직 통계에 차이가 존재하는 가장 큰 이유는 계약직, 일용직, 간접고용 노동자를 비정규직으로 정의하는 전자에는 1년 이상 계약직은 정규직으로 분류하는 반면, 후자의 경우 고용형태상 비정규직에 해당되지는 않지만 근로조건이 열악한 영세업체 취약근로자까지 비정규직으로 포함시키기 때문이다. 예를 들어, 2012년 4월 기준 정부의 비정규직 규모는 전체 임금근로자의 38%인 반면, 노동계의 추정에 따르면 50%에 달한다.

체감실업률에 대한 불만은 '사실상 실업자'라는 개념을 만들어냈다. 실업률 지표가 노동시장의 경색 정도 등 고용 사정을 제대로 반영하지 못한 결과이다. 이러한 문제점을 해결하기 위해 외국에서는 공식실업률 통계 외에 경계실업자, 실망실업자, 불완전취업자 등을 감안한 다양한 실업률 통계를 발표하고 있다. '사실상 실업자'는 유사실업자 혹은 잠재적 실업자 등으로 불리기도 한다. 예를 들어, 미국 노동통계국이 발표하는 실업률지표에는 '15주 이상 실업 상태에 놓인 장기 실업자'(U-1), '실직자 및 임시 고용이 종료된 자'(U-2), '국제노동기구(ILO) 기준에 부합하는 공식 실업자'(U-3), '공식 실업자 및 구직 단념자'(U-4), '공식 실업자 및 한계근로자'(U-5), '공식 실업자, 한계근로자 및 불완전 취업자'(U-6) 등이 있다. 한국의 공식실업률은 U-3, 체감실업률은 U-6에 해당한다.

일반적으로 유사 실업자는 실업자와 비경제활동인구의 경계에 있는 잠재

실업자군과 임시일용직과 같이 취업자와 실업자의 경계에 있는, 즉 취업자이긴 하지만 취업상태가 온전하지 못한 불완전취업자(현재 상태보다 더 많이 일하고 싶고, 일이 있다면 추가적으로 일할 수 있었으면서 기준기간 중 일정시간 이하로 일하였던 자)로 구분된다. 먼저, 잠재실업자군에는 다음의 유사실업자가 포함된다. 첫째, 비경제활동인구 중 취업을 희망하고 즉시 취업이 가능하며 지난 1년 내 구직경험이 있었던 자로 정의하는 경계실업자(marginally attached workers)가 있다. 둘째, 경계실업자 중 노동시장사유로 구직 활동을 하지 않은 자인 구직단념자(discouraged workers)가 있다. 우리나라 통계청에서는 실망실업자 대신 구직단념자라는 개념을 사용한다. 반면, 호주, 일본, 캐나다에서는 지난 1년간의 구직경험이 없더라도 비경제활동 인구 중 취업희망과 취업가능성이 있고, 노동시장 사유와 개인적 사유로 노동시장에서 퇴장하였으면 실망실업자로 정의한다. 셋째, 비경제활동인구 중 취업을 위해 학원, 기관에 통학하거나 취업준비를 하고 있는 자인 취업준비자가 있다. 넷째, 비경제활동인구 중 정규 교육기관이나 입시학원 취업을 위한 학원, 기관에 통학하지 않고, 취업의사도 없으며 가사나 육아를 주로 담당 하지도 않는 자, 근로 능력이 있음에도 불구하고 취업의사가 없는 자를 '쉬었음' 인구로 분류한다. 이처럼 경계실업자, 구직단념자, 실망실업자, 취업준비자, 유휴인력 등은 노동시장 고착도에는 차이를 보이지만 노동시장에 유입될 가능성이 높다는 점에서 잠재실

**그림 10-13** 생산가능인구의 구성

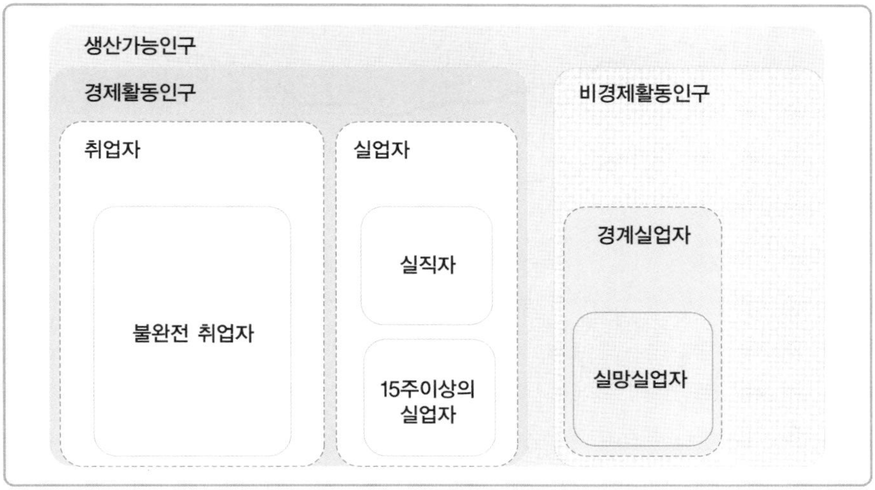

업자라 할 수 있다.[20] 한편, 우리나라 통계청에서는 '추가취업희망자'라는 개념으로 평소 36시간 미만 일한 취업자 중에서 일거리가 없거나, 사업부진, 조업중단 등 경제적 이유로 36시간 미만 일했지만 추가취업을 희망하는 자로 분류되어 파악하고 있다. 그러나 기본적으로 한국의 경우 불완전취업자, 경계노동자 등을 공식실업자에 포함하지 않고 있어 일반인이 체감하는 실업률은 공식지표보다 훨씬 더 클 수밖에 없다. 참고로 우리나라의 경우 2014년 2월 현재 종사상 지위가 상대적으로 취약한 비임금근로자, 임시근로자 및 일용근로

그림 10-14 미국과 영국의 공식실업률(U3)과 확장실업률(U6) 추이[1]

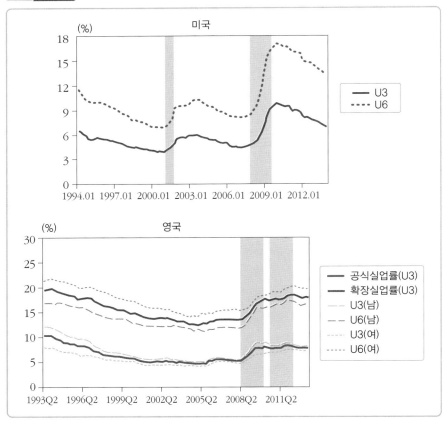

주: 1) 미국은 월별 자료를, 영국은 분기별 자료를 바탕으로 작성되었으며, 음영부분은 각국의 경기침체기를 나타냄.
출처: Bureau of Labor Statistics, Trade Union Congress.

_____
20) 통계상 구직단념자, 취업준비자, 유휴인력은 중복될 수 있다.

자가 전체 취업자에서 차지하는 비중이 52%에 달하고 있다.

　공식실업률과 체감실업률 간의 괴리에 영향을 미치는 주요 요인 중 하나가 장기실업의 고착화 문제이다. 특히 경기회복에도 불구하고 실업률이 크게 개선되지 못한 원인 중의 하나로 이력현상(履歷現象, hysteresis)에 주목하고 있다. 참고로 이력현상이란 원래 물리학 용어로서 특정 시점에서의 물리량이 당시의 물리조건에 따라 결정되지 않고 그 이전에 그 물질이 경과해온 상태의 변화과정에 의존하는 현상을 지칭한다. 노동시장에서의 이력현상이란 경기침체 등으로 일시적으로 증가했던 실업이 경기가 회복되어도 다시 줄어들지 않고 그 이전의 높은 수준으로 고착되는 현상을 지칭한다. 즉 일시적인 거시충격이 현재 실업률 변동에 영향을 미치고 이것이 궁극적으로 장기균형 실업률

 **그림 10-15** 한국의 확장된 실업률(U6)과 공식 실업률 추이: 성별 및 연령별

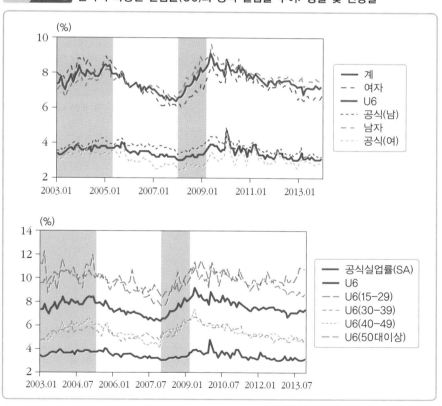

주: 경제활동인구조사 자료를 이용하여 추정한 후 계절 조정하였음.
출처: 김현학·황광명, 2014, "확장된 실업지표를 이용한 우리나라 노동시장에서의 이력현상 분석," BOK 경제연구 제2014–29호.

의 변동에 영향을 주는 것을 의미하는데, 이는 경기순환 과정에서 노동시장이 유연하게 반응하지 못함에 따라 실업률이 지속성을 갖게 되는 현상을 일컫는다. 만약 노동시장에 이력현상이 존재한다면 경기회복 시 고용회복, 가계의 소득 증가, 소비 증가로 이어지는 경제의 선순환이 제약됨에 따라 경기회복이 지연되는 한편, 노동자가 장기실업 상태에 머물면서 숙련도가 떨어짐에 따라 노동생산성이 저하되고 잠재성장률이 하락할 우려가 있다. 또한 동 현상은 경기하강 국면에서는 총수요 감소 등으로 기업의 수익이 저하됨에도 불구하고 기업의 구조조정을 지연시킴으로써 향후 경제의 활력을 떨어뜨릴 수가 있다. 한국의 경우에도 남성보다는 여성에서, 연령별로는 30~40대에서 이력현상의 존재가 뚜렷한 것으로 확인된다.[21]

## 2.2. 탈공업화와 고용 창출 능력의 위기

실업률 논란이 거세지자 통계청도 고용지표로는 실업률을 그다지 권하지 않는다. 그보다는 취업자 수 증감이나 고용률로 볼 것을 권고하고 있다. 고용률은 15세 이상 인구 중에서 취업자의 비율이다. 2014년 기준 우리나라 고용률은 60.2%로 15세 이상 인구 중에서 이런저런 이유로 일자리가 없는 사람이 10명 중 4명이라는 얘기다. 2010년 6월 기준 미국(67.2%), 일본(70.2%), 오스트레일리아(72.2%) 고용률과 비교해보면 국내 취업사정은 그다지 밝지 않은 것으로 분석된다. 그런데 이들 나라보다 우리나라의 실업률 지표는 낮으니 국민이 실업률을 신뢰하지 못하는 것이다. 이처럼 한국의 고용률이 낮은 것은 실업자가 많아서라기보다 비경제활동인구가 많기 때문이다. 한국의 비경제활동인구 비율은 OECD 국가들 중 8번째로 높으며 고용률을 10%포인트 높이기 위해서는 비경제활동인구 중 약 500만 명을 취업자로 전환해야 가능하다.

---

21) 김현학·황광명, 2014. "확장된 실업지표를 이용한 우리나라 노동시장에서의 이력현상 분석," BOK 경제연구 제2014-29호.

그림 10-16 한국의 경제활동참가율, 고용률, 실업률 추이[1)2)]

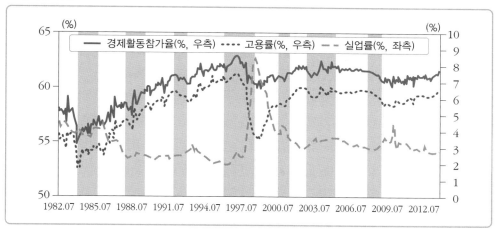

주: 1) 계절조정계열, 음영은 경기수축기를 표시; 2) 실업률은 1999.6월 기준변경전 수치.
출처: 통계청.

미국의 경우에도 공식적인 실업률은 2009년 10월 10%를 기록한 후 2014
년 12월 5.6%까지 하락했다. 금융위기 이전의 자연실업률 수준에 근접한 수
준이다. 그러나 경제활동참가율(labor-force participation rate)은 2014년 12월
62.7%를 기록하였는데 이는 금융위기 이전 최고 수준이었던 2006년 12월의
66.4%보다 3.7% 하락한 것이고, 전후 최고 수준이었던 2000년 4월 67.3%보
다는 4.5% 감소한 것이다. 실업률과 경제활동참가율 간의 역의 관계가 실종
된 것이다. 2014년 12월 기준 고용률(employment-to-population ratio)도
59.2%로 금융위기 이전 최고 수준인 2006년 12월 63.4%보다 4.2%나 감소하
였다. 즉 많은 노동력이 취업활동을 포기하고 비경제활동인구로 전락한 것을
의미한다. 이러한 문제들을 해결하기 위해서 미국 연준(Fed)은 실업 및 과소
고용, 고용, 노동시간, 임금, 구인, 고용, 해고, 이직, 소비자 및 기업가 조사의
범주에서 19개 고용시장 관련 통계를 하나로 묶은 '고용시장지수(LMCI: Labor
Market Conditions Index)'를 개발하여 2014년부터 발표하고 있다.[22]

---

22) LMCI는 0을 기준으로 전월대비 (+)는 호전, (-)는 악화를 나타낸다. H. Chung, B. Fallick, C.
Nekarda, and D. Ratner, 2014, "Assessing the Change in Labor Market Conditions," Feds
Note (May 22).
http://www.federalreserve.gov/econresdata/notes/feds-notes/2014/assessing-the-change-
in-labor-market-conditions-20140522.html

그림 10-17 미국과 일본의 고용관련 지표(%) 추이

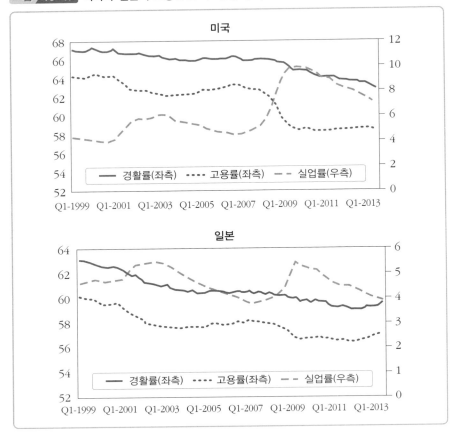

출처: OECD.

 비경제활동인구가 많다는 것은 국가 차원에서 인적 자원을 제대로 활용하고 있지 못함을 시사한다. 즉 경제·사회적인 장애 요인으로 노동시장에 참여하지 못하고 있는 인구가 많을 가능성을 보여준다. 고용률은 국가의 장기적인 경제건전성을 나타낸다는 점에서 주목할 필요가 있다. 저활용 인력의 고용을 가로막는 장애 요인을 제거하면 경제의 효율성을 증대하고, 취업자 규모가 커지면 재정 부담이 감소하고 재정 운용의 폭이 확대되며, 저활용 인력 고용률이 높아지면 빈곤이나 불평등이 감소하기 때문에 고용률을 높이는 것은 중요하다. 이 밖에도 경제에 부담을 주지 않으면서도 노동시간을 단축하기 위해서도 고용률 제고가 뒷받침되어야 한다. 한국의 노동자 1인당 연간 노동시간은

그림 10-18 미국의 실업률과 경제활동참가율의 관계

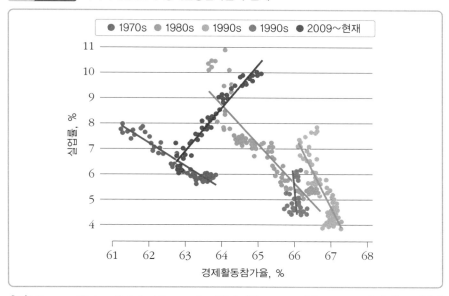

출처: Bureau of Labor Statistics; Economist, 2014, "The woes of the average Joe" (Sep. 27)에
  서 재인용.

세계 최고수준이다. 특히 한국의 경우 저출산과 고령화로 가장 빠른 속도로
진행하고 있어 고용률 제고는 중요 과제다. 2000년대 초부터 OECD 국가 중
에서 가장 빠르게 하락하는 출산율로 인해 2035년경부터 총인구는 감소세로
전환하고, 부양비율(생산연령인구(15~64세)에 대한 비생산연령인구(0~14세와 65
세 이상의 합)의 비율)은 2060년에 최고 수준에 도달할 예정이다.[23] 고령화는
낮은 출산율과 밀접한 관계를 맺고 있고, 낮은 출산율은 결혼률 하락과 초혼
연령의 상승에서 비롯하며, 이들은 다시 고용불안정과 주거비용의 증대에서
비롯하는 것으로 나타났다.[24]

　참고로 시장이론(결혼시장탐색모형, a search model of marriage market)에 따
르면 남성이 결혼상대자인 여성에게 청혼을 하고 여성은 남성이 청혼해 오기
를 기다린다는 가정 하에서 남성은 결혼시장 참가자 가운데 마음에 드는 여성
에게 청혼을 하고, 청혼을 받은 여성은 남성의 상대적 임금 수준을 관찰한 후,

---

23) J. Yoon, J. Kim, and J. Lee, 2014, "Impact of Demographic Changes on Inflation and the
　　Macroeconomy," IMF Working Paper WP/14/210.
24) 이상호·이상헌, 2010, "저출산·인구고령화의 원인에 관한 연구: 결혼결정의 경제적 요인을 중심
　　으로," 한국은행 금융경제연구원,「금융경제연구」.

그림 10-19 저출산 · 인구고령화의 원인

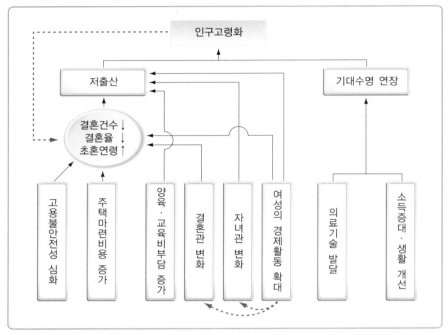

출처: 이상호 · 이상헌, 2010, "저출산 · 인구고령화의 원인에 관한 연구: 결혼결정의 경제적 요인을 중심으로," 한국은행 금융·경제연구원, 「금융·경제연구」.

그 수준이 자신이 생각하는 '유보가치'(reservation value: 노동을 공급하기 위해 노동자가 사용자에게 요구하는 최소한의 주관적인 임금 수준인 '기대임금 또는 희망임금'(reservation wage)과 유사한 개념)보다 낮다면 청혼을 거절하고 다음 청혼자를 기다린다. 즉 결혼시장탐색모형은 임금불평등이 심화될수록 결혼을 하지 못하는 남성과 여성이 증가할 수 있다는 것을 함축한다.

취업자 수를 증가시키기 위해서는 비경제활동인구의 핵심 비중을 차지하는 청년고용의 능력 제고와 여성의 경제활동참가율 증대 그리고 중 · 고령자의 고용능력 제고 및 조기퇴직 문제 해결이 필요하다. 먼저 높은 대학진학률을 고려하더라도 노동시장에 새로운 활력을 공급하는 청소년층(15~24세)의 경제활동이 부진하다. 청년층(15~29세) 실업의 경우 두 자릿수에 가까운 실업률 수치는 무의미하다. 청년 고용률은 2004년 이후 연속적으로 하락해 2013년엔 40%선도 무너진 39.8%로 이는 외환위기를 겪었던 1998년의 40.6%보다도 낮은 수준이다. 게다가 (뒤에서 보겠지만) '고용 없는 성장'의 지속 가능성으로 청년실업 문제는 '잃어버린 세대(The Lost Generation)'를 만들 가능성도 있다. 청년 실업은 자신들의 미래뿐만 아니라 경제 전체에 심각한 상처를 낼 수밖에 없다. 다음의 문제들은 일본이 90년대 '잃어버린 10년'의 시기에 이미 경험한 것들이다. 첫째, 실직기간이 길어질수록 숙련을 고갈시키고, 질 낮은 일자리에 고착시킴으로써 사회로부터 문제 있는 노동력으로 분류되고 평생소득을 저하시킨다. 즉 청년 실업은 장기적인 고용 불안의 요인이 된다. 둘째, 경험 축적 기회 박탈과 동기 상실은 우울증이나 스트레스 등 정신적 장애로 이어질 수도 있다. 셋째, 기업의 경우에도 조직의 생기와 활력이 저하된다. 넷째, '잃어버린 세대'의 소득 저하는 조세부담 능력을 감소시킴으로써 은퇴하기 시작한 베이비붐 세대들을 위한 각종 사회보장기금의 확보에 문제를 야기한다. 이처럼 청년실업 문제는 미래 성장잠재력의 훼손으로 연결된다는 점에서 우리 사회의 어두운 미래일 수밖에 없다.

청년실업 문제는 노동시장의 깊은 변화에서 비롯한다. 즉 기술 변화로 경제활동은 빠르게 아이디어 집약적으로 변화하고 있는데 교육 방식, 특히 대학교육의 내용 및 방식은 여전히 산업화 시대에 머물러 있다. 흔히 선진국 노동력에서 숙련 격차나 숙련 부족이 심각하다는 주장이 있다. 예를 들어, 제조업자들은 오랫동안 기계운전자 훈련 프로그램에 관심이 있는 학생의 부족을 불평해왔다. 그런데 이들은 학생들이 제조업 분야에 관심을 갖지 않는 이유에 대해서 외면한다. 예를 들어, 미국의 경우 지난 20년 넘게 이 분야의 실질임금이 하락해왔고, 같은 기간 동안 전체 일자리가 40%가 증가하는 동안 이 분야의 일자리는 20%가 줄어들었고 향후에도 계속 하락할 것으로 예상된다. 그 결과 노동력은 급여가 보다 높은 컴퓨터 사용 분야로 이동하고 있다. 이처럼 숙련 불일치(skill mismatch)의 지속은 평균적인 노동자와 일자리 후보자들이 현재의 일자리가 요구하는 이상의 교육 수준을 갖고 있다는 점에서 숙련 불일치인 것이다.[25] 보다 주목할 부분은 미국에서 90년대까지 증가하였던 비일상적이고 정형화되지 않은 인지업무(non-routine cognitive tasks)가 2000년대 이후 정체하고 있다는 점이다. 구체적으로 고용된 대졸자의 업무에서 수학과 과학 기술(skills) 등 인지 내용(cognitive content)이 빠르게 하락하는 대신 사회적

---

25) P. Cappelli, 2014, "Skill Gaps, Skill Shortages and Skill Mismatches: Evidence for the US," NBER Working Paper No. 20382.

기술이 보다 중요해진 결과이다. 이는 2000년대 이후 대다수 대졸자의 실질임금이 오르지 않거나 하락하였듯이 대졸자 프리미엄, 즉 숙련 프리미엄이 거의 증가하지 않고 있는 데서도 확인된다.[26] 이처럼 모든 교육 및 숙련 수준에서 적절한 임금 증가가 보이지 않듯이 '탈숙련화(de-skilling)'는 고숙련 노동자를 저숙련 노동자로 밀어내리는 직업 사다리의 하향 이동을 강화시키고 있다.[27]

다음은 여성의 경제활동참가율과 고용률이다. 2013년 현재 각각 50.2%와 53.9%로 선진국에 비해 크게 낮다. 특히 대졸여성 취업률은 멕시코를 제외하면 OECD 중에서 최하위다. 여성의 높은 노동참가율은 높은 출산율에도 영향을 미치는 것으로 나타나고 있다. 즉 여성이 아이를 가지고 일하는 것을 어렵게 하는 장애물을 제거할 때 여성의 높은 노동참여가 가능할 뿐 아니라 높은 출산율로 이어질 수 있기 때문이다. 실제 OECD 국가들 중에서 더 많은 여성이 가정에 남아 있는 일본의 경우 상대적으로 아이를 둔 취업 여성에 대한 지원이 적은 것으로 나타났다. 예를 들어, 일본에서는 3세 이하 아이들 중 13%만이 탁아소(day-care centers)에 보내지는 반면, 미국은 54%, 영국은 34%인 것으로 나타났다.[28] 경제성장을 여성이 주도하고 있고 세계경제의 미래가 여성의 손에 달려 있다는 점에서 여성 취업률을 증대하기 위한 노력은 아무리 강조해도 지나치지 않다. 따라서 여성의 노동참여율을 높이고 출산율을 높이기 위해서는 육아에 대한 사회적 지원이 필요하다.

마지막으로 2004년 현재 우리나라 중·고령 인구(55~64세)의 고용률 (58.5%)은 OECD 중 9번째로 높으나 문제는 주요 선진국의 경우 90년대 이후 중·고령 인구의 고용률이 크게 상승하고 있는 반면 한국은 하락 추세를 보인다는 점이다. 중·고령 인구의 고용률을 높이는 과제는 고령화와 더불어 노동력 확보 차원 및 조기퇴직에 따른 연금수혜기간의 증대로 사회 부담 증가를 야기한다는 점에서 중요하다. 사회적 비용의 급증을 방지하기 위해서는 퇴직

---

26) L. Mishel, J. Bivens, E. Gould and H. Shierholz, 2012. The State of Working America, 12th Edition, Economic Policy Institute. Cornell University: Ithica; D. Acemoglu and D. Autor, 2012. "What Does Human Capital Do? A Review of Goldin and Katz's The Race between Education and Technology," NBER Working Paper No. 17820.

27) P. Beaudry, D. Greeny, and B. Sand, 2013, "The great reversal in the demand for skill and cognitive tasks," NBER Working Paper No. 18901.

28) Economist, 2006, "A guide to womenomics," (April 15), p. 74. http://www.economist.com/node/6802551.

을 늦추는 것이 불가피한데 이를 위해서도 고령노동력의 고용 능력 제고는 중요한 과제다. 선진국들은 고령화와 숙련노동력 부족에 대처하기 위해서 고령인구의 취업 확장과 봉급 축소를 대안으로 도입하고 있다.[29] 현재 한국의 인구구조는 혁명적인 변화를 경험하고 있으므로 고령자들의 일자리 문제는 매우 중요한 과제일 수밖에 없다.

이처럼 고용률을 높이기 위해서는 청년과 여성 그리고 중·고령층의 고용률을 높이는 것이 관건이다. 이들의 일자리 문제는 이들이 사회의 핵심 노동력들이라는 점에서 좋은 일자리의 축소와 관련이 있다. '압축적 공업화'로 경제성장을 이룩하고 좋은 일자리를 만들었던 한국경제는 1992년 이래 '압축적 탈공업화'에 직면해왔다. 예를 들어, 한국의 제조업 비중이 27.6%(1991년)에서 16.9%(2011년)로 감소하는데 20년이 소요되었는데 이는27.8%(1973년)에서 16.8%(2011년)으로 감소하는데 38년 소요된 일본에 비해 두 배나 빠른 속도이다. 문제는 이 기간 중 제조업의 일자리 감소(153만 명)가 전체 일자리의 증가(679만 명)와 제조업의 일인당 부가가치의 급증 속에 진행되면서 1990년대 초까지 차이가 없었던 제조업과 서비스업의 일인당 부가가치의 격차가 두 배 이상으로 확대되었다. 즉 탈공업화는 상대적으로 생산성이 높은 제조업에서의 일자리 감소와 생산성이 낮은 서비스업에서의 일자리 증대로 이어진, 즉 줄어든 중간소득 일자리의 대부분이 저소득 일자리로 이동한 일자리 및 소득의 양극화였다. 즉 한국의 낮은 고용률은 기본적으로 탈공업화로 좋은 일자리가 줄어드는 반면, 제조업을 대신할 새로운 산업이 부재한데서 비롯한다. 산업구조의 업그레이드와 산업체계의 다양화가 시급한 이유이다. 낮은 고용률과 인구구조 악화가 맞물려 돌아가는 상황에서 고용률 제고, 즉 좋은 일자리 만들기는 한국경제의 사활이 걸린 과제이다.

## 2.3. 실업의 유형과 처방

실업은 크게 '자발적 실업'과 '비자발적 실업'으로 구분한다. 자발적 실업에는 '마찰적 실업(frictional unemployment)'이 있다. '마찰적 실업'은 구직자들

---

29) Economist, 2006, "How to manage an ageing workforce," (Feb. 18), p. 11. http://www.economist.com/node/5522182; Economist, 2006, "The ageing workforce," (Feb. 18), pp. 65-67. http://www.economist.com/node/ 5519033

이 자신에게 가장 잘 맞는 직장을 찾는 데 시간이 걸리기 때문에 직장을 탐색하는 과정 혹은 직장을 이동하는 과정에서 발생하는 실업 등이다. 일자리와 노동자에 대한 정보가 완전하기만 하다면 직장 탐색은 매우 신속하게 결말을 찾을 것이다. 그러나 현실은 일자리를 잃은 노동자가 적어도 몇 주 동안 직장 탐색을 하는 것이 일반적이다. 교과서 세계는 마찰이 존재하지 않는 진공 상태의 실험실 세계인 반면, 현실 세계에는 많은 마찰들이 존재한다. '마찰적 실업'은 일자리를 구하는 사람의 수가 제공되는 일자리의 수와 같은 경우에도 존재한다. 따라서 '마찰적 실업'의 존재가 노동공급의 과잉을 의미하지는 않는다. 반면, 비자발적 실업에는 구조적 실업(structural unemployment), 경기적 실업(cyclical unemployment), 계절적 실업(seasonal unemployment) 등이 있다. '구조적 실업'은 산업부문간 노동수급의 불균형으로 말미암아 발생하는 실업으로 구조적 실업의 존재는 임금 상승, 평균 노동시간의 연장, (구인자/실업자) 비율의 증가 등의 현상으로 추측할 수 있다. '경기적 실업'은 총수요나 유효수요가 부족해서 경기침체 시 발생하는 실업이고, '계절적 실업'은 어떤 산업의 생산이 계절적으로 변동했기 때문에 일어나는 단기적인 실업이다. 계절적 실업은 완전히 없앨 수는 없으나 반드시 예측할 수 없는 것은 아니다. 따라서 계절적인 해고로 인한 위험이나 곤란은 미리 계획적으로 경감시킬 수 있다. 또한 피용자는 계절이 지나면 소득을 얻지 못하게 될지 모르나 이런 종류의 실업은 일시적 성질의 것으로서 새로운 계절의 도래와 함께 재고용되는 것이 보통이다.

　이와 같이 현실 세계에는 어느 정도 마찰적 실업의 존재가 불가피하고, 또한 많은 국가들에 구조적 실업이 존재하기 때문에 어느 정도 실업의 존재는 정상적 또는 '자연적'이라 할 수 있다. 이를 앞에서 언급한 '자연실업률'이라 부른다. 따라서 실제 실업률과 자연실업률의 격차는 경기순환에 따라 발생하는 경기적 실업으로 이해할 수 있다. 즉 실업률 수준이 자연실업률과 같을 때의 총생산 혹은 GDP가 앞에서 소개한 '잠재생산량' 혹은 '잠재 GDP'이다. 즉 잠재생산량의 장기 추세를 중심으로 한 GDP의 변동은 자연실업률을 중심으로 한 실업률의 변동에 상응한다. 따라서 'GDP 갭' 혹은 '산출량 갭(output gap)'이 양(+)의 값을 가질 때 실제 실업률은 자연실업률보다 낮고, 음(−)의 값을 가질 때 실제 실업률은 자연실업률보다 높다. 그리고 자연실업률은 불변의 실업률로 오해해서는 안 된다. 자연실업률은 시간에 따라 변화하며 경제정책에 영향을 받을 수 있기 때문이다. 베이비붐 세대의 은퇴 등 경제활동인구의 특성 변화, 임시직 노동력 고용을 알선하거나 계약을 주선하는 임시 고용기관들의 번성 같은 노동시장의 제도 변화, 표준화된 지식을 보유한 노동력의 대체를 가능케 하는 기술의 변화, 직업훈련이나 고용보조금 등 정부정책의 변화, 생산성의 변화 등은 자연실업률을 변화시킨다. 이상의 실업률 사이의 관계는 다음과 같이 요약할 수 있다.

자연적 실업 = 마찰적 실업 + 구조적 실업
실제 실업 = 자연적 실업 + 경기적 실업

**그림 10-20** 미국의 자연실업률과 실제 실업률 추이, 1949~2011

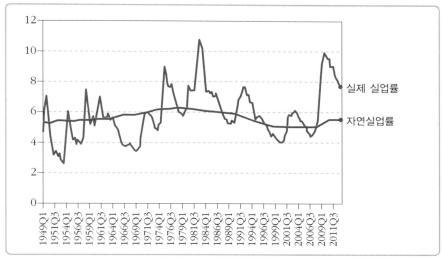

출처: Congressional Budget Office and Bureau of Labor Statistics; D. Baker and J. Bernstein, 2014, Getting Back to Full Employment, Brookings, p. 9에서 재인용.

실업에 대한 이해를 마쳤기 때문에 이제 실업에 대한 처방책도 평가할 수 있다. 앞에서 지적했듯이 거시적 시장분석은 크게 시장주의자 그룹과 케인스주의자로 구분된다. 전자의 경우 시장에 강한 신뢰를 갖고 있다 보니 실업은 단기적으로 존재할 뿐 장기적으로는 자연실업률 수준에 있게 된다. 단기에 시장이 균형을 벗어나는 이유는 실질임금이 균형임금보다 지나치게 높기에 발생하는 것이고, 균형임금으로 회복이 되지 않는 것은 시장(임금)의 유연성을 방해하는 장애물이 있기 때문이거나 노동시장에 대한 정보가 충분히 제공되지 못하기 때문이라고 주장한다. 따라서 실업의 해결책도 임금의 유연성을 높이는 것이어야 한다고 주장한다. 그리고 장기적으로 시장은 균형 상태를 회복하기 때문에 실업률은 자연실업률 수준에 있게 되고, 자연실업률보다 낮은 수준으로 실업률을 낮추려 할 경우 물가 상승만 초래할 뿐이라고 주장한다. 그러나 오랜 기간에 걸친 자연실업률로부터의 이탈은 노동시장이 일반 상품시장과 달리 신속하게 균형으로 이동하지 않음을 보여준다. 임금의 경직성에서 보듯이 노동의 과부족에 대해 임금은 느리게 조정된다. 반면, 실업은 일반적 현상으로 비자발적 실업이 존재한다는 케인스주의자는 실업을 가격경직성하에서 총수요 부족으로 발생하는 것으로 주장한다. 따라서 실업 대책도 유효수요를 높여서 실업을 치유할 수 있다고 본다. 시장의 수요가 부족하기에 시장 밖의 수요, 즉 재정확장을 통해 수요를 만들어내 실업을 해결해야 한다고 주장한다. 즉 국가가 '최종고용자(Employers of Last Resort)'의 역할을 수행할 것을 주장한다. 문제는 (앞에서 지적했듯이) 재정확장이 공공부문의 확장으로 이어지지 않는 한 총수요의 확장을 통한 국민소득의 증가가 안정적인 고용의 증가를 보장하지 않는다는 점이다.

# 제 11 장
# 경제정책의 독립성 약화

　시장이론에서는 경제활동에 국가가 개입하는 수단인 경제정책의 정당성을 시장이 균형을 이탈한 상황에서만 정당성을 부여한다. 경제정책의 등장은 대공황을 배경으로 한다. 대공황은 시장의 불균형이 악순환을 전개하면서 정부와 통화당국의 대규모 개입을 초래하였다. 대공황을 배경으로 "총수요와 총공급의 구조적 불균형으로 국민경제는 주기적으로 불안정성에 직면할 수밖에 없다"고 주장한 케인스경제학이 탄생한 배경이다. (제10장 1절 1.7.에서 기술했듯이) 총수요와 총공급의 구조적 불균형을 투자에 비교한 저축의 과잉에서 찾은 케인스는 이 불균형을 정부 개입으로 해결할 수 있다고 주장하였다. 즉 정부가 잉여저축을 빌려서 학교, 병원, 공원 등을 비롯한 공공시설의 건설과 같은 사회적으로 유익한 공공사업에 지출하는 것이다. 케인스는 이러한 사업이 부유층보다는 하층 내지는 중간 소득계층에 더 많은 혜택을 주게 되리라는 것을 인식하였다.[1]

　총수요와 총공급의 구조적 불균형을 주장한 케인스경제학은 1960년대 후반부터 도전에 직면한다. 1960년대 후반부터 기업(자본)의 이윤율이 급격하게 감소하기 시작하면서 이윤율을 개선하기 위한 기업(자본)의 노력은 효율성의 시장 원리를 만능시하는 신자유주의 경제정책들로 나타난다. 신자유주의 사상의 아버지로 불리는 하이에크(Hayek, 1974년 노벨상 수상)는 신자유주의는 국내적으로나 국제적으로 시장 기능의 복원과 확대가 개인의 자유와 행복을 증대시키는 길이라고 주장한다. 자유방임주의를 옹호하고 민간주도 경제를

---

[1] 그러나 공공사업을 통해서만은 제한적 효과를 거두었고, 군비지출 증가가 대공황(실업문제)이 해결되었다.

지향하는 통화주의자들의 복귀나 새고전학파(New Classical)의 부상 그리고 시장실패 부분에 대한 정부 역할의 필요성을 주장하는 케인스주의의 퇴조 등이 그것이다. 자본주의 발흥기의 구자유주의와 달리 신자유주의는 서구의 강력한 노조와 복지정책에 대한 자본의 반격으로 등장했다. 즉 신자유주의는 자본의 이윤 추구를 제약하는 민주주의의 논리를 무력화하는 것이었고, 특히 글로벌화가 진전되면서 그 힘이 강화되었다. 그리고 구체적으로 1970년대 말, 특히 80년대 이후의 긴축정책, 감세, 노동시장과 산업현장에 대한 탈규제, 민영화, 무역자유화 및 자본흐름의 자유화 등은 바로 신자유주의 사상에 기초한 것들이다. 80년대 이후 국제기구의 역할이 크게 강조된 것도 시장의 글로벌화에 따라 세계시장을 관리하기 위한 의도의 산물이다.

## 제 1 절    필립스곡선의 존재 유무

신자유주의에 기초한 경제학자들이 케인스주의를 부정하기 위해서는 정부의 경제 개입이 효과가 없다는 것을 입증해야만 했다. 그리고 정부 역할에 대한 부정적 평가는 재정 확장을 통한 총수요 확대 정책의 효과성을 부정하는데서 시작했다. 이른바 '필립스곡선(Phillips curve, PC)'의 존재에 대한 부정이다. 1960년대까지 대부분 중앙은행들은 케인스의 「일반이론」(1936)을 그림으로 표현한 힉스(1937)의 IS-LM 분석을 받아들였고, 계량경제 모델의 구축을 통해 인플레율과 실업률 수준 사이에 상충관계(trade-off)가 존재하는 것을 입증하였다. 초기의 대표적 실증연구로 뉴질랜드 출신 경제학자 필립스(Phillipa, 1958)[2]는 영국에서 19세기 중반부터 20세기 중반에 이르는 기간에 실업률과 명목임금의 상승률 사이에 안정적인 마이너스(-) 관계가 존재했다는 사실을 발견하였다. 즉 실업률이 높을 때 임금이 하락하는 경향이 있으며 실업률이 낮을 때 임금이 상승하는 경향이 있음을 확인하였다. 그런데 명목임금의 상승률과 물가상승률은, 특히 단기에 상품가격 변동의 주요인은 가변비용인 임금이기 때문에 양자 간에는 비슷한 움직임을 보일 것이다. 이를 기초로 실업률과 명목임금 사이의 관계는 실업률과 물가상승률 사이의 마이너스(-) 관계로

---

2) A. W. Phillips, 1958, "The Relationship between Unemployment and the Change of Money Wage Rates in the United Kingdom, 1862-1957," *Economica*, New Series, pp. 283-99.

대체하였고, 이를 흔히 '필립스곡선'이라 부른다. 필립스의 논문이 발표된 이후 다른 경제학자들도 실업률과 인플레율(물가수준의 변화율) 사이에 이와 유사한 관계가 존재함을 발견함으로써 케인스경제학의 총수요 관리정책의 정당성에 힘을 실어주었다. 총수요의 확장은 물가를 상승시키지만 국민소득(실업)을 증대(감소)시킬 수 있다는 것이다.

사실, 필립스곡선이 나타내는 관계는 직관적으로 볼 때 일리가 있다. 일반적으로 실업률이 낮다는 것은 노동과 다른 자원이 부족한 경제 상태임을 말하는 것이기에 물가 상승을 가져올 가능성이 높고, 반대로 실업률이 높을 때는 경제에 유휴 자원이 많다는 것을 의미하기에 물가는 하락할 가능성이 높기 때문이다. 즉 실업률의 하락/상승과 GDP의 상승/하락은 밀접한 관계가 존재하는 반면, 기회비용 혹은 '희생률(sacrifice ratio)' 개념에 따르면 다른 조건이 일정할 때 인플레이션의 억제와 GDP 감소 간에도 일정한 관계가 존재하기에 금리 수준을 선택하는데 있어서 경기부양과 물가안정 중 하나는 불가피하게 포기해야 한다.

그러나 이러한 합의는 1960년대 말에 붕괴하기 시작했다. 실업과 인플레이션 두 문제가 동시 대두하기 시작했기 때문이다. 여기에 이론적으로 프리드만(Friedman, 1968)과 펠프스(Phelps, 1968) 등은 '자연실업률' 혹은 '물가안정실업률(NAIRU, Non-Accelerating Inflation Rate of Unemployment: 인플레이션을 가속하지 않는 경험적·실증적 수준의 실업률)'[3] 개념과 '기대인플레이션(expected rate of inflation)' 개념을 도입하여 실업률과 인플레이션 사이에 장기적으로 상충관계가 존재하지 않음을 보였다. 참고로 물가안정실업률(NAIRU)은 물가상승을 촉발시키지 않는 실업률을 의미한다. 그리고 '기대인플레이션'은 일반인이 예상하는 미래의 물가상승률로 향후 1년간 예상되는 평균 물가상승률을 설문 조사해 한국은행이 발표한다. 즉 기대인플레이션은 현재 소비자동향조사 항목 중 하나로 전국 56개 도시의 2,200가구를 대상으로 지난 1년간 연평균 소비자물가 상승률을 보여준 뒤 향후 1년간의 예상 물가상승률을 구간별로 체크하도록 하는 방식으로 조사해 발표한다. 높은 실업률과 인플레율을 경험했던 1970년대는 시장주의자들의 주장을 강화시켰다.

이를 [그림 11-1]을 통해 설명해보자. A점이 경제의 초기상태를 나타내고

---

3) 모딜리아니(Modigliani)와 파파데모스(Papademos)가 처음으로 제안한 개념.

있는데 이 $U_1$의 실업률이 너무 높다고 판단한 정부가 수요확장 정책을 쓰면 단기에서는 $B$점으로 이동해 실업률이 $U_2$로 낮아지는 결과가 나타난다. 그런 데 이 과정에서 물가상승률이 $\pi_2$로 높아지고 이에 따라 노동자들이 명목임금 인상을 요구하면서 하락했던 실질임금이 다시 상승하기 시작한다. 이 과정에 서 실업률이 점차 올라가고 경제는 결국 $D$점으로 귀착하게 되는데 이 점과 $A$ 점을 잇는 수직선이 장기적인 관점에서 본 필립스곡선이라고 말할 수 있다. 우하향의 필립스곡선이 존재하지 않는다는 사실은 수요확장 정책이 효과가 없을 뿐 아니라 고용을 개선하기 위해서는 공급 측면에 영향을 미쳐야만 한다 는 것을 의미한다. 다시 말해 이들은 시장의 힘이 작동하는 것을 제약하는 장 애물을 제거하고 혁신을 유발할 수 있는 시장 환경을 조성해야만 자연실업률 이 낮아질 수 있다고 주장한다. 그런데 수요확장 정책이 궁극적으로 물가만 상승시켰다는 것은, 즉 그림에서 점 $A$에서 점 $D$로 이동했다는 것은 필립스곡 선 자체가 우상향으로 이동했음을 의미한다. 참고로 생산시설이나 노동력이 거의 완전히 이용되는 완전고용 소득수준에서는 유효수요를 증가시켜도 그에 따라 산출량이 증대되지 않고 물가만 상승시키게 되는데 완전고용 소득수준 을 초과한 유효수요를 '인플레이션 갭(inflation gap)', 반대로 유효수요가 부족 할 때에는 부족분을 '디플레이션 갭(deflation gap)'이라고 한다.

이처럼 총수요 확장이 필립스곡선을 이동시키는 이유를 설명하기 위해 도 입된 '기대인플레이션'은 두 가지 개념이 존재한다. 프리드먼–펠프스

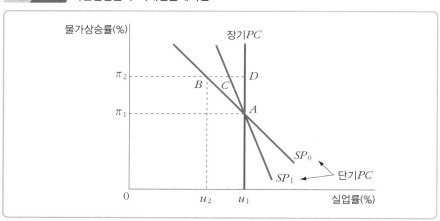

**그림 11-1** 자연실업률과 기대인플레이션

(Friedman-Phelps) 등으로 대표되는 통화주의학파의 '적응적 기대(adaptive expectation)' 개념과 루카스(Lucas) 등으로 대표되는 새고전학파의 '합리적 기대(rational expectation)' 개념이 그것들이다. 예측 대상이 되는 변수에 대한 현재와 과거의 정보에 기초해 미래에 대한 기대를 형성하는 방식을 '적응적 기대'라고 한다면, 단지 과거에 대한 정보만으로 미래에 대해 기대하는 것이 아니라 사용할 수 있는 모든 정보를 적절한 방법으로 활용해 미래에 대한 기대를 형성하는 방식을 '합리적 기대'라고 부른다. 양자의 내용을 구체적으로 살펴보자. 앞에서 설명한 내용이 '적응적 기대' 가설이다. 즉 단기적으로 필립스곡선이 존재할 수 있지만 장기적으로는 고용 수준이 원래 수준으로 감소하고 물가만 상승하는 수직선 형태의 필립스곡선을 갖게 된다는 것이다. 반면, '합리적 기대' 가설에 따르면 그동안 사람들은 고용이 개선될 때 인플레가 심화된다는 것을 항상 경험했기 때문에 이제는 고용이 좋아질 기미를 보이면 즉각적으로 높은 임금을 요구한다는 것이다. 즉 경제주체들의 기대는 경제모델이 만들어낸 결과와 일치한다는 것이다. 새고전학파 경제학자들은 이 같은 사람들의 행동 변화로 필립스곡선은 단기에도 존재하지 않는다고 주장했다.[4] 이처럼 시장주의자들은 인플레이션이 얼마가 되든 장기적으로 실업률은 자연실업률로 되돌아간다는 '자연실업률 가설'을 주장한다. 이 경우 정부의 경제정책은 실업과 인플레이션 중 하나를 선택할 수 있는 것이 아니라 실업문제 하나조차도 해결할 수 없게 된다. 즉 '정책의 무용성'을 주장한다. 즉 이들에

---

4) 예를 들어 실물경기변동이론(real business cycle theory)과 뉴케인지언모델 등도 인플레이션 통제에 초점을 맞춘 것은 동일하다. 전자의 경우 통화주의자들이 주장하는 예상치 못한 통화량 변화와 같은 화폐요인보다는 실물요인의 불규칙한 변화, 특히 기술변화 등 공급측면의 변화에 따라 경기변동이 일어난다고 보는 이론으로 불확실성이 존재하는 상황에서 합리적 기대에 기초한 개별 경제주체의 행위에 따른 시장의 청산에 의해 결정되는 GNP, 고용, 소비, 투자, 이자율 등 주요 거시경제변수의 변화로 파악한다. 후자의 경우 시장에 많은 마찰(frictions)이 존재한다고 보기 때문에 시장이 항상 균형 상태를 유지한다는 주장은 받아들이지 않지만 미시경제이론의 토대하에 거시경제이론을 전개하고, 안정화정책을 긍정적으로 본다는 점에서 시장이론을 수용한다. 두 모델 모두 개별 경제주체들의 동태적 최적화를 도모하는 개별 경제주체를 단 하나의 대표인(representative agent)으로 본다는 점은 동일하다. 두 모델은 경제성장, 경기순환, 통화·재정정책의 효과 등 모든 경제현상을 미시경제학적 원칙에서 파생된 거시경제 모델에 기반하여 설명하는 DSGE 모형으로 통합된다. 그러나 이 모형에는 화폐나 신용에 대한 언급이 없고, 금융부문을 포함하지 않고 있고, 개별 경제주체들을 단일 대표인으로 단순화시킨다. 즉 경제 결정에 영향을 미치는 신용의 중요성, 부채스톡의 중요성, 금융시스템 내 리스크의 내생성 등에 대한 인식 부족이 금융위기 이후 이 모형의 문제로 드러났다. W. White, 2013, "Is Monetary Policy a Science? The Interaction of Theory and Practice Over the Last 50 Years," Federal Reserve Bank of Dallas, Working Paper No. 155.

따르면 특정한 경제는 항상 일정한 실업률(자연실업률 혹은 NAIRU 수준)을 갖게 된다. 즉 NAIRU보다 낮은 실업률은 인플레이션을 영원히 가속화하며 유지될 수 없고, 역으로 NAIRU보다 높은 실업률은 인플레이션을 감속화해 지속불가능하기 때문이다.

NAIRU 개념을 그림으로 설명해보자. 경제가 과거에 지속적으로 0%의 인플레율을 경험했다고 하자. 이 경우 단기 필립스곡선은 0%의 기대인플레율을 반영한 $SRPC_0$가 될 것이다. 이때의 실업률이 4%라면 실제 인플레율은 0%가 될 것이다. 그런데 정부가 실업률을 2%까지 더 낮추려 한다고 하자. 그 결과 실제 인플레이션은 1%가 될 것이고 시간이 지남에 따라 경제주체들은 1%의 인플레이션을 기대하게 될 것이다. 이러한 기대는 단기 필립스곡선을 위쪽으로 $SRPC_1$까지 이동시킬 것이다. 이제는 실업률 4%에서 실제 인플레율은 1%가 될 것이다. 그런데 이 상태에서 실업률을 2%까지 낮추려 할 경우 경제는 B점에 놓이게 되고 실제 인플레율은 1%가 아니라 2%가 될 것이다. 다시 이 2%의 인플레율을 경제주체들은 기대에 반영할 것이고 단기 필립스곡선은 다시 위쪽으로 이동하여 $SRPC_2$가 된다. 그리고 실업률 2%를 유지하려면 3%의 실제 인플레율(점 $C$)을 수용해야만 한다. 이처럼 높은 인플레율을 수용하는 대신 실업률을 낮추려는 지속적인 시도는 시간이 흐름에 따라 가속적인 인플레

그림 11-2 NAIRU와 장기 필립스곡선

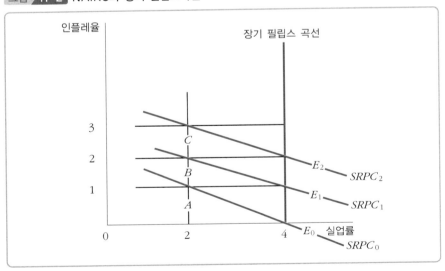

이션을 가져온다. 따라서 인플레이션이 가속화되는 것을 피하기 위해서는 실제 인플레율이 기대인플레율과 일치할 수 있을 만큼 실업률이 높아야 한다. $SRPC_0$상의 $E_0$점이 그러한 상황에 해당한다. 이 점에서는 인플레율이 0%이고 실업률이 4%이며 실제 인플레율도 0%이다. $SRPC_1$상의 $E_1$점도 이러한 상황에 해당한다. 기대인플레율이 1%이고 실업률이 4%일 때 실제 인플레율은 1%가 된다. $SRPC_2$상의 $E_2$점도 마찬가지다.

그러나 통화주의학파의 필립스곡선에 대한 비판은 역사적 사실과 이론 모든 측면에서 부정확한 것이었다. 무엇보다 [그림 11-3]과 [그림 11-4]에서 보듯이 60년대 후반부터 70년대 초까지 실업률과 인플레율 간 상충관계는 여전히 존재하였다. 즉 총산출량이 잠재 수준 혹은 그 이상을 유지하였던 미국 경제는 1969년 말 정점을 찍고 후퇴하기 시작하기 전까지인 60년대 후반에도 실업률의 하락이 지속된 반면, 60년대 후반부터 상승하기 시작한 물가상승률은 1969년에 6%까지 치솟았다. 즉 총수요가 부족한 상황에서 물가상승 압력이 지속되는 비용상승 인플레이션이 나타나기 시작했다. 그에 따라 연준(Fed)은 1970년 1월 9%였던 기준금리(federal funds rate)를 그해 말까지 4.9%로 인하하였고, 그 결과 실질 연준 금리는 2.8%에서 −0.7%가 되고, 총통화량(M2)의 증가율은 총산출량보다 3.7% 빠르게 증가하였다. 그런데 연준의 통화완화 정책에도 불구하고 1972년까지 물가 상승의 압력은 나타나지 않았다. 72년 상반기에 3%까지 하락한 인플레율은 하반기부터 상승하기 시작하여 73년 말까지 8%를 돌파했다. 반면 1970년 초 4% 수준에 있던 실업률은 그해 말까지 6%로 상승한 후 72년부터 다시 하락하기 시작해 73년에는 5% 밑으로 다시 떨어졌다. 그런데 인플레율과 실업률 간 상충관계가 깨진 것은 74년 이후부터였다. 그런데 이때의 인플레이션은 총수요가 부족한 상황에서 발생한 비용상승 인플레이션이었다. (앞에서 보았듯이) 인플레율에 영향을 미치는 것은 수요충격만이 아니다. 유가나 원자재 등 상품가격의 상승 같은 공급 충격도 인플레율에 영향을 미친다. 통화주의자들의 주장의 배경이 되었던 70년대 스태그플레이션은 달러 가치의 하락과 더불어 석유파동(oil shock)을 중심으로 한 공급 충격에서 비롯한 것이었던 반면, 인플레율과 실업률 사이의 상충관계는 수요 충격과 연관된 것이다.

게다가 단기 필립스곡선이 이동한다는 사실을 이해하면 장기 필립스곡선

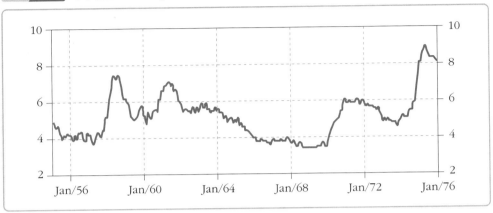

**그림 11-3** 미국 실업률의 추이, 1955~75년

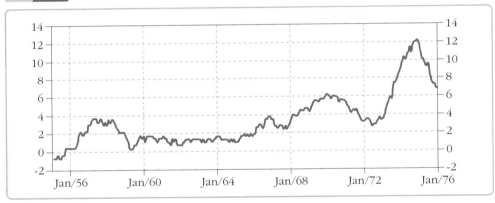

**그림 11-4** 미국 인플레율의 추이, 1955~1975년

이 수직선이라는 시장주의자들의 주장도 재평가될 수밖에 없다. 필립스곡선은 다른 조건이 일정할 때 인플레율과 실업률 수준 사이의 상충관계를 이야기한다. 그러나 다른 조건들이 변화하면 필립스곡선은 자체가 이동한다. 1970년대 이후 시장경제들은 금융화와 글로벌화 등에 의해 시스템상의 변화를 경험했다. 시스템의 변화는 필립스곡선의 이동을 가능케 한다. 실제로 1953~92년에 미국의 인플레율과 실업률 간의 관계를 살펴보면 자연실업률의 개념을 인정한다 해도 그것이 고정돼 있는 것이 아니라 시간에 따라 변동하고 있음을 알 수 있다. 즉 이 기간 전체를 1955~71년, 1974~84년, 1985~92년의 세 구간으로 나누어보면 필립스곡선이 존재하되 기간에 따라 곡선의 위치가 이동

하고 있음을 알 수 있다. 이러한 경험에서 우리가 얻을 수 있는 결론은 실업률의 주기적 변동을 완화시키는 것이 아니라 단기 필립스곡선을 원점에 가깝게 이동시킬 수 있도록 경제체질을 변화시켜야 한다는 점이다.

그림 11-5 인플레율과 실업률의 관계: 필립스곡선의 이동

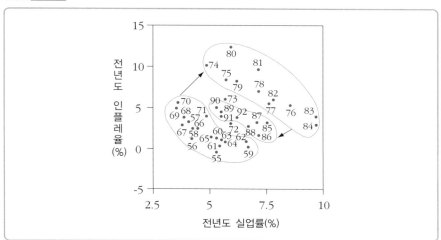

출처: P. Ormerod, 1994, The Death of Economics, Faber and faber.

필립스곡선의 존재는 최근의 연구들에 의해서도 지지받고 있다.[5] 특히, 1982~2013년간 미국의 주별 자료를 사용해 실업률과 임금 변화율 사이의 관계를 조사한 결과 비선형이며 원점에 볼록한 모양을 갖는 필립스곡선이 존재함이 확인되었다.[6] 비선형–볼록형 필립스곡선의 존재는 평균 실업률 위에서보다 평균 실업률 아래에서 실업률을 낮출 경우 임금 상승률이 크다는 것을 의미한다. 일본의 경우에서도 1973~2013년간 실업률은 임금 인플레이션의 중요한 설명변수임이 확인되었다.[7]

5) R. Gordon, 2013, "The Phillips Curve is Alive and Well: Inflation and the NAIRU During the Slow Recovery," NBER Working Paper No. 19390 (Aug.).
6) I. Muto, K. Shintani, 2014. http://www.boj.or.jp/en/research/wps_rev/lab/lab14e02.htm/
7) I. Muto and K. Shintani, 2014, "What are the Characteristics of Japan's Aggregate Wage Dynamics?: An Empirical Study on the New Keynesian Wage Phillips Curve for Japan and the US," Bank of Japan, Research LAB No.14-E-2, (Dec. 1, 2014).

그림 11-6 실질임금 변화율과 실업률의 관계, 1982~2013

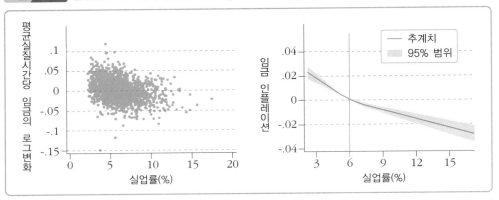

출처: A. Kumar and P. Orrenius, 2014, "A Closer Look at the Phillips Curve Using State Level Data," Federal Reserve Bank of Dallas, Working Paper 1409.

그림 11-7 일본에서의 임금 인플레율과 실업률의 관계, 1972~2013년

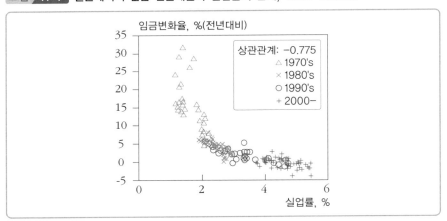

출처: I. Muto and K. Shintani, 2014.
http://www.boj.or.jp/en/research/wps_rev/lab/lab14e02.htm/

한편, 필립스곡선의 이동 가능성은 "경기순환 과정 중 실업률과 구인율 (vacancy rate)간 부(−)의 관계"를 나타내는 '비버리지 곡선(Beveridge curve)'의 이동에서도 간접적으로 확인된다. 예를 들어, 비버리지 곡선은 미국 경제에서 1951~2014년간 대부분의 경기순환마다 이동하였고, 이는 구조 변화에서 비롯되었음이 확인된다. 이는 실업률이 높은 기간 중에 어떠한 경기안정화정책도 실업률을 침체 이전 수준으로 낮추기 어렵다는 것을 의미한다.[8]

그림 11-8 미국에서의 비버리지 곡선, 1951년 1분기~2014년 2분기

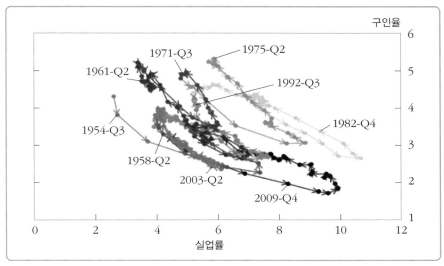

출처: P. Diamond and A. Şahin, 2014, Figure 2.

## 제 2 절  신자유주의 경제정책

자연실업률 가설은 경제정책에서 신자유주의가 득세하는 데 중요한 이론
적 근거를 제공한다. 신자유주의 경제정책은 구체적으로 통화와 재정의 긴축
정책, 국가부문의 축소, 그리고 시장개방 및 자본자유화의 확대로 나타났다.
시장개방의 효과에 대해서는 뒤에서 별도로 다루고 여기서는 대내적 정책의
효과를 소개할 것이다. 첫째, 긴축정책은 단기적으로 기업의 이윤을 희생하지
만 장기적으로는 생산 및 투자의 수익성을 회복시킬 수 있다. 즉 긴축정책을
통해 불황을 유도하는 목적은 단기 이윤을 희생하더라도 장기의 생산 및 투자
의 수익성을 회복하자는 데 있다. 경기후퇴기에는 생산성이 가장 낮은 한계기
업이 먼저 도산하고 그들의 퇴장은 평균생산성을 향상시킨다. 또 강력한 긴축
정책은 경영자로 하여금 작업관행을 변화시키도록 한다. 가동률을 낮추고 작
업속도를 증가시키는 것을 강요한다. 무엇보다 중요한 것은 이러한 변화에 대

---

8) P. Diamond and A. Şahin, 2014, "Shifts in the Beveridge Curve," Federal Reserve Bank of
New York Staff Reports No. 687(Aug.).

한 노동자의 저항을 약화시킨다는 점이다. 여기에는 심리적 두려움이 결정적 역할을 한다. 노동자들은 정당한 반대나 저항을 할 경우 쫓겨나거나 직장이 폐쇄된다고 믿게 되고 다른 직업을 구하는 것 또한 불가능하다는 두려움을 갖게 된다. 그 결과 노동강도는 강화되고 임금증가율은 가격증가율을 밑돌 만큼 임금상승은 둔화된다. 임금이 억제되면서 임금노동자들의 불만이 증대되었고 파업물결이 확산되었다. 여기에 프랑스에서 1968년 5월 혁명을 촉발한 학생들의 저항이 촉매 역할을 했다. 경기침체가 자신들의 취업과 생활수준에 영향을 미치는 것을 용납할 수 없었던 노동자들은 파업으로 대응했고, 70년대에는 파업 비율이 높게 유지되었다. 그러나 파업은 대개 실패로 끝났고, 70년대 말쯤 되면서 더 이상 경제가 고용, 생활수준, 복지서비스를 기존의 수준으로 유지할 수 없게 됨에 따라 정부와 노조의 역할을 축소하는 것이 정책결정에서 지배적 흐름이 되었다. 왜냐하면 정부와 노조는 모두 시장메커니즘의 자유롭고 효율적인 작동을 방해한다고 생각했고, 특히 자본은 시장의 자유로운 작동을 제약하는 노동자의 정치적·경제적 힘을 분쇄해야 한다고 생각했다. 이러한 사상은 레이건(Reagan)과 대처(Thacher) 정부가 강력히 주장했다.

둘째, 국가부문의 축소는 감세, 민영화, 노동시장 및 산업현장에 대한 탈규제(deregulation) 등으로 나타났다. 80년대에는 총지출 중 국가부문의 비중 증가라는 지금까지 지속되었던 경향의 반전이 여러 국가들에서 나타났다. 예를 들어 1980~90년에 GDP에서 정부지출이 차지하는 비중은 독일의 경우 47.9%에서 45.1%, 일본의 경우 32.0%에서 31.3%, 영국의 경우 43.0%에서 39.9%, 그리고 스웨덴의 경우에도 60.1%에서 59.1%로 하락했다. 시장주의자들 역시 이윤율 축소의 원인 중 하나로 사회보장 부담 등으로 인한 과다한 노동에 대한 보상이 이윤에 대한 압박요인으로 작용했다고 주장했다. 그리하여 대처 정부(1979~90년)는 소득세의 최고세율을 83%에서 40%로 내렸고, 레이건 행정부(1981~88년)도 최고소득세율을 70%에서 28%까지 삭감했으며, 법인세율도 48%에서 34%로 인하하였다. 참고로 미국의 역대 행정부에서 최고소득세율을 보면 1940년 루스벨트 행정부(민주당)에서 81.1%, 1950년 트루먼 행정부(민주당)에서 84.4%, 1960년 아이젠하워 행정부(공화당)에서 91.0%, 1970년 닉슨 행정부(공화당)에서 71.75%, 카터 행정부(민주당)에서 70.0%, 1990년 조지 부시 행정부(공화당)에서 28.0%, 2000년 클린턴 행정부(민주당)에서

39.6%, 2003년 조지 부시 행정부(공화당)에서 35.0%, 2010년 오바마 행정부(민주당)에서 35.0%로 80년대 이후 급감하였다.

80년대 초반 미국 레이건 행정부가 받아들여 학계보다 일반 대중에게 더욱 널리 알려지게 된 '공급중시경제학(supply-side economics)'의 출현도 이러한 흐름 변화의 하나였다. 공급중시경제학의 정책대안에서 핵심은 조세 감면이었다. 조세 감면을 통해 총수요를 증대시키고 노동공급의 증가와 저축 및 투자의 증대로 총공급도 증가시켜 물가안정과 경기활성화를 동시에 달성할 수 있다고 주장했다. 다시 말해 근로소득세나 법인세 그리고 이자소득세의 인하는 세후 실질임금의 증가로 노동력 공급의 증가, 기업의 투자 증가, 저축 증가를 가져와 총공급곡선을 오른쪽으로 이동시킬 것이라고 주장한다. 조세 감면을 통해 실업과 인플레이션 문제를 모두 해결할 수 있다니 얼마나 환상적인 일인가? 이들은 여기에서 그치지 않고 조세 감면은 조세 수입도 증대시켜 재정적자도 줄일 수 있다고 주장했다. 이른바 '래퍼곡선(Laffer's curve)'이 그것이다.

**공급중시경제학(Supply-side economics)** 수요 면보다 공급 면을 중요시하는 경제정책상의 주장으로 경제의 안정 회복과 인플레이션 억제를 위해 감세나 기업의 투자확대촉진법을 만들어 재화나 서비스의 공급을 증가할 필요가 있다고 주장하는 경제이론이다. 즉 공급 측면을 중시하는 정부는 기업과 개인에 대한 세금 감면과 규제축소를 통해서 기업이 생산을 늘리도록 장려한다. 생산의 증가가 곧 고용증대와 지출 증가를 통해서 개인에게도 '조금씩 흘러간다'는 것이다.

**래퍼곡선(Laffer's curve)** 미국의 경제학자 래퍼가 제시한 세율과 세수의 관계를 나타내는 곡선으로, 세율이 영(0)일 때에는 세수도 영이 되나 세율이 100%일 때에는 누구라도 소득을 얻기 위한 활동을 거부하기 때문에 세수도 영이 된다. 래퍼곡선은 중간에 세수가 극대로 되는 점(이를테면 50%의 세율)이 존재한다는 것을 주장하고 있다. 미국 대통령 레이건의 감세정책은 당시 미국이 이미 래퍼곡선의 상반부가 넘는 위치에 있다는 판단에 근거한 것이다. 그러나 래퍼곡선은 실증적 연구에서 도출된 것이 아니라 그와 같은 사고도 가능하다는 견해를 나타낸 것에 불과하다.

그러나 이들은 60년대 말 이래 서구경제의 본질적 문제(탈공업화)를 인식하지 못했거나 의도적으로 외면했다. 신자유주의 경제학과 달리 가장 높은 소득세율이 유지되었던 1950,60년대는 서양 역사학자들이 '황금기(the Golden Age)'라고 부르듯이 경제성장과 민주주의가 가장 번영하였던 시기이다. 게다가 80년대 초반 레이건 행정부의 소득세와 법인세가 대폭 인하된 결과는 물가 상승과 함께 폭발적인 재정적자의 증가 그리고 소득분배의 악화였다. 무엇보다 공급중시경제학은 시장이론과도 부합하지 않는다. 첫째, 생산요소의 공급 탄력성(예: 노동에 대한 임금탄력성이나 저축에 대한 이자율탄력성)은 적어도 단기에서는 비탄력적이다. 탄력성과 가격효과 개념에서 지적했듯이 대체효과와 소득효과가 반대로 작용하기 때문이다. 즉 소득세율 인하의 혜택을 가장 많이 입은 고소득층의 경우 소득효과가 대체효과보다 크기에 소득세율 인하에 따른 세후임금의 증가가 노동력 공급으로 이어질 가능성은 희박하다. 마찬가지로 80년대 초와 같은 경기침체 상황은 자금수요가 매우 낮기에 이자소득세율의 인하에 따른 세후이자소득의 증대와 저축의 증대가 투자 증대로 이어질 가능성도 높지 않다. 세후이윤을 증대시키는 법인세 인하 역시 경기 침체 상황에서는 효과가 낮을 수밖에 없다. 즉 법인세 인하에 따른 세후이윤의 증대가 신규 투자에 따른 효과는 투자가 집행되고 이윤이 실현될 경우 효과를 갖는 반면, 경기 침체기에는 투자에 따른 기대수입이 낮기에 신규 투자 자체가 증가할 가능성이 낮고, 법인세 인하는 신규 투자의 증대 없이 기업의 세후이윤만 증대시킬 가능성이 높다. 이처럼 잘못된 경제이론에 근거한 공급중시경제학의 정책처방은 재정적자의 증가뿐만 아니라 부유층에게 유리한 조세감면으로 소득분배까지 악화시켰다. 소득분배를 나타내는 지표 중 하나인 지니계수를 보면 레이건 행정부 출범 전 해인 1980년에 0.403에서 1988년에는 0.426으로 소득분배가 악화되었다. 이는 상위 1%의 소득 비중과 최고소득세율 간 역(−)의 관계에서도 확인된다.

표 11-1 미국 가구의 지니비율, 1967~2013년

|  |  | 1998 | 0.456 | 1982 | 0.412 |
|---|---|---|---|---|---|
| 2013 | 0.476 | 1997 | 0.459 | 1981 | 0.406 |
| 2013 | 0.477 | 1996 | 0.455 | 1980 | 0.403 |
| 2011 | 0.477 | 1995 | 0.450 | 1979 | 0.404 |
| 2010 | 0.470 | 1994 | 0.456 | 1978 | 0.402 |
| 2009 | 0.468 | 1993 | 0.454 | 1977 | 0.402 |
| 2008 | 0.466 | 1992 | 0.433 | 1976 | 0.398 |
| 2007 | 0.463 | 1991 | 0.428 | 1975 | 0.397 |
| 2006 | 0.470 | 1990 | 0.428 | 1974 | 0.395 |
| 2005 | 0.469 | 1989 | 0.431 | 1973 | 0.400 |
| 2004 | 0.466 | 1988 | 0.426 | 1972 | 0.401 |
| 2003 | 0.464 | 1987 | 0.426 | 1971 | 0.396 |
| 2002 | 0.462 | 1986 | 0.425 | 1970 | 0.394 |
| 2001 | 0.466 | 1985 | 0.419 | 1969 | 0.391 |
| 2000 | 0.462 | 1984 | 0.415 | 1968 | 0.386 |
| 1999 | 0.458 | 1983 | 0.414 | 1967 | 0.397 |

출처: U.S. Census of Bureau.
https://www.census.gov/hhes/www/income/data/historical/inequality/table_IE-1A2.pdf

그림 11-9 상위 1%의 소득 비중과 최고소득세율의 추이

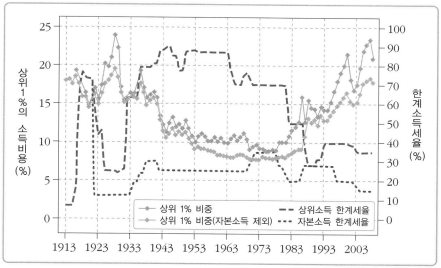

출처: T. Piketty, E. Saez, S. Stantcheva, 2011, "Optimal Taxation of Labor Incomes: A Tale of Three Elasticities," NBER Working Paper 17616.

한편, 신자유주의 경제정책은 무역과 자본흐름이 자유화되면서 더 강화된다. 시장개방의 경제적 효과는 뒤에서 별도로 언급하고 여기서는 소득분배와 관련해서만 소개한다. 스톨퍼-사뮤엘슨의 정리(Stolper-Samuelson theorem)에 따르면 무역자유화는 (미국의 경우) 경쟁력이 낮은 부문(예: 노동집약적 제조업 부문)의 타격과 경쟁력 높은 부문(예: 금융부문)의 이득을 증가시킨다. 또한, 자본흐름 자유화의 결과 한 국가의 경제정책이 해외자본의 흐름에 크게 영향을 받게 되었다. 통화 및 재정 정책의 가장 중요한 업무 중 하나가 자본시장의 판단과 작동을 보호하는 일이 되어버린 것이다. 예를 들어 시장이론은 재정정책이 기본적으로 균형재정의 규범 아래에 운영되어야 하며, 조세 및 재정에 기초한 자금 순환을 최대한 줄여 재량 여지를 제거하고 자금이 민간 자본시장에서 돌도록 보장하는 것 자체가 중요한 목적이 되어야 한다고 주장한다. 근로소득세 인하와 더불어 자본이득세(capital gains tax) 인하가 그것이다.

**스톨퍼-사뮤엘슨 정리(Stolper-Samuelson theorem)** 국가 간 무역발생의 원인 및 무역 패턴의 결정요인을 각국의 요소부존량 비율의 차이와 생산량 간의 요소투입비율(요소집약도)의 차이로서 해명한 헥셔-올린 정리(Heckscher-Ohlin theorem)에 의하면 일국은 자국에 풍부하게 보존되어 있는 요소를 집약적으로 투입하는 재화생산에 특화하여 수출하고 희소한 요소를 집약적으로 투입하는 재화를 수입하게 된다. 따라서 자유무역이 일어나게 되면 풍부한 요소의 가격은 올라가는 반면 희소한 요소의 가격은 내려가게 되고, 요소 가격은 국제적으로 균등화된다. 따라서 높은 임금을 지불하는 수입국이 낮은 임금밖에 지불하지 못하는 나라와 자유무역을 실시함에 따라 수입국 노동자의 실질임금 수준은 저하된다. 예를 들어, 높은 임금을 지불하는 미국이 낮은 임금밖에 지불하지 못하는 나라와 자유무역을 실시함에 따라 미국 노동자의 실질 임금수준은 저하된다. 이러한 경향을 방지하기 위하여 그 나라로부터 수입되는 상품에 대해 보호관세를 부과해야 할 필요가 있다고 주장한 이론이다.

시장이론에서는 장기 수준의 산출량이 저축과 투자의 양, 즉 자본량에 의존하기 때문에 자본이득세율의 인하는 경제성장을 증대시킨다고 주장한다. 그러나 자본이득세율 인하의 장기적 효과를 추적한 미국 의회조사국(CRS)[9]은

---

9) T. Hungerford, 2010, "The Economic Effects of Capital Gains Taxation," Congressional Research Service Report.

그림 11-10 자본 소득과 일반 소득의 최고세율 추이

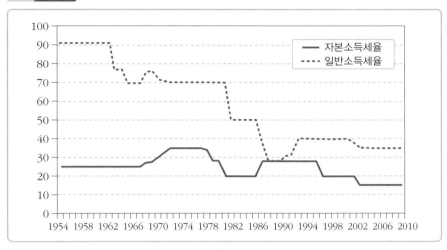

출처: T. Hungerford, 2010, "The Economic Effects of Capital Gains Taxation," Congressional Research Service Report.

자본이득세율 인하가 저축과 투자에 거의 영향을 미치지 않았고, 심지어는 부정적으로 영향을 미쳤다고 보고하였다. 이처럼 자본흐름의 자유화는 자본의 영향력을 증대시키고 노동자의 교섭력을 약화시킴으로써 기업 수익의 배분을 생산부문에서 주주-경영자의 몫으로 이동시켰다. 예를 들어, 미국 제조업의 실질임금(주급)은 1950년 233달러에서 1973년에는 361달러까지 증가했으나 그 이후 계속 하락하여 1991년에는 328달러로 축소되었다.[10] 1980년대 이후 미국의 일자리 지원 정책이 크게 후퇴한 배경이기도 하다. 즉 70년대까지 미국은 일자리 회복을 위한 정책의 선두 국가였다. 예를 들어, 카터 행정부는 임금보조금, 공공 고용프로그램 등을 도입했고, 최대 70만 명 이상에게 혜택을 제공하였다. 그러나 이러한 정책을 '큰 정부'로 비난한 레이건 행정부는 이들 정책을 폐기하고 기금을 대폭 삭감하고 훈련을 민간부문에게 이전하였다. 그 결과 금융위기 직전까지 미국 정부는 적극적 노동시장 정책을 펼쳤던 1980년에 비해 인플레 조정 후 기준으로 60% 미만을 지출하였고, GDP 대비 기준으로도 다른 선진국에 비해 훨씬 적은 지출을 하고 있다. 1980년대 이후 유럽이나 일본 등과 달리 영국과 미국 등 앵글로색슨형 시장경제 하에서 상위 소득

---

10) R. Batra, 1993, *The Myth of Free Trade*, Robert Stewart Book.

계층으로 소득의 집중이 심화된 이유이다.

그림 11-11 미국의 일인당 훈련비용에 대한 연방정부 지출 추이(2005년 가격 기준)

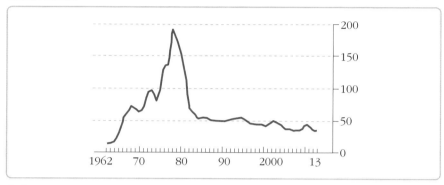

출처: Economist, Mar. 1 2014.

그림 11-12 GDP 대비 노동시장 프로그램 지출 비중, 2011년

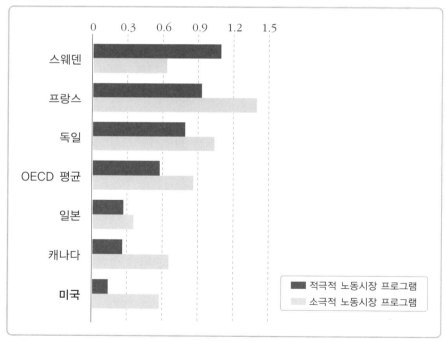

출처: Economist, Mar. 1 2014.

그림 11-13 영어 사용국의 상위 1%의 소득 비중 추이

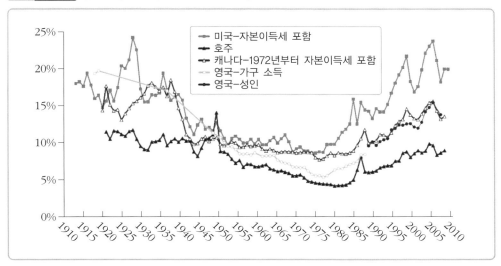

출처: F. Alvaredo, A. Atkinson, T. Piketty, and E. Saez, 2013, "The Top 1 Percent in International and Historical Perspective," *Journal of Economic Perspectives*, Vol. 27 No. 3.

그림 11-14 유럽과 일본의 상위 1% 소득 비중 추이

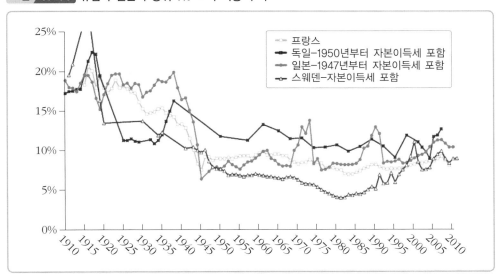

출처: F. Alvaredo, A. Atkinson, T. Piketty, and E. Saez, 2013.

**제 3 절**  필립스곡선과 신경제 논쟁

　　미국경제가 1990년대 후반에 경험한 '신경제'라는 새로운 현상[11]으로 필립
스곡선 논쟁은 새로운 국면에 진입한다. 즉 90년대 후반 미국경제에서 물가상
승률과 실업률 사이에는 정(+)의 관계가 나타났다. 미국경제는 1991년 3월에
경기저점을 통과한 이후 1999년까지 9년째 경기확장 국면이 지속되었고
1999년의 실업률은 29년 만에 최저수준(4.2%)을 나타냈다.[12] 반면, 소비자물

**표 11-2** 1990년대 미국 신경제의 지표들

|  | 1990 | 1991 | 1992 | 1993 | 1994 | 1995 | 1996 | 1997 | 1998 | 1999 | 2000 |
|---|---|---|---|---|---|---|---|---|---|---|---|
| 실질GDP증가율 | 0.8 | −1.0 | 2.7 | 2.2 | 3.5 | 2.0 | 3.7 | 3.9 | 3.9 | 4.1 | 4.1 |
| 소비자물가상승률 | 5.4 | 4.2 | 3.0 | 3.0 | 2.6 | 2.8 | 3.0 | 2.3 | 1.6 | 2.7 | 3.4 |
| 실업률 | 5.6 | 6.8 | 7.5 | 6.9 | 6.1 | 5.6 | 5.4 | 4.9 | 4.5 | 4.2 | 4.0 |
| 노동생산성 | 0.5 | 0.7 | 3.1 | 0.1 | 0.5 | 0.6 | 2.4 | 1.2 | 2.2 | 2.3 | 3.3 |

주: 전년 동기 대비 기준이고, 생산성은 비농림부문 기준임.
출처: Bureau of Labor Statistics, Bureau of Economic Analysis.

**그림 11-15** 신경제에서 인플레율과 실업률의 관계

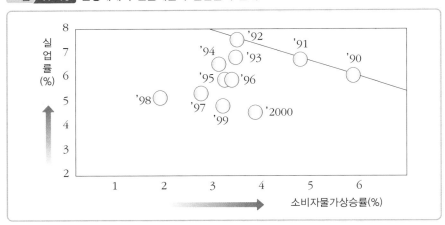

출처: 한국은행−통계청.

---

11) 참고로 신경제론(new economy 또는 new paradigm)은 1990년대 미국경제의 장기호황 현상을 규
　　명하는 데 한계를 보이는 정통경제론의 시각에 대비되는 견해로 미국경제에 대한 낙관론과 일본,
　　독일 등 여타 선진국에 비해 미국 시스템이 성과에서 우월함을 부각하는 과정에서등장했다. "The
　　American Economy: Beautiful or Boastful?" *Foreign Affairs*, May/June 1998.
12) 과거 최장 경기호황기간은 1961~69년(106개월: 8.8년)이었다.

가 상승률은 90년대 중반 이후 계속 하락하여 1999년(1~4월) 중에는 전년 동기 대비 평균 1.8% 상승에 그쳤다.

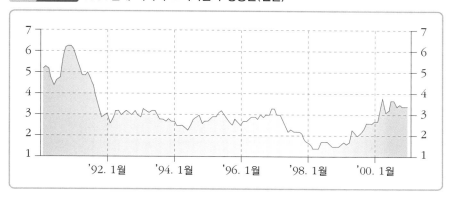

그림 11-16 1990년대 미국의 소비자물가 상승률(연율)

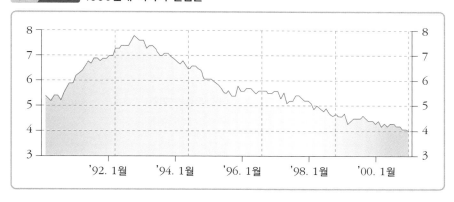

그림 11-17 1990년대 미국의 실업률

그림 11-18 1990년대 미국의 1인당 GDP(200년 물가기준의 불변 GDP)

게다가 기업의 수익성이 향상되면서 경제의 장래에 대한 낙관적인 전망으로 주식시장도 활황세를 지속했다. 예를 들어 다우존스(Dow Jones)지수는 1999년 3월 29일자로 1만 포인트를 상회(10,006.78)하는 등 1995년 이후 약 2배 수준으로 상승했다.

이처럼 90년대에 들어 미국경제는 '고성장 – 저실업률 – 저인플레이션'의 이상적 균형경제(Goldilocks Economy)[13]가 유지되는 과정에서 이제까지 거시경제지표 간에 정착되어온 전통적인 관계로는 더 이상 설명할 수 없는 이례적인 현상이 빈번히 발생했다. 이는 실업률이 일정 수준 이하로 하락하면 임금 또는 물가가 상승하는 것이 일반적인 경제현상이었던 점이나, 실업률을 일정 수준 낮추기 위해서는 어느 정도 인플레이션을 용인할 수밖에 없다는 경험적 관계가 약화되었음을 의미했다. 즉 시장이론에 따르면 실업률이 낮아지면 한계노동력의 질이 낮아짐에 따라 노동생산성(시간당 산출물)이 하락할 수밖에 없기 때문이다.

그렇다면 신경제 현상을 어떻게 해석해야 하는가? 신경제 현상에 대해서 당시(1999년 11월 30일) 미국의 연준(Fed)은 산업생산 및 설비가동률 보고서를 통해 컴퓨터와 반도체 등 첨단 IT업종이 미국 산업생산 증가분의 절반 이상을

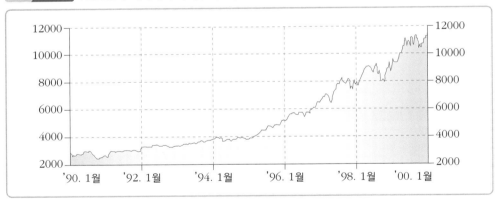

그림 11-19 1990년대 미국의 주가지수 추이(다우존스 기준)

---

13) 골디락스(Goldilocks)는 영국의 전래동화 '골디락스와 곰 세 마리(Goldilocks and the Three Bears)'에 나오는 머리칼이 황금색인 소녀의 이름으로 어느 날 소녀가 숲 속의 곰들이 맛있게 차려 놓은 너무 뜨겁지도 차갑지도 않은 죽을 맛있게 먹었다는 데서 유래한 말이듯이, '골디락스 경제(Goldilocks Economy)'란 경제가 뜨겁지도 차갑지도 않은 호황인 상태, 즉 성장은 날로 거듭하지만 물가는 상승하지 않는 경제 상태를 일컫는다.

담당하면서 미국의 경기호황을 가능케 했다고 밝혔다. 즉 연준은 1995~99년까지 5년간 산업생산증가율이 연평균 4.5%로 상당히 높았는데 컴퓨터, 반도체 등을 제외할 경우 이 기간 중 산업생산증가율은 연평균 2%에 불과하다고 밝혔다. 또 1998년 증가율은 0%였으며 1999년은 0.9%에 그칠 것으로 추정했다. 이와 관련해 연준은 컴퓨터와 반도체, 통신 등 3대 산업의 생산증가가 산업전체 생산증가분의 절반 이상을 차지했다고 밝혔다. 즉 첨단업종이 90년대 후반 산업 전반의 최대 활력소였던 것이다.

신경제 현상에 대해서는 총수요와 총공급의 구조 변화를 이해하면 설명이 가능하다. 첫째, 첨단업종에 대한 투자 확대, 그리고 닷컴기업(dotcom)이 주도한 주식시장의 활황세, 즉 자산효과에 따른 소비 증가로 총수요의 증대($AD_0'$ → $AD_1'$)가 있었다. 여기에 총수요에 대한 물가의 탄력성이 비탄력적으로 변화한 총수요의 구조 변화($AD → AD'$)를 고려하자. 둘째, 총생산에서 IT산업(무형가치)의 비중이 증대함에 따라 총공급곡선의 기울기가 완만해졌다($AS_0$ → $AS_0'$). 게다가 IT혁명에 따른 생산성 향상으로 총공급곡선이 우하향으로 이동할 경우($AS_0'$ → $AS_1'$) 총수요 증가에 따른 물가 상승은 더욱 축소될 것이다. 이처럼 총수요 및 총공급의 구조변화를 고려할 경우 총수요의 변화에 따른 물가 상승은 훨씬 적게 나타날 것이다. 물론, 총수요 구조의 변화를 배제하더라도 결론은 변하지 않는다. 즉 시장이론에 따르면 높은 성장은 총수요 측면에서 소비와 투자의 증가를 가져와 총수요를 증대시키고, 총공급 측면에서는 한계생산체감으로 물가상승을 수반하기 때문에 고성장과 저물가는 공존할 수 없

그림 11-20 무형 가치의 비중 증대와 신경제

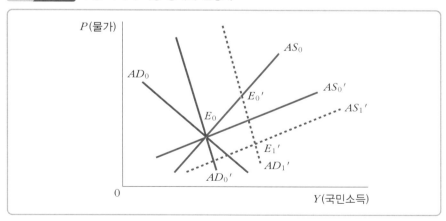

게 된다. 반면, IT혁명으로 생산성이 높아지면 고용을 늘리면서도 가격 상승의 압력을 피할 수 있게 된 것이다.

## 제 4 절  통화주의의 파산

이처럼 시장주의자들에게 실업은 기껏해야 일시적 현상에 불과하다. 인플레율과 실업률 수준 간 상충관계에 대한 시장주의자들의 부정은 정부의 경제 개입에 대한 부정적 평가를 반영한다. 즉 시장주의자들의 경우 실업률 수준은 낮추지 못하고 인플레율만 상승시키는 확대재정 정책보다는 통화정책의 효과를 신뢰한다. 그런데 통화정책이 실제로 경제에 영향을 미치는 시간은 상당히 길고 가변적인 반면, 시장은 정부가 생각하듯이 그렇게 단순하지 않을 뿐 아니라 정부는 경제 상태에 따라 통화증가율을 재량적(discretion)으로 변경할 유혹을 받는다고 주장한다. 즉 정부는 선거 사이클 때문에 단기 지향을 갖는 경향이 있기에 비록 장기적으로 이득이 없고 인플레이션 상승 비용이 존재하더라도 경기 부양을 위해 이자율을 낮추고 싶은 유혹을 갖는 경향이 있다는 것이다. 이른바 '시간 비일관성 혹은 동태적 비일관성 문제(time-inconsistency problem: 개인·기업·정부 등의 경제주체가 세운 계획이 상황 변화에 따라 뒤바뀌는 것)'이다. 따라서 통화량 증가율을 일정한 비율로 고정할 필요가 있다는 이른바 'k% 준칙(rule)'을 주장한다.[14] 심지어 정부가 함부로 통화정책을 사용하지 못하게 하기 위해 통화량 증가율을 헌법에 명문화해야 한다고까지 주장했다. '중앙은행의 독립성' 문제도 이러한 인식의 연장선에 있다. 그러나 통화량 증가율이 헌법에 명문화되면 실제로 불황이 도래할 경우 불황을 처절하게 겪을 수밖에 없다는 반대 주장에 따라 헌법에 명문화되지는 않았다. 통화주의자의 '준칙'은 '화폐수량설'을 통해 도출할 수 있다. 즉

$$MV = PY \ \Rightarrow \ M = PY/V$$

---

14) 준칙에 의한 정책이란 정부가 변화하는 경제 상황에서 사전에 어떤 정책을 수립할 것인가를 밝히고, 이에 근거하여 정책을 집행할 것을 약속, 공고하고 경제상황과 관계없이 실시하는 정책을 말한다. 반면, 재량적 정책이란 정책입안자가 사안별로 상황을 판단하여 어떤 정책이 적합한지를 선택하고, 이 정책을 실시하는 것을 의미한다.

위 식의 양변을 자연로그 취하고 시간으로 미분하면 통화량 증가율이 도출된다. 즉

$\ln M + \ln V = \ln P + \ln Y$ 의 양변을 전미분하면

$\dfrac{dM}{M} + \dfrac{dV}{V} = \dfrac{dP}{P} + \dfrac{dY}{Y}$ 의 양변을 $dt$(시간 변화분)로 나누면

$\dot{M} = \dot{P} + \dot{Y} - \dot{V}$

여기서

$$\dot{M} \equiv \frac{\dfrac{dM}{dt}}{M}, \quad \dot{Y} \equiv \frac{\dfrac{dY}{dt}}{Y}, \quad \dot{P} \equiv \frac{\dfrac{dP}{dt}}{P}, \quad \dot{V} \equiv \frac{\dfrac{dV}{dt}}{V}$$

여기에 국제수지흑자(적자)에 따른 통화량 변화를 추가하면 다음과 같다.

통화량증가율($M$) = 실질경제성장률($y$) + 물가상승률($P$) − 유통속도변화율($V$) + 국제수지변동

한편, 케인스주의자는 '통화량 준칙'에 동의하지 않는다. 실질 성장이 균형으로 복귀한다는 시장주의자들의 주장은 적극적인 정부 활동 없이는 깊은 침체에 놓인 자본주의 경제는 영원히 침체에 머물 것이라는 케인스의 주장에서 근본적으로 벗어난 것이기 때문이다. 케인스주의자들은 통화량 준칙에 동의하지 못하는 근거로 통화량은 이자율을 매개로 하여 간접적으로 소득수준에 영향을 미치기 때문에 통화량이 소득수준에 미치는 영향이 불명확하고, 화폐 유통속도가 안정적이라는 실증적 근거도 없고, 통화공급량은 민간의 현금선호율, 일반은행의 초과지불준비율 결정 등에도 영향을 받듯이 중앙은행이 완전통제하기 어렵다고 주장한다. 게다가 신용화폐나 전자화폐의 발달과 화폐 부문의 끊임없는 혁신으로 화폐의 정의를 어디까지 포함시킬 것인지 결정하기 어렵다고 주장한다. 실제로 70년대 이후 금융혁신으로 '준화폐(near money)'가 등장하고 화폐와 준화폐 사이에 대체성이 높아짐에 따라 화폐수요 함수의 불안정성이 심화되었다. 즉 화폐수요 함수의 안정성은 자동이체계정(sweep accounts)의 도입 등 기술발전과 그림자금융의 성장에 따른 새로운 화폐 대체재의 발명 등으로 환상으로 입증되었다. 예를 들어, 실증분석들은 화

폐수요가 70년대 이전까지 안정적이다가 70년대 이후 불안정성이 증대하였음을 보여준다.[15] 미국의 경우 2000년 2.012였던 화폐유통속도(명목 GDP/총통화량)가 2010년 1.656으로, 유로지역은 1.384에서 0.959로, 영국은 1.104에서 0.673으로, 중국은 0.734에서 0.548로 하락하였다. 한국의 경우에도 화폐유통속도는 1970년대 후반 3.5 이상에서 지속적으로 하락하여 외환위기 당시에는 1 밑으로 떨어졌다. 2000년 이후에도 상당히 오랜 기간 동안 주요 통화지표, 즉 M2와 Lf의 증가율이 명목 GDP의 증가율을 상회하였는데, 특히 2001년 하반기부터 2003년 상반기와 2004년 하반기부터 2009년 상반기까지 약 10년 중 7년 정도의 기간 동안 통화량이 명목 GDP보다 빠르게 증가했다. 이는 중앙은행의 통화공급에 대한 통제력(금융의 외생성)의 약화에서 비롯한 것이다.

## 4.1. 금융의 내생성과 중앙은행 통화공급 통제력의 약화

시장이론에서는 통화공급에 대한 중앙은행의 통제력을 가정하고 있다. 앞에서 보았듯이 통화량은 본원통화의 규모와 통화승수를 구성하는 현금보유비율과 지불준비율 등에 의해 기본적으로 결정되기 때문이다. 현금보유비율이 일정할 경우 본원통화와 지불준비율은 중앙은행이 결정할 수 있기 때문이다. 즉 전통적으로 시장이론에서 통화와 신용의 성장은 동전의 양면을 이루었다. 2차 대전 이전까지 은행의 부채는 무엇보다도 통화적 현상이었다. 즉 화폐와 신용은 동일한 것이었다. 은행의 자산은 대출과 리저브(지불준비금)으로 구성되고, 부채는 예금과 은행 자본으로 구성되었다. 여기서 리저브는 중앙은행에 의해, 그리고 자본은 은행의 손익 역사에 의해 고정되었다. 그 결과 화폐와 신용은 정확히 같이 움직였다. 따라서 중앙은행은 총대출에 대한 안정적인 영향

---

15) 실제로 통화주의자들의 많은 연구들이 70년대 초반까지 화폐수요가 상당히 안정적임을 증명하였다. 미국에서 1972년까지의 자료를 사용하여 추정한 S. Goldfeld(1973)의 연구는 화폐수요의 이자율 탄력성이 0.02~0.16 정도로 매우 낮게 나왔다. 그러나 70년대 이후 연구들이 추정해본 결과 화폐수요의 이자율 탄력성으로 0.1~0.2의 값이 도출되었다. C. Goodhart(1984) 등은 70년대 이후 화폐수요함수가 불안정해진 것은 미국의 화폐수요함수의 구조적인 변화 때문이라고 하였다. 현금자동인출기 보급, 신용카드를 지불수단으로 사용, 신종금융상품 등장에 따른 활발한 포트폴리오 구성 가능 등의 금융혁신은 화폐수요함수의 구조적인 변화를 초래하였다. 한국의 실증연구 또한 1997년 외환위기 이후 신종 금융상품 등장과 금융기관에 대한 규제 완화로 그 전에 비해 화폐수요함수의 불안정성이 증대되었음을 나타낸다. S. Goldfeld, 1973, "The demand for money revisited," *Brookings Papers on Economic Activity* 3 pp. 577~646; C. Goodhart, 1984, *Monetary Theory and Practice*, Macmillan.

을 행사할 수 있었다. 그러나 1970년대 이후 통화량과 신용 간에 디커플링 (decoupling)이 지속되었다. 은행이 부채 증권을 중심으로 새로운 자금조달원 사용과 레버리지의 증대를 통해 대출을 크게 증가시켰기 때문이다. 즉 은행은 대출을 위해 공식통화(official liquidity 혹은 outside money) 이외의 많은 자금 조달 방식을 갖게 되었다. 자산의 증권화와 단기자금 조달 시장의 성장 등이 그것이다. 단기자금 조달의 대표적 경우가 은행의 초과지불금을 대출에 활용 하는 은행간대출(Interbank lending) 시장, 은행이 보유하는 자산을 담보 (collateral)로 한 대출인 레포(Repo) 시장, 단기자금 조달 수단인 기업어음(CP, Commercial paper) 시장이다. 이처럼 은행이 중개기관으로서 뿐만 아니라 민 간 유동성(inside money)의 창출자 역할을 수행함으로써 통화 공급은 사실상 무한 탄력성을 갖게 되었다. 이른바 '금융의 내생성(the endogeneity of finance)' 혹은 '내생적 금융(endogenous finance)' 혹은 '민간 유동성의 내생성 (endogeneity of private liquidity)'이다. 은행의 국제 운용에 따른 국경을 넘나 드는 신용(cross-border credit)의 폭발적 성장(global liquidity)도 그 결과이다. 국제금융시스템(신용)의 '과잉 탄력성(the excess elasticity)' 문제가 발생한 배 경이다.

게다가 금융회사들은 기본적으로 공적 보증(예: 예금보장제)이나 정부의 암 묵적 보증 등으로 '도덕적 해이'가 심각할 뿐 아니라 일반회사들에 비해 높은 부채 비율에 의존하기에(주인-대리인 문제에서 비롯하는) '대리인 비용'이 매우 크다. 즉 자금중개가 고유 기능이고 조달한 자금을 운영해 수익을 추구하는 은행 영업의 특성 상 은행 자산의 대부분은 부채일 수밖에 없다. 반면, 은행은 광범위하게 분산된 주주들이 채권자에 대하여 자기의 투자액의 한도 내에서 법적인 책임을 부담하는 유한책임회사이다. 이러한 책임 대 이익의 비대칭성 때문에 '과잉 부채에 기반한 과잉 대출'이라는 왜곡된 인센티브 체계를 갖는 다. 그 결과 일반 주식회사에 비해 매우 큰 '대리인비용'을 유발시킨다. 즉 대 출할 때 위험에 놓이는 것은 타인의 돈이기에 장기 리스크에 대한 충분한 고 려를 배제하고 단기 고수익을 기반으로 한 보너스 지급과 과도한 리스크 추구 를 증폭시킨다. 또한, 금융의 규제가 완화되자 GDP 대비 부채의 비중이 커지 는 '금융화'가 진행된 배경이다. 그 결과 레버리지 사이클과 비선형성에 의한 '붐-버스트 사이클'이 반복된다. 예를 들어, 채무의 유동화가 순조로운 시기

(fair-weather liquidity)에 금융 채권(financial claims)은 사실상 '화폐성 자산 (moneyness)' 혹은 '사실상 화폐(near-monies)'이기에 유동성이 높고 화폐의 훌륭한 대체재가 된다. 또한, 쉽게 재융자(refinancing)할 수 있기에 현금 리저 브(reserve)가 거의 불필요하다. 반면, 채무의 유동화에 문제가 발생하는 시기 (foul-weather illiquidity of debts)에는 청산과 현금화(general liquidations)의 분 위기가 확산되고 투자자는 금융 채권의 현금화(the moneyness of financial claims)에 대해 회의적이 되고, 그 결과 재융자(refinancing)와 현금화의 어려움 이 증대된다. 이처럼 금융 곤경의 시기에 은행시스템의 파산을 피하기 위해서 는 (2008~09년에 목격했듯이) 중앙은행이 전체 자금(조달)시장에 대한 보증을 설 수밖에 없다. 중앙은행의 이러한 임무 변경은 은행의 안정성이 예금보장제 만으로 불가능하고, 최종대부자 역할도 도매자금, 즉 비예금과 관련된 은행 파산까지 확대되어야 하는 것을 의미한다. 실제로 은행들의 유동성 비축이 풍 부하고 레버리지가 낮았던 1945~71년 기간에는 위기의 빈도수가 거의 제로 였다. 그러나 1971년 이후 모든 유동성 비축은 증발되었고 레버리지를 높였 고, 그 결과 위기는 보다 빈번하게 발생하였다.[16]

그림 11-21 주요 14개국의 GDP 대비 은행 대출, 은행 자산, 총통화량, 1870~2008년

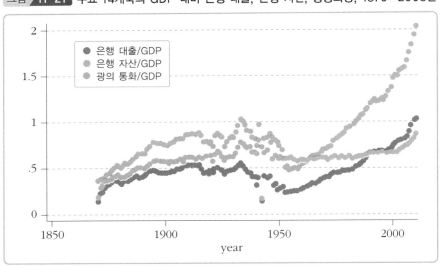

출처: M. Schularick and A. Taylor, 2012.

---

16) 실질 대출 증가율의 표준편차가 1씩 변화할 때마다 위기의 확률을 약 2.8% 증가시킨 것으로 추정

그림 11-22 영국의 GDP 대비 은행대출과 금융위기

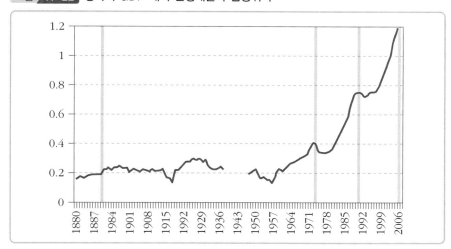

출처: M. Schularick and A. Taylor, 2012.

그림 11-23 주요 14개국의 총통화량 대비 은행 대출과 자산

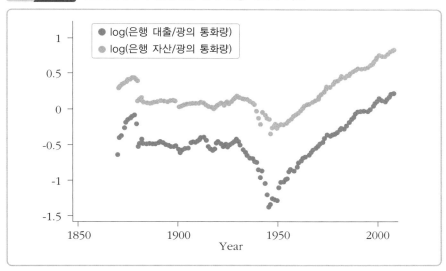

출처: M. Schularick and A. Taylor, 2012.

된다. M. Schularick and A. Taylor, 2012, "Credit Booms Gone Bust: Monetary Policy, Leverage Cycles, and Financial Crises, 1870~2008," *American Economic Review*, Vol. 102 No. 2, pp. 1029-61.

## 4.2. 이자율 준칙의 파산

화폐수요의 불안정성 증대와 통화공급에 대한 중앙은행의 독점력 약화는 화폐수량설이 주장하는 통화정책의 효과성을 약화시킨다. 통화량 조정을 통한 이자율 조정과 물가안정 달성이 어려워지자 통화주의자들은 '통화량 준칙'을 '이자율 준칙'으로 대체한다. 이른바 '테일러 준칙(Taylor's Rule)'이 그것이다. 테일러(J. Taylor, 1993)는 중앙은행이 목표금리로 설정하는 단기 명목이자율[17]과 인플레이션 갭 및 GDP 갭 사이에 다음과 같은 관계식을 도출하였다.

$$i_t = \pi_t + r_t^* + \alpha_\pi(\pi_t - \pi_t^*) + \alpha_y(y_t - y_f)$$

여기서 $i_t$는 명목단기이자율, $\pi_t$는 실제 인플레율, $r^*$는 장기 실질균형이자율, $\pi_t^*$는 물가목표치, 그리고 $\alpha_\pi$와 $\alpha_y$는 각각 인플레이션 갭과 GDP 갭($y_t$는 실질 GDP의 로그값)이다. 테일러는 실제 인플레율로 이전 4분기에 대한 GDP 디플레이터를 사용하였다. 그리고 장기 실질균형이자율 $r^*$는 시장 균형의 실질이자율 혹은 자연이자율로 장기 추세의 실질 GDP 증가율로 대체할 수 있다. 장기는 시장의 균형 회복을 의미하고, 실질이자율은 한 사회가 가진 모든 자원을 활용하여 달성 가능한 성장률을 의미하기 때문이다. '이자율 준칙'에서 테일러는 2%로 제시하였는데 이는 1984년 1분기~1992년 3분기 사이의 실질 GDP 추세치인 2.2%에 기초한다.[18] 테일러의 이자율 준칙은 시장이 균형 상태(GDP 갭=0)에 있고, 인플레가 목표대로 통제가 될 경우(인플레이션갭=0) '피셔방정식'이 된다. 즉 테일러의 '이자율 준칙'은 '피셔방정식'을 확장한 것이다. 사실 '피셔방정식'도 화폐 교환방정식에서 비롯한 것이다. 화폐유통속도가 일정할 때 통화량 증가율은 물가상승률과 실질 GDP 증가율의 합으로 구성된다는 점에서 '이자율 준칙'은 '통화량 준칙'의 연장선에 있다.

사실 인플레이션을 낮추기 위한 통화정책이 '이자율 준칙'이라는 믿음은 오래 걸려 만들어졌다. 예를 들어, 2차 대전 중 연준은 미정부 채권(T-bills)에 대

---

17) 예로 미국의 연방기금금리나 우리나라의 콜금리 등이 이에 해당된다.

18) J. Taylor, 1993, "Discretion versus policy rules in practice," Carnegie-Rochester Conference Series on Public Policy 39, pp. 195-214. 테일러의 논문에는 다음과 같이 표기되어 있다. $i_t = \pi_t + 2 + 0.5(\pi_t - \pi_t^*) + 0.5(y_t - y_f)$. 한편, 테일러 규칙은 1999년 새로운 버전이 나온다. $i_t = \pi_t + 2 + 1.5(\pi_t - \pi_t^*) + 0.5(y_t - y_f)$. J. Taylor, 1999. "A Historical Analysis of Monetary Policy Rules," in John B. Taylor, ed., *Monetary Policy Rules*. University of Chicago Press, pp. 319-47.

한 이자율을 0.375%에 유지할 것을 공언하였다. 1947년과 48년 소비자물가지수가 각각 14%와 8%로 상승하고 경기가 침체했음에도 불구하고 연준의 이러한 입장은 전쟁 종식 이후에도 정부 차입을 지원하기 위해 계속되었다. 연준의 이러한 정책에 반대하였던 당시 의장이었던 매리너 에클스(Marriner Eccles)[19]을 트루먼은 토머스 맥케이브(Thomas McCabe)로 교체했다. 그러나 토머스 맥케이브의 연준 역시 '재정적자의 화폐화'에 대해 부정적이었다. 1951년 트루먼은 재무부와 연준 간 입장 차이를 해결하기 위해 연방공개시장위원회(FOMC)를 초청하였고, 연준의 독립성 회복에 대한 합의를 도출하였다. 이것이 이른바 '1951년 협약'이다. 그 후 연준은 1970년대 '대 인플레이션기(the Great Inflation)'로부터 인플레이션 상승이 실업 증가를 만들어냈다는 것을 배웠다. 또한 1980년대 볼커(Volker)의 연준은 공격적 이자율 정책이 인플레이션을 상당히 낮출 수 있지만 일시적으로 실업이라는 비용을 유발한다는 것을 보여주었다. 그리고 90년대 그린스펀(Greenspan)의 연준은 시의적절한 이자율 정책으로 침체 없는 물가안정의 유지가 가능하다는 것을 입증했다. 그 결과 대중은 낮은 인플레이션과 최저 수준의 실업을 유지하기 위해 필요한 이자율 정책을 통화정책으로 간주하게 되었다.

한편, 인플레 갭($\alpha_\pi$)과 GDP 갭($\alpha_y$)의 계수로 각각 0.5를 설정한 것은 미국의 통화정책의 목표를 반영한다. 물가안정을 중요시하는 통화주의자 입장에서는 인플레갭을 GDP 갭보다 더 중요시할 것임에도 불구하고 동일한 가중치를 반영한 것은 케인지언과 통화주의자 간의 힘의 균형의 산물이다. 앞에서 지적했듯이 '1946년 고용법'에서 완전고용의 달성을 경제정책의 최우선 목표로 설정한 미국은 연준의 통화정책의 목표에서도 완전고용(maximum employment)을 물가안정(stable price)보다 앞에 기술하고 있다. 즉 미국에 있어서 '이자율 준칙'이란 실제인플레이션 $\pi_t$가 물가목표치 $\pi_t^*$보다 높으면 명목이자율 $i_t$를 규칙적으로 0.5%씩 인상시키고, 실제산출량 $y_t$가 완전고용산출량 $y_f$보다 낮으면 명목이자율 $i_t$를 규칙적으로 0.5%씩 낮추는 정책을 말한다. 즉 $\alpha_\pi$와 $\alpha_y$는 인플레이션과 총산출량 사이에 비중을 어떻게 배분하느냐에 달려 있다. 물가안정목표제를 도입한 국가의 경우, 즉 총산출량보다 인플레이션에 더 중점을 둘 경우에는 $\alpha_\pi$와 $\alpha_y$를 각각 0.6과 0.4로 배분할 수 있을 것이다. 이처럼 통화정

---

19) 대공황 직후부터 연준 의장을 수행했고 임기 3년을 남겨두고 있었다.

책의 목표는 세력 관계의 산물이다.

　'이자율 준칙'이 제대로 작동한다면 물가와 경기 안정은 '이자율 준칙'으로 실현할 수 있다. 예를 들어, 미국의 경우 완전고용상태($y_f-y_t=0$)에서 실제 인플레율이 물가목표치를 1% 초과하면 중앙은행은 명목이자율을 0.5%만큼 상승시킨다. 즉 긴축적 금융정책을 도입하여 실제인플레이션을 물가목표치 수준으로 하락시킬 수 있을 것이다. 역으로 실제 인플레율이 물가목표치보다 1% 낮으면 중앙은행은 명목이자율을 0.5%만큼 하락시킨다. 즉 확장적 금융정책을 통해 실제 인플레율이 상승하면서 물가목표치 수준을 회복시킬 수 있을 것이다. 이번에는 GDP가 완전고용 산출량($y_f$)보다 작아 GDP 갭이 발생하여 경기가 침체되면 명목이자율을 GDP 갭 비율의 0.5%만큼 하락시키는 팽창적 금융정책으로 경기를 진작시킬 수 있을 것이다. 이처럼 테일러의 '이자율 준칙'은 일정한 산출량의 변동 수준에서 최저 수준의 인플레이션 변동의 조합들인 '테일러 프론티어(the Taylor frontier)' 상의 한 점을 중앙은행이 선택해야 하는 목표를 보여준다.

**그림 11-24** 테일러 프론티어

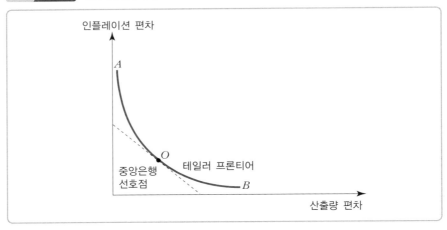

　사실, 테일러 준칙은 '과학적으로 입증되지 않은' 개념이다. 무엇보다, '테일러 준칙'은 현재 시점에서 관측된 인플레이션과 산출량 가치에 의존한다. 그러나 통화정책은 시간 차이를 갖고 효과가 나타나기 때문에 통화정책이 효과를 보려면 목표 변수의 현재 값보다 예상 값을 고려해야만 한다.[20] 둘째,

'테일러 준칙'은 중앙은행이 설정하는 최단기 명목금리인 목표금리가 단기 시장이자율에 영향을 미친다는 것을 전제로 한다. 그런데 중앙은행의 시장이자율 통제력이 약화되었다. 1982년 9월 27일부터 2012년 6월 28일 기간을 분석한 결과를 보면 단기 시장금리인 공개시장 금리(CP, T-bill, T-bond의 수익률)들이 하루하루 단위에서 목표금리를 따라 이동하는 경향을 발견할 수 없었다. 오히려 연준의 목표금리가 과거의 단기금리(CP 수익률)를 따라 이동하고 있었고, 공개시장 금리는 신용시장의 수급조건에 의해 결정되고 있음을 확인할 수 있었다.[21]

셋째, '테일러 준칙'은 명목 단기이자율과 장기 실질이자율 간의 차이인 기간 프리미엄을 포함하지 않고 있다. 즉 장기 실질이자율은 예상 (평균) 단기이자율과 기간 프리미엄과 기대인플레이션의 결합물이다. 채권시장에는 만기별 이자율들이 있다. 보통 만기가 길수록 금리는 올라간다. 이러한 기간별 이자율을 '이자율 기간구조(Term Structure)'라 한다. 단기 이자율의 변화는 실질 이자율의 기간구조를 변화시킨다. 그리고 실질 이자율의 변화가 자산가격과 신용조건 등 두 가지 주요 채널을 통해 경제에 영향을 미친다. 즉 실질 이자율의 변화는 자산가격을 변화시키고 투자와 소비 결정에 영향을 미치고, 역선택과 도덕적 해이 등 금융마찰들에 영향을 미쳐 차입과 대출 결정에도 영향을 미친다. 이러한 효과는 경기하강 국면에 보다 만연한다. 왜냐하면 신용조건이 좋은 차입자는 보다 리스크 회피적이 되는 반면 신용조건이 나쁜 차입자는 부활하려고 도박을 하기 때문이다.

넷째, '이자율 준칙'은 총수요의 안정성과 이자율에 의한 시장의 균형 회복력에 기초한 개념이다. (제3절에서 보듯이) 총수요의 안정성은 더 이상 보장되지 않는다. 총수요의 핵심 가격 변수는 이자율인 반면, (앞에서 지적한 것처럼) 중앙은행의 시장금리 통제력은 약화되었고 (뒤에서 소개하듯이) 이자율에 대한 투자지출 및 저축에 대한 탄력성도 약화되었다. 다섯째, '이자율 준칙'의 문제는 GDP 갭과 실업률 갭(=실제 실업률−자연실업률)의 일치를 전제로 한다는 점이다. 완전고용 실현과 물가안정 등에 대한 권한(mandate)을 부여받은 연준

20) B. Bernanke, 2010, "Monetary Policy and the Housing Bubble," presented at the Annual Meeting of the American Economic Association (Jan. 3), p. 8.
21) E. Fama, 2013, "Does the Fed Control Interest Rates?" *Review of Asset Pricing Studies*, Vol. 3, pp. 180~99.

의 통화정책은 성장률이 아니라 실업률이 목표이다. 그럼에도 불구하고 '이자율 준칙'이 GDP 갭을 목표로 삼은 이유는 총산출량과 고용이 비례적 관계를 갖고 있다는 것을 가정하기 때문이다. 즉 테일러 준칙은 GDP 갭이 0일 때 실업률은 자연실업률 수준에 도달함을 가정한다. 그렇지만 금융위기 이후 GDP 갭과 실업률 갭 간 일치가 더 이상 확인되지 않고 있다. 게다가 (뒤에서 볼) '고용 없는 성장'은 성장률과 실업률 간의 상관성을 훼손시키고 있다.

마지막으로 금융위기 이후 중앙은행의 목표로 금융안정이 추가되거나 일각에서 자산가격 인플레에 대한 중앙은행의 역할(bubble fighter)이 제기하고 있듯이 테일러 준칙에는 금융 사이클이 배제되어 있다. 붐(boom)과 갑작스런 버스트(burst)로 이어지는 신용 주도의 불균형, 즉 투기와 과도한 레버리지(leverage)가 물가안정 전략의 결과인 저금리 기조의 산물이라는 점이 주요 중앙은행들에 의해 무시되어졌다. 시장이론에 따르면 금융시장의 참가자들이 모든 적합한 정보를 사용할 뿐 아니라 헤지펀드, 파생금융상품, 출자전환(debt-equity swap)[22] 등 금융공학이 만들어낸 상품들이 거시경제 리스크를 예방하기에 '위기'가 발생할 수 없다. 즉 시장의 일시적 불균형은 가능하지만 위기가 시스템적으로 발전하기 전에 시장이 스스로 교정한다고 믿고 있기 때문이다. 예를 들어, 시장이론은 금융시스템 내에 항상 충분한 신용이 존재한다고 믿는다. 이것이 시장이론이 은행들에 대한 표준적 건전성 규제 이외에는 자기규제(self-regulation)에 의존하는 것이 안전하다고 주장하는 배경이다.

글로벌 금융위기 이후 제로금리 정책이 장기간 지속되고 있듯이 이자율 정책은 한계를 드러내었다. 금융위기가 저금리 정책의 산물이라는 점에서 금융 불안정과 금융위기가 야기한 경기침체 문제는 이자율 정책으로 다룰 수가 없기 때문이다. 게다가 금융위기 이후 사후적인 통화완화와 통화부양책의 효과에 대한 부정적 평가를 고려할 때 '붐-버스트' 과정을 회피하기 위한 사전적 통화정책의 검토는 자명해졌다. 통화완화 정책은 금융마찰들과의 상호작용을 통해 금융 취약성을 강화시키기 때문이다. 먼저, 통화정책의 채널 중 하나인 '신용채널'을 통해 이자율 변화는 차입자와 대출자 사이의 정보의 비대칭성

---

22) 기업의 재무구조를 개선하기 위해 기업의 부채를 주식으로 전환하는 것, 특히 금융기관이 차주기업에 대한 대출채권을 동 기업의 주식과 교환하는 것으로서 금융기관의 차주기업에 대한 관계가 채권자에서 주주로 전환하는 것을 의미한다.

같은 신용시장 마찰을 통해 대출공급에 영향을 미친다. 예를 들어, 자금시장에서 대출자는 리스크가 높은 투자를 관측하지 못하기 때문에, 즉 투자자와 대출자 사이의 대리인문제 때문에 부동산 가격의 버블이 발생할 수 있다. 반면, 이자율이 상승하고 자산가격이 하락할 때 차입자들은 차입할 수 있는 능력이 줄어들고('대차대조표 채널'), 은행은 자금조달을 예금에서 비예금으로 쉽게 대체할 수 없기에 대출 공급을 줄이게 된다('은행대출 채널'). 통화완화 정책은 통화정책의 또 다른 채널인 '위험추구 채널'을 통해 금융기관에 의한 리스크 추구를 증가시킴으로써 충격에 대한 금융시스템의 취약성을 증가시키고 금융안정에 대한 리스크를 증가시킨다. 예를 들어, 저금리는 은행의 수익마진에 압박으로 작용하여 리스크가 높은 자산을 보유하게 하고, 자산가격의 상승은 은행으로 하여금 리스크를 과소평가하게 하고, 담보가치의 상승은 부채(차입)를 증대시킨다. 게다가 자산가치를 부추기는 저금리는 단기 자금조달에 기초한 캐리 트레이드를 유인함으로써 과도한 만기 변환(maturity transformation)과 만기불일치 문제를 야기한다. 이처럼 통화완화정책은 리스크 프리미엄의 축소와 과도한 레버리지 등 금융취약성을 증대시킴으로써 미래의 금융위기와 그에 따른 심각한 경기침체의 가능성을 증대시킨다.

실증분석도 증권중개회사(broker dealer)의 레버리지는 내생적이고 매우 경기순응적임을 보여준다. 즉 붐 기간에 자산시장 변동성은 낮아지기에 리스크에 기반한 자본의 제약을 완화시킨다. 반면에 부정적 충격이 발생할 때 증권중개회사는 자산을 매도함으로써 자산가격의 하락을 부추기고, 그 결과 시장변동성이 증가함으로써 리스크 관리를 강화시킨다. 또한, 통화긴축정책은 증권중개회사의 리스크 추구를 낮춤으로써 리스크 프리미엄을 증가시키고 이는 경기를 위축시키는 거시경제적 결과를 수반한다. 금융조건과 금융취약성 간 이러한 상충관계는 '통화량 준칙'이나 '이자율 준칙'으로 대표되는 기존의 통화정책에서 전혀 고려되지 않았다. 시장이론은 금융위기 이후에도 기본적인 입장에 변화가 없다. 금융안정은 통화정책이 아닌 거시건전성 정책으로 다루고 있기 때문이다. 그러나 거시건전성 정책들은 규제를 받는 부문들에 제한되고 그림자금융으로 활동들을 이동시키는 인센티브를 제공한다는 사실을 고려할 때 거시건전성 규제가 모든 취약성을 충분히 완화시킬 수는 없다.[23]

23) T. Adrian and N. Liang, 2014, "Monetary Policy, Financial Conditions, and Financial

게다가 금융위기 이후 장기 저금리의 지속은 선진국 경제를 '이자율 함정 (Interest Rate Trap)'에 빠트리고 있다. 예를 들어, 닷컴버블 붕괴 이후 연준은 상당 기간 동안 저금리를 지속할 수밖에 없었는데 그 이유가 매우 높은 레버리지를 사용하는 금융회사의 관점에서 볼 때 높은 금리가 금융시스템의 안정성을 위태롭게 할 수 있다는 우려 때문이었다. 따라서 글로벌 금융위기 이후, 그리고 양적완화의 종료 이후에도 연준의 저금리 지속에 대한 확고한 의지 표명은 금융회사들로 하여금 허약한 활동에 투자 유인을 증가시킴으로써 중앙은행의 손을 묶어버린다. 즉 금융시스템이 매우 취약해진 상황에서 금리 인상은 작게는 자본 손실[24]로, 그리고 크게는 또 다른 금융 붕괴와 경기 둔화를 촉발시킬 수 있기 때문에 금융부문에서 취해진 행동들은 중앙은행으로 하여금 저금리를 지속시키게 한다. 중앙은행이 금융산업에 인질이 되는 것으로, 이른바 경제가 장기 저금리의 균형에 놓이는 '이자율 함정'에 빠지게 된다.[25]

## 4.3. 물가안정목표제의 부작용

통화량 준칙과 이자율 준칙의 뿌리인 (신)화폐수량설에서 통화정책의 궁극 목표는 물가안정이다. 이 목표를 제도화시킨 것이 '물가안정목표제'이다. 즉 물가안정목표제는 물가안정에 책임을 지고 있는 중앙은행이 물가목표치를 정해 물가가 이보다 낮으면 금리를 내리고, 반대로 물가가 목표치보다 높으면 금리를 올려 물가를 안정시키는 정책으로, 즉 일종의 '자동화된 규칙 (automatic rule)'에 의한 물가관리정책으로 중앙은행의 재량적인 여지마저 줄이겠다는 것이 핵심목표이다. '통화량 준칙'의 파산에도 불구하고 물가안정 추구가 제도화될 정도로 정당화된 것은 저인플레이션과 고성장 그리고 가벼운 침체가 결합된, 이른바 '대 안정기(the Great Moderation)'가 80년대 후반 이래 전개된 결과였다. 즉 고성장은 어느 정도 인플레이션을 수반할 수밖에 없다는 전통적 경험이나 케인스학파의 입장과 달리 '대안정기'는 저인플레이션이 고성장과 친화적 관계를 갖고 있음을 보여준 것으로 해석되었다. 그 결과

Stability," Federal Reserve Bank of New York Staff Reports, no. 690 (Sep.).

24) J. Kregel, 2014, "Liquidity Preference and the Entry and Exit to ZIRP and QE," Levy Economics Institute Policy Note.

25) J. Cao and G. Illing, 2011, "'Interest rate trap', or: Why does the central bank keep the policy rate too low for too long time?" Norges Bank Working Paper 2011/12 (Sep. 30).

지속가능한 성장에 필요수단으로 인식되었던 물가안정은 점점 지속 성장을 보장하기 위한 충분조건으로 발전하였다.

그런데 통화량 준칙과 이자율 준칙이 파산한 상황에서 물가안정목표제 역시 문제를 가질 수밖에 없다. 물론, 물가안정목표제는 통화량 및 이자율 준칙의 파산과 관련 없이도 여러 문제점들이 지적되었다. 예를 들어 중앙은행의 경기침체에 대한 대처 능력을 떨어뜨릴 가능성, 재화의 범위가 한정된 소비자물가지수의 사용,[26] 생산성 증가 등 경제 변화의 중요한 요소를 무시한다는 점, 인플레이션과 경제성장률 간 불명확한 관계 등이 그것들이다. 그러나 통화량 및 이자율 준칙의 파산으로 보다 근본적이고 중요한 문제점들이 제기되고 있다. 무엇보다 물가안정목표제는 "(적어도 장기적으로) 필립스곡선은 존재하지 않는다"는 프리드먼–펠프스–루카스 주장의 연장선에 있는 개념이다. 그러나 앞에서 지적했듯이 필립스곡선에 대한 부정이 확인되지 않기에 물가안정목표제 역시 정당성이 크게 훼손될 수밖에 없다. 보다 기본적으로는 필립스곡선을 부정하기 위해 도입한 '적응적 기대' 혹은 '합리적 기대', 특히 '합리적 기대 가설(REH)'의 문제점이기도 하다. REH에서 지식은 (기존의 매우 안정적인 현실을 전제로) 귀납적인 학습과정을 통해 획득되는 것이라고 암묵적으로 가정한다. REH에서의 현실은 경제행위자들에 의해 성공적으로 밝혀질 수 있는 대상인 것이다. 예를 들어, 경제행위자의 주관적 기대는 변수들의 진짜 가치와 평균적으로 동일하다거나 모든 개별 행위자의 기대는 평균적으로 정확하다고 가정한다. 즉 REH에서 과거 관찰로부터 계산된 평균은 미래 결과물의 시간상 평균과 지속적 차이가 존재할 수 없다. REH에서는 수집된 정보의 양이 증가함에 따라 경제행위자들은 그들의 예상을 향상시킬 수 있다. 즉 충분한 정보의 양이 수집되면 무시할 수 있는 표준오차를 가진 경제 전망을 생산할 수 있을 거라고 생각한다. 이처럼 REH는 REH의 방법론인 귀납적 추론(inductive inference) 방식의 문제를 내포할 수밖에 없다. 과거 관찰된 행동으로부터 그들의 미래 행동을 추론하는 방식인 귀납적 추론 방식은 기본적으로 미래 사건을 예측할 수 있다는, 즉 미래는 과거와 같을 거라는 믿음에 정당성

---

26) 대부분의 중앙은행들은 소비자물가와 핵심소비자물가지수를 사용하고 있는 반면, 미국 연준은 개인소비지출(PCE, Personal Consumption Expenditure) 디플레이터와 핵심개인소비지출(Core PCE) 디플레이터를 중시하고 있다.

을 제공한다는 문제를 갖고 있다. 과거는 미래에 영향을 미치지만 미래를 결정하지 않기에 미래는 사전에 결정되지 않거나 미리 고정되지 않기 때문이다. 따라서 경제행위자의 결정과 행동으로부터 독립적인 세계가 이미 존재하거나 현실이 존재한다고 주장하는 REH와 충돌할 수밖에 없다.

사실, REH는 자신의 사상적 뿌리라 할 수 있는 포퍼(Popper)의 주장과도 충돌한다.[27] 양자 모두 멩거(Menger)의 '방법론적 개인주의'에 입각하고 있다. 포퍼의 핵심 아이디어는 모든 지식은 '추측'에 불과하고 우리는 시행과 실수 제거 과정을 통해 지식을 획득하고, 환경에 대한 적응 과정은 항상 불완전 (imperfect adaptation)하고, 인간 행동은 사전에 결정되지 않는다-미래는 열려 있다-는 비결정론(indeterminism)으로 정리할 수 있다. 즉 포퍼의 지식과 학습 이론에 따르면 주어진 가설이 '참'인지 결코 알 수 없고, 경제행위자가 '진짜' 모델을 안다는 가정은 오류이다. 반면, 개인의 전망이 평균적으로 편차가 없다고 주장하는 REH에서 행위자들은 시스템적인 실수를 하지 않는다. 즉 행위자의 기대 형성에서 시스템 오류 가능성은 배제되고, 그들이 범하는 실수들은 무작위적(random)[28]인 것이기에 행위자들은 실수들로부터 어떤 것도 배울 수 없다. 그러나 실수를 교정함으로써 학습한다는 포퍼의 '실수 제거 메커니즘 (error-elimination mechanism)' 개념에는 예상한 결과물과 실현된 결과물 간에는 의미있고 작위적(non-random)인 차이가 존재한다.

이처럼 REH를 비판하는 주장들은 행위자의 합리적 행동을 부정하는 것이 아니라 매우 불확실하고 복잡한 세계에서 행위자가 경험으로부터 배울 수밖에 없다는 사실을 강조한다. 예를 들어, 금융위기는 가계와 기업, 은행 모두 미래에 대한 판단을 형성하는데 있어서 커다란 실수를 하였음을 보여주었다. 2007년까지 장기 실질이자율의 하락을 반영했던 미국이나 영국 등에서의 소득 대비 주택가격 비율의 상승은 경제행위자들이 과거 주택가격의 상승을 미래에 그대로 적용한 결과였다. 이는 미래소득 또한 상승할 것이라는 추론에 기초한 것이었다. 그 결과 지속가능한 수준 이상의 지출과 차입을 했던 것이

---

27) I. Ayala and A. Palacio-Vera, 2014, "The Rational Expectations Hypothesis: An Assessment from Popper's Philosophy," Levy Economics Institute, Working Paper No. 786 (Jan.).

28) 예를 들어, REH에서는 금융위기나 대규모의, 반복적인 총산출량의 변동성 같은 거시경제 현상들을 외생적 랜덤 쇼크의 출현으로 야기된 무작위적 전망 오류의 탓으로 돌린다. 또한 REH에서는 행위자들의 기대가 평균적으로 편차가 없기에 경기변동론도 무시한다.

다. 게다가 금융위기 이후 장기간 대차대조표의 디레버리지가 지속되듯이 지출과 차입의 지속가능성이 오인이었다는 사실을 발견한 이후에도 신속하게 교정된다는 보장 메커니즘이 존재하지 않는다.

또 하나의 문제점은 (제4장 2절에서 지적했듯이) 경제활동에서 무형재경제의 비중이 증대하는 산업구조의 변화와 글로벌화 등으로 인플레율이 장기적으로 하락하는 상황에서 경직적인 물가목표치는 마이너스(–) 인플레 갭을 지속시키고, 그 결과 저금리 기조를 지속시킴으로써 붐(boom)과 갑작스런 버스트(bursts)로 이어지는, 이른바 신용이 주도하는 불균형을 만들어낸다. 예를 들어, 금융위기의 원인이었던 투기와 과도한 레버리지를 만들어낸 '대 안정기'의 저금리 기조가 물가안정 평계 속에서 지속되었다. 즉 금융위기가 90년대 말 선진국으로 확산되고 있었음에도 불구하고 새로운 금융상품들과 기술변화 등에 따른 경험 부족에서 발생하는 초기의 어려움 정도로 치부하면서 '대 안정기'의 근간을 위협하면서 자라나고 있었던 문제들은 체계적으로 무시되었다. 실제로 미국은 저금리 정책으로 통화량이 급격하게 증가하였다. 총통화(M2)의 증가율은 2001년 6.49%, 2002년 9.89%, 2003년 6.27%, 2004년 7.01%, 2005년 5.35%, 2006년 4.68%, 2007년 5.57%였다. 그리고 늘어난 통화량은 주택시장에 몰려 주택가격을 폭등하게 하였다. 우리나라에서도 소비자물가가 상당히 안정되었던 2002~2003년과 2005~2006년에 저금리정책과 통화완화정책의 결과 주택가격이 폭등하였다. 물가안정이 거시경제 안정을 보장하는 충분조건이 되지 못한다는 것은 역사적으로도 입증된 사실이다. 1929년에 터진 자산가격 버블 역시 소비자물가의 안정성을 추구한 신용 확장에 그 원인이 있다.

게다가 인플레이션의 글로벌 동조화는 '이자율 준칙'의 적용을 어렵게 하고 있다. 이와 관련된 일화를 하나 소개한다. 1995년 여름 연준(Fed) 의장이었던 그린스펀(Greesnspan)은 '정통 교리'(시장이론)와의 단절을 선언하였다. 즉 당시 실업률 5.7%는 자연실업률 아래에 있었음에도 불구하고 인플레이션 증거는 없다고 주장하였다. 그 결과 실업률의 추가 하락의 가속화, 즉 통화완화를 지속적으로 추진하였다. 그 결과 1997년 여름까지 실업률은 5% 아래로, 98년 여름까지는 4.5%로, 2000년까지 4.0%로 하락하였다. 정통 시장이론에서 화폐는 장기적으로 중립적이고, 과도하게 장기간 지속된 통화량의 과잉은 인플레이션을 초래한다고 주장한다. 그러나 (앞에서 보았듯이) 이미 오래 전에 통화량과 인플레이션 관계는 의미를 상실하였다. 아시아의 교육받은 노동력의 저임금에 의해 설정되는 물가 상한선(the Asian price ceiling)이 인플레이션 상승 압력을 약하시키고 있다. 즉 글로벌화로 인해 미국 가계는 국내 임금에 기초한 제품이 아니라 아시아 노동자의 저임금에 의해 결정된 제조업 제품의 구매가 가능해졌고, 그 결과 대외결제통화의 발행국에서 '통화정책 지표의 마비' 현상이 발생한 것이다.[29] (다음 그림에서 보듯이) 90년대 말 이래의 글로벌 저금리 기조, 특히 선진국에서 테일러 규칙에 의해 계산된 금리보다 낮게 형성된 정책금리는 '인플레이션(소비자물가지수)의 글로벌 동조화'의 결과이다. 정책금리가 '규칙 금리'보다 낮게 형성됨으로써 '글로벌 유동성'과 국제 신용이 급증하였고, 이는 글로벌 신용의 붐을 일으켰다. 이는 전체 신용 중 국제 신용의 비중과 GDP 대비 은행 신용 비중의 급증 간 상관성에서도 확인된다.[30] 미국

그림 11-25 인플레이션의 글로벌 동조화(전년대비 CPI 증가율)

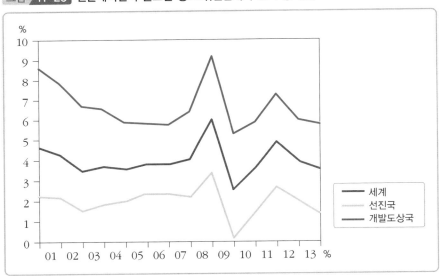

출처: L. Buttiglione, P. Lane, L. Reichlin and V. Reinhart, 2014, "Deleveraging? What Deleveraging?" Geneva Reports on the World Economy 16, International Center For Monetary and Banking Studies, Figure 3.4.

---

29) T. Padoa-Schioppa, 2010, "The Ghost Of BANCOR: The Economic Crisis and Global Monetary Disorder," Louvain-la-Neuve (Feb. 25).
30) S. Avdjiev, R. McCauley, and P. McGuire, 2012, "Rapid credit growth and international credit:

에서의 신용 붐은 금융위기의 한 원인이었던 지속 불가능한 소비지출과 차입 그리고 경상수지 적자를 만들어냈다.

**그림 11-26 테일러 규칙과 정책금리**

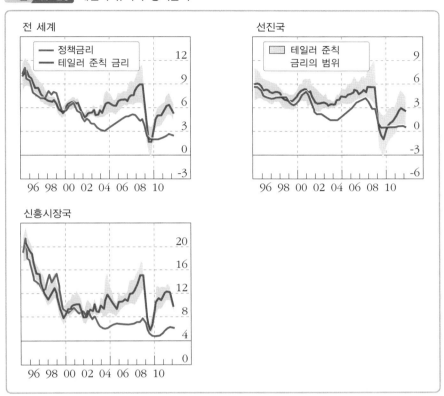

주: 여기서 테일러 규칙은 1993년 버전이 아니라 1999년 버전, 즉 $i = r^* + \pi^* + 1.5(\pi - \pi^*) + 0.5y$
출처: B. Hofmann and B. Bogdanova, 2012, "Taylor rules and monetary policy: a global 'Great Deviation'?" *BIS Quarterly Review* (Sep.), p. 42.

### 4.4. 비전통적 통화정책과 통화주의의 파산

글로벌 금융위기 이후 선진국 중앙은행들이 금리를 제로까지 내렸음에도 불구하고 금융불안정이 지속되고 실물경기의 침체가 계속되자 기존의 경제학 교과서에 개념조차 소개되지 않은 양적완화, 오퍼레이션 트위스트(Operation Twist) 등 비전통적 통화정책을 동원하였다. 먼저, '양적완화'란 중앙은행의

Challenges for Asia," BIS Working Papers No 377 (April); P. Lane and P. McQuade, 2013, "Domestic credit growth and international capital flows", Working Paper No. 1566 (July).

정책으로 금리 인하를 통한 경기부양 효과가 한계에 봉착했을 때 중앙은행이 국채 매입 등을 통해 유동성을 시중에 직접 푸는 이른바 '대규모 자산 매입 (Large-Scale Asset Purchase, LSAP)'을 통한 '비상유동성 지원 프로그램'이다. 전통적 통화정책과의 차이는 장기 이자율을 통해 운영한다는 점이다. 즉 장기 국채나 모기지담보증권(MBS) 등 장기 증권을 매입함으로써 장기 이자율을 인하시키는 효과가 있다. 이밖에도 양적완화는 은행이 가진 유동성이 낮은 혹은 유동성이 없는 자산을 매입해줌으로써 은행시스템의 (유동성, 신용, 시장) 리스크 완화, 인플레이션 기대심리 자극을 통한 자산시장의 부양,[31] 캐리 트레이드를 통한 양적완화 시행국(중심국) 금융기관의 자본이득 실현, 그리고 양적완화 시행국의 통화가치를 절하시키는 환율효과 등을 추가로 기대한다.

양적완화는 세 차례에 걸쳐 진행되었다. 1차 양적완화는 2008년 11월 시작해서 2010년 3월 종료한 1차 양적완화를 통해 패니매(Fannie Mae)와 프레디맥 (Freddie Mac) 두 정부보증기관(GSEs)의 채권 1,750억 달러와 국채 및 MBS 1.25조 달러를 매입하였다. 2010년 11월 시작해서 2011년 6월에 종료한 2차 양적완화를 통해 국채 6천억 달러를 매입하였다. 2012년 9월 시작한 3차 양적완화는 매달 400억 달러 규모의 MBS에 대한 무제한 매입으로 시작하였다. 3차 양적완화는 제약을 두지 않은 이유로 '무제한 양적완화(QE-Infinity)'라는 별칭을 얻었다. 2012년 12월 연준은 매달 국채 450억 달러와 MBS 400억 달러로 자산매입 규모를 확대하였다.[32] 3차 양적완화에 따른 새로운 통화 프린트 규모만 하더라도 1조 6,761억 달러에 달하였다. 세 차례 양적완화의 결과 연준의 자산 규모는 약 750%나 증가하였다.[33] GDP 대비 연준 자산의 비율은 16%가 채 안되었던 대공황과 14% 정도에 불과했던 2차 대전 당시보다 훨씬 높은 24%의 규모에 달하였다. 그리고 연준이 보유한 장기 국채 2.3조 달러와 정부보증기관의 채권 1.7조 달러는 유통되는 MBS와 국채의 각각 30% 이상과 약 25%를 차지하는 수준이었다.[34] 그 덕택에 금융회사, 특히 거대 금융회사

---

31) 다른 조건이 일정할 경우 인플레이션의 예상은 제품 수요와 가격의 상승과 이에 따른 기업 수익성 향상이 예상돼 기업가치인 주가 상승을 유인하고, 또한 금리 하락으로 채권의 수익률도 하락하게 되기에 채권 가격은 상승한다.

32) 이를 일각에서는 4차 양적완화라 부르지만 대부분이 3차 양적완화에 포함시키는 이유도 3차 양적완화의 무제한 성격에서 비롯한다.

33) R. Sahay, V. Arora, T. Arvanitis, H. Faruqee, P. N'Diaye, T. Manchini-Griffoli, and an IMF Team, 2014, "Emerging Market Volatility: Lessons from the Taper Tantrum," IMF Staff Discussion Note (Sep.), p. 6.

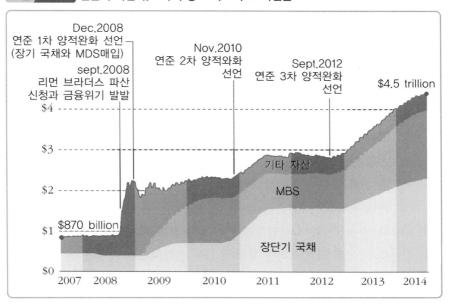

출처: N. Michel and S. Moore, 2014, "Quantitative Easing, The Fed's Balance Sheet, and Central Bank Insolvency," The Heritage Foundation, Backgrounder #2938, Chart 1.

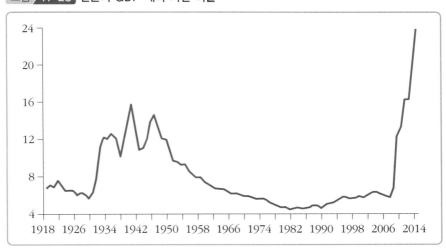

출처: L. Buttiglione, P. Lane, L. Reichlin and V. Reinhart, 2014, Figure 4.4.

---

34) R. Fisher, "Forward Guidance," remarks before the Asia Society Hong Kong Center, Federal Reserve Bank of Dallas, April 4, 2014, http://www.dallasfed.org/news/speeches/fisher/2014/fs140404.cfm (accessed June 30, 2014).

의 유동성 부족과 신용경색은 해결되었다.

이러한 천문학적 금융 투입은 통화량 감소가 대공황을 불러온 직접 원인이었다는 프리드먼의 주장에 기초한 것이었다. 통화주의의 이론적 뿌리를 제공한 「미국화폐사, 1867~1960」[35]에서 밀턴 프리드먼과 안나 슈워츠(Milton Friedman and Anna Schwartz)는 1930년대 대공황은 중앙은행의 무지와 실책, 리더십의 실종 때문에 더욱 커지고 장기화되었다고 주장했다. 즉 국민순생산(NNP)과 명목소득은 절반으로 떨어지고 국민의 $\frac{1}{4}$이 실업자가 되고, 미국에서만 9천개 이상의 은행이 도산하고 걷잡을 수 없는 뱅크런 사태로 은행시스템 전체가 문을 닫는 날도 있었는데, 이는 연준이 통화 공급이 건전한 경제적 거래가 아닌 투기에 악용되는 것을 우려하여 긴축정책을 펼친 결과 통화 공급이 $\frac{1}{3}$ 이상 줄어든 결과였다는 주장이다. 경기 침체에 빠지고 통화량이 급격히 감소할 때 전격적인 통화 공급이 필요하다는 사실을 연준이 간과했다는 것이다. 대공황 전문가[36]인 벤 버냉키(Ben Bernanke)는 연준 이사로서 2002년 11월 8일 "밀턴 프리드먼을 찬양하기 위한 컨퍼런스(the Conference to Honor Milton Friedman)"에 참석해 "밀턴 프리드먼의 90회 생일을 맞아(On Milton Friedman's Ninetieth Birthday)"라는 논평을 통해 대공황 당시 연준이 저지른 실수를 다시는 되풀이하지 않을 것이라고 약속을 했다. 연준 의장으로서 버냉키는 약속대로 금융위기가 실물위기로 전이되자 제로금리와 양적완화 정책 등 과감하고 파격적인 통화정책을 시행했던 것이다. 즉 버냉키는 통화주의에 충실하게 대출을 유인하기 위해 통화 공급을 늘린 것이다.

그러나 통화 공급을 증대시키는 대신 버냉키의 양적완화 정책은 은행자산과 중앙은행 부채의 스왑(swap)을 만들어냈을 뿐이다. 즉 장기 금리는 인하되었지만 투자지출을 위한 차입은 현저하게 증가하지 않았다. 단지, 모기지 금리를 내림으로써 모기지 재융자(refinancing, 기존 모기지를 상환해 더 낮은 금리의 모기지로 갈아타기 위한 용도)의 붐을 만들었고, 현금이 풍부한 기업들의 미래 수익의 할인가치(자산가격 결정 참고)를 증가시킴으로써 주식시장 붐을 만들어냈을 뿐이다. 그러나 이 모든 것은 통화 공급과 기업투자, 고용 등에서 주목

---

35) M. Friedman and A. Schwartz, 1963, *A Monetary History of the United States, 1867~1960*, Princeton University Press

36) B. Bernanke, 1983, "Nonmonetary Effects of the Financial Crisis in the Propagation of the Great Depression," MIT Ph. Dissertation.

할 만한 증가 없이 일어났을 뿐이다. 더 이상 금리가 내려가지 못할 것이라는 전망, 즉 현재의 금리 이상으로 금리가 상승할 것이라는 전망 때문에 현금을 보유하려는, 이른바 유동성을 선호하는 '유동성 함정'에 빠진 것이다.[37] 반면, 자산가격에 대한 양적완화의 효과로 불평등을 증대시켰고, 수요에 부정적으로 영향을 미쳤다.[38]

양적완화가 은행 대출로 연결되지 않은 이유는 경제조건이 개선되지 않았고, 규제의 불확실성이 증가한 데서 비롯한 것이었다. 예를 들어, 2010년 도드-프랭크 법(the 2010 Dodd-Frank Wall Street Reform and Consumer Protection Act)의 제정으로 은행의 대출이 신중해진 것은 의심의 여지가 없다.[39] 게다가 이전에는 없었던 초과지불준비금에 대한 (0.25%의) 이자 지급을 2008년 10월부터 시행함으로써 은행의 새로운 통화 창출, 즉 은행 업무의 수행 과정에서 창조되는 신용인 예금통화의 창조에 대한 인센티브를 낮추었다. 반면, 제로금리 정책은 자금조달 능력이 취약한 소기업이나 가계에 대한 대출을 축소시키는 역설을 만들어냈다. 시장이론에서는 이자율이 낮아질수록 신용 확장의 기회가 증가된다고 얘기한다. 그러나 이러한 주장은 이자율이 제로 이상에 있을 경우에 해당한다. 즉 소규모 소매은행이 도매 금융시장인 은행간대출 시장에 쉽게 접근할 수 있다면 소기업에 대한 유동성 공급은 개선될 것이다. 그러나 은행간대출 시장의 이자율이 제로에 접근할수록 여유 자금을 가진 대규모 은행들은 거의 수익을 내지 못하는 은행간대출을 위하여 여유 자금을 내놓을 가능성이 없다. 은행간대출은 2008년 2월 4,682억 달러에서 2009년 10월 2,800억 달러, 2010년 10월 1,900억 달러, 2011년 10월 1,200억 달러, 2012년 10월 1,231억 달러, 2013년 10월 1,143억 달러, 2014년 1,002억 달러로 계속 축소되었다. 소규모 소매은행의 자금조달 어려움은 다시 소기업의 신용 확보에 부정적으로 작용할 수밖에 없다.

이처럼 연준의 양적완화 정책은 위험에 직면한 금융회사의 구제에는 효과를 거두었지만 은행시스템에 공급된 대부분의 통화는 은행의 지불준비금으로

---

37) J. Kregel, 2014, "Liquidity Preference and the Entry and Exit to ZIRP and QE," Levy Economics Institute Policy Note.
38) D. Gros, 2014, "Quantitative Easing and Deflation in a Creditor Economy," Think Tank 20, CEPS, p. 95.
39) N. Michel and S. Moore, 2014, "Quantitative Easing, The Fed's Balance Sheet, and Central Bank Insolvency," The Heritage Foundation, Backgrounder #2938, p. 4.

**그림 11-29** 은행간대출 규모의 추이(10억 달러)

October 2014: 100.2472

출처: Federal Reserve Bank of St. Louis.
　　 http://research.stlouisfed.org/fred2/series/IBLACBM027NBOG

잠기고 통화 공급이나 은행 신용을 의미 있게 증가시키지 못했다. 2008년 8월 18억7천5백만 달러에 불과했던 미국 은행시스템 전체의 초과지불준비금은 2014년 9월에는 2조 6,774억 달러까지 증가했다. 같은 기간 동안 연준이 새로 찍어낸 화폐 중 75% 이상이 다시 연준으로 재예치된 것이다. 즉 연준의 양적완화로 은행의 유동성 위기는 가라앉았지만 은행의 자금중개기능은 복원되지 못했음을 의미한다.[40] 프리드먼의 소원(?)대로 천문학적 규모로 통화 공급을 증대시킨 버냉키의 양적완화[41]가 금융중개를 정상화시키지 못한 것은 화폐유통속도와 통화승수에서도 확인된다. 금융위기 이전(2006년 2분기)에 2가 넘었던 화폐유통속도(M2 기준)는 2014년 3분기에는 1.5 까지 지속적으로 하락했다. 통화승수(M1 기준) 역시 2008년 8월 1.62에서 2014년 11월 0.72로 절반 이하로 떨어졌다. 자본의 한계생산을 끌어올리는 정책이 없는 한 통화 공급이 기업 투자지출로 이어질 가능성은 없는 것이다. GDP 대비 국내 총투자의 비중이 2009년 3분기 말에 12.4%로 2차 대전 이후 최저 수준으로 하락한 이후 2014년 4분기 말 기준 16.7%까지 회복되었지만, 2001년 경기침체 시 기록했

---

40) M. Bordo, 2014, "Lessons for monetary policy from the recent crisis," mBank-Case Seminar Proceedings No. 130, p, 28.
41) 버냉키는 2006년 연준 의장으로 취임한 후 금융위기와 경기침체를 맞이해 "경기 부양을 위해서라면 헬리콥터에서 돈을 뿌릴 수도 있다"고 말해 '헬리콥터 벤'이라는 별명이 붙었다.

은행시스템 전체의 초과지불준비금 규모의 추이(백만 달러)

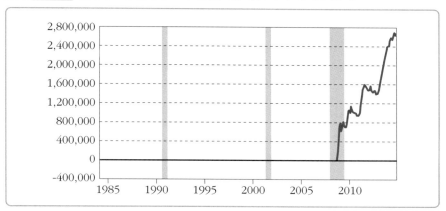

출처: Federal Reserve Bank of St. Louis.

화폐유통속도(M2 기준)

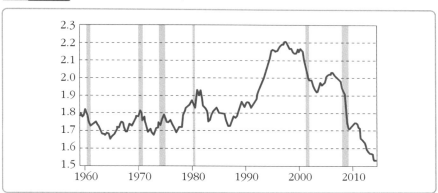

출처: Federal Reserve Bank of St. Louis.

통화승수(M1 기준)

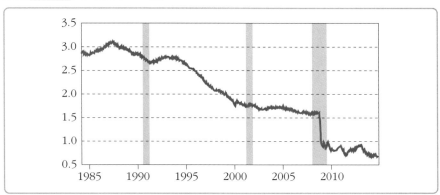

출처: Federal Reserve Bank of St. Louis.

던 17.2%에도 미치지 못하는 배경이다.[42]

　사실, 양적완화 정책은 실패가 예정된 것이었다. 양적완화 정책은 '대차대조표 침체'에 빠진 일본에서 2000년대 초에 실행하였고 실패로 끝난 전례가 있기 때문이다. 일본도 장기불황에 대해 통화완화 정책을 시행하였다. 정책금리(공정금리)를 공격적으로 인하한 결과 1999년부터 제로금리 시대를 열었다. 그러나 일본 경제가 개선될 조짐을 보이지 않자 버냉키는 2000년에 "일본은행(BOJ)이 경기부양을 위해 할 일을 다 했다고 말해선 안 되고, 제로금리 이상의 수요 촉진책을 써야 했다"는 점에서 "일본의 잃어버린 10년은 일본은행이 초래한 자발적인 마비증세"라며 일본은행(BOJ)을 신랄하게 비난했다. 버냉키의 훈수대로 2001년 3월 19일에 일본은행은 양적완화를 채택하였다. 그러나 결과는 처절한 실패였다. 1990년대 초까지만 해도 약 50조 엔에 불과했던 일본은행의 자산 규모가 2006년에는 약 150조 엔으로 3배가 증가하였다. 그러나 은행 대출은 양적완화 기간 중에 15%나 오히려 하락하였다. 즉 통화확대 정책은 경기부양과 인플레율 증가에 효과를 거두지 못했다.

　2차 양적완화의 종료와 더불어 3차 양적완화 시작 이전에 연준이 동원한 '오퍼레이션 트위스트' 역시 효과를 거두지 못했다. '오퍼레이션 트위스트'란 중앙은행이 시행하는 공개시장조작의 한 가지 방법으로 미국에서 1961년에 처음으로 실시하였다. 한편에서 장기증권을 매입하고 다른 한편에서 단기증권을 매도하는 조작을 동시에 행함으로써 통화 공급량을 변화시키지 않고도 장기 이자율을 인상하고 단기 이자율을 인하하거나 또는 그와 반대 경우의 효과를 거둘 수 있다. 장·단기금리를 반대방향으로 움직이게 하기 때문에 이 이름이 붙었다. 단기 채권인 만기 3년 미만 국채를 4천억 달러어치 내다 팔면서 그 자금으로 만기 6~30년물인 장기국채를 매입, 즉 6~8년물에 32%, 8~10년물에 32%, 10~20년물에 4%, 20~30년물에 29%를 배정하였다. '오퍼레이션 트위스트'를 통한 연준의 목표는 단기금리가 최저 상태에 있기에 장기금리를 낮춰 가계의 모기지 리파이낸싱 수요의 확대나 기업과 가계의 자금수요 확대 등 경기를 진작하겠다는 것이었다. 그렇지만 고용과 주택시장의 침체 그리고 은행의 소극적인 대출 태도로 효과를 보지 못했다. 오히려 연준의 '오퍼레이션 트위스트'는 장기 투자에 대한 시장의 자원 할당을 왜곡시켰다. 전

---

42) FRB of St. Louis, Shares of gross domestic product: Gross private domestic investment.

통적인 통화정책의 수단에서 배제된 이유이다.[43]

양적완화 정책의 도입은 '이자율 준칙'에서 '통화량 준칙'으로의 복귀를 의미한다. 사실, 프리드먼은 통화정책의 도구로서 이자율 정책을 반대하였다. 즉 예를 들어, 「미국화폐사, 1867~1960」에서 밀턴 프리드먼과 안나 슈워츠는 대공황 당시 연준은 통화 공급의 위축을 막기 위해 대차대조표를 사용하는 것에 실패함으로써 은행들이 유동성 스트레스를 겪게 하였다고 주장하였다. 즉 중앙은행의 대차대조표를 사용하는 통화정책과 단기 정책금리를 사용하는 신용정책을 구분[44]한 프리드먼은 연준의 주요 목표인 금융안정을 위해서는 이자율 정책이 아니라 유동성을 지원하는 '대차대조표 정책'이 필요하다고 주장하였다. 그러나 은행들의 유동성 스트레스 해소가 은행의 자금중개기능을 회복시키지 못했다는 점에서 '통화량 준칙'의 '복귀 프로젝트'는 실패로 끝났다. 기본적으로 (앞에서 지적했듯이) 통화 공급이 통화정책의 도구로서 바람직하려면 통화 공급이 중앙은행의 통제[45] 하에 있어야 하는데 중앙은행의 통화 공급 통제력이 약화된 상황에서 '통화량 준칙'의 부활은 의미가 없다.

게다가 ([그림 11-33]에서 보듯이) 양적완화는 '국가부채의 화폐화'를 의미하고, '국가부채의 화폐화'는 금융안정을 명분으로 중앙은행이 준재정 의무(quasi-fiscal obligations)를 수행하는 것을 의미한다. 엄격히 말하면 조세법정주의(no taxation without representation, 과세의 요건과 조세 행정 절차를 엄격하게 법률로 규정하도록 하는 원칙, 한국의 경우 헌법 59조)를 위반하는 것이다. 즉 금융

그림 11-33 국가부채의 화폐화 메커니즘

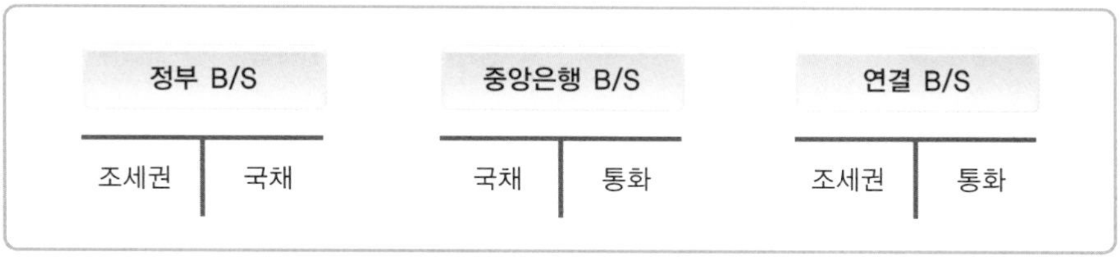

| 정부 B/S | | 중앙은행 B/S | | 연결 B/S | |
| --- | --- | --- | --- | --- | --- |
| 조세권 | 국채 | 국채 | 통화 | 조세권 | 통화 |

43) J. Kregel, 2014, "Liquidity Preference and the Entry and Exit to ZIRP and QE," Levy Economics Institute Policy Note.
44) M. Friedman, 1964, "Postwar Trends in Monetary Theory and Policy," *National Banking Review* II, pp. 1-9.
45) 통화 공급의 통제를 위해 프리드먼은 금융기관의 개혁이 필요하고, 자신의 스승인 H. Simons (1936, "Rules versus authorities in monetary policy," *Journal of Political Economy*, Vol. 44 No. 1, pp. 1-30)가 주장한 예금에 대한 100% 지급준비율을 갖는 은행을 하나의 예로 들었다.

문제와 재정문제가 동일시되는 것으로, 즉 중앙은행이 비선출 재정기관으로 진화했다는 점에서 이는 연준이 어렵게 확보한 독립성의 훼손을 의미한다. 이처럼 연준의 정치화(The politicisation of the Fed) 및 통화 공급에 대한 중앙은행의 통제력을 약화시킨 '금융의 내생성'과 더불어 금융불안정이 야기한 경기침체 대한 통화확대 정책의 무력감 등은 통화주의의 사망을 보여준다.

## 제 5 절　고용 없는 성장: 성장과 고용 관계의 약화

GDP 갭과 실업률에 대한 이해는 경기가 좋아질 때 실업률이 하락하고 후퇴할 때 실업률이 상승한다는 것이다. 즉 시장이론에서는 GDP 갭과 실업률 갭 사이의 비례관계를 주장한다. 그러나 80년대 이후, 특히 90년대 이후 경기가 확장국면으로 진입한 이후에도 고용이 회복되지 않는 현상이 일반화되었다. 다음 그림은 70년대 이후 미국의 경기침체가 경험한 고용회복 기간을 보여준다. 70년대에 고용회복에 필요한 기간은 20개월 이하였는데 90년대 초의 경기침체와 2001년 닷컴 버블 붕괴 이후의 경기침체 때는 각각 33개월과 48개월이 걸렸다. 그리고 글로벌 금융위기가 초래한 경기침체로 2008년 5월부터 고용이 후퇴하기 시작했는데 현재까지 고용이 회복될 조짐을 보이지 않는다. 일반적으로 '고용 없는 성장' 개념은 경기 순환상의 경기회복 국면에 8분기(24개월) 혹은 그 이상의 기간 동안 지속되는 일자리 없는 경기회복(jobless recovery) 현상이라는 좁은 개념을 포괄하면서 경제의 성장 속도에 비해 상대적으로 지체되고 있는 지체된 일자리 성장(sluggish job growth) 현상, 그리고 이 두 현상의 상호작용으로 확대·강화되고 있는 고용불안정성(job insecurity) 현상을 포괄하는 넓은 개념이다.

'고용 없는 성장'은 1990년대 이후 미국 경기순환에서 나타나고 있는 '일자리 없는 경기회복(jobless recovery)' 현상에서 기원한다. 즉 1991년 3월 저점 이후 경기 회복기 18개월 동안 저점 대비 고용 성장률이 (−)값을 보였고, 24개월이 지난 1993년 3월에도 저점 대비 0.8% 성장에 그치고 있어 예전 평균 대비 10분의 1 수준에 머물렀다.[46] 2001년 11월 저점을 지난 경기회복기에

---

46) R. Gordon, 1993, "The Jobless recovery: does it signal a new era of productivity let growth,"

접어든 경기순환의 경우 30개월이 지나서야 '일자리 없는 경기회복' 현상이 해소될 정도로 그 정도가 심해졌다. 경기회복기에 들어간 후 30개월 이상 고용이 저점 대비로 계속해서 (-)를 보인 것은 전례 없는 일이었다. 금융위기 이후에도 전미경제연구소(NBER)가 2009년 6월 경기침체의 종료를 선언한 지(2014년 12월 기준) 66개월이 지났음에도 불구하고 고용은 충분히 회복되지 않고 있다. 1991년 이후 동일한 현상이 반복되고 있을 뿐 아니라 갈수록 악화되고 있다는 점에서 고용 없는 성장은 구조적인 문제로 인식할 필요가 있다.

그림 11-34 침체 이전 수준으로의 고용 회복 기간, 미국 비농업부문 일자리 중심

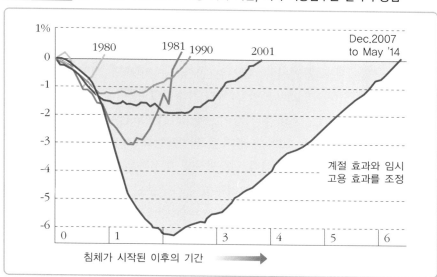

출처: Wall Street Journal, 2014, Everything You Need to Know About the Jobs Report (July 3).
http://blogs.wsj.com/moneybeat/2014/07/03/live-blog-everything-you-need-to-know-about-the-jobs-report/

'고용 없는 성장' 현상은 개도국 경제에서도 예외가 아니다. 예를 들어, 경제가 1% 성장했을 때에 고용량이 몇 퍼센트(%) 변화하는가를 나타내는 '고용탄력성' 혹은 '고용탄성치'(elasticity of employment, 취업자 증가율/GDP 증가율)가 인도의 경우 1972~84년간 0.5에서 1983~94년간은 0.4, 1994~2005년간은 0.3, 2004~10년간은 0으로 하락하였다.[47]

---
The Brookings Papers on Economic Activity.

한국의 '고용 없는 성장' 현상도 심화되고 있다. 고용탄력성은 1971~90년 간 0.34에서 1991~2008년간 0.27로 하락하였다. 특히 주력 산업인 제조업의 경우 같은 기간 0.51에서 -0.16으로 급감했다.[48] 금융위기 이후에도 성장에 따른 고용 창출력은 하락하고 있다. 한국은행[49]에 따르면 국내산출(생산)은 2010년 3,048조원에서 2012년 3,472조원으로 13.9% 증가했지만 취업자 수 는 같은 기간 2,142만명에서 2,291만명으로 7.3% 증가에 그쳤다. 이에 따라 10억원어치를 생산하는 데 필요한 취업자수를 나타내는 취업유발계수는 2010년 13.9명에서 2012년 13.2명으로 줄었다. 생산이 늘어나는 만큼 일자리 가 증가하지 않는다는 의미이다. 한국경제의 '고용탄력성' 약화는 다른 나라 와 비교해도 낮다. 예를 들어, 2000~08년 OECD 30개 회원국의 평균 고용탄 력성은 0.439였던 반면, 한국은 0.312에 불과했다.[50] '고용 없는 성장'은 기업 단위에서도 확인된다. 대기업 종사자는 1999년 214만2,129명에서 2010년 1,87만2,699명으로 26만9,430명 감소하였다.[51]

'고용 없는 성장'은 시장이론에 중대한 도전이다. 시장이론에서 총산출량 (GDP)의 증가는 고용의 증가를 의미하는데 성장에도 불구하고 고용 증가가 수반되지 않기 때문이다. 즉 생산을 결정하는 것은 일차적으로 투입물이고, 투입물은 가변투입물과 고정투입물로 구분된다. 그리고 노동은 가변투입물로 분류되기에 생산 증대에 따라 고용은 증대하는 것으로 되어 있다. 그러나 무 형재의 경우 이러한 구분이 더 이상 적용되지 않는다. (앞에서 지적했듯이) 고부 가가치를 낳는 무형재(예: 영화나 게임소프트웨어) 산업의 경우 대부분의 투입물 은 상품개발 과정에 사용된다([그림 11-35]). 양질의 노동력은 상품개발 과정 에 집중 투입될 뿐이다. 또 상품개발에 요구되는 노동력은 노동력의 양이나 표준화된 지식이 아니라 창의적 노동력이다. 즉 무형가치 생산에는 창작자

47) 자본흐름 자유화의 증대와 글로벌 생산체인의 통합 등이 '노동의 비공식화'에 기여하였다. 예를 들 어, 개도국 성장의 엔진으로 간주되는 수출 촉진은 노동집약적 제조업 시장을 둘러싼 경쟁을 격화 시켰고, 경쟁적인 비용 절감의 압력은 임금과 노동조건을 악화시키고 '노동의 비공식화'를 증대시 켰다. S. Nigam, 2014, "The Growth-Employment Relationship Since 2000," RIS Discussion Paper 192.
48) 유경준·신석하, 2012년, 한국경제의 고용창출능력은 저하되었는가? KDI정책포럼 제244호 (2012-01)
49) 한국은행, 2014, "2011~2012년 산업연관표(연장표)를 이용한 우리나라 경제구조 분석" (2014.6.26.)
50) 이규용·강승복·반정호·이해춘·김기호, 2011, "고용성과의 국제비교," 한국노동연구원
51) 중소기업중앙회, 2012, "2012 중소기업 위상지표," (2012.12)

(creator)의 역할을 수행할 수 있는 노동력이 필요하다.

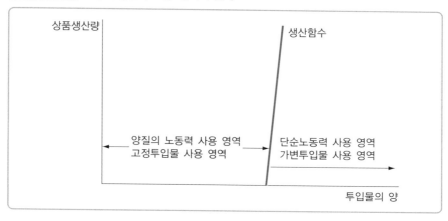

그림 11-35 무형재 생산과 고용 성격의 변화

이처럼 무형재 생산의 경우 생산 증대가 고용을 창출하지 않는다. 경제에서 무형가치의 비중이 증대하면서 성장률과 실업률 사이의 연관관계가 약화된 이유이다. 이처럼 성장이 고용 증대를 수반한다는 시장이론은 더 이상 유효하지 않다. 즉 성장 중심의 시장이론으로는 일자리, 특히 양질의 일자리 창출 문제를 해결할 수 없다. 일자리 중심의 경제학(Job-centric Economics)이 필요하며, 이는 무형재에 대한 이해에 기초한다. 무형가치의 비중이 지배적인 무형재경제에서 일자리 창출은 상품개발(혁신) 능력을 갖는 인재의 공급과 무형가치 창출을 지원할 투자 환경 등에 달려 있다. 즉 오늘날 기업이 요구하는 '양질의 많은 아이디어(more ideas-better ideas)'와 국가 과제인 '양질의 많은 일자리(more jobs-better jobs)' 창출은 창의적이고 문제해결 능력을 가진 노동력의 공급과 이를 지원할 투자 모델에 달려 있다. 산업화 단계에서는 설비투자의 성장 유발효과가 높기에 물적 자본 주도의 성장과 고용창출이 가능했던 반면, 무형재경제에서는 역으로 양질의 아이디어와 문제해결 능력을 보유한 인재의 존재가 설비투자를 유발하는 이유이다.

무형재경제는 '고용 없는 성장'과 더불어 고용구조에도 변화를 가져온다. 소비하는 순간 가치가 소멸하는 무형재의 특성으로 아이디어 상품은 라이프 사이클이 비교적 짧다. 이것이 지속적인 혁신을 요구하는 이유이다. 노동의 숙련도에 따라 가치가 창출됐던 대량생산 시대에는 종신고용과 연공서열이

의미를 가졌던 반면, 무형재 산업에서 표준화된 지식을 가진 노동력은 더 이상 핵심 노동력이 아니며 기업은 비용 절감을 위해 핵심역량과 무관한 자원은 내부 보유를 최소화한다. 그 결과 대체 가능한 노동력의 경우 고용의 질은 저하된다. 노동의 임시직화·계약직화 등 고용의 비정규직화가 그것이다. 게다가 표준화된 지식을 가진 노동력의 역할 약화는 '일자리 양극화'[52]로 이어지고 있다. 예를 들어, 미국의 경우 1979년을 전후로 중간소득 일자리가 감소하고 상·하위 소득 일자리는 증가하였는데 1979년은 제조업 종사자가 1,939만 명으로 정점을 기록한 해와 일치한다. 기술진보의 결과 일상적이고 정형화된 업무(routine tasks)의 경우 기술에 의해 대체된 반면, 비일상적이고 비정형화된 업무(non-routine tasks)에서 인간 노동력은 기술로 대체되지 않은 결과였다.[53] 예를 들어, 컴퓨터는 일상적 업무를 수행하는 노동자와 경쟁관계에 있는 반면, 비일상적이고 비정형화된 인지업무를 수행하는 노동력과는 보완적 관계를 갖는다. 실제로 미국에서 인지노동과 육체노동 모두 일상적이고 정형화된 업무를 수행하는 노동력은 지속적으로 감소한 반면, 비일상적이고 비정형화된 인지 노동력(non-routine cognitive) 및 육체 노동력(non-routine manual)은 증가해왔다.

### 일자리 양극화: 정형화 가설과 노동력 구분

정형화 가설(routinization hypothesis)은 노동력을 정형화된 업무와 비정형화된 업무 그리고 인지력을 요구하는 업무와 육체 노동력에 기초하는 업무를 기준으로 4가지 유형으로 노동력을 구분한다. 첫째, 정형화되지 않으며 인지력을 요구하는 업무(non-routine cognitive tasks)란 유연성(flexibility), 문제해결(problem-solving), 인간 사이의 상호작용 기술(human interaction skills) 등이 요구되는 업무로 경영, 비즈니스, 과학, 예술 관련 직업군이 여기에 해당한다. 둘째, 인지력이 요구되는 정형화된 업무(routine cognitive tasks)에는 판매직과 사무직 등 반복적 업무를 수행하는 화이트칼라층의 업무가 여기에 해당한다. 셋째, 정형화된 육체노동력 업무(routine manual tasks)에는 건축업과 생산직, 운송직, 건물·기계 등을

---

52) D. Autor, L. Katz, and M. Kearney, May 2008, "Trends in U.S. Wage Inequality: Revising the Revisionists," *The Review of Economics and Statistics*, Vol. 90 No. 2, pp. 300–23; CEDEFOP, 2011, "Labour-market polarisation and elementary occupations in Europe: Blip or long-term trend?" Research Paper n.9–5509.

53) M. Cortes, N. Jaimovich, C. Nekarda, and H Siu, 2014, "The Micro and Macro of Disappearing Routine Jobs: A Flows Approach," NBER Working Paper 20307.

정기적으로 점검 · 보수하는 유지 업무, 물질 이동 업무 등 생산직 및 기타 블루칼라 직업들이 이에 해당한다. 넷째, 정형화되지 않은 육체노동력 업무(non-routine manual tasks)에는 대부분의 저임금 서비스 업무가 해당된다. 일자리 양극화와 관련된 연구들에서 직업 집단은 교육 수준에 의해 측정된 숙련(skills)과 밀접한 연관성을 갖고 있다. 즉 인지력을 요구하는 정형화되지 않은 업무에서 교육 수준은 가장 높고, 비숙련 육체노동력 업무에서 가장 낮았다. 그리고 정형화된 육체노동력 업무들은 고등학교 졸업자인 중간 기술을 가진 노동력을 고용하는 경향이 있다.

'고용 없는 성장'과 '일자리 양극화'는 탈공업화와 밀접한 관계가 있다. 산업화의 종언이 경제 패러다임을 바꾸고 있는 것이다. 인류 사회는 지난 2세기 동안 성장을 추구해왔고, 특히 경제성장과 민주주의의 병행 발전을 이룩했던 1950~60년대 서구 사회에서 좌파와 우파가 시장경제를 통한 성장 방식에 합의[54]를 이룬 것도 성장의 결과를 모두가 균등하게 분배받지 않지만 사회구성원 대다수가 성장으로부터 혜택을 받았기 때문이었다. 그런데 성장이 고용을 수반하지 않을 경우 성장의 혜택은 소수에게 집중될 수밖에 없다. '고용 없는 성장' 그리고 '일자리 양극화'가 심화되면서 90년대 이후 전개된 80대 20의 사회가 2000년대 이후에는 99대 1의 사회로 진화하고 있는 배경이다.

제 6 절  **시장개방의 정치경제학**

### 6.1. 통화정책의 위기와 글로벌 불균형: 경상수지 흑자는 나쁜 것인가?

자본흐름이 자유화된 상황에서 재정 및 통화정책의 효과를 살펴보면 다음과 같다. 시장이론에서는 실업이 높고 경기가 침체된 상황, 즉 수요 부족 상황에서는 확장적 통화정책을 제시한다. 반면, 경기가 과열된 상황, 즉 초과수요 상황에서는 긴축적 통화정책을 제시한다. 한편, 시장이론에서 재정정책은 경상수지 조절을 위한 수단으로 제시한다. 즉 경상수지 흑자를 실현하는 국가는 확장적 재정정책을, 경상후지 적자를 실현하는 국가는 긴축적 재정정책을 사용해야 한다고 처방하고 있다.

---

54) 그밖에도 좌파와 우파는 시장경제 방식으로 경제를 운영하기 위해서는 기회, 특히 교육기회의 균등의 필요성과 경쟁으로부터 탈락자에 대한 최소한의 사회안전망 제공 등에 합의를 했다.

표 11-3 자본시장 개방 속에서 시장이론의 정책 처방

|  | 실 업 | 초과수요 |
|---|---|---|
| 경상흑자 | 확장적 통화정책<br>확장적 재정정책 | 긴축적 통화정책<br>확장적 재정정책 |
| 경상적자 | 확장적 통화정책<br>긴축적 재정정책 | 긴축적 통화정책<br>긴축적 재정정책 |

먼저 재정확대 정책의 경우 IS곡선을 우상향($IS_1$)으로 이동시키고 금리를 상승시켜 국제수지를 흑자로 만든다($E_1$). 그 결과 BP곡선은 위쪽($BP_1$)으로 이동하고 환율을 하락시킨다. 환율의 하락은 다시 순수출을 감소시킴으로써 IS곡선을 좌하향($IS_2$)으로 이동시킨다($E_2$). 이처럼 자본시장이 개방된 경제에서 재정확대 정책은 소득 증가 효과가 미약하다($Y_0 \rightarrow Y_2$). 반면, 재정확대 정책은 순수출을 감소시킴으로써 경상수지 흑자를 축소시킬 수 있다. 따라서 경상수지 적자에 시달리는 국가는 재정 축소를 통해 해결할 수 있다고 주장한다.

다음으로 통화확장 정책의 경우 LM곡선을 우하향($LM_1$)으로 이동시키고 금리를 하락시켜 국제수지를 적자로 만든다($E_1$). 그 결과 BP곡선은 아래쪽($BP_1$)으로 이동하고 환율을 상승시킨다. 환율 상승은 다시 순수출을 증가시킴으로써 IS곡선을 우상향($IS_1$)으로 이동시킨다($E_2$). 이처럼 자본시장이 개방된 경제에서 통화확대 정책은 소득 증가 효과가 크게 나타난다($Y_0 \rightarrow Y_2$).

그림 11-36 재정확대 정책의 효과

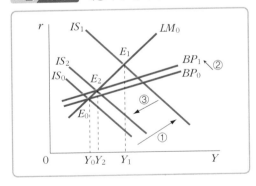

그림 11-37 통화확대 정책의 효과

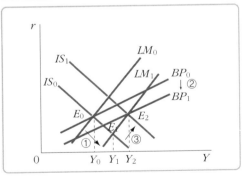

그런데 이러한 정책 처방들은 몇 가지 중요한 조건을 전제로 한다. 첫째, 통화 완화에 따른 이자율 인하 효과가 크다는 것을 전제하는 반면, 이는 앞에

서 지적했듯이 이자율에 대한 화폐수요의 탄력성이 비탄력적인 경우에만 성립한다. 둘째, 이자율에 대한 투자지출의 탄력성이 탄력적인 것을 전제로 한다. 즉 이러한 전제 조건들은 경기 침체기의 경우와는 부합한다고 말할 수가 없다. 게다가 환율 변화에 따른 경상수지 역시 마셜–러너조건에 달려 있다.

이처럼 시장이론에서는 경상수지 흑자도 적자와 마찬가지로 바람직한 것으로 보지 않는다. 기본적으로 시장이론은 균형 개념일 뿐 아니라 시장이 제대로 작동한다면 국제수지는 균형을 달성할 수 있다고 보기 때문이다.[55] 경상수지 흑자가 바람직하지 않은 또 다른 이유는 해외부문으로부터 외자유입이 늘어 국내 통화량이 증가하고 물가가 상승할 경우 이를 상쇄시키기 위해 이른바 '불태화정책(sterilization policy)'을 취해야 하고, 불태화정책에는 비용이 수반되기 때문이다. 즉 중앙은행은 통화안정채권을 발행해 시중의 자금을 환수한다든지 재할인금리나 지불준비율 인상 등의 정책을 동원한다. 통화안정채권 이자율이나 재할인금리나 지불준비율 인상 등에 따른 비용이 불태화비용이라 할 수 있다. 불태화정책은 통화의 대외적 가치인 환율 안정에도 적용된다. 예를 들어, 자본유입에 따른 통화가치가 절상할 경우 정부는 (제8장 4절에서 소개한 바 있는) 외국환평형기금채권(외평채)을 발행하여 외환시장에 개입하여 환율의 급속한 하락을 완화시킬 수 있다. 연준(Fed)은 "시장과 싸우지 말라(You cannot fight the market.)"는 주장에 기초해 환율에 영향을 미치기 위해 통화정책을 사용하지 않는 반면, 많은 신흥시장국의 중앙은행들은 외환시장에 개입한다. 이때에도 비용이 수반된다. 예를 들어, 외평채 발행에 따른 이자비용이 그것이다. 이 비용을 최소화시키기 위해서 획득한 외화(달러)를 수익성 외화자산(예: 미국채)으로 운용할 수 있지만 일반적으로 외화자산의 수익률이 통화채나 외평채 이자비용보다 낮을 수밖에 없다. 게다가 환율이 하락하는 상황에서 불태화정책이 성공을 거두지 못할 경우 환차손 비용까지 발생할 수 있다. 즉 환율이 하락하는 상황에서 선물환 매도가 국내외에서 급증할 수 있고, 선물환 매도는 현물환 매도로 이어지기에 환율의 추가 하락 압력으로 작용하기 때문에 정부의 외환시장 개입이 성공하지 못할 수도 있다.[56]

---

55) 게다가 대표적인 대외결제통화국인 미국의 입장에서는 달러의 순대외유출이 없어야만, 즉 국제수지가 균형을 이루어야만 통화정책의 성공적인 운영이 가능하기 때문이다.

56) 외국환평형기금은 1997~2013년 동안 1997년, 2000년, 2008년을 제외하고 당기순손실이 발생하였으며, 2013년말 현재 40조 2,595억원의 누적손실이 발생되고 있다. 2013년에만 5조 8,634의 당

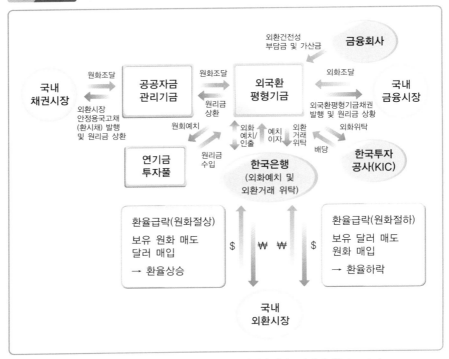

**그림 11-38** 외국환평형기금 수입 및 지출과 기금 운용구조

출처: 국회예산정책처, 2014, "2013회계연도 재정사업성과평가–경제산업" (2014.7).

그럼에도 불구하고 현실 세계에서 대외결제통화를 갖고 있지 않은 대부분의 국가들, 특히 (외환위기 경험을 갖고 있는) 신흥시장국들은 경상수지 흑자를 바람직한 것으로 받아들이는 것이 현실이다. 많은 경제학자들 역시 대외결제통화를 갖지 않은 국가들의 경우 대외결제통화를 비축해놓아야 할 수밖에 없기에 외환위기를 당할 수밖에 없는 '원죄(original sin)'를 주장한다.[57] 기본적으로 대외결제통화를 갖는 선진국들과 그렇지 못한 신흥시장국들의 목표금리

---

기 순손실이 발생하였다. 오제세, 2014, "국정감사 보도자료" (2014년 10월 27일).

57) 예를 들어, 다음을 참고할 수 있다. B. Eichengreen, R. Hausmann, and U. Panizza, 2002. "Original Sin: The Pain, the Mystery and the Road to Redemption", paper presented at a conference on *Currency and Maturity Matchmaking: Redeeming Debt from Original Sin*, Inter-American Development Bank; B. Eichengreen, R. Hausmann, and U. Panizza, 2007. "Currency Mismatches, Debt Intolerance and Original Sin: Why They Are Not the Same and Why it Matters", in S. Edwards, *Capital Controls and Capital Flows in Emerging Economies: Policies, Practices and Consequences*, University of Chicago Press, pp. 121–170; M. Bordo, 2006, Sudden Stops, "Financial Crises and Original Sin in Emerging Countries: Déjà vu?" NBER working Paper 12393.

에는 구조적으로 차이가 존재한다. 즉 통화자산의 안전성 기준에서 선진국 통화가 보다 안전자산이기에 신흥시장국의 정책금리가 더 높게 형성될 수밖에 없다. 국제 자본시장이 통합된 상황에서 신흥시장국으로의 (캐리 트레이드) 자금이 유입될 가능성이 높고 이는 신흥시장국의 실물시장, 자산시장, 외환시장 등에 교란을 가져온다. 첫째, 자본 유입은 신흥시장국의 통화가치를 절상시킴으로써 산업경쟁력에 타격을 입혀 산출량과 고용의 둔화를 초래한다. 게다가 자본 유입은 통화량을 증대시켜 인플레이션 압력을 증대시키고 이 경우 중앙은행은 금리 인상으로 대응해야 하나 목표금리를 인상시킬 경우 국내외 금리 차이를 확대시켜 추가 자본 유입을 초래할 수 있기 때문에 통화정책 운용에도 어려움을 초래한다. 둘째, '발라사-사무엘슨 효과'에 따라 일물일가가 적용되는 교역재부문에 비해 선진국보다 가격이 낮게 형성되는 신흥시장국의 비교역재부문, 특히 부동산부문에 자본이 유입되어 부동산시장의 붐을 초래할 수 있다. 셋째, 유입된 자본이 갑자기 방향을 바꿔 신흥시장국을 빠져나갈 때 신흥시장국의 통화가치의 급락을 가져옴으로써 외환위기를 초래할 수도 있다. 이처럼 자본의 급격한 유출입에 따른 부작용이나 위기 상황을 방지할 수 있는 수단 중 하나가 충분한 외화(대외결제통화)의 확보(외환보유고 증대)이고, 이는 경상수지 흑자를 통해 가능하다. 예를 들어, 유입된 자본이 급격히 유출로 방향을 바꿀 때 통화가치 폭락이나 외화 부족 현상 등에 대해 정부는 시장에 외화 공급을 함으로써 막을 수 있다. 이처럼 신흥시장국이 경상수지 흑자를 추구하는 이유는 경상수지 흑자에 따른 불태화 비용보다 외환보유고 축적에 의한 외환위기의 예방 및 외환시장 불안정의 완화라는 이득이 크기 때문이다.

한편, 미국채에 대한 신흥시장국의 투자는 미국채 가격 상승, 미국채 수익률 하락, 즉 시장이자율(장기이자율) 하락으로 작용한다. 즉 미국 중앙은행인 연준(Fed)이 목표금리를 인상시키는 상황에서 신흥시장국의 미국채 등에 대한 투자는 연준의 통화정책에 교란 요인으로 작용할 수 있다. 이른바 '그린스펀의 수수께끼'로 불리는 '장단기 금리 역전 현상'이 그것이다. 즉 2000년대 중반 당시 미국 연준 의장이던 그린스펀은 인플레이션 억지를 위해 목표금리를 올려 시중 유동성을 흡수하려 했다. 하지만 결과는 목표금리 등 단기금리는 올랐지만 장기금리는 내리거나 제자리걸음을 하면서 장기금리와 단기금리가 역전하는 현상으로 나타났다. 이를 후임 연준 의장이었던 버냉키는 '글로벌 과잉저축(global savings glut)'에서 비롯한 것이라 주장했다.[58] 즉 미국의 대규모 경상수지 적자의 이면에는 중국 등의 대규모 경상수지 흑자가 존재하고, 경상수지 흑자국들의 과잉저축이 미국의 통화정책의 독립성을 훼손시켰다는 것이다. 미국이 금융위기의 원인 중 하나를 '글로벌 불균형'으로 파악하고 G20 정상회의를 만든 배경이기도 하다.[59]

그림 11-39 미국의 목표금리와 장기금리의 추이, 1994년 3월~2008년 11월

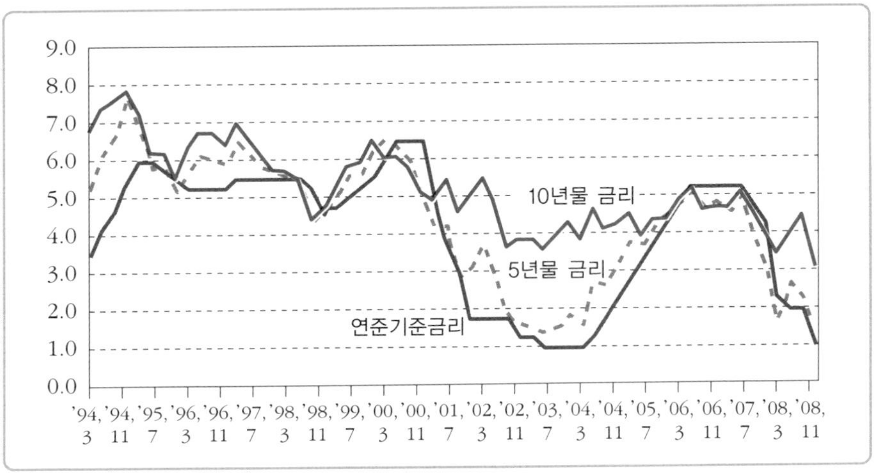

출처: 연준.

58) 미국 통화정책의 독립성 약화의 문제는 2008년 미국 대통령선거에서 주요 이슈로 부각되기도 하였다. 예를 들어, 당시 민주당의 유력한 대통령 후보였던 힐러리 클린턴(Hillary Clinton) 상원의원의 경우 외국인이 주식이나 채권 등의 형태로 소유한 미국의 부채가 GDP의 25%에 도달하면 정부가 경보음을 내보내고 달러의 미국 내 재유입에 대한 규제나 부채 해결을 위한 조치를 취해야 한다는 입장을 밝히기도 하였다. "Clinton sounds the China alarm as '08 issue: Democratic contender warns of debt and 'erosion of economic sovereignty'," msnbc.com updated 3/2/2007. http://www.msnbc.msn.com/ id/17403964/
59) 2008년 11월 15일 G20 정상회담 개최를 3일 앞두고 부시행정부의 재무장관이었던 폴슨(Paulson)은 기자회견을 통해 G20 정상회담의 개최 배경과 G20 정상회담을 통해 미국이 추구하는 목표를 다음과 같이 밝혔다. "우리가 최근의 과잉을 부채질하였던 글로벌 불균형을 해결하지 않고 현재 중요하게 부상한 (금융) 규제 문제만을 해결하려 한다면 우리는 향후 글로벌 시장과 경제 활력의 기반을 극적으로 개선시킬 기회를 상실하게 될 것이다. 글로벌 불균형으로부터의 압력은 또 다른 출구를 찾을 때까지 다시 누적될 것이다." Remarks by Secretary Henry M. Paulson, Jr. on Financial Rescue Package and Economic Update (Nov. 12, 2008). http://www.ustreas. gov/press/releases/hp1265.htm

그림 11-40 중국과 나머지 국가에 대한 미국의 무역적자 추이(10억 달러)

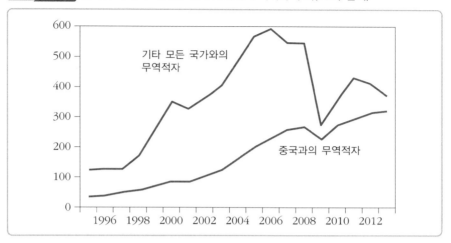

출처: US Census Bureau. Willem Thorbecke, 2014, "China–U.S. Trade: A global outlier," RIETI Discussion Paper Series 14–E–039, Table 2에서 재인용.

그런데 (앞에서 지적했듯이) 미국은 '글로벌 불균형' 문제를 기본적으로 중국을 비롯한 신흥시장국의 통화가치 절상을 통해 해결하고자 한다. 그러나 '글로벌 불균형'에 대한 책임은 흑자국에 있는지, 적자국에 있는지의 문제로 해결할 수 없다. 신흥시장국의 경우 충분한 외환보유고의 확보가 절대적 과제일 수밖에 없고, 이를 위해 경상수지 흑자 달성을 추구할 수밖에 없다. 따라서 기축통화를 갖고 있는 미국이 통화정책의 자율성 확보를 위해 글로벌 불균형 해소를 요구하려면 신흥시장국의 대외결제통화 부족에 따른 외환위기 리스크를 해소시켜주어야 한다.

즉 신흥시장국의 달러 유동성의 안정적 확보가 보장되어야만 한다. 이처럼 경상수지 균형이 바람직하다는 시장이론은 미국처럼 대외결제통화국의 입장을 반영하는 주장에 불과하다. 즉 경상수지의 과도한 불균형, 특히 경상수지의 과도한 적자는 통화정책의 독립성 약화로 이어지기 때문이다. 국제수지의 균형, 즉 대외적 균형의 확보는 완전고용 등 대내적 균형(통화정책의 독립성) 확보의 전제조건일 수밖에 없는 것이다.

## 6.2. 통화정책의 독립성 약화와 국제 통화전쟁

2010년 8월 잭슨홀 미팅(Jackson Hole Meeting)에서 당시 연준 의장이었던 버냉키는 2차 양적완화(QE2) 구상을 공개했다.[60] 금융위기 이후 미국의 급박한 상황에서 2008년 11월 25일 1.75조 달러 규모의 자산을 매입했던 1차 양적완화의 불가피성을 이해하였던 신흥시장국은 금융위기가 진정되고 2009년 6월에는 미국이 경기회복을 선언했음에도 불구하고 양적완화를 재시도하자 불만을 표시하기 시작했다. 예를 들어, 2010년 9월 기도 만테가(Guido Mantega) 브라질 재무장관은 "국제 통화전쟁(currency war)이 발발했다"고 선언하며 "필요할 경우 헤알화 상승을 억제하기 위한 조치에 나설 것"이라며 환율전쟁에 동참할 것임을 밝혔다. 여기서 통화전쟁이란 유동성 확대에 따라 각국이 수출 경쟁력을 유지하기 위해 경쟁적으로 자국 통화 가치를 낮추는 일련의 현상을 일컫는다. 신흥시장국의 반발이 증대하자 2013년 3월 버냉키는 "연준의 양적완화 정책은 달러화를 평가절하시켜 주변국들에게 피해를 주는 '근린궁핍화(beggar-thy-neighbor)' 정책이 아닌 선진국 경기부양을 통해 주변국들에 이익을 주는 '근린부유화 정책(enrich-thy-neighbor)'"이라며 미국의 양적완화 정책을 정당화하였다. 그러나 미국의 통화완화가 신흥시장국에 미치는 효과는 미국 GDP 증가를 통한 효과보다 환율 변화를 통한 효과가 더 큰 것으로 나타났다.[61] 즉 통화완화가 유도한 미국 GDP 1% 증가는 중남미 국가(브라질, 칠레, 콜롬비아, 멕시코, 페루 6개국 평균)의 GDP를 0.25%, 아시아 신흥국(중국, 인도, 한국, 인도네시아, 대만, 태국, 말레이시아, 홍콩, 필리핀, 싱가포르 10개국 평균) GDP의 0.13%를 하락시켰다.[62] 즉 버냉키는 양적완화가 환율정책이 아니라 미국의 통화정책이라 주장했지만 국제 자본시장이 통합된 상황에서 비전통적 통화정책인 양적완화가 환율정책과 분리될 수 없다는 것은 자명하다. 연준의 비전통적 통화정책 충격은 신흥시장에 자본유입, 채권가격, 주가 그리고 통화가치를 증가시킴으로써 신흥시장의 금융조건에 강한 영향을 미친다. 실증연구는 양적완화 선언이 신흥시장의 채권 수익률을 낮추고 주가를 부양하고 달러에 대한 신흥시장 통화가치의 절상 압력으로 작용했음을 보여준다.[63]

---

60) 2010년 11월 3일 6천억 달러 규모의 2차 자산 매입 프로그램이 발표되었다.

61) I. Carabenciov, C. Freedman, R. Garcia-Saltos, D. Laxton, O. Kamenik, and P. Manchev, 2013, "GPM6: The Global Projection Model with 6 Regions," IMF Working Paper, WP/13/87.

62) J. Taylor, 2014, "The Federal Reserve in a Globalized World Economy," Federal Reserve Bank of Dallas Globalization and Monetary Policy Institute, Working Paper No. 200 (Oct.).

63) Q. Chen, A. Filardo, and F. Zhu, 2014, "Financial Crisis, Unconventional Monetary Policy

마찬가지로 전통적 통화정책의 충격, 예를 들어 연준의 금리 인하 충격도 신흥시장의 채권가격을 증가시킨다.[64] 실제로 2013년부터 미국이 양적완화를 종료하기 위한 테이퍼링(Tapering: 양적완화 규모의 점진적 축소)을 시작하자 신흥시장국의 외환시장은 극도로 불안정해졌다. 미국이 양적완화 종료 후 금리 인상에 나서면 신흥시장국에서 자금 이탈이 가속화될 수밖에 없고 그 결과 신흥시장국 기업들이 대거 부도 위기에 몰릴 수 있기 때문이다. 즉 신흥시장국의 금융시장 상황에 영향을 미치는 자본흐름의 사이클은 글로벌 리스크 회피뿐만 아니라 미국의 장기금리와 밀접한 연관성을 가진다. 미국의 장기금리가 높을수록 신흥시장국으로의 총 자본흐름은 줄어들고 자본흐름의 급격한 역전 가능성이 높아진다.[65] 자본흐름이 신흥시장국에 미치는 영향은 자본흐름의 갑작스런 중단의 유형에 따라 상이하다. 예를 들어, 자본의 총유입(gross inflows) 감소가 순흐름(net flows)의 갑작스런 중단과 관련될 경우 가장 큰 지장을 일으킨다. 또한, 자본 순흐름이 갑작스레 수축하지 않는다 하더라도, 그 결과 경상계정의 급격한 조정이 필요하지 않더라도, 은행의 자본 흐름(banking flows)을 포함한 자본의 총유입(gross inflows)의 갑작스런 중단 역시 파괴적 영향을 미칠 수밖에 없다.[66]

이에 라구람 라잔(Raghuram Rajan) 인도 중앙은행 총재가 "선진국은 다른 나라들에 각자가 필요한 통화정책을 시행하라고 말하면 곤란하다"며 미국 등 선진국의 통화정책을 비난하였다.[67] 이에 대해 리차드 피셔(Richard Fisher) 댈러스 연방준비은행 총재는 "일부 사람들이 연준이 세계은행의 역할을 감당해야 한다고 주장하나 다른 나라들에 중앙은행이 있는 것처럼 연준도 미국의 중앙은행일 뿐"이라며 연준이 미국의 중앙은행인 만큼 자국 경제에 이득이 되

and International Spillovers," Hong Kong Institute for Monetary Research Working Paper No. 23/2014 (Sep.).

64) P. Tillmann, 2014, "Unconventional Monetary Policy Shocks and the Spillovers to Emerging Markets," Hong Kong Institute for Monetary Research.

65) E. Olaberria, 2014, "US Long Term Interest Rates and Capital Flows to Emerging Economies," OECD Working Papers No. 1155.

66) E. Cavallo, A. Powell, M. Pedemonte, and P. Tavella, 2013, "A New Taxonomy of Sudden Stops: Which Sudden Stops Should Countries Be Most Concerned About?" IDB Working Paper No. 430.

67) R. Rajan, 2014, "Competitive Monetary Easing: Is It Yesterday Once More?" Remarks at the Brookings Institution, Washington DC. http://rbi.org.in/scripts/BS_SpeechesView.aspx?Id =886

는 쪽으로 움직이는 것이 당연하다고 반박하였다. 그러나 이러한 주장은 대외결제통화를 가진 국가의 통화정책 변화가 전 세계에 불가피하게 파장을 일으키고, 국제통화시스템에 새로운 접근이 필요한 현실[68]을 외면하는 것이다.

무엇보다 미국이 자국만을 생각하는 통화정책은 (1930년대 무역전쟁이 비극적 결과를 초래했듯이) 파국으로 이어질 수밖에 없다. 한 국가의 이자율 정책이 '준칙'의 수준에서 과도하게 벗어날 경우 다른 국가들의 금리정책 역시 '준칙'으로부터 이탈될 수밖에 없다.[69] 연준의 QE가 일본의 QQE로 이어지고,[70] 일본의 추가 양적완화가 ECB의 양적완화와 아시아 신흥시장국의 통화완화 압력을 증대시키는 배경이다. '통화전쟁'이 '금리전쟁(interest rate war)', 심지어 '비전통적 통화정책전쟁(unconventional monetary policy war)'이 되고 있는 것이다.[71] 게다가 선진국처럼 양적완화를 선택할 수 없는 신흥시장국의 경우 (라구람 라잔의 지적처럼) 성장을 지원하고 급작스런 자본흐름 정지의 악영향 등을 방지하기 위해 환율을 경쟁력 있는 수준에서 유지하고 거대한 외환보유고를 축적하는 '대외적 양적완화(Quantitative External Easing, QEE)'를 선택할 수밖에 없다. 이러한 선택은 신흥시장국의 '권한(mandate)'이다. 즉 중심국 통화정책이 신흥국에 미치는 파괴적인 효과에 대한 신흥시장국의 대응은 외환보유고의 축적으로 귀결될 수밖에 없고, 이를 위해 신흥시장국은 경쟁력 있는 환율 유지를 위해 외환시장에 지속적으로 개입할 수밖에 없다. 문제는 자기보험 차원에서 강요된 신흥시장국의 외환보유고 축적(경상수지 흑자의 지속)이 글로벌 수요를 취약하게 만든다는 점이다. 즉 미국이 우려하는 '글로벌 과잉 저축'의 폐해가 재출현할 가능성이 높아진다. 글로벌 금융위기 이후 경상수지를 기준으로 한 글로벌 불균형은 (글로벌 수요의 약화로) 상당히 조정되었다. 예를 들어, [그림 11-41]에서 보듯이 2006~13년(2007~13년)간 미국의 적자 규모는 세계 GDP 대비 1% 이상(0.7%) 축소되었고, 유럽 적자국의 경상수지 적자 규모도 2007~13년간 세계 GDP 대비 약 0.7% 축소되었다. 반면, 나머지 세계[72]의 적자 규모는 세계 GDP 대비 약 0.3%가 증가했다. 글로벌 불균형의 조정

68) J. Taylor, 2014, "The Federal Reserve in a Globalized World Economy," FRB of Dallas Globalization and Monetary Policy Institute (Oct.), p. 3.
69) J. Taylor, 2014, "The Federal Reserve in a Globalized World Economy," p. 19.
70) 한국은행이 2014년 두 차례 금리를 인하한 것도 일본은행의 양적완화에 대한 대응 성격이 강하다.
71) J. Taylor, 2014, "The Federal Reserve in a Globalized World Economy," p. 20.
72) 여기에는 호주, 브라질, 캐나다, 프랑스, 인도, 멕시코 등이 주요 적자국을 구성한다.

은 특히 2007~13년간 세계 GDP 대비 0.8%나 축소된 아시아 국가들의 흑자 축소에서 비롯한 것이었다.[73] 그러나 글로벌 불균형의 조정은 조심스럽게 해석되어야 한다. [그림 11-42]에서 보듯이 글로벌 채권자와 채무자의 포지션(positions, 투자자 현재의 재산 상태)은 축소되지 않았기 때문이다. 2007~12년간 4개의 주요 채권자인 석유 수출국, 일본, 중국을 포함한 동아시아 경제, 유럽 흑자국의 순 해외자산은 3조 달러 그리고 3개의 주요 채무자인 미국, 유럽 적자국, 그리고 나머지 세계의 순 해외자산은 4조 달러로 큰 변화가 없기 때문이다.[74]

그림 11-41 글로벌 불균형(세계 GDP 대비 %)

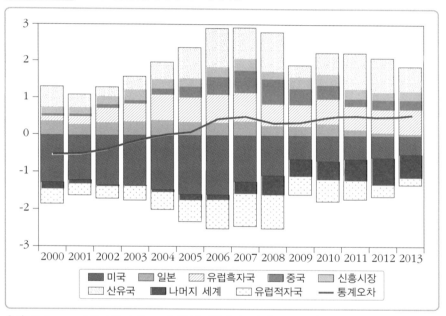

출처: P. Lane and G. Milesi-Ferretti, 2014, "Global Imbalances and External Adjustment after the Crisis," IMF Working Paper.

---

73) 반면 석유 수출국들의 흑자는 크게 하락하지 않았고, 유럽 흑자국들의 흑자 규모는 크게 변화가 없었다.
74) P. Lane and G. Milesi-Ferretti, 2014, "Global Imbalances and External Adjustment after the Crisis," IMF Working Paper, pp. 5~6.

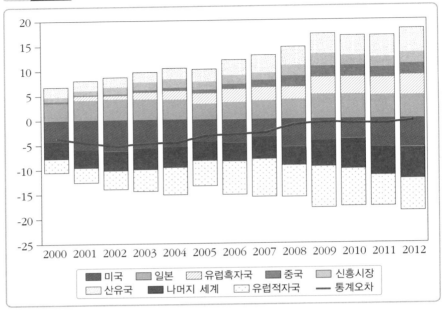

**그림 11-42** 순해외자산 포지션(GDP 대비, %)

범례: 미국 / 일본 / 유럽흑자국 / 중국 / 신흥시장 / 산유국 / 나머지 세계 / 유럽적자국 / 통계오차

출처: 앞의 논문 참고.

이처럼 글로벌 불균형이 중심국–주변국 관계에 기초한 불완전한 국제금융 시스템의 산물인 반면, 금리의 글로벌 동조화 등 금융의 네트워크화를 고려할 때 국제협력 없는 국가별 통화정책은 파국을 초래할 수밖에 없음을 의미한다. 즉 주요국 통화정책은 글로벌 관점에서 환율, 자산가격, 자본흐름 총량의 파급채널을 갖는다.[75] 예를 들어, 무엇보다 주요국의 정책금리 인하 혹은 상당 기간 동안 금리를 낮은 상태로 유지하겠다는 선언은 통화가치(환율)의 하락 압력으로 작용한다. 둘째, 주요국의 대차대조표 정책은 자산가격을 상승시키고 자산의 수익률을 하락시키는 효과를 갖는다. 주요국 국채 수익률의 하락은 글로벌 채권시장이 완전히 통합된 상황에서 다른 선진국의 국채 수익률은 물론이고 동아시아와 중남미 같은 신흥시장국의 국채 수익률에도 영향을 미친다. 셋째, 주요국의 통화정책은 국채뿐만 아니라 다른 자산, 특히 글로벌 시장 통합의 정도가 높은 주가에 영향을 미친다. 넷째, 주요국 통화정책은 자본흐름

75) J. Caruana, 2012, "International monetary policy interactions: challenges and prospects," a speech to the CEMLA−SEACEN conference on *The role of central banks in macroeconomic and financial stability: the challenges in an uncertain and volatile world*, Punta del Este, Uruguay (Nov. 16).

의 총량 채널을 통해 다른 국가들의 외화표시 자산과 부채에 영향을 미친다. 즉 자본흐름의 총량은 (환율에 대한 영향과 더불어) 포트폴리오 투자를 통해 캐리 트레이드와 자산가격에 영향을 미친다. 신용의 붐을 일으키는 것이다.

주요국 통화정책의 국제적 확산효과는 일방통행으로 끝나지 않는다. 주요국 통화정책은 신흥시장국에 영향을 미치고, 다시 신흥시장국은 선진국으로 역확산효과(spillbacks)를 일으키는 등 통화정책은 국제적 상호작용을 일으킨다. 주지하듯이 세계 GDP의 40%를 차지하는 신흥시장국의 강한 성장은 선진국을 비롯한 세계 경제성장에 크게 기여하고 있다.[76] IMF 역시 국제적인 정책 협력이 국경을 초월한 부정적인 정책의 확산효과(policy spillovers)와 뒤이은 신흥시장경제로부터 중심 국가를 향한 역확산효과의 리스크를 축소시키는 것을 포함해 강하고, 보다 균형 잡히고, 지속가능한 성장을 만들어낼 수 있다며 중심국에서 신흥시장국으로의 '확산효과'뿐만 아니라 신흥시장국에서 중심국가로의 '역확산효과'를 공식적으로 인정하였다.[77] 선진국 성장의 신흥시장국에 대한 확산효과는 약 53%, 그리고 신흥시장국에 대한 확산효과의 약 $\frac{1}{3}$ (17%)이 선진국으로의 역확산효과로 작용한다. (신흥시장국으로부터 역확산효과/신흥시장국으로의 확산효과) 비율이 일본과 유로존 경제에 큰 이유는 신흥시장경제와의 무역 연관성이 높기 때문이다.

**표 11-4** 선진국의 1% 성장에 따른 확산효과와 역확산효과의 추정치(%)

|  | 미 국 | 유로지역 | 일 본 | 영 국 | 평 균 |
|---|---|---|---|---|---|
| 신흥시장 확산효과 | 58.3* | 59.2* | 25.4* | 56.3* | 52.8 |
| 신흥시장 역확산효과 | 12.4 | 29.8* | 12.7* | 7.2 | 17.4 |
| 신흥시장 (역확산효과/확산효과) | 21.3 | 50.4 | 50.1 | 12.8 | 34.4 |

주: * 10% 수준에서 통계적으로 유의미.
출처: IMF, 2014, "2014 Spillover Report," *IMF Multilateral Policy Issues Report*, pp. 61~81 (July).

---

76) 신흥시장국의 성장률이 2% 둔화될 경우 고소득국 성장률이 평균 약 2/3% 하락하는데 그 중 약 1/2%는 무역에 의해 설명된다. P. Ollivaud, E. Rusticelli and C. Schwellnus, 2014, "Would a Growth Slowdown in Emerging Markets Spill Over to Highincome Countries?: A Quantitative Assessment", OECD Economics Department Working Papers, No. 1110.
77) IMF, 2014, "The Managing Director's Global Policy Agenda: Interconnections, Spillovers, and Spillbacks."

참고로 확산효과는 여러 채널을 통해 작동한다.[78] 첫째, 무역 채널을 통한 확산효과이다. 글로벌 공급 사슬에서 특화와 수직적 통합의 증가로 글로벌 무역 통합이 심화되면서 세계 수출에서 신흥시장국의 비중은 1995년 약 20%에서 2011년 35%까지 상승하였다. 신흥시장국 수입의 65%는 선진국에서 공급되고, 선진국 수입의 40%는 신흥시장국에서 공급된다. 따라서 신흥시장국발 충격은 글로벌 공급 사슬에 지장을 줄 수밖에 없다. 예를 들어, 중국 성장률의 1% 감소는 선진국 성장률을 0.15% 감소시킨다. 두 번째는 상품가격 채널을 통한 확산효과이다. 신흥시장국은 에너지의 45%, 금속 70% 등 세계 1차 상품 소비에서 커다란 비중을 차지한다. 즉 선진국 성장의 1% 감소는 상품가격을 4%로 하락시키는 반면, 신흥시장국의 경우 약 6% 하락시킨다. 세 번째는 글로벌 금융시스템 채널을 통한 확산효과이다. 선진국과 신흥시장국 간 금융 연관성이 급성장함에 따라 쌍방향 확산효과를 초래하고 있다. 예를 들어, 신흥시장국의 성장 둔화는 은행의 손실을 증가시켜 선진국 경제의 리스크를 증가시킨다. 마지막으로 이웃효과(neighborhood effect) 채널을 통한 확산효과이다. 즉 신흥시장국의 경기 둔화는 지역경제가 높은 수준으로 통합된 상황에서 이웃국가들에 영향을 미친다. 예를 들어, 90년대 아시아의 지역통합이 급성장함에 따라 역내 투입물 수입의 약 50%를 차지할 정도로 중국은 지역 공급사슬에서 '조립 허브(assembly hub)'가 되었다. 그 결과 중국 성장의 1% 하락은 아시아 경제의 성장을 0.3% 하락시켰다. 반면, 비아시아 경제의 성장은 약 0.1% 하락시켰다.[79]

이처럼 (대외결제통화를 가진) 주요국 중앙은행의 통화정책은 글로벌 효과를 만들어내기에 글로벌 관점에서 정책 도입에 대한 평가를 전제로 해야 한다. 그러나 현실은 개별 국가의 경제적 이해에 기초한 국가별 중앙은행과 독립된 통화정책을 갖고 있다. 즉 금융의 네트워크화로 국가별 통화정책이 '구성의 오류'를 만들어낼 수 있는 것이다. 따라서 환율의 움직임에서 발생하는 상호 연결성, 채권시장의 글로벌화, 그리고 정책의 집합적 영향 등 확산의 이슈를 다루기 위해서는 글로벌 관점이 요구된다. 즉 개별 국가의 질서 있는 관리가

---

78) IMF, 2014, "2014 Spillover Report," *IMF Multilateral Policy Issues Report*, pp. 61~81 (July).
79) 그런데 최근 중국의 자체 생산이 증가하고 있고, 이는 세계 교역 증가율의 하락에 영향을 미치고 있다. C. Constantinescu, A. Mattoo, and M. Ruta, 2014, "Slow Trade," Finance and Development, IMF (Dec.).

가능하다는 시장이론은 더 이상 유효하지 않다.[80] 앞에서 소개했듯이, 일찍이 존 힉스(John Hicks)는 이러한 문제 해결을 위해 '글로벌 중앙은행'이 필요하다고 제안했지만 이는 비현실적이다. 국가별 중앙은행은 개별 국가의 통치권(mandate)에 해당하기 때문이다. 상호의존의 심화와 금융시장의 글로벌화에 따른 통화정책의 국제적 협력의 필요성이 반드시 글로벌 수준에서 통화정책의 조정을 의미하는 것은 아니다. 그러나 최소한 개별 중앙은행으로 하여금 개별적 통화정책에서 발생하는 부작용(예: 금융 통합에 따른 리스크)을 평가하고, 내부화하고, 공유하는 노력이 필요하다. 즉 다른 국가의 반응을 포함해 다양한 채널을 통해 국가정책들이 전 세계에 쉽게 확산될 정도로 통합된 세계에서는 개별 국가정책의 글로벌 영향을 고려해야만 하기 때문이다. 이를 위해 접근 방식을 집단행동과 상호작용 그리고 피드백 효과를 고려하고, 보다 향상된 국제협력의 틀 마련을 도와줄 수 있는 글로벌 분석으로 이동해야 한다.[81]

### 6.3. 시장개방의 정치경제학: 무역자유화와 자본흐름 자유화의 경제 효과

시장이론은 무역자유화나 자본흐름의 자유화로 대표되는 시장개방을 지지한다. 첫째, 무역자유화의 경우 (앞에서 살펴보았듯이) 한 국가 전체의 경제적 총잉여를 증대시킨다. 특히 경제규모가 작은 국가의 경우 수출 주도의 성장 전략을 선택할 가능성이 높은 반면, 수출 주도 성장 전략은 자국의 시장개방도 불가피하게 한다. 그러나 (경제적 총잉여의 측정 부분에서 소개했듯이) 시장이론에 따르면 시장개방은 국가 전체의 경제적 이익은 증대시키지만 경쟁력이 취약한 부문의 경제적 손실을 수반할 수밖에 없다. 시장이론은 시장개방의 필요조건으로서 무역자유화로 경제적 잉여가 증대하는 부문에서 경제적 잉여가 감소하는 부문으로의 일정 소득의 이전을 전제로 한다. 특히 무역자유화는 소득 불평등 및 양극화의 원인으로 작용할 수 있다. (앞에서 소개했듯이) 시장이론

---

80) J. Caruana, 2012, Policymaking in an interconnected world, Luncheon speech, The FRB of Kansas City's 36th Economic Policy Symposium on "The changing policy landscape," Jackson Hole, 31 August.

81) 그러나 금융위기 이후 대외결제통화를 공급하는 선진국들의 모습은 매우 실망스럽다. 대외결제통화 공급자로서 글로벌 경제에 대한 책임보다는 자국의 이해를 중심으로 통화완화 정책을 수행함으로써 '통화전쟁'을 야기하고 있기 때문이다. 특히, 미국의 3차 양적완화는 미국 내부에서조차 정책의 효과 및 정당성조차 의심을 받았다. 이처럼 현실의 초국가협력은 매우 빈곤한 상황이다.

(스톨퍼–사뮤엘슨 정리)에 따르면 무역자유화는 풍부한 요소의 가격을 상승시키는 반면 희소한 요소의 가격은 하락시킨다. 즉 높은 임금을 지불하는 수입국이 낮은 임금밖에 지불하지 못하는 나라와 자유무역을 실시함에 따라 수입국의 경우 노동자의 실질임금 수준은 저하되는 반면, 자본의 수익률은 상승한다. 소득 불평등은 내수를 축소시키기에 경제성장에 부정적으로 작용할 수 있다. 따라서 시장개방에 따라 시장임금소득 비중의 하락을 보전하기 위해 사회임금의 강화가 필요하다. '사회임금'은 국민연금, 어린이집 보육료 지원금, 실업급여, 건강보험 서비스 등 개인이 국가와 사회로부터 받는 현금이나 서비스 복지혜택을 모두 돈으로 환산해 더한 수치다. 가계의 가처분소득에 정부 복지가 어느 정도 기여하고 있는지를 간명하게 드러내준다. 사회임금 개념은 가계의 가처분소득 중 '기업임금' 혹은 '시장임금'과 대비되는 개념이다. GDP 대비 공공복지 지출 비중과 함께 한 나라의 복지 수준을 보여주는 지표로 사용된다. 따라서 사회임금이 낮다는 것은 개인이 삶을 꾸려나가는 데 정부의 지원과 역할이 그만큼 취약하다는 것을 의미한다. 선진국에서는 가계소득의 중요한 한 축을 담당하고 있다.

### 시장개방과 노동–자본 소득의 불균등 성장

한 국가의 산업을 노동집약적 산업 1과 자본집약적 산업 2로 구분하자.

$$X_1 = F^1(K_1, L_1) = L_1 f_1(k_1), \quad k_1 \equiv \frac{K_1}{L_1}$$

$$X_2 = F^2(K_2, L_2) = L_2 f_2(k_2), \quad k_2 \equiv \frac{K_2}{L_2}$$

노동시장의 균형조건에 의하여

$$VMP_L^1 = w^1, \quad VMP_L^2 = w^2$$

그런데 자유로운 요소 이동의 보장에 의하여

$$w^1 = w^2 \ \text{혹은} \ p_1[f_1(\cdot) - k_1 f_1'] = p_2[f_2(\cdot) - k_2 f_2'(\cdot)], \ \text{여기서} \ f(\cdot) \equiv f(k)$$

$$(\because \ VMP_L = p\frac{\partial F}{\partial L} = p\frac{\partial [Lf(\cdot)]}{\partial L})$$

그리고 $p \equiv \dfrac{p_1}{p_1}$ 이라 하면, 즉 $p_1 \equiv$ 뉴머레어(numeraire)로 설정하면

$$f_1 - k_1 f_1'(\cdot) = p[f_2 - k_2 f_2'(\cdot)] = w \ \cdots\cdots \langle\text{노동시장의 균형조건}\rangle$$

여기서 $w = \dfrac{w_1}{p_1} = \dfrac{w_2}{p_1}$

마찬가지로 자본시장의 균형조건에 의하여 $VMP_K^1 = r^1$, $VMP_K^2 = r^2$

그런데 자유로운 요소 이동의 보장에 의하여

$r^1 = r^2$ 혹은 $p_1 f_1'(\,\cdot\,) = p_2 f_2'(\,\cdot\,)$

$\therefore f_1'(\,\cdot\,) = p f_2'(\,\cdot\,) = r$ …… 〈자본시장의 균형조건〉

여기서 $r = \dfrac{r_1}{p_1} = \dfrac{r_2}{p_1}$

그리고 $MRTS_{LK}$ 체감의 법칙에 의하여 $F_{KK} = \dfrac{1}{L} f''(\,\cdot\,) < 0 \Rightarrow \therefore f''(\,\cdot\,) < 0$

이제 노동시장의 균형조건[$f_1 - k_1 f_1'(\,\cdot\,) = p f_2 - p k_2 f_2'(\,\cdot\,)$]과
자본시장의 균형조건[$f_1'(\,\cdot\,) = p f_2'(\,\cdot\,)$]을 $p$로 전미분하면

$-k_1 f_1''(\,\cdot\,) \dfrac{dk_1}{dp} + p k_2 f_2''(\,\cdot\,) \dfrac{dk_2}{dp} = \dfrac{w}{p}$ 그리고 $f_1''(\,\cdot\,) \dfrac{dk_1}{dp} - p f_2''(\,\cdot\,) \dfrac{dk_2}{dp} = \dfrac{r}{p}$

따라서

$\dfrac{dk_1}{dp} = \dfrac{-w f_2''(\,\cdot\,) - r k_2 f_2''(\,\cdot\,)}{p f_1''(\,\cdot\,) f_2''(\,\cdot\,)(k_1 - k_2)}$ 그리고 $\dfrac{dk_2}{dp} = \dfrac{-\dfrac{1}{p}[k_1 r f_1''(\,\cdot\,) + w f_1''(\,\cdot\,)]}{p f_1''(\,\cdot\,) f_2''(\,\cdot\,)(k_1 - k_2)}$

이제 노동시장의 균형조건[$f_1 - k_1 f_1'(\,\cdot\,) = w$]과 자본시장의 균형조건[$f_1(\,\cdot\,) = r$] 을
$p$에 대해 전미분하면

$\dfrac{dw}{dp} = \dfrac{k_1 f_2(\,\cdot\,)}{k_1 - k_2} < 0$ 그리고 $\dfrac{dr}{dp} = \dfrac{-f_2(\,\cdot\,)}{k_1 - k_2} > 0$

($\because$ 산업2가 자본집약적이므로 $k_2 > k_1$)

이처럼 시장을 개방할 경우 노동집약적인 1부문은 수입이 이루어질 것이고, 그 결과 1부문 가격도 하락할 것이다. 즉 $p(\equiv p_2/p_1)$가 상승한다. $p$가 상승하면 실질임금 $w$는 하락하고, 자본의 실질 수익률 r은 상승할 것이다. 즉 시장개방으로 경쟁력이 취약한 부문은 타격을 입을 뿐 아니라 노동소득의 비중도 하락할 것이다. 노동소득의 후퇴를 막기 위해서는 시장개방을 중단해야 할 것이다. 예를 들어, 경쟁력이 취약한 1부문에 대해 관세를 설정할 경우 1부문 가격은 상승하고 상대물가 $p(\equiv p_2/p_1)$는 하락할 것이다. 그 결과 실질임금 $w$는 상승하고, 자본의 실질 수익률(r)은 하락할 것이다. 이처럼 시장개방은 임금소득 계층과 자본소득 계층 간 사회갈등을 야기할 수밖에 없다.

시장개방(무역자유화)은 성장에 기여할 수 있지만 소득분배를 악화시킨다는 주장은 지식의 중요성을 강조하는 신성장론에 의해서도 지지되고 있다. 예를 들어, 연구 기업들은 경제가 개방될수록 연구경험들을 국내뿐만 아니라 해외에서도 의존할 수 있기 때문에 생산성이 증가하게 되고, 그 결과 노동력을 보다 혁신적인 부문으로 이동시킨다. 그리고 연구 및 혁신 부문의 확장은 이 부

문 종사하는 유능한 노동력에 대한 보상을 증대시킴으로써 임금불평등을 증가시킨다. 즉 국제적으로 지식을 확산시키는 글로벌화는 소득불평등을 악화시킨다.[82] 1980~2010년간 OECD 25개국을 대상으로 한 실증연구는 무역개방도가 상승할수록 소득분배가 악화된 것을 보여준다.[83] 따라서 시장개방을 통해 국가 전체의 경제적 이익을 증대시키기 위해서는 시장노동소득의 보전(예: 사회복지의 확대를 통한 사회임금의 증대)이 필요함을 의미한다. 참고로 시장개방을 공격적으로 추진하는 한국의 경우 2012년 기준 사회임금 수준은 전체 임금소득 중 12.9%에 불과하여 OECD 회원국 중 가장 낮은 국가 중 하나로 회원국 평균(40.7%)의 $\frac{1}{3}$에도 미치지 못하는 것으로 나타났다.[84]

신자유주의 경제정책의 핵심 중 하나인 자본흐름의 자유화(자본시장의 개방) 역시 (적어도 글로벌 금융위기 이전까지는) 대다수 시장주의자들에 의해 지지받았다. 자본흐름의 자유화는 국내 금융과 마찬가지로 글로벌 차원에서 금융자원의 배분을 개선시킨다. 즉 해외자본을 끌어들여 생산적인 투자에 활용할 수 있고, 또한 적정 수준의 해외자본 유입은 국내 주식시장의 활성화는 물론이고 신용 증대로 소비를 진작하고 기업의 자본조달 비용을 낮추는 효과를 냄으로써 성장에 기여한다고 주장한다. 그밖에도 해외자본의 유입은 리스크 분산 촉진, 자금조달 비용 인하, 외국 투자자의 진입에 따른 경쟁력 이득의 발생과 국내 금융시스템 발달의 촉진 등을 지원한다고 주장한다. 이러한 주장은 두 개의 가정에 기초한다. 첫째, 국내의 낮은 저축과 취약한 금융시장은 경제성장 및 발전에 일차적 제약 요인들이다. 따라서 해외로부터의 투자 가능한 자금에 대한 접근 기회의 증대와 금융중개의 향상은 '소비의 평활화(consumption smoothing)'를 강화시킬 뿐 아니라 국내 투자와 성장에 강력한 부양 효과로 작용한다. 즉 소득이 감소할 때 소비의 변동폭은 소득의 변동폭보다 작게 나타나는데, 이는 소득의 흐름이 불안정하더라도 대다수 사람들은 안정적인 삶을 영위하기 위해 소비 수준을 일정하게 유지하려는 경향 때문이다. (상대소득

---

82) G. Grossman and E. Helpman, 2014, "Growth, Trade, and Inequality," NBER Working Paper No. 20502 (Sep.).

83) 김승원, 2014, "무역개방 · 환율 · 금리와 소득분배의 관계," 한국경제연구학회, 「한국경제연구」 32권 1호, pp. 109~136. 2000~2011년간 208개국을 대상으로 한 또 다른 연구에서는 수출비중이 높아질수록 소득불평등도가 감소하다가 수출비중이 일정 수준(50%) 이상을 넘어서면 다시 소득불평등도가 커지는 경향이 발견되었다. 이근태 · 고가영, 2014, 한국 경제의 새로운 도전: 내수성장, LG경제연구원(2014년 12월).

84) 민병두, 2014, "한국의 사회임금," 2014 국정감사 보도자료(9월 11일).

가설) 이에 따라 소득의 변동은 소비를 거치면서 완화되는데 이러한 경향을 '소비의 평활화'라 한다. 둘째, 고수익을 추구하는 해외의 대출자 인센티브와 위험이 높은 투자를 통해 고수익을 추구하는 국내의 차입자 인센티브 사이의 '부정적 상호작용(adverse interactions)'의 가능성도 신중한 건전성 규제와 감독이 전제된다면 자본이동이 수반하는 리스크를 충분히 완화시킬 수 있다고 주장한다. 이러한 가정에 기초하여 이들은 특히 경제발전을 위해 금융이 작동하도록 하는데 있어서 국제금융시장의 통합(금융 글로벌화)은 강력한 효과를 갖는다고 주장한다.[85] 그리고 금융위기 이전까지 IMF는 자본흐름 자유화의 전도사 역할을 수행하였다.[86]

그러나 이론의 예측과 달리 자본흐름의 자유화, 즉 해외자본에 대한 시장 개방은 비용도 수반한다. 가장 큰 비용 중 하나는 외환위기와 같은 금융위기가 발생할 가능성이 커질 수 있다는 것이다. (앞에서 지적했듯이) 외환위기가 발생하는 과정에서 해외자본의 급격한 유입중단(sudden stop)이 수반되기 마련이다. 즉 자본시장 개방에 따른 해외자본의 유입과 급격한 유출은 외환위기를 유발하는 중요한 요인이 된다. 물론, 많은 경우 해외자본의 급격한 유출입은 해당 국가의 경제기초가 원인을 제공하는 측면이 강하다. 예를 들어, 경상수지 흑자 기조가 지속되고 외환보유고를 충분히 확보한 국가보다 경상수지 적자에 시달리고 외환보유고 확보도 충분치 않은 국가에서 자본의 급격한 유출·입 충격은 심할 수밖에 없다. 그러나 글로벌 금융위기가 보여주듯이 자본유출은 글로벌 요인에 의해서도 발생한다는 사실이다. 예를 들어, 1997년의 외환위기는 한국의 경제기초와 어느 정도 관련을 가지며 발생하였지만 2008년에 촉발된 한국의 외환위기는 한국의 경제기초와 관련 없이 글로벌 요인에 의해 발생한 것이다.

자본시장 개방과 관련하여 또 하나의 중요한 비용은 통화정책의 독립성이 훼손 되거나 외환시장의 안정성이 약하되는 문제이다. 시장이론(예: Mundell-

---

85) 예를 들어, F. Mishkin, 2006, *The Next Great Globalization: How Disadvantaged Nations can Harness their Financial Systems to Get Rich*, Princeton University Press 참고.
86) 1930년대 위기(대공황)의 파괴적 경험은 제약 없는 자본흐름이 금융 혼란 중 전염을 가속화시킨다는 것을 보여준 반면, 관세가 경쟁적 통화 가치 절하에 대항할 수 있는 유일한 수단이었다. 2차 대전 후 무역 연관성의 재구축을 위한 브레튼우즈(Bretton Woods) 체제는 자본흐름에 대한 제약을 보장함으로써 무역 제한에 의존 없이 국내 거시경제의 균형 추구를 가능하게 하였다. 그러나 70년대 이후 고정환율시스템이 붕괴하자 자본계정 자유화가 촉진되었다.

Flemming 모델[87])에 따르면 자본이동이 자유로운 상태에서는 환율 안정, 자유로운 자본이동, 통화정책 독립성이라는 세 가지 정책목표를 동시에 달성하기가 어렵다. 이른바 '불가능한 삼위일체(Impossible Trinity)' 또는 '트릴레마(Trilemma)' 문제이다. 즉 자본시장을 개방한 경우 환율 안정성을 포기하거나 독자적인 통화정책을 포기할 수밖에 없는 것이다.

'트릴레마 문제'는 $IS-LM-BP$ 모형으로 설명이 가능하다. 즉 자본이동이 자유로운 상황에서 재정 및 통화 정책의 효과를 살펴보자. 무엇보다 자본이동이 자유로운 상태에서 $BP$곡선은 수평선이 된다. 즉 화폐 간 완전대체성을 가정한다. 첫째, 확장 재정정책의 경우 $IS$곡선을 우상향으로 이동($IS \rightarrow IS'$)시켜 이자율이 상승하고 그 결과 자본유입으로 자국 통화가치가 절상되어 BP곡선은 위로 이동한다($BP \rightarrow BP'$). 그런데 변동환율제에서 통화가치 절상은 순수출을 감소시켜 $IS$곡선을 좌하향으로 이동($IS' \rightarrow IS$)시키고, 그 결과 이자율과 소득 모두 하락시키고 $BP$곡선도 아래도 이동시킨다($BP' \rightarrow BP$). 모든 것이 (거의) 원상태로 돌아오기에 재정정책은 효과를 보기 어렵다([그림 11-43]). 반면, 고정환율제라면 재정확대 정책으로 $IS$곡선이 우상향($IS \rightarrow IS'$)으로 이동하여 이자율이 상승하고, 그 결과 자본유입으로 자국 통화가치가 절상하여 $BP$곡선이 위로 이동($BP \rightarrow BP'$)할 때 환율을 안정시키기 위한 중앙은행의 달러 매수로 환율과 $BP$곡선을 원 상태로 복귀시킬 수 있다($BP' \rightarrow BP$). 그러나 중앙은행의 달러 매수에 따른 통화량 공급으로 $LM$곡선은 우하향으로 이동한다($LM \rightarrow LM'$). 결과적으로 이자율과 환율은 변화 없이 국민소득이 증가하기에 재정정책은 효과적이다([그림 11-44]).

---

87) 먼델-플레밍 모델의 원래 목적은 환율제도에 따라서 국가가 어떤 경제충격에 어떤 영향을 받을 것인지 규명하는 것이었다. 이는 브레튼우즈 체제의 붕괴와 그 이후 각국의 변동환율제도로의 이행 과정에 있어서 재정 및 금융정책을 어떤 식으로 펼쳐야 하는지에 대한 물음의 답을 구하기 위한 것이었다.

그림 11-43 〈확대 재정정책＋변동환율제〉의 효과

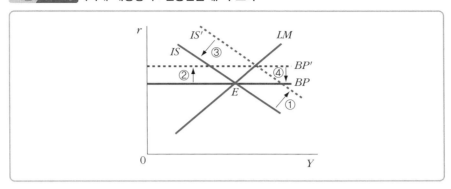

그림 11-44 〈확대 재정정책＋고정환율제〉의 효과

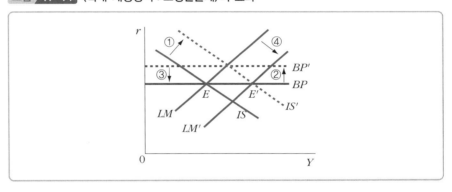

　둘째, 확대 통화정책의 경우 $LM$곡선을 우상향으로 이동($LM → LM'$)시켜 이 자율 하락과 자본 유출 그리고 $BP$곡선의 하방 이동을 초래한다($BP → BP'$). 이 경우 변동환율제를 채택하고 있다면 자본유출에 따른 자국 통화가치의 절 하로 수출이 증가하고 IS곡선을 우상향으로 이동시킨다($IS → IS'$). 그 결과 이 자율이 상승하고 자본유입으로 통화가치가 절상되어 BP곡선은 위로 이동하 여 원래 위치로 복귀한다($BP' → BP$). 이처럼 ($LM$곡선 이동에 의한 이자율 하락이 $IS$곡선 이동에 의한 이자율 상승으로 상쇄되기에) 이자율은 변화가 없이 국민소득 만 증가시키기에 확대 통화정책은 효과적이다([그림 11-45]). 반면, 고정환율 제를 채택할 경우 확대 통화정책에 따른 $LM$곡선의 우상향 이동($LM → LM'$)은 이자율 하락 → 자본유출 → 통화가치 하락은 BP곡선을 아래도 이동시킨다 ($BP → BP'$). 이때 환율 안정을 위해 중앙은행이 달러를 매도하면 통화가치는

상승하여 환율과 $BP$곡선을 원래대로 복귀시킨다($BP' \rightarrow BP$). 그러나 달러 매도에 따른 시중 통화량의 감소로 $LM$곡선은 좌상향으로 이동($LM' \rightarrow LM$)하여 원래 위치로 복귀함으로써 이자율과 국민소득 모두 원래대로 복귀하기에 통화정책은 효과가 없다([그림 11-46]).

그림 11-45 〈확대 통화정책+변동환율제〉의 효과

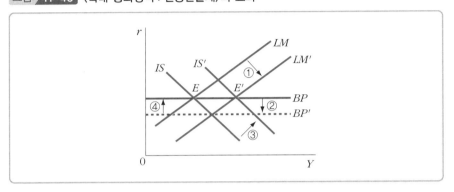

그림 11-46 〈확대 통화정책+고정환율제〉의 효과

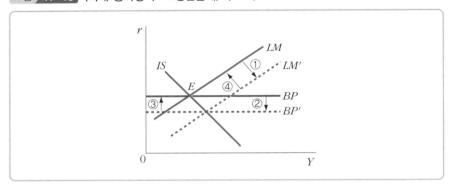

이상의 분석을 통해 다음의 결론에 도달할 수 있다. 자본이동이 자유로운 상황에서 통화정책의 독립성을 확보하려면 변동환율제를 선택해야 한다. 반면, 자유로운 자본이동과 환율의 안정(고정환율제)을 확보하려면 통화정책의 독립성은 확보할 수 없다. 만약 자국의 통화가치를 특정 국가의 통화가치에 고정시킬 경우(예: 달러 페그제) 그 나라의 통화정책을 따라야만 한다. 마지막으로 독립적인 통화정책과 환율 안정을 동시에 달성하기 위해서는 자본이동을 통제해야만 한다. 이른바 '트릴레마의 문제'인 것이다.

이러한 선택의 문제(트릴레마 문제)에 직면한 신흥시장국가들의 경우 (앞에서 소개한) '물가안정목표제'를 채택하여 독자적인 통화정책을 추구하면서 환율제도는 변동환율제를 채택하고 있다. 변동환율제는 환율의 결정이 시장에 의해 이루어지도록 하는 제도로서 통화당국이 외환시장에 개입하지 않은 것을 원칙으로 한다. 결국 자본이동을 비롯한 외부충격을 환율의 자유로운 움직임에 의해 해결함으로써 통화정책은 국내문제에 전념할 수 있게 하는 것이다. 한국도 1997년 외환위기 이후 물가안정목표제와 변동환율제의 조합을 선택하였다. 이러한 선택은 어느 정도 성과를 이룬 것도 사실이지만 변동환율제의 도입은 불가피하게 환율의 변동성을 늘리면서 여러 가지 부작용을 가져왔다. 특히 외환위기 이후 최근까지 자본유입이 지속되었으며 이런 과정에서 환율은 지속적인 절상 압력을 받아왔다. 직·간접적인 증거에 따르면 한국의 통화당국도 지나친 환율절상에 대해서는 외환시장개입을 통해 완화하려고 노력해왔던 것으로 보인다. 이처럼 대외적으로 완전 자유변동환율제도를 표방하나 실제로는 환율 불안정성에 대한 두려움 때문에 상당한 외환시장 개입을 하는 경우(Fear of Floating)[88]가 대외결제통화를 갖고 있지 않은 국가들의 일반적 현실이다. 그럼에도 불구하고 국제 자본이동이 자유로운 경우 개별 국가가 국제 자본이동에 맞서 환율을 관리하는 것이 거의 불가능하여 필연적으로 위기 상황을 맞곤 한다.[89] 이는 (앞에서 지적했듯이) 변동환율제를 도입하더라도 자본의 자유로운 이동 속에서는 재정정책이나 통화정책의 독립성을 확보할 수 없음을 보여준다. 즉 자본흐름 자유화 속에서는 '트릴레마'가 아니라 '딜레마(dilemma, 이중고)' 문제[90]에 직면한다. 사실, 실질 GDP 증가율,[91] 인플레이션,[92] GDP 대비 총 무역액 비중,[93] GDP 대비 공공재정(재정수입 및 지출)의

88) G. Calvo and C. Reinhart, 2002, "Fear of Floating," *Quarterly Journal of Economics*, Vol. 107 Issue 2, pp. 379–408.
89) B. Eichengreen, 1994, International Monetary Arrangements for the 21st Century, Brookings Institute; S. Fischer, 2001, "Exchange Rate Regimes: Is the Bipolar View Correct?" *Journal of Economic Perspectives*, Vol. 15 No. 2, pp. 3–24.
90) H. Rey, 2013, "Dilemma not Trilemma: The Global Financial Cycle and Monetary Policy Independence," Article provided by Federal Reserve Bank of Kansas City in its journal Proceedings – Economic Policy Symposium – Jackson Hole.
91) K. Dervis, 2012, "World Economy: Convergency, Interdependence, and Divergence," IMF Finance and Development (September); J. Caruana, 2014, "Stepping out of the shadow of the crisis: three transitions for the world economy," a speech on the occasion of the Bank's Annual General Meeting in Basel on 29 June 2014.
92) L. Buttiglione, P. Lane, L. Reichlin and V. Reinhart, 2014, "Deleveraging? What

비중,[94] 국채 수익률,[95] 통화량 및 신용 증가율[96] 등에서 '글로벌 동조화'가 진행되는 상황에서 통화정책의 독립성을 기대하기는 어렵다. 즉 중심국에서 주변국으로의 확산효과와 다시 주변국에서 중심국으로의 역확산효과 등 정책의 상호연관성으로 정책의 국제조정은 불가피하다.[97]

## 통화정책의 전염[98]

동일한 만기와 신용 위험을 갖는 채권의 국내 및 해외 이자율을 각각 $r_t$와 $r_t^*$라 하고, 국내 통화가치의 예상 변화율을 $E_t(\Delta e_{t+1})$이라 하면 다음의 관계가 성립한다.

$$r_t - r_t^* = E_t(\Delta e_{t+1}) \qquad \cdots (1)$$

이제 신뢰할 수 있는 유연한 환율을 가질 경우 $E_t(\Delta e_{t+1})=0$이 되고, 따라서 $r_t = r_t^*$가 된다. 즉 국내 이자율과 해외 이자율 간의 편차는 존재하지 않게 된다. 이런 상황에서 세계 이자율의 변화는 국내 경제에 일대일 방식으로 이전될 것이다. 신뢰할 수 있는 고정환율(페그)제에서 독립적 통화정책을 가질 수 없다는, 즉 국내 중앙은행은 자신의 금리를 선택할 수 없다는 (앞에서 지적한) 이른바 '트릴레마 문제'가 그것이다.

그러나 유연한 환율제에서 $E_t(\Delta e_{t+1}) \neq 0$이기에 국내 금리는 세계 금리와 차이를 가질 수 있다. 즉 환율은 '충격 흡수장치(shock absorber)'가 되고 환율은 매우 변덕스럽게 될 것이다. 중앙은행이 과도한 환율 변동성을 회피하기를 원한다면 자신의 정책금리를 결정할 때 다른 중앙은행의 행동을 고려해야 할 것이다. 따라서 다음의 정책금리 방정식을 갖게 될 것이다.

$$r_p = \alpha + \beta r_p^* + \gamma x \qquad \cdots (2)$$
$$r_p^* = \alpha^* + \beta^* r_p + \gamma^* x^* \qquad \cdots (3)$$

Deleveraging?" Geneva Reports on the World Economy 16, International Center For Monetary and Banking Studies.
93) K. Forbes, 2012, "The Big "C": Identifying and Mitigating Contagion," Federal Reserve Bank of Kansas City Economic Symposium, Jackson Hole (Aug. 31).
94) Economist, 2012, "Converging world," p. 66 (Nov. 17).
95) C. Neely, 2012, "The Large-Scale Asset Purchases Had Large International Effects," Federal Reserve Bank of ST. Louis Working paper (April).
96) ECB, 2012, "Global liquidity: concepts, measurements and implications from a monetary policy perspective," Monthly Bulletin (Oct.).
97) Y. Dai, 2014, "Business Cycle Syncronization in Asia: The Role of Financial and Trade Linkages," ADB Working Paper No. 139 (Oct.).
98) S. Edwards, 2015, "Monetary Policy Independence under Flexible Exchange Rates: An Illusion?" NBER Working Paper 20893 (Jan.).

$r_p$와 $r_p^*$는 국내 및 해외의 정책금리이고, $x$와 $x^*$는 국내와 해외의 정책금리 결정 요인 벡터(예: 물가목표치와의 편차)들이다. 따라서 국내 및 해외 정책금리 간에는 다음의 관계가 성립한다.

$$r_p = \frac{\alpha + \beta\alpha^*}{1 - \beta\beta^*} + (\frac{\gamma}{1 - \beta\beta^*})x + (\frac{\beta\gamma^*}{1 - \beta\beta^*})x^* \qquad \cdots \ (4)$$

이처럼 해외 정책금리의 변화 요인들(예: $\alpha^*$와 $x^*$)은 국내 정책금리에 영향을 미칠 것이고, 이러한 상호의존성은 다음 그림으로 표현할 수 있다.

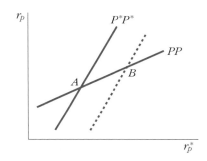

$PP$와 $P^*P^*$는 국내 및 해외의 정책함수이고 초기 균형은 점 $A$가 된다. 이제 해외 국가에서 인플레 갭의 발생으로 $x^*$가 증가할 경우 $P^*P^*$는 우측으로 이동할 것이다. 그 결과 두 국가의 균형 정책금리는 상승하여 새로운 균형점은 $B$가 될 것이다.[99] 그러나 위 그림은 모든 경우를 설명하지 못한다. 두 국가의 관계에서 한 국가가 매우 큰 국가(예: 미국)이고 다른 국가가 작은 국가라면 정책 전염은 일방적이 될 것이다. 예를 들어, 해외 국가가 매우 큰 국가이면 위 식 (3)에서 $\beta^*$는 0이 될 것이다. 즉 큰 국가의 금리는 작은 국가의 금리에 영향을 미치는 반면, 반대 방향으로 피드백은 존재하지 않는다. 이러한 관계는 해외의 정책함수 $P^*P^*$가 수직선이 되는 다음 그림으로 표현이 가능할 것이다. 정책 확산의 정도는 $PP$의 기울기에 의존할 것이다. 즉 기울기가 가파를수록 정책 전염은 커질 것이다. 반대로 기울기가 완만할수록 정책 전염은 최소가 될 것이다.

---

99) 실증연구에 따르면 연준(Fed)이 정책금리를 50bp 인상할 경우 12주 후 칠레, 콜롬비아, 멕시코 각각 평균 7bp, 16bp, 8bp 상승하였고, 6개월 후에는 각각 13bp, 27bp, 12bp 상승하였다. S. Edwards, 2015, p. 7.

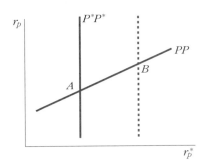

　게다가 주기적인 금융위기의 발생에서 보듯이 자본흐름 자유화는 금융 불안정을 야기했다. 즉 자본흐름 자유화로 "몸통이 실물(펀더멘털)이고 꼬리가 금융(투기)"이라는 전통적 개념은 더 이상 유효하지 않게 되었다. 경상계정(CA)보다 금융계정(FA)의 중요성 증대는 환율과 주가의 관계에서도 확인된다. 우리는 흔히 환율이 상승하면 수출경쟁력이 약화되는 기업의 수익성 악화로 주가는 하락을 예상한다. 그러나 한국의 경우 [그림 11-47]에서 보듯이 예상과 달리 자본흐름의 자유화가 크게 진전된 외환위기 이후 환율이 상승하면 주가는 하락하였다. 환율 하락은 캐리 트레이드 자금을 유입시켜 주가를 끌어올리고 환율을 추가로 하락시키는 요인으로 작용하기 때문이다. 즉 환율 하락에 따른 경상계정의 힘보다 자본계정의 힘이 더 크게 작용하기 때문이다. 특히 선진국과 신흥시장국 간 성장률과 이자율 차이를 전제로 할 때 선진국의 통화정책에 따른 신흥시장국으로의 자본 유출입은 신용량과 자산가격의 변동성뿐만 아니라 환율과 경상계정의 변동성을 높임으로써 금융위기의 잠재적 요인으로 작용한다.[100]

100) R. Mohan, 2013, "Global Spillovers and Domestic Monetary Policy: EME Perspective," 12th BIS Annual Conference, Lucerne, Switzerland (June 21).

그림 11-47 코스피와 원화값의 움직임

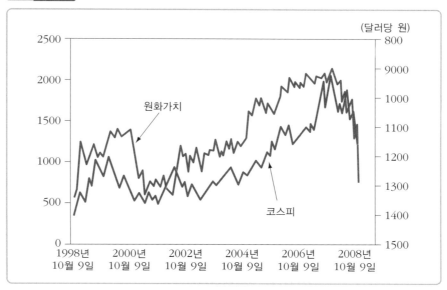

자료: 한국투자증권 · 블룸버그.

실제로 2차 대전 이후 신흥시장에 대한 국제 투자는 '붐-버스트 사이클'을 수반하였다. 예를 들어, 1970년대 첫 번째 자본흐름에 대한 낙관론은 80년대 중남미 외채위기를 수반하였고, 90년대 두 번째 자본흐름에 대한 낙관론은 아시아 외환위기를 수반하였다. 예를 들어, 1982년 볼커(Volker) 전 연준(Fed) 의장이 급격하게 통화 긴축에 나섰을 때 남미 등 신흥시장에서 대규모 달러자금 유출로 금융위기가 발생하였듯이 당시 자본유출 위기가 나타난 것은 강력한 긴축으로 금리가 폭등한 결과였다. 특히, 90년대 아시아 외환위기는 금융시스템의 위기가 국제적 차원으로 확산되기 시작했다. 그럼에도 불구하고 시장이론은 금융혁신이 리스크 헤지에 효과적인 방법을 보장할 것이라 주장하였다. 즉 시장이론은 금융시장 개방에 대한 생각을 바꾸지 않았다. 오히려 금융시장 개방을 개도국에 긍정적이라 평가하였다. 더 나아가 개도국이나 신흥시장국에서의 위기는 경제정책이 건전하지 않은 국가에 대한 징벌로 해석하였다. 즉 시장이론은 중심국의 관점에 기초하여 국제자본 흐름으로 야기된 금융위기를 주변부의 문제로 간주하였다.

이처럼 시장이론은 금융 글로벌화가 효율성을 증진시키듯이 자본통제는 자본 공급을 축소시킴으로써 차입 비용을 증대시키고 국내 기업의 자금조달 제약을 강화시킨다고 주장한다. 즉 이들에 따르면 자본통제는 자금조달비용 채널(the cost-of-finance channel)을 통해 투자 전반에 역효과를 미침으로써 경제의 효율성을 감소시킨다. 그러나 자본흐름의 자유화가 경제 효율성을 증대시킨다는 보장은 없다. 일반적으로 민간투자가 억제되는 요인은 크게 자금에 대한 접근 기회가 결여되어 있거나 수익사업이 보이지 않을 경우로 구분할 수 있다.[101] 전자처럼 저축이 제약된 경제(a saving-constrained economy)에서 실질 이자율은 높고, 자본흐름 자유화에 따른 해외로부터의 자금은 소비보다 투자 자금으로 흘러들어갈 것이다. 반면, 후자처럼 투자가 제약된 경제(a investment-constrained economy)에서는 실질 이자율은 낮을 것이고, 이 경우 해외로부터의 자금은 투자보다는 소비로 흘러들어갈 것이다. 소비 붐은 비교역재부문(예: 건설부문)의 소비를 증가시켜 비교역재부문의 생산을 증가시키고 비교역재부문으로 노동력을 이동시킨다. 비교역재부문으로 노동력의 재배분은 노동의 해외지식 흡수 능력을 약화시키고[102] 생산성 증가를 둔화시킴으로써 경쟁력을 약화시키고 경상수지를 악화시킨다. 이처럼 투자 제약의 경제에서 자본자유화의 효과는 소비만 부양할 것이다. 게다가 해외 저축은 투자나 성장에 대한 효과 없이 단순히 국내 저축을 대체할 것이다. 이 경우 해외에서 유입된 자본은 실질 통화가치를 절상시킴으로써 성장에 부정적으로 작용할 것이다. 즉 실질환율의 절상은 산업의 수익성을 떨어뜨려 성장을 둔화시킬 것이다.[103] 예를 들어, 미국의 실질 이자율과 신흥시장국의 투자율 사이에는 상관관계가 존재한다. 즉 미국의 이자율이 낮고 대외 유동성이 풍부할 때 신흥시장국의 투자율은 하락하는 경향을 보였다.[104] 이를 그림으로 표현하면 다음과 같다. 투자 제약의 경제에서 경제 전반의 저축의 증가는 투자를 증가시키지 못할 뿐 아니라 실질환율의 절상은 심지어 투자와 성장을 둔화시킬 것이

---

101) D. Rodrik and A. Subramanian, 2009, "Why Did Financial Globalization Disappoint?" *IMF Staff Papers*, Vol. 56, No. 1.

102) 예를 들어, 신성장론은 해외자본재 수입 혹은 수출을 통해 지식의 국제적 확산효과 창출을 주장한다. 즉 지식의 국제적 확산효과는 교역재 부문의 특성으로 해외지식의 흡수를 통해 교역재부문의 생산성 및 고용량을 증가시킨다고 주장한다.

103) D. Rodrik, 2007, "The Real Exchange Rate and Economic Growth: Theory and Evidence," Harvard University (Sep.); S. Johnson, J. Ostry, and A. Subramanian, 2007, "The Prospects for Sustained Growth in Africa: Benchmarking the Constraints," IMF Working Paper 07/52.

104) D. Rodrik and A. Subramanian, 2009.

그림 11-48 투자 제약 경제에서 자본흐름 자유화 대 자본통제의 투자 효과

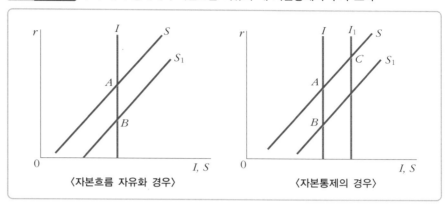

다. 즉 저축 곡선은 $S$에서 $S_1$으로 우하향으로 이동하지만 투자 곡선은 이동하지 않기 때문에 균형점은 $A$에서 $B$로 이동할 뿐 투자는 증가하지 않는다. 반면, 투자 제약의 경제에서 자본통제를 할 경우 해외 저축의 감소는 실질환율을 절하시킴으로써 산업의 수익성을 증대시켜 투자 수요를 증대시킬 것이다. 즉 투자 곡선이 $I$에서 $I_1$으로 우측으로 이동하는 반면 저축 곡선은 $S_1$에서 $S$로 좌상향으로 이동하여 균형점은 $C$점이 될 것이다.

특히 개도국의 경우 통화가치 절상은 교역재부문에 불리하게 작용하는 반면 비교역재부문의 가격 상승은 대차대조표를 취약하게 만들 것이다. 즉 개도국 혹은 신흥시장국에서의 반복되는 위기가 보여준 공통점은 선진국의 통화부양이 위기의 주요인으로 작용하였다는 점이다. 선진국의 통화 부양으로 상대적으로 높은 금리를 가진 신흥시장국에 해외자본, 특히 투기성자본(캐리 트레이드)의 유입은 신흥시장국에 인플레 압력과 통화가치의 과대평가를 야기한다. 이에 대해 신흥시장국의 중앙은행은 긴축과 달러 매입, 자국 통화의 매도 등으로 대응한다. 그 결과 통화 절상은 지속되고 이는 다시 핫머니 유입을 촉진한다. 이처럼 환율 압력은 (앞에서 지적했듯이) 변동환율제가 독립적 통화정책을 보장해준다는 이른바 '트릴레마' 명제가 더 이상 유효하지 않다는 것을 보여준다. 즉 자본흐름의 자유화는 개별 국가의 통화정책의 독립성을 심각하게 훼손하고 있다.

그런데 2000년대에도 계속된 자본흐름에 대한 낙관론이 2008년 리먼 파산과 글로벌 금융위기를 수반하자 IMF는 입장을 바꾸기 시작하였다. 즉 자본흐

름 자유화에 따른 금융시장의 불안정에 대해 IMF는 글로벌 금융위기를 계기로 특정 상황에서 정책 수단의 하나로 자본통제를 지지하며 기존 입장을 수정하였다. IMF의 입장 수정은 (앞에서 보았듯이) 자본흐름의 방향이 시장이론의 예상대로 진행되지 않기 때문이다. 즉 자본통제에 대한 IMF의 입장 변화는 시장이론과 현실 간의 괴리에 기초하고 있다. 첫째, 시장이론은 자본흐름 자유화에도 불구하고 유연한 환율이 해외로부터의 인플레이션 혹은 디플레이션 충격을 차단시킨다고 주장한다. 그런데 이 주장은 실질임금의 경직성이 작동하지 않는 것을 전제로 한다. 게다가 주요국 통화만이 대외결제통화로 사용되고 주요국 경제에서는 외화 차입이 거의 일어나지 않는다. 시장이론에 따르면 환율은 이자율이나 인플레이션의 차이에 따라 변화한다. 예를 들어, 국내 이자율이 낮거나 물가상승률이 해외보다 높을 경우 자국의 통화가치는 절하된다. 예를 들어, 구매력평가(purchasing power parity) 개념에 따르면 자국 물가상승률이 외국 물가상승률보다 높을 경우 자국 통화가치는 절하된다. 그러나 물가상승률이 높은 신흥시장국의 경우 금리 인상 압력이 증가하고 그 결과 ('이자율평형' 개념에 따르면) 자본유입이 증가하고 통화가치가 절상될 것이다.[105] 즉 이자율 이점을 가진 통화는 저수익 통화(예: 대외결제통화)에 대해 절상되고 국내 산업경쟁력을 저하시킨다. 게다가 글로벌 자산시장의 불안정성이 심해질 경우 고수익 통화는 빠르게 절하되는 경향을 가진다. 많은 신흥시장국들이 이런 불안정을 겪고 있다. 예를 들어, 금융위기 이후 양적완화 등 선진국의 비전통적 통화정책의 결과 실질실효환율은 2006년을 100으로 할 때 2013년(1~4월 기준)까지 브라질이 123.4, 중국이 132.6, 인도 100.5, 러시아 123.5로 상승한 반면, 미국은 88.0, 영국은 81.4, 일본은 91.7, 유로지역은 92.7로 하락하였다. 그리고 실질 GDP 성장률도 2003~07년에 비해 2008~12년에 브라질은 -0.8% 포인트, 중국은 -2.4% 포인트, 인도는 -1.8% 포인트, 러시아 -5.6% 포인트 하락하였다.[106]

둘째, 주요국의 정책금리 변화와 공식적인 채권 매입(예: 연준의 대규모 자산

105) J. Caruana, 2012, "Policymaking in an interconnected world," Luncheon speech, The FRB of Kansas City's 36th Economic Policy Symposium on *The changing policy landscape*, Jackson Hole, 31 August.

106) R. Mohan, 2013, "Global Spillovers and Domestic Monetary Policy: EME Perspective," 12th BIS Annual Conference, Lucerne, Switzerland (June 21).

매입[107]이나 일본의 외환시장 개입[108] 등)은 채권 수익률에 영향을 미치고 이것은 통합된 글로벌 채권시장을 통해 '잔물결효과(the riffle effect)'를 일으킨다. 셋째, 통화정책의 국제적 관점이 부재한 상황에서 '구성의 오류'가 발생할 가능성이 있다. 예를 들어, 선진국에서 낮은 인플레이션이 지속되는 상황에서 공급 충격에 의한 상품시장의 가격 상승을 선진국 중앙은행은 글로벌 수요 압력의 신호로 받아들이기 쉬운 반면 신흥시장국 중앙은행은 자본유입 우려로 금리 인상을 주저할 것이다. 넷째, 국제금융시장의 상호연관성이 크게 증가한 상황에서 금융기관들이 보다 엄격한 규제를 회피하기 위해 규제가 미치지 않는 국가들로 이동할 경우 한 국가에서의 거시건전성 실패는 부정적 확산효과를 창출할 것이다. 즉 정부 간 경쟁이 과도한 탈규제로 이끄는 상황(a race to the bottom)이 국제적 관점에서는 '구성의 오류'를 만들어낼 수 있다.

자본유입에 대한 IMF의 처방[109]은 거시경제 측면과 거시건전성 측면으로 나누어 있다. 먼저, 거시경제의 교란이 발생할 경우이다. 첫째, 신흥국 통화 가치가 과대평가되지 않은 경우 통화 절상을 허용하고, 통화 가치가 강할 경우에는 절상을 방지하기 위해 외환보유고를 축적할 것을 주문한다. 둘째, 인플레이션 우려가 부상할 경우 GDP 갭이 존재하면 정책금리 인하로 대응하고, GDP 갭이 존재하지 않으면 시장 개입을 통해 불태화정책을 사용할 것을 주문한다. 셋째, 인플레 압력과 더불어 불태화 비용이 과도할 경우에는 재정긴축 정책을 사용할 것을 주문한다. 마지막으로 재정긴축 여지가 없을 경우 자본통제를 허용한다.

---

107) 금융위기 이후 연준의 5차례 LSAP 프로그램은 호주, 캐나다, 독일, 일본, 영국 등의 10년물 국채 수익률을 각각 65, 56, 38, 18, 43bp(basis point) 낮추었고, 이들 국가들의 통화에 대해 달러 가치를 절하시켰다. 미국의 8차례 LSAP는 미국채 수익률을 123bp 낮추면서 동시에 독일과 영국의 국채 수익률을 각각 111, 91bp 낮추었다. B. Bernanke, V. Reinhart and B. Sack, 2004, "Monetary policy alternatives at the zero bound: an empirical assessment," *Brookings papers on economic activity*, pp. 1–100; P. Gerlach, R. McCauley and K. Ueda, 2012, "Currency intervention and the global portfolio balance effect: Japanese lessons" (July); C. Neely, 2010, "The Large-Scale Asset Purchases had large international effects," *Federal Reserve Bank of St. Louis Reserve Working Paper*, No. 018B; Q. Chen, A. Filardo, D. He and F. Zhu, 2012, "The impact of QE on emerging market economies."

108) 예를 들어, 2003~04년 일본은행의 대규모 외환시장 개입(달러 매입)과 미국채 투자는 미국채 수익률을 9.3bp 낮추었다. P. Gerlach and K. Ueda, 2011, "Currency intervention and the global portfolio balance effect: Japanese and Swiss lessons, 2003–2004 and 2009–2010," CARF Working Paper (Dec.).

109) IMF, 2012, The liberalization and management of capital flows: an institutional view, IMF Policy Paper, 14 (Nov.).

다음은 거시건전성 우려가 발생할 경우이다. 첫째, 해외로부터 과도한 해외 차입의 리스크가 존재할 경우 거시건전성 조치들을 강화할 것을 주문한다. 둘째, 해외 차입의 리스크 없는 대신 외환시장에 국내 신용 붐의 리스크가 존재할 경우에는 거시건전성 조치를 강화할 것을 주문한다. 마지막으로 거시건전성 규제도 충분하지 못할 경우 자본통제를 허용한다.[110] 사실, 거시건전성 규제와 자본의 유출입을 통제하는 자본통제가 엄격히 구분되는 것은 아니지만 전자의 경우 신용 제공자가 국내든 해외든 관계없이 국내 경제주체의 차입을 제약하는 반면, 후자의 경우 해외 신용제공자와 국내 차입자 혹은 국내의 자금 공급자와 해외 차입자 간의 거래에 영향을 미친다. 거시건전성 규제가 차입자의 과잉 채무를 억제시키는 효과가 있는 반면, 자본통제는 보다 예방적 행동을 유도하는 효과가 있다.[111]

IMF의 입장 변화에도 불구하고 IMF의 처방은 여전히 비판을 받고 있다. 대표적 비판은 유엔 무역 개발위원회(UNCTAD)에서 나왔다.[112] 첫째, IMF는 자본통제가 무엇보다 위기를 효과적으로 예방할 수 있다는 사실을 인정하지 않는다. 둘째, IMF는 자본통제가 단기적이어야 하고, 국내나 해외 투자자에 대한 동일한 대우와 자본유출보다 자본유입에 초점을 맞추어야 한다고 주장하지만 개별 국가의 경험들은 영구적 자본통제가 가장 효과적임을 입증하고 있다. 셋째, IMF는 '시스템 리스크'를 해결하기 위한 다자간 감시를 통한 국제조정이 자본흐름 리스크의 축소를 도울 수 있고, 문제를 제공하는 국가(대외결제통화국)는 자신의 정책이 다른 국가들에 미치는 확산효과를 인식해야 한다고 주장한다. 그러나 이 주장은 기축통화에 대한 레버리지로 제약되기에 IMF의 기대는 작동하지 않는다. 한국의 경우에도 (앞에서 보았듯이) 자본흐름의 자유화로 선물환 거래의 급증 등으로 외환시장 변동성이 크게 증가하였다.

---

110) 예를 들어, 브라질은 2010년과 2011년에 자본거래세(the Imposto sobre Operacoes Financieras, IOF; Tax on Financial Transactions)를 도입했다.

111) A. Korinek and D. Sandri, 2014, "Capital Controls or Marcoprudential Regulation?" NBER Working Paper No. 20805 (Dec.).

112) UNCTAD, 2013, "Capital Account Regulations and Global Economic Governance: the Need for Policy Space," *Policy Brief* (Nov.).

## '대차대조표 위기'의 두 유형[113]

**신흥시장의 대차대조표 위기** 신흥시장국에서 대외적 불균형이 유발하는 대차대조표 변동성에 의해 발생하는 위기의 유형이다. 신흥시장국의 경우 자본의 상대적 희소성, 높은 실질 수익률, 리스크 프리미엄 등으로 선진국에 비해 실질 이자율이 높기 쉽고, 이는 발라사-사무엘슨 효과에 의해 신흥시장국 통화의 실질적 절상으로 이어질 가능성이 높다. 높은 실질 수익률과 통화가치 절상은 해외자본의 유입으로 이어지고 그 결과 신흥시장국의 대차대조표는 대외 위험노출에 직면한다. 즉 경쟁력의 부식, 경상수지 적자의 확대, 대외 채무의 증가, 만기 채무 상환에 필요한 외환보유고의 감소, 신용의 급속한 팽창, 자금조달 지속가능성 문제 등의 리스크 프리미엄에 유입된 해외자본은 민감하게 반응할 것이다. 예를 들어, 리스크에 대한 갑작스런 재평가와 자본흐름의 역전이 발생할 경우 외화부족 위기가 발생한다. 그리고 자본흐름의 역전은 통화가치의 절하 혹은 급격한 이자율 상승 그리고 그에 따른 자산가치의 하락을 통해 대차대조표를 악화시킬 것이다. 게다가 해외자원에 의해 투자 자금이 조달되었기에 자본유입의 감소는 투자의 감소로 총수요 및 GDP의 조정을 강요할 것이다. 이런 상황에서 시장이론의 정책 처방은 통화가치 절하와 금리 인상 두 가지가 존재한다. 그런데 외화 차입자가 비교역재 부문일 경우 통화가치 절하하는 효과를 보지 못할 것이다. 국내 외화 차입자의 파산은 은행의 지급불능 위기로 이어지고, 정부 재정을 손상시킬 가능성이 높다. 금리 인상 또한 부동산 부문에 타격을 입힘으로써 은행과 공공재정에 부정적으로 작용할 것이다. 그럼에도 불구하고 성장과 국제수지 회복이 정치적으로 요구되는 상황에서 통화가치 절하와 금리 인상의 결합은 불가피하게 선택될 것이다. 그러나 경제에 심각한 손상을 입히는 것은 피하기 어렵다. 90년대 말 아시아 외환위기가 이 경우에 해당한다.

**대외결제통화를 갖는 국가들의 대차대조표 위기(Insidious Balance-Sheet Crises)** 신흥시장국과 달리 선진국의 대차대조표 위기는 대내적 불균형에 의한 대차대조표 위기이다. 이 위기는 오랜 기간 동안 급속한 성장과 소득 증대가 성공적으로 진행되는 국가에서 발생한다. 소득과 수요가 빠르게 증가함에 따라 상대적으로 무한 탄력성을 가진 교역재의 경우 가격이 빠르게 증가하지 않는 반면 비교역재와 자산가격은 덜 탄력적인 이유로 가격이 보다 빠르게 상승한다. 상대가격의 이동은 자원을 교역재에서 비교역재 생산으로 이동시키고, 이 과정에서 성장 엔진으로서 수출의 역할은 약화된다. 문제는 상대가격의 이동이 투기자의 기대와 결합될 경우 레버리지가 추진한 투기, 즉 균형으로부터의 오버슈팅(overshooting)과 자산 가격 버블을 초래할 수 있다는 점이다. 신용이 만들어내는 부동산 붐이 여기에 해당한다. 성장 엔진으로서 수출 역할이 약화됨에 따라 정부 당국은 통화 완화 정책에 대한 압력에

113) B. Bakker and L. Lipschitz, 2014, "Conventional and Insidious Macroeconomic Balance-Sheet Crises," IMF Working Paper (Aug.).

직면할 것이다. 보다 완화적인 통화정책은 레버리지를 증가시키고 비교역재부문에 대한 과잉투자를 악화시킬 것이지만, 강한 성장세는 지속되고 실업은 낮게 유지되고 조세 기반의 증대로 공공재정은 향상될 것이다. 또한, 부동산가격 상승에 따른 인플레이션이 크지 않기에 전통적 조치들로 인플레이션은 억제될 것이다. 물론, 국내 수요가 가속화됨에 따라 경상수지가 약화되겠지만 충분한 경상수지 흑자와 외환보유고를 갖고 있다면 문제되지 않을 것이다. 이런 점에서 선진국의 대차대조표 위기는 서서히 퍼지는, 즉 '인식하지 못하는 위기'의 성격을 갖는다. 대내적 불균형에 따른 위기는 전통적인 대외적 불균형에 따른 위기와 달리 대외 포지션이 강할 때조차 발생할 수 있고, 반드시 해외 통화에 대한 위험노출과의 관련성도 갖지 않을 것이다. 과잉투자의 붐이 오래 지속될수록 뒤늦은 조정은 더욱 큰 고통을 수반하는 경향이 있다. 그리고 오랜 기간의 붐은 은행 자산을 부동산에 집중시키고 GDP 성장의 지속을 투자 증가의 지속에 의존하기 때문에 정부 정책은 성장을 지속시켜야 한다는 압력을 받을 것이다. 결국 부동산 부문의 과잉투자 및 과잉시설은 붕괴로 이어질 것이다. 대표적 경우가 일본의 '잃어버린 20년'과 '글로벌 금융위기'이다.

# 제 12 장
## 경제성장 방식의 다양성과
## 성장 패러다임의 업그레이드
### -누구를 위한 성장인가?-

지금까지 성장은 시장이론에서 '절대선'과 같은 것이었다. 성장은 일자리를 창출하여 빈곤을 해결하고 삶의 질을 개선하는 데 기여했기 때문이다. 그런데 (앞에서 지적했듯이) 산업화의 종료와 경제활동에서 무형가치의 비중이 증대하면서 고용탄력성이 크게 약화되었다. 성장과 고용의 비례적 관계는 제조업 중심의 경제구조를 가졌던 산업사회의 산물이다. 그러나 앞에서 보았듯이 무형재의 경우 성장, 즉 생산량의 증대가 고용을 증대시키지 않는다. 그 결과 시장이론은 탈공업화로 위기를 맞이하고 있다. 산업화는 성장과 고용 그리고 인구증대 등이 선순환을 하였다. 그러나 산업화의 완료와 확산은 제조업의 공급과잉과 기술 평준화 그리고 경쟁 격화 → 가격경쟁력 확보 압력 → 임금 인상 억제, 생산자동화, 생산기지 해외 이전, (비정규직 선호 등) 고용의 유연화 등으로 노동소득 비중의 하락과 고용 불안정 증대 그리고 일자리의 양극화 → 한편으로는 내수 취약화와 임금 불평등 증대 등 양극화 초래, 다른 한편으로는 사회보장 지출 증대와 사회복지 수요 증대 → 수출 강화와 저출산-고령화[1] 그리고 국가재정 부담 증가 → 수출경쟁력 확보 위해 (환율, 감세 등) 정책 지원 요구[2] → 인구구조 악화와 내수 취약성 심화 → 수출의존도 심화라는 악순환

---

1) 저출산은 생산 가능인구의 감소로, 고령화는 인구부양 비율의 상승을 의미하기 때문에 잠재성장률을 하락시키고 국가재정 부담을 증가시킨다.
2) 기업의 생산기지의 해외 이전 압박과 연계된 기업의 정책 지원 요구는 가계의 실질 구매력 약화와 소득불평등 확대 등 양극화를 심화시킨다.

을 만들어냈다. 예를 들어, 일본의 '장기불황'을 만들어낸 '3D 함정(3D Trap)', 즉 국가부채(Debt)와 디플레이션(Deflation), 그리고 인구 감소(Demography)가 서로 맞물려 만들어낸 악순환 고리가 그것이다.

한국의 경우는 보다 심각하다. 첫째, 일본의 제조업 비중이 27.6%(1974년)에서 16.8%(2011년)로 감소하는 데 37년 소요된 반면, 한국의 경우 27.6%(1991년)에서 16.9%(2011년)로 감소하는 데 20년이 소요될 정도로 탈공업화의 속도가 매우 빠르다. 그 결과로 고령화도 압축적으로 진행되고 있다. 한국의 경우 고령화 사회(2000년, 65세 이상 인구 비중 7% 이상)에서 고령사회(2018년, 65세 이상 인구 비중 14% 이상) 그리고 초고령사회(2026년, 65세 이상 인구 비중 20% 이상)로 진행되는데 각각 18년과 8년 정도 소요될 예정인 반면, 일본은 각각 24년과 12년, 독일은 40년과 37년이 소요되었고, 미국도 각각 73년과 21년 소요될 예정이다. 이는 2001년경부터 OECD 국가 중에서 가장 낮은 수준으로 떨어진 저출산율과 밀접한 관계가 있다. 그 결과 생산가능인구의 비중이 가장 빠른 속도로 하락하고 있고, 부양비율은 가장 빠른 속도로 증가하고 있다. 그 결과 국가 재정의 부담이 빠르게 증가할 수밖에 없다. 둘째, 탈공업화가 일자리 및 소득 양극화로 이어지면서 가계의 처분가능소득 증가율의 하락이 가계의 소비 증가율의 하락보다 빠르게 진행된 결과 가계부채가 지속적으로 증가했고, 가계부채의 악화가 성장률 하락으로 이어지는 악순환 고리가 형성되었다. 부채는 미래소득을 가져다 사용하는 것을 의미하는데 가계부채가 계속 증가한다는 것은 미래소득이 기대만큼 창출되지 않는다는 것이고, 이는 좋은 일자리가 만들어지지 않기 때문이다. 이는 부채 주도 성장이 지속적으로 약화되는 데서도 확인된다. 가계부채 증가가 GDP 증가에 기여하는 정도가 갈수록 약화되고 있다. 셋째, 선진국을 포함해 글로벌 경제의 저성장이 지속되면서 수출 주도 성장 전략도 한계에 직면하고 있다. 그 결과 세계 무역액의 연평균 증가율은 금융위기 이전(1992~2007년) 7.1%에서 금융위기 이후(2008~13년)에는 2.8%로 줄어들었다.[3] 세계 무역액의 증가율과 한국 제조업 생산의 증가율 간에 동조화가 존재한다는 점에서 한국 제조업의 성장률 둔화는 불가피하다. 한국 제조업의 성장률은 1992~2007년간 연평균 7.0%에서

---

3) M. Roberts, World economy still crawling. http://thenextrecession.wordpress.com/2014/05/12/world-economy-still-crawling/

2008~13년간은 4.8%로 하락했다. 제조업 성장의 둔화는 제조업 주도의 경제성장과 제조업 중심의 경제구조에 치명적일 수밖에 없다.

이처럼 양극화와 저성장, 저출산과 고령화, 그리고 재정건전성 악화 등 구조적 과제를 제기하는 탈공업화 앞에서 시장이론은 무력감을 드러내고 있다. 이 과제들을 해결하기 위해서는 기존의 성장을 통한 일자리 만들기가 아니라 좋은 일자리 만들기를 통한 새로운 성장 방식이 필요하다. 고용이 더 이상 성장의 자연스런 결과물이 아니라는 점에서 기존의 성장을 통한 일자리 만들기 방식은 또 다른 부채 주도의 성장과 금융화의 함정에 빠질 수밖에 없다. 그리고 그 결과는 파국으로 끝날 수밖에 없기 때문이다. 성장의 지속과 성장의 공유를 위해서는 성장에 대한 새로운 이해가 요구된다.

## 제 1 절 　경제성장의 원천과 다양성

### 1.1. 성장의 이론적 원천

시장이론에서 경제성장이란 생산의 증가를 의미한다. 이론적으로 총생산의 증가는 시장이 충분히 경쟁적이고 규모의 경제가 작동하지 않을 경우 투입물 증가에 의한 증가분과 총요소생산성(TFP, total factor productivity) 성장에 따른 증가분의 두 부분으로 구성된다. 시장이론에서 생산성은 노동이나 자본 등 생산요소의 투입과 이로부터 얻어지는 산출을 비교한 것으로, 크게 단일요소생산성과 총요소생산성 혹은 다중요소생산성(MFP, multi factor productivity)으로 구분한다. 단일요소생산성은 노동이나 자본 등 개별생산요소 투입에 대한 산출의 비율로, 노동생산성이나 자본생산성 개념이 여기에 속한다. 앞에서 소개했듯이, 노동생산성은 노동 한 단위를 더 투입해서 얻어낼 수 있는 생산 규모, 즉 노동의 평균생산물($\equiv AP_L$)이다. 시간당 생산 혹은 1인당 생산이 그것이다. 마찬가지로 자본생산성 역시 자본 한 단위를 더 투입해서 얻어낼 수 있는 생산 규모, 즉 자본의 평균생산물($\equiv AP_K$)이다. 이에 비해 총요소생산성은 모호한 개념이다. 총요소생산성은 투입물의 변화에 따른 산출량의 변화를 제외한 '잔차항(residual)'으로 정확히 표현하면 '설명되지 않는 부분(unexplained parts)'이다. 즉 생산기술을 밖에서 주어진 '외생변수'로 취급하는 시장이론의 구조상으로는 정확하게 설명되지 않는 부분이다. 흔히 기술진보(혁신)에 의한 '효율성 개선' 부분으로 이해한다. 그러나 총요소생산성은 기술진보 이외에도 여러 가지 요인에 영향을 받는다. 경영방식의 개선이나 생산조직의 변화나 근로의욕의 향상은 물론이거니와 제도 변화, 부패 정도, 자연재해 발생, 범죄나 환경오염 증가 등에 의해서도 산출양은 영향을 받기 때문이다. 생산함수로 표현하면 생산곡선 자체의 이동으로 나타낼 수 있는 생산의 증가분이다. 반면, 투입물 증가에 의한 생산 증가는 생산곡선상에서의 이동으로 나타낸다. 공급자는 충분한 경쟁 압력에 직면하고 이윤극대화를 추구하는 공급자는 비용이 최소화되는 '효율적 산출량'을 추구하기에 생산곡선에 표현되는 특정 시점의 생산은 '규모에 따른 수확이 불변(CRS)'인, 즉 비용탄력성이 1인 생산 수준을 의미한다.

　　그러나 한 나라의 총생산이 '효율적 산출량' 수준에서 결정될 것이라는 가정은 너무 비현실적이다. 앞에서 설명했듯이 산업구조의 고도화에 따라 '효율적 산출'량 규모는 증대하기에 총생산의 수준 역시 '규모의 경제'가 나타나는 산출량 수준에서 결정될 가능성이 높다. 따라서 완전경쟁이 아니라 일반적인 시장 상태와 '규모에 따른 수확 불변'의 조건을 전제하지 않을 경우 경제성장은 다음과 같이 총요소생산성의 증가에 의한 생산 증가분과 비용탄력성의 역수에 의해 가중된, 투입물 증가에 의한 생산 증가분으로 구성된다. 즉 생산함수에서 도출되는 경제성장률은 다음과 같이 표현할 수 있다.

생산함수와 경제성장률의 구성

다음은 총생산함수이다.

$$Y(t) = Y[t; V_j(t)], \quad j = L, K \qquad \cdots (1)$$

여기서 $Y$는 $GDP$, $V$는 투입물, $t$는 시간
그리고 투입물의 종류로는 노동 $L$, 자본 $K$, 원자재 $M$, 에너지 $E$ 등이 있다.
양변에 자연로그를 취한 후 시간 $t$에 대해 전체 미분하면

$$\frac{d\ln Y(t)}{dt} = \frac{\partial \ln Y(t)}{\partial t} + \sum_j \frac{\partial \ln Y(t)}{\partial V_j(t)} \frac{dV_j(t)}{dt}$$

$$\therefore \frac{\dot{Y}(t)}{Y(t)} = \varepsilon_{Yt} + \sum_j \frac{\partial Y(t)}{\partial V_j(t)} \frac{V_j(t)}{Y(t)} \frac{\dot{V}_j(t)}{V_j(t)} \qquad \cdots (2)$$

여기서

$$\dot{Y}(t) \equiv \frac{Y(t)}{dt}, \quad \dot{V_j}(t) \equiv \frac{dV_j(t)}{dt}, \quad \varepsilon_{Yt} \equiv \frac{\partial Y}{Y}\frac{1}{\partial t} = 총요소생산성(TFP)증가율$$

이제 불완전경쟁시장에서 기업의 최적화를 위한 필요조건(요소시장의 일반적 균형 조건 $MP_j \times MR = P_j$)[4]인 식 (3)을 식 (2)에 대입하면 식 (4)를 얻게 된다.

$$\frac{\partial Y(t)}{\partial V_j(t)} \times P(t)[1 + \varepsilon_{Yt}(t)] = P_j(t) \quad \cdots (3)$$

여기서 $P_j$는 생산요소의 단위당 가격, 즉 $P_L = w = 임금$, $P_K = r = 자본임대료$

$$\frac{\dot{Y}(t)}{Y(t)} = \varepsilon_{Yt}(t) + \frac{1}{1+\varepsilon_{Yt}}\sum_j \frac{P_j(t)V_j(t)}{P(t)Y(t)} \times \frac{\dot{V_j}(t)}{V_j(t)} \quad \cdots (4)$$

한편, $P(t)Y(t) = C(t)\dfrac{\varepsilon_{CY}}{1+\varepsilon_{Yt}} \quad \cdots (5)$

여기서 $C$는 비용, $\varepsilon_{CY} \equiv \dfrac{\partial C}{\partial Y}\dfrac{Y}{C} = \dfrac{MC(t)}{AC(t)} \equiv$ 비용탄력성

따라서 식 (5)를 식 (4)에 대입하면 식 (6)을 얻게 된다.

$$\frac{\dot{Y}(t)}{Y(t)} = \varepsilon_{Yt}(t) + \frac{1}{\varepsilon_{Yt}}\sum_{j=1} \frac{P_j(t)V_j(t)}{C(t)}\frac{\dot{V_j}(t)}{V_j(t)} \quad \cdots (6)$$

$$\therefore \frac{\dot{Y}(t)}{Y(t)} = \varepsilon_{Yt}(t) + \frac{1}{\varepsilon_{CY}}\left[\frac{w(t)L(t)}{C(t)}\frac{\dot{L}(t)}{L(t)} + \frac{r(t)K(t)}{C(t)}\frac{\dot{K}(t)}{K(t)}\right] \quad \cdots (7)$$

이처럼 경제성장률은 각종 혁신에 의해 발생하는 부분, 즉 $E_{Yt}(=\text{TFP})$의 증가율$[=\partial \ln Y(t)/\partial t]$, 그리고 '비용탄력성$(E_{CY})$의 역수$(=\partial \ln C/\partial \ln Y)$'에 의해 가중된 투입물 증가율의 합으로 구성된다. 예를 들어 경쟁시장의 조건인 '규모에 따른 수확 불변'의 경우 비용탄력성이 1이 되기 때문에 성장률은 TFP의 증가 부분과 투입물 증가에 의한 부분으로만 구성된다. 그러나 비용탄력성$(E_{CY})$이 1보다 작을 때, 즉 규모의 경제가 존재할 경우$(E_{CY}<1)$에는 투입물 증가에 의한 성장의 기여부분이 증대하고 그와 반비례하여 총요소생산성에 의한 성장기여분은 상대적으로 작아진다. 다시 말해 규모의 경제가 존재하는데도 경쟁시장(규모에 따른 수확 불변)을 가정하고 총요소생산성의 증가율을 계산할 경우 총요소생산성의 증가율은 과대평가될 수밖에 없다. 역으로 표현하면 규모의 경제가 존재할 때는 생산성이 증가하지 않아도 투입물의 증가로 경제성장이 어

---

4) 구체적으로 생산물 시장은 불완전경쟁, 생산요소시장은 경쟁시장으로 가정한 것이다.

느 정도 이루어질 수 있다.

**표 12-1** 한국 제조업의 Markup 비율(≡P*/MC)과 비용탄력성 그리고 총요소생산성

| | 기 간 | Markup 비율 | 비용탄력성 | 총요소생산성 |
|---|---|---|---|---|
| 전체 제조업 | 1967~73년 | 1.590 | 0.795 | 0.013 |
| | 1973~81년 | 1.616 | 0.604 | −0.052 |
| | 1981~89년 | 1.576 | 0.593 | −0.008 |
| | 1967~89년 | 1.600 | 0.656 | −0.016 |
| 경공업 | 1967~73년 | 1.155 | 1.116 | −0.001 |
| | 1973~81년 | 1.502 | 0.791 | 0.008 |
| | 1981~89년 | 1.575 | 0.570 | −0.025 |
| | 1967~89년 | 1.415 | 0.819 | −0.005 |
| 중화학공업 | 1967~73년 | 1.584 | 0.756 | 0.043 |
| | 1973~81년 | 1.880 | 0.594 | −0.049 |
| | 1981~89년 | 1.462 | 0.672 | 0.021 |
| | 1967~89년 | 1.643 | 0.664 | 0.005 |

주: Markup 비율이 1보다 크면 시장의 경쟁이 불충분한 상태를 의미.
출처: S. Park and J. Kwon, 1995, "Rapid economic growth with increasing returns scale and little or no productivity growth," The Review of Economics and Statistics, Vol. 77 Issue 2, p. 338.

이처럼 시장이론에서는 지속적인 경제성장이 가능하기 위해서는 총요소생산성의 증가, 즉 효율성의 개선이 필수적이라 주장한다. 노동력과 물적 자본 등 투입물의 증가는 물리적으로 한계가 있을 뿐 아니라 '한계생산의 체감'에 직면하기 때문이다. 효율성의 개선 없는 성장은 지속될 수 없다는 대표적 주장이 1994년 크루그먼(P. Krugman)의 '아시아 기적의 환상(The Myth of Asia's Miracle)'론이다. 크루그만은 동아시아의 외환위기 발발 3년 전에 '동아시아 기적의 환상'을 주장해 마치 동아시아의 1997년 위기를 정확히 예측한 것으로 유명(?)해졌다. 그에 따르면 동아시아의 '기적'은 과거 소련의 투입물 주도의 성장(Input-driven growth) 방식과 동일하기에, 즉 동아시아 성장은 효율성의 개선이 수반된 것이 아니었기에 소련의 성장이 한계에 직면했듯이 동아시아의 성장 역시 지속이 불가능하다고 주장하였다. 효율성의 개선 없이 과거와 같은 고성장이 지속되려면 자본투입물의 높은 증가(율)와 인적 자본(교육)의 확장이 지속되어야 하나 자본투입물의 높은 증가(율)는 물리적 한계를 가질

뿐 아니라 그 자체가 한계생산체감의 한계에 직면할 수밖에 없고, 교육 확대 또한 물리적으로 한계를 가질 수밖에 없다는 것이다. 예를 들어, 19966~90년 사이에 전체 노동자 중 중등교육(secondary) 졸업자의 비중이 한국은 26.5%에서 75%, 대만은 25.8%에서 67.6%, 싱가포르는 15.8%에서 66.3%, 그리고 홍콩(1966~91년)은 27.2%에서 71.4%로 크게 증가하였다. 그러나 크루그먼의 주장은 과학적으로 근거가 없다. 자료나 추정 방식에 따라 차이가 많지만, 동아시아 신흥공업국들의 성장이 효율성 개선보다는 투입량 증가에 의한 것이었다는 주장에는 대개 동의한다. 그러나 주의할 점은 〈표 12-2〉에서 보듯이 성장률에서 효율성 개선에 의한 비중이 상대적으로 낮았던 것이지 효율성의 개선이 없었던 것은 아니다. 흔히 효율성을 나타내는 지표로 총요소생산성 지표를 사용하는데, 추정에 따라서 약간 차이를 보이나 동아시아 국가들은 상당한 정도의 총요소생산성 증가를 보인다. 크루그먼이 인용한 자료를 보더라도 동아시아 신흥공업국들의 생산성 증가율은 다른 지역의 국가들에 비해 평균적으로 결코 낮지 않다. 크루그먼은 동아시아 국가들 중에서도 싱가포르만 구체적으로 거론하고 있다. 그가 인용한 자료에서 싱가포르는 다른 동아시아 국가들에 비해 생산성의 성장률이 매우 낮은 편이다. 특히 제조업부문만의 생산성

**표 12-2** 총요소생산성의 연평균성장률, 1970~1985년

| 동아시아 국가 | TFP 성장률 | 선진 공업국 | TFP 성장률 | 기타 후진국 | TFP 성장률 |
|---|---|---|---|---|---|
| 일 본 | 0.012 | 미 국 | 0.004 | 브라질 | 0.01 |
| 한 국 | 0.014 | 독 일 | 0.009 | 콜롬비아 | 0.01 |
| 대 만 | 0.015 | 프랑스 | 0.005 | 이집트 | 0.03 |
| 싱가포르 | 0.001 | 영 국 | 0.009 | 인 도 | 0.001 |
| 홍 콩 | 0.025 | 이탈리아 | 0.018 | 파키스탄 | 0.03 |
| 타 이 | 0.019 | 캐나다 | 0.003 | 케 냐 | 0.006 |
| 말레이시아 | 0.010 | 스웨덴 | 0.010 | 가 봉 | 0.024 |
| 중 국 | 0.013 | 네덜란드 | 0.008 | 콩 고 | 0.028 |
| 미얀마 | 0.014 | 덴마크 | 0.013 | 시리아 | 0.02 |
|  |  | 노르웨이 | 0.017 | 이 란 | 0.014 |

출처: A. Young, 1995, "The Tyranny of Numbers: Confronting the Statistical Realities of the East Asian Growth Experience," *Quarterly Journal of Economics*, Vol. 110, pp. 641~80.

을 보면 마이너스(-) 성장률을 보이고 있다. 주지하듯이 동아시아 신흥공업 국들은 제조업이 경제성장에 절대적 역할을 하였다. 그러나 싱가포르의 경우를 동아시아 신흥공업국들의 특징으로 일반화하는 것은 무리가 있다. 그런데 싱가포르의 경우 1970~90년에 제조업부문의 총요소생산성의 연평균증가율이 -1%였다. 반면 한국(1966~90년)의 경우 3%, 대만(1966~90년)의 경우는 1.7%의 증가를 기록하였다.

게다가 싱가포르에 대한 부정적 평가는 또 다른 문제를 안고 있다. 싱가포르가 효율성의 개선 없는 성장을 했다 하더라도 이 나라는 동아시아 신흥공업국들 중 이미 선진국의 국민소득 수준에 도달했다. 자본투입물의 수확체감과 교육 확대의 물리적 한계가 나타나기 전에 이미 동아시아 성장 방식으로 선발 공업국 소득수준에 도달했는데 그 성장이 효율성 개선을 수반하지 않았다고 비난받아야 하는가? 동아시아 성장 방식에 문제가 있다면 적어도 이 방식으로 선발 공업국의 소득 수준에 도달할 수 없음이 입증돼야 하지 않는가? 그러나 이 질문에 대한 답은 이론적으로나 경험적으로나 부정적이다. 무엇보다, 물적 자본 투입물과 달리 인적 자본, 예를 들어 지식이나 아이디어 등은 한계 생산체감의 법칙이 적용되지 않는 '역경합성'을 지니고 있다. 지식사회에서 성장의 가장 중요한 요소가 인적 자원이라는 점에서 높은 교육열을 특징으로 하는 동아시아의 성장 방식을 부정적으로 볼 필요는 없다. 실제로 싱가포르나 대만이 이미 선발공업국의 국민소득 수준에 도달해 있거나 도달해 가는데도 선발공업국보다 여전히 두 배 이상 높은 성장률을 기록하는 것은 주목할 필요가 있다. 싱가포르의 경우 1994년 1인당 국민총소득이 2만 달러를 넘어선 이후에도 1997년 동아시아 위기의 영향을 받은 1998년을 제외하면 여전히 높은 성장률을 기록하고 있다. 그 결과 세계은행에 따르면 1965년 독립 당시 요르단보다 가난했던 싱가포르가 40년도 채 안되어 일인당 GDP는 미국보다 앞선 세계 9위, 구매력 기준 일인당 GNI는 카타르 다음인 세계 2위의 국가가 되었다.[5]

---

5) Businessweek, Dec. 8~14, 2014.

## 1.2. 총요소생산성과 사회적 자본

앞에서 지적했듯이 시장이론은 총요소생산성을 결정하는 근원적 요인을 구조적으로 설명하지 못하는 단점을 갖고 있다. 그동안 많은 연구들이 국가 간 경제력의 격차를 결정하는 데 주요 결정요인인 생산성의 차이가 어디서 비롯하는가에 관심을 가져왔다. 사실, 생산방식의 차이는 시장과 더불어 경제환경, 정부정책 및 제도들에 커다란 영향을 받는다. 이와 관련하여 생산성 차이의 주요 원천의 하나로 '사회적 생산기반(social infrastructure)' 혹은 '사회적 자본(social capital)'에 주목할 필요가 있다. '생산기반(infrastructure)'이란 경제활동의 기반을 형성하는 기초적인 시설을 의미하기에 지금까지 생산기반에는 직접적 경제활동과 밀접한 도로, 하천, 항만, 농업기반, 공항 등의 사회기반시설과 경제활동을 간접적으로 지원하는 학교, 병원, 공원과 같은 사회복지, 생활환경시설 등을 포함시켰다. 그런데 한 사회의 생산기반은 기본적으로 개인이나 기업의 생산적 활동에 인센티브를 제공하는 유·무형의 '사회적 자본'을 포괄하기에 법 질서의 확립 정도, 재산권과 계약의 보장 정도, 관료의 질과 투명성 등 제도까지 확대되었다.[6] 예를 들어, 제도를 '인간의 상호작용을 지배하고 특징짓는, 인간이 고안해낸 일련의 행동규칙'으로 광범위하게 이해할 때 제도들은 최소한 다른 사람들이 무엇을 할 것인가에 대한 예측 형성을 도와준다. 그 결과 제도는 제반 거래비용을 감소시켜 경제의 효율성을 높이고 경제성장에 결정적으로 영향을 미칠 수 있기 때문이다.[7] 실제로 많은 연구들은 제도의 질이 경제성과에 깊은 관계를 맺고 있음을 확인했다.[8]

---

[6] 한 예로 행정 관료의 질, 부패의 정도, 법치의 확립 정도, 재산권과 계약의 보장 정도 등을 0부터 10까지 수치화하여 제도의 질의 수준을 측정한다. S. Knack and P. Keeper, 1995, "Institutions and Economic Performance: Cross-Country Tests using Alternative Institutional Measures," *Economics and Politics*, Vol. 7 No. 3, pp. 207-27.

[7] M. Olson, 1996, "Big Bills Left on the Sidewalk: Why Some Nations are Rich, and Others Poor," *Journal of Economic Perspectives*, Vol. 10 No. 2, p. 19.

[8] 예를 들어 동아시아 신흥공업국들 간에 지수화한 제도의 질을 추정한 연구에 의하면 10점 만점에 싱가포르(8.56), 대만(8.24), 말레이시아(6.90), 한국(6.36), 타이(6.26), 인도네시아(3.67), 필리핀(2.97)의 순서로 흔히 '연고자본주의'나 허약한 관료제나 부패가 심한 국가로 알려진 국가들이 낮은 점수를 받고 있다. 구체적으로 동아시아 국가들의 제도의 질과 노동력당 소득 간에는 매우 밀접한 관계(상관계수 0.99)가 존재하고, 제도의 질이 1포인트 증가할 때 장기적으로 노동력당 소득의 성장률은 0.8%가 증가하는 것으로 나타난다. D. Rodrik, 1997, "TFPE Controversies, Institutions and Economic Performance in Ease Asia," NBER Working Paper No. 5914, p. 22, Table 3.

한편, 아이디어집약적인 경제 혹은 무형재경제에서는 혁신이 더욱 중요해지면서 '사회적 생산기반'으로 혁신을 유발할 수 있는 사회적 소프트웨어 구성물에 주목한다. 이것이 90년대 이후 주목해온 '사회적 자본'이 강조되는 배경이다. 흔히, '사회적 자본'은 사회구성원들이 힘을 합쳐 공동목표를 효율적으로 추구할 수 있게 하는 사회생활의 특성으로서 공동이익을 위한 상호조정과 협력을 촉진하는 사회적 조직의 특성이라고 정의된다. 그리고 '사회적 자본'의 핵심적 구성요소로 상호 신뢰와 협력적 네트워크 등을 지적한다. 이러한 사회적 자본의 중요성이 강조되는 이유는 무형재의 특성 중 하나가 포괄성(가치결합성)이기 때문이다. 아이디어집약적 경제활동에서 혁신 방식으로 개방과 협력에 기초한 혁신(open collaborative innovation)이 강조되는 이유이다.[9) 개방형 혁신 방식을 도입한 기업의 경우 기업조직 내부의 핵심자원과 외부의 핵심자원을 유기적으로 연결해 혁신 효과를 극대화한다. 이를 위해 경제주체들은 핵심자원을 공유한다. 이러한 현상은 전통적인 시장이론의 범주를 넘어 경제주체들이 무한한 상호 협력을 통해 새로운 가치를 창출할 수 있다는 인식에 기초하는 것이다. 따라서 혁신 역량을 통합하기 위해서는 투명성과 협력(소통) 그리고 자율형 인간 혹은 파트너형 인간 등이 전제되고 있다. 총요소생산성의 증대가 혁신을 의미한다는 점에서 무형재경제에서 총요소생산성의 증대는 사회적 자본의 확보 여부에 달려 있다.

## 1.3. 수출의 외부성

앞에서 보았듯이 시장이론에서 성장은 투입물의 증가와 규모에 따른 수확 증대 그리고 총요소생산성의 증가로 이루어진다. 그런데 동아시아의 고성장은 '상대적(전체 성장에서 기여한 정도)으로' 첫째와 둘째 부분에 의한 것이었다. 즉 높은 저축률과 투자율 그리고 높은 교육열로 뒷받침된 양질의 풍부한 노동력을 확보해 투입물의 높은 증가율이 가능했고, 내수보다 수출 주도의 성장 방식은 규모의 경제와 외부성의 효과를 가져다주었다. 신성장론에 따르면 수출은 규모의 경제 및 외부성을 통해 성장에 기여하고 있음을 보여준다. 즉 규모의 경제가 작용한 수출부문에서 자본의 한계생산성($MP_K$)의 증가로 수출의

---

9) 이에 대해서는 최배근, 2015, 「탈공업화와 무형재경제 그리고 협력의 경제학」, 집문당 참조.

성장을 가져오고, 이것은 다시 기술집약적 부문에 대한 투자를 통해 규모의 경제를 확대한다. 수출지향공업화 전략을 채택한 국가들의 경우 국제경쟁에 놓여 있는 수출부문의 성장은 신기술과 경영혁신을 가져다줌으로써 내수부문의 성장에 긍정적 영향을 주는 '외부성'을 확인할 수 있다. 실제로 많은 국가들의 경험을 통해 무역의 성장률이 높을수록 GDP와 생산성의 성장률이 높다는 사실을 알 수 있다. 또 규모의 경제 효과는 성장과정에서 무역의 역할이 컸던 국가에서 크게 나타난다. 예를 들어 1948~69년 미국의 GNP 성장에서 규모의 경제 효과는 전체 성장의 10.5%를 구성한 반면, 1953~72년의 일본 그리고 1963~82년 한국의 경우에는 각각 22.0%와 18.0%를 차지했다. 동아시아 국가들에서 '수출의 외부성' 효과 또한 그 반대의 경우, 즉 내수부문의 성장이 수출부문의 성장에 미치는 효과보다 훨씬 높았다.

**표 12-3 무역지향의 정도와 경제성장** (단위: 연평균, %)

| | GDP 성장률 | 성장의 원천 | | |
|---|---|---|---|---|
| | | 자 본 | 노 동 | 총요소생산성 |
| 대외지향성이 강한 국가들 | | | | |
| 1975~82년 | 8.4 | 4.6 | 1.1 | 2.7 |
| 1983~89년 | 7.7 | 3.3 | 0.7 | 3.7 |
| 대외지향성이 중간인 국가들 | | | | |
| 1975~82년 | 4.6 | 2.8 | 1.3 | 0.5 |
| 1983~89년 | 4.1 | 1.7 | 1.2 | 1.2 |
| 대내지향성이 중간인 국가들 | | | | |
| 1975~82년 | 4.0 | 2.6 | 1.5 | -0.2 |
| 1983~89년 | 2.7 | 1.4 | 1.5 | -0.2 |
| 대내지향성이 강한 국가들 | | | | |
| 1975~82년 | 2.3 | 1.6 | 1.6 | -0.9 |
| 1983~89년 | 2.2 | 0.7 | 1.6 | -0.1 |

출처: IMF, 1990, *International Financial Statistics Yearbook*, p. 69.

그런데 한국의 경우 외환위기 전후로 '수출의 외부성'이 약화되고 있다. 즉 외환위기 이전까지 수출의 외부성과 경제 전체의 생산성(TFP) 증대 효과는 명확히 존재하였다. 그러나 외환위기 이후에는 '수출의 외부성'과 생산성 증대가 확인되고 있으나 통계적 유의미성이 없는 것으로 나타난다.[10] 외환위기 이

10) 최배근, 2013, "한국 경제성장에서 수출의 외부성, 1911~2011년," 「산업경제연구」 26권 1호, 한국

후 '수출의 외부성'이 약화된 결과로 해석된다. 실제로 한국의 수출액 중 한국이 직접 생산한 부가가치의 비중 역시 1995년 76.3%에서 지속적으로 하락해 2009년에는 59.4%, 2011년 55.3%를 기록했다. 그 결과 수출이 증가해도 한국에서 직접 만들어낸 부가가치의 비중은 줄어들고 있다. 이는 외국에서 들여온 중간재를 가공해 다시 파는 가공무역적 성격이 강해지고 있다는 의미이기도 하다.[11] 최근 한국의 대 중국 수출 부진 현상도 중국의 중간재와 자본재 생

그림 12-1 수출비중과 경제성장률 간 상관관계

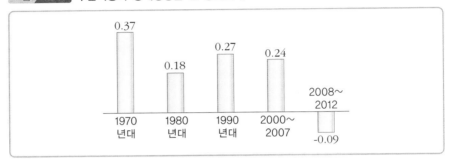

주: 각 기간동안 208개국의 수출비중과 경제성장률의 상관계수를 나타냄.
자료: UN.
출처: 이근태·고가영, 2014, "한국 경제의 새로운 도전: 내수성장," LG경제연구원(2014년 12월).

---

산업경제학회 참고.

1964~97년 수출의 외부성 추정 결과

$$\frac{\dot{Y}}{Y} = 0.0714^{**} + 0.4100\frac{\dot{L}}{L} - 0.0383\frac{I}{Y} + 0.3938^{**}\frac{X}{Y}\frac{\dot{X}}{X}$$

　　(0.0295)　(0.3664)　　(0.0838)　　(0.1669)

( )의 값은 각 계수의 표준편차이고, **는 5% 유의수준에서 유의함.

1999~2011년 수출의 외부성 추정 결과

$$\frac{\dot{Y}}{Y} = 0.1078 + 1.4867^{**}\frac{\dot{L}}{L} - 0.3221\frac{I}{Y} + 0.2809\frac{X}{Y}\frac{\dot{X}}{X}$$

　　(0.2745)　(0.5361)　　(0.9532)　　(0.2243)

( )의 값은 각 계수의 표준편차, **는 5% 유의수준에서 유의함.

1964~2011년 수출의 외부성 추정 결과

$$\frac{\dot{Y}}{Y} = 0.0303 + 1.3079^{***}\frac{\dot{L}}{L} + 0.0093\frac{I}{Y} + 0.2511^{*}\frac{X}{Y}\frac{\dot{X}}{X}$$

　　(0.0269)　(0.2212)　　(0.0838)　　(0.1438)

( )의 값은 각 계수의 표준편차이고, ***는 1%, *는 10% 유의수준에서 유의함.

11) 이태환, 2013, "한·중·일 교역구조 재평가-부가가치 기준 무역자료를 바탕으로," 삼성경제연구소; 현대경제연구원, 2014, "수출 부가가치 유출률의 국제 비교 및 시사점," 경제주평 14-45(통권 616호).

산능력이 증대함에 따라 가공무역 위주의 중국 수출이 약화된 결과이다. '수출의 외부성' 약화는 한국만의 현상은 아니다. 앞에서 지적했듯이 글로벌 가치 사슬이 심화됨에 따라 국제생산 분업구조의 발달로 인해 최종재에서 각국이 창출한 부가가치의 비중은 낮아지고 있다. 그 결과 '수출의 외부성'도 작아지고 있는 것이다. 수출과 경제성장률 간 상관관계가 90년대 이후 하락하고 있는 배경이다.

수출의 외부성 효과

하나의 국민경제를 수출과 내수부문으로 분류할 때, 총산출량 $Y$는 수출부문의 산출량 $E$와 비수출부문의 산출량 $A$로 나누어지고, 각 부문의 산출량은 노동($L$)과 자본($K$)으로 이루어진다. 이때 수출부문이 내수부문에 미치는 영향을 $F_E$로 표현할 수 있고, 내수부문이 수출부문에 미치는 영향을 $G_A$로 나타낼 수 있다.

$$A=F(L_A, K_A, E); \quad E=G(L_E, K_E, A) \tag{ i }$$
$$(L=L_A+L_E, \ K=K_A+K_E, \ Y=E+A)$$

(i)을 각각 시간 $t$로 전미분하면 아래의 (ii)가 도출된다.

$$\dot{A}=F_K I_A+F_L \dot{L}_A+F_E \dot{E}; \quad \dot{E}=G_K I_E+G_L \dot{L}_E+G_A \dot{A} \tag{ ii }$$

$$\text{단, } \dot{A} \equiv \frac{dA}{dt}; \ F_K=\frac{\partial F}{\partial K_A}; \ I_A=\dot{K}_A; \ F_L=\frac{\partial F}{\partial L_A}; \ L_A=\frac{dF}{dL_A}; \ F_E=\frac{\partial F}{\partial E}$$

$$\dot{E} \equiv \frac{dE}{dt}; \ G_K=\frac{\partial G}{\partial K_B}; \ I_B=\dot{K}_E; \ G_L=\frac{\partial G}{\partial L_E}; \ L_E=\frac{dG}{dL_E}; \ G_A=\frac{\partial G}{\partial A}$$

이제 수출부문 성장에 의한 내수부문 성장의 외부성의 효과($F_E$)와 그 역의 경우인 비수출부문의 성장에 의한 수출부문의 성장의 효과($G_A$)를 비교할 수 있다.

또 수출부문의 내수부문에 대한 외부성 효과는 회귀분석으로도 추정할 수 있다. 국민경제를 수출과 내수부문으로 분류할 때, 총산출량 $Y(=X+N)$는 수출부문의 산출량 $X$와 비수출부문의 산출량 $N$으로 나누어지고, 여기서 수출부문에 사용된 노동과 자본을 $L_X$와 $K_X$로, 그리고 $L_N$과 $K_N$은 내수부문에 사용된 노동과 자본으로 가정한다. 여기서 수출부문이 비수출부문의 성장에 긍정적 영향을 주는, 즉 외부성 효과가 존재한다면, 각 부문의 한계요소생산성의 비율은 1과 다를 것이다.

$$N=N(L_N, K_N, X, t); \quad X=X(L_X, K_X) \tag{iii}$$

$$\frac{X_K}{N_K}=\frac{X_L}{N_L}=1+\delta \quad \text{(단, } \delta \neq 1) \tag{iv}$$

(iii)을 시간($t$)에 대해 전미분한 후 (iv)를 이용하여 정리하면 식 ( v )를 얻을 수 있

다. 식 (ⅴ)는 경제성장률이 총요소생산성의 증가율과 요소축적의 기여분, 그리고 생산요소를 저생산성 부문(내수부문)에서 고생산성 부문(수출부문)으로 이동시킴으로써 수반되는 이득으로 구성됨을 보여준다. 수출부문의 내수부문에 대한 외부성 효과, 특히 유익한 효과가 존재한다면 $\beta_2$는 정(+)의 값을 가질 것이다.

$$\frac{\dot{Y}}{Y} = \alpha + \beta_0 \frac{I}{Y} + \beta_1 \frac{\dot{L}}{L} + \beta_2 \frac{X}{Y} \frac{\dot{X}}{X} \qquad (\text{ⅴ})$$

여기서

$$\alpha \equiv \left\{ \frac{\partial N}{\partial t} + \frac{\partial X}{\partial t} \right\} \frac{1}{Y} = \frac{\partial Y}{\partial t} \frac{1}{Y} = TFP\text{의 변화율}$$

$$\beta_0 \equiv N_K; \ \beta_1 \equiv N_L \frac{L}{Y}; \ \beta_2 \equiv \frac{\delta}{1+\delta} + N_X \quad (\text{단, } N_X \equiv \frac{\partial N}{\partial X})$$

## 1.4. 성장잠재력 추계의 문제점

적정 인플레이션 하에서 한 국가가 달성할 수 있는 최대 생산수준으로 정의되고, 장기적 안목에서 일국의 성장잠재력을 평가하는 유용한 지표로 사용하는 잠재 GDP 성장률은 시장이론에서 다음과 같은 요인들로 결정된다. 첫째 요인은 적정 인플레이션이 유지되는 가운데 최대로 투입 가능한 노동, 자본스톡 등 생산투입요소다.[12] 생산가능인구수, 경제활동참가율, 자연실업률 등에 의해 최대 투입가능 노동력이 결정된다. 그리고 현재 자본스톡, 신규투자 및 자연가동률 등에 의해 최대 투입가능 자본스톡이 결정된다. 둘째 요인은 투입생산요소에 의해 설명되지 않는 총요소생산성(TFP)이다. 교육 및 R&D 투자를 통한 인적 자본 축적과 기술력 제고는 생산성을 상승시키고, 대외개방의 확대와 국내 소비자들의 제품 질에 대한 개선요구 증가는 국내제품의 품질경쟁력을 향상시키며, 소재·부품의 국산화율이 상승하여 최종재-중간재, 대기업-중소기업 간 산업연관관계가 높아지면 생산유발효과가 높아져 동일한 규모의 수요 증가에 대해 더 많은 부가가치가 창출된다. 또 금융의 산업부문에 대한 자금중개기능이 강화되면 연구개발 및 시설자금의 원활한 조달이 가

---

12) Friedman에 따르면 장기에 있어서는 총공급곡선이 수직이 되기 때문에 생산과 인플레이션간의 관계는 단기에만 존재하게 되며 인플레이션을 가속되지 않고 안정적으로 유지될 수 있는 것은 실제 생산이 자연 실업률에서의 생산, 즉 잠재생산과 일치하는 경우에만 가능하게 된다. 이러한 주장에 근거하여 시장이론에서는 잠재생산을 공급측면에서의 교란이 없을 경우 인플레이션을 가속되지 않으면서 지속 가능한 생산수준, 즉 자연실업률 수준에서 달성할 수 있는 최대생산으로 정의한다.

능하여 고기술·고부가가치 산업의 확충이 가능하다. 마지막으로 정치·사회적 안정은 미래에 대한 불확실성 제거를 통해 투자에 긍정적으로 작용하고 소득불균형의 완화는 장기적인 소비기반 확대에 도움이 된다.

잠재 GDP는 직접적인 계측이 불가능하기 때문에 다양한 계량분석 방법에 의존하여 추정하는데, 추정방법은 크게 생산함수접근법과 솔로우의 성장회계 방식 그리고 시계열분석법으로 구분된다. 첫째, 생산함수접근법은 노동, 자본 등 생산요소와 생산량(GDP)의 관계를 나타내는 생산함수를 설정하고 동 함수식을 추정한 후 최대 투입가능 자본스톡과 노동력을 대입하여 잠재 GDP를 추정한다. 즉

$$Y = AL^{\alpha}K^{(1-\alpha)} \text{ 13)}$$

$Y$: GDP, $A$: 총요소생산성, $\alpha$: 산출량에 대한 노동탄력성,
$L$: 노동력, $K$: 자본스톡

### 산출량에 대한 노동탄력성

총생산함수를 로그화시킨 후 $L$에 대해 미분을 하면 $\alpha$가 총산출량에 대한 노동탄력성임을 알 수가 있다. 즉

$Y = AL^{\alpha}K^{(1-\alpha)}$ ⟹ $\ln Y = \ln A + \alpha \ln L + (1-\alpha)\ln K$ 을 $L$에 대해 미분하면

$\dfrac{1}{Y}\dfrac{\partial Y}{\partial L} = \alpha \dfrac{1}{L}$ ⟹ ∴ $\alpha = (\dfrac{\partial Y}{Y})/(\dfrac{\partial L}{L}) = \varepsilon_{YL}$

여기서 총요소생산성($A$)은 상수항의 형태로 추정하거나 시점별로 변동한다는 가정 하에 기술스톡, 교육수준 등의 대용변수를 이용하여 추정한다. 생산함수접근법을 사용하는 경우 잠재성장률 변동을 요인별로 분해하여 설명 가능하고 요인별 미래 예측을 전제로 향후의 잠재 GDP 추정도 가능하다.[14]

생산함수접근법에 의한 잠재 GDP의 추계는 생산요소의 가용량을 측정하는 난점[15]과 더불어 실제에 근접한 생산함수를 추정하는데 어려움을 갖는다.

---

13) 1934년 더글라스(Douglas)는 수학자 콥(Cobb)의 도움을 받아 1879~1922년의 미국의 제조업 자료에서 생산함수 $Q = f(L, K)$를 구체화시킨 다음의 식을 얻는다. $Q = AL^{\alpha}K^{1-\alpha}$ (단, $\alpha = 0.75$, $A = 1$)
14) 한 연구에 따르면 한국의 연평균 잠재성장률은 1980년대(1981~90년) 8.6%에서 90년대(1991~2000년) 6.4%, 2000년대(2001~10년) 4.5%, 그리고 2010년대(2011~20년)는 3.5~3.8%인 것으로 추정된다. 신석하 외, "한국의 잠재성장률 전망 및 하락 요인 분석," KDI, 경제·인문사회연구회 미래사회 협동연구총서 12-02-05(02).

특히 직접 추정할 수 없는 총요소생산성을 기술스톡이나 교육수준 등 대용변수로 사용하는 문제점을 갖는다. 무엇보다 (앞에서 소개했듯이) 성장의 원천을 투입물 증가와 효율성의 개선으로 구분하는 이해 방식은 한 나라의 총생산이 '효율적 산출량' 수준에서 결정될 것이라는 비현실적 가정에 기초한다. 그러나 산업구조의 고도화에 따라 '효율적 산출량' 규모가 증대하기 때문에 경제성장에 대한 '규모의 경제' 효과는 증대할 수밖에 없다.

둘째, 생산함수 접근법의 단점을 일부 보완하고, 잠재생산 추정 시 요소별 변동요인을 살펴볼 수 있는 장점을 그대로 보유한다는 점에서 많이 이용되는 방식이 솔로우(Solow)의 성장회계 방식이다. 이 방식은 각기 생산요소에 분배된 소득의 합이 생산물의 가치인 GDP와 일치한다는 것을 전제한다. 즉 잠재성장률은 소득분배율(값)로 가중치를 부여한 자본스톡과 노동스톡 등 생산요소투입량의 평균 증가율과 총요소생산성 증가율의 합으로 추정된다. 이를 위해 접근 가능한 과거의 데이터로 과거의 잠재성장, 노동스톡, 자본스톡, 소득분배율을 추정하고 이를 기준으로 과거의 총요소생산성을 산정한 이후 각 생산요소를 합리적으로 전망하여 미래의 잠재성장을 전망하는 과정을 거치게 된다. 일반적으로 사용되는 콥-더글라스 생산함수를 이용하여 상기한 성장회계방식에 기초한 잠재성장 추정 과정에 대하여 살펴보면 다음과 같다. 우선 생산함수가 1차 동차(규모에 따른 수확불변, CRS)이고 완전경쟁 상황임을 가정하면 다음과 같이 전환된다. 완전경쟁 상황을 가정하는 이유는 분석기간이 장기여서 잠재성장률 추정을 크게 왜곡시키지 않을 것으로 기대하기 때문이다. 즉 앞의 총생산함수에 대해 양변에 로그를 취한 후 미분을 하면 다음의 관계를 얻을 수 있다.

$$\frac{\Delta Y_t}{Y_t} = \frac{\Delta A_t}{A_t} + \alpha \frac{\Delta L_t}{L_t} + (1-\alpha)\frac{\Delta K_t}{K_t}$$

여기서 $\alpha$는 노동분배율, $(1-\alpha)$는 자본분배율이다. 솔로우 성장회계 방식에 의한 추정의 문제점은 생산함수의 형태에 따라 총요소생산성이 다르게 나타난다는 점과 장기에 있어서 경제가 완전경쟁 상황일 것이라 가정하는 점이다. 즉 1차 동차를 가정한다. 즉 $Y = AL^\alpha K^{(1-\alpha)}$ 에서 $L$과 $K$를 $t$배 하면 총산출량

---

15) 예를 들어, 노동스톡의 가용량을 측정하기 위하여 자연실업률을 측정하여야 하는데 그 개념이 추상적이어서 정확하게 추정하기가 어렵다.

도 $t$배 증가한다. 그러나 산업구조의 고도화에 따라 장기에 있어서 경제는 규모의 경제 효과가 보다 강화될 것이다.

<br>

노동분배율과 자본분배율

우리는 노동시장에서 수요 측면의 균형조건으로부터 $\frac{\partial Y}{\partial L}=\frac{W}{P}$(단, $W$는 임금이고 $P$는 물가) 됨을 알 수 있다.

이 조건을 총산출량에 대한 노동탄력성 $\alpha=(\frac{\partial Y}{Y})/(\frac{\partial L}{L})$에 대입하면 $\alpha=\frac{WL}{PY}$이 된다.

마찬가지로 자본시장에서 수요 측면의 균형조건으로부터 $\frac{\partial Y}{\partial K}=\frac{r}{P}$(단, $r$은 자본임대료) 됨을 알 수 있다.

이 조건을 총산출량에 대한 자본탄력성 $(1-\alpha)=(\frac{\partial Y}{Y})/(\frac{\partial K}{K})$에 대입하면 $1-\alpha=\frac{rK}{PY}$이 된다.

<br>

  셋째, 시계열 분석법은 GDP의 시계열 속성을 이용하여 잠재 GDP를 측정하는 방법이다. 이 방법은 연구자의 경제학적 지식 등에 기초한 판단이 배제된 상황에서 모든 것을 시계열의 특성으로만 설명하려고 하여 '이론 없는 계측'으로 비판받기도 하지만 추계가 간단한 점이 최대의 장점이다. 실제로 구조 변화가 일어나 GDP의 진행 방향이 전환되었을 경우에는 그것이 잠재생산의 추계에 비교적 빨리 반영되는 장점이 가진다. 그러나 이러한 장점이 오히려 단점으로 작용할 수 있다. 이는 실질적인 구조 변화가 아닌 버블이나 장기 불황과 같이 큰 순환변동이 생겼을 경우에서도 역시 단기간에 잠재생산의 조정이 이루어진다는 것이다. 이러한 요인으로 인해 잠재생산과의 괴리로 계산되는 GDP 갭의 절대치는 경제의 불균형을 과소 또는 과대평가할 가능성이 높다. 즉 순환변동까지 구조 변화로서 인식해 버리는 잘못이 발생할 수 있다. 그 예로 우리나라의 경우 외환위기 시 잠재생산이 급속하게 떨어지는 모습을 보였다. 최근 금융위기 이후에도 같은 현상이 발생하였다. 한국이나 미국 등의 경우 글로벌 금융위기 이후 성장률이 낮아졌다. 예를 들어, 한국의 경우 연평균 GDP 성장률은 2001~07년간 4.7%에서 2008~13년간 2.6%로 하락했다. 즉 2001~13년간 연평균 성장률 3.9%를 기준으로 할 때 글로벌 금융위기 이전의 성장률은 과대평가, 글로벌 금융위기 이후의 성장률은 과소평가된 것으로 얘기할 수 있다. 금융위기 이전에 비교해 민간소비도 증가세가 둔화되었

듯이 민간소비의 증가율도 금융위기 이전에는 과대평가, 금융위기 이후에는 과소평가되었음을 알 수가 있다. 즉 가계부채가 지속적으로 증가해왔듯이 금융위기 이전 소비증가율과 성장률의 증가는 부채(미래소득)에 의한 것이었고, 금융위기 이후 부채의 조정이 소비 증가세와 성장률의 둔화로 나타난 것이다.

**그림 12-2 한국의 GDP 및 민간소비의 추이**

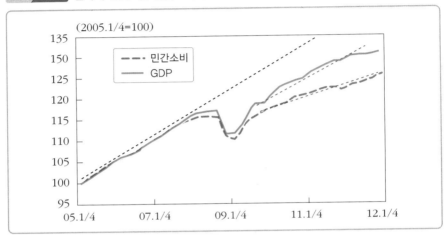

자료: 한국은행 국민계정.

**그림 12-3 미국의 일인당 실질 GDP의 추이**

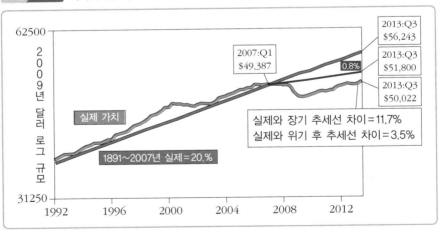

출처: R. Gordon, 2014, "The Demise of U.S. Economic Growth: Restatement, Rebuttal, and Reflections," NBER Working Paper 19895, Figure 4.

## 성장의 지속과 공유 그리고 일자리 중심의 경제학

  인류세계는 지난 2세기 동안 물질생산의 비약적인 증가를 경험했다. 이러한 경험은 기본적으로 공업화를 통한 것이었고, 산업구조의 급속한 변화는 인류로 하여금 처음으로 인구압력 속에서도 실질소득의 하락을 피할 수 있게 해주었다. 또 경제성과는 국가 및 지역마다 상이했지만 소득 증대는 삶의 질을 개선했다.[16] 1820년에 서구 국가들을 포함하여 대부분 국가들에서 출생 시 평균 예상수명은 32~40세에 불과했으나 오늘날 예상수명은 국가와 남녀에 따라 차이가 있긴 해도 200년 전보다 두 배 이상 증가했다. 그러나 공업화를 통한 경제성장의 결과 제조업은 70년대 이후 과잉공급 상황에 직면하며, 산업화를 완료한 국가들에서 탈제조업화가 빠르게 진행되고 있다. 탈제조업화는 성장 패러다임에 근본적 문제를 제기하고 있다. 즉 인류 세계는 산업혁명 이래 적어도 1960년대까지 소득과 일자리의 증대를 제조업에 의지해왔다. 그런데 탈공업화가 진행되면서 소득과 고용의 불안정이 발생하기 시작했다. 예를 들어, 미국의 경우 제조업 종사자의 비중이 1960년 28.4%에서 2013년까지 8.8%로 축소되었고, 특히 2000년 이후 제조업 일자리는 거의 30%나 감소하였다. 2000년 1,730만 명에서 2011년 1,160만 명으로 570만 명, 즉 33%가 하락했다. 2013년에 1,200만 명으로 다소 회복되었음에도 불구하고 2010년 8.9%였던 제조업 종사자 비중은 2013년에 8.8로 하락하였다. 다른 선진국도 정도 차이가 존재하지만 비슷한 패턴을 밟고 있다. 독일이 1960년 29.8%에서 2012년 20.0%, 프랑스는 22.2%에서 8.9%, 영국은 26.2%에서 8.9%로 하락하였다. 한국도 예외는 아니다. 일본이 27.6%(1974년)에서 16.8%(2011년)으로 감소하는 데 37년이 소요된 반면은 한국은 27.6%(1991년)에서 16.9%(2011년)로 감소하는 데 20년이 소요될 정도로 '압축적 탈공업화'가 진행되고 있다. 탈공업화는 제조업 종사자의 하락뿐만 아니라 산출량에서도 확인된다. 예를 들어, G7 국가에서 GDP 대비 제조업의 비중(2010년 기준)은 영국과 프

---

16) 일인당 소득의 연평균 성장률에서 1970년대, 80년대, 90년대, 2000년대 기간 동안 선진국의 경우 1.6%, 1.7%, 2.0%, 1.5%를 기록하였고, 신흥시장국의 경우 2.7%, 1.0%, 1.9%, 3.0%를 기록하였고, 개도국의 경우 2.0%, 0.7%, 1.2%, 3.1%를 기록하였다. G. Ho and P. Mauro, 2014, "Rapid Growth in Emerging Markets and Developing Economies: Now and Forever?" PIIE Policy Brief No. PB14-26 (Dec.), p. 2, Table 1.

랑스가 10%, 캐나다 11%, 미국 12%, 이탈리아 15%, 독일 19%, 일본 20%에 불과한 실정이다. 물론, 이러한 탈공업화는 제조업 산출량이 1987~2013년간 60% 이상이 증가할 정도로 생산성 향상에서 비롯한 것이었다. 그럼에도 불구하고 GDP 대비 제조업 생산액의 비중(경상가격 기준)이 1960년 25.2%에서 2011년에는 11.6%로 하락하였다.

  이러한 탈공업화는 일자리 및 소득의 양극화, 청년실업과 '고용 없는 성장', 그리고 저출산 및 고령화 등 인구구조의 변화 등을 수반해왔다. 특히 금융위기 이후 이러한 현상들은 심화되고 있다. 이처럼 인류세계는 성장의 지속과 더불어 성장의 공유 등 새로운 성장 패러다임을 찾아야 하는 과제에 직면하고 있다. 첫째, 성장의 지속 문제는 탈공업화 이후 새로운 방향을 찾는 문제이다. 한 가지 확실한 경향은 경제활동이 아이디어집약적으로 변화하고 있다는 점이다. 무형재경제의 부상의 그것이다.[17] 따라서 성장의 새로운 활력을 만들어 내기 이해서는 무형재에 대한 이해가 필요하다. 아이디어집약적인 무형재는 비소모성과 가치결합성에서 보듯이 역경합성과 포괄성을 주요 특성으로 갖는다. 다시 말해, 정보와 지식과 아이디어 등에 기초한 무형재의 경우 '희소성의 원리'가 적용되는 실물공간의 유형재와 달리 추가비용 없이 무한 복제가 가능한 '풍부성의 원리'가 작동한다. 앞에서 보았듯이 음원·영화·게임·소프트웨어·앱(apps) 등 경합성이 없거나 역경합성을 갖는 재화의 경우 상품개발비용을 제외한 추가 생산비용이 발생하지 않기 때문에 산출량을 증가시킴에 따라 평균비용이 하락한다. 따라서 공급자는 시장수요가 뒷받침되는 한 산출량을 최대로 증가시키려 할 것이다. 즉 시장이론의 한 축인 '한계생산체감의 법칙'이 작동하지 않고, 수확체증(규모의 경제)의 영역만 존재한다. 따라서 상품개발의 역량이 관건이다. 상품개발에서는 가치결합성, 즉 협력과 공유가 중요한 원리로 작동한다. 상품개발이 성공할 경우 역경합성으로 매우 높은 수익 달성이 가능하다. 무형재의 역경합성이 성장에 대해 갖는 의미를 앞의 생산함수를 통해 살펴보자. 즉 제1절 '성장의 이론적 원천'에서 소개한 총생산함수

---

17) 2013년 7월 31일은 경제학계에 새로운 이정표로 기록될 것이다. 미국 경제통계국(the U.S. Bureau of Economic Analysis)이 1929년부터 산출하기 시작했던 국내총생산(GDP)의 규모와 구성을 고쳐 쓰기 시작했기 때문이다. 무형재의 비중과 경제유발효과가 커진 결과이다. 비즈니스위크(Businessweek)는 이를 '무형재경제의 발흥(the rise of the intangible economy)'이라 불렀다. Businessweek, July 22~28, 2013, pp. 6~7.

(1)은 다음과 같이 변형될 수 있다.

$$Y(t) = Y[t;\ V_j(t),\ t],\ j=R,\ N \quad \cdots \quad (1)'$$

여기서 Y는 GDP, V는 투입물, R은 경합성이 있는 투입물, N은 역경합성을 가진 투입물, t는 시간이다. 따라서 식 (7)은 다음과 같이 변형될 수 있다.

$$\frac{\dot{Y}(t)}{Y(t)} = \varepsilon_{Yt}(t) + \frac{1}{\varepsilon_{CY}} \left[ \frac{r(t)R(t)}{C(t)} \frac{\dot{R}(t)}{R(t)} + \frac{n(t)N(t)}{C(t)} \frac{\dot{N}(t)}{N(t)} \right] \quad \cdots \quad (7)'$$

여기서 $r$과 $n$은 $R$과 $N$의 단위당 가격이다($C=rR+nN$). 즉 아이디어 같은 역경합성을 갖는 투입물은 수확체증$[F(\pi R,\ N) > F(\pi R,\ N) = \pi F(R,\ N)]$이 작동할 뿐만 아니라 경제활동에서 무형가치의 비중이 증대할수록 비용탄력성은 작아지기 때문에 역경합성을 갖는 투입물의 확보만 가능하다면, 즉 상품화가 가능한 아이디어만 존재한다면 총요소생산성의 개선 없이도 지속성장이 가능하다. 이처럼 효율성의 개선을 통해서만 지속성장이 가능하다는 시장이론은 산업구조가 아이디어집약적으로 변화함에 따라 더 이상 유효하지 않다. 자본집약적인 제조업 중심의 산업사회에서와 달리 아이디어집약적 산업이 중심이 되는 탈산업사회에서는 상품화가 가능한 '좋은' 아이디어만 공급된다면 고성장이 가능하다. 즉 자본 동원이 성장의 관건이었던 제조업과 달리 아이디어집약적 산업의 경우 '좋은' 아이디어를 가진 인재의 확보 여하에 따라 자본의 투입과 높은 성장이 가능한 것이다. 그런데 상품화가 가능한 '좋은' 아이디어의 공급은 (앞에서 살펴보았듯이) 아이디어의 가치결합성으로 협력과 공유가 핵심 원리이다. 앞에서 소개한 '사회적 자본'이 중요한 이유이다. 이처럼 성장의 활력을 만들어낼 수 있는 무형재경제는 새로운 경제 및 사회 운영원리와 교육방식 등에 기반한 새로운 성장 패러다임을 요구한다.

둘째, 성장의 지속보다 중요한 것은 성장의 의미가 변화하였다는 사실이다. (앞에서 언급했듯이) 성장의 고용 창출력이 약화되고 일자리 양극화가 심화되면서 성장의 혜택이 소수에게 집중되고 있다. 예를 들어, [그림 12-4]에서 보듯이 미국 경제의 경우 80년대 이후 성장의 대부분 혜택이 상위 10%에 집중되었다. 2차 대전 이후 경기 팽창기에 성장의 혜택은 70년대까지는 하위

90%가 상위 10%의 혜택보다 컸으나 80년대부터 성장의 혜택은 상위 10%에게 집중되었고, 특히 2000년대 이후 성장의 혜택은 상위 10%만 누렸다. 특히 금융위기 이후 경기회복에서 하위 90%는 경기 회복의 혜택은커녕 오히려 소득의 후퇴를 경험하였다. 즉 2009~12년간 소득 증가 중 상위 10%는 116%의 소득 증가를 경험한 반면, 하위 90%는 소득이 16%나 줄어들었다.[18] 이는 기업 투자와 성장을 통한 고용 창출을 추구하는 전통적인 '성장 제일주의(growth first)' 접근법 혹은 '적하효과(trickle-down)' 정책이 대다수의 사회구성원에게 더 이상 의미가 없음을 보여준다. 즉 사회구성원 대다수의 일자리 증대가 중심이 되는 방향으로 경제 패러다임의 전환이 필요하다. 산업화 시대의 일자리는 기업이 창출하였던 반면, 기업의 고부가가치화가 더 이상 고용을 증대시키지 않고 있다. 일자리 만들기의 새로운 방식이 요구되는 것이다. 창직이나 창업의 중요성이 부상한 배경이다. 이는 노동력이 물적 자본의 보조자 역할을 했던 산업화 시대와 달리 창의력과 문제해결 능력을 가진 창작자

**그림 12-4** 미국의 경기확장기 소득 증대의 배분, 상위 10% 대 하위 90%

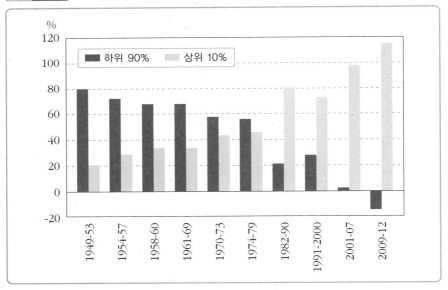

출처: P. Tcherneva, 2014, "Growth for Whom?" Levy Economics Institute, Working Paper No. 47.

---

18) P. Tcherneva, 2014, "Growth for Whom?" Levy Economics Institute, Working Paper No. 47.

(creator)로 진화해야 함을 의미한다.

한국의 경우도 예외가 아니다. 즉 가계부문이 경제성장에서 소외되는 흐름이 지속되고 있다. 지난 20여 년간 가계소득 증가율은 언제나 국민총소득(GNI) 증가율보다 낮았고 그 격차는 더욱 벌어지는 추세다. 경제성장의 과실이 가계에 제대로 돌아가지 않는 것이다. 1975~97년간 가계소득과 GNI 증가율은 각각 8.1%와 8.9%였던 반면 2000~10년간은 각각 2.4%와 3.4%였다. 특히 2006~10년간은 각각 1.7%와 2.8%로 격차가 확대되고 있음을 알 수가 있다. 이는 가계소득과 기업소득이 불균등하게 성장한 결과이다. 외환위기 이전에는 가계와 기업소득의 증가율이 각각 8.1%와 8.2%로 비슷한 수준이었던 반면, 2000년대에는 각각 2.4%와 16.4%로 크게 벌어졌다. 2000년대 후반(2006~10년)은 각각 1.7%와 18.6%로 그 격차가 확대되고 있다.[19] 가계부채는 그 결과이다. '탈공업화의 함정'에서 벗어나지 않는 한 '한국 경제의 일본화(Japnification 혹은 Japainzation)' 가능성도 배제할 수 없다. 탈공업화의 늪에서 벗어나 새로운 비상을 하기 위해서는 제조업 기반에서 무형재경제로의 전환이 시급하다.[20]

---

19) 산업연구원, 2012, "가계와 기업 간 소득성장 양극화 문제와 원인," KIET 산업동향브리프 (2013. 2).

20) 이에 대해서는 다음을 참고할 수 있음. 최배근, 2015, 「탈공업화와 무형재경제 그리고 협력의 경제학」, 집문당.

# 참고문헌

▣ 국내문헌

김수행, 2007, 「국부론」, 비봉출판사.

김승원, 2014, "무역개방 · 환율 · 금리와 소득분배의 관계," 한국경제연구학회, 「한국경제연구」 32권 1호, pp. 109-136.

김완중 · 강전은 · 이승훈, 2010, "금융위기 이후 은행권 자금조달 및 운용행태의 구조적 변화와 시사점," 하나금융경영연구소

김용복 · 곽법준, 2009, "환율변동이 실물경제에 미치는 영향," 「금융경제연구」, 한국은행.

김현학 · 황광명, 2014, "확장된 실업지표를 이용한 우리나라 노동시장에서의 이력현상 분석," 한국은행 「경제연구」 제2014-29호.

박종규, 2013, "우리나라 가계의 소득, 소비, 저축 및 부채의 추이와 시사점," 한국금융연구원.

_____, 2014, "'임금 없는 성장'의 국제 비교," 한국금융연구원, 금융포커스, 23권 16호.

산업연구원, 2013, "가계와 기업 간 소득성장 양극화 문제와 원인," KIET 산업동향브리프 (2013.2).

신석하 외, "한국의 잠재성장률 전망 및 하락 요인 분석," KDI, 경제 · 인문사회연구회 미래사회 협동연구총서 12-02-05(02).

신형원, 2010, "제조업 성장의 묘수: 서비스화," SERI 경영노트 58호.

유경준 · 신석하, 2012년, "한국경제의 고용창출능력은 저하되었는가?" KDI 정책포럼 제244호(2012-01).

윤상규 · 안동준, 2008, "경상수지 결정요인 분석", Monthly Bulletin, 한국은행 (Nov.).

윤성훈 · 김귀정, 2008, "불완전 환율전가 하에서 환율이 상품수지에 미치는 영향," 한국은행.

이규용 · 강승복 · 반정호 · 이해춘 · 김기호, 2011, "고용성과의 국제비교," 한국 노동연구원.

이 근, 2001, 「한국인을 위한 경제학」, 박영사.

이근태 · 고가영, 2014, "한국 경제의 새로운 도전: 내수성장," LG경제연구원 (12월).

이상호 · 이상헌, 2010, "저출산 · 인구고령화의 원인에 관한 연구: 결혼결정의 경제적 요인을 중심으로," 「금융경제연구」, 한국은행 금융경제연구원.

이태환, 2013, "한 · 중 · 일 교역구조 재평가—부가가치 기준 무역자료를 바탕으로," 삼성경제연구소.

장 민, 2009, "향후 수출관련 대외여건 전망과 시사점," 한국은행.

장하준 · 아일린 그레이블, 2008, 「다시 발전을 요구한다」, 이종태 · 황해선 옮김, 부키.

조병익 · 우신욱 · 윤용준, 2009, "금융시장 불안이 실물경제에 미치는 영향," 「조사통계월보」, 한국은행.

최배근, 2004, "민주주의와 시장경제 그리고 경제성과의 관계," 「산업경제연구」 제17권 제3호, 한국산업경제학회.

_____, 2013, "무형재의 딜레마와 수요의 내부화 그리고 협력의 경제학 – 이론적 해법 –," 「상경연구」 제38권 제2호, 건국대학교 경제경영연구소, pp. 121~36.

_____, 2013, "한국 경제성장에서 수출의 외부성, 1911~2011년," 「산업경제연구」 26권 1호, 한국산업경제학회

_____, 2015, 「탈공업화와 무형재경제 그리고 협력의 경제학」, 집문당.

최병권, 1999, 「현대경제학(I)」, 법문사.

한국은행, 2007, "최근 통화량의 변동 요인 분석" (8월 22일).

_____, 2014, "2011~2012년 산업연관표(연장표)를 이용한 우리나라 경제구조 분석" (2014.6.26.).

현대경제연구원, 2014, "수출 부가가치 유출률의 국제 비교 및 시사점," 경제주평 14-45(통권 616호).

■ 국외문헌

Acemoglu, D., and D. Autor, 2012. "What Does Human Capital Do? A Review of Goldin and Katz's The Race between Education and Technology," NBER Working Paper No. 17820.

Adrian, T., and N. Liang, 2014, "Monetary Policy, Financial Conditions, and Financial Stability," Federal Reserve Bank of New York Staff Reports, no. 690 (Sep.).

Agur, I., and M. Demertzis, 2012, "Excessive Bank Risk Taking and Monetary Policy," ECB Working Papers, No. 1457 (Aug.).

Ahmed, S., and A. Zlate, 2013, "Capital Flows to Emerging Market Economies: A Brave New World?" Board of Governors of the Federal Reserve System, International Finance Discussion Papers No. 1081.

Ahrend, R., B. Cournede, and R. Price, 2008, "Monetary Policy, Market Excesses and Financial Turmoil," OECD Economics Department Working Paper No. 597.

Alvaredo, F., A. Atkinson, T. Piketty, E. Saez, 2013, "The Top 1 Percent in International and Historical Perspective," *Journal of Economic Perspectives*, Vol. 27, No. 3.

Auer, R., and A. Fischer, 2010a. "The effect of low-wage import competition on US inflationary pressure," *Journal of Monetary Economics*, Vol. 57 No. 4, pp. 491~503.

_____, 2010b, "Globalisation's impact on inflation in the European Union," CEPR Discussion Paper 6451.

Autor, D., L. Katz, and M. Kearney, May 2008, "Trends in U.S. Wage Inequality: Revising the Revisionists," *The Review of Economics and Statistics*, Vol. 90 No. 2, pp. 300-23.

Avdjiev, S., R. McCauley, and P. McGuire, 2012, "Rapid credit growth and international credit: Challenges for Asia," BIS Working Papers No 377 (April).

Ayala, I., and A. Palacio-Vera, 2014, "The Rational Expectations Hypothesis: An Assessment from Popper's Philosophy," Levy Economics Institute, Working Paper No. 786 (Jan.).

Bakker, B., and L. Lipschitz, 2014, "Conventional and Insidious Macroeconomic Balance-Sheet Crises," IMF Working Paper (Aug.).

Ball, L., 2014, "The Case for a Long-Run Inflation Target of Four Percent," IMF Working Paper WP/14/92.

Barrell, R., P. Davis, D. Karim, and I. Liadze. 2010. "Bank Regulation, Property Prices and Early Warning Systems for Banking Crises in OECD Countries." *Journal of Banking and Finance*, Vol. 34, No. 9, pp. 2255-64.

Batra, R., 1993, *The Myth of Free Trade*, Robert Stewart Book.

Beaudry, P., D. Greeny, and B. Sand, 2013, "The great reversal in the demand for skill and cognitive tasks," NBER Working Paper No. 18901.

Bernanke, B., 1983, "Nonmonetary Effects of the Financial Crisis in the Propagation of the Great Depression," MIT Ph. Dissertation.

_____, and M. Gertler, 2001, "Should Central Banks Respond to Movements in Asset Prices?" *American Economic Review*, Vol. 192, pp 253-57.

_____, V. Reinhart and B. Sack, 2004, "Monetary policy alternatives at the zero bound: an empirical assessment," *Brookings papers on economic activity*, pp. 1-100

_____, 2010, "Monetary Policy and the Housing Bubble," presented at the Annual Meeting of the American Economic Association (Jan. 3).

Bessen, J., and E. Maskin, 2009, "Sequential Innovation, Patents and Imitation," *RAND Journal of Economics*, Vol. 40 No. 4, pp. 611-35.

Bordo, M., 2006, "Sudden Stops, Financial Crises and Original Sin in Emerging Countries: Déjà vu?" NBER working Paper 12393.

Bordo, M., 2014, "Lessons for monetary policy from the recent crisis," mBank-Case Seminar Proceedings No. 130

Breeden, D., 1979, "An Intertemporal Asset Pricing Model with Stochastic Consumption and Investment Opportunities," *Journal of Financial Economics*, Vol. 7 No. 2, pp. 265-296.

Buttiglione, L., P. Lane, L. Reichlin and V. Reinhart, 2014, "Deleveraging? What Deleveraging?" Geneva Reports on the World Economy 16, International Center For Monetary and Banking Studies.

Calvo, G., and C. Reinhart, 2002, "Fear of Floating," *Quarterly Journal of Economics*, Vol. 107 Issue 2., pp. 379-408.

Campos, J., and H. Root, 1996, *The Key to the Asian Miracle: Making Shared Growth Credible*, The Brookings Institution.

Cao, J., and G. Illing, 2011, ""Interest rate trap", or: Why does the central bank keep the policy rate too low for too long time?" Norges Bank Working Paper 2011/12 (Sep. 30).

Cappelli, P., 2014, "Skill Gaps, Skill Shortages and Skill Mismatches: Evidence for the US," NBER Working Paper No. 20382.

Carabenciov, I., C. Freedman, R. Garcia−Saltos, D. Laxton, O. Kamenik, and P. Manchev, 2013, "GPM6: The Global Projection Model with 6 Regions," IMF Working Paper, WP/13/87.

Caruana, J., 2012, "International monetary policy interactions: challenges and prospects," a speech to the CEMLA−SEACEN conference on *The role of central banks in macroeconomic and financial stability: the challenges in an uncertain and volatile world*, Punta del Este, Uruguay (Nov. 16).

_____, 2012, "Policymaking in an interconnected world," Luncheon speech, The FRB of Kansas City's 36th Economic Policy Symposium on "The changing policy landscape," Jackson Hole, 31 August.

_____, 2014, "Stepping out of the shadow of the crisis: three transitions for the world economy," a speech on the occasion of the Bank's Annual General Meeting in Basel on 29 June 2014.

_____, 2012, "Assessing global liquidity from a financial stability perspective," BIS, 48th SEACEN Governor's Conference and High−Level Seminar (Nov. 22~24).

Cavallo, E., A. Powell, M. Pedemonte, and P. Tavella, 2013, "A New Taxonomy of Sudden Stops: Which Sudden Stops Should Countries Be Most Concerned About?" IDB Working Paper No. 430.

Cechetti, S., 2003, "What the FOMC Says and Does When the Stock Market Booms," Conference on Asset Prices and Monetary Policy, Reserve Bank of Australia (Aug.).

CEDEFOP, 2011, "Labour−market polarisation and elementary occupations in Europe: Blip or long−term trend?" Research Paper n.9−5509.

Chen, Q., A. Filardo, and F. Zhu, 2014, "Financial Crisis, Unconventional Monetary Policy and International Spillovers," Hong Kong Institute for Monetary Research Working Paper No. 23/2014 (Sep.).

Choi, K., 2013, "Korea's Income Inequality: The Trend and Major Issues," hosted by KDI-KAEA, 2013, KDI Journal of Economic Policy Conference-Fiscal Sustainability and Innovative Welfare System.

Chung, H., B. Fallick, C. Nekarda, and D. Ratner, 2014, "Assessing the Change in Labor Market Conditions," Feds Note (May 22).

Cohen, W., R. Nelson, and J. Walsh, 2000, "Protecting their Intellectual Assets: Appropriability Conditions and why US Manufacturing Firms Patent or not," NBER Discussion Paper 7552.

Constantinescu, C., A. Mattoo, and M. Ruta, 2014, "Slow Trade," Finance and Development (Dec.), IMF.

Dai, Y., 2014, "Business Cycle Syncronization in Asia: The Role of Financial and Trade Linkages," ADB Working Paper No. 139 (Oct.).

David, P., 2002, "Does the New Economy need all the old IPR institutions? Digital information goods and access to knowledge for economic development," Presented at Wider Conference on the New Economy in Development, Helsinki, 2002.

Dervis, K., 2012, "World Economy: Convergency, Interdependence, and Divergence," *Finance & Development*, IMF (Sep.).

Diamond, P., and A. Şahin, 2014, "Shifts in the Beveridge Curve," Federal Reserve Bank of New York Staff Reports No. 687 (Aug.).

Dimson, E., P. Marsh, and M. Staunton, 2004, *"Irrational Optimism,"* *Financial Analysts Journal* (Jan/Feb), Vol 60 No. 1, pp. 15~25.

_____, 2008, "The Worldwide Equity Premium: A Smaller Puzzle," in R. Mehra (ed.), *Handbook of the Equity Risk Premium*, Elsevier, pp. 467~514.

Duca, J., and J. Saving, 2014. "Income Inequality and Political Polarization: Time Series Evidence Over Nine Decades," FRB of Dallas WP. 1408.

ECB, 2012, "Global liquidity: concepts, measurements and implications from a monetary policy perspective," Monthly Bulletin (Oct.).

Edwards, S., 2015, "Monetary Policy Independence under Flexible Exchange Rates: An Illusion?" NBER Working Paper 20893 (Jan.).

Eichengreen, B., 1994, *International Monetary Arrangements for the 21st Century*, Brookings Institute.

_____, R. Hausmann, and U. Panizza, 2002. "Original Sin: The Pain, the Mystery and the Road to Redemption", paper presented at a conference on *Currency and Maturity Matchmaking: Redeeming Debt from Original Sin*, Inter–American Development Bank.

_____, R. Hausmann, and U. Panizza, 2007. "Currency Mismatches, Debt Intolerance and Original Sin: Why They Are Not the Same and Why it Matters," in S. Edwards, *Capital Controls and Capital Flows in Emerging Economies: Policies, Practices and Consequences*, University of Chicago Press, pp. 121~70.

Fama, E., 1965, "Random walks in stock–market prices," Selected Papers 16, Univ. of Chicago, Graduate School of Business.

_____, 2013, "Does the Fed Control Interest Rates?" *Review of Asset Pricing Studies*, Vol. 3, pp. 180~99.

Fairchild, R., 2006, "Patents and innovation – the effect monopoly protection, competitive spillovers and sympathetic collaboration," University of Bath, School of Management Working Paper (March).

Financial Crisis Inquiry Commission, 2011, "Financial Crisis Inquiry Commission Report."

Financial Stability Board(FSB), 2013, "Policy Framework for Strengthening Oversight and Regulation of Shadow Banking Entities," Consultative Document, Financial Stability Board, Basel.

Fisher, R., "Forward Guidance," remarks before the Asia Society Hong Kong Center, Federal Reserve Bank of Dallas, April 4, 2014.

Fischer, S., 2001, "Exchange Rate Regimes: Is the Bipolar View Correct?" *Journal of Economic Perspectives*, Vol. 15 No. 2, pp. 3–24.

Forbes, K., 2012, ""The Big C": Identifying and Mitigating Contagion," Federal Reserve Bank of Kansas City Economic Symposium, Jackson Hole (Aug. 31).

Friedman, M., and A. Schwartz, 1963, *A Monetary History of the United States, 1867–1960*, Princeton University Press.

_____, 1964, "Postwar Trends in Monetary Theory and Policy," *National Banking Review II*, pp. 1–9.

Gallini, N., 2002, "The Economics of Patents: Lessons from Recent U.S. Patent Reform," *Journal of Economic Perspective*, Vol. 16 No. 2, pp. 131~54.

Galston, W., 2011, "What if the Right and the Left Are Both Wrong About

Why the Economic Recovery Is So Slow? A New Theory," Brookings Institute.

Gerlach, P., R. McCauley and K. Ueda, 2011, "Currency intervention and the global portfolio balance effect: Japanese and Swiss lessons, 2003–2004 and 2009–2010," CARF Working Paper (Dec.).

_____, 2012, "Currency intervention and the global portfolio balance effect: Japanese lessons" (July).

Gerlach, S., and K. Assenmacher-Weshe, 2008, "Monetary Policy, Asset Prices and Macroeconomic conditions: A Panel VAR Study," National Bank of Belgium Working Paper 149.

Gneezy, A., U. Gneezy, L. Nelson, and A. Brown 2010, "Shared Social Responsibility: A Field Experiment in Pay-What-You Want Pricing and Charitable Giving," Science, Vol. 329 No. 5989 (July 16), pp. 325~27.

Goldberg, L., and E. Dillon, 2007, "Why a Dollar Depreciation May Not Close the US Trade Deficit." Federal Reserve Bank of New York Current Issues in Economics and Finance, Vol. 13, No. 5.

Goldfeld, S., 1973, "The demand for money revisited," *Brookings Papers on Economic Activity 3*, pp. 577~646.

Gonzalez, J., 2014, Developing Countries Participation in GVCs: Ongoing and Future Work, OECD.

Goodhart, C., 1984, *Monetary Theory and Practice*, Macmillan.

Gordon, R., 1993, "The Jobless recovery: does it signal a new era of productivity let growth." *The Brookings Papers on Economic Activity.*

_____. 2013, "The Phillips Curve is Alive and Well: Inflation and the NAIRU During the Slow Recovery," NBER Working Paper No. 19390 (Aug.).

_____, 2014, "The Demise of U.S. Economic Growth: Restatement, Rebuttal, and Reflections," NBER Working Paper 19895.

Gottman, J., 2011, *The Science of Trust: Emotional Attunement for Couples*, W. W. Norton.

Gottsxhalk, P., and T. Smeeding, 1997, "Cross-National Comparisons of Earnings and Income Inequality," *Journal of Economic Literature*, Vol. XXXV, pp. 633~87.

Gresser, E., 2014, "U.S. share of world intellectual property revenue − 39 percent," *Progressive Economy* (Nov. 5).

Gros, D., 2014, "Quantitative Easing and Deflation in a Creditor Economy," Think Tank 20, CEPS

Grossman, G., and E. Helpman, 2014, "Growth, Trade, and Inequality," NBER Working Paper No. 20502 (Sep.).

Hall, P., and R. Ziedonis, 2001, "The Patent Paradox Revisited: Firm Strategy and Patenting in the US Semiconductor Industry," *Rand Journal of Economics*, 32, pp. 101~28.

Holmans, A., 2001, "Housing and Mortgage Equity Withdrawal and their Component Flows," A Technical Report, Cambridge Centre for Housing and Planning Research (May).

Hartley, J., 1997, *The Representative Agent in Macroeconomis*, Routledge.

Heller, M., 1998, "The Tragedy of the Anticommons: Property in the Transition from Marx to Markets," *Harvard Law Review*, Vol. 111, No. 3, pp. 670~71.

Ho, G., and P. Mauro, 2014, "Rapid Growth in Emerging Markets and Developing Economies: Now and Forever?" PIIE Policy Brief No. PB14-26 (Dec.).

Hofmann, B., and B. Bogdanova, 2012, "Taylor rules and monetary policy: a global 'Great Deviation'?" *BIS Quarterly Review* (Sep.).

Hungerford, T., 2010, "The Economic Effects of Capital Gains Taxation," Congressional Research Service Report.

IMF, 2010, World Economic Outlook (Oct.).

_____, 2012. "The liberalization and management of capital flows: an institutional view." IMF Policy Paper 14 (Nov.).

_____, 2014, "Risk Taking, Liquidity, and Shadow Banking: Curbing Excess While Promoting Growth," Global Financial Stability Report, Ch. 2 (Oct.).

_____, 2014, "2014 Spillover Report," *IMF Multilateral Policy Issues Report*, pp. 61~81 (July).

_____, 2014, "The Managing Director's Global Policy Agenda: Interconnections, Spillovers, and Spillbacks."

Jaffe, A., 2000, "The US Patent System in Transition: Policy Innovations and the Innovation Process," *Research Policy*, 29, pp. 531~57.

Johnson, S., J. Ostry, and A. Subramanian, 2007, "The Prospects for

Sustained Growth in Africa: Benchmarking the Constraints," IMF Working Paper 07/52.

Jones, R., and M. Kim, 2014, "Addressing High Household Debt in Korea," OECD Economics Department Working Papers No. 1164.

Jordà, Ò., M. Schularick, and A. Taylor, 2014, "The Great Mortgaging: Housing Finance, Crises, and Business Cycles," NBER Working Paper No. 20501.

Kawai, M., and P. Morgan, 2014, Banking Crises and "Japanization": Origins and Implications, ADBI Working Paper Series.

Kay, J., (ed.), 2012, "The Kay Review of UK Equity Markets and Long-Term Decision Making" (July).

Keane, J., 2014, "Global value chain analysis: What's new, what's different, what's missing?" ODI.

Kelly, M., 2013, The Divine Right of Capital, 제현주 옮김, 「주식회사 이데올로기: 21세기 경제 귀족주의의 탄생」, 북돋움.

Knack, S., and P. Keeper, 1995, "Institutions and Economic Performance: Cross-Country Tests using Alternative Institutional Measures," Economics and Politics, Vol. 7 No. 3, pp. 207-27.

Koo, R., 2011, "The world in balance sheet recession: causes, cure, and politics," *real-world economics review*, no. 58 (Dec. 12).

Kose, A., and E. Prasad, 2010, "Emerging Markets: Resilience and Growth amid Global Turmoil," Brookings Institution Press.

Kothari, S., J. Lewellen, and J. Warner, 2014, "The Behavior of Aggregate Corporate Investment," (August Version).

Korinek, A., and D. Sandri, 2014, "Capital Controls or Marcoprudential Regulation?" NBER Working Paper No. 20805 (Dec.).

Kregel, J., 2014, "Liquidity Preference and the Entry and Exit to ZIRP and QE," Levy Economics Institute Policy Note.

Krugman, P., 1998, "It's Baaack: Japan's Slump and the Return of the Liquidity Trap," Brookings Papers on Economic Activity 2.

_____, 2000, Thinking About the Liquidity Trap, *Journal of the Japanese and International Economies*, Vol. 14, Issue 4.

Kumar, A., and P. Orrenius, 2014, "A Closer Look at the Phillips Curve Using State Level Data," Federal Reserve Bank of Dallas, Working Paper

1409.

Lane, P., and G. Milesi-Ferretti, 2014, "Global Imbalances and External Adjustment after the Crisis," IMF Working Paper.

Levin, R., A. Klevorick, R. Nelson, and S. Winter, 1987, "Appropriating the Returns from Industrial R&D," *Brookings Papers on Economic Activity*, pp. 783~820.

Lewis, J., 2013, "The sky is not falling: Navigating the smartphone patent thicket," WIPO Magazine (Feb.).

Lindner, P., and J. Blankenheim, 2013, "Secuirtization: Lessons Learned and the Road Ahead," IMF Working Paper.

Lucas, R., 1978, "Asset Prices in an Exchange Economy," *Econometrica*, Vol. 46 No. 6 (Nov.), pp. 97-113.

Marengo, L., C. Pasquali, M. Valente, and G. Dosi, 2012, "Appropriability, Patents, and Rates of Innovation in Complex Products Industries," *Economics of Innovation and New Technologies*, Vol. 21.

Mankiw, G., *Principles of Economics*, 김경환·김종석 옮김, 「맨큐의 경제학」, 2nd ed., 교보문고, 2001.

Menger, C., 1985, *Investigations into the Method of the Social Sciences With Special Reference to Economics*, ed. by Louis Schneider, New York University Press.

MGI, 2011, "An Economy that works: Job Creation and America's future."

_____, 2013, "Beyond Korean Style: Shaping a new growth formula."

Michel, N., and S. Moore, 2014, "Quantitative Easing, The Fed's Balance Sheet, and Central Bank Insolvency," The Heritage Foundation, Backgrounder #2938

Mishel, L., J. Bivens, E. Gould and H. Shierholz, 2012. *The State of Working America*, 12th Edition, Economic Policy Institute. Cornell University.

Mishkin, F., 2006, *The Next Great Globalization: How Disadvantaged Nations can Harness their Financial Systems to Get Rich*, Princeton University Press.

Mohan, R., 2013, "Global Spillovers and Domestic Monetary Policy: EME Perspective," 12th BIS Annual Conference, Lucerne, Switzerland (June 21).

Muto, I., and K. Shintani, 2014, "What are the Characteristics of Japan's

Aggregate Wage Dynamics?: An Empirical Study on the New Keynesian Wage Phillips Curve for Japan and the US," Bank of Japan, Research LAB No.14−E−2, (December 1, 2014).

Neely, C., 2012, "The Large−Scale Asset Purchases Had Large International Effects," Federal Reserve Bank of St. Louis Working paper (April).

Nigam, S., 2014, "The Growth−Employment Relationship Since 2000," RIS Discussion Paper 192.

Olaberria, E., 2014, "US Long Term Interest Rates and Capital Flows to Emerging Economies," OECD Working Papers No. 1155.

Ollivaud, P., E. Rusticelli and C. Schwellnus, 2014, "Would a Growth Slowdown in Emerging Markets Spill Over to Highincome Countries?: A Quantitative Assessment," OECD Economics Department Working Papers, No. 1110.

Olson, M., 1996, "Big Bills Left on the Sidewalk: Why Some Nations are Rich, and Others Poor," *Journal of Economic Perspectives*, Vol. 10 No. 2.

Ormerod, P., 1994, *The Death of Economics*, Faber and faber.

Ostrom, E., 2010, *Governing the Commons: The Evolution of Institutions for Collective Action*, 윤홍근 · 안도경 역, 「공유의 비극을 넘어」, 랜덤하우스코리아.

Ostry, J., A. Berg, and C. Tsangardes, 2014, "Redistribution, Inequality, and Growth," IMF Staff Discussion Note.

Padoa−Schioppa, T., 2010, "The Ghost Of BANCOR: The Economic Crisis and Global Monetary Disorder," Louvain−la−Neuve (Feb. 25).

Pagano, P., M. Lombardi and A. Anzuini, 2010, "The Impact of Monetary Policy on Commodity prices," ECB Working paper 1232.

Park, S., and J. Kwon, 1995, "Rapid economic growth with increasing returns scale and little or no productivity growth," *The Review of Economics and Statistics*, Vol. 77 Issue 2

Phillips, A., 1958, "The Relationship between Unemployment and the Change of Money Wage Rates in the United Kingdom, 1862−1957," *Economica*, New Series, pp. 283−99.

Piketty, T., 2014, *Capital in the Twenty−First Century*, 장경덕 역, 「21세기 자본」, 글항아리.

_____, E. Saez, S. and Stantcheva, 2011, "Optimal Taxation of Labor Incomes: A Tale of Three Elasticities," NBER Working Paper 17616.

Posner, R., 2012, "Why There Are Too Many Patents in America," *The Atlantic* (July 12).

Pozsar, Z., T. Adrian, A. Asheraft, and H. Boesky, 2012, "Shadow Banking," FRB of N.Y. Staff Reports, no. 458 (Feb.).

Rajan, R., 2010, *Fault Lines: How Hidden Fractures Still Threaten the World Economy*, Princeton University Press.

_____, 2014, "Competitive Monetary Easing: Is It Yesterday Once More?", Remarks at the Brookings Institution, Washington DC.

Randon, S., and C. Smith, 2008, "Investment and the exchange rate: Short run and long run aggregate and sector-level estimates," *Journal of International Money and Finance*, Vol. 30, pp. 1~23.

Reinhart, C., and K. Rogoff, 2009. *This Time is Different: Eight Centuries of Financial Folly*, Princeton University Press.

Rey, H., 2013, "Dilemma not Trilemma: The Global Financial Cycle and Monetary Policy Independence," Article provided by Federal Reserve Bank of Kansas City in its journal Proceedings – Economic Policy Symposium – Jackson Hole.

Rinne, A., 2004, "Treatment of asset securitization under the proposed BASEL II Accord and the U.S. Banking Agencies' advance notice of proposed rulemaking," Master of Arts in Law and Diplomacy Thesis, Tufts University.

Rodrik, D., 1997, "TFPE Controversies, Institutions and Economic Performance in Ease Asia," *NBER Working Paper*, No. 5914.

_____, 2007, "The Real Exchange Rate and Economic Growth: Theory and Evidence," Harvard University (Sep.).

_____, and A. Subramanian, 2009, "Why Did Financial Globalization Disappoint?" IMF Staff Papers, Vol. 56, No. 1.

Saez, E., and G. Zucman, 2014, "Wealth Inequality in the United States since 1913."

Sahay, R., V. Arora, T. Arvanitis, H. Faruqee, P. N'Diaye, T. Manchini-Griffoli, and an IMF Team, 2014, "Emerging Market Volatility: Lessons from the Taper Tantrum," IMF Staff Discussion Note (Sep.).

Schularick, M., and A. Taylor, 2012, "Credit Booms Gone Bust: Monetary Policy, Leverage Cycles, and Financial Crises, 1870–2008," *American Economic Review*, Vol. 102 No. 2, pp. 1029–61.

Shiller, R., 2003, "From Efficient Market Theory to Behavioral Finance," *Journal of Economic Perspectives*, Vol. 17 No. 1, pp. 83–104.

Shin, H.S., 2011, "Macroprudential policies beyond Basel III," BIS Papers, No. 60.

Simons, H., 1936, "Rules versus authorities in monetary policy," *Journal of Political Economy*, Vol. 44 No. 1.

Szyszka, A., 2011, "Systemic changes in the financial world and the search for the new paradigm of finance," The European Money and Finance Forum (Jan.).

Taylor, J., 1999. "A Historical Analysis of Monetary Policy Rules," in John B. Taylor, ed., *Monetary Policy Rules*. University of Chicago Press, pp. 319–47.

_____, 2014, "The Federal Reserve in a Globalized World Economy," Federal Reserve Bank of Dallas Globalization and Monetary Policy Institute, Working Paper No. 200 (Oct.).

Tcherneva, P., 2014, "Growth for Whom?" Levy Economics Institute, Working Paper No. 47.

Thompson, E., 2000, *The Making of the English Working Class*, 나종일 외 옮김, 「영국 노동계급의 형성」 상, 창작과 비평사.

Thorbecke, W., 2014, "China-U.S. Trade: A global outlier," RIETI Discussion Paper Series 14-E-039.

Tillmann, P., 2014, "Unconventional Monetary Policy Shocks and the Spillovers to Emerging Markets," Hong Kong Institute for Monetary Research.

UNCTAD, 2013, "Capital Account Regulations and Global Economic Governance: the Need for Policy Space," *Policy Brief* (Nov.).

U.S. Securities and Exchange Commission, 2008, "Summary Report of Issues Identified in the Commission Staff's Examinations of Select Credit Rating Agencies" (July).

van der Weide, R., and B. Milanovic, 2014, "Inequality Is Bad for Growth of the Poor," World Bank Development Research Group, Policy Research

Working Paper 6963.

White, W., 2013, "Is Monetary Policy a Science? The Interaction of Theory and Practice Over the Last 50 Years," Federal Reserve Bank of Dallas, Working Paper No. 155.

Winter, S., 2002, "A View of the Patent Paradox," Presentation at London Business School, May 20 2002.

Yoon, J., J. Kim, J. and Lee, 2014, "Impact of Demographic Changes on Inflation and the Macroeconomy," IMF Working Paper WP/14/210.

Young, A., 1995, "The Tyranny of Numbers: Confronting the Statistical Realities of the East Asian Growth Experience," *Quarterly Journal of Economics*, Vol. 110, pp. 641~80.

Ziedonis, R., 2004, "Don't Fence Me In: Fragmented Markets for Technology and the Patent Acquisition Strategies of Firms," *Management Science*, Vol. 50 No. 6, pp. 804~20.

Economist
Businessweek
Wall Street Journal
Guardian

# 찾아보기